DESTINY DISRUPTED

A History of the World Through Islamic Eyes

Tamim Ansary

タミム・アンサーリー

小沢千重子＝訳

イスラームから見た「世界史」

紀伊國屋書店

イスラームから見た「世界史」

Tamim Ansary

DESTINY DISRUPTED

A History of the World

Through Islamic Eyes

First published in the United States by PublicAffairs,
a member of the Perseus Books Group
Japanese translation rights arranged with PublicAffairs,
a member of the Perseus Books Inc., Massachusetts
through Tuttle-Mori Agency, Inc., Tokyo

アマヌディンとテルトゥへ

イスラームから見た「世界史」＊目次

第九章 災厄 257

第一〇章 再生 301

第一六章　近代化の危機　573

第一七章　潮流の変化　595

名前と年代の表記について

イスラーム世界固有の名前や言葉を英字に翻字〔ある文字体系で書かれている章句を別の文字体系に書きなおすこと〕する場合、それだけが正しいとして特定の方式にこだわる著作家たちがいるが、私は彼らの同類ではない。なにしろ私自身の名前が英字でさまざまに綴られるのを見てきたので、細かいことに頓着していられなくなったのだ（あなたの姓の綴りは Ansari と Ansary のどちらが正しいのか――*y* なのか、それとも *i* なのか――とよく聞かれるが、実はどちらでもなく、*yaw* が正解だろう）。そもそも翻字という行為は恣意的な性格を免れないことを勘案して、私は本書を著すにあたっては、最も単純な綴りで表記し、認識できる範囲で最大限簡略化することを旨とした。

さらに、アラブ人の名前は「～の息子〔あるいは子孫〕」を意味するイブン〔現代方言ではビンやベンともなる〕のあとに父親ないし男系先祖の名前が続く場合が多い〔たとえばムハンマド・イブン・アリーは、「アリーの息子（または子孫）のムハンマド」を意味する〕。私は原則として、ある人物の通称の中で最も短いものを採用した。本書には馴染みのない名前（や単語）が頻出するので、英語を母語とする読者の多くは難儀するだろう。そうした事態をできるだけ避けるために、ある単語や名前を意味する英語が存在する場合には、それらを用いることにした。そして、アルバート・フーラーニー〔ホーラーニー。一九一五～九三〕が『アラブの人々の歴史』で示した先例に倣って、*al-* という接頭辞が冠せられたアラブ人の名前は初出の時だけ *al-* を記して、以後はたとえばアル・ガザーリーをガザーリーと表記するというように省略した。

年代の表記に関しては、二とおりの紀年法〔特定の年を紀元と定め、それから起算した経過年数で年代を表示する方法〕を適用した。一つはイスラーム暦であり、もう一つはキリスト紀元（Christian Era）に由来するいわゆる「西暦（Common Era）」である。ムスリム共同体が誕生してからまもない時期の出来事については、概してイスラーム暦を採用した（イスラーム暦では「ヒジュラ以後（After the Hijra）」を意味するAHに続く数字で、ヒジュラ以後に経過した年数が示される）。というのは、初期の出来事に関しては、イスラームにとって決定的に重要なヒジュラから何年後に起きたことなのか、その雰囲気や感触を伝えることが有用だと思ったからだ。それ以後はしだいに「西暦」を採用するようにした。なぜなら、これは大多数の読者が馴染んでいる紀年法であり――ある出来事が生じた年代を明記しても、その時代背景やほかの出来事と関連づけることができなかったら、なんの意味もないからだ。

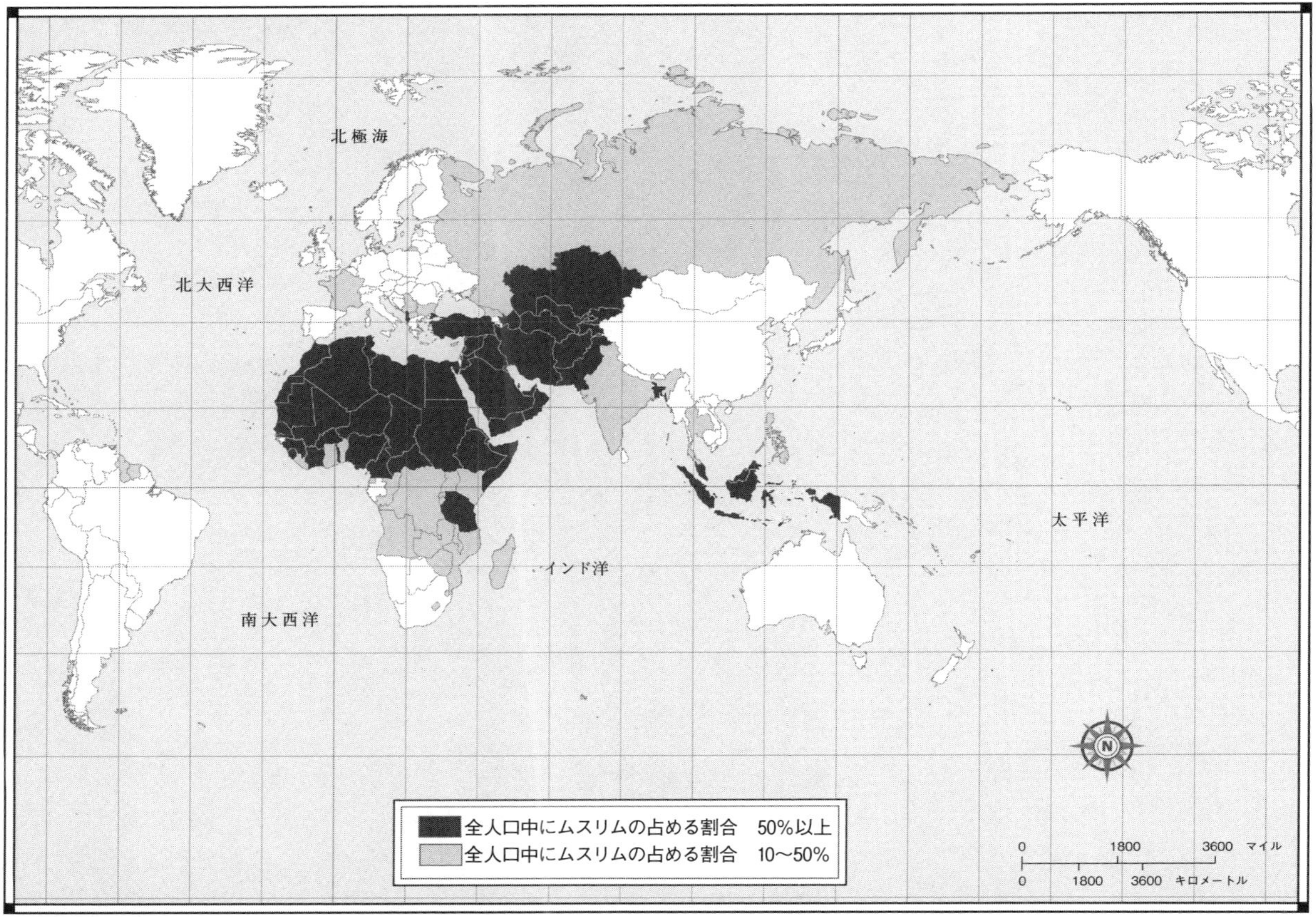

図1　現在のイスラーム世界

はじめに

私はムスリム〔イスラーム教徒。「帰依する者」の意〕の国アフガニスタンで生まれ育った。それゆえ、幼い頃から語り聞かされ、その後自分でも読むようになったムスリム版の世界史の物語は、欧米の子どもたちが日頃耳にしているそれとは似ても似つかぬものだった。けれども、少年期においてさえ、そうした読書経験によって私のものの見方が形づくられることはなかった。なぜなら、私はもっぱら娯楽として歴史を読んでいたからであり、おまけに退屈な教科書を除いては、ペルシア語で書かれた子ども向けの歴史書にはたいしたものがなかったからだ。私が読める範囲では、面白い本はみな英語で書かれたものだった。

私の最初の愛読書は、V・M・ヒルヤー〔一八七五～一九三一〕という人物が著わした『子どものための世界の歴史（*Child's History of the World*）』〔一九二四〕だった。これはすこぶる面白い本だったが、何年ものちに大人になってから読み返してみると、驚くほどヨーロッパ中心的な歴史叙述で、無神経な人種差別に満ち満ちた代物だった。子どもの時にこうした特徴に気づかなかったのは、なんといってもヒルヤーが巧みな語り手だったからだ。

九歳か一〇歳の頃に、アフガニスタンを旅行中のアーノルド・J・トインビー〔一八八九～一九七五〕が、私の住むラシュカルガーという小さな町を通りかかった。近所に歴史好きの幼い本の虫がいるという噂を聞いて、トインビーは私をお茶に招いてくれた。そういう次第で、私はこの血色のよいイギリスの老紳士と同席することになった。トインビーから優しく問いかけられても、私はおずおずと言葉少なに答えるのが精一杯だった。この偉大な歴史家について気づいたことはただ一つ、ハンカチを片方の袖口に入れておくという奇妙な癖だけだった。

けれども、トインビーは別れるときに、ヘンドリック・ヴィレム・ヴァン・ローン〔一八八二〜一九四四〕の『人間の歴史の物語（*The Story of Mankind*）』〔日高六郎・日高八郎訳、岩波少年文庫〕をプレゼントしてくれた。この本はタイトルからして私を興奮させた――「人間」全体が一つの物語をもっているんだ、僕も「人間」の一人だから、これはある意味で僕の物語なのかもしれない、あるいは少なくとも、全人類が共有している一つの大きな物語の中に僕を位置づけてくれるかもしれないぞ、と。私はこの本を貪るように読んで、おおいに気に入った。それ以来、この西洋版の世界史物語は私の歴史観の骨格となった。以後に読んだ歴史書や歴史小説はすべて、この骨格に肉づけをするにとどまった。その後も学校ではもったいぶったペルシア語の歴史教科書を学んでいたが、それは試験に通るために読んでいただけで、終わるとじきに内容を忘れてしまったものだ。

それでも、遠い昔に聞いたもう一つの物語は、いつのまにか私の心に染みついていたに違いない。というのは、それから四〇年も経った西暦二〇〇〇年の秋のこと、アメリカで教科書の編集者として働いていたときに、それが突然甦《よみがえ》ってきたからだ。当時、私はテキサスの教科書出版社で、新しい高校生用の世界史教科書を一からつくるというプロジェクトに従事していた。私の最初の任務は目次を作成することだった。目次をつくるとはすなわち、人間の歴史の全体像について一つの見解を明示することにほかならない。出版社が定めた唯一の条件は、授業のスケジュールに合わせるために教科書全体を一〇部に、各部を三章に分けるというものだった。

だが、連綿たる時の流れがどのような一〇(ないし三〇)の部分に、おのずから分かれようか? 畢竟《ひっきょう》するに、世界の歴史とはかつて生じた出来事が一つ残らず時系列に沿って連なったものではなく、きわめて重大な一連の出来事だけで構成されている。歴史とはそうした出来事を選び抜き、筋道だった物語を紡ぐようにそれらを配列したもので——重要なのはそのストーリーなのだ。

私はこの知的な難問に精力的に取り組んだ。だが、私が何か決定を下しても、カリキュラムの専門家、歴史の教師、営業部門の幹部、州の教育行政官、専門分野の学者等のお偉方からなる顧問団の承認を得なければならなかった。小中学校や高校の教科書を出版する際にこうした手続きを踏むことはごく当然であり、私が思うにきわめて適切である。というのは、これらの教科書の役割は、何が真実であるかについての社会の最新のコンセンサスを伝えることであって、それに挑戦することではないからだ。担当編集者の決定を軌道修正するという任を負った人々の助言は、完成した教科書に現行のカリキュラムを確実に反映させるためにも有用である。そもそもそれを反映していなければ、当の教科書を販売することさえできないのだ。

しかしながら、この手続きを進めるにつれて、私は自分と顧問たちのあいだに興味深い見解の相違があることに気づくようになった。私たちはほとんどすべての問題に関して意見が一致した

——ただ一つの点を除いては。つまり、私が世界史におけるイスラーム〔原義は「帰依すること」〕についてもっとページを割きたいと繰り返し主張したのに対して、助言者たちはきまってそれを撤回させようとしたのだ。彼らはイスラームに関する記述を減らし、雑多なトピックスを扱うコラム欄で補足説明をすればよいと主張した。私も助言者たちも、「われわれ独自の文明」に対する偏狭な忠誠心を表明していたのではない。私たちの誰一人、イスラーム世界と「西洋」世界の優劣を論じたりはしなかった。私たちはみな、人類の物語においていずれの出来事がとくに重要であるかについて、それぞれが最良とみなす見解を表明し合っていただけなのだ。

　私の見解はほとんど賛同を得られず、少数意見というより謬見《びゅうけん》とみなされかねなかった。こうした事情で、最終的にできあがった目次では、イスラームが中心的なテーマとなる章は全三〇章のうちの一章だけとなった。その章が含まれる部のほかの二つの章は、「コロンブス以前の南北アメリカ大陸の文明」と「アフリカの古代王国」と題されていた。

　ちなみに、この教科書でさえ従来のものに比べたら、イスラームに関する記述の割合が増していたのだ。前回の教科書販売シーズン中に最も売れた世界史教科書は、一九九七年度版の『過去への視点（*Perspectives on the Past*）』だった。この教科書は三七章で構成されているが、そのうちイスラームに言及した章はわずか一章で、（「中世」と題された部に含まれる）その章でさえ、半分はビザンツ帝国を扱っている。

　要するに、二〇〇一年九月一一日まで一年にも満たない時点において、これら歴史教育の専門家たちの一致した見解は、イスラームは相対的に重要でない現象であり、その影響力はルネサンスのずっと以前に廃れていた、というものだったのだ。もし、私たちの教科書の目次を額面どおりに受け取ったら、イスラームが今でも存在するとはとても思えないだろう。

当時の私は、おのれの判断が偏っている可能性を自認していた。なんといっても、私はイスラームに対して実体験に基づく先入観を抱いており、自分のアイデンティティーを探るうえでイスラームは不可欠の要素となっていたからだ。私はムスリムの国で成長しただけでなく、もっぱら敬虔で宗教的な学識が深いという評判ゆえにかつてはアフガニスタンで社会的に高い地位に就いていた一族に生まれた。アンサーリー（Ansary）という姓は、私たちの祖先がアンサールだったことを示唆している。アンサールとは「援助者」を意味するアラビア語で、最初にイスラームに改宗したマディーナ〔メディナ〕の人々を指している〔アンサールの子孫は、氏族名を名乗るより、単にアンサーリーと称することが多い〕。彼らは預言者ムハンマドがマッカ〔メッカ〕の暗殺者から逃れるのを助け、それによって預言者の使命が途絶えるのを防いだのだ。

もっと近い時代のことをいうなら、私の祖父の曽祖父はムスリムの神秘家として地元で崇拝されていた。その墓は聖地とされて、今日もなお数百人もの崇拝者が詣でている。彼の遺風は父の時代まで浸透しており、わが一族のあいだには、この類いのことに世間一般より通暁していなければならないという義務感のようなものが染みついていた。私はこうした環境の中で、ムスリムが語るさまざまな逸話や解釈や思いこみを聞きながら成長した。そして、私自身はどういうわけか徹底した世俗志向だったにもかかわらず、それらの一部は私の中に沈潜していたのだ。

アメリカに移住してからも、私は依然として世俗志向だった。それでも気がついてみると、かつてムスリム社会で暮らしていたときよりずっとイスラームに関心を抱くようになっていた。私の兄弟がイスラーム「原理主義」を奉じると表明した一九七九年以後、イスラームに対する関心はいっそう深まった。私はファズルル・ラフマーン〔一九一九〜八八〕やサイイド・フサイン・ナスル〔一九三三生〕らをつうじてイスラームの哲学を、さらにエルンスト・グリューネバウム〔一九〇九〜七二〕やアルバート・フーラーニーらをつうじてイスラームの歴史を探求しはじめた。私と兄弟がどこから来たのか、そして彼の場合はどこに向かっているのか、ひたすら理解したかったのだ。

　こうした個人的な事情から、私は自分がイスラームの重要性を過大評価している可能性を認めるにやぶさかでなかった。それでも、やはり……一抹の疑念が心を去らなかった。イスラームに対する私の評価には、客観的な根拠がまったく存在しないのだろうか、と。ここで、六枚の地図を見てもらいたい。これらは六つの異なる年代におけるイスラーム世界の版図を示したものである。

　私のいう「イスラーム世界」とは、ムスリムが多数派であり、かつ／または、ムスリムが統治する社会を意味している。いうまでもなく、ムスリムはイギリスやフランスやアメリカをはじめ、地球のほとんどすべての地域に居住している。だが、それを根拠にロンドンやパリやニューヨークをイスラーム世界の一部と称したら、誤解を招くだけだろう。とはいうものの、私の控え目な定義に基づく「イスラーム世界」でさえ、その長い歴史をつうじて無視することのできない地理学的事実だったのではないだろうか？　この世界は今日もなお、アジア大陸とアフリカ大陸にまたがる地理学上の実在であり、ヨーロッパと東アジアを画する広大な緩衝地帯を形成しているのではないだろうか？　物理的にいえば、イスラーム世界はヨーロッパとアメリカ合衆国を合わせ

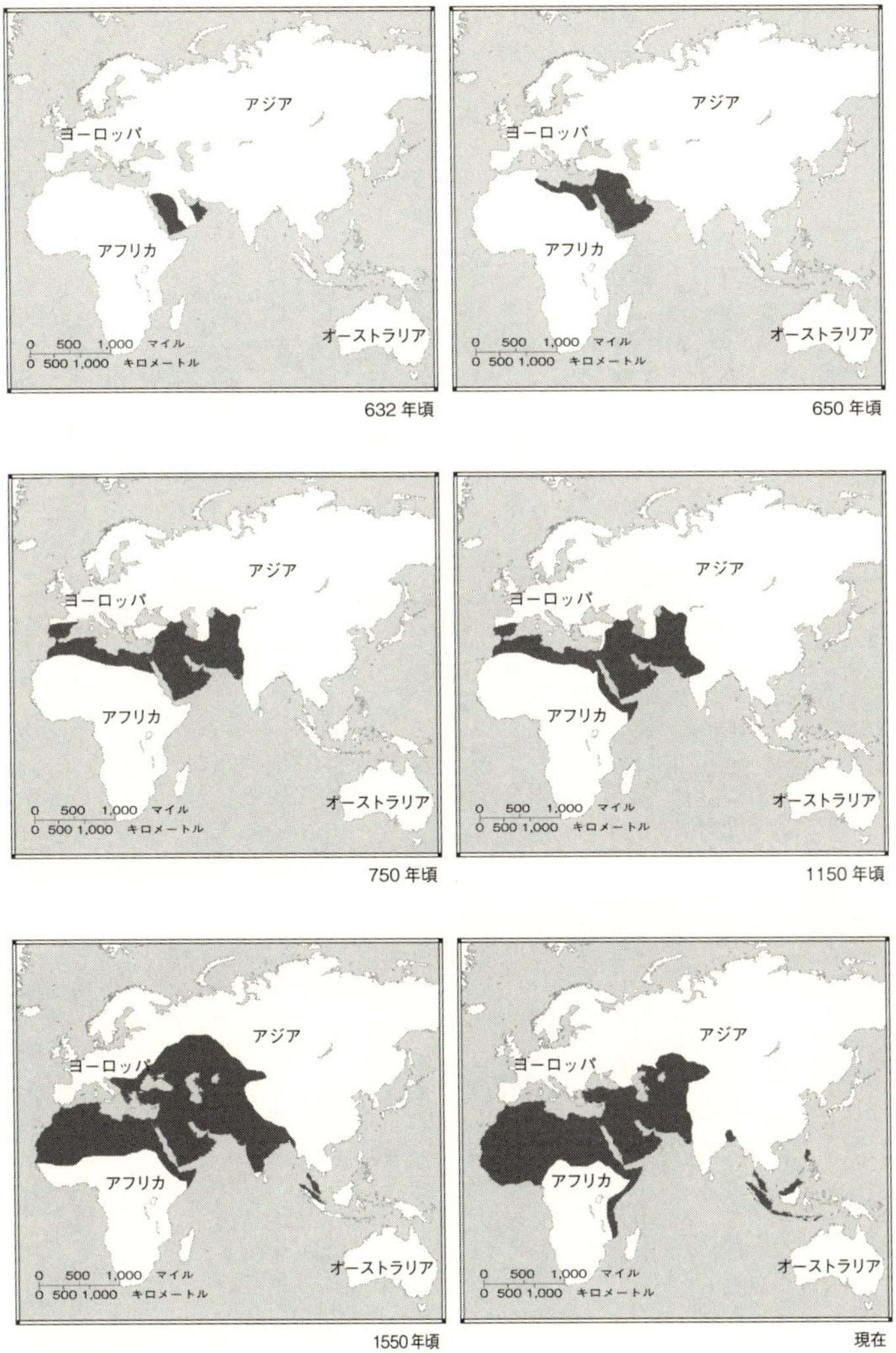
アジア
ヨーロッパ
アフリカ
オーストラリア
0 500 1,000 マイル
0 500 1,000 キロメートル
632 年頃
アジア
ヨーロッパ
アフリカ
オーストラリア
0 500 1,000 マイル
0 500 1,000 キロメートル
650 年頃
アジア
ヨーロッパ
アフリカ
オーストラリア
0 500 1,000 マイル
0 500 1,000 キロメートル
750 年頃
アジア
ヨーロッパ
アフリカ
オーストラリア
0 500 1,000 マイル
0 500 1,000 キロメートル
1150 年頃
アジア
ヨーロッパ
アフリカ
オーストラリア
0 500 1,000 マイル
0 500 1,000 キロメートル
1550 年頃
アジア
ヨーロッパ
アフリカ
オーストラリア
0 500 1,000 マイル
0 500 1,000 キロメートル
現在

図2　イスラームの発展

た以上の面積を有している。かつてイスラーム世界は単一の政治的統一体を形成しており、その単一性と政治的統合という観念は現代においてすら、一部のムスリムのあいだで共感を呼んでいる。この六枚の地図を見ていると、イスラームが世界史の舞台における主役の一人であることを認識できない者が九・一一前夜になぜ存在しえたのだろう、と驚嘆せずにいられない。

　九・一一後、世界の認識は変わった。西洋世界の非ムスリムは俄然、イスラームとはいかなるものか、ムスリムとはどういう人々か、イスラーム世界では何が起こりつつあるのか、と問いはじめた。まったく同じ疑問が、私の心にも新たな切迫感を伴ってふつふつと湧いてきた。翌二〇〇二年、私は三八年ぶりにパキスタンとアフガニスタンを訪れた。その際に、私はロンドンの古書店で見つけた一冊の本を携えていた。それは、マギル大学とハーヴァード大学で宗教学の教授をつとめたウィルフレッド・キャントウェル・スミス〔一九一六〜二〇〇〇〕が著わした『現代史におけるイスラーム（*Islam in Modern History*）』〔邦訳は『現代におけるイスラム』中村廣治郎訳、紀伊國屋書店〕だった。スミスがこの本を公刊したのは一九五七年だったので、彼のいう「現代」は四〇年以上も前に終わっていた。それにもかかわらず、スミスの分析は私を心底驚愕させた。なぜなら、それは二〇〇二年に展開している歴史に驚くほど――それどころか当惑するほど――通用するものだったからだ。

　スミスの分析は、私が少年時代の体験と以後の読書によって得た知識に新たな光を投じた。たとえば、カーブルで過ごした学生時代に、サイイド・ジャマールッディーン・イ・アフガンー〔アフガーニー。一八三八／九〜九七〕という人物のことをよく耳にした。「誰もが」そうであったように、私もアフガーニーがイスラーム近代史上に燦然《さんぜん》と聳《そび》える巨人であることは知っていた。だが、実をいうと、彼がどうしてかかる名声を博したのか、私はまったく理解していなかったのだ。彼が「汎イスラーム主義」を提唱したことは知っていたが、当時の私はそれをムスリムの自文化中心主義くらいにしか思っていなかった。ところが、スミスの著作を読んで私は初めて、「イスラーム主義」の基本的な教義が、すなわち二〇〇一年に世界を震撼させた政治イデオロギーが、この「イスラーム主義」のカール・マルクス〔一八一八〜八三〕ともいうべき知識人によって一〇〇年以上も前に練り上げられていたことを知ったのだ。非ムスリムの大多数がアフガーニーの名前さえ知らないという事態は、いったいどうして起こりえたのだろうか？

　私はふたたびイスラームの歴史を熱心に学びはじめた。それはもはや、おのれのアイデンティティーを探るためではなく、同時代のムスリムのあいだで進展している恐るべき事態を理解せんがためだった——つまり、アフガニスタンの悲惨な状況、イランの騒乱、アルジェリアやフィリピンをはじめ世界各地で生じている反政府運動、中東におけるハイジャックや自爆攻撃、強硬の度を増すばかりの過激な政治的イスラーム主義、さらにはターリバーン〔タリバン〕の出現といった事態を理解するためだったのだ。歴史を詳細に検討し吟味すれば必ずや、かかる事態にいたった経緯が明らかになるだろう。

　私は徐々にその経緯を理解するようになった。そして、「あちら側の」イスラーム圏の歴史は、フランスやマルタや南アメリカの歴史とは異なり、万人が共有するただ一つの世界史なるものの部分集合ではないことを認識するにいたった。それはむしろ、こうしたものとはまったく別個の独立した世界史であり、私がテキサスの教科書出版社で制作に携わった世界史や、かつて私が

「イスラーム関連の諸章」を執筆したマクドゥーガル－リトル社版の世界史と競合するとともに、それらを反映してもいるものなのだ。

これら二とおりの歴史はともに、ティグリス川とユーフラテス川にはさまれた古代のイラクの地で始まった。そして、二つの歴史はふたたびこの地に、すなわち西洋世界とイスラーム世界が主役を演じているとおぼしき地球規模の闘争の舞台となったイラクに到達した。しかしながら、二つの歴史はこの間にまったく異なる道を——それでいながら奇妙なほど似かよった道を——歩んできたのだ。

たしかに、二つの歴史がたどった道程は奇妙なほど似かよっている。たとえば、西洋版の世界史の枠組みからその道程を振り返ってみると、古代に他を圧して屹立していた強大な帝国が見える。それはローマ帝国であり、ここで政治的主権を有する普遍的な国家という夢が生まれたのだ。

イスラーム世界の一隅からその来し方を振り返ってみると、やはり堂々たる帝国がぼんやりと見えてくる。この帝国も普遍的な国家というビジョンを体現しているが、これはローマ帝国ではなくイスラーム初期のカリフ国家なのだ。

二つの歴史のいずれにおいても、初期の強大な帝国はひとえに大きくなりすぎたがために分裂した。帝国は崩壊への道をたどり、やがて北方から侵入した遊牧民の蛮族に襲撃された——しかし、イスラーム世界における「北方」は中央アジアのステップ地帯であり、遊牧民の蛮族はゲルマン族ではなくトルコ族だった。巨大な帝国は侵入者によって分割され、その結果帝国より規模の小さな王国がパッチワークのように分立した。これらの群小国家には一つの宗教的統一原理が、すなわち西方世界ではカトリシズムが、東方世界ではスンナ派〔スンニー派〕イスラームが浸透した。
世界史とは常に、いかにして「私たち」が「現在の状況」に到達したかを物語るものであるがゆえに、そのストーリーは必然的に「私たち」とは誰か、「現在の状況」とは何を意味するのか、によって変わってくる。西洋版の世界史は伝統的に、「現在の状況」を民主的で工業化した（ないしは脱工業化した）文明社会と規定している。アメリカではさらに、世界史は自由と平等という建国の理想の実現に向かい、その結果アメリカが地球を未来に導く超大国《スーパーパワー》として興隆する、と想定されている。かかる前提によって歴史の進む方向が決定され、その目的地は私たちが現在歩んでいる道の先にあるとみなされる。そのため、私たちはややもすると、人類はみな同じ方向に向かっていると思いこんでしまう。もっとも、人類の中にはまだたいした道のりを進んでいない人々もいるが、それはスタートが遅かったか、スピードが遅いからだ。それゆえ、私たちは彼らの国を「発展途上国」と称しているのだ。

西洋の脱工業化した民主的な社会が構想する理想的な未来を歴史の終点とするなら、「現在の状況」にいたるまでの物語は以下のような段階を経て進展してきたとみなせるだろう。

1　文明の誕生──エジプトとメソポタミア
2　古典時代──ギリシアとローマ
3　中世──キリスト教の興隆
4　再生──ルネサンスと宗教改革

5　啓蒙時代――探検と科学
6　革命の時代――民主革命・産業革命・技術革命
7　国民国家の出現――覇権をめぐる闘争
8　第一次世界大戦と第二次世界大戦
9　冷戦
10　民主的な資本主義の勝利

だが、イスラームの観点から世界の歴史を見たらどうだろう？　私たちムスリムはともすればイスラーム世界を――同じ目的地を目指していながら効率的に前進できない――西洋世界の発達不全のヴァージョンと思いがちなのではないだろうか？　だが、私はそうは思わない。それは一つには、イスラームの歴史には時の流れ全体を「以前」と「以後」に画然と分かつ独自の境界、西洋世界とは異なる境界が存在するからだ。ムスリムにとっての紀元元年は、預言者ムハンマドがマッカからマディーナに移住し、それによってムスリムの共同体が生まれたヒジュラ〔聖遷〕の年である。この共同体は「文明化」という概念を体現するものであり、かかる理想的な共同体を完璧に実現することこそが、歴史を形づくり、その方向を定めてきた原動力だったように思えるのだ。

ところが、過去数世紀のあいだ、ムスリムは歴史の流れがどこかでねじれてしまったと感じてきた。ムスリム共同体はもはや拡大することはなく、混乱の度を深め、本来進むべき歴史の方向に抗う破壊的な逆流にいつしか呑みこまれてしまった。ムスリムの伝統の継承者として、私たちは勝利ではなく敗北の中に歴史の意味を探ることを余儀なくされ、二つの衝動のあいだで葛藤してきた。歴史の流れに合わせてムスリム独自の「文明化」の概念を変えるべきか、あるいは、それに歴史の流れを合わせるために闘うべきか、と。

現在、イスラーム社会はムスリム共同体の理想から遠くかけ離れた停滞した状態に置かれている。かかる状態を「現在の状況」とするなら、そこに到達するまでの世界史の物語は次のような段階を経てきたといえるだろう。

1　古代――メソポタミアとペルシア
2　イスラームの誕生
3　カリフの時代――普遍的な統一国家の追求
4　分裂――スルタンによる統治の時代
5　災厄――十字軍とモンゴルの襲来
6　再生――三大帝国の時代
7　西方世界の東方世界への浸透
8　改革運動
9　世俗的近代主義者の勝利
10　イスラーム主義者の抵抗

文芸評論家のエドワード・サイード〔一九三五〜二〇〇三〕によれば、西洋世界はイスラーム世界について、悪意を含んだ「他者」意識と退廃的な豪華絢爛さに対する羨望が入りまじった「東洋学者《オリエンタリスト》」的ファンタジーを延々と紡いできた。なるほど、イスラームが西洋人の想像に入りこんだというかぎりにおいては、かかるファンタジーはともかくイスラーム世界を叙述していたといえるだろう。

だが、私にとってより興味深いのは、イスラーム世界に関する叙述が相対的に欠落していることだ。たとえば、シェークスピア〔一五六四〜一六一六〕の時代には、卓越した世界的強国といえば三つのイスラーム帝国だった。だが、彼の作品のどこに、これら強大な帝国のムスリムが登場しているだろうか？　見つからない。ムーア人がムスリムを指す呼称であることを知らない観客は、『オセロー』〔副題は『ヴェニスのムーア人』〕を観てもそれを知ることはできないだろう。

二つの大きな世界が並存しているという現実を前にして、驚嘆に値するのは、両者がいかにこれまで相手を顧みないできたかということだ。もし、西洋世界とイスラーム世界が二人の人間だったら、私たちはそこに抑圧という徴候を見出して、「二人のあいだに何が起こったのか、彼らはかつて愛し合っていたのか、一方が他方を虐待したというような事実があるのか？」と問うことだろう。

けれども、もっと穏やかに説明することもできるだろう。西洋世界と今日のイスラーム世界の中核部分は歴史の大半をつうじて、いわば二つの別個の宇宙を形成していたのだ、と。いずれも内輪の問題に没頭し、みずからを人間の歴史の中心に位置づけ、それぞれ独自の物語を生きていた——十七世紀後半に二つの物語が交差するようになるまでは。その時点で、いずれかが譲歩せざるを得なくなった。なぜなら、二つの物語は互いに逆流として作用したからだ。そして、より強力だった西洋の潮流が優勢となり、イスラームの潮流を撹乱した。

しかし、表舞台から追われた歴史はそこで終わらなかった。それはあたかも潜流のように水面下を流れつづけ、現在もなお流れている。世界地図の上にカシミール、イラク、チェチェン、バルカン、イスラエルとパレスチナなど、今日の紛争地域を記していくと、地図から消えてしまった存在の輪郭が浮かび上がってくる。それらは今なお、滅亡しまいと必死にもがいているのだ。

以上が本書で述べる物語であり、私はここで「物語」という点を強調しておきたい。本書は教科書でも学術書でもない。いうなれば、喫茶店で談笑中に「もう一つ《パラレル》の世界史ってどういうこと？」と聞かれたときに、日常的な言葉で答えたようなものだ。私が論ずる事柄は、大学図書館の書棚に置かれている夥《おびただ》しい書物の中に見出せるだろう。もし、学術的な専門用語や数多の脚註が苦にならないのであれば、どうかその類いの書物を読んでほしい。もしストーリーのある物語を求めているのであれば、ぜひ本書を読んでいただきたい[1]。私は学者ではないが、本書を執筆するに際しては、歴史の生《なま》の素材から結論を導きだした学者たちや、学術的な研究結果に基づいて何らかの概念や理論を編みだした専門家たちの業績を参考にした。

数千年の長きにわたる歴史を叙述したにもかかわらず、一三〇〇年ほど前の半世紀にかなりの紙幅を割いたのは、バランスを欠くように思われるかもしれない。だが、私は預言者ムハンマドとその四人の後継者が生きた時代、イスラームが誕生した時代にじっくり思いを馳せたのだ。私はこの物語を血の通った人間ドラマとして描いた。なぜなら、ムスリムはまさにそのようなものとして、イスラームの世界史物語に親しんできたからだ。専門家たちはより懐疑的な姿勢でこの物語に取り組み、ムスリムの叙述は客観性に乏しいとして、非ムスリムがものした資料のほうを信頼している。というのも、彼らは概して「実際に生じた」出来事を掘り起こすことに関心を抱いているからだ。私が目指しているのは主として、実際に生じたとムスリムたちが思っている出来事を読者に伝えることだ。なぜなら、それこそが、ムスリムをこれまで動かしてきた原動力であり、世界史における彼らの役割を理解する手立てとなるからだ。

とはいうものの、私はここで、イスラームの根本的な性質について補足説明をしておきたい。ユダヤ教、仏教、ヒンドゥー教、さらにはキリスト教まで含めたイスラーム以前の宗教とは異なり、ムスリムはイスラームが誕生すると同時に、彼らの歴史を収集し、記憶し、口承し、保存しはじめた。しかも、彼らは単に保存するにとどまらず、〔第三章で述べるように〕一つ一つの逸話をまるで入れ子のように連なった情報源の中に埋めこんだ。つまり、おのおのの出来事を直接見聞した者を特定し、その話を語り継いだ一連の人々を――それを最初に筆記した人物にいたるまで――一人残らず列挙したのだ。ある出来事の伝達経路を明示することは記憶の保管庫として機能し、裁きの場では〔正確な伝達経路を述べることが〕証拠や証言の効力を判定する基準となった。

こうした事実が示唆しているのは、ムスリムの物語の中核部分を寓話として扱ってはならない、ということだ。私たちは寓話に対して、そこに登場する出来事を裏づける証拠を求めたりはしない。寓話の主眼はそんなところにはない。私たちはその話が真実であるか否かには頓着せず、その教訓が真実であることを欲するのだ。ムスリムの物語はその種の教訓を含んだものではないし、理想的な境涯にある理想的な人々についての物語でもない。それはむしろ、現実の歴史の泥沼と暗黒の中で実際的な問題と格闘する生身の人間たちの実話として、私たちに提示されている。そして、私たちはその中から、おのれが欲する教訓を引きだすのだ。

　とはいえ、私はけっして、ムスリムの物語が寓話的であることや、その一部が創作されたものであることを否定しているのではない。また、ムスリムの物語が語り継がれる過程で、その多くが、あるいはもしかするとそのすべてが、語り手の思惑や時代の要請に合わせて修正された可能性を否定しているのでもない。私はただ、ムスリムは彼らが拠り所とする物語を、史実を伝えるのと同じ精神で伝承してきた、と言っているだけだ。そして、私たちはその物語に登場する人々や出来事について、古代ローマで将軍マリウス〔前一五七頃～前八六〕とその武将のスラ〔前一三八～前七八〕のあいだで生じたことを知っているのと同じような意味合いで、知っているのだ。ムスリムの物語を構成しているさまざまな逸話は、歴史と神話のあいだのどこかに位置している。ムスリムの物語から人間のドラマを剝ぎ取ったら、それがムスリムに対してもっていた意味を誤って伝えることになり、ムスリムが過去何世紀にもわたって行なってきたことをいっそう理解しがたいものにしてしまう。こういう次第で、私はイスラームの歴史の物語を本書のような形で語ろうとしているのだ。あなたが私の意図に同意してくれるなら、さっそく語りはじめよう。

第一章

ミドルワールド

二つの世界——地中海世界とミドルワールド

イスラームが誕生するずっと以前に、大西洋とベンガル湾のあいだに二つの世界が出現した。これらはそれぞれ、一方は主として海路、他方は陸路からなる交易ルート網のまわりに形成されていた。

古代の海上交通路を見れば、地中海が世界史の中心だったことは一目瞭然だ。というのは、まさにこの地域で、ミュケナイ、クレタ、フェニキア、リュディア、ギリシア、ローマなどの多彩で活気に満ちた初期文化が遭遇し、混淆していたからだ。地中海近傍の住人にとって、やはり地中海近傍に住む人々と直接ないし間接的に交流するのは容易いことだったろう。この広大な内海は、周辺地域に居住する多種多様な人間集団を統合する求心力として機能した。それぞれの集団が紡ぐ物語にほかの集団が登場するようになり、さまざまな集団の運命が織り交ぜられて、一つの世界史の萌芽が生まれた。こうした状況の中から「西洋文明」が出現したのだ。

一方、古代の陸上交通路を見ると、当時の世界のグランドセントラル駅はインド亜大陸、中央アジア、イラン高原、メソポタミア、エジプトを結ぶ陸路の結節点だった。これらの道路はペルシア湾、インダス川、オクソス川〔アムダリア川の古名〕、アラル海、カスピ海、黒海、地中海、ナイル川、紅海などの川や湖や海で画された地域を縦横に走っていた。この地域がやがてイスラーム世界となったのだ。

残念ながら、この第二の地域全体を表わす共通の用語は確立されていない。その一部は中東と通称されているが、一部だけを特定の名称で呼ぶと全体像が曖昧になってしまう。しかも、中東(Middle East)というのは西ヨーロッパを基点とした呼称であり――たとえばイラン高原を基点とすれば、いわゆる中東は実際には中西(Middle West)ということになる。それゆえ、私はインダス川からイスタンブルに及ぶこの地域全体を「ミドルワールド(Middle World)」と呼ぶことにする。なぜなら、ここはまさに地中海世界と中華世界のあいだに位置しているからだ。

いうまでもないが、古代の中華世界は独自の宇宙を形成しており、ほかの二つの世界とはほとんど交渉がなかった。それはおそらく、もっぱら地理的条件に起因していたのだろう。中国と地中海世界はあまりにも遠く隔たっていた。中国とミドルワールドのあいだには、ヒマラヤ山脈やゴビ砂漠や東南アジアの密林など、容易に人を寄せつけない天然の障壁が立ちはだかっていた。こういうわけで、中国および中国に臣従ないし敵対していた諸集団は、ミドルワールドを中心とする「世界史」にめったに登場しなかった。本書が彼らにほとんど言及していないのも、そのためである。これと同じことが、世界最大の砂漠によってユーラシア大陸との交通を遮断されてい

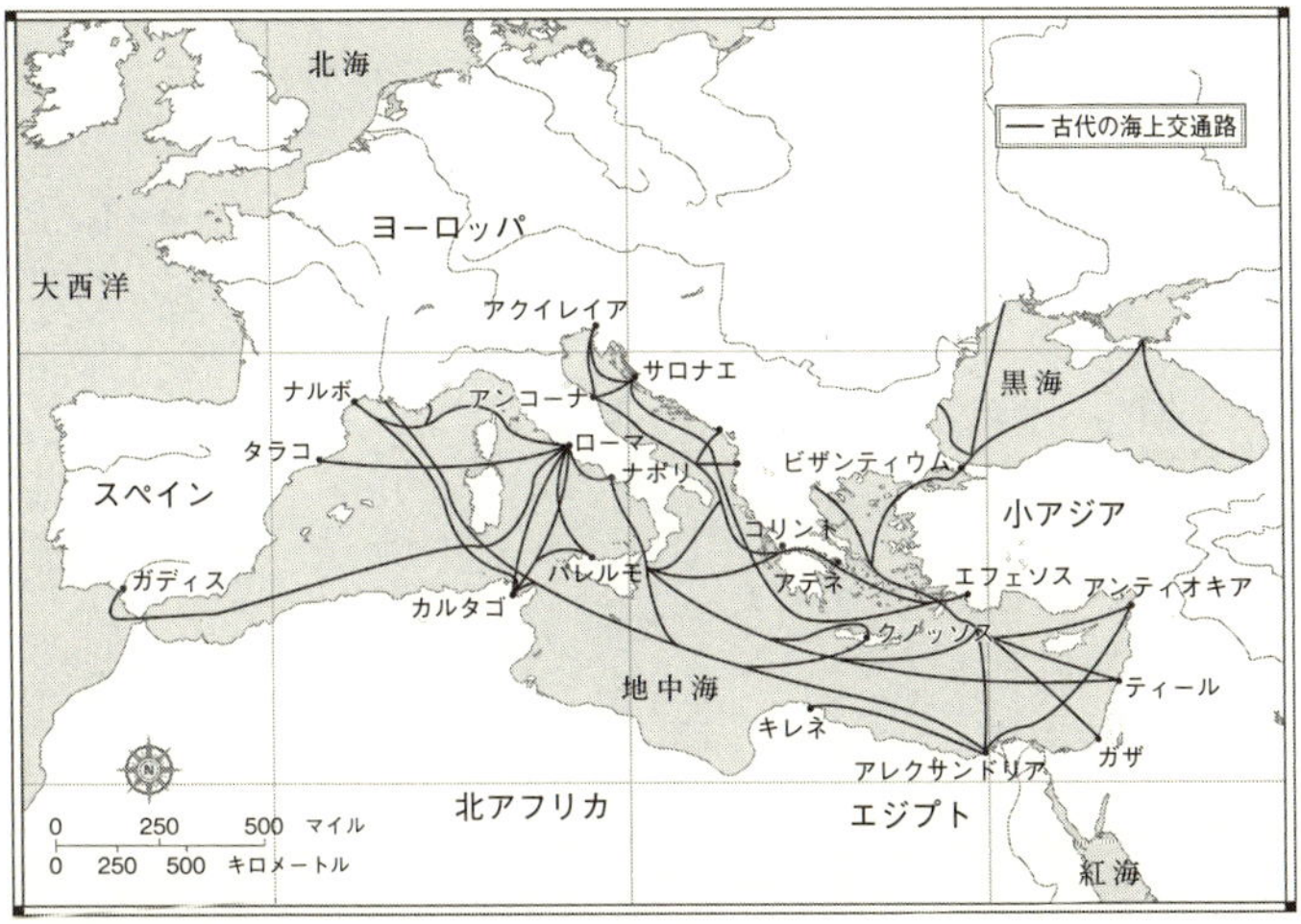

図３　地中海世界

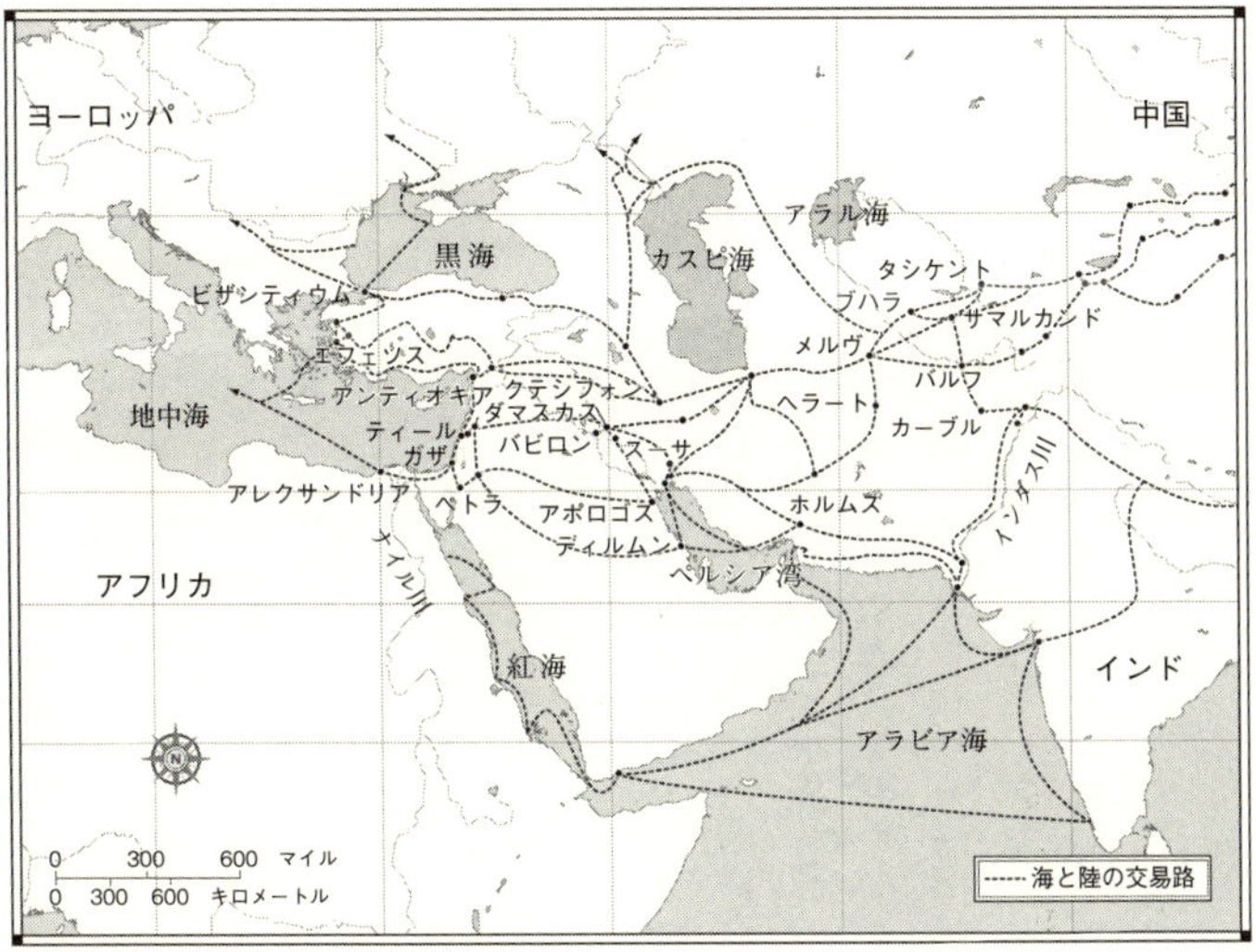

図４　ミドルワールド

たサハラ砂漠以南のアフリカにも当てはまる。それをいうなら、南北アメリカ大陸も独自の「世界史」を有する別個の宇宙を形成していたが、この地域は地理的な条件によってミドルワールドからいっそう隔絶していた。

しかしながら、地中海世界とミドルワールドを根本的に隔てていたのは、両者を中国や南北アメリカ大陸から隔てていたような地理的条件ではなかった。これら二つの地域が別個の世界として統合されるにいたったのは、それぞれが歴史家のフィリップ・D・カーティンの称する「相互交流圏（intercommunicating zone）」を形成し、他方の地域と交流するより、交流圏の内部で自足した関係を築いていたからだ。地中海沿岸の土地からは、ペルシアのペルセポリスやインダス川流域に行くよりも、やはり地中海沿岸に近い場所に行くほうが容易だった。一方、古代のミドルワールドを陸路で往来していた隊商は、どの交差点からどの方向に進もうと思いのままだった——発達した道路網のおかげで、そうした交差点にはこと欠かなかった。ところが、西方に進んで（今日ではトルコと称されている）小アジアに入ると、地形はしだいに狭まって、世界有数の隘《あい》路《ろ》に到達する。ここでは、（その時代にあったとすれば）橋を渡ってボスポラス海峡を越えなければならない〔一九七三年、海峡南部にボスポラス大橋（一〇七四メートル）が完成した〕。こうした事情で、海峡を越えて旅を続ける隊商はめったにおらず、そのほとんどは向きを変えて小アジア中心部に戻るか、地中海岸沿いに南下した。

商人や旅人や征服者らとともに、ゴシップやつくり話、ジョークや噂、神話や史実の伝承、各地の産物や製品など多種多様な文化の断片が往来した。交易ルートは文明の血液を運ぶ毛細血管の役割を果たした。こうした毛細血管網が隅々まで発達したところでは、ある社会集団が紡ぐ物語にしばしば別の社会集団が登場することになる。たとえ、どの集団が善玉で、どの集団が悪役かについて、意見の一致がみられない場合でも。

こうして、地中海世界とミドルワールドはそれぞれ独自の世界史の物語を紡いでいった。地中海周辺に住む人々はまことにもっともなことながら、自分たちを人類の歴史の中心に位置づけていた。だが、ミドルワールドの住人も当然のことながら、自分たちは人類の歴史の中核を占めていると信じていたのだ。

けれども、これら二とおりの世界史は、現在ではイスラエル、レバノン、シリア、ヨルダンの領土となっている地域で——要するに今日多くの紛争の火種を抱えている地域で重なり合っていた。ここは海路で結ばれた世界の東の端であり、陸路で結ばれた世界の西の端だった。この地域は常に、地中海世界から見れば地中海をその心髄とする世界史の一部をなしており、他方の観点からすればメソポタミアとペルシアをその中核とするミドルワールドの一部だった。この地域をめぐって、容易に決着のつかない議論がこれまでしばしば——そして今もなお——なされてきたのではないだろうか？　そう、ここはどちらの世界に属するのか、と。

メソポタミア——征服・統合・拡大・衰退・征服

最初期の諸文明は悠然と流れる大河の氾濫原《はんらんげん》に出現した。中国の黄河、インドのインダス川、アフリカのナイル川——これらの大河の流域に今からおよそ六〇〇〇年前に、あるいはもっと以前に狩猟民や遊牧民が定住し、農耕を営んで村を築いた。

人類の初期の文化を最も強力に育んだ培地は、ティグリス川とユーフラテス川にはさまれた肥沃な楔形《くさびがた》の土地だったと思われる。ここはメソポタミアと呼ばれるが、この言葉は文字どおり〔ギリシア語で〕「二つの川のあいだの土地」を意味している。ちなみに、この二大河川の流域に広がる平野は、現在のイラク共和国の領土面積のほぼ半分を占めている。「文明の揺籃《ゆりかご》」たる「肥沃な三日月地帯」に言及するとき、私たちはイラクについて語っているのだ——そして、この地ですべてが始まった。

一つの重要な地理的特徴によって、メソポタミアはほかの古代文明の発祥地とは趣を異にしている。メソポタミアを貫流する二つの川は人間が居住できる平坦な土地を流れており、この土地にはどこからでも入っていける。自然はこの土地の住人に——たとえばナイル川流域に見られるような——天然の要害を与えてくれなかった。ナイル川の東は沼地で遮られ、西には人間が住むことのできないサハラ砂漠が広がり、上流域には絶壁が幾重にも迫っている。こうした地理的条件のおかげで、エジプト文明は久しく命脈を保つことができた。その一方で異文化と接触する機会を奪われたために、一種の停滞状態に陥った。

メソポタミアではまったく様相が異なっていた。この地域では太古より遊牧民と定住民のあいだの錯綜した闘争が一つのパターンとして定着し、これが千年有余にわたって繰り返されて、より大きな帝国が次々と出現した。このパターンを図式的に示すと以下のようになる。

定住した農民が灌漑施設を設けて生産力を向上させ、村や町の繁栄を支える。やがて、武力に秀でた者か、有能な聖職者か、あるいはそうした資質を兼ね備えた有力者が台頭し、多数の村や町を征服して唯一の権力者として君臨し――部族連合や王国や帝国というような――より大きな政治組織を築く。その後、屈強な遊牧部族が侵入し、君主を倒して領土や財産の一切合財を略奪し、それと同時に帝国を拡大する。ところが、時が経つにつれて、かつての屈強な遊牧民は彼らが征服した人々と同類の温和で贅沢好きな都市住民に変貌する。ここにいたって、別の屈強な遊牧部族が侵入し、彼らを征服して彼らの帝国を乗っ取るのだ。

征服、統合、拡大、衰退、征服――これがお決まりのパターンだった。十四世紀の偉大なムスリムの歴史家イブン・ハルドゥーン〔一三三二～一四〇六〕はおのれが生きる世界を洞察し、遊牧民と定住民の関係を軸として、国家の興亡を体系的に叙述した。イブン・ハルドゥーンの見解によれば、彼はこのパターンの中に歴史の底流をなす衝動を見出したのだ。

いついかなる時点においても、このプロセスは地上のどこかで、時によっては二つ以上の場所で進行していた。ここで一つの帝国が発展していれば、あちらでは別の帝国が急激に成長していた。いずれの帝国も拡大しつづけ、ついには両者が衝突する。その時に一方が他方を征服し、両者を統一してより大きな帝国を築いたのだ。

今からおよそ五五〇〇年前に、ユーフラテス川流域の数多の都市が合同し、シュメール〔またはシュメル〕と呼ばれる都市国家のネットワークを形成した。シュメールでは楔形文字を筆頭に、車輪や荷車、製陶用の轆轤《ろくろ》や六十進法などが発明された。やがて、ユーフラテス川上流域から武力に長じたアッカド人が侵入し、シュメールを征服した。彼らの指導者でアッカド王朝を創始したサルゴン〔在位前二三五〇頃～前二二九五頃〕は、初めて歴史にその名をとどめた征服者である。どの記録からみても彼は残忍な人物で、貧しく無名の存在から身を起こした究極の叩き上げだった。サルゴンの事績は楔形文字を刻印した粘土板文書に記録されているが、それは基本的に「此奴《こやつ》が決起したので殺してやった。彼奴《あやつ》が決起したので殺してやった」というものだった。

サルゴンは軍隊を率いてはるか南方まで遠征し、兵士たちにペルシア湾の水で武器を洗わせたという。その時に、「わしと対等だと称する王がいたら、そいつがどこに住んでいようと成敗してやろう」と豪語したと伝えられている。つまり、「わしほど成功した征服者がいるなら、見参したいものだ[1]」とうそぶいたのだ。といっても、この時点における彼の帝国はアメリカのニュージャージー州より小さかったのだが。

その後、高原地方から新たな遊牧部族の波が押し寄せ、アッカド王国を征服した。彼らも別の部族に征服され、その部族もまた征服されるというパターンが繰り返された。そこに登場したのはグティウム人、カッシート人、フリ人、アムル人〔アモリ人〕などだった。彼らの領土を詳細に見れば、新たな支配者が被征服者の領土をほぼそっくり手に入れたうえで、さらに版図を広げていたことがわかるだろう。

このパターンの繰り返しの中で、アムル人はきわめて重要な一時期を画した。彼らはかの有名なバビロンを建設し、ここを首都として（最初の）バビロニア王国〔バビロン第一王朝〕を統治したのだ。だが、バビロニアを征服したアッシリア人は、その規模と豪華さでバビロンを凌駕するニネヴェを首都とした。アッシリア王国の版図はイラクからエジプトまで広がった。最も速い移動手段が馬であった時代に、その領土がいかに広大に思えたか、読者にも容易に想像がつくだろう。アッシリア人は無慈悲な暴君として史上悪名を馳せているが、彼らが当時の諸集団の中でとくに悪辣だったのか否かは判断しがたい。だが、彼らはたしかに、二十世紀にスターリン〔一八七九〜一九五三〕が実行した悪名高い政略に先鞭をつけていた。すなわち、被征服地の住民を根こそぎ追いたて、縁のない土地に強制移住させたのだ。故郷との絆を断ち切られて異郷に住むことを余儀なくされれば、誰しも混乱と不幸のどん底に陥って反乱を組織する気力を失うだろう、というのが彼らの思惑だった。

　こうした政策はしばらくのあいだは功を奏したが、その効果が永遠に続くことはなかった。アッシリア王国は結局、その支配下にあったカルデア人によって倒された。カルデア人はバビロンを再建し、新バビロニア王国〔カルデア王国〕を樹立した。彼らは天文学、医学、数学の分野における知的業績によって、史上に燦然《さんぜん》たる地位を築いた。たとえば、（私たちが用いている十進法ではなく）十二進法を用いて、時間の計測と分割において先駆的役割を果たした。その結果、一年は十二ヵ月となり、一時間は六十分（六十は十二の五倍）、一分は六十秒となった。彼らは驚くほど有能な都市計画家にして建築家だった——古代人が世界の七不思議と称した巨大建造物の一つ、バビロンの空中庭園を建設したのは、カルデア人の王だったのだ。

　けれども、カルデア人は分割統治を目論んで、住民を丸ごと強制移住させるというアッシリア人の政略を踏襲した。新バビロニア王国のネブカドネツァル二世〔前六三〇頃〜前五六二。在位前六〇五〜没年〕は南ユダ王国の首都エルサレムを陥落させると、一一万人以上のヘブライ人〔他民族がユダヤ人を呼ぶのに用いた名称〕をバビロンに強制的に連行した〔バビロン捕囚〕。また、カルデア人の王ベルシャツァル〔紀元前六世紀頃。ダニエル書には、ネブカドネツァル二世の息子で新バビロニア

〔王国の王位継承者と書いてあるが、歴史的にはそのどちらでもない〕については、次のような逸話が伝わっている。ある晩、ベルシャツァルが宮殿で酒宴を催していると、突然人の手の指が現われて、ともし火に照らされている王宮の白い壁に「メネ、メネ、テケル、パルシン」と書いた。

これらの言葉が何を意味するのか、王の取り巻きたちにはさっぱりわからなかった。それは彼らが酩酊していたせいもあったろうが、この言葉が見知らぬ言語で記されていたからだ（これはアラム語だった）。王はヘブライ人の捕虜ダニエルを呼んで、その意味を問うた。するとダニエルはこう説明した。いわく、「メネは数えるということで、すなわち、神はあなたの治世を数えて、それを終わらせられたのです。テケルは量を計ることで、すなわち、あなたは秤《はかり》にかけられ、不足と見られました。パルシンは分けるということで、すなわち、あなたの王国は二分されて、メディアとペルシアに与えられるのです」と。少なくとも、旧約聖書のダニエル書にはこのように記されている〔日本聖書協会「新共同訳旧約聖書」ダニエル書、五章二六～二八節〕。

ベルシャツァルがその意味を熟考するまもなく、この預言は現実のものとなった。突然、彼の王国はイラン高原から押し寄せる大虐殺の嵐に襲われたのだ。襲撃してきたのは、インド－ヨーロッパ語族に属する言語を話すペルシア人とメディア人の部族連合軍だった。彼らは新バビロニア王国を倒して、ペルシア帝国〔アケメネス朝。前六世紀半ば～前三三〇〕を打ちたてた。

ペルシア帝国の誕生

この時点で、ミドルワールドの中核地域により強大な帝国が次々と出現するという、お決まりのパターンに終止符が打たれた。あるいは、少なくとも長い休止期が訪れた。それは一つには、ペルシア人が全オリエントを征服したときには、もはや征服すべき土地がほとんど残っていなかったからだ。「文明の揺籃」たるエジプトもメソポタミアも、ついにペルシア帝国に組みこまれた。その宗主権は、西は小アジア、南はナイル川流域、東はイラン高原とアフガニスタンを経てインダス川流域にまで及んだ。すっかり洗練されて香水をつけるようになったペルシア人は、それ以上征服事業を続ける意義を認めなかったのだろう。インダス川の南方には炎暑の熱帯雨林が広がり、アフガニスタンの北方には気候条件の厳しいステップが広がっていた。そこではトルコ族の遊牧民が寒風にさらされながら、かろうじて命をつないでいた――こんな土地を、いったい誰が支配したいと思うだろうか？　こういうわけで、ペルシア人は帝国領土の周縁部に一連の要塞を築いて、野蛮人の侵入を防ぐだけでよしとした。この囲いの内側なら、洗練された人々は安心して文明的な生活を営む術《すべ》を追求できるだろう、と。

紀元前五五〇年頃にペルシア人が統一を果たす以前に、古代オリエント世界にはすでに多数の部族連合が形成されていた。それぞれの地域で、アケメネス朝以前の征服者たちが多様な地方部族や町を支配下におさめ――エラムや、ウルや、ニネヴェや、バビロン等々の――都市や都市国家を拠点に一人の君主が統治するという政治体制を築いていた。ペルシア人はこれら先人たちの業績（と流血沙汰）のおかげを被っていたのだ。

とはいえ、ペルシア帝国はいくつかの点で先人たちより卓越していた。第一に、ペルシア人は広大な領土を統治するに際して、アッシリア人の統治方法を非とし、彼らとは正反対の理念を発展させた。ペルシア人は被征服民をそっくり強制移住させる代わりに、故郷に定住させる方針をとった。たとえば、囚われのヘブライ人を解放して、彼らがカナンに帰還するのを援助した。ペルシアの皇帝たちは、多彩な民族が一つの大きなテントの下で暮らせるような多文化政策を追求した。彼らは帝国に居住する多種多様な人間集団に大幅な自由を認めることによって、広大な領土を統治した。すなわち、納税の義務を果たし、皇帝の数少ない命令や要求に服従することを条件に、住民が独自の指導者のもとで独自の生活様式や習慣に従って生きることを容認したのだ。後世のムスリムはこの理念を採用し、それはオスマン帝国の時代まで引き継がれた。

　第二に、ペルシア人はコミュニケーションを帝国統合の鍵、ひいては帝国支配の鍵であると認識した。彼らは統一された租税法を公布するとともに、領土全域で通用する単一の通貨制度を制定した。なんといっても、通貨はビジネスにおけるコミュニケーションの媒体であるからだ。彼らはよく整備された道路網を築き、宿泊所を多数設けて旅人の便宜を図った。彼らはまた、ポニー速達便〔開拓時代のアメリカで、ミズーリ州とカリフォルニア州を往復した早馬便〕の初期ヴァージョンともいうべき効率的な駅逓《えきてい》制度を発展させた。アメリカ郵政公社の「雪にも雨にも熱暑にも夜の闇にも負けず、配達人は迅速に任務を遂行する」というキャッチフレーズを時に目にするが、これは古代ペルシアに起源があったのだ。

　ペルシア帝国はさらに、大量の翻訳者を雇用した。これで、「でも、お役人さま、私はそれが法に反することだとは知らなかったのです——なにしろペルシア語がわからないもので」と言い逃れることはできなくなった。歴代の皇帝は臣民すべてが皇帝を崇敬するように、翻訳者を活用して、おのれの威光と偉大さをさまざまな言語で書き記して布告した。ペルシア帝国の絶頂期の一つをもたらしたダレイオス一世（「大王」）〔前五五〇～前四八六。在位前五二二～没年〕は〔イラン西部ザグロス山脈中の〕ベヒストゥーンの崖に、その生涯を古代ペルシア語、エラム語、バビロニア語の三つの言語で刻ませた。碑文に刻まれた一万五〇〇〇の文字はもっぱらダレイオス大王のペルシア帝国統一の偉業を語り、謀反を企てて失敗した者たちが大王から受けた刑罰を詳細に描いている。そのメッセージの要点は、この王に刃向ったら鼻を切り取られるか、もっと酷い罰を受けるぞ、という警告だった。それにもかかわらず、臣民たちはペルシア人の統治を基本的に慈悲深いものとみなしていた。帝国の統治機構が順調に機能して平和が保たれていたおかげで、庶民は安心して家族を養ったり、農業や製造業などの生業に専念できたからだ。

ダレイオス一世のベヒストゥーン碑文のうち、古代ペルシア語で記された部分は現代ペルシア語から解読することが可能だった。それゆえ、十九世紀にこの碑文が発見されると、学者たちはこの部分を手掛かりとして、ほかの二つの言語も解読した。こうして、楔形文字で記された古代メソポタミアの文書を解読する道が開かれた。それらの文書は膨大な量で、内容も広範に及んでいるので、私たちは三〇〇〇年前のこの地域の日常生活について、一二〇〇年前の西ヨーロッパのそれより詳しく知っているのだ。

ゾロアスター教――善悪二神論の宇宙

宗教はペルシア人の世界に浸透していた。その宗教が奉ずる神は、ヒンドゥー教が奉ずる八百《やお》万《よろず》の神々の類いでも、半神半獣の姿をして魔力をもったエジプトの神々の類いでもなかった。また、森羅万象のいかなる小さな存在にも固有の神が宿り、それらの神々は人間の姿ばかりか、人間と同じ欠点ももっていると考えるギリシアの異教信仰に類するものでもなかった。ペルシア人が描く宇宙では、ゾロアスター教が最高の位置を占めていた。ゾロアスターはキリストよりおよそ一〇〇〇年前の時代の人物だった。それよりもっと早い時代だったのか、遅い時代だったのか、誰にも本当のことはわかっていない。ゾロアスターの出身地がイラン北部だったのか、あるいはアフガニスタン北部だったのか、それとももっと東方だったのか、これも本当のことはわかっていない。ゾロアスター自身は預言者であるとも、魔力をもった霊媒であるとも、いわんや神や神に類する存在であるとも名乗っていなかった。彼はみずからを哲学者にして求道者であるとみなしていたが、ゾロアスターを信奉する人々は彼を聖者と崇めていた。

ゾロアスター教の教理によれば、宇宙は光と闇、善と悪、真実と虚偽、生と死の領域に分かれている。宇宙は創造されると同時に、これら相対立する陣営に分かたれた。それ以来、両陣営はひたすら闘争を続け、その闘争は終末の時まで続くとされている。

人間は善の原理と悪の原理をともに内包しており、善悪いずれの方向に進むかを自由に選ぶことができる、とゾロアスターは説いた。善の原理を選択することによって、人間は光や生命の力を高める。悪の原理を選択すれば、闇や死の力が強くなる。ゾロアスター教の宇宙には、宿命というものは存在しない。この壮大な闘争の結末は常に定かではないが、人間は誰でも思うままに道徳的な選択を行なえる。しかも、その選択の一つ一つが、宇宙の結末に影響を及ぼすのだ。

ゾロアスターによれば、こうした宇宙のドラマを演じているのは——唯一でも幾千でもない——善悪二神、すなわち、善の原理を体現しているアフラ・マズダと、悪の原理を体現しているアフリマンである。火がアフラ・マズダを表象するとされたことから、ゾロアスター教徒を拝火教徒と称する場合もあるが、彼らが崇拝するのは火そのものではなく、アフラ・マズダなのだ。ゾロアスターは死後の世界について、善人が天上の楽園に行くのは現世で善人であった報償としてではなく、善の原理を選択した当然の帰結である、と示唆していた。つまり、人間はみずからの選択によって天国への道を切り拓く、ということだろう。ペルシアのゾロアスター教徒は宗教的な彫像や絵画の類いを拒絶し、宗教の芸術的表現を敵視する姿勢の先鞭をつけた。こうした姿勢は、後世のイスラームにおいて激烈な形で再現されることになる。

ゾロアスターは——あるいは少なくとも彼の信奉者たちは——時にアフラ・マズダを「叡智の主」と称し、アフラ・マズダが全宇宙を創造し、その直後にすべての被造物を相対立する二つの領域に分けた、と受け取れるような説を唱えていた。このように、ゾロアスター教の善悪二神論は一神論に限りなく近づいていたが、ついに一神論に到達することはなかった。古代ペルシアのゾロアスター教徒は結局のところ、宇宙には等しい力を有する善悪二神が存在し、人間はこれら二神が激しく引き合う綱のようなものであると考えていたのだ。

ゾロアスター教の祭司はマグ（magus）と呼ばれ、その複数形はマギ（magi）である〔元来はメディア王国の神官の称であった古代ペルシア語の magu に由来する〕。キリスト教の伝承では、「東方の三博士」が馬小屋で生まれたイエスを訪れ、没薬《もつやく》と乳香を捧げたとされているが、この博士たちはゾロアスター教の祭司だったのだ。魔術師を意味するmagicianもmagiに由来しているが、マギは超自然的な力をもっていると信じられていた（時にはマグ自身がそう主張していた）。

二つの世界の交差——ペルシア戦争とアレクサンドロス大王の遠征

この時代にペルシア帝国は地中海世界に侵入し、短期間に終わったとはいえ、西洋版の世界史に華々しい足跡を残した。そう、ダレイオス大王がギリシア人を懲らしめるべく、西方に出撃したのだ。ここで私が「侵略」とか「征服」という言葉を使わずに「懲らしめる」と述べたのは、ペルシア人の観点からすれば、いわゆるペルシア戦争〔前四九九年から前四四九年（平和条約締結）にわたるペルシア帝国とギリシア諸都市の戦争〕は二つの文明の衝突というがごとき大それたものではなかったからだ。当時のペルシア人にとって、ギリシア人とは文明世界の西端に点在する小都市に住む原始的な人々に過ぎなかった。それらの都市は直接統治するにはあまりに遠く隔たっていたものの、ペルシア帝国に属するものと暗黙のうちにみなされていた。ダレイオス大王がギリシア人に求めたのは、象徴的な貢物として水を入れた甕《かめ》と土を入れた箱を大王に送り、臣従の意を明確に示すことだけだった。ところが、ギリシア人はこれを拒否した。ダレイオスはギリシア人に生涯忘れぬ教訓を与えてやろうと、大軍を召集した。だが、大規模な軍隊は強みであると同時に弱みにもなった。遠方に派遣した大軍勢を指揮するのも、武器や糧食を補給するのも至難の業だった。ヨーロッパで陸戦を戦うべからずという軍事戦略の第一原理を、ダレイオスは無視していたのだ。結局のところ、ギリシア人のほうがペルシア人に生涯忘れぬ教訓を与えることになった——ところが、ペルシア人は一世代も経たないうちにこの教訓を忘れてしまった。ダレイオスの息子で愚鈍なクセルクセス一世〔前五一九頃～前四六五。在位前四八六～四六五年没〕が父の仇を討とうと決断し、父親の過ちを繰り返すどころか、いっそう大きな過ちを犯したのだ。クセルクセスも父と同様に痛手を負って帰国し、これをもってペルシア人のヨーロッパにおける冒険は終わりを告げた。

しかしながら、ペルシア帝国はこれで幕を閉じたわけではなく、それから一五〇年ほどのちにマケドニア王国のアレクサンドロス大王〔三世。前三五六～前三二三〕によって滅ぼされた。アレクサンドロス大王が世界を征服したとよくいわれるが、実際に彼が征服したのは、すでに「世界」を征服していたペルシアだったのだ。

アレクサンドロス大王とともに、地中海世界の物語がミドルワールドの物語に押し入ってきた。アレクサンドロスはこれら二つの世界を一つに融合することを、つまりヨーロッパとアジアを統合することを夢見ていた。彼はおのれの帝国の首都をバビロンに置こうと目論み、果敢に軍を進めて成功をおさめた。ペルシアの神話や伝説には、アレクサンドロスが頻繁に登場する。彼は桁《けた》はずれの豪傑として描かれているが、まるっきり肯定的に評価されているわけではない（といって、まったくの悪人とされているわけでもない）。イスラーム世界の都市には、彼にちなんだ名をつけられたものが少なからずある。エジプトのアレクサンドリアが著名な例だが、それほど知られていない例として——ターリバーンが本拠地としたことで有名になった——カンダハルが挙げられる。カンダハルは元来、「アレクサンドロス」のアラブ呼称である「イスカンダール」と呼ばれていたが、「イス」が脱落し、「カンダール」が訛って「カンダハル」になったというわけだ。

けれども、アレクサンドロス大王が切り開いた傷はふさがり、そこに新しい皮膚が再生した。一一年に及んだ大王のアジア遠征の影響力はしだいに弱まった。ある夜、アレクサンドロスはバビロンで急死した。その死因についてはインフルエンザ、マラリア、深酒、毒殺など諸説があるが、真相はいまだにわかっていない。アレクサンドロスは征服した土地の要所に将軍たちを常駐させていた。大王が没するやいなや、有力な将軍たちは自分が管轄していた土地をおのれの領土と主張した。こうして、ギリシア人の諸王国が分立し、これらは以後数百年間存続した。その一つの（現代のアフガニスタン北部に位置した）バクトリア王国では、芸術家たちがギリシア人の風貌をした彫像を制作していた。のちにインドから仏教の影響が北方に浸透すると、二つの美術様式が混淆して、ギリシア美術の影響が色濃い仏教美術〔ガンダーラ美術〕が誕生した。

パルティア王国——ペルシア人の復権

だが、やがてギリシア人の諸王国は衰退し、ギリシアの影響もギリシア語もしだいに廃れた。底流となっていたペルシアが噴出して新たな王国を築き、アケメネス朝のそれと（まったく同じではないものの）ほぼ等しい領土を占領した。パルティア人と名乗る新しい統治者は武力にすぐれ、ローマとの抗争で一歩も引かず、その東方拡大を食い止めた。パルティア王国の軍隊は史上初めて完全装備の戦士を登場させた——装甲を施した巨大な馬に乗り、全身を金属製の甲冑《かっちゅう》で覆った騎士で、その姿は私たちが封建時代のヨーロッパの騎士に抱くイメージによく似ていた。パルティア軍の重装騎兵団はさながら動く城だった。もっとも、動く城は機動力に劣るので、パルティア軍は裸馬に乗った軽装備の騎兵隊も擁していた。この軽装騎兵はしばしば敗走すると見せかける戦術をとった。つまり、戦闘の真っ最中に突然敵に背を向けて退却するのだ。敵の部隊は列を乱して追撃する。秩序も軍規もあらばこそ、「奴らは逃げているぞ、追いつけ、とどめをさせ！」と叫びながら。と、その時、パルティア軍の騎兵隊が突然ふたたび向きを変え、すでに烏合の衆と化していた敵兵たちに一斉に矢を放ち、あっというまに全滅させるというわけだ。この戦術はのちにパルティアン・ショット（Parthian shot）と呼ばれるようになった〔逃げながら馬上で振り返りざまに射る矢のことを「パルティアン・ショット」と呼び、転じて「捨て台詞」の意味になった〕。「パーティング・ショット（Parting shot）」〔「捨て台詞」の意〕という言葉を耳にすることがあるが、これは実際には「パルティアン・ショット」が訛ったものなのだろう[2]。

パルティア人は元来、ペルシア北東部の山岳地帯に居住していた遊牧民と狩猟民だった。だが、彼らはひとたびかつてのペルシア帝国の屋台骨を乗っ取るや、あらゆる実際的な意味でペルシア人になった（そもそもパルティア人という名称も、おそらく「ペルシア人」の転訛《てんか》ないし変形だろう）。パルティア王国は数世紀間〔前二四七頃～後二二六〕存続したが、その痕跡はほとんど残っていない。なぜなら、彼らは芸術や文化にほとんど関心をもたず、くだんの動く城も、その本体たる戦士が死ぬと屑鉄として再利用されたからだ。

とはいえ、パルティア王国は交易を保護・奨励したので、隊商はその領土内を自由に往来することができた。首都には数多の道路が通じており、ギリシア人はその都市を「百門の都」を意味するヘカトンピュロスと呼んでいた。都市のバザールでは、王国内のあらゆる地域や、周辺のさまざまな社会からもたらされるゴシップが聞こえてきただろう。そう、南方のインド地方や、東方のガンダーラ地方の諸王国や、さらに東方の中国や、衰退の途上にあった西方のギリシア人の王国（セレウコス朝）や、北方のアルメニアから届く噂が……。パルティア王国は戦火を交える以外には、ローマ帝国と社会的交流をほとんどもたなかった。パルティア人をペルシア人に変容させた文明の血液は、ついにパルティア王国の国境を越えなかった。こうして、地中海世界とミドルワールドはまたしても別の道を進むことになったのだ。

パルティア王国が台頭しはじめた頃、中国では史上初めて統一王朝が成立した〔前二二一年に秦が天下を統一〕。ついで中国を統一した漢王朝〔前二〇二～後二二〇〕が栄華を極めた時代は、実のところパルティア王国の全盛期とほぼ一致する。西方に目を転ずると、ローマはパルティア王国の台頭とほぼ時を同じくして、壮大な領土拡張時代に突入した。ローマが初めてカルタゴを破りつつあったとき、パルティア人はバビロニアを征服しようとしていた。ユリウス・カエサル〔前一〇〇頃～前四四〕がガリアを征服せんとしていたときに、ミドルワールドではパルティア王国の権勢が最高潮に達しつつあった。紀元前五三年、パルティア軍はローマ軍を粉砕し、三万四〇〇〇人のローマ兵を捕らえ、カエサルとポンペイウス〔前一〇六～前四八〕とともにローマを統治していたクラッスス〔前一一五頃～前五三〕を死にいたらしめた。それからおよそ二〇年後〔前三六年〕、パルティア軍はマルクス・アントニウス〔前八二～前三〇〕を徹底的に打ち負かし、〔前二〇年に結ばれた平和条約で〕ユーフラテス川をパルティア王国とローマ帝国の国境と定めた。キリストが誕生したときにも、パルティア王国は東方への領土拡大を続けていた。さほど熱心ではなかったものの、パルティア人はゾロアスター教を信奉していた。彼らはキリスト教の勢力拡大にほとんど気づいておらず、キリスト教の宣教師が東方に足を伸ばすにまかせていた。いずれにしても、パルティア人は宗教には無頓着だった。

イスラーム前夜のミドルワールド――サーサーン朝とビザンツ帝国

パルティア王国は一貫して封建制度を採用し、権力は大小さまざまの領主に分散されていた。時が経つにつれて封土はますます細分化され、王の権力はいつしか封建領主の手に移っていった。（キリスト教暦の）三世紀に、地方の有力者が反旗を翻してパルティア王国の最後の王を倒し、サーサーン朝ペルシア〔二二六～六五一〕を建国した。サーサーン朝は急激に勢力を伸ばし、パルティア王国の全領土を占領したばかりか、さらに版図をいくぶん拡大した。サーサーン朝は文化的な潮流を変えようとはせず、帝国をより効率的に組織することに努力を傾注した。そして、ヘレニズム〔東方文化と融合し普遍的性格をもつようになったギリシア文化〕の影響を一掃して、ペルシア流の制度や組織を復活させた。彼らは記念碑的な彫像をつくり、巨大な建造物を築き、立派な都市を建設した。ゾロアスター教は国教となり――火と灰、日光と闇、アフラ・マズダとアフリマンが対立するという――善悪二神論の教義が華々しく甦った。仏教の伝道僧がアフガニスタンから西に歩を進めていたが、彼らが蒔いた種はゾロアスター教が根づいたペルシアの土壌では芽を出さなかった。それゆえ、伝道僧は東に向きを変えたので、仏教はヨーロッパには伝播せず中国に広まった。後世のペルシアの説話や伝説には、サーサーン朝時代に起源を有するものが無数にある。サーサーン朝の全盛期を築き、ホスロー・アノーシールワーン〔「不滅の魂を有する者」の意〕と号したホスロー一世〔第二一代王。在位五三一～七九〕は、（ペルシア人の語り手によって）「公正な王」の原型として記憶されるようになった。この伝承はたぶん、謎に包まれたイランの伝説王朝の第三代の王カイ・ホスローと混同しているのだろうが、高貴な騎士たちを従えてキャメロットを統治するアーサー王のペルシア版といった人物像を彷彿とさせる(3)。

その間に、ローマ帝国は分裂への道を歩んでいた。二九三年、皇帝ディオクレティアヌス〔二四五～三一六。在位二八四～三〇五〕は効率的な管理・運営を図って帝国を東西に二分し、おのおのに正帝と副帝を置き、自身は東の正帝となって四人で共同統治するという改革に踏みきった。というのも、帝国があまりに巨大になったために、一つの中枢から統治するのが困難になったからだ。だが、ディオクレティアヌスの改革は東西ローマ帝国の分裂という結果を招来した。帝国の富は東方に偏在していたので、西ローマ帝国〔三九五～四七六〕は衰退した。遊牧民のゲルマン族が帝国に侵入すると、行政サービスは縮小し、法と秩序は崩壊し、交易は壊滅的な打撃を受けた。教育制度も破綻し、西ヨーロッパ人の多くは読み書きができなくなった。かくして、ヨーロッパは暗黒時代と称される沈滞期に入ったのだ。今日のドイツやフランスやイギリスなどの地に建設されたローマ帝国の諸都市は荒廃し、社会は農奴、戦士、聖職者からなる三つの階層に分裂した。何ら共通点をもたない人々を結びつけていた唯一の機関が――まもなく教皇と称されるようになる――ローマ司教を頂点に戴くカトリック教会だった。

一方、コンスタンティノープルを首都とする東ローマ帝国〔三九五～一四五三〕は、その後も久しく命脈を保った。その住民は依然としてローマ帝国と称していたが、後世の歴史家の目には新しい帝国が生まれたように思われた。そこで、彼らはビザンツ帝国という新しい名称で呼ぶようになった。

ビザンツ帝国の中核的な宗教は東方正教会に属するキリスト教だった。西方のカトリック教会とは異なり、東方正教会は教皇に類する地位を定めていなかった。多数のキリスト教徒が居住する都市には、それぞれ「府主教《メトロポリテス》」と称される高位の聖職者が配属された。各都市の府主教は同格とされていたものの、コンスタンティノープルの府主教〔総主教〕は一段高く評価されていた。しかしながら、これら高位の聖職者の上にはビザンツ皇帝が君臨していた。西方の学問や技術、知的活動は首都のビザンティウム〔コンスタンティノープルの旧称〕に流入した。この地では文人や芸術家たちがさまざまな分野の芸術作品の制作に勤しんでいたが、ひとたび東ローマ帝国がビザンツ帝国に変貌すると、この帝国は多かれ少なかれ西洋の歴史から姿を消してしまった。

こうした見方に異論を唱える人も多いだろう――なんといってもビザンツ帝国はキリスト教徒の国であり、その臣民はギリシア語を話していたし、ビザンツ世界の哲学者たちは……云々と。いや、この地の哲学者たちについては多言を弄さないことにしよう。教育を受けた西洋人ならほぼ例外なく、ソクラテス〔前四七〇～前三九九〕、プラトン〔前四二七～前三四七〕、アリストテレス〔前三八四～前三二二〕などの哲学者についても、ソフォクレス〔前四九七～前四〇五頃〕、ウェルギリウス〔前七〇～前一九〕、タキトゥス〔五五頃～一二〇頃〕、ペリクレス〔前四九〇頃～前四二九〕などの詩人や歴史家や政治家についても知識があるだろう。けれども、ビザンツ史を専攻する学者を除けば、ビザンツ帝国の哲学者三人、あるいはビザンツ帝国の詩人二人、もしくはユスティニアヌス一世〔大帝。四八三～五六五。在位五二七～没年〕以後のビザンツ皇帝一人の名前を挙げられる者はめったにいないだろう。ビザンツ帝国は一〇〇〇年余りも存続したが、その期間をつうじてこの帝国で起こった出来事を五つ挙げられる者も、まずいないだろう。

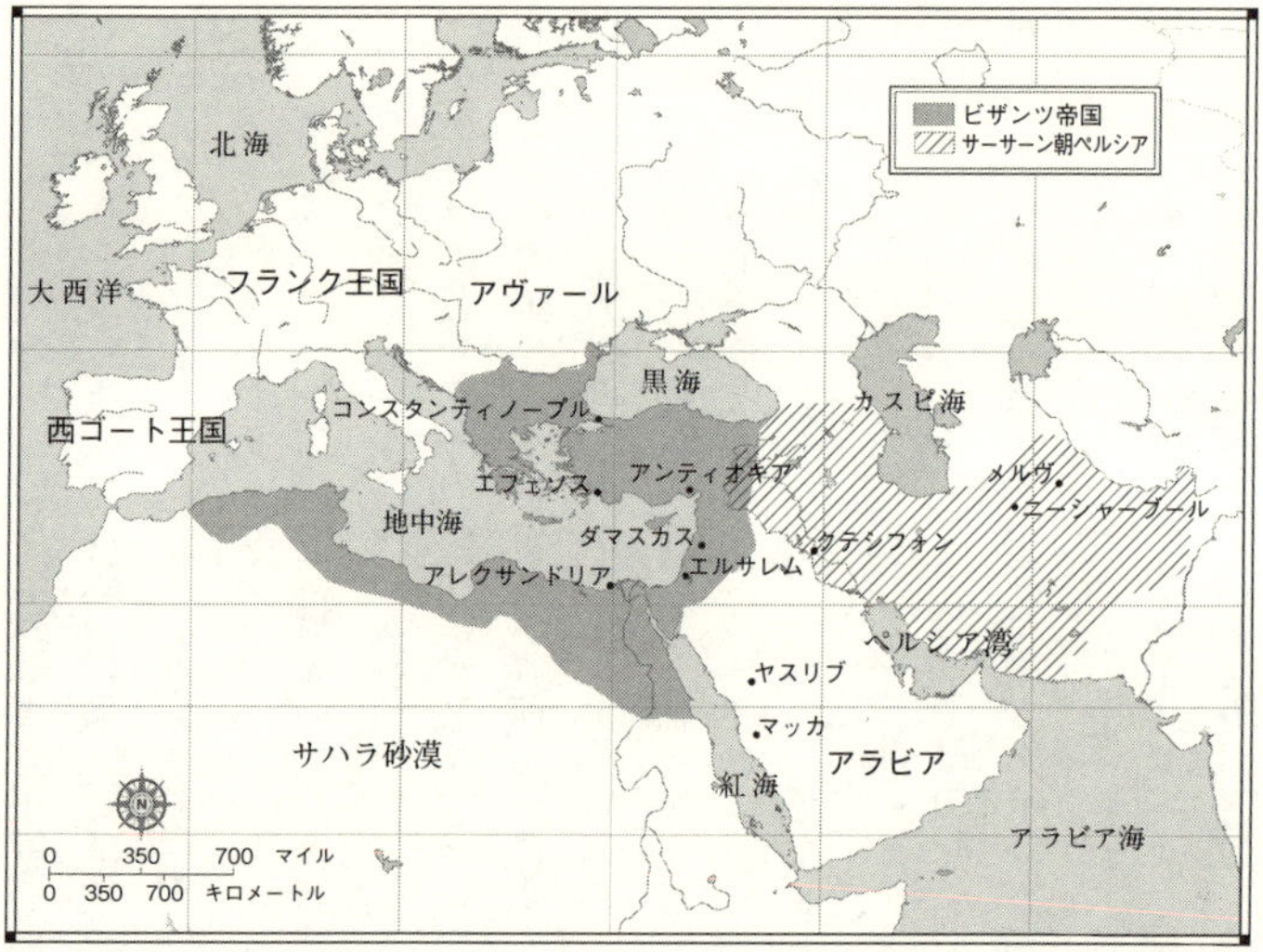

図5　イスラーム誕生前夜——ビザンツ帝国とサーサーン朝ペルシア

古代ローマ帝国ほど武力を振るわなかったものの、ビザンツ帝国はこの地域における超大国《スーパーパワー》だった。それは主として、敵対する勢力が存在しなかったことと、城壁をめぐらしたコンスタンティノープルが史上稀にみる難攻不落の都市だったことによっていたのだろう。六世紀半ばには、ビザンツ帝国は小アジアの大部分と、今日のいわゆる東ヨーロッパの一部を支配していた。そして、この地域のもう一つの超大国だったサーサーン朝ペルシアと衝突するにいたった。サーサーン朝の領土は、はるか東方のヒマラヤ山麓まで広がっていた。二つの帝国にはさまれた地中海沿岸の細長い土地で二つの世界の歴史が重なり合い、この一帯は今日にいたるまで係争の地となってきた。その南方には、二大帝国の陰に隠れて、自立した多数の部族が割拠するアラビア半島が横たわっていた。これが、イスラーム誕生前夜のミドルワールドの政治的な状況だった。

第二章　ヒジュラ

ヒジュラ暦元年
西暦六二二年

ムハンマドの誕生

西暦六世紀後半のアラビア半島沿岸地帯では、交易の要所として多くの都市が栄えていた。アラブ人〔本来はアラビア半島に住むセム系遊牧民族の総称。現在ではアラビア語を使用する人々の総称〕は紅海の港で香料や織物などの商品を荷受けし、ラクダを連ねた隊商を組んで砂漠の彼方のシリアやパレスチナまで輸送していた。アラビア商人は東西南北あらゆる方面に旅をしていたので、キリスト教世界とその世界観にも、ゾロアスターと彼の教理にも通暁していた。アラブ人のあいだで多数のユダヤ教徒部族が暮らしていたが、彼らはローマ人によってパレスチナを追われたユダヤ教徒の子孫だった。アラブ人とユダヤ人はいずれもセム語系の言語を話すセム族に属し、その先祖はイブラーヒーム〔アブラハム〕（と、イブラーヒームをつうじてアーダム〔アダム〕）まで遡るとされている。アラブ人はみずからを、イブラーヒームと側妻のハージャル〔ハガル〕のあいだに生まれた息子イスマーイール〔イシュマエル〕の子孫とみなしている。ユダヤ教の聖典である旧約聖書に登場する諸々の物語は——すなわちアダムとイヴ、カインとアベル、ノアの箱舟、ヨセフとエジプト、モーセとエジプトのファラオなどをめぐる一連の物語は——アラブの伝承にも組みこまれていた。西暦六世紀後半の時点では、アラブ人の大多数はさまざまな神々を崇拝する多神教徒であり、ユダヤ教徒は先祖伝来の厳格な一神教を奉じていた。とはいえ、それ以外の文化や生活様式の面では、両者のあいだに目に見える違いは認められなかった。アラビア半島に居住するユダヤ教徒はアラビア語を話し、彼らの部族制度はアラブ人のそれと大差なかった。アラブ人の一部は砂漠で暮らす遊牧民のベドウィンだったが、そのほかは都市の住民だった。イスラームの預言者ムハンマド〔五七〇頃～六三二〕が生まれ育ったのは、紅海にほど近い国際色豊かなマッカという都市だった。

マッカの住人は広範な分野にわたる商業と貿易を営んでいたが、彼らに何より多くの富と名声をもたらしていたのは宗教だった。マッカには、フバル、マナート、アッラート、ウッザー、ファルズ（Fals）などと呼ばれる一〇〇以上の神々を祀る神殿が設けられていた。これらの神殿には巡礼者が引きも切らず訪れ、神々に儀式を捧げるかたわら、ちょっとした商売も行なっていた。それゆえ、マッカでは旅館や居酒屋や商店など、巡礼者の要求を満たす観光業が繁盛していた。

ムハンマドは西暦五七〇年頃に生まれたが、正確な誕生日はわかっていない。なぜなら、当時は誰も彼のことをたいして気にかけていなかったからだ。ムハンマドの父親は貧しかったうえに、彼がまだ母親のお腹にいるときに他界してしまった。一文無し同然で取り残された母親も、ムハンマドがまだ六歳の時にこの世を去った。ムハンマドはマッカの名門部族のクライシュ族に属していたが、その恩恵に浴することはできなかった。というのは、彼はクライシュ族の中でも貧しいバヌー・ハーシム〔ハーシム家〕の一員だったからだ（バヌーは「氏族」ないし「一家」の意）。幼いムハンマドはさぞかし、孤児という寄る辺ない身の上を痛いほど感じながら成長したに違いない――読者はこう思うことだろう。けれども、近縁の親類はムハンマドを見捨てなかった。彼は祖父のもとで養育され、祖父の死後は伯父のアブー・ターリブ〔六一九頃没〕に引き取られた。アブー・ターリブはムハンマドをわが子のように育ててくれた――それでもやはり、ムハンマドは彼を取り巻く環境の中では取るに足らぬ存在だった。伯父の家を一歩出れば、孤児の宿命である蔑視や冷笑にさらされていたことだろう。ムハンマドが生涯をつうじて寡婦や孤児に思いを寄せていたのは、幼い日の境涯によるものだったのだ。

二五歳になったムハンマドは、手広く商いを営む裕福な寡婦のハディージャ〔六一九没〕に雇われた。彼は隊商の管理・運営をまかされ、女主人の代理をつとめるようになった。アラブ社会は概して女性に寛容でなかったが、ハディージャは亡夫の莫大な遺産を相続していた。その遺産を守っていたという事実そのものが、彼女がきわめて有能で人間的魅力を備えた人物であったことを物語っている。ムハンマドとハディージャは互いに尊敬と愛情を抱くようになり、やがて二人は結婚した。二五年後にハディージャが亡くなるまで、二人の温かな関係が冷めることはなかった。アラブ社会は一夫多妻制であり、妻が一人だけというのは稀なケースだったろう。それにもかかわらず、ハディージャが生きているあいだは、ムハンマドはついにほかの妻を娶《めと》らなかった。

かつての孤児は長ずるに及んで、円満な家庭を築くとともに、事業の面でも成功をおさめた。ムハンマドは交渉術が巧みであるとの評判が立ち、係争の当事者たちがしばしば彼に調停を求めるようになった。ところが、ムハンマドは四〇歳に近づくにつれて、今日なら中年の危機といわれるような状態に陥ってしまった。彼は人生の意味について思い悩むようになった。周囲を見まわすと、社会には活気が満ち、富が溢れている。それなのに、繁栄の中で寡婦は慈悲にすがってかろうじて生き、孤児はわずかな糧を奪い合っている。こうした状況に対して、自分に何ができるのだろうか?

ムハンマドは折に触れてマッカ郊外のヒラー山に赴き、頂上近くの洞窟にこもって瞑想に耽るようになった。そんなある日、彼は尋常ならざる経験をした。それがどのような経験だったのか、正確なところはいまだ謎に包まれている。というのは、おそらくムハンマド自身がさまざまに語っていたことを反映して、さまざまな説が今日まで伝わっているからだ。一説によれば、目を閉じて瞑想しているときに「何か文字が書いてある絹の衣」が現われた、とムハンマドが語ったとされている。(1) だが、大天使ジブリール〔ガブリエル〕がムハンマドを訪れたという伝承が広く受け入れられており、くだんの経験はムハンマドがジブリールと直接交わした言葉のやりとりに要約されるようだ。それは、漆黒の闇の中で瞑想していたムハンマドが、何か恐ろしいほど圧倒的なものの存在を察知したときに始まった。洞窟の中に誰かがいる。と、突然、彼は背後から息もできないほど強く締め上げられた。それから、声が聞こえた。いや、聞こえたというより、全身で感知した。その声は彼に「読め!」と命じた。

ムハンマドは喘《あえ》ぎながら、やっとの思いで自分は読めないと応えた。

ふたたび命令が下された。「読め!」

ムハンマドはまたしても、自分は読めない、何を読めばよいのかもわからない、と抗った。だが、大天使は――この声は――この衝撃は――重ねて大声で「読め！」と命じた。すると、ムハンマドの心に、とてつもなく崇高な言葉が湧いてきた。彼はそれを朗誦しはじめた。

読め、「創造主なる汝《なんじ》の主の御名において。
主は凝血から人間を造りたもうた」
読め、「汝の主はいとも心ひろきお方、
筆とるすべを教えたまい、
人間に未知のことを教えたもうた」

〔クルアーン「凝血の章」第一～五節〕

ムハンマドは恐怖のあまり気分が悪くなり、悪い精霊《ジン》に取りつかれてしまったのかもしれないと怯えながら山を降りた。平地に戻ったムハンマドは、見渡すかぎりの世界を満たすものの存在を感じ取った。いくつかの言い伝えによれば、ムハンマドの眼前に光が広がり、その中に人間らしきものの姿が見えたという。その光景はひたすら強烈で恐ろしいものだった。ムハンマドは家に逃げ帰り、ハディージャに一部始終を語った。ハディージャはまず、あなたは完全に正気だと言って夫を安心させた。そして、天使の訪問をつうじてあなたは神の召命を受けたのだと言い聞かせ、「あなたを信じる」と断言した。かくして、ハディージャはムハンマドの最初の信徒、最初のムスリムとなったのだ。

はじめのうち、ムハンマドは親密な友人や近縁の親戚だけを相手に説教をしていた。しばらくのあいだ、さらなる啓示は下らなかった。ムハンマドは意気消沈し、神に見捨てられたような気分になった。だが、やがて、新たな啓示が次々と下りはじめた。しだいにムハンマドは公然と啓示を伝えるようになり、ついにはマッカ中の人々に説教しようとするまでになった。「神は唯一である。神の意志に服従せよ。さもなければ地獄に落ちるぞ」と。神の意志に従うとは何を意味するのか、ムハンマドは具体的に説明した。いわく、放蕩や飲酒、残酷な行為や横暴なふるまいをやめ、苦境にある弱者を保護し、貧者を救い、正義の実現のために犠牲をいとわず、より偉大な善のために献身せよ、と。

マッカに数ある聖なる殿堂の中に、光沢のある黒い石がはめこまれた立方体状の神殿があった。この石ははるかな過去に天から落ちてきた〔あるいは、天使が運んできた〕と言い伝えられており——たぶん隕石だろう——人々の崇敬を集めていた。この神殿はカアバ〔アラビア語で「立方体」の意〕と呼ばれ、部族の伝承によれば、イブラーヒーム自身が息子のイスマーイールとともに建てたものとされていた。ムハンマドはイブラーヒームの子孫をもって任じており、イブラーヒームの厳格な一神教信仰について熟知していた。実際、ムハンマドは自分が何か新しいことを説いているとは夢にも思っておらず、かつてイブラーヒーム(と、彼以後に現れた数多の預言者)が語ったことを、改めて説いているだけだと思っていた。こうした事情で、彼はカアバだけを神殿とみなした。これこそマッカで唯一の神殿、アッラー(Allah)の神殿であらねばならぬ、とムハンマドは宣言した。

アラビア語の*Al*は英語の定冠詞「the」に相当し、*lah*は「神」を意味するイラーフ（*ilaah*）の省略形である。したがって、*Allah*は単に「神」を意味する普通名詞でしかない〔絶対神の固有名詞とする説もある〕。これがイスラームの核心である。ムハンマドは「あの神」に対置して「この神」を語っていたのではない。彼はけっして「最も偉大にして強力な神であるゆえ、Lahと呼ばれる神を信ぜよ」とは言わなかった。また、Lahが「唯一の真なる神」で、そのほかの神々はすべて偽物である、とさえ言わなかった。かような唯一神の観念を受け入れたうえで、なおかつ神を超自然的な力をもった特別な存在と想定することもできる。それはたとえばギリシア神話の最高神ゼウスのような存在で、永遠の生命と、片手で一〇〇頭のラクダをもち上げるほどの怪力を誇る無二の存在である。神をかかる存在とみなしても、やはり唯一神を信仰しているといえるだろう。だが、ムハンマドが提示した神は、こうした存在とは異なる、もっと大きな存在だった。唯一なる神はあまりに包括的で普遍的な存在であるがゆえに、いかなる特定のイメージや、属性や、有限の観念とも結びつけることができず、いかなる限定を課すこともできない。神は唯一であり、そのほかのあらゆる事物は神が創造したものである。これこそ、ムハンマドが耳を傾ける者すべてに伝えようとしたメッセージだったのだ。

ヒジュラ——マッカからマディーナへ

マッカの実業界の指導者たちは、しだいにムハンマドに脅威を感じるようになった。というのも、彼らは宗教がらみの観光産業で大儲けしていたからだ。もし、ムハンマドの説く唯一神の観念が定着したら、そのほかの神々を信仰する人々はマッカに来なくなるだろう、そうなったら商売上がったりだ、と彼らは危惧したのだ（皮肉なことに、今日では毎年一〇〇万人以上の人々がカアバ神殿で巡礼の儀式を行なうためにマッカを訪れており、これは世界最大の年間行事となっている！）

マッカはまた、飲酒や賭博や売春という類いの娯楽の場を提供することによって利益を得ていた。それゆえ、部族の大物たちは彼らの金蔓となっている娯楽そのものを非難する者に対して、寛容ではいられなかった。たとえ、ムハンマドの信奉者がほんのひと握りしかおらず、その多くが無力な貧乏人や奴隷であったとしても。いや、実をいうと、ムハンマドの信奉者すべてが貧乏人や奴隷だったわけではない。その中にはアブー・バクル〔五七三頃〜六三四。初代正統カリフ。在位六三二〜没年〕やウスマーン〔五七四頃〜六五六。第三代正統カリフ。在位六四四〜没年〕のような、裕福で人望のある商人も含まれていた。まもなく、当初はムハンマドに激しい敵意を燃やしていた偉丈夫のウマル〔五八六頃〜六四四。第二代正統カリフ。在位六三四〜没年〕さえもが、信徒の輪に加わった。これは不穏な動向だった。

初めて啓示が下って以来、伯父のアブー・ターリブがあらゆる批判からムハンマドを守ってくれた。おおかたのムスリムの証言によれば、アブー・ターリブはイスラームに改宗こそしなかったものの、個人的な忠誠心と愛情から甥を弁護し、その言葉には影響力があったという。ハディージャも献身的に夫を支え、それによってムハンマドはこのうえない慰めを得ていた。だが、ムハンマドにとってかけがえのない存在だった二人が、「悲しみの年」と呼ばれる」西暦六一九年前後の一年のあいだに相次いで亡くなり、神の使徒は彼を敵視する人々の攻撃に直接さらされることになった。やがて、厄介者がマッカの経済に実害を与える前に始末してしまおうと、クライシュ族の七人の長老はムハンマドを就寝中に殺害する計画を立てた。この計画を主導したのは、ムハンマドのおじの一人だった。実のところ、七人の長老はみなムハンマドの親類だったのだが、血縁関係は彼らの決意を和らげてはくれなかった。

幸運なことにムハンマドは事前に暗殺計画を察知し、なんとか裏をかこうと、二人の親密な教友〔ムハンマドと直接に接した第一世代のムスリム〕とともに妙案を捻《ひね》りだした。その一人は、彼の従兄弟のアリー〔六〇〇頃～六六一。第四代正統カリフ。在位六五六～没年〕だった。この長身でがっしりした体格の若者は、その後まもなくムハンマドの娘ファーティマ〔六〇六頃～六三三〕と結婚して彼の義理の息子となった。もう一人はムハンマドの第一の親友で、彼の身内を除いて最初にイスラームに帰依したアブー・バクルだった。彼はムハンマドに最も親しい助言者であっただけでなく、まもなく義理の父となった〔ムハンマドはアブー・バクルの娘のアーイシャと結婚した〕。

預言者はすでに、マッカの北方およそ二二〇マイル〔約三五〇キロメートル〕に位置するヤスリブから来た使者たちと接触していた。ヤスリブは商業都市というより農業がさかんな町だったが、敵対する部族集団が長年抗争してきたために内戦状態にあった。ヤスリブの人々は公正な部外者を招いて、部族間の交渉をとりなしてもらおうと考えた。中立的立場の第三者に司法権を譲れば、その人物が平和をもたらしてくれるだろうと期待したのだ。ムハンマドは公正で有能な調停者という評判をとっており、実際にいくつかのきわめて根の深い争議でこうした役割を演じていた。そこで、ヤスリブの住人はムハンマドが適役ではないかと考え、数人の使者がマッカを訪れた。彼らはムハンマドのカリスマ的資質に圧倒され、イスラームに改宗した。そして、調停者としてヤスリブに移住して、長年の抗争を終わらせてほしいと、ムハンマドの助力を仰いだ。預言者ムハンマドはこれを承諾した。

ムハンマドの暗殺は、西暦六二二年九月のある夜に決行される手筈になっていた。その夜、預言者とアブー・バクルはひそかにマッカを抜けだして、砂漠に逃れた。アリーがムハンマドのベッドに忍び入り、あたかもムハンマドが寝ているかのように偽装した。やがて、寝室に押し入ってきた刺客たちは、ベッドにアリーを見つけて激怒した。だが、この若者の命を奪うことはせず、預言者を追い詰めるべく捜索隊を派遣した。その間にムハンマドとアブー・バクルはマッカからさほど遠くまで逃れておらず、とある洞窟に隠れた。伝説によれば、二人が洞窟に入ったあとで一匹のクモが洞窟の入口に巣を張り、それを見た捜索隊は中に人がいるはずがないと判断して通りすぎたという。ムハンマドとアブー・バクルは無事にヤスリブにたどり着いた。その頃には、ムハンマドの信奉者の一部はすでにヤスリブに移住していた。まもなく、残りの信奉者たちもそれに続いた。マッカからの移住者のほとんどは家も財産もマッカに残してこなければならず、その多くはイスラームに改宗していない家族や部族の仲間との絆を断たねばならなかった。とはいえ、彼らはともかくも安全に暮らせる土地に来ることができた。しかも、彼らの指導者のムハンマドは、町を統率する最高権威として、敵対する部族長たちの調停者として、この土地に招聘されたのだ。

ムハンマドは約束を違えず、ヤスリブの気難しい諸部族と辛抱強く協議して、(のちにマディーナ憲章と呼ばれるようになった)契約を締結した。この契約はくだんの都市を諸部族の連合体と規定したうえで、おのおのの部族に独自の宗教と慣習を奉ずる権利を保証し、包括的な平和を維持すべく定められた諸々の規則に従う義務を全住民に課していた。さらに、純粋に部族内部の問題は各部族が独自に解決する一方で、部族間の紛争はムハンマドに裁定権を委譲するという法的手続きを確立した。最も重要な点は、この契約に署名した者は一人残らず――ムスリムであると否とを問わず――外部からの攻撃に対しては一致団結して彼らの都市を防衛する、と誓約したことだった。この契約文書は世界で最初の成文憲法と称されているが、その実態はむしろ多国間条約に近いものだったのだ。

ムハンマドはまた、マッカ出身のムスリムに物心両面の援助を与える係として、一家族ごとにヤスリブのムスリムを一人ずつ任命した。先住民はホストとして新来者とその家族を迎え入れ、彼らがヤスリブに定住して新たな生活を始めるのを支援するよう求められた。この時以来、ヤスリブのムスリムはアンサール、すなわち「援助者」と呼ばれるようになった。

町の名前も変えられた。ヤスリブが（「預言者の町」を短縮して）「町」を意味するマディーナと改名されたのだ。マッカからマディーナへのムスリムの移住はヒジュラ（Hijra）と呼ばれている（英語ではしばしば*Hegira*と綴られる）。それから十数年後〔六三八年〕、イスラーム独自の暦を制定するに際して、ムスリムはヒジュラの行なわれた年を紀元と定めた〔西暦六二二年七月一六日がヒジュラ暦元年元日に当たる。なお、ヒジュラ暦は完全な太陰暦で、一年は三五四日である〕。なぜなら、ムスリムにとってはヒジュラこそが歴史の要《かなめ》であり、彼らの運命の転換点であり、時の流れ全体をヒジュラ以前（ＢＨ）とヒジュラ以後（ＡＨ）に分かつ時点だったからだ。

ある宗教は創始者が生まれた日を、またある宗教は創始者が没した日を、その宗教の起点と定めている。預言者が啓示を受けたときや、神と決定的に重要な交わりをもったときを起源としている宗教もある。たとえば仏教においては、ゴータマ・シッダールタ〔釈迦牟尼の俗称〕が菩提樹の下で悟りを開いたときをもって始まったとされている。キリスト教においては、キリストの〔誕生とともに〕死と復活にきわめて重い宗教的意義が帰せられている。けれども、イスラームはムハンマドの誕生日にほとんど関心をもっていない。私自身もムスリムとして育ったが、ムハンマドがいつ生まれたのかを知らなかった。というのは、アフガニスタンではムハンマドの誕生日に特別なことは何も行なわれなかったからだ。エジプトのようにムハンマドの誕生日を念入りに祝っている国もいくつかあるが、それでもイスラームにはクリスマスに類するもの、「ムハンマドマス」は存在しない。

ムスリムの信仰において、洞窟にいたムハンマドに初めて啓示が下された夜は、最も神聖な夜として記念されている。それはライラ・アル＝カドル、すなわち「力の夜」と呼ばれ、断食月であるラマダーン〔ヒジュラ暦の第九月〕の二七日ないしその前後の〔奇数日の〕夜とされている。けれども、ムスリムの歴史を刻んだ暦のうえでは、この出来事は真に重要な歴史の転換点、つまりヒジュラの一〇年前に起こっていたのだ。

ウンマ――イスラーム共同体の誕生

いったい何が、一つの町から別の町への移住をこれほどまでに重要な出来事となさしめているのだろうか？　ヒジュラがイスラーム史上最高の地位を占めているのは、これによってウンマと称されるイスラーム共同体が誕生したからにほかならない。ヒジュラ以前のムハンマドは、個々の信者を導く説教師に過ぎなかった。だが、ヒジュラ以後のムハンマドは、法律の制定や政策の決定や社会生活の指針について、ひたすら彼の裁定を仰ぐ共同体の指導者となったのだ。「*hijra*」という言葉は「絆を断つ」ことを意味している。マディーナのムスリム共同体に加わった人々は部族の紐帯《ちゅうたい》を断ち切って、この新しい人間集団を浮世のしがらみを超越した帰属先として受け入れた。そして、この共同体はムハンマドが少年時代を過ごしたマッカに代わるものを築くという、信仰に基づく壮大な社会事業に全力をあげて取り組んだ。

ヒジュラ以後のマディーナで顕在化したこの社会事業こそ、イスラームの核心をなす要素である。イスラームはまぎれもなく宗教であるが、それと同時に（ヒジュラとともに「創始」されたとするなら）創始された当初から政治的な存在だった。たしかに、イスラームは善人になる道を示しており、敬虔な信徒はいずれもその道に従って天国に行きたいと願っている。だが、イスラームは個々人の救済を重視する代わりに、正しい共同体を築くための青写真を提示している。各人は共同体の一員としてイスラームの社会事業に参加することによって、天国での居場所を確保する。イスラームの社会事業とはとりもなおさず、孤児が見捨てられたと感じることのない世界、寡婦が住処を失ったり、飢えたり、恐れたりしないですむ世界を築くことなのだ。

ムハンマドがマディーナの指導者になると、人々は大小さまざまな生活上の問題について、彼の指導と裁定を求めるようになった。どのように子どもをしつけるべきか、どのように手を洗うべきか、契約における公正とはいかなるものか、盗人をいかに扱うべきか……もちこまれる問題には限りがなかった。ウンマ以外の共同体でなら、裁判官、立法者、政治指導者、医者、教師、将軍などさまざまな分野の専門家が裁定するような問題が、マディーナではすべて預言者ムハンマドの管轄事項とされたのだ。
マッカで朗誦されたクルアーンの諸章は、以下のような言葉で埋め尽くされている。

大地がはげしく震動し、
大地がその重荷をはじきだし、*
どうしたことか、と人が言うとき、
その日、大地はすべての消息を語るであろう、
汝の主が啓示したもうたことを。
その日、人々は三々五々と現われ、自分の行状を示される。
塵《ちり》一粒ほどでも善を行なった者は、それを見る。
塵一粒ほどでも悪を行なった者は、それを見る。
＊地中の死者がはじきだされること。
〔クルアーン「地震の章」第一～八節〕
マディーナで啓示された諸章を見ると、呪いを含んだ情熱的で抒情的な章句も多数見受けられるものの、下記に示す一節のような文章も見出される。

おまえたちの子女について、神はこう命じたもう。男の子は女の子二人の取り分に等しいものをとる。もし女が二人以上いるならば、彼女たちは残されたものの三分の二をとる。しかし女が一人だけならば、半分が彼女のものになる。故人に子どもがある場合、その両親はめいめい残されたものの六分の一をとる。もしその者に子どもがおらず、その両親が相続するならば、三分の一が母親のものになる。もしその者に兄弟がいるならば、遺贈の分と借財を差しひいたうえ、六分の一が母親のものになる。自分の親たちと子どもたちと、どちらがおまえたちにとってより利益になるか、おまえたちにもわからないだろう。これが神の定めたもうたところである。まことに神は全知にして聡明《そうめい》なお方である。

〔クルアーン「女人の章」第一一節〕

これはまさに立法であり、ムスリムの社会事業はひとたびマディーナに根づくや、ここまで発展したのである。

マッカ軍との闘争——バドル・ウフド・塹壕の戦い

ヒジュラ以後、マディーナ土着のアラブ人はしだいにイスラームに改宗したが、三つの主要なユダヤ教徒部族は概して改宗に抵抗した。時が経つにつれて、彼らとムスリムのあいだの軋轢《あつれき》が高まった。アラブ人のあいだでも、いやますばかりのムハンマドの威光によって勢力を殺がれた男たちの中には、ひそかに恨みを抱く者も現われた。

一方、クライシュ族はムハンマドがいまや二〇〇マイル以上も離れた土地で暮らしているにもかかわらず、彼の暗殺計画を断念していなかった。クライシュ族の指導者たちはムハンマドの首にラクダ一〇〇頭という莫大な懸賞をかけたばかりか、執念深くムスリム共同体の抹殺を目論んでいた。マディーナ襲撃の資金を調達するために、マッカの裕福な商人たちは隊商を派遣する回数を増やした。ムハンマドはこうした動きを阻止すべく、ムスリムを率いてマッカの隊商を襲撃した（これは、財産も事業も失ったマッカからの移住者が直面していた経済的な問題の解決にも役立った）。

一年ほどムスリムの襲撃が続いたのちに、マッカの指導者はついに賭け金を上げることを決意した。一〇〇〇人近くのマッカ住民が武器をとり、成り上がりどもを抹殺せんとマディーナ目指して進軍を開始した。ムスリム側は三〇〇人の軍勢でマディーナ南西のバドルでマッカ軍を迎え撃ち、彼らを完膚なきまでにやっつけた。クルアーンはこのバドルの戦い〔六二四年三月〕について、アッラーが――その賭け金がどうあろうと――いかなる戦闘の帰結も決定できることを証明した、と述べている。

バドルの戦い以前には、ベドウィン部族民の一部は用心棒としてマッカの商人に雇われていた。だが、この戦いが終わると、彼らはムスリム陣営に寝返りはじめた。マディーナでムスリム共同体の結束が強まるにつれて、ユダヤ教徒部族は脅威を覚えるようになった。マディーナ在住の三つの主要なユダヤ教徒部族の一つはマディーナ憲章を拒絶し、ムハンマドに対する反乱を扇動して、イスラーム以前の状態を復活させようとした。だが、反乱は失敗に終わり、この部族はマディーナから追放された。

ここにいたって、クライシュ族の不安は現実味を帯びてきた。ムハンマドを殺害するどころか、彼らはみずから墓穴を掘りはじめたかのように思われた。ヒジュラ暦三年〔西暦六二五年三月。六二六年説もある〕、クライシュ族はまだ多勢を保っているうちにムスリム勢の息の根を止めようと決意した。彼らは兵力を三倍に増やし、三〇〇〇人の部隊を引き連れてマディーナに進軍した。これに対して、ムスリム陣営は九五〇人の戦士しか集められなかった。またしても、兵力の比は三対一となった――けれども、バドルで大勝したのちに、こうした数字にどんな意味があっただろう？　彼らには唯一意味のある強みがあった。そう、アッラーは彼らの味方だったのだ。

草創期のイスラーム国家にとってきわめて重大な意味をもった三つの戦いの二番目は、マディーナ郊外のウフドで火蓋《ひぶた》が切られた。当初はまたしてもムスリム軍が優勢だったが、マッカ軍が後退するや、ムスリム軍の一部はムハンマドの厳命に背いて持ち場を放棄してしまった。彼らは戦利品の分け前を掻き集めようと、戦列を離れて夢中で戦場を駆けめぐった――この時に、ハーリド・イブン・アル・ワリード〔六四二／四二没〕率いるマッカ軍部隊がムスリム軍を背後から襲った。ハーリドは軍事的天才で、のちにイスラームに改宗して、ウンマ有数の将軍として数々の戦功をあげることになる。ウフドでは預言者ムハンマド自身も傷を負い、七〇人ものムスリムが戦死し、多くの兵士が逃走した。ウンマは生き残ったものの、この敗北はウンマの歴史に汚点を残した。

イスラーム史の最初期に行なわれたこれらの戦いは非常に規模が小さかったので、ほとんど戦闘の名にも値しない。しかしながら、バドルの戦いもウフドの戦いもムスリムの神学に組みこまれ、意味づけをされた。たとえば、バドルの戦いは、戦闘の勝敗を決するのは物質的な要素ではなくアッラーの意志であることを示すものとされた。だが、ウフドの戦いはきわめて難しい神学上の問題を惹起した。もし、バドルの戦いがアッラーの力を立証したとするなら、ウフドの戦いは何を立証したのだろうか？　アッラーでも負ける場合があることを示したのだろうか？　それとも、アッラーはムハンマドが主張するほど全能ではないことを証明したのだろうか？

けれども、ムハンマドは敗北から別の結論を導きだした。彼が説明したところによれば、アッラーはムスリムに教訓を与えるために、今回はあえて彼らを負けさせたのだ。ムスリムは、地上に公正な共同体を築くという大義のために戦うものとされている。しかるに、ウフドにおいて彼らはかかる使命を忘れ、預言者の命令に逆らって戦利品漁りに狂奔した。それゆえ、彼らはアッラーの恩寵を失ったのだ。神の支援は所与の権利ではない。ムスリムはアッラーの意志に服従し、命じられたとおりに行動することによって、恩寵を獲得しなければならないのだ。敗北をこのように解釈することは、後世のムスリムがことあるごとに繰り返す一つのパターンとなった。たとえば、十三世紀にモンゴルの遊牧民が中央アジアからイスラーム世界に侵入し、その大半を席巻したのちにも、このような説明がなされた。また、十八世紀に始まり、今日まで続いている西洋人のムスリム支配に対しても、同様の説明がなされている。

クライシュ族は次の襲撃計画を練るのに二年の歳月を費やした。彼らはほかの部族から盟友を募り、一万の兵力を擁する軍隊を編成した——これは当時のこの地域としては想像を絶する大部隊だった。クライシュ軍がマディーナに向かっているとの情報を得ると、ムハンマドは配下のムスリムに命じて、マディーナのまわりに塹壕《ざんごう》を掘らせた。クライシュ軍はラクダに乗ってやって来たが、ラクダは塹壕を越えられず、越えようともしなかった。困惑したクライシュ軍は、マディーナを包囲して兵糧攻めにすることにした。

しかしながら、包囲作戦はクライシュ軍が当てにしていた秘密計画を台無しにした。ウフドの戦いでムハンマド軍が大敗を喫したのちに、マディーナの主要ユダヤ教徒部族の一つがマッカ側と通じていたことが露見した。先に追放された第一のユダヤ教徒部族と同様に、この部族も裁判にかけられたうえで追放された。この時点で、第三のユダヤ教徒部族であるクライザ族はマディーナ憲章に忠誠を誓っていた。ところが、塹壕の戦い〔六二七年四月〕の準備段階でクライザ族の指導者たちはひそかにクライシュ族と共謀し、マッカ軍が正面から攻撃すると同時に、クライザ族が背後からムスリム軍を襲う手筈を取り決めていたのだ。

マッカ軍が包囲作戦をとったために正面攻撃はなされず、マディーナの内通者たちは怖気づいた。一方、包囲軍はしだいに分裂しはじめた。というのは、マッカ軍は周辺の部族を糾合した寄せ集めの部隊で、その多くはクライシュ族との長年の誼《よしみ》だけで参戦していたからだ。戦端が開かれないまま時が推移すると、彼らはしだいに落ち着きを失った。ひとたび砂嵐が吹き荒れると――この土地ではけっして些細な出来事ではない――彼らはいつしか戦場を離脱した。そして、クライシュ軍もまもなく矛をおさめて撤退した。

かくして、クライザ族は窮地に追いこまれた。彼らの陰謀は露見し、いまや共謀した盟友も去ってしまった。ムハンマドはクライザ族全員を裁判にかけ、マディーナのユダヤ教徒部族の中からクライザ族とかつて親交があった人物を裁判官に任命した。クライザ族の有罪が立証されると、裁判官は彼らが犯した罪は反逆罪に相当すると判決を下した。反逆罪に対する刑罰は死刑だった。数人の傍聴人が判決に抗議したが、ムハンマドはこれを追認した。時を移さず、約八〇〇人のクライザ族の男が町の広場で公開処刑された。女と子どもは先に追放された二つのユダヤ教徒部族とともに暮らすよう、同じ土地に追放された。

この劇的な出来事はアラビア地方全域に衝撃をもたらした。クライザ族の裁判と処刑は、マディーナのムスリムの断固たる決意を雄弁に物語っていた。厳密に軍事的な見地からいえば、塹壕の戦いの結果は引き分けだった。だが、クライシュ族は鳴り物入りで一万もの兵士を召集していたので、勝利を逸したことによって敗北したのに劣らぬ痛手を受けた。クライシュ族の失態は、燃え広がりつつあったムスリムの不敗神話に油を注いだ。そして、この共同体は意気軒昂たる新興の有力部族というより、かつて存在したことのない新奇な集団なのかもしれないという見方が広まった。ムスリムはきわめて独特な生活様式を守り、独自の宗教儀式を実践し、一人の指導者を戴いている。その人物は何か問題が生じると没我の境地に入り、彼のいう超自然的な支援者から助言を授かり、それを信徒たちに伝えている。彼らの支援者はとてつもなく強力なので、ムスリムは三倍の兵力を擁する敵と戦うこともまったく恐れないというのだ。

この支援者とは誰のことだろう?

非改宗者の多くは当初、それは神々の中でもとくに強力なある神（a god）のことだと思っていただろう。けれども、ムスリムのメッセージは徐々に彼らのあいだにも浸透していった。そう、ある神（*a* god）ではなく神そのもの（*the* God）、唯一の神のことなのだ、と。そして、もし、ムハンマドが彼の主張するとおりの存在であるならば――つまり、全宇宙の創造者と直接交流できる地上で唯一の人間であるならば――それは何を意味しているのだろうか？

ムハンマドを暗殺する人間を募るのも、ムハンマド軍と戦う兵士を徴募するのも、困難になるばかりだった。塹壕の戦い以後、それまでは細々としか進んでいなかったイスラームへの改宗は劇的に増加した。人々は抜け目なく私利を計り、勝っている側につくために改宗した――こう想像するのは容易いことだ。けれども、ムスリムたちは今なお、それ以上の理由があったと確信している。ムハンマドのもとで人々は宗教的な経験をしていた、と彼らは信じているのだ。

ウンマの発展――改宗を促したもの

ムハンマドは、自分が超自然的な能力をもっているとは言わなかった。死者を甦《よみがえ》らせることができるとも、水の上を歩けるとも、盲者の目を癒せるとも言わなかった。彼はただ、自分は神の言葉を伝えていると主張しただけだった。しかも、自分の口から出る言葉はことごとく神の言葉であるとも主張しなかった。時には、ムハンマド自身が語っている場合もあったのだ。それでは人々はどうやって、今、話しているのは神なのか、ムハンマドなのかを区別することができたのだろうか？

当時はどうやら明確に区別できたようだ。今日のムスリムはキラートと呼ばれる独特の発声法でクルアーンを朗誦している。その音声は、人間の声がつくるいかなる音とも異なっている。それは音楽のようだが歌唱ではなく、呪文を唱えているようだが詠唱ではない。それは言葉の意味を理解できない者にさえ感動を引き起こす。キラートを実践する者は各人各様に発声するのだが、誰の朗誦を聞いても、何か力強い原型のようなものがあって、それを模倣したり、ほのめかしたり、あるいは解説しているように聞こえるのだ。ムハンマドがクルアーンを朗誦したとき、彼はまさにこのような聞く者の心に染みとおり、感情に訴える音声で朗誦していたに違いない。ムハンマドが朗誦するクルアーンに耳を傾ける人々は、単にその言葉を聴いていただけでなく、心を揺さぶる力を体感していたのだ。だからこそ、アラビア語以外の言語に翻訳されたクルアーンはクルアーンそのものではない、とムスリムは主張するのだろう。真のクルアーンとは、言葉と意味はもちろんのこと、それを朗誦する音声と、筆記された場合には文字の外観までもが分かちがたく結びついた総体を指している。ムスリムの観点からすれば、人々をイスラームに改宗させていたのはムハンマドという人間ではなく、ムハンマドをつうじて伝えられたクルアーンだったのだ。

もう一つの要素が、人々をムスリム共同体に引き寄せ、ムハンマドの教えを信ずるようにと促していた。当時のアラビア半島では、小規模の戦闘は日常茶飯事だった。遊牧部族の小集団が多数割拠し、交易と強奪の区別が判然としない地域では（たとえば、コロンブス〔一四五一～一五〇六〕が到達する以前の北米の東部森林地帯や、それ以後の〔馬の導入によって遊動的社会に変化した〕大平原地方で見られたように）、どこでも事情は同じだったようだ。しかも、アラブには血讐《けっしゅう》〔危害を受けた個人に代わって、その血縁者の

〔集団が加害者に復讐すること〕という何世代も続く慣習があった。さらに、当時のアラビア半島は諸部族が同盟と離反を繰り返すという錯綜した状況下にあった。これらの条件が重なれば、社会に絶え間ない暴力沙汰が蔓延するのは必定だろう。

新たな征服地のいずこでも、ムハンマドは他者と平和に共存するよう人々を諭し、改宗した人々はその教えに従った。けれども、彼は一度もムスリムに暴力を慎めとは言わなかった。なぜなら、ムスリム共同体は防衛のために暴力を行使することをいささかもためらわなかったからだ。ムスリムは依然として戦争に従事していた。ただし、共同体の仲間同士で戦うことはなく、彼らの攻撃的なエネルギーはもっぱら彼らの生存を脅かす無慈悲な部外者に向けられた。ウンマの一員になった者は、ただちにダール・アル・イスラームに入るとされていた。ダール・アル・イスラームとは「(神への)服従の領域」〔「イスラームの家」が原義で、イスラーム法が適用される領域〕を意味する言葉だが、「平和の領域」という含意もある。この領域に属さない者はすべて、「戦争の領域」を意味するダール・アル・ハルブ〔「戦争の家」が原義で、イスラーム法が適用されずに、イスラーム世界と戦争状態にある領域〕の住人であるとみなされた。ウンマに加入した者はもはや背後を警戒する必要がなくなった——少なくとも、仲間のムスリムに対しては。

イスラームに改宗することはまた、社会的平等が確立された公正な共同体を建設するという、胸が躍るような社会事業に参加することでもあった。この共同体を存続させるためには、メンバーは戦わなければならなかった。なぜなら、ウンマとその事業に害をなそうとする不倶戴天の敵が存在していたからだ。ジハードという言葉はけっして「聖戦」とか「暴力」を意味するものではなかった。アラビア語にはもっと明白に「闘争(fighting)」を意味する言葉がいくつかある

（そして、クルアーンではそれらの言葉がそういう意味で使われている）。ジハードの訳語としてより適切なのは「奮闘努力する（struggle）こと」だろう。ジハードという言葉は、欧米人には馴染み深い社会的公正を求める運動のレトリックにおいて「struggle」という言葉が担っているのと同じ意味合いをすべて含んでいる。道理にかなった大義のために奮闘努力することは、気高い行動とみなされる。その大義が「武装した奮闘努力」を要求する場合、そうした行動も是認される。それは大義によって神聖なものとされるのだ。

　塹壕の戦い後の二年間のうちに、アラビア半島全域の諸部族はしだいにムハンマドを指導者として受け入れはじめ、イスラームに改宗してムスリム共同体に加わるようになった。ムハンマドはある夜、彼がマッカに帰ると住民の誰もがアッラーを礼拝していたという夢を見た。その翌朝、ムハンマドは信徒たちに巡礼の支度をするよう言いつけた。そして、一四〇〇人ものムスリムを引き連れて、マッカへの二〇〇マイル余りの行程を歩みはじめた。マッカ軍との戦争の記憶がまだ生々しかったにもかかわらず、彼らは武装しておらず、道中でいかなる戦闘も生じなかった。マッカはムスリム一行に市の門を閉ざしていたが、クライシュ族の長老たちが現われて、ムハンマドと以下のような協定〔フダイビーヤの和議〕を結んだ。すなわち、〔双方は一〇年間の休戦状態に入り〕ムスリムは今年はマッカに入れないが、来年はマッカで巡礼の儀式を執り行なうことができる、と。明らかに、クライシュ族はゲームが終わったことを悟ったのだ。

ムハンマドの死

ヒジュラ暦七年、ムスリム一行は改めてマッカを訪れ、平穏裡にカアバ神殿で礼拝の儀式を行なった。その翌年、マッカの長老たちは〔部族間の争いから生じた刃傷沙汰を口実に〕軍勢を率いて押し寄せたムハンマドに降伏し、彼はマッカを無血征服した。預言者はすぐさま、カアバ神殿に祀られた偶像を一つ残らず破壊した。そして、この黒石がはめこまれた立方形の神殿を、世界で最も神聖な場所であると宣言した。ムハンマドのかつての敵のごく一部は不平をもらし、脅し文句をつぶやいたものの、潮流はすでに変わっていた。その頃には、事実上すべての部族がムハンマドの旗印のもとに統一され、アラビア半島の全住民が有史以来初めて互いに協調して生きていたのだ。

ヒジュラ暦一〇年（西暦六三二）、ムハンマドはふたたびマッカに巡礼し、最後の説教を行なった〔「別離の巡礼」と呼ばれている〕。ムハンマドは居並ぶ聴衆にこう説いた。すべてのムスリムの生命と財産を神聖なものと認識せよ、奴隷も含めたあらゆる人間の権利を尊重せよ、男が女に対して有するのと同等の権利を女も男に対して有することを認めよ、ムスリムのあいだでは、その徳による以外に人間の価値に高低はないことを肝に銘ぜよ、と。ムハンマドはさらに、自分は最後の神の使徒であり、自分の死後は啓示が人類に下されることはない、と言明した[2]。

マディーナに戻るとまもなく、ムハンマドは病に倒れた。高熱におかされながらも、彼は妻たちの居室や友人たちの家を順繰りに訪れ、しばしの時をともに過ごして別れを告げた。最後は妻のアーイシャ〔六一四頃〜七八〕——旧友のアブー・バクルの娘——のもとにとどまり、その膝を枕に横たわったまま息を引き取った。

誰かが飛びだして、不安げに集まっていた人々にムハンマドの死を知らせた。その知らせを聞くや、ムハンマドの教友の一人で、その熱意と不屈さと短気なことで名を知られたウマルはすっくと立ち上がった。そして、そんなデマを広める奴は、嘘が暴かれた暁には手足をもぎ取ってやる、と恫喝した。ムハンマドが死んだ？　そんなことはありえない！

その後、ウマルより年長で用心深いアブー・バクルが真相を確かめにアーイシャの居室を訪れた。やがて戻ってきたアブー・バクルはこう言った。「おお、ムスリムたちよ！　汝らがムハンマドを崇拝していたのであれば、彼はすでに世を去った。汝らがアッラーを崇拝しているのであれば、アッラーは生きており、けっして死ぬことはないのだ」

この言葉を聞くとウマルの怒りは消え失せ、もはやムハンマドの死を否定しようとはしなかった。のちに彼が友人に語ったところによれば、ウマルは足元で大地が割れたように感じたという。この雄牛のように屈強な男は泣き崩れた。なぜなら、彼はこの知らせが真実であることを悟ったからだ。そう、神の使徒は死んだのだ。

第三章 カリフ制の誕生

ヒジュラ暦一一〜二三年
西暦六三二〜六四四年

伝承学者とイスラーム版『聖書物語』

敬虔なムスリムは預言者ムハンマドの全生涯を、存在の意味に光明を投ずる宗教的メタファーとみなしている。けれども、宗教的な出来事は預言者の死とともに終わりを告げたわけではなく、その跡を継いでウンマの長となった四人の男たちの治世をつうじて出来《しゅったい》していた。四人の男とは「正しく導かれた者」を意味する「正統」カリフのことで、アブー・バクル、ウマル、ウスマーン、アリーを指している。ヒラー山の洞窟で初めて啓示が下されたときからヒジュラを経て、その四〇年ほどのちに預言者の第四代後継者が没するまでの一連のドラマは、イスラームの宗教的寓意物語の中核をなしている。それは、キリスト教における最後の晩餐や、イエス・キリストの磔刑や復活に相当するものなのだ。

イスラームが生まれた時代には、文字の文化が充分に発達していた。人々は日誌や日記や手紙を書き、役人は書類を作成し、さまざまな著述も行なわれていた。この時期については文書による記録が多数存在しているので、イスラームの起源をめぐる話は伝説の領域というより、ジャーナリズムの領域に完全におさまっているように思えるだろう。ところが案に相違して、これら四人の後継者たちの生涯と時代について私たちが知っていることの大半は、ヒジュラ暦一五〇年（西暦七六七頃）に没した歴史家のイブン・イスハーク（七〇四頃生）がアリーの死から一世紀ほどのちに著わした史書（『預言者伝』）の叙述に負っているのだ（『預言者伝』の一部は「マホメット伝」として、『筑摩世界文學大系9』（嶋田襄平訳、筑摩書房）ほかに邦訳が収録されている）。

イブン・イスハークは、口承文化の記録係ともいうべき伝承学者の長い系譜に連なっていた。伝承学者と呼ばれる男女の仕事は、重要な出来事についての言い伝えを収集し、記憶し、それを伝えることだった。イブン・イスハークは預言者ムハンマドにまつわる諸々の伝承を最初に本の形にまとめたが、その書物はほとんど散逸してしまった。けれども、原本が完全に失われる前に、ほかの著述家たちが彼の叙述を引用し、それに言及し、そこからの抜粋をみずからの著述に収録し、その要約を著わし、あるいは、そこに記された逸話をパラフレーズしていた（それどころか今日でも、ほかの著作に見出された断片からイブン・イスハークの著述を再構成しようとしている学者たちがいるのだ）。

イブン・イスハークの著述を主たる典拠とした歴史家の一人がヒジュラからおよそ三〇〇年後に没したイブン・ジャリール・アル・タバリー（八三九〜九二三）で、彼が著わした三九巻からなる『諸預言者と諸王の歴史』は、アダムからヒジュラ暦三〇二／三年（西暦九一五）までを扱った人類史である。この著作は今日まで無事に伝わっており、私たちが目にするムハンマドとその後継者たちについての逸話や詳細な情報のほとんどは、タバリーを経由して伝えられたものだ。彼らの髪はどんな色だったのか、どんな食べ物を好んでいたのか、何頭のラクダをもっていたのか――こうした事柄を教えてくれたのはタバリーなのだ。彼はムハンマドや後継者たちの説教や会話の中から、主だったものをそのまま引用する形で再現した。しかしながら、彼が著わした史書は必ずしも読みやすいものではない。というのは、一つ一つの逸話が退屈きわまりない人名の羅列の中に埋まっているからだ。つまり、「Xが『……』と語ったのを聞いた、とYが言った、とZが言った」というように延々と名前が連なり、本題である逸話は……のところに記されているのだ〔アラビア語では、伝承者の名前が連なっているところが先に来て、最後に「Xは語った、『……』と。」という形になっている。『……』の部分が本文である〕。人名が連なった部分はイスナードと呼ばれるが、これは今日では「伝承者の鎖」〔伝承の過程を記録したもの〕と解されている。それぞれの逸話のあとには同じ逸話の別のヴァージョンが続き、それがまた別のイスナードの中に埋まっている。たとえば、「Aは……〔逸話〕……と語った、とBが伝えた、とCが伝えた、とDが記録している」というように。タバリーはどのヴァージョンが真実であるかを語らず、さまざまなヴァージョンを整理することなく併記して、読者が判断するにまかせている。何世紀にもわたって著述家たちはさまざまな逸話を編集し、きわめて説得力のある独自のヴァージョンを生みだしてきた。その一部は人口に膾炙《かいしゃ》するようになり、世代から世代へ口頭で伝えられて、最終的にイスラーム版『聖書物語』に組みこまれた。イスラーム世界の子どもたちはかつての私のように、家庭では年長者が、小中学校では宗教分野の教師が語るイスラーム版『聖書物語』を聞きながら成長するのだ。

　これらの物語は概して、預言者の死後二九年間に展開した波乱万丈の人間ドラマを時系列で述べている。そのドラマには叙事詩的事件に懸命に取り組む傑出した人々が登場し、驚異や悲嘆の念を掻きたてる逸話が満載されている。こうした物語を語り伝える際に、語り手が特定の登場人物や集団に肩入れするというのはありがちなことだ。というのは、そこには立場を異にする陣営が並存しているからだ。そして、語り手が登場人物の動機を推測したり、彼らが下した決定の是非を判定するというのも、ありがちなことである。

その一方で、これらの逸話は一種の寓話とみなされるようになった。ある逸話についての多種多様な見解や解釈は、多種多様な理論を育むとともに、さまざまな神学上の主張を提起する。私たちはイスラーム版『聖書物語』について、確たる事実をジャーナリスティックな手法で検証することはできない。なぜなら、当時の目撃証言のどれ一つとっても、そのままの形では伝わっていないからだ。私たちが手にしているのは、物語についての物語にまつわる物語に過ぎない。こうした物語を紡ぐというのは、ありのままの出来事を選別して、そこに秘められた神話的な意義を表面に浮かび上がらせるプロセスなのだ。それでは、ムハンマドの後継者たちをめぐる、その類いの物語を語りはじめよう。

初代カリフ――アブー・バクル

ムハンマドが没すると同時に、ムスリム共同体は容易ならざる問題に直面した。それは単に「次の指導者は誰か」という問題ではなく、「次の指導者はいかなる存在か」という問題でもあった。聖人と呼ばれる人物が没した場合、別の聖人をその後釜にあっさり据えるわけにはいかない。

なぜなら、こうした人物は選挙や任命によってその地位に列せられるのではなく、文字どおり出現するだけだからだ。もし、該当する人物が現われなくても、それはそれで仕方がない。人々は落胆するだろうが、それでも人生は続いてゆく。それとは対照的に、王という立場の人物が没した場合、「いつの日か別の王が現われたら素晴らしいじゃないか」とは誰も言わない。王座の空位はすぐさま埋めなければならないのだ。

　預言者ムハンマドの死が惹起した状況は、聖人が没した場合と王が死んだ場合のどちらにも似ていた。ムハンマドは余人をもって代えがたい存在だった。それでも、誰かがその地位を継がねばならなかった。指導者がいなくては、ウンマの団結を維持できないのだから。

　しかしながら、ウンマの新たな指導者は王以上の存在であらねばならなかった。なぜなら、ウンマはほかに例を見ない共同体だったからだ。ウンマは神の啓示を体現した共同体であり、アッラーの意志を世に示し、それによって世界を変革するために存在している——ウンマのメンバーたちはそう信じていた。かかる共同体の指導者は、知的能力や勇気や体力やその類いの特性だけで任務を全うすることはできない。何か特別な宗教的資質ないし能力を備えていなければならないのだ。しかも、ムハンマドの後継者は神に導かれた使徒ではありえない。というのは、ムハンマド自身が神の使徒はもう現われないと明言していたからだ。ウンマの指導者は世間一般の王でも神に導かれた使徒でもないとすれば、いったいどのような存在であるべきなのだろうか？

　不思議なことに、揺籃期のムスリム共同体は預言者が没するまで、この問題をまったく考慮していなかった。預言者が没してからも、しばらくのあいだはこの問題をまともに考えなかった。

なにしろ、ムハンマドの死の直後は、重大な哲学的問題を論議できる状況ではなかったからだ。預言者の遺体がいまだ冷たくならないうちに、アブー・バクルのもとに気がかりな知らせが届いた。マディーナ先住のムスリムが彼らの指導者を選ぼうと、会議を開いているというのだ。まるで、彼らとマッカからの移住組は別個の集団であるかのように。これを認めたら、ウンマが解体する端緒になりかねないではないか！

アブー・バクルはムハンマドとごく親しかった教友を何人か呼び集めると、会議の場に押しかけた。そして、マディーナの先住民に考えなおしてほしいと懇願し、ムスリムはウンマ全体でただ一人の指導者を選ぶべきだと主張した。その指導者は預言者でも王でもなく、会議を招集し、議論の調停役をつとめ、ウンマをまとめられる人物であればよかった。アブー・バクルは「この二人のどちらかを選んでください」と言いながら、短気なウマルと、もう一人の教友を指差した。

名指しされたウマルは仰天した。この私がアブー・バクルの上に立つだと？　そんなことはもってのほかだ！　ウマルはアブー・バクルの手を摑むと、預言者が亡くなった今、指導者の任に耐えられるのはアブー・バクルしかいない、と居並ぶ面々に向かって訴えた。ウマルは涙にくれながら、ムハンマドの親友だった男に臣従することを誓った。このドラマチックな行動は、会議の場にいた一同を感動させた。突如として、誰の目にもアブー・バクルが唯一の選択肢であるように見えてきた。アブー・バクルは思慮深い愛すべき人物で、それまでの生涯をつうじて知恵と勇気と慈悲の心において他に抜きんでていた。熱狂的な興奮が渦巻く中で、会議の出席者は全会一致でアブー・バクルをウンマの指導者に選出した。アブー・バクルは〔アッラーの使徒の〕「代理人または後継者」を意味するハリーファ（khalifa）という控え目な称号を名乗ると申し出た（欧米では一般的にハリーファを「カリフ（caliph）」と綴っている）。

カリフという称号は、アブー・バクルが名乗る以前には存在しなかった。当時は、カリフと称する指導者を戴く部族や国は存在しなかったのだ。この称号が何を意味するのか、いかなる権力が付与されているのか、誰にもわかっていなかった。初代カリフがこれらの問題を一つ一つ解決してゆくことになるだろう。

それから、アブー・バクルはモスクに赴いた。モスクに集まった群衆の前で、アブー・バクルがカリフに就任したことが発表された。彼は厳かに就任演説を行ない、聴衆にこう語りかけた。「私はあなた方の中の最適任者ではありません。私のやり方がよければ、私を支援してください。私が過ちを犯したら、ためらうことなく助言してください……もし、神と預言者の掟をおろそかにするようなことがあれば、私はあなた方に臣従を求める権利を失うのです」と。先の会議に出席していたすべての人々がそうしたように、モスクにいたすべての人々がアブー・バクルに喝采を送った。

後継者問題とアリー

しかしながら、「すべての人々」がモスクや会議の場にいたわけではなかった。有力な後継者候補の一人は、後継者問題が協議されていることさえ知らされていなかった。長老たちが会同していたとき、預言者の従兄弟のアリーはその遺体を清めていた。そして、彼が協議の件を初めて聞いたときには、すでに決定が下されていたのだ。

これがいかにアリーを悔しがらせたか、読者にも想像がつくに違いない。ムハンマドの晩年には、アリーはどうやら、預言者の後継者は議論の余地なく自分だと思っていたようだ。なんといっても、彼はあらゆる意味で預言者に最も近い存在だった。ムハンマドには数人の従兄弟がいたが、アリーは別格だった。なぜなら、彼の父親のアブー・ターリブがムハンマドを引き取って息子として養育したので、アリーとムハンマドは兄弟同然だったからだ。

だが、アリーはムハンマドより三〇歳ほども若かった。アラブの部族社会の文化風土においては、年の離れた兄は弟妹に対して父親に近い位置を占めていた。実のところ、アリーは幼少時にムハンマドとハディージャに引き取られ、ほとんど彼らの家庭で成長していた。そういうわけで、彼はムハンマドと兄弟同然だったのに加えて、ムハンマドの息子も同然だった。そのうえ、アリーはハディージャに次いでイスラームに入信したので、男性ムスリムの第一号だった。

クライシュ族の放った刺客がムハンマドを殺しにきたとき、預言者のベッドで彼の毛布にくるまり、身代わりとなって刺殺されるリスクを負ったのはアリーだった。マディーナのムスリム共同体が全滅の危機に瀕したときに、イスラームのアキレウスたることを一再ならず身をもって示したのもアリーだった。というのは、当時の戦争は前哨戦として両軍の代表による一騎打ちを行なうのが通例で、ムスリム最強の戦士を出せという挑戦状がクライシュ族から届くたびに、ムハンマドはアリーを決闘者に指名していたからだ。

ウフドの戦いでは、戦況が不利になったとみるや、ムスリム軍の一部は家に逃げ帰ってしまった。だが、アリーは戦列を離れず、預言者のもとに結集した。そして、負傷した預言者を背負って、無事に家に連れ帰ったのだ。

ウンマが栄え、国家元首となった預言者は、彼の右腕としてアリーを常にかたわらに控えさせた。実のところ、ムハンマドは別離の説教から帰宅する途上で、「私を汝《なんじ》らの保護者とみなす者はすべからくアリーも保護者とみなすべし」と、居合わせた人々に語っていたのだ。さて、この言葉は、ムハンマド亡きあとウンマはアリーを指導者とみなすべし、という意味だったのではないだろうか？

ムハンマドの親密な教友はいずれもカリスマ的資質を備えていたものの、狂信的な信徒グループにとって、アリーの輝くばかりのカリスマは独特の霊性を帯びているように思われた。このグループのメンバーの多くは若いムスリムで、彼らは誰もがムハンマドに感じていたのと同じような威光を、アリーにも感じていたのだ。

上述した要素はすべて、アリーを特別な存在として際立たせていた。だが、もう一つの要素が、アリーを比類ない存在にさせていた。もしかすると、これはあらゆる要素の中で最も重要なものだったのかもしれない。あるいは、後世のムスリムにはそのように思えたのだ。ムハンマドには息子がおらず、娘たちの一人が生んだ孫息子たちだけが無事に成人した。その娘がファーティマであり、彼女はアリーと結婚していた。それゆえ、アリーの息子はムハンマドの孫息子であり、アリーの子孫は預言者の子孫ということになる。そう、アリーとファーティマはムハンマドの家族だったのだ。

だが、こうした事情はひとまず脇に置いて、アリーが悲嘆にくれながら女たちと預言者の遺体を清めている姿を想像してほしい。それから、彼がようやく、その後半生の惨めな第一日に足を踏み入れたところを想像してほしい。預言者の死という法外な出来事にいまだよろめきながら部屋を出てきてみれば、なんと彼がムハンマドの葬儀の準備に没頭しているあいだに、ムハンマドと年の近い教友たちが後継者をすでに決めていたのだ。彼らはアリーを後継者に選ばなかったばかりか、彼に相談することもなく、後継者を決める会議が開かれていることすら知らせなかった。アリーはさだめし、「自分はもっと尊重されてしかるべきだ！」と感じたことだろう。

もっとも、アリーにとって有利な要素は、別の観点から見れば彼に不利に作用するものばかりだった。アリーは預言者と親密だった？　彼は預言者の家族の一員だ？　それは彼にとっては結構なことだろうが、かつてアッラーが特定の家族に特権を与えると宣《のたま》ったことがあるだろうか？　世襲による王位継承などは旧来のやり方で、イスラームが覆そうとしている陋習《ろうしゅう》の類いではないか！

そのうえ、預言者ムハンマドは、彼の死後は二度と神の使徒は現われないと断言していた。その言葉が真実なら、アリーのカリスマは何ら宗教的意義を有するものではない。そうであるなら、不適切な権力の集中によって普遍的な平等主義の構築というイスラームの使命が歪められるのを防ぐために、ムスリムは預言者の血統とウンマにおける指導的役割を峻別すべきではないだろうか？　かかる観点からすれば、アリーのカリスマというのは実際には、彼を厄介な存在とさせる特質ではないだろうか？　そのカリスマゆえに熱狂的なアリー支持者が勢いづいて、彼を新しい預言者と祭り上げるのではないだろうか？

　否、とアブー・バクルの支持者はアリーを退けた。現時点でウンマが必要としているのは堅実な判断力であって、若々しい熱情ではないのだ、と。この時、アリーは三〇歳を超えたばかりで、アブー・バクルは六〇歳にならんとしていた。当時のアラビア半島で、六〇歳の男を差しおいて三〇歳の男を指導者に選ぶというのは、おおかたのアラブ人にとって慮外のことだったろう。そもそも部族長を表わす「シャイフ」という称号は、文字どおり「長老」を意味していたのだ。

　一説によれば、アリーは六ヵ月ほど悩み苦しんだすえに、ようやくウンマの選択を受け入れた。その間に、アブー・バクルの支持者の中でも気の荒い連中がアリーを脅迫したり、彼の家族に暴力を振るっていた。ある日、そんな暴力沙汰の最中に、彼らが乱暴に開けた扉が身重だったファーティマの腹部に当たった。おそらくこれが原因で、ファーティマは預言者ムハンマドの三人目の孫息子であったかもしれない子どもを流産してしまった、と言われている。

　別の説によれば、アブー・バクルがカリフに就任してわずか数日後に、アリーは彼に忠誠を誓ったとされている。この説を唱える者たちは、ファーティマが被った暴力を取るに足りないものとみなし、流産したのは不慮の災難だったと主張している。この類いの見解の不一致を証拠に基づいて解決することは、今となっては不可能だ。どちらを採るかは、預言者の後継問題から発展した神学上の分裂に関して、どちらの側につくかを反映しているに過ぎない。なぜなら、アブー・バクルの支持者とアリーの信奉者のあいだの見解の不一致は、最終的にスンナ派とシーア派というイスラームの二大宗派を生みだしたからだ。両派はこれらの出来事について、それぞれ独自の見方をしている。アリーの信奉者はやがてシーア派を結成するにいたるが、シーアという言葉は「党派」を意味するアラビア語の普通名詞である〔当初は「シーア・アリー（アリー党）」と表現された〕。シーア派は今日もなお、アリーを預言者ムハンマドの唯一正統な後継者とみなしている。

背教者の戦争とアラビア半島の再統一

いずれにせよ、両者の対立が解消されるのに、六ヵ月はかからなかった。それはきわどいタイミングだった。というのは、イスラームの存続を脅かす新たな危機が出来したからだ。アラビア半島全域の諸部族が、ムハンマドが樹立した同盟関係から離脱しはじめたのだ。われわれはムハンマドその人に忠誠を誓ったのであって、アブー・バクルやウンマに対して誓ったのではない、それゆえ、ムハンマドの死によって誓約は無効になった、というのが彼らの言い分だった。名目上はこれらの部族民はみなイスラームに改宗しており、その多くは今でもムスリムであると主張していた。彼らは依然として、神の唯一性とムハンマドの権威を認めていた。彼らは従来どおりに礼拝し、断食を実践し、飲酒や放蕩を慎む所存だった――だが、ザカート〔喜捨。神への奉仕の義務としての貧者への施し〕には問題がある。この慈善税をこれからもマディーナの国庫に納めるべきだろうか？　いや、われわれはもはやザカートには我慢できない。今後はマディーナにびた一文払うものか！

部族長の中には、少数ながらそれ以上の主張をする者も現われた。我こそアッラーの使徒であると名乗り、自分のもとには今でも神の啓示が下っており、神の権威に裏打ちされた法を制定する許可を得たと主張したのだ。これらの成り上がり者たちはムハンマドの先例に倣って、ウンマに対抗する「神聖な」共同体をつくろうと目論んでいた。

もし、アブー・バクルが諸部族の離反を許していたら、イスラームはまったく異なる方向に進んでいたに違いない。もしかすると、信徒が個々に信仰し実践するような宗教に変容してしまったかもしれない。だが、アブー・バクルはこの危機に対して、ウンマからの離脱は反逆罪に相当すると宣告した。かつて預言者は「宗教には無理強いがあってはならない」〔クルアーン「雌牛の章」第二五六節〕と述べており、アブー・バクルとてこの原則を否定したわけではない。イスラームを受容しようと拒絶しようと、それは個人の自由である。だが、ひとたびイスラームに帰依したら終生ムスリムであらねばならぬ、とアブー・バクルは断言した。かかる姿勢で政治的な危機に対処することによって、彼は今日にいたるまでイスラームに取りついている宗教的原理、すなわち棄教は反逆に等しいという原理を確立した。こうした政策と表裏一体となっていたのが、分かつことのできない神の唯一性は分かつことのできない単一のウンマに反映されなければならない、という神学的な概念だった。アブー・バクルはこうした決断を下すことによって、イスラームが単なる信仰体系にとどまらない一つの社会事業であることを、いっそう明確に示したのだ。ムスリム共同体はいくらでも存在しうる共同体の一種ではなく、ただ一つしか存在しえない特別な共同体であることを。

新任のカリフは侮りがたい戦略家であることをみずから実証した。アブー・バクルは一年余りで背教《リッダ》した部族を討伐し〔背教者の戦争〕、アラビア半島をふたたび統一した。けれども、本拠地のマディーナでムスリム共同体と接する際には謙虚さと親愛の情と善意だけを示し、人々はそれゆえに彼を敬愛した。アブー・バクルは窪んだ目をした猫背の男で、粗末な衣服を身につけ、質素な生活を送り、いささかも富を蓄えなかった。彼が唯一示した虚栄心といえば、髪と顎鬚《あごひげ》をヘンナで赤褐色に染めることだった。争いごとが生じると、彼はきわめて公平に正義を実践した。何か決定を下す際には必ず長老たちの合議に諮《はか》り、同格者の中の筆頭という立場で共同体を統治し、他者より宗教的に高位にあるというがごとき言説はいっさい弄さなかった。彼の言葉がほかのムスリムのそれより重視されることもなかった。彼の権威はひとえにその知恵と、啓示に対する敬虔な態度に由来していた。彼が正しい場合を除けば、誰も彼の裁定に従うことを強いられなかった。ただし、彼はほとんど常に正しかったのだ。

ヒジュラ以前のマッカ時代には、アブー・バクルは裕福な商人だった。けれども、ムスリムがマディーナに移住しはじめる頃には、イスラームに改宗した奴隷に自由を購うといった慈善行為に財産をほとんど使い果たしていた。そして、実際に移住する過程で残りの財産をすべて失った。カリフに就任したのちも、ウンマを導く報酬としてわずかな給料を受け取るだけで、生計を立てるために古くからの商売に精を出し、規模の小さくなった商売からあがる利益でやりくりしていた。時には、余分の現金を捻出する必要に迫られて、隣人の牛の乳搾りまでしていたという(1)。昔から語り伝えられているイスラームの説話では、マディーナの通りを歩いているアブー・バクルに子どもたちが「パパ！　パパ！」と叫びながら駆け寄り、彼が子どもたちの頭を撫でながら飴をあげる姿が生き生きと描かれている——アブー・バクルはこういう男だったのだ。

第二代カリフ――ウマル

カリフに就任して二年後の八月のある日、アブー・バクルは風呂から出て冷たい風に当たった。その日の夕方には、彼は高熱に喘《あえ》いでいた。死期が近いことを悟ったアブー・バクルは、ウンマの主だった名士を数人呼んでこう告げた。のちのち後継者問題で論争が起こらないように、前もって後継者にウマルを推挙したい、と。

これを聞いて、長老たちは思わず尻込みした。なぜなら、ウマルは温和で控え目なアブー・バクルとは対極に位置する人物だったからだ。ウマルは大男で、ほかの誰より頭半分ほど上背があった――それゆえ、群衆の中を歩いていても、彼だけ馬に乗っているように見えたという。頭は完全に禿げ上がり、血色のよい顔を頰髯《ほおひげ》が覆っていた。彼は両手利きで、雄牛のように屈強だった。そして、桁《けた》はずれの癇癪《かんしゃく》持ちだった。(2)

イスラームに帰依する以前のウマルは、喧嘩早く酒好きなことで知られていた。イスラームとムハンマドを憎悪していたウマルが入信したいきさつは、広く世人に語り継がれている。伝承によれば、ある日、ウマルは神の使徒とやらを殺してイスラームを抹殺すると宣言した。そして、剣を摑むと、ムハンマド殺害を決行すべく大股で町を歩いていった。その途上で、彼は愛しい妹が木陰に座り、一枚の紙片を熱心に読んでいるところに行き合わせた。「何をしているんだい？」

「読んでいるの」と、妹は答えた。

「何を読んでいるんだね？」

妹はおどおどとウマルを見上げた。「クルアーンよ。私はムスリムになったの」

「なんだと？　それを寄こせ！」と、ウマルは妹の手から紙片をひったくった。そこに書かれていたのは「ター・ハーの章」で、ウマルが驚いたことに、その言葉は彼に直接語りかけているように思われた。この瞬間にウマルの心は劇的な変化を遂げた。彼は剣を手放すと、マッカの通りを駆け抜けて預言者の家に向かった。そして、こう叫びながら扉を叩いた。「私はあなたを信じます！　あなたはたしかに神の使徒です！　私は信じています！」

それ以来、ウマルはムハンマドの最も親密な教友の一人となった。とはいえ、乱暴なのは相変わらずで、しばしば怒りの発作に身をまかせては人々を怯えさせていた。たとえ、ウマルが根は善良な人間であっても、そのふるまいを見ただけで子どもたちが怯えるような人物に、カリフという任務を委ねられるだろうか――招集された人々の多くは懸念を抱いた。ところが、このきわめて重要な折も折、アリーが進みでてウマルを支持したのだ。アリーの言葉が決め手となった。その後、ウンマはウマルがムハンマドの二人目の後継者になることを承諾した。

カリフに就任するに際して、ウマルはウンマの人々にこう語った。私があなた方から愛されるより恐れられていることは、百も承知している。だが、あなた方はこれまで私の一面しか見てこなかったのだ。預言者もアブー・バクルも心の優しい人物だったが、指導者というものは時に荒っぽい行動をとらねばならない。そうした状況が生じたときに、私は彼らの手先となって働いてきた。預言者が、そしてのちにはアブー・バクルが、いつでも使える剣をもっていられるように、私は常に彼らの剣であらねばならなかった。けれども、こうしてカリフになったからには、以後は常に生きている剣としてふるまったりはしない。なぜなら、指導者は時に温和で優しくあらねばならないことを、私はわきまえているからだ。それゆえ、今後ウンマの人々は私の二つの面を見ることになる。弱者を踏みつけにする悪人や権力者は、今までどおりのウマルを見るだろう。貧者や弱者、寡婦や孤児など善意を求め、保護を必要とする人々は、温和で優しいウマルを見るだろう。

ウンマはまもなく、第二代カリフが傑出した人物であることを、たぶんアブー・バクル以上に有能な人物であることを認識するようになった。ウマルは一〇年間にわたってウンマを統治したが、その間に数々の瞠目すべき業績を成し遂げた。すなわち、イスラーム神学の方向性を定め、政治イデオロギーとしてのイスラームを形成し、イスラーム文明に独自の性格を刻印し、ついにはローマをしのぐ帝国の礎《いしずえ》を築いたのだ。これらの業績のどれか一つだけでも、史上最も影響力のあった人物の一人に数えられるに値するだろう。これらすべてを成し遂げたウマルは、まるで聖パウロとカール・マルクスとロレンツォ・デ・メディチとナポレオンが合体した人物と呼ぶに値しよう。にもかかわらず、イスラーム圏外の人々の大半はウマルについて、単に名前を知っているだけか、せいぜい一、二行の説明で片づけてしまう。つまり、ウマルはムハンマドの後継者で第二代カリフである、と――まあ、そんなところだろう。

これはおそらく、ウマルが権力者ぶらないことを根本方針としていたことに起因しているのだろう。こうした姿勢はウマル伝説の一部としてすっかり定着し、イスラームの伝承において彼は一つの原理を体現する存在となった。すなわち、自分の言葉は法律ではなく、自分の意志は掟ではなく、自分はあらゆる権威をアッラーに譲った――ウマルがこう主張していたという伝説は広く語り継がれている。ウマルはウンマを絶対的に公正かつ平等な共同体として構想し、その実現に努力を傾注した。ムスリム共同体においては何人《なんぴと》たりとも権力者の気まぐれや意志に怯える必要はない、なぜなら、この共同体にはクルアーンという法があり、預言者の生涯という人生の指針があるからだ。このほかには何も必要ない、自分の役目は今後もウンマを団結させ、啓示が示した道を歩ませることに尽きる、とウマルは言明していたのだ。

ウマルが裕福だったことは絶えてなかった。アリーたちは、国庫から適当な額の給料を受け取るようウマルに強く勧めた。イスラーム国家の版図はいまや全アラビアに広がっており、余分の現金収入を得るために乳搾りをするようなパートタイムのカリフではもはやウンマを統治できないのだ、と。ウマルはこれに同意したものの、委員会を設けてごく平均的なアラブ人が必要とする生活費を計算させ、その額をカリフの給料と査定した（現代の多国籍企業のＣＥＯが自分の給料を査定させるところを想像してほしい）。

ウマルは預言者に倣って常に継ぎを当てた衣服をまとい、重要な公務の合い間にみずから継ぎ当てすることも度々だった。言い伝えによれば、ウマルは公務を終えた夜には、穀物を入れた袋を担いで町を歩きまわり、貧しい家族に食料を配っていた。ある夜、そうしたウマルの姿を見た人物が、代わりに袋を担ごうと申し出た。だが、ウマルは「この地上では、あなたに私の重荷を負ってもらうことができるでしょう。でも、審判の日にいったい誰が私の代わりに重荷を負ってくれるでしょう？」と応じたという。

この手の話は捏造されたものだとか、たとえ実話であったとしても政治家ウマルが俗受けを狙ってやったに過ぎない、と主張するのは容易いことだ。だが、私個人としては、ウマルはまさに伝承が示唆しているとおり、際立って敬虔で、質朴で、献身的で、心の温かい人物だったに違いないと思っている。数々の逸話はあまりに首尾一貫しているので無視することはできないし、この人物が同時代人に強烈な感銘を与えたことにはそれなりの理由があったに違いない。事実はどうであったにせよ、ウマルがムスリムの心に植えつけた伝説は、統治者のあるべき姿を示しているのだ。

「ジハード」と侵略戦争――サーサーン朝の滅亡

ウマルは、その後久しくカリフと併用されることになる新しい称号を採用した。それは「信徒たちの長」を意味するアミール・アル＝ムウミニーンという称号で、彼の精神的役割と軍事的役割をともに示すものだった（第一義的にはジハードの指揮官を、法学的にはウンマの指導者を意味していた）。ウマルはアレクサンドロスやユリウス・カエサルに匹敵する広い視野をもった戦略家だったが、彼がそうした能力を身につけた経緯はわかっていない。イスラームが誕生する以前のウマルは、小さな町の商人に過ぎなかった。彼はイスラーム史上象徴的な意味をもつ初期の戦闘に参加していたが、軍事的な見地からいえばこれらの戦闘は小競り合いの域を出なかった。ところがいまや、ウマルは突如として「世界」（すなわちミドルワールド）の地図を研究し、ビザンツ帝国やサーサーン朝の資源の流れを計算し、地理的条件の戦略的価値を推し量り、どこで戦端を開き、どこで撤退するかを決定するようになっていた——そう、ウマルは世界的な規模で軍事作戦を展開していたのだ。

幸運なことに、ウンマはこの歴史的な時期に傑出した野戦司令官を輩出した。その例として、背教者の戦争の英雄ハーリド・イブン・ワリードや、エジプトを征服したアムル・イブン・アース〔六六三没〕や、サーサーン朝軍を撃破したサアド・イブン・アビー・ワッカース〔六〇〇頃～七〇〇／七八〕が挙げられる。

カリフに就任するやいなや、ウマルはアブー・バクルが始めた一連の軍事行動に決着をつけた。背教者の戦争が終わりに近づいた頃、アラビア半島の騒乱状態を見て取ったビザンツ帝国が、この「混乱した」地域の征服を目論んで国境地帯に軍を出動させていた。アブー・バクルはビザンツ軍の侵入を阻止せんと軍隊を派遣したが、彼が没する以前にムスリム軍はビザンツ軍を押し返していた。ウマルが兜《かぶと》を被って出陣するや、ムスリム軍はまもなくダマスカスを包囲した。この時以来、ムスリム軍はビザンツ軍を敗走させつづけ、ついに西暦六三六年、ガリラヤ湖南東のヤルムーク渓谷周辺でビザンツ軍の主力を壊滅させた〔ヤルムークの戦い〕。

一方、ペルシア軍はスパイや囮《おとり》作戦を駆使して、成り上がりのムスリム共同体を潰そうと躍起になっていた。ペルシアのスパイを一人ずつ叩く代わりに、その源を断とうとウマルは決断した。彼はサーサーン朝ペルシア帝国を打倒しようと、ムスリムを糾合した。これはとてつもなく大胆な提案だった。なんと蟻《あり》が〔超大型犬の〕マスチーフを倒すと誓ったのだ。

ウマルが侵略戦争を「ジハード」と称すると決断したことは、明らかに現代の世界にもさまざまな副次的影響を及ぼしており、その当否について今日までさかんに議論されてきた。ムハンマドの時代には、ジハードという言葉には不気味な意味合いはまったくなかった。前述したように、ジハードは本来、「闘争」ではなく「奮闘努力」することを意味していた。この言葉は敵と戦うような場合に使うこともできたが、誘惑と闘うとか、正義を実現するために奮闘するとか、おのれの慈悲心を涵養《かんよう》すべく努力するというような場合にも用いられていた。「闘争」という意味でのジハードという言葉はたしかにクルアーンにも見出されるが、それは明確に自衛のための闘争だけを指している。それらの章句が啓示されたのは、クライシュ族がイスラームとムスリムを地上から抹殺しようと策動していたときだった。かかる状況下では、闘争には倫理的意義があると主張しても、それはけっして誇張ではなかった。いやしくも信徒の共同体が地上に正義を実現するものであるなら、敵対勢力がこの共同体を抹殺するにまかせることは、悪魔に加勢することにほかならない。それに対して、生命と財産を賭してこの共同体を守ることは、まさにアッラーに奉仕する行為なのだ。

とはいえ、故郷を離れて遠方の地まで出征し、それまでほとんど没交渉だった人々と戦えとムスリムに命ずるとなると――いったいどうして、これを自衛のための戦争と称することができようか？　そして、それが自衛のための戦争でないのなら、どうしてジハードの名に値しようか？

侵略戦争とジハードという言葉は、ムハンマドの時代に起源を有し、アブー・バクルとウマルの治世にムスリムの思想家たちが肉づけしはじめたある概念によって結びつけられた。その概念とは、世界はダール・アル・イスラームとダール・アル・ハルブ、つまり「平和の領域」と「戦争の領域」という互いに相容れない二つの領域に分かれている、というものだった。この図式はイスラームを、混乱と憎悪の領域に取り囲まれた同胞愛と平和のオアシスとして描いていた。ダール・アル・イスラームを拡大するためになされる行為は何であれ、たとえそれが武力闘争や流血沙汰であっても、平和の大義にかなう行動とみなされた。なぜなら、それは戦争の領域を縮小する行為であるからだ。

　個人的な見解をいうなら、七世紀の人々のどれほどが侵略戦争を正当化する必要性を感じていたのか、私は疑問に思っている。いずれにせよ、征服のための軍事行動をジハードと称しても、ウンマの中で議論はまったく生じなかった。ウンマは預言者ムハンマドの死という衝撃を乗り越え、組織を立てなおしたところだった。ウマルはおそらく、この重大な時に英雄的な行動に駆りたてれば、ウンマの団結がいっそう強まると理解していたのだろう。

　ヒジュラ暦一五年（あるいはその前後に）、アラブ軍はカーディスィーヤ〔イラクの都市ナジャフの南〕という町の近くで、サーサーン朝ペルシア軍と遭遇した。兵力三万のアラブ軍と、総勢六万の精鋭部隊からなるサーサーン朝軍は、一筋の川〔アティーク川〕をはさんで対峙した。アラブ軍指揮官のワッカースはサーサーン朝軍の総指揮官ルスタムと交渉すべく、数度にわたって使者を送った〔ルスタムが三日間の和平交渉を試みた、という説もある〕。この交渉に関して、次のような話が伝わっている。ルスタム将軍が使者の一人にお前がムスリム軍の首領かと尋ねると、その使者は「いいえ、私たちはムスリムです。ムスリムのあいだに身分の上下はありません」と答えた。

　ルスタムはこうもちかけた。「いいか、アラブ人が飢えて貧しいことを、わしはよく知っておる。お前たちはさだめし、やけになって面倒を引き起こしているのだろう。だから、よく聞けよ、一人一人に衣類二組とナツメヤシの実を一袋ずつやろう。そうすればお前たちは満足して、やって来たところに帰るだろう？」

ムスリムの使者は答えた。「将軍、私たちはあなたから何かを奪うためにここに来たのではありません。あなたにイスラームを与えるために来たのです！　あなたは地獄に向かっています。私たちはあなたに、天国に行くための機会を与えましょう」

ルスタムは声を立てて笑いとばした。「お前たちを見ていると、壁の穴から穀物倉庫に忍びこんだネズミの話を思いだす。そのネズミはたらふく食べて、さて帰ろうと思ったが、太りすぎてさっきの穴を通れない。ネズミは貪欲だったばかりに穀物倉庫に閉じこめられ、やがてネコに殺された。さて、お前たち貪欲なアラブ人はわれわれの穀物倉庫に忍びこみ、やはり閉じこめられた。お前たちはみな、例のネズミのようにここで死ぬのだ」

こうしたやりとりが繰り返されたあとで、ムスリムの使者はルスタムにこう宣告した。「もし、イスラームに改宗したくないのであれば、人頭税《ジズヤ》を納めなさい。そうすれば、傷つけられることはありません」

「傷つけられるだと？」と、ルスタムは嘲《あざけ》った。「税を払えだと？」と言うと、彼は部下に命じてムスリム一行に土嚢《どのう》を一つ与えさせた。彼にすれば、この土塊《つちくれ》は墓を象徴していたのだ。ところが、ムスリムは嬉々として土嚢を受け取った。「あなたたちの土地をくれるのですか？喜んでもらいますとも！」と。

両陣営は会戦の準備に取りかかった。みずから貪欲なネズミの逸話を披露したにもかかわらず、ルスタムはムスリム軍を攻撃するために川を渡るという過ちを犯した。それゆえ、彼の軍隊は川を背にすることになり、逃げ場を失った。カーディスィーヤの戦いは四日間続いた。ペルシア軍は象に乗り、アラブ軍はラクダに乗って戦った。三日目に総力戦に突入した両軍は夜間を通して戦い、四日目を迎えた。ついにサーサーン軍が敗れ、総崩れになった何千もの兵士たちは、重い甲冑《かっちゅう》を着けたまま川を泳ぎ渡ろうとして溺れ死んだ。

この戦場には、兵士とともに（数人の女流も含めた）多数の詩人が同行していた。彼らは数々のみごとな叙事詩を生みだし、カーディスィーヤの戦いをまるでトロイア戦争の（縮小版の）ように、神話的な地位にまで高めたのだ。

その一つは以下のような情景を詠っている。勝利が確実になるやいなや、一人の急使が馬に飛び乗り、吉報を届けにひたすらアラビア半島を目指した。マディーナに近づいたとき、急使は道端にいた風変わりな老人を追い抜いた。継ぎの当たった上衣を着た、取るに足りない男のようだ。その男はパッと立ち上がると、カーディスィーヤから来たのか、と急使に尋ねた。

「そうだ」と急使は答えた。

「では、どんな知らせだ？　どんな知らせだ？」と、老人は熱心に尋ねてくる。

だが、急使は喋っている暇はないと応えて、馬を走らせた。すると、老人も馬を走らせて追いすがり、立てつづけに質問して急使をうるさがらせた。二人がマディーナ市の門を駈け抜けると、群衆が集まってきた。「道を開けろ」と、急使はもったいぶって叫んだ。「すぐにカリフに会わねばならないのだ。カリフのウマルはどこにいる？」

群衆はどっと笑いだし、「お前のすぐ後ろにいるじゃないか」と、くだんの老人を指差した。いっさいの虚栄を排す——それがウマルのスタイルだった、と伝説は物語っている。

カーディスィーヤの戦いののち、アラブ軍はサーサーン朝の首都クテシフォンを奪取し、さらに軍を進めて、四世紀余りの歴史を有するサーサーン朝帝国を蚕食《さんしょく》していった。やがて、ついに全領土がムスリムの支配に帰するにおよんで、サーサーン朝は滅亡した〔六五一年〕。かくして、ムスリムはビザンツ帝国と久しく対峙してきたペルシア帝国の歴史に幕を引いたのだ。

その間に、ムスリム軍の別の部隊が地中海岸沿いにビザンツ帝国領土を進軍し、エジプトを経て北アフリカに歩を進めていた。この一連の征服事業で獲得した最も貴重な戦利品はエルサレムだった。ムスリムにとって、エルサレムはマッカとマディーナに次ぐ第三の聖地だった。その理由の一端は、生前のムハンマドがエルサレムから天界飛行をする夢〔幻視〕を見たと語っていたことにあった。エルサレムが陥落したのちに、有名なウマル伝説の一つが生まれた。第二代カリフは直々に降伏を受け入れるために、エルサレムに向かった。一人の従僕が随行していたが、ロバは一頭しかなかったので、ウマルと従僕は交互にロバに乗った。二人がエルサレムに着いたとき、たまたま従僕がロバに乗っていた。エルサレムの人々は従僕をカリフと思いこみ、われがちに従僕にお辞儀をした。彼らがこう指摘されたのはいうまでもない。「いや、違うぞ。そっちは平民だ。敬意を示さねばならないのはもう一人の男だぞ」と。

エルサレムのキリスト教徒は、イスラームのカリフは勝利の証《あかし》として、彼らが最も崇めている教会でムスリムの礼拝を行なうものと思いこんでいた。だが、ウマルはその教会に足を踏み入れようとはしなかった。その理由を彼は次のように説明した。「もし、私がそんなことをしたら、その先例を口実にして教会の建物を奪い、モスクに変えてしまうムスリムが将来現われるだろう。私たちはそんなことをするために、エルサレムに来たのではない。ムスリムはけっしてそんなことはしない。あなたたちキリスト教徒はこれからも好きなように暮らし、望むとおりに礼拝しなさい。ただ、わきまえておいてほしいのは、これからは私たちムスリムがあなたたちと一緒に暮らし、私たちのやり方で礼拝し、よりよい手本を示すということだ。その目で見たものを気に入ったなら、私たちの仲間に入りなさい。たとえ気に入らなくても、それはそれでよろしい。アッラーは私たちに、宗教には無理強いがあってはならない、と仰せになったのだ(3)」

ウマルがエルサレムの住民を処遇するためにとった措置は、ムスリムと彼らが征服した人々の関係を律する規範となった。ムスリムの支配下ではジズヤと呼ばれる特別な人頭税を納めなければならないことを、キリスト教徒は知らされた。これは悪いニュースだった。よいニュースは、ジズヤが概して、彼らがそれまでビザンツ皇帝に納めてきた税金より少額であるということだった――しかも、歴代のビザンツ皇帝はエルサレムのキリスト教徒の宗教実践にうるさく干渉していた(というのは、彼らにとってキリスト教諸教派間の儀式や信条の微妙な違いが重大な問題だったからだ。それに対して、ムスリムにとってはいずれの教派もキリスト教でしかなかった)。税金が安くなるうえに宗教実践の自由が拡大するというのは、キリスト教徒にはきわめて条件のよい取引と思われた。それゆえ、ムスリムはかつてのビザンツ帝国領土の住民たちからほとんど、ないしはまったく抵抗を受けなかった。それどころか、ユダヤ教徒とキリスト教徒は時にムスリムと連合して、ビザンツ帝国軍と戦ったのだ。

イスラーム共同体の拡大

ウマルが没する頃には、イスラームの支配が及ぶ地域は二〇〇万平方マイル〔約五〇〇万平方キロメートル〕以上に達していた。なぜ、これほどまでに版図を広げられたのだろうか？　信仰心の篤いムスリムは、ムスリムには何人も抵抗できないアッラーの加護があったと単純至極な説明をする。歴史学者は、ビザンツ帝国とサーサーン朝は長年の壮絶な戦いで疲弊していたのに加えて、どちらもうわべは強そうに見えても実態は芯まで腐っており、倒壊への道を歩んでいたと説明する。もう一つのよく引き合いに出される説明は、ムスリムは戦死するとそのまま天国に召されて七二人の処女を与えられると信じていたので、ほかの誰よりも獰猛《どうもう》に戦ったというものだ。私にはこれらを論評することはできないが、このほかの要因をいくつか提示してみよう。

初期世代のムスリムたちは、世界と人間の究極的運命にかかわる偉大な何かのために戦っている、という意識をもっていた。イスラームの大義のために戦うことはおのれの生に意味を与え、その死にも意味を与えるだろう、と彼らは感じていた。人類はこれまで、とてつもない障害にも果敢に挑戦し、甚だしい困難にも耐えることを、一再ならず身をもって証明してきた――もし、そうした努力がおのれの生に意味を与えると思った場合には。人間が意味に対して抱く渇望は食物や水に対する欲望と同じくらい根源的なものだが、日常生活では意味を求める渇望が癒される機会はめったにない。だからこそ人々は、彼らが終末論的ドラマの主要な登場人物として描かれる物語に進んで身を投じたのだ。ウマルをカリフとして戴いていた時代には、ムスリムの戦士はおのれの生をこのように感じていたに違いない。

故郷における諸々の進展も、戦士たちの理想主義を活気づかせた。というのは、ウマルは自分が説教したことを実践し、自分が実践したことを人々にも実践させていたからだ。ウマルに導かれたマディーナは文字どおり、ムスリムがこの世に実現しつつあると自負していたさまざまな価値を——すなわち同胞意識、公正、調和、礼儀正しさ、意思決定への民主的な参加、平等、慈悲などの価値を反映していた。少なくとも、初期カリフ時代のムスリム共同体は、これらの理想を通常の帝国よりはるかによく具現していた。そのため、後世のムスリムは当時の社会を理想化して、失われた完璧な時代という記憶を紡ぐことができたのだ。

他方、征服された側の人々は、ムスリム軍が圧倒的に不利な条件を覆して勝利を重ねているという話を、繰り返し聞かされていた。こうした軍勢に抵抗しても無駄のように思われた。おまけに、庶民にはそもそも抵抗する気が毛頭なかった。なぜなら、ムスリムに征服されても彼らの生活は何ら影響を受けなかったからだ。君主やお偉方は財産を失うかもしれないが、大衆はおのれの所有物を奪われることなく従来と変わらぬ生活を営めた。もし、アラブ軍が故郷を守ろうとする地元住民たちと戦っていたのであれば、その戦いはより熾烈なものとなっていただろう。そして、彼らの理想主義はしだいに蝕《むしば》まれていただろう。ところが、はるばる遠征してきたアラブ軍が戦った相手は、ほとんどが傭兵と召集兵だったのだ。

だが、意味に対する渇望と密接に絡み合った決定的要因を過小評価してはならない。戦争はムスリムに略奪の機会を与えた。もっともウマルの指揮下では、兵士が庶民の不動産を奪うことはいっさい許されなかった。ムスリムの兵士は戦場で戦利品を獲得し、征服した君主たちの財宝を手に入れた——ちなみに、それは夥《おびただ》しい量だった。戦利品の五分の四は兵士たちに公平に分配された。分配に際しては、司令官と歩兵、将軍と一兵卒のあいだで差別はつけられなかったものと思われる——それがムスリムのやり方だった。

彼らは戦利品の五分の一をマディーナにもち帰った。預言者の生存中は、戦利品を売って得た金の多くはすぐさま困窮している人々に配られた。この方針は——預言者の時代ほど厳密に実行されなくなったとはいえ——ウマルの治世をつうじて踏襲された。上述したすべての要因を勘案すれば、イスラームが急激に拡大した原因を説明するのはそれほど困難ではないだろう。

征服は社会に大きな動揺をもたらしたが、征服事業と被征服民の改宗はあくまで別個に進められた。「剣による改宗」などはなかったのだ。ムスリムは政治権力の掌握こそ要求したが、被征服民に対してムスリムになることを強要しなかった。その代わりに、ムスリム軍が行く先々にイスラームの文化が伝わり、ムスリムの社会事業の噂も急速に広まった。なぜなら、イスラームが拡大した領域は世界史的に重要な地域をほぼ完全にカバーしており、それらの地域は主要な海や川をつなぐ古代の交易ルートによって結びついていたからだ。イスラームは誕生してからわずか五〇年のあいだに、東はペルシア湾、西は地中海東岸、南はナイル川、北はカスピ海まで広まった。この地域に住む人々は、往古から縦横に発達した交通路を介して相互に交流していた。ムスリムの伝承やものの見方も、プロの語り手による物語や噂話や学者の議論をつうじて人から人へと伝わった。これほど容易に広まったのは、ムスリムのものの見方がそれほど目新しいものではなかったからだ。ゾロアスター教の世界は一神教の縁をさまよっていた。ビザンツ世界はキリスト教を受容することによって一神教の領域に入っていた。そして、いうまでもなく、ユダヤ教ははるかな昔に厳格な一神教をレヴァント地方（メソポタミアとエジプトのあいだの地中海東部沿岸地方）に導入していた。

暦の制定と諸々の改革

征服者ウマルがイスラームの領土拡大を指揮した全期間をつうじて、精神的指導者としてのウマルはムスリムの教義を固め、イスラーム流の生活様式を定めるべく采配を振るっていた。ウンマは抽象的な共同体の理想像ではなく、世界を変える使命を負った特別な共同体であるという理念は、アブー・バクルがすでに確立していた。ウマルはイスラーム独自の暦を新たに制定することによって、かかる理念を明確な形で表わした。この暦の紀元はムハンマドが生まれた日でも最初に啓示が下された日でもなく、ムスリムがマディーナに移住したヒジュラがあった年と定められた〔ヒジュラの日そのものではなく、この年の第一月ムハッラム月一日を元年元日とする〕。ウマルが制定した暦〔イスラーム暦またはヒジュラ暦〕は、イスラームは単に個々人の救済を目指しているのではなく、世界を運営するあるべき姿を示しているという信念を公式に表明するものだった。多くの宗教はその信徒たちに「世界は腐敗しているが、あなたは腐敗を免れることができる」と言う。だが、イスラームはその信徒たちに「世界は腐敗しているが、あなたは世界を変えることができる」と言ったのだ。こうした信念はおそらく、ムハンマドが説教を始めた当初からイスラームの教義に内在していたのだろう。だが、ウマルはイスラームがこうした信念に沿って進むべきことを改めて確認し、イスラームを確固たる軌道に乗せたのだ。

アブー・バクルは伝説の域に達した謙虚さをもって、ウンマを統治した。彼はけっして自分の意志を押しつけようとはせず、ただひたすらクルアーンと預言者ムハンマドに命じられたことを実行した。ウマルは先代カリフの姿勢をムスリムの教義の礎石とした。これはきわめて重大な決断だった。なぜなら、啓示が命じることだけを実行するとひとたび誓えば、啓示が何を命じているのか――大小さまざまなケースのすべてについて――決定せざるを得ないからだ。ウマルはムスリムたちにそうした決定を委ねたのだ。

アブー・バクルの治世にウマルの提案によって、クルアーンの章句が記された断片が一つ残らずひとところに集められていた。それらは当初、種々雑多な寄せ集めに過ぎなかった。というのは、啓示が下されたときに、人々は――羊皮紙や革の切れ端、石や骨など――たまたま手元にあったものにそれを書きつけていたからだ。ウマルはカリフに就任すると、これらクルアーンの断片の分類と整理に着手した。ウマルの面前で、文字に記された啓示の一言一句が、当時のムスリム社会において最も信頼できる情報保持者と目されていたプロのクルアーン暗誦者が記憶していた一言一句と照合され、校閲された。ついで、一節ごとに正統とみなされた文言を、筆記者が証人の前で記録した。そして、これらの章句が整理されて一つの包括的なコレクションに統合された。

難題がもち上がるたびに、ウマルは解答を求めてこのコレクションを参照した。クルアーンが解答を与えてくれない場合には、預言者が同様の状況下でどのような言動をとったかを知るために、共同体のメンバーに助言を求めた。この場合の「共同体」とは、ムハンマドの生前に彼の「教友」だった数百人もの男女を意味していた。ウマルの要請に応じて「共同体」が何か決定を下すたびに、彼はそれを筆記者に記録させ、現場で判断を下す際の基準として、その文書を地方の総督に送付した。

ウマルは公の資金で学者の集団を組織した。彼らの任務は啓示やムハンマドの言行録、そのほかの関連情報の研究に専念することだった。こうして、その必要が生じた場合はいつでも、ウマルはこれら「ベンチの人々（アフル・アッースッファ）」〔本来はムハンマドのかたわらで過ごした高弟たちを意味する言葉〕から専門的な助言を得られるようになった。この小さな種はやがて成長して、イスラームの主要な社会組織の一つで、「学者たち」を意味するウラマー〔単数形はアーリム〕という制度に発展した。

いまだムスリムの法体系を構築する途上にあっても、ウマルはイスラームの教義をマディーナの社会生活に積極的に適用した。ここで彼の厳格な面が明らかになる。ウマルは規律を守らない者たちには容赦しなかった。その一例を挙げると、クルアーンにはこの問題に関していくぶん不明瞭な点があったにもかかわらず、ウマルは飲酒を完全に禁止した。というのは、初期に啓示されたクルアーンの節の中には、飲酒それ自体より酩酊することを難じているように思える箇所があるからだ（もっとも、のちに啓示されたクルアーンの章はより明確に飲酒を禁じている）。

クルアーンは飲酒に対する刑罰をとくに定めていなかったが、ウマルは類推によってその刑罰を導きだした。この場合の類推は以下のように行なわれた。すなわち、クルアーンは中傷という罪に対して鞭《むち》打ちの刑を定めている、人は酒を飲むととかく他人を中傷するものなので、飲酒に対する刑罰もやはり鞭打ちの刑であらねばならない、とウマルは断じたのだ。こうした類推（キヤース）に基づく論証は、後世のムスリム法学者が法判断の一つの典拠としてさかんに用いるようになった。

正式な契約を結んでいない男女間の性交渉が社会に及ぼす破壊的な影響力を怖れて、ウマルは姦通に対しては厳罰で臨んだ。実のところ、彼は姦通者を石打ちの刑〔掌に納まるくらいの大きさの石を死ぬまで投げる〕に処すことを命じたのだ。この刑罰はクルアーンには述べられていないが、クルアーンよりはるか以前に書かれたモーセの律法（『申命記』二二章二一節）に見出される。ウマルは男性が女性と数日間だけ結婚することを認める一時婚《ムトア》〔婚姻期間および結納金の明示を条件とする婚姻契約〕というアラブの慣行も禁止した。このカリフは一時婚を売春とみなしたのだ（シーア派の法学者はのちにその法典において、一時婚を合法と規定した）。

ウマルを中傷する人々は、彼に女性嫌悪症の汚名を着せている。そして、ウマルが下した裁定はたしかに、男性の悪行の責任は女性にあると彼がみなしていたことを示唆している。性的欲望の破壊的な威力を弱めるために、ウマルは男女の役割を規定し、男女を隔離するという手段をとった。男女が別々に礼拝するよう命じたのがその一例だが、ウマルはたぶん、こうすれば人々は礼拝中は性のことを考えないと思ったのだろう。

しかしながら、ウマルがとった措置は、何世紀ものちのムスリム社会で進行した（そして、今日まで続いている）両性の分離と女性の無力化とははなはだ異なっていたのだ。もちろん、マディーナにおけるジェンダーの関係が現代のフェミニストが掲げる理想と合致していなかったことは事実である。アラブの部族社会（と初期の文化のほとんど）は、男と女にはそれぞれ別個の役割があるとみなし、イスラームはそうした見方を是認した。けれども、ウマル統治下のムスリム共同体では、男女を問わず義務教育が施されていた。女性は男性とともに労働に従事し、公的な生活に参加し、講義を聴講し、説教を行ない、詩をつくって人々の前で朗誦し、失業対策事業従事者として従軍し、時には戦闘に参加することすらあった。ウンマが決定すべき重要な問題は公開の場で協議され、ウマルは共同体の一員という資格で参加していたが、男性ばかりか女性も臆することなくウマルと議論した。それぱかりか、ウマルはマディーナの市場監督官という責任重大な役職に女性を任命した。その職務には建設事業の管理や各種事業の許認可、衡量器の精度の監視などが含まれていたので、これは大抜擢だった。たとえそうであっても、ウマルはやはり、女性の社会参加を厳しく締めつけるという後世の慣行の種を蒔いていたのだ。

西暦七世紀においては世界のいずこの社会も奴隷制を認めており、アラブ社会も例外ではなかった。イスラームは奴隷制を禁じてはいなかったが、奴隷に対する主人の権力に制限を加えており、ウマルはこれらの掟を厳密に守らせた。ムスリムを奴隷にすることは絶対に認められなかった。奴隷を妊娠させた男はその奴隷と結婚しなければならず、これは生まれてくる子がムスリムであり、それゆえ自由人であることを意味していた。奴隷制が家族の分断を引き起こしてはならないという掟は、主人の行動に制限を課した。つまり、主人には奴隷の家族全体を買うか、売るかの選択肢しかなかったのだ。

奴隷が自由人と同等の人権を有すること、主人が奴隷を虐待したり酷使したりしてはならないことは、クルアーンで強調されており、預言者ムハンマドは別離の説教で改めて強調していた。ウマルはさらに、主人は自分が食べているのと同じ食物を奴隷に与えなければならない、のみならず、自分の家族と一緒に食事をさせなければならない、という掟を定めた。もし、ウマルの定めた諸々の掟がその論理的な帰結に到達していたら、イスラーム世界ではカリフ制の早い時期に奴隷制が消失していただろう（そうなる代わりに、ムスリム社会はこの点に関しては退行してしまった）。

皮肉なことに、情緒不安定のペルシア人奴隷がモスクにいたウマルの腹を刺したときに、ウマル自身の生涯は断たれてしまった。その死の床で、カリフの継承が円滑にいくようアブー・バクルに倣って後継者を指名してほしい、とウンマの長老たちが彼に要請した。「あなたのご子息はどうでしょうか？」と、彼らは提案した。

ウマルは生涯最後の怒りを爆発させた。「私がこの仕事をしたのは自分や家族を利するためだったとでも思っているのか？」と。彼はその日のうちに息を引き取ったが、死ぬ前にもう一つのきわめて重大な先例をつくっていた。六人のメンバーからなる評議会（シューラー）〔「合議」の意〕を任命し、互選によって新しいカリフを選出し、彼らの選択についてウンマの同意を求めるよう命じたのだ。後世のムスリム思想家の多くは、シューラーをイスラームにおける民主的な制度の基礎とみなすようになった。シューラーのメンバーの見解はアリーとウスマーンが適任という点では一致したが、ある者はアリーを、またある者はウスマーンを第一候補と主張した（アリーはムハンマドの義理の息子で、すでに二回も候補からはずされていたことを思いだしてほしい）。

シューラーの議長は公開の場で二人と面接し、カリフの後継者選出の鍵となる質問を投げかけた。「もし、あなたがカリフになったら、あなたはクルアーンとスンナ（ムハンマドの言行に基づく規範）、そしてアブー・バクルとウマルが設けた先例に従いますか？」と。

アリーはクルアーンとスンナに関しては「はい」と答えたが、前任者たちが下した決定に対しては――「否」と答えた。私は自分自身の考えをもっており、自分の良心と適切な判断に基づいて決定を下します、とアリーは明言したのだ。アリーとは対照的に、ウスマーンはすべてに対して「はい」と答えた。いわく、「私は革新者ではありません」と。そこで、議長はウスマーンをウンマの長たるにふさわしい人物であると宣言し、人々はこれを承認した。そして、アリーも波風を立てたくなかったので、ウスマーンに忠誠を誓った。

第四章

分裂

ヒジュラ暦二三〜四〇年
西暦六四四〜六六一年

第三代カリフ――ウスマーン

ウスマーンはムハンマドの祖父の従兄弟の曾孫に当たり、七〇歳前後で第三代カリフに就任した。一二年間に及んだ彼の波瀾万丈の治世を理解するためには、ウスマーンとはいかなる人物だったのか、いかにしてミドルワールドを統治する共同体の長になったのかを知ることが有用だろう。

彼の父親はマッカ有数の金持ちだった。ウスマーンは二〇歳の時に莫大な遺産を相続し、もって生まれた商才によって三十代のうちにその富を何倍にも増やした。人々は彼をウスマーン・ガーニー、つまり「ウスマーン長者」と呼ぶようになった。

イスラームに入信する以前から、控え目で温和なウスマーンは酒を飲むことも、煙草を吸うことも、女を追いまわすことも絶えてなかった。彼の美貌はマッカ周辺に知れ渡っており、人々は「美顔のもち主」とまで評していた。それにもかかわらず、この穏やかな話し方をする禁欲的な男には、不安気で憂鬱そうな雰囲気が常につきまとっていた。

ウスマーンがイスラームに改宗したのは、ムハンマドがマッカで宣教を始めてからおよそ一年後、ヒジュラの九年前のことだった。その経緯は次のように伝えられている。ある晩、旅先での商売を成功裡に終わらせて帰途についたウスマーンは、その途上で野営した。満天の星の下で横たわり、黒い穹窿《きゅうりゅう》を眺めていると、不意に宇宙の広大さに圧倒された。自分はなんとちっぽけな存在だろうという強烈な意識とともに、誰かが宇宙を支配しているという確信が湧き起こってきた。この宇宙には支配者がいる、それはさぞかし素晴らしい存在に違いない！　その時、彼は一人でいたにもかかわらず、どこからともなく「神の使徒がこの世にいる」と高らかに告げる声が聞こえてきた。ウスマーンは家に帰るやいなや、友人のアブー・バクルを訪れて一部始終を語った。すると、アブー・バクルはムハンマドにまつわる不思議な話と、万能の唯一神について彼が説いていることを教えてくれた。それを聞いたウスマーンはすぐさま、自分も信徒になると宣言した。

ウスマーンがイスラームに改宗すると、彼の一族は激怒した。なにしろ彼はクライシュ族の名門ウマイヤ家に属しており、ウマイヤ家はクライシュ族の中でも反ムスリムの急先鋒だったからだ。ウスマーンの伯父〔父の従兄弟〕のアブー・スフヤーン〔五六五頃～六五三頃〕は、まもなく反ムスリム軍の指揮官となった。ウスマーンの継父はかつて、とある小道でムハンマドを襲っていた。その時アブー・バクルが助けていなかったら、おそらくムハンマドは絞め殺されていただろう。ウスマーンの二人の妻は、彼がムハンマドの唱える信条を奉じたことを激しく罵った。二人とも頑としてイスラームに改宗しようとしなかったので、ウスマーンは彼女たちと離婚して、美貌で名高いムハンマドの娘ルカイヤ〔生没年不詳〕と結婚した。ルカイヤが亡くなると、ムハンマドのもう一人の娘ウンム・クルスーム〔生没年不詳〕と結婚した。

裕福な男を仲間に迎えてムスリムたちが喜んだことは間違いないが、ウスマーンも喜んで仲間を援助した。彼は自分にできることは何でもやるつもりだったが、考えつくのはもっぱら資金を提供することだった。マッカでムスリムに対する迫害が最高潮に達したときに、ムハンマドは信徒の一団をアビシニア〔エチオピアの旧称〕に移住させることを決断し、ウスマーンが資金を援助した。ウスマーンもともに移住したのだが、そこで有益な商売上のコネを築き、以前にもまして裕福になった。数年後にマッカに帰ってからも、アビシニア・コネクションがおおいに力を発揮し、ウスマーンはますます多くの富を築いた。

大多数のムスリムにとって、ヒジュラは全財産を失うことを意味していた。彼らはマディーナの主要産業である農業について何も知らず、それゆえ移住によって貧窮した。だが、ウスマーンの場合は違っていた。彼はマディーナに移住したのちも、故郷のマッカの商売仲間との絆を断たなかった。この仲間たちが彼の財産と商売からあがる利益を管理してくれたので、ウスマーンはマディーナに住んでいながら商売を繁盛させることができたのだ。彼が不正な手段で富を得たという噂はまったく聞かれず、事実はその正反対だった。人間の中には生まれながらに商才をもった者がいるが、ウスマーンはそういう人間だったのだ。しかも、彼は守銭奴どころか、公共の福祉のために惜しげもなく私財を投じた。たとえば、ムハンマドのためにマディーナのモスクを拡張し、ムスリムが水を必要としたときには、ユダヤ教徒部族から貴重な泉を買って公共の財産として寄付したのだ。

驚異的な富と眩しいほどの美貌に恵まれ、ムハンマドの娘を二人までも娶《めと》った男――この男に欠けているものなどあったろうか？　ところが、こうした恵まれた境遇にもかかわらず、ウスマーンは自分がまだ善人の域に達していないのではないかと、絶えず怯えていたようだ。彼は多大な時間を断食や、礼拝や、クルアーンを読むことに費やした。ウスマーンが公共の福祉のために桁《けた》はずれの寄付をしたのは、おのれがすでに享受している並はずれた幸運に値する人間になろうとしてのことだったのだろう。

あるいは、ウスマーンはもしかすると、自分の人格は預言者と親密なほかの教友たちの足元にも及ばないと悩んでいたのかもしれない。バドルの戦いには、妻が患っていたために出陣できなかった。ウフドの戦いでは、ムハンマドが戦死したという噂が広まったときに、多くのムスリムと同様に希望を失って戦場を離脱してしまった。塹壕《ざんごう》の戦いでは名誉を挽回したものの、その直後に息子が死んだことから、神はいまだに自分を罰していると思いこんでいたようだ。神の許しを得るために、ウスマーンは金曜日ごとに奴隷を一人買って解放することを実践していた。

ムハンマドが没すると、ウスマーンはウンマが分裂してしまうのではないかと思い悩んだ。それに加えて、彼はおのれの霊魂の行く末をことのほか案じていたようだ。「これから私たちはどうやって悪魔の誘惑を逃れたらいいのだろう？」と、ウスマーンは嘆いた。将来を恐れるあまり、この哀れな男は憔悴した。「毎日が最後の審判の日だ」という彼の言葉は、これ以後は一瞬たりとも善行を中止できないという意味だったのだろう。そこで、彼は断食と礼拝にいっそう励み、それまで以上に多額の寄付をして、かつてムハンマドが彼のために確保したと語っていた天国の場所にふさわしい人間になろうと遮二無二努めた。この善意の塊でありながら不安に取りつかれた人物が、イスラーム共同体の第三代カリフとなったのだ。

クルアーンの正典化と産業振興の推進

ウマルがカリフに就任した時分には、ウンマはいまだそのアイデンティティーを確立する途上にある、新しいタイプの社会組織だった。それゆえ、ウマル統治下の社会には、精神的な冒険や創造や発見を求める気運が満ち満ちていた。ところが、ウスマーンがカリフに就任する頃には、イスラーム共同体はすでに広大な領土を支配する国家となっていた。もはや、説教し、防衛し、攻撃し、熱烈な信仰を広めるだけでは充分でなかった。ムスリムの指導者たちはいまや、税を徴収し、法廷を運営し、橋や道路を保守・管理し、俸給を査定し、さまざまな職位にある人々が果たすべき職務を決定するといった、単調で日常的な行政事務を山ほど抱えていた。この過渡期の組織を運営する責任が、ウスマーンの肩にかかってきたのだ。

ウスマーンがカリフ在位期間の前半に成し遂げた壮大なプロジェクトの一つが、クルアーンの決定版の制定だった。彼は数名の有識者を責任者に任命して、ウマルが収集したクルアーンの断片のコレクションから重複するものを削除し、矛盾する点を解決し、典拠が疑わしい章句を吟味させた。こうして厳選されたクルアーンの章句は一冊の書物の形にまとめられ、各章はおおむね

〈主題ごととか、時系列に沿ってではなく〉長いものから順に配列された。正本に収録されなかったクルアーンの断片は、正本と矛盾することが記されたものも含めて、すべて焼却された。この時以来、すべてのクルアーンは〔写本・刊本を問わず〕一言一句にいたるまでみな同じものとなり、今日のムスリムがもっているクルアーンもウスマーン版に合致している。イスラーム共同体の統一を保つことが最優先課題であったとすれば、クルアーンの正典化が不可欠だったことは、誰にでも理解できるだろう。それと同時に、この事業が一部のムスリムに不満を抱かせたであろう理由も、容易に理解できるだろう。とりわけ、彼らがすでにウスマーンの意図に疑念を抱いていた場合には——そして、一部のムスリムは実際に疑念を抱いていたのだ。

クルアーンの正典化についで、ウスマーンはウンマの財政の整備に着手した。預言者ムハンマドの時代には、国家の支出というものは基本的に存在しなかった。マディーナに入ってくる金はすべて、多かれ少なかれただちに分配された。アブー・バクルとウマルもほぼ同様の措置をとっていたが、アブー・バクルは国庫を創設し、ウマルは黒字を計上するようになった。ウマルは国庫の余剰金から兵士の給料を支払い、これがイスラーム国家の常備軍の始まりとなった。けれども、ウスマーンの時代になると財政規模が膨れ上がったために、増大する一方の国家の支出を管理する政府の常設機関が設置された。

第三代カリフは広域にわたる領地からの租税収入を劇的に増加させた。エジプト総督のアムル・イブン・アースが充分な金を政府に送れずにいると、ウスマーンは彼を罷免して、その後任に自分の乳兄弟のアブドゥッラー〔生没年不詳〕を任命した。アブドゥッラーはエジプトからはるかに多くの税を——なんと二倍の税を——徴収することに成功したので、ウスマーンが実務家として賢明な決断をしたことが証明された。だが、新任の総督が雌のラクダから今まで以上の乳を搾り取っているのは、子どものラクダを飢えさせているからにほかならない、とアムル・イブン・アースは不平をこぼした。こうして、イスラームの統治は抑圧と腐敗の徴候を示しはじめた。

第二代カリフのウマルは、ムスリムが被征服者の土地を奪うことを禁じ、土地を買うことにも制限を設けていた。ウスマーンは土地を奪うことについてはウマルの禁止策を踏襲したが、土地購入の制限は解除した。なぜなら、彼は経済活動の自由を信奉していたからだ。それどころか、彼はムスリムの高官たちが国庫から融資を受けて土地を購入することを容認した。まもなく、預言者ムハンマドの教友の大多数を含むムスリムのエリート層はひと財産を築き、新生イスラーム帝国のいたるところで広大な私有地をもつようになった。ウスマーンの「経済改革」は、彼が属するウマイヤ家の人々をとりわけ利する傾向があった。というのは、彼らは国庫から融資を受けるのに絶好の立場にいたからだ。ウスマーンはまた、個人的によく知っており信頼しているからという理由だけで、自分の親類や「お気に入り」を帝国全域の政府の要職に登用した。その結果、ウマイヤ家は経済的にも政治的にも分不相応な勢力を手にすることになった。

第三代カリフは相変わらず禁欲的な生活様式を守っていたが、政府の高官たちに質素な生活を強要することはなかった。裕福なウスマーンは国庫から給料を受け取らなかったが、お気に入りたちに気前よく交付金を与え、公共事業にふんだんに資金を投じた。ウスマーン政権は帝国全土に五〇〇〇以上ものモスクを建造した。ウスマーンが推進した建設ブームによって、マディーナは広い道路が縦横に走り、美しいタイルで外装を施した立派な建物が立ち並ぶ都市に変容した。ウスマーンの豪壮な邸宅は政権の本拠地となったが、それはカリフという権威ある地位の威厳を示すにふさわしいものだった（この宮殿の中で、ウスマーンはパンと水と礼拝にすがって生きていたのだ）。

ウスマーンは帝国のいたるところで産業振興策を推進し、その経営の才をいかんなく発揮した。運河や道路が建設され、灌漑施設が改良され、港湾には最新の設備が設置された。繁栄する諸都市には新たな井戸と給水設備が設けられ、政府が任命した役人が管理する市場が新設された。ムスリムが実践する社会事業はいまや、ウマルの時代のそれとはまったく趣を異にしていた。だが、いったい誰が繁栄に対して文句をつけられようか？

飲酒や性交渉という類いの個人の道徳的な問題に関しては、ウスマーンの禁欲主義は彼を批判の対象外とした。もし、敬虔であることが禁欲と礼拝の実践だけを意味しているなら、彼は間違いなく当代の敬虔な人物ベストテンに入っていただろう。けれども、ウスマーンはせっせと金を稼ぐ人々に対して――彼らの金儲けが全体の福利を向上させているかぎりは――彼らの行為に倫理上曖昧な点があるとはみなさなかった。

ウスマーンの大のお気に入りの一人が、従兄弟〔祖父の甥の息子〕のムアーウィヤ〔一世。六〇二～八〇。ウマイヤ朝初代カリフ。在位六六一～没年〕だった。ムアーウィヤはウマルの治世に、ダマスカスとその周辺を統治するシリア総督に任命されていた。ウスマーンはこの従兄弟を寵愛して、さらなる領地を少しずつ与えつづけた。その結果、ムアーウィヤはついにユーフラテス川源流域から地中海東岸地方を経てエジプトにいたるまでを統治するようになった。

ムアーウィヤはアブー・スフヤーンの息子だった。アブー・スフヤーンはマッカの名門部族ウマイヤ家の指導者で、イスラーム初期にマッカとマディーナのあいだで三度にわたって繰り広げられた象徴的な戦いのうち、ウフドの戦いと塹壕の戦いでムスリム攻撃軍の指揮をとっていた。ムアーウィヤの母のヒンド〔生没年不詳〕は夫に従ってこれらの戦場に赴いていた。ウフドの戦いでムスリム勢が敗走すると、彼女は戦場に倒れたムハンマドの叔父ハムザ〔六二五没〕の腹を割き、勝利に満悦して彼の肝臓を食べたとされている〔ヒンドの父はバドルの戦いでハムザに殺されていた〕。しかしながら、預言者ムハンマドは恨みを抱くような人間ではなかった。イスラームに改宗した者は誰であれ、すぐさまウンマの一員として迎え入れられた。ウマイヤ家の人々の場合も同様だった。預言者はムアーウィヤをことのほか有能とみこんで、彼が改宗したのちは側近に取りたてていた。

ウマルがムアーウィヤをシリア総督に任命したのは、ムアーウィヤが職責を全うしていたからに違いない。だが、ウマルはそうする前に、ムハンマドがムアーウィヤを常に身近に控えさせていた理由を考えてみるべきだったろう。ひとたびダマスカスに居を定めると、ムアーウィヤは先見の明を発揮して、彼に忠実な常備軍を組織した。このことは、ウスマーンが非業の死を遂げたのちに禍根を残すことになった。

カリフ殺害

一二年に及んだウスマーンの治世が終わりに近づいた頃、帝国のあちらこちらで不満の声が上がりはじめた。エジプトではウスマーンの乳兄弟のアブドゥッラーがあまりに厳しく税を取りたてていたので、ついに暴動が勃発した。エジプトの名士たちは総督の罷免を求める嘆願書をカリフに書き送った。ところが梨の礫《つぶて》だったので、彼らは直接嘆願するために代表団をマディーナに派遣した。偶然のことながら、これと時を同じくして、北方から不満を抱いた臣民の集団が続々とマディーナに向かっていた。どうやら、ウスマーンは多くの人々を立腹させていたようだ。

これら嘆願者の群れはウスマーンを怯えさせた。彼はアリーに、自分の代わりにあの不平家どもと話してほしい、彼らをなだめて家に帰るよう説得してほしい、と頼みこんだ。だが、アリーはこの依頼を断った。それはおそらく、アリー自身も第三代カリフの政策と実践を好ましくないと思っていたからだろう。アリーは臣民の合法的な不服申立てに応えることによって身の安全を図るよう、ウスマーンに助言した。とうとうウスマーンはあきらめて、エジプトの代表団を接見した。彼は一行に自分の乳兄弟を更迭すると約束し、帰郷して現職の総督にまもなく新任の総督が赴任すると伝えるよう命じた。

エジプトの代表団はなりゆきに満足して帰途についた。ところが、その途上で彼らはウスマーンの奴隷の一人に追い着いた。その様子に不審な点を嗅ぎつけた一行が彼の身体を探ると、一通の手紙が見つかった。それは一見したところ、カリフの署名のあるエジプト総督宛ての書状のようだった。その書状はなんと総督のアブドゥッラーに対して、反抗的な代表団が総督官邸に現われたら即座に逮捕し、それが得策と思ったらただちに処刑しろ、と命じていたのだ。

代表団は憤慨して、急遽マディーナに取って返した。ウスマーンはおろおろしながら出てくると、邸宅前面の階段の上で一行と会った。こんなに早く戻ってきたのか？　何かまずいことがあったのか？　代表団がくだんの手紙を見せると、彼は驚愕した面もちでこう誓った。自分はけっしてこんな手紙を書いていない、今の今までこの手紙のことを知らなかった、と。彼の従兄弟でトラブルメーカーのマルワーン〔一世。六二三～八五。ウマイヤ朝第四代カリフ。在位六八三～没年〕が――この男はシリア総督ムアーウィヤの親類で盟友でもあった――あたかもカリフが書いたように偽筆し、カリフの署名を偽造したというのがことの真相だったようだ〔当時、マルワーンはウスマーンの書記をつとめていた〕。すでに八〇歳を超えていた哀れなウスマーンは、いとも簡単に手玉に取られていたのだろう。

いずれにしても、穏健な嘆願者たちは怒れる暴徒と化した。彼らは第一に、ムアーウィヤの盟友を引き渡すよう、カリフに要求した。ウスマーンが拒否すると、彼らはもっと適切な人物にカリフ位を譲り渡すよう要求した。ウスマーンは憤然としてこの要求も拒否した。私は神に対して義務を負っているのだ、暴徒の要求に屈してカリフを辞任するなど、神を侮辱する所業だ！　こう言い捨てると、ウスマーンは私室に引き取った。そして、小さなランプを灯して部屋の隅に落ち着くと、動揺したり疑念にとらわれたときにいつもするように、謙虚にクルアーンを読みはじめた。

ウスマーン邸の外では、暴徒が興奮の極みに達していた。屋敷の扉を打ち破り、わめきながら乱入した暴徒は、自室にいたカリフを見出した。そしてヒジュラ暦三五年、この年老いた男のランプがほのかに照らす中で、彼らは自分たちの指導者を撲殺した。この瞬間に、カリフの後継者を選ぶという容易ならざる問題が突如として、イスラームの本質を脅かす重大な岐路に立たされたのだ。

四日間というもの、暴徒はマディーナ中を暴れまわった。マディーナ市民は家の中で息をひそめ、嵐が過ぎ去るのを待つばかりだった。ようやく騒ぎがおさまっても、暴徒のリーダーたちは信頼できる人物がカリフに任命されるまでマディーナを出ていかないと宣言した。やがて、みなの思いがついに一人の候補者に向けられるようになった。それは、これまで何度も候補からはずされてきた男、一部の人々からは預言者の唯一正統な後継者とずっと呼ばれてきた男、すなわちムハンマドの義理の息子のアリーだった。

当初、アリーはこの名誉を固辞した。彼以外のウンマの名士たちも、一人残らずカリフに就任することを断った。一方、反乱者たちは、彼らが容認できる人物をマディーナ市民が選ばなければ、それもすぐに選ばなければ、恐怖の統治を始めると脅していた。それゆえ、主だったムスリムは続々とモスクに集まり、カリフになってほしいとアリーに懇願した。

アリーにとって、これはきわめて意外ななりゆきだったろう。辛い思いを抱えて生きてきたこの二五年間、アリーは船が航路からはずれて漂流するのを眺めているような心地であったに違いない。彼がまだ状況を正す力をもっていたであろうときに、ウンマは三度にわたって彼を指導者に仰ぐことを拒否していた。そのたびに、彼はウンマの決定を潔く受け入れた。それ以外に彼にできることがあっただろうか？　もし、彼が武力に訴えていたら、ウンマは分裂していただろう。アリーには内輪もめを起こすか、ウンマの社会事業が衰退するのを座視しているか、二つに一つの選択肢しかなかった。そう、ウンマを殺すか、ウンマが死ぬにまかせるかしかなかったのだ。

そして今、事態があまりにも常道をはずれ、ムスリムがカリフを殺害するまでになったときに、殺されたカリフの後継者が解決不能の難問に直面することが不可避の今になって、ウンマはこう言うのだ。「指導者になれ、アリー」と。

第四代カリフ――アリー

アリーはついにカリフになることを受諾した。だが、彼は就任演説において、自分は強いられてカリフになったと言明し、預言者の死後わずか一世代でウンマが解体したことを嘆いた。そして、事態を正常化するためには断固たる措置をとらねばならないと述べ、ウンマの人々に率直に釘をさした。彼らがアリーに期待できるのは厳格さだけだ、と。

ところが、ウンマで重きをなしていた一派は、アリーの就任演説を聞いていなかった。ウスマーンの近縁に当たるウマイヤ家の人々は、すでにダマスカスに逃亡していた。この地では、彼らと同族のシリア総督ムアーウィヤがひそかに軍隊を結集していた。ムアーウィヤは職業的語り部を伴って、領地を巡行しはじめた。行く先々で、語り手はマディーナでのカリフ殺人事件をドラマチックに語って、聴衆の感情を刺激した。話がクライマックスに達すると、ムアーウィヤがみずから舞台に躍りでて、血まみれのシャツを振りまわしながら、これはカリフが殺されたときに身につけていたものだと呼ばわった。それはみごとな政治劇だった。それから、ムアーウィヤはこう主張するのだった。新任のカリフはウスマーンを殺害した犯人を逮捕して処罰せよ、しからずんばカリフを辞任せよ、と。

けれども、どうしてアリーに暗殺者を逮捕することができただろうか？　暴徒たちのうちの誰がウスマーンを撲殺したのか、正確なところは誰にもわかっていなかった。客観的にみれば、暴徒全員が「殺人犯」だった。ムアーウィヤの要求に応えようとしたら、アリーは暴徒全員を逮捕して処罰しなければならなかっただろう。そんなことは実際的でないうえに、当時の状況下で実行するのは不可能だった。なぜなら、暴徒は依然としてマディーナ市街を支配していたからだ。要するに、アリーにはムアーウィヤの要求に応じるだけの力がなかった。そして、シリア総督はそのことを承知していたのだ。

しかも、ウスマーンを殺害した暴徒はそもそも不正と抑圧の犠牲者だった。彼らは合法的に不服申立てをするためにマディーナにやって来た。ところが、カリフを殺害したばかりに、抑圧者の側を道徳的に優位な立場に立たせてしまったのだ。アリーはいまや、抑圧者の側につくか、殺害者の側につくか、どちらかを選ばざるを得ない状況に追いこまれた——なんと辛い選択だろう！

アリーは懊悩の末に、イスラーム帝国を蝕《むしば》んでいる腐敗の元凶を攻撃することから始めようと決心した。勝とうが負けようが、それが彼の唯一の希望だった。ウスマーンの政策を転換し、正義を回復することによって、今ならまだウンマを正しい道に引き戻せるかもしれない、そうすれば、自分がなすべきことを実行するうえで欠かせない信用と名声が得られるだろう、とアリーは一縷《いちる》の望みを託したのだ。

だが、ムスリムが征服した豊かな土地では、新興成金というまったく新しい階層が生まれていた。このエリート層はアリーが掲げる純正な共同体という理念にも、彼が目指す改革にも興味を示さなかった。彼らからすれば、アリーは現状を覆さんとする急進主義者、ムアーウィヤは彼らの富と安全の保護者のように思われたのだ。

アリーはウスマーンが任命した地方総督をすべて罷免し、後任の総督をそれぞれの任地に派遣した。だが、罷免された総督たちは頑として辞任を受け入れなかった。唯一の例外はイエメンの総督で、この男は公金をそっくりもって逃亡し、アリーが任命した総督に破産した領地を残していった。

ラクダの戦いとアーイシャとの和解

その間に、別の方面で新たなトラブルが勃発した。ウスマーンが殺害されたとき、ムハンマドの最年少の妻だったアーイシャはたまたまマッカに滞在していた。ムアーウィヤがアリーの失脚を狙って騒ぎを起こすと、アーイシャはすぐさま彼と手を組んだ。それというのも、彼女とアリーは以前からムハンマド死後の主導権をめぐって対立していたからだ。アーイシャはマッカで舌鋒鋭く演説し、ムアーウィヤとの提携を宣言した。「おお、みなさん！　反乱者どもは……罪のないウスマーンを殺害しました……彼らは神聖な巡礼月〔ヒジュラ暦の第一二月〕に、聖なる預言者の町の尊厳を侵したのです。彼らはマディーナ市民を略奪し尽くしました。神かけて、ウスマーンの指一本のほうが暗殺者すべての命より尊いのです。災いはいまだ鎮圧されておらず、ウスマーンを殺害した者どもはいまだ裁きを受けていません……彼らに罪を償わせなければなりません。ウスマーンが流した血に対して復讐することだけが、イスラームの名誉を証《あか》す術《すべ》たりうるのです」

アーイシャはみずから掻きたてた聴衆の熱狂を利用して、軍隊を召集し、戦争会議を開き、綿密な作戦計画を立てた。罷免された前イエメン総督はアーイシャが掲げる大義に共鳴して、横領した公金を残らず彼女に提供した。軍資金を得たアーイシャは意気揚々と軍を率いて北進し、イラク南部の要衝バスラを急襲した。そして、アリーの支持者をまたたくまに打ち破って、バスラを占領した。

この時点で何者かが、アリー自身もウスマーン暗殺に共謀していたという中傷作戦を開始した。気の毒にも正直者のアリーは、この犯罪に関しては自分にも某《なにがし》かの責任があると認めてしまった。なぜなら、ウスマーンから保護を求められたときに自分は手を引いてしまったからだ、と。ウスマーンを救えたかもしれないという思いは、第四代カリフを苛んだ。だが、アリーの正直な態度は、彼の威信を傷つける噂を煽っただけだった。

アリーはアーイシャ軍と戦う軍隊を召集するために、この戦いはジハードであり、ムスリムは以前のようにイスラームの防衛に結集しなければならないと主張した。けれども、ムスリムたちは困惑していた。というのは、アーイシャもアリーに対するジハードを唱えていたからだ。いずれの陣営も真理と正義とイスラームの道のために戦うと主張し、それでいながら、ムスリム同士で戦えと呼びかけていたのだ。これはけっして、古きよき時代にムスリムがジハードと称していたものではない！

奇妙なことだが、アーイシャ陣営にいたタルハ〔六五六没〕とズバイド〔六五六没〕という預言者の教友は、あの日ウスマーン邸を襲った暴徒に加わっていたと思われ、たとえウスマーン殺害の実行犯ではなかったとしても、何らかの形で関与していたのは確実だった——それにもかかわらず、彼らはアリーを倒してウスマーンの仇を討とうと誓ったアーイシャ軍の指導的メンバーとなっていたのだ。

アリーはやっと掻き集めた貧弱な部隊を率いてマディーナを出発した。とはいえ、北進するうちにさまざまな部族の戦士たちが合流したので、アリー軍は堂々たる規模になった。バスラ近郊に着くと、アリーは信頼する同志の一人を市内に送ってアーイシャと交渉させた。驚いたことに、使者の言葉はこの気丈な若い女性に通じたのだ。アーイシャは第一に、アリーがウスマーン殺害に関与していたとは思っていないことを認め、彼が実行犯を逮捕できずにいることを責めているのだと述べた。第二に、実行犯は暴徒の一味であり、いまだマディーナを支配している暴徒は混乱に乗じているという見方に同意した。第三に、アリーと戦えば混乱を助長することになり、彼女自身がある意味で殺人犯が裁きを逃れるのを助けることになると認めたのだ。この日が終わる頃には、アーイシャは矛をおさめて軍隊を解散し、アリーに協力することに同意していた。その条件については、翌朝に両者が直接協議することが決められた。

この交渉は両軍の指導者に誉れをもたらした。アリーが戦端を開く前に交渉をもちかけたこと、アーイシャが聡明かつ正直に対応したことは、いずれも称賛に値する行動だった。かような姿勢で臨んだからこそ、アーイシャは激怒の極みにあっても、そして戦火の兆しと死の脅威のさなかにあっても、アリーの言い分に耳を傾け、おのれの立場を危うくする諸々の指摘が的を射ていると——単にそれらが正しいという理由で——認めることができたのだ。ここにはヒロイズムが存在していた。

使者はアリーの幕舎に吉報を届けた。その夜、いずれの陣営でも戦争回避を祝う声が鳴り響いた。平和が実現するぞ、と。ところが、誰も考えてもみなかった問題が一つあった。それは、どちらの陣営にもウスマーンを殺害した暴徒の一味が加わっていたということだ。アリーとアーイシャが協力することになったら、糾弾されるのは間違いない。彼らにとって、平和を実現させるわけにいかないことは明らかだった。

翌朝早く、この一味がアリーの幕舎を抜けだして、まだ寝ていたアーイシャ軍を急襲した。アリーが目覚めた頃には、アーイシャ軍が反撃を開始していた。アリーもアーイシャも裏切られたと思いこみ、かくして「ラクダの戦い」が始まった。この名前の由来は、アーイシャがラクダに乗って戦場に乗りこみ、ラクダの背から軍を指揮したことによっている。このラクダが斬り倒され、彼女が捕らえられたときに、戦いはようやく終結した。アリーにとって、これはなんと苦い勝利だったことか！　殺戮《さつりく》が終わってあいまみえたときにアリーとアーイシャが何を思ったか、想像するのは難しい。預言者が崇拝した妻と、預言者が愛した義理の息子が、血をたっぷり吸った戦場で面と向かい合ったのだ。戦場には一万ものムスリムの遺体が散乱し、その多くは神の使徒の親密な教友だった。

生き残った二人はことの経緯を解明するうちに、一種の和解にこぎつけた。おそらく、二人はいつしか友情に似た感情さえ抱くようになっていたのだろう。二人をともに呑みこんだ悲劇と、どちらも望んでいなかった殺戮の記憶が、思わぬ形で彼らの心を引き寄せたのだろう。いずれにしても、アリーとアーイシャはその後二度と争わなかった。ラクダの戦いののち、アーイシャはマディーナに引きこもり、預言者の言行を記録し、それに論評を加えて次世代に伝えることに余生を捧げた。そして、最も尊敬されたイスラーム初期の学者の一人として、その生涯を終えたのだ。

一方、アリーはマディーナにはついに帰らなかった。彼は自分を支えてくれた（今日のイラクに位置する）クーファの人々の恩に報いるためにこの都市を首都に定めて、カリフ制の残骸を修復すべく奮闘した。しかし、胸が張り裂けるような思いをしたアーイシャとの戦いは、苦悩の始まりでしかなかった。最大の苦悩の種は偃月刀《えんげつとう》を研ぎ、軍隊を訓練しながら、虎視眈々と出番を待っていた。ムアーウィヤはアリーにとどめを刺す準備を着々と整えていたのだ。

スィッフィーンの戦い――ムアーウィヤとの対決

この頃には、ムアーウィヤはアリーに臣従することを公然と拒絶し、カリフを僭称していた。アリーとムアーウィヤはともに軍を進めてついにヒジュラ暦三六年（西暦六五七）、ユーフラテス川上流のスィッフィーンで対峙した。スィッフィーンの戦いは、水場を求めて川に向かうアリー軍をムアーウィヤ軍が攻撃したことから始まった。短い戦闘が交わされたが、アリー軍が川岸の陣地を確保したため、戦況は膠着状態に陥った。散発的に小競り合いが生じるだけで、この状態が数ヵ月も続いた。いずれの陣営も、流血沙汰を起こさずに勝つ方途を探って自制していた。というのは、ムスリムの血を流せば、宗教的な正統性を失うことになるからだ。

だが、ついに熾烈な戦闘が勃発し、膠着状態に終止符が打たれた。戦闘は四日間に及び、この間に六万五〇〇〇人が命を落としたという。これほどの大量殺戮がなされた結果、両軍が兵を退いて、双方の指揮官の一騎打ちで決着をつけようという声が上がった。アリーは五八歳になっていたが、今なお恐るべき身体能力のもち主で、喜んでこの提案に応じた。一方、アリーとほぼ同年齢のムアーウィヤは酒色におぼれた生活のために肥満しており、この提案をはねつけた。

攻撃を再開したアリー軍は、ムアーウィヤ軍の兵士を雑草のごとくなぎ倒した。ところが、ムアーウィヤは彼らの勢いを殺ぐ奇策を考えだした。彼はなんと、クルアーンの章句を記した紙片を各自の槍の穂先に結びつけるよう歩兵に命じたのだ。そして、プロのクルアーン読誦者の一団のあとから、槍を掲げた歩兵隊を進軍させた。読誦者たちはクルアーンの章句を朗誦しながら、ムスリム同士の平和の名のもとに交渉するようアリーに呼びかけた。クルアーンを傷つけるかもしれないと麾下《きか》の兵士が怯んだため、アリーは交渉で決着をつけることに同意した。

アリーはおそらく、自分が譲歩したとは夢にも考えていなかっただろう。というのは、彼は当初から交渉を呼びかけていたからだ。とはいえ、交渉によっておのれの統治権を認めさせる代わりに、たとえばムアーウィヤのシリア総督留任を認めるというような、何らかの譲歩をすることは考えていたに違いない。ところが、事態は意外な方向に進んでしまった。双方の代理人が協議した結果、アリーとムアーウィヤは同格であること、各人は今後も従来どおりの領地を——すなわち、ムアーウィヤはシリアとエジプトを、アリーはそれ以外の領土を——統治することが合意されたのだ。

こんな結果は、アリーがずっと求めてきたものではなかった。そして、彼の熱烈な信奉者を――アラビア語でいう彼のシーアを――憤慨させずにおかないものだった。ちなみに、シーアという言葉はやがて、この時の分裂から生じた分派の名称となった。だが、アリーがここにおよんで交渉の結果を拒否すれば、不誠実のそしりを免れないのは明らかだった。アリーはムアーウィヤの術中にまんまと嵌《はま》ってしまったのだ！

そのうえ、アリーは一つのハンディキャップを抱えていた。彼の信奉者《シーア》たちはこの二六年間、アリーには神から授かった指導者の資質が備わっており、それによってウンマをその病弊から救えると主張してきた。こうした主張が生まれたのは、アリーと預言者ムハンマドの血縁関係に由来していた。だが、過去数十年にわたって歴代の三人のカリフが新しい社会秩序を築いていたときに、アリーはひたすら神秘的な教説を説き、アッラーの万能性や広大無辺さや唯一性や超越性を熱に浮かされたように述べたてていた。要するに、過去三代のカリフがムハンマドの共同体主義構想の保護者をもって任じていたのに対して、アリーは内なる炎を絶やさぬ者という役どころを確立していたのだ。それゆえ、彼の熱烈な信奉者たちは、アリーはカリフ位を狙う有象無象とは異なり、神秘的なルートによってアッラーの指導を直接受けていると主張するようになった。アリーは全面的にかかるイメージに依存していたのだ。

しかるにいまや、そのアリーが……交渉しているだと？　反ムスリムの物質主義の権化であるムアーウィヤと？　天与の資質に恵まれているだの、アッラーに導かれた真理の化身だの、とんでもないデマじゃないか！

アリー暗殺——正統カリフ時代の終焉

アリーが敵と妥協したことは、彼を熱烈に信奉していた人々を失望させた。その中でも若手の急進的な一派は、アリーのシーアから離脱した。彼らはやがて、「外に出た者、退去した者」を意味するハワーリジュ派と呼ばれるようになった。この分派はアリーの信奉者が掲げる理想を見なおし、カリフの資格について、以下に示すような画期的な教義を打ちたてた。すなわち、血統や家系は何ら意味をもたず、奴隷でさえウンマを導く権利を有している。カリフになるための資格は当人の人格だけである。何人《なんぴと》も指導者になるべく生まれついたわけではなく、また、選挙ごとによってカリフにふさわしい人物に変身できるわけでもない。ムスリムの価値に対する最大かつ真正の忠誠を身をもって示した者がカリフであるというに尽きるので、いかなる選挙も必要ない。しかしながら、カリフはおのれがその地位にふさわしいことを証明しなければならない。もし、その道徳的資質が完璧の域に髪の毛一筋ほどでも達しなかったら、カリフはその地位を失い、ほかの人物がカリフに就任する。もっとも、具体的にどのような仕組みでこうした昇格や降格が行なわれるのか、ハワーリジュ派は明言していなかった。そんなことは問題ではなかったのだ。彼らにわかっていたのはただ一つ、アリーはすでにカリフたる資格を失ったので、退位しなければならないということだった。ところが、アリーは退位しなかったので、一人のハワーリジュ派の若者がみずから行動を起こした。ヒジュラ暦四〇年、この短気な若者はアリーを暗殺したのだ。

熱烈なアリー信奉者たちはすぐさま、彼の長子ハサン〔六二五頃～七〇頃。シーア派第二代イマーム〕をカリフの後継者に担ぎ上げた。だが、ムアーウィヤはこうしたアリー派の挑戦を一蹴すべく、巨額の年金と引替えにカリフの座を放棄するようハサンにもちかけた。悲嘆にくれ、厭戦気分にとらわれていたムハンマドの年長の孫息子は、この申し出を受け入れた。ハサンにはムアーウィヤとの闘争を続ける気はなく、しかも現下の社会情勢のもとでは、カリフの地位に就くとはすなわち権力を握ることでしかなかった。権力を握ったとて、それにどんな価値があろうか？　こうして、ウマイヤ朝が始まった。

アリーの死は、イスラームの歴史における第一の時代に幕を引いた。ムスリムの歴史家はムハンマド没後のウンマを統治した四人の指導者を正しく導かれたカリフ、すなわち正統カリフと呼ぶようになった。彼らの治世においても、人々の生活はけっして純粋な歓喜と驚異に満たされていたわけではなかったろう。だが、私が思うに、理非をわきまえたムスリムの歴史家が彼らを正統カリフと称するのは、彼らの治世が完璧な時代だったと主張せんがためではないだろう。ムスリムの歴史家はむしろ、ヒジュラからアリーの暗殺にいたるまでの時期のウンマの発展は一種の宗教劇だった、と言っているのだ。たしかに、この時期にも殺戮や人々を悲嘆にくれさせる出来事が生じていた。だが、そうした混乱は、権力や金やエゴの満足を求めて張り合う狭量な人間たちによってもたらされたのではなかった。この時代にウンマの中核をなしていた四人のカリフとムハンマドの教友たちは、啓示を地上に実現すべく真摯に努力していた。各人は各人なりに、この社会事業の達成に欠かせない何らかの側面に取り組んでいた。だが、彼らはいずれも預言者ムハンマドとは異なり、事業の全体を把握できるほど器量が大きくなかった。四人の正統カリフは、いわば「群盲象を撫でる」という故事を地で行っていた。彼らはまさに目をつぶったまま象に触って、象がロープや壁や柱その他の何に似ているか識別しようとしていたのだ。正統カリフ時代にカリフの地位をめぐって繰り広げられた闘争は、いずれも神学的な意味を帯びていた。なぜなら、彼らが真剣に取り組んだ問題は本質的に神学にかかわるものだったからだ。アリーの死後、カリフ国家は単なる帝国と化してしまった。

第五章　ウマイヤ朝

ヒジュラ暦四〇～一二〇年
西暦六六一～七三七年

カルバラーの戦い――フサインの死

いうまでもないが、ムアーウィヤ自身は宗教的な時代を終わらせたと自認してはいなかった。彼はみずからカリフと称し、前任者たちと同様に偉大な使命を追求すると言明していた〔ハサンが退位するとムアーウィヤが実質的に唯一のカリフとなり、各地のアラブの有力者の支持を得た〕。しかしながら、晩年になって彼の真意が露呈した。それは、誰を彼の後継者にすべきかを協議するために、ムアーウィヤがアラブの部族長たちの会議を主宰したときのことだった。この会議は表面的にはシューラー、すなわちウマルがおのれの後継者候補を推挙させるべく設置した評議会の体裁をとっていた。部族長たちは真摯に意見を求められているものと思い、さまざまなカリフ候補者について長所や短所を議論しはじめた。ところが、カリフの腹心の部下が突然立ち上がり、出席者一同を睨みつけながら、「今のところはこの方が信徒たちの指揮官〔アミール〕だ」とムアーウィヤを指差した。ついで、「この方が亡くなったのちは、こちらが信徒たちの指揮官になる」と、ムアーウィヤの長子ヤズィード〔一世。六四二～八三。ウマイヤ朝第二代カリフ。在位六八〇～没年〕

を指差した。そして、「お前たちの中に反対する者がいたら、これをくれてやる」と言って、剣を抜いたのだ(1)。

部族長たちは要点を呑みこんだ。彼らはその後もムスリム流の民主的な形式に則って協議を進め、しかるべき発言や身振りをしたものの、最終的には恭しくヤズィードを後継カリフに選出した。その夜、帰宅した部族長たちは一人残らず、後継者選びの原則が議論されることは二度とないと理解していた。

やがてカリフに即位したヤズィードは、父親が反乱分子を抑圧するにとどまり、根絶やしにしていなかったことを思い知らされた。それゆえ、彼の権力を脅かす恐れのある者たちを監視し、とくにアリーの親類と子孫の動向は厳重に監視した。この頃にはハサンはすでに他界していたが、アリーの次男フサイン〔六二六〜八〇。シーア派第三代イマーム〕はまだ生きていた。そこで、ヤズィードはもっぱら危険を未然に防ぐために、フサインが今度マッカに巡礼する際に暗殺しようと腹を固めた。

すでに五十代になっていたフサインは、父親の信奉者たちから真のカリフと目されていることも、熱狂的なムスリムから霊的革新の火を絶やさないでほしいと期待されていることも承知していた。けれども、一人の男がそんな重責を負うことは望むべくもなかった。フサインはここ数年というもの政治から手を引いて、祖父が掲げた使命に思いをめぐらしながら、礼拝と瞑想三昧の静かな日々を過ごしていた。

しかし、自分の暗殺計画を人伝てに聞き、ヤズィードの刺客がこともあろうにカアバ神殿で自分を殺そうと目論んでいることを知るにおよんで、フサインはこれ以上我慢できなくなった。彼には軍隊も軍事的な経験もないのに対して、ヤズィードはスパイ網と国庫と軍隊を擁していた。それにもかかわらずヒジュラ暦六〇年（西暦六八〇）、フサインはヤズィードに戦いを挑むと宣言し、七二人の軍勢でマディーナを出発した〔指導者として来てほしいというクーファの人々の招きに応じて、マディーナからマッカを経由してクーファを目指した〕。

実をいえば、この一行を「軍勢」と呼ぶのはあまりにも大げさだ。七二人の中にはフサインの妻と子どもたち、足元のおぼつかない年老いた親類たちも含まれていたからだ。戦闘に従事できる年齢の男はほんのひと握りしかいなかった。いったいフサインは何を考えていたのだろう？このちっぽけな一団でウマイヤ朝の君主を倒せると、本気で思っていたのだろうか？　それとも、ひとたび進軍を開始しさえすれば、それに呼応して反乱の火の手が上がり、諸々の部族が合流すると踏んでいたのだろうか？

たぶん、そんなことは思っていなかっただろう。フサインは出立前の最後の説教で、自分は間違いなく殺されるだろうが死を恐れてはいない、と信奉者たちに語っていた。なぜなら、死は「あたかも若い娘の首を飾るネックレスのように、アーダムの子孫を取り巻いているからだ[2]」と。フサインはまた、ヤズィードのごとき不正な統治者に立ち向かえと命じるクルアーンの章句に言及していた。いやしくもアリーとファーティマの息子であり、預言者の孫息子である自分が暴政に立ち向かわなかったら、ほかに誰が立ち向かおうか？　だからこそ――さまざまな伝承で描かれているように――フサインは一命を賭して範を垂れようと決断したのだ。彼は最初から、儀式的な意味合いを帯びた巡礼に乗りだす覚悟だった。ある意味で、フサインは気高い自殺を遂げようとしていたのだ。

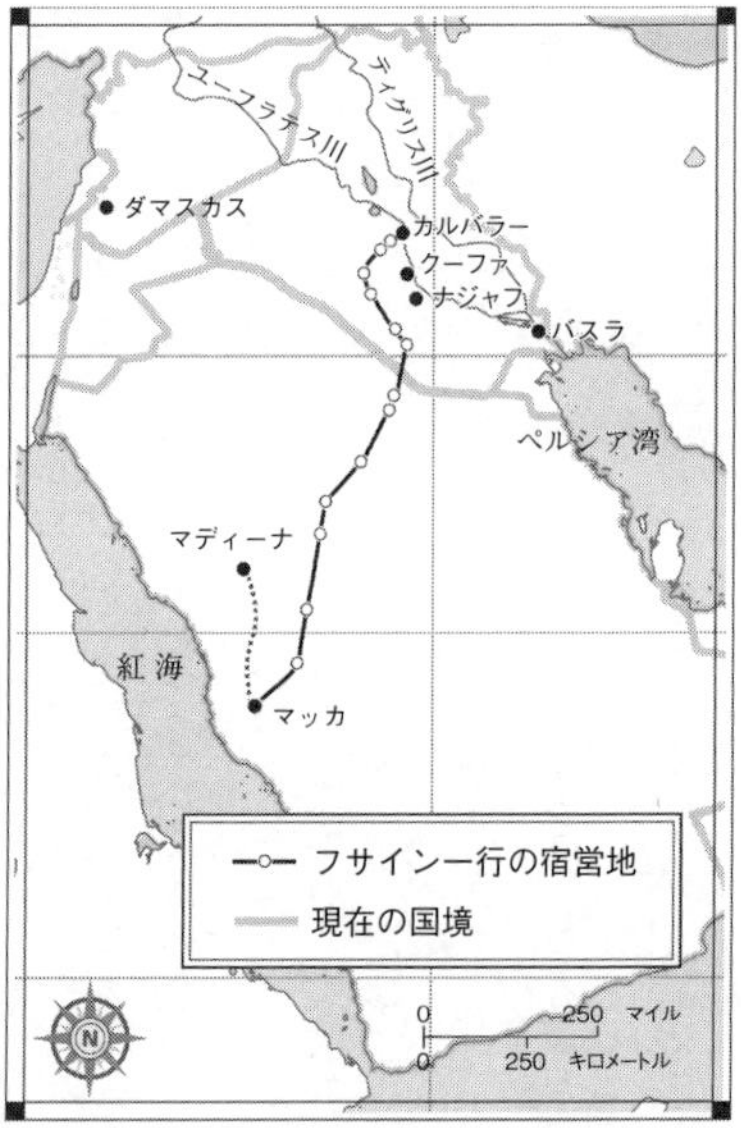

図6　イマーム・フサインのカルバラーへの道程

預言者の孫が行動を起こしたという報告を受けると、ヤズィードはすぐさまフサイン討伐軍を派遣した。フサインはウマイヤ帝国に何ら実質的な脅威を与えていなかったが、ヤズィードは圧倒的な兵力で彼を粉砕して、「神は私を選んだ」などと言いだしかねない輩《やから》への見せしめとしたかったのだ。彼が派遣した軍隊はフサイン一行の何倍もの兵士を擁していたので、勝負にならないのは目に見えていた。その数は四〇〇人から四万人まで、さまざまに言い伝えられている。

兵力の規模はさておき、ウマイヤ朝軍はイラク中央部の都市カルバラー南方の砂漠でフサイン一行に追い着いた。この地域では夏の日中には気温が華氏一一五度〔摂氏四六度〕以上になる。そんなうだるように暑い日に、カリフの軍隊はユーフラテス川のすぐ近くでフサイン一行を包囲し、彼らが川に行く道を断った。ところが、フサインは父のアリーがしそこなったことを成し遂げた。つまり、和解も、妥協も、取引も拒否したのだ。いわく、神は有徳の共同体を導かせるために私を選びたもうた、かかる真理に背くようなことはけっしてしない、と。

フサイン一行の戦士は一人、また一人と出撃し、ヤズィード軍と戦った。一人、また一人と彼らは倒れた。その間に、女と子どもと老人は一人残らず渇きのために絶命した。フサイン一行の最後の一人が死ぬやいなや、ヤズィード軍の将軍がただちにフサインの首を切り落とした。そして、いかにも満足げな書状を添えて、その首級をヤズィードに送った。

フサインの首級が届いたとき、ヤズィードはちょうどビザンツ帝国の使節をもてなしている最中だったが、これで晩餐会は台無しになった。「これがあなたたちムスリムのやり方なのですか？ 私たちキリスト教徒はイエスの子孫にこんな仕打ちはしません」と批判されたヤズィードは腹を立て、この「ローマ人」を牢に放りこんだ。だが、しばらくすると、フサインの首級をずっともっていると悪い評判が立つと考えなおし、カルバラーに送って身体と一緒に埋葬させた。

シーア派とイマーム

これで問題は片づいた、アリーの子孫は二度と面倒を起こさないだろう、とヤズィードは思ったに違いない。だが、彼の考えは甘かった。カルバラーでフサイン一行を全滅させたことによって、このカリフは火の粉を散らしてしまったのだ。アリーの大義を熱狂的に信奉する人々はいまやシーア派と呼ばれ、その勢いは燎原《りょうげん》の火のごとく広まっていた。ところで、シーア派とはいかなる存在なのだろうか？ よく耳にするのは、十二世紀に〔ヘンリー一世の娘の〕マティルダ〔一一〇二～六七〕とブロアのスティーヴン〔イングランド王。在位一一三五～五四〕がイングランド王位を争ったのと同様の、王朝の跡目争いから派生したものとする見方である。もし、本当にそうであったなら、シーア派の運動はアリーの死後しだいに消滅したことだろう。はたして今日、マティルダ派ないしスティーヴン派と自称する者がいるだろうか？　今日もなお、マティルダとスティーヴンのいずれがより正統な王位継承権を有していたかを問題にする者がいるだろうか？　ところがアリーの場合は死後も新たな信奉者が続々と現われ、アリーの党派ことシーア派の信徒は増す一方だった。アリーが没したときに生まれてさえいなかった者が彼の大義を奉じ、彼が初代カリフとなるべきだったという確信に基づいておのれのアイデンティティーを形成した。いったいなぜ、こんなことが起こりえたのだろうか？

　その答えはもちろん、カリフの後継者をめぐる抗争は王朝の跡目争いごときものではなかった、ということだ。この抗争は、イスラームの信仰にまつわるきわめて重大な問題を一つならず内包していた。なぜなら、カリフの後継者を選ぶという行為は「誰が指導者になるか」という問題だけでなく、「指導者とはいかなる存在か」という問題をも提起していたからだ。熱狂的なアリー信奉者はアリーの中に、カリフ位の継承権を主張するほかの男たちにはない何かを見出していた。それは、彼らがかつてムハンマドに見出していたのと同様の、アリーを並みの人間以上の存在にさせている天与の霊的資質だった。アリーを神の使徒だと主張する者は皆無だった。（いずれにしても、この時点では）誰もそんなことを主張しようとは思わなかっただろう。そこで、彼らはアリーを別の称号で呼ぶことにした。そう、アリーはイマームだ、と。

　イマームとは元来、集団礼拝の導師を意味する言葉に過ぎなかった。大多数のムスリムは、今日でもその意味で使っている。イマームが尊称であることはたしかだが、たとえば「尊師」とか「猊下《げいか》」という尊称以上に崇高な意味をもつとは考えられていない。何にせよ、ムスリムが集団で礼拝を行なうたびに、その中の誰かが礼拝を先導しなくてはならないのだ。といっても、その人物はほかの人たちと違うことをするわけではない。彼はただ、みなの前に立って、全員が調子を合わせて礼拝の儀式を行なえるよう手助けをするだけだ。すべてのモスクに一人のイマームがおり、その人物は礼拝を先導していないときには、モスクの床を拭いたり、屋根を繕ったりしているのだろう。

けれども、シーア派のいう「イマーム」は、はるかに崇高な存在を意味している。シーア派にとって、イマームは常に世界に一人しか存在せず、二人以上のイマームが存在することはありえない。彼らはまず、ムハンマドはアッラーから霊的な力を授けられた、という前提から出発する。それは常人にも感知できるもので、ある種のエネルギー、ある種の光であり、預言者のバラカ〔神に由来する聖なる力、恵み〕と称されている。預言者が亡くなったとき、この光はムハンマドからアリーに乗り移り、その時点でアリーは初代イマームとなった。アリーが没すると、この光は彼の長子のハサンに乗り移り、ハサンは第二代イマームになった。やがて、この光は弟のフサインに乗り移り、フサインは第三代イマームになった。フサインがカルバラーで殉教するにおよんで、「イマーム」という観念そのものが豊饒《ほうじょう》な神学的概念に発展し、当時の主流派の教義では癒されない渇望を抱いた信徒の心をとらえた。

アブー・バクルとウマルが確立した主流派の教義では、ムハンマドはいかに生くべきかについての一連の教えを伝えた神の使徒と厳密に規定されていた。彼が伝えた啓示は偉大で比類ないものだった。だが、クルアーンを伝えたことを除いては、ムハンマドの宗教的重要性は彼のスンナにしか認められなかった。スンナとは、ムハンマドがその生活様式によって示した行動規範であり、神の恩寵のもとに生きたいと望む者が見習うことのできる模範だった。この教義を受け入れた信徒はやがてスンナ派と呼ばれるようになり、今日のムスリム人口の九割を占めている〔初期における分派の登場に対して、ウンマの団結を重視し、コンセンサス形成に重きをおくことで、結果として多数派を形成したと考えられる〕。

　これとは対照的に、シーア派の信徒は努力するだけでは天国にふさわしい人間になれないと感じていた。彼らは教えを授けられるだけでは満足できなかった。ある選ばれた人物をつうじて、神の直接的な導きが今でも地上にもたらされている――彼らはこう信じたがった。その人物は、魂を救済する恩寵で信徒たちを包み、世界を温かく純粋な場所に保ってくれる生身の人間である。シーア派信徒はこの頼もしい人物を表現するのにイマームという言葉を採用した。イマームがこの世に存在することは、これからも奇跡が生じる可能性を保証してくれたのだ。

　フサインがカルバラーに赴いたとき、彼が勝利する見込みは寸毫《すんごう》もなかった。唯一の望みは、神が奇跡を起こしてくれることだった――いや、この時に、奇跡が生じるという信念をフサインは身をもって示したのだ。フサインと彼に同行した人々はこの可能性を否定することを拒む象徴的な行為として死を選び、結局カルバラーで奇跡は起こった、とシーア派はみなしている。そう、フサインの殉教という奇跡が起こった、と。

　世界中のシーア派信徒は今日にいたるまで、フサインが殉教した日を記念して盛大な哀悼行事を行ない、それによってみずからの精神を浄化している。彼らは「悲嘆の家」〔イマームのための哀悼行事を行なう施設〕に集まり、殉教の物語を朗誦する。この宗教的な物語の中で、フサインは終末論的なスケールで贖罪する人物の役割を演じている。フサインは殉教によって神に次ぐ地位を獲得し、罪人たちのとりなし〔最後の審判において罪の赦しを神にとりなすこと〕をする特権を手に入れた。フサインを信奉し、信仰する人々は、その経歴がいかなる罪で汚れていようと、救済されて天国に行くとされている。こうして、フサインはシーア派信徒に彼らが長年求めてやまなかった奇跡に通ずる裏口を提供した。彼を信仰しても黄金や高い地位や恋愛運は得られないだろうが、天国に入れてもらえる。これこそが奇跡だったのだ。

「ジハード」の恩恵

さて、ここからは、ムアーウィヤが政権を奪取したのちの政治的展開について物語ろう。ウマイヤ朝の成立は、宗教的な出来事としてのイスラームの誕生譚に終止符を打ったかもしれないが、文明および帝国としてのイスラームの発展の頁を開いた。型どおりの西洋史の記述では、ウマイヤ朝はムスリムの偉大な時代の始まりを画したとされている。この王朝はその倒壊後も久しく続いた黄金時代の幕を開けることによって、イスラームを世に知らしめたのだ。

徳性の面では多々欠点があったとしても、ムアーウィヤは並はずれた政治的手腕をもっていた。懊悩するアリーを倒すのに役立ったムアーウィヤの資質そのものが、彼が君主として成功した要因だった。彼の治世に制度化された諸々の慣行と手続きは、その後何世紀にもわたってイスラーム帝国を統合する基盤となった。

これはまことに皮肉な展開だった。というのは——忘れないでほしいのだが——ムハンマドがマッカで預言者として歩みだしたとき、ウマイヤ家はマッカの富裕なエリート層の中でも指導的な一族だった。神の使徒たるムハンマドが、貧者をないがしろにし、寡婦や孤児を食い物にしていると金持ちの悪人どもを非難したとき、その対象にはウマイヤ家の面々が含まれていた。ムハンマドがまだマッカで暮らしていたとき、ウマイヤ家の人々は彼の信徒を虐待することにかけては人後に落ちなかった。彼らはヒジュラ以前のムハンマド暗殺計画に加担し、ムスリムがマディーナに移住したのちは、揺籃期のウンマの抹殺を図って軍を率いてさえいたのだ。

だが、イスラームが絶対的な力をもちはじめたと見てとるや、ウマイヤ家の人々は改宗してウンマに加わり、この新しい社会組織のトップの座に登りつめた。こうして彼らはまたしても、新たなエリート層となったのだ。もっとも、イスラーム以前の時代には、彼らは一都市のエリートに過ぎなかった。ところがいまや、彼らは世界的な帝国に君臨するエリートとなったのだ。彼らの多くはきっと、以前はこの新しい信仰の何が気に食わなかったのだろう、と頭を掻きながら思いだそうとしていたに違いない！

ウマイヤ朝のカリフたちは正統カリフ、とりわけウマルとウスマーンから引き継いだ政策を有効な統治手段として活用した。イスラームの大義のもとに不信仰者に対して行なわれるものであるかぎり、積極的に仕掛ける戦争もジハードであると正当化したことによって、ウマルはウマイヤ朝にきわめて大きな恩恵を施していた。ジハードがかように定義されたからこそ、新たに登場したムスリムの統治者たちはイスラーム帝国の辺境地帯を恒常的な戦争状態にしておくことができたのだ。これはきわめて有益な政策だった。

一つには、こうした状態は暴力沙汰を辺境地帯に集中させ、帝国の中心部を安泰に保つのに役立った。さらに、世界は平和の領域（イスラーム）と戦争の領域（イスラームに属さないものすべて）に分かれているという、正統カリフ時代に発展した理論を強固なものにした。

辺境地帯の恒常的な戦争状態がこの平和と戦争の理論に現実味を帯びさせる一助となったのは、第一にかかる状態ゆえにこの理論が真実らしく思われたからだった――辺境地帯は総じて暴力の嵐が吹き荒れていたのに対して、帝国の内側はおおむね平和で安全だった。第二に、かかる状態ゆえにこの理論を真理たらしめる状況が現出したからだ。前述したジハードの概念に基づいて、アラブ諸部族は一致団結して彼らを取り巻く「他者」と戦った。その結果、イスラーム以前のアラブ社会では日常茶飯事だった部族間の抗争は著しく減少した。ジハードの概念はかように、イスラーム世界を（相対的な）平和の領域とすることに貢献していたのだ！

初期の領土拡大戦争に従事したのは誰だったかを考えてみると、アラブ社会の変化がより鮮明に見えてくる。カリフが派遣した正規軍が何らかのマスタープランに従ってカリフの命令を実行した、というケースはめったになかった。実際に戦っていたのは、多少なりともみずからの判断に基づいて出陣した部族の軍隊だった。彼らはいわば信仰のための義勇軍であり、カリフの命令に従ってというより、おのれの欲求に応じて行動していた。もし、アラブの諸部族がムスリムの領土を拡大するために辺境地帯で戦っていなかったら、彼らはおそらくその本拠地で近隣部族との戦利品の分捕り合戦に血道をあげていただろう。

恒常的な戦争状態はまた、神から支持されているというイスラームの主張を裏づける役割も果たした——ムスリムが連戦連勝しているかぎりは。イスラームが誕生した当初から、驚異的な軍事的および政治的な成功はイスラームの中核をなす奇跡を確証するものとして機能していた。イエスは盲人を癒し、死者を生き返らせたかもしれない。モーセは杖を蛇に変え、紅海の水を割いてイスラエルの民をエジプトから脱出させたかもしれない。この手の目に見える奇跡は、これら預言者たちの神性ないしは神の加護を証明するものとされていた〔イスラームではイエスやモーセも預言者とされている〕。

しかしながら、ムハンマドはこの種の超自然的な奇跡を示しはしなかった。また、自然の法則と矛盾する類いの力を誇示して信徒を説得しようともしなかった。実のところ、ムハンマドがなした唯一の超自然的な偉業は、エルサレムから白馬にまたがって天に昇ったことだけだった。けれども、これは群衆に見せるためになされた奇跡ではなく、誰に見られることもなくムハンマドに降りかかったもので、彼はのちにこの経験を教友たちに語ったのだ。彼の言葉を信じるか否かは、各人の自由だった。この奇跡はムハンマドの使命に何ら影響を及ぼさなかった。なぜなら、彼は天に昇った経験を、啓示が真実である証拠だと主張しなかったからだ。

いや、ムハンマドが示した奇跡は（クルアーンそのものの と、それを聞いたきわめて多くの人々が納得し、感銘を受けたことを除けば）、ムスリムがたとえ三対一の劣勢でも戦闘に勝ったということだった。この奇跡は正統カリフ時代になっても引きつづき現出し、ムスリムの領土は驚異的なペースで拡大しつづけた。神が介入しているという以外に、これほど成功した理由を説明することができるだろうか？

ウマイヤ朝の統治のもとでも奇跡は続いた。もっとも、この頃には以前ほど迅速かつ劇的な形で勝利をおさめることはなくなっていた。それはもっぱら、ムスリム軍がかつてのようにはるかに優勢な敵軍と戦うという事態がめったに起こらなくなったために、真に劇的な勝利をあげる機会が時とともに減ってしまったからだ。要するに、ウマイヤ朝はひたすら勝利を重ね、領土は拡大しつづけ——一度も縮小しなかった。これが事実であるかぎり、絶え間ない戦争は引きつづきイスラームの真理を確証し、それがムスリムの熱情を煽って勝利をもたらし、勝利はイスラームの真理を確証し、それが熱狂を呼び起こし、それがまた勝利をもたらし、それによってイスラームの真理が確証され……というように、このパターンが延々と続いたのだ。

絶え間ない戦争は、新たな占領地からの租税収入という具体的な利益も伴っていた。ムスリムの言い伝えによれば、かつてアッラーに公然と反抗するある君主が、自分の金庫に入りきらないほど多額の税を臣民から徴収していた。そこにムスリムが登場してこの君主を王座から追い落とし、強欲な支配から臣民を解放した。こうして解放された人々は幸福になり、彼の財宝を没収したムスリムは裕福になって、打ち負かされた王子たちを除く全員の境遇が改善されたという。

戦利品の五分の一は首都のマディーナに送られた。当初は、最も困窮している人々に充分配慮しつつ、そのすべてがウンマのメンバーに分配された。けれども、カリフが代わるにつれて、分配せずに国庫に納める比率がしだいに増していった。ウマイヤ朝が政権を握ると、彼らは事実上すべての租税収入を国庫に入れて、それで政府の経費を賄うようになった。その中には、豪勢な建設プロジェクトや野心的な公共事業の経費、慈善事業への法外な額の交付金などが含まれていた。絶え間なく戦争が続く辺境地帯からの租税収入のおかげで、ウマイヤ朝政権は積極的な政策によって国家を運営し、増税することなく臣民に惜しみなく利益を与えることができたのだ。

アラブ化とイスラーム化の進展

ウマイヤ朝政権はさらに、第三代正統カリフのウスマーンが設けた先例を積極的に活用した。ウスマーンはムスリムに対して、イスラームの掟が許す範囲で自分の金を好きなように使うことも、国庫から融資を受けて征服地の土地を購入することも容認していた。ウマイヤ朝はウスマーンの統治を踏襲したが、国庫から融資を受けるにはウスマーンの時代以上に有力なコネが必要だったことはいうまでもない。イスラームは利子を禁止しているので、これらの融資は無利子だった。借りることさえできれば、なんと素晴らしい資金調達法だろう。

第二代正統カリフのウマルは新たな征服地に進駐したムスリムのアラブ人兵士に、地元住民から隔離された軍営都市《ミスル》に居住するよう命じていた。その理由は、一つには兵士が地元住民の人権と感情を蹂躙することを未然に防ぐためであり、一つにはムスリムが異教徒の娯楽によって誘惑されるのを防ぐためであり、一つには少数派のムスリムが多数派の地元住民に同化してしまうのを防ぐためだった。ウマイヤ朝時代になると、これらの軍営都市は要塞化したアラブ人の都市に発展した。ここに居住する新興の貴族階級は、郊外に広大な土地を私有し、そこから潤沢な利益を得ていた。

しかしながら、イスラーム社会はヨーロッパの封建社会とはまったく様相を異にしていた。ヨーロッパの荘園のほとんどは自給自足の生活を営む独立した経済単位で、日常的な消費財をみずから生産していた。ウマイヤ帝国は手工芸品などの製造業がさかんで、複雑に入り組んだ交易ネットワークが発達していた。広大な私有地から搾り取った富は死蔵されることなく、さまざまな交易品に投資された。これらの物資は遠方の地に運ばれ、それに代わって別種の品々が流入した。厳めしい軍営都市は賑やかな商品の集散地に変貌し、イスラーム世界のあちらこちらに活気に溢れた都市が出現した。そう、ここは都会的な世界だったのだ。

敬虔なムスリムはムアーウィヤについて、正統カリフのような霊的偉人たちの後継者にまるでふさわしくない代物と悪しざまに評していた。けれども、ムアーウィヤは国家の経営者および政治家としては無能でないことをみずから立証した。彼は無慈悲な一方で人間的な魅力をもっており、もっぱら説得によって気難しいアラブの族長たちの協力をとりつけた。軍事力と警察力は主として反乱を制圧し、法と秩序を課す際に用いたが、こうした政策はムアーウィヤを益しただけでなく、文明的な生活を実現する道を整えた。

以下に示すバスラ市民への警告状にみられる「飴と鞭《むち》」政策に注目してほしい。これはムアーウィヤの義兄弟で、彼によってバスラ総督に任命されたズィヤード・イブン・アビーヒ〔六一三頃～七三〕が公布したものである。「お前たちは血縁関係を第一とし、宗教は二の次にしている。罪人を大目にみたり匿《かくま》うことによって、イスラームがお前たちを保護するために課した諸々の掟を破っている。夜間に徘徊しないよう注意せよ。暗くなってから路上にいる者を見つけたら、一人残らず殺してやる。くれぐれも親類に助けを求めたりするな。そんなことをする奴は、一人残らず舌を切り落としてやる……私は神の無限の力をもって統治し、神の富をもってお前たちを養う。私

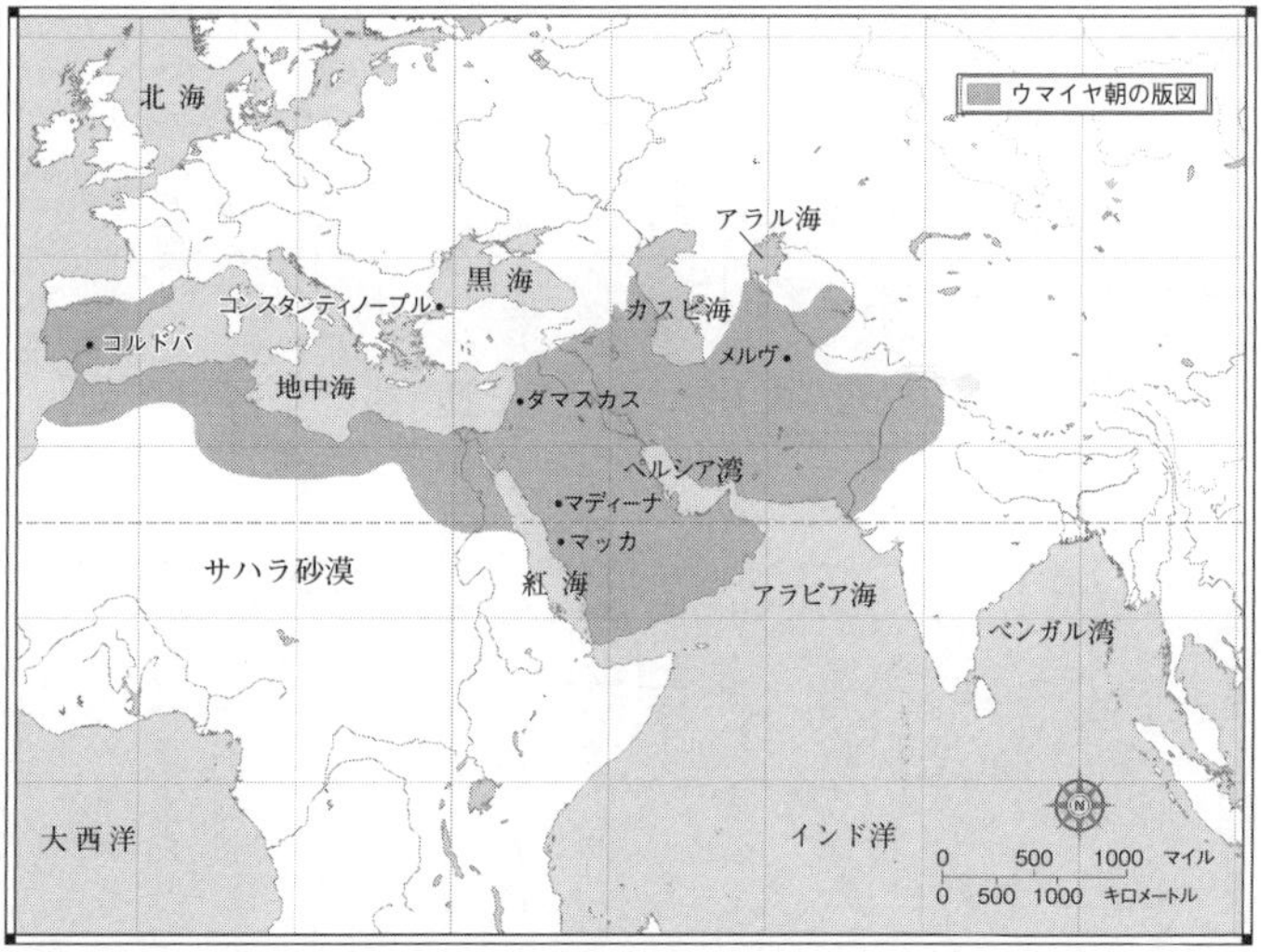

図7　ウマイヤ朝

はお前たちに服従を要求し、お前たちは私に高潔さを求めることができる……私は以下の三つのことを必ず実行する。つまり、誰でも私に話しかけられるように常にお前たちとともにあり、年金を決められたとおりに支払い、お前たちを戦場に送るに際しては、一度の出征期間があまり長くならないように、あるいはあまり遠方に送らないように配慮する。私に対する憎悪と怒りで我を忘れたりするな。自分がひどい目に遭うだけだ。私は頭が転がるところをいやというほど見てきた。お前たち一人一人が、自分の頭が肩の上に載っていられるよう充分気をつけるのだ！[3]」

　世俗志向で粗暴なタイプだったにもかかわらず、ウマイヤ朝の歴代カリフはイスラームの宗教制度を涵養《かんよう》した。彼らは学者や宗教思想家を支援し、モスクを建て、イスラーム流生活様式の普及を促すような法を施行した。

ウマイヤ朝統治下のイスラーム世界では、アラビア商人の旺盛なエネルギーだけでなく、イスラームに啓発された社会的な理想も人々のあいだに浸透した。にわか成金の領主たちは、ワクフと呼ばれるイスラーム独特の博愛主義的な制度に則って、ふんだんに寄進をした。彼らがそうしたのには社会的な圧力を受けてという側面もあったが、宗教的な動機もあった。人はみな男女を問わず、自分が属する社会から尊敬されたいと思うものだが、裕福な人間はワクフのパトロンとなることによって尊敬を集めることができたのだ〔ワクフとは、私財の所有者がそこから得られる収益を特定の慈善目的に永久に充てるため、私財の所有権ないしそれを行使する権利を放棄するというイスラーム独特の財産寄進制度。また、設定された財源や、その運営組織をワクフという場合もある〕。

理論的には、ワクフ設定者はワクフを停止ないし閉鎖することができなかった。ワクフはひとたび設定されると自立した存在となり、独立した地位を獲得した。読者には、慈善目的で設立された非営利団体のムスリム・ヴァージョンと考えてもらいたい。ムスリムの法のもとでは、ワクフに税を課すことはできなかった。ワクフは寄進者から金を集め、それを貧民に分配したり、モスクの建設や管理を行なったり、学校や病院や孤児院を運営した。そして多くの場合、急激にその数を増しつつあった上流階級の人々に宗教的、慈善的熱情を表現する手段を提供した。そのおかげで、彼らは富に埋まりながらも自己満足に浸れたのだ。

もちろん、誰かがワクフを管理・運営しなければならなかった。その人物はワクフの業務を実施し、運営方針を立て、財政を切り盛りすることを求められたが、誰でもいいというわけにはいかない。宗教的な威信を保つために、敬虔さと宗教に関する学識で世に知られた人物であらねばならなかった。スタッフの宗教的な資質や学識の評判が高ければ高いほど、ワクフの名声は高まり、その設定者と寄進者にいっそう尊敬が集まったのだ。

土地や建物や基金を運営するワクフが管理者を求めたことは、ムスリム社会に流動性をもたらした(もっとも、ワクフの多くは、裕福な家族が財産を課税から守る手段に堕してしまったのだが)。宗教的な学識が深いという評判をとった人物は、どこかのワクフに職を得ることが期待できた。その職はたとえ富はもたらさなくとも、社会的地位を与えてくれた。そして、高名な宗教学者になるために、名家の出身である必要はなかった。必要とされたのは知的能力と、宗教的敬虔を実践し精力的に学ぶ意志だけだった。

その一方で、ワクフの管理者にはアラビア語の知識が不可欠だった。なぜなら、アラビア語は神聖な言語だからだ。ムスリムにとって、アラビア語で表現されたクルアーンは——書いたものであれ、朗誦されたものであれ——この世における神の存在そのものである。ほかの言語に翻訳されたクルアーンは、もはやクルアーンではないのだ。しかも、宗教関連の学術書はすべてアラビア語で書かれていた。そして、もちろん、ワクフの管理者はムスリムでなければならなかった。そのうえ、ウマイヤ朝はまもなくアラビア語を政府の公用語と定め、東部のペルシア語や西部のギリシア語など、帝国全土で使われていたさまざまな現地語を政権中枢から排除した。こうして、ウマイヤ朝時代にはムスリム社会のアラブ化とイスラーム化が進展した。

私のいうイスラーム化とは、カリフ統治下の領土に住む人々がゾロアスター教やキリスト教や多神教など従来の信仰を捨てて、イスラームに改宗する事例が増したことを意味している。非ムスリムに課せられた人頭税を逃れるために改宗した人々がいたことは疑えないが、全部が全部そうだったわけではないだろう。なぜなら、改宗した場合は、非ムスリムには課せられない慈善税〔ザカートのこと〕を宗教的義務として納めなければならなかったからだ。

就職の機会を求めて改宗した者もいただろうが、こうした動機も過大にみてはならない。というのは、改宗しなければ就けなかったのは、実際には宗教関連の職業に限られていたからだ。たとえ改宗しなくても、人々は従来どおり土地を所有したり、工場を経営したり、品物を売ったり、商取引の好機を追求することができた。必要とされる技能や技術をもっていれば、公職に就くことも可能だった。ムスリムのエリートは、能力に基づいて人材を登用することを躊躇しなかった。ムスリムであろうとなかろうと、医学を知っていれば医者になれたし、建築について知識があれば建築家になれた。イスラーム帝国においては、たとえ「イブラーヒム〔アブラハム〕の宗教」であるキリスト教やユダヤ教の信徒であっても、いや極言すればイスラームからもっとかけ離れたゾロアスター教の信者であっても、富や名声を得ることができたのだ。

だが、私が思うに、ムスリムに征服された地域では、大多数の人々はイスラームが「真理」であると思ったからこそ改宗したのだろう。当時のミドルワールドには明らかに、イスラームのように確固たる自信をもち、動かしがたい成功に由来するオーラを発している勢力や運動は存在しなかった。できることならウンマに加入したい、と思わない者がはたしていただろうか？

そして、彼らは加入できたのだ。それも、実に容易に！　なすべきことはただ一つ、「ラー・イラーハ・イッラッラー・ワ・ムハンマド・ラスールッラー」、つまり「アッラー以外に神はなし、ムハンマドはアッラーの使徒である」と唱えることだった。これだけで、この成功したクラブのメンバーになれたのだ。

しかし、イスラームの核心をなす信条は、一見して思っていたよりはるかに複雑だった。「アッラー以外に神はなし」――この章句だけでも、これまで無数の註解書を生みだしてきた。しかも、この章句が意味するところを真に解明した者は、今日にいたるまで一人もいないのだ。

これに加えて「ムハンマドはアッラーの使徒である」という章句がある！　この章句にひとたび署名したら、ムハンマドが神の使徒として命じたことを一つ残らず受け入れたことになる。毎日五回の礼拝を行ない、豚肉を食べず、ラマダーン月には断食し、禁酒するだけでなく、このほかにも数多の掟に従わなければならないのだ。

第六章

アッバース朝の時代

ヒジュラ暦一二〇～三五〇年
西暦七三七～九六一年

格差の拡大とアラブ優先社会の矛盾

ヤズィードの血族はその後何世代にもわたってカリフ位を継承した。ウマイヤ朝の歴代カリフはイスラーム世界全域に堅固な権力基盤を築き、その版図を西はスペイン、東はインドまで拡大した。ウマイヤ朝政権のもとでイスラームの教義は練り上げられ、文書化されて、あたかも暗号書であるかのように世人の目から秘匿された。ちょうど今日のアメリカで法律家たちが憲法とそれから派生した諸々の法律を意のままに支配しているように、宗教分野の学者の一団がこれらの暗号書を専有するようになった。彼らはウマイヤ朝廷の政治家や官僚と連携して、イスラーム独特の社会をつくり上げた。

西洋版の世界史の中で主流と目されているものは、概してこのプロセスを称賛している。ウマイヤ朝は安定性と呼ばれる素晴らしい特質を文明化された社会に導入した。社会が安定していたからこそ、農民は翌年の作付けを計画することができたし、商人は長期のプロジェクトに投資することができた。学生は学生で、卒業する頃にも彼らが学んだことは社会に通用するとの確信をもって、長期にわたる修学課程に進む気になれた。学者たちは家族が凶徒に殺されるのではないかと思い煩うことなく、思うまま学問に没頭し、自然の神秘を深く掘り下げることができたのだ。

しかしながら、こうした好ましい環境には、安定した社会に付きものの代償が伴っていた。その代償とは、ある日の状況や傾向が確実にその翌日も増幅された形で続くということだ。富める者はますます豊かになり、貧者の数は増す一方だった。壮麗な建築物が立ち並ぶ都市が次々と勃興する一方で、夥《おびただ》しい数のスラムが惨めな窮乏状態に陥った。正義は富裕層だけが享受できる特権となった。

このほかにも、さまざまな問題が生じてきた。イスラーム帝国の版図が急激に拡大したために、多種多様なエスニック集団がムスリムの支配下に置かれるようになった。そこでまず、彼らすべてに対してムスリムが約束した友愛と平等をいかに実現するかが問題となった。

ウマイヤ朝の政策は被征服民のアラブ化とイスラーム化を促進したものの、それらの進展の度合いには地域差があった。北アフリカではアラブ化が急速に進んだが、それはおそらく、はるかな昔にフェニキア人の植民政策によって多彩な土着文化が分断されたためだろう——その後、ローマ人がラテン的性格を帯びた文化の層を敷き、さらにヴァンダル族がゲルマン風の装飾を施し、最後にキリスト教が浸透した。こうした事情で、北アフリカには地域を結びつける単一の言語や文化が存在しなかった。確固たる信念を抱いたアラブ人が北アフリカにやって来たとき、土着民のあいだには彼らに匹敵するような一体性も、彼らに抵抗できるような強固な自信もなかった。

それゆえ、アラブ人はそれまで北アフリカに存在していたものをことごとく溶解し、吸収してしまったのだ。

エジプトとレヴァントも、比較的容易にアラブ化とイスラーム化が進んだ。なぜなら、この地の人々の多くはアブラハムやノア、アダムなど共通の伝説上の祖先に遡る歴史の物語をアラブ人と共有していたからだ。住民のほとんどはすでに一神教という概念を受け入れていた。しかも、この地域で使われていたヘブライ語とアラム語は、アラビア語と同様にセム語族に属する言語だった。

けれどもペルシアは——嗚呼、ここではまったく事情が違っていた！　ペルシア人は、セム語族ではなくインド-ヨーロッパ語族に属する言語を母語とする人々だった。彼らは固有の古代文明と輝かしい歴史を誇り、けっして征服されない言語をもっていた。ペルシア人の多くはイスラームを受け入れたものの、アラブ化には頑として抵抗した。イスラームに改宗したペルシア人は、容易に解決できない宗教上の矛盾を社会に突きつけた。イスラームはすべてのムスリムを平等にすると主張していた。ウンマに加入すれば、平等主義と友愛に基づく共同体の一員になれる——これが、この新しい宗教、この強力な社会運動が掲げた公約だった。だが、ウマイヤ朝が築いたアラブ人優先の社会は、こうした約束を果たせなかった。アラブ人はいまや支配者であり、貴族階級を構成していた。みなが平等であるという体裁を取り繕うどころか、ウマイヤ朝政権は社会を構成する多種多様な人々を差別し、序列化するための公的な制度を編みだした。すなわち、純血アラブ人のムスリムを最上層に置き、その下に両親の一人がアラブ人で一人が非アラブ人のムスリム、その下に非アラブ人のムスリム、ついで非ムスリムの両親から生まれた非アラブ人のムスリム、ついで少なくとも何らかの一神教を信仰している非ムスリムというふうに続いて、最下層には多神教信者の両親から生まれた多神教信者を位置づけて、彼らには実質的にいかなる法的権利も与えなかったのだ。

これら歴然たる社会階層のあいだには軋轢《あつれき》が生じ、とりわけアラブ人の新興貴族とペルシア人の旧貴族のあいだでそれが顕著だった。階層間の反目によって、イスラーム圏のこの地域では常に水面下で不平不満が燻《くすぶ》っていた。

反ウマイヤ朝の気運——シーア派とペルシア人

もう一つの影が、イスラーム世界の人々の心を覆っていた。ムスリムの聖なる歴史には、創始者たちの地味で質素な生活様式にまつわる逸話が——真贋混淆で——満載されている。質朴で謙虚な彼らの姿勢は、信心深い人間のあるべき姿として人々の心に深く刻まれていた。それゆえ、現在のような豪華絢爛たる社会のありさまはどこか間違っているという感情が貧困層のあいだで広まりはじめたのは、当然のなりゆきだった。唯一の神を礼拝する敬虔で公正な共同体をつくれとムハンマドに命じたときにアッラーが意図していたのは、このように繁栄と快楽を謳歌する社会ではなかったはずだ。いうまでもないが、裕福であればあるほど、こんな考えに思い悩んだりはしなかっただろう。けれども貧しい人々にすれば、贅沢な宮廷の様子を聞くにつけ、絹の衣服を身にまとい香水の香りを振りまきながら通りを馬で行くアラブ貴族の姿を見るにつけて、イスラームの創始者たちと比較せずにはいられなかった。ムハンマドは一枚の粗末な毛布を四つ折りにして、マットレスと上掛けとして使っていたというし、カリフのウマルは靴屋のベンチに座って自分の靴を繕っていたというではないか。これに加えて、ウマイヤ家が政権を握る過程でシーア派とハワーリジュ派という二つの分派が生まれたことが、イスラーム世界に不穏な影を落としていた。

ハワーリジュ派は信徒数こそ少なかったが、その運動はシーア派より過激だった。ハワーリジュ派の神学は極端なまでに純粋であることを要求するようになっていた。イスラーム世界の指導権はイスラームの教えを最も勤勉に実践する人物に委ねるべきだ、と彼らは主張した。世俗的な統治者はハワーリジュ派の基準に遠く及ばなかった。いや、いかなるタイプの統治者であれ、彼らの要求を満たすことはできなかったろう。それゆえ、彼らは状況の如何にかかわらず革命を唱道することができた。誰かが政権に就いているかぎり、誰かが抑圧されていると感じるものだ。そして、誰かが抑圧されていると感じているかぎり、ハワーリジュ派の煽動者たちは彼らの教義を振りかざして、反乱を煽ることができたのだ。

けれども、ハワーリジュ派の運動は時が経つにつれて尻すぼみになった。なぜなら、前代未聞の繁栄の中でますます多くの人々が小金をもつようになった時期に、彼らは極端な純粋さを求めていたからだ。社会の落後者は不満を抱いていただろうが、その彼らとて、ハワーリジュ派が索莫とした展望しか示さないのに応じてなけなしの財産を手放す覚悟はできなかった。確立された秩序に対する真の脅威は、依然としてシーア派だった。そして、カルバラーでフサインとその信奉者たちが虐殺されてからというもの、この脅威は強まるばかりだった。

シーア派のイマームはもはや、カリフの地位をそれほどあからさまに要求しなくなっていた。彼らはイマームとカリフの意義を区別して、イマームという地位を宗教的な文脈で従来以上に純粋に定義するようになった〔精神的指導者としての傾向を強めた〕。とはいえ、シーア派の反逆者たちは相変わらずイマームの名において騒乱を引き起こし、アリーの子孫をカリフにすることを目的とした反乱を煽り、カリフ位はウマイヤ家に属していないという観念を人々に植えつけ、イスラーム帝国の世俗的な統治者の正統性を損なうべく策動していた。

シーア派の脅威が広まったのは、ウマイヤ朝の時代にシーア派が台頭するのと軌を一にして、もう一つの不気味な動きが進展していたからだ。その状況は以下のように要約できる。

シーア派はイスラームの抑圧された宗教的負け犬で、
ペルシア人はイスラームの抑圧された民族的負け犬だ。
シーア派は正統派の宗教的権威を嘲《あざけ》っており、
ペルシア人はアラブ人の政治的権威を嘲っている。

一方が他方に共鳴するのは必然的ななりゆきだった。ペルシア人はシーア派の教義を信奉するようになり、シーア派の煽動者は新たな入信者をペルシア以東に求めるようになった。やがて、この二つの潮流が合流すると、各地で反乱が勃発しはじめた。東に行けば行くほど、反乱は激しくなった。というのは、東方に行くにつれてウマイヤ朝の警察力が手薄になるとともに、反アラブの気運が高まっていたからだ。

アッバース朝革命――ハーシム派とアブー・ムスリム

ヒジュラ暦一二〇年頃のある日、謎に包まれた一人の男がメルヴにひょっこり現われた。この町はウマイヤ帝国の前哨地点〔アラブ駐留軍の駐屯地〕で、ダマスカスの東方およそ二三〇〇マイル〔約三七〇〇キロメートル〕に位置していた。帝国中央からはるか離れた東方の荒野で、この男はさかんに宣教活動を行ない、ウマイヤ朝に対する反乱を扇動しはじめた。善と悪の対決に決着がつく終末の日が差し迫っているのだ、と。

この男の正体をしかと知っている者はおらず、その本名さえわかっていなかった。彼はアブー・ムスリムと名乗っていたが、これは明らかに偽名だった。というのは、アブー・ムスリムとは「ムスリムの父親の息子であり、ムスリムの息子の父親であるムスリムの男」を意味するムスリム・アブー・ムスリム・ビン・ムスリムを縮めた名前だったからだ。読者にも推察できるように、この男は自分が正真正銘のムスリムであることを是非とも主張したかったのだろう。

実はアブー・ムスリムの正体は、イラクに本拠を置くハーシム派という地下組織がメルヴに派遣したプロの革命教宣員だったのだ。ハーシム派はカルトと政党の性格を合わせもった組織で、中核メンバーの数は三〇を超えていなかったものと思われる。その名称は預言者ムハンマドが属していたハーシム家にちなんでおり、彼らの活動の目的は預言者一族のメンバーをイスラーム世界の長に据えることだったと推測されている。当時はハーシム派のほかにも、数多の小規模な筋金入りの反政府集団が策動していた。彼らの主張は大同小異だった。要は、ウンマは正しい道からはずれ、歴史は正しい道筋から逸脱し、アッラーの使徒が掲げた使命は地に堕ちてしまった、ウマイヤ朝を倒して預言者一族のメンバーをカリフ位に就ければ、ふたたび何もかもが正常になる、というものだった。特筆すべきは、こうした主張がイスラーム世界の歴史をつうじて再三再四繰り返されてきたということだ。今日ですら、世界の変革を目指すムスリムの一部は「ウマイヤ朝」を「西洋」に置き換え、装いを改めて同じ趣旨の主張を声高に唱えているのだ。

ハーシム派にとっては不運なことに、彼らは預言者の直系の子孫を推戴することができなかった。そこで、彼らはムハンマドの叔父の一人アッバース・イブン・アブドゥルムッタリブ〔生没年不詳〕の子孫と名乗るアブー・アル・アッバース〔七二四頃～五四。アッバース朝初代カリフ。在位七四九～没年〕に目をつけた。この男は少なくとも預言者の血統につながっており、何より都合のよいことに、ハーシム派の計画に喜んで自分の名前を貸そうとしたからだ。

ところで、くだんのムハンマドの叔父アッバースは他に遅れてイスラームに改宗した人物で――まことに不都合なことながら――存命中はムハンマドの後継者候補と誰からも目されていなかった。それゆえ、純正な社会を求めて革命を志す一派にとって、この叔父は理想的な先祖ではなかった。アリーとファーティマの直系の子孫のほうが望ましいのはたしかだったが、アリーの子孫ないし子孫とみなされる者は誰一人、ハーシム派と大義を共有しようとしなかった。ハーシム派はアブー・アッバースでよしとしなければならなかった。望ましい表看板が手に入らないときに手持ちの表看板を掲げて戦うというのは、ままあることなのだ。

イランからアフガニスタンまで広がるホラーサーン地方では、シーア派とペルシア人の不満が渦巻いていた。アブー・ムスリムはまんまとそれにつけこんで同志を募った。ところが、将来の展望を語るとき、アブー・ムスリムは重要な点になると必ず言葉を濁した。つまり、革命が成就した暁に誰がカリフ位に就くのかを明言しなかったのだ。アリーの直系の子孫を待望していた人々は、該当する人物が出番を待っているものとばかり思っていた。その人物は今のところ、身の安全を図って名乗りをあげていないだけなのだ、と。

大胆かつ無慈悲でカリスマ性に富んだアブー・ムスリムは、じきに誰かの手先という役割を脱して、(その名目上の指導者アブー・アッバースにちなんで名づけられた) アッバース朝革命運動の指導者に躍りでた。本拠地のホラーサーンで、アブー・ムスリムは革命軍の幹部候補を徴募し、彼らに戦闘訓練を施しつつ、ハーシム派の教義を叩きこんだ。彼が採用した新兵たちは黒い衣服を身につけ、黒い旗を掲げていたので、すぐにそれとわかった。彼らは武器まで黒く塗っていた。ちなみに、ウマイヤ朝軍は白をシンボル・カラーとしていた。善と悪の終末論的対決を説くカルト集団が黒をシンボル・カラーとしたことを読者が奇妙に思うといけないので、一言付け加えておくが、ペルシアでは白は弔いの色、死の色とみなされていたのだ (近年アフガニスタンに出現したターリバーンと称する急進的ムスリム集団は、ユニフォーム代わりに黒い衣服を身につけている)。

ヒジュラ暦一二九年頃 (西暦七四七) に、アブー・ムスリムと麾下《きか》の黒衣の兵士たちは西進を開始した。ウマイヤ帝国のペルシア領内を進軍するあいだ、彼らはほとんど抵抗に遭わなかった。

ペルシアの住人の大多数は、傲岸なウマイヤ朝を倒す手助けをしたいと望んでいた。実のところ、アブー・ムスリムの部隊は進軍しながら新兵を獲得し、勢いを増していったのだ。

かくして西暦七五〇年、白と黒の軍隊はイラクのザーブ河畔で激突した。黒衣の軍隊は劣勢にもかかわらず、ウマイヤ朝軍に大勝した。ウマイヤ朝最後のカリフは命からがらエジプトに逃げ延びたが、この年のうちにアッバース朝の工作員によって殺害された。

ハーシム派はアブー・アッバースをイスラームの新しいカリフと宣言した〔前年の七四九年〕。政権交代にいたったプロセスについて、論評する者は皆無だった。それは神が定めた必然的ななりゆきでも、選挙の結果でも、賢人たちの合議による決定ですらなかった。いや、この新しいカリフは、厳しく統制された殺し屋集団を率いる一人の男の働きによって玉座に就いたのだ。だが、そんなことは問題ではなかった。イスラーム共同体の指導権がついに（やれやれ）、それが本来属すべきところに、つまり預言者一族のメンバーの手に戻ったのだ。これでようやく、ムスリムの社会事業は正しい道に戻れるだろう。

これはおそらく、アブー・ムスリムにとって生涯最良の年だったろう。畢生《ひっせい》の大事業がとうとう成就したのだ！　彼はたぶん、ウマイヤ朝を倒しさえすれば失われた共同体を復活させる動きが始まると、本気で思っていたのだろう。しかしながら、じきに幻滅が希望に取って代わった。まず、傀儡《かいらい》のカリフが自身を傀儡と思っていないことが判明した。アッバースはおのれを旗印に掲げた革命運動が進行する過程で、確固たる地歩を築いていた。そして、アブー・ムスリムが面倒な骨折り仕事をやり遂げてくれた今、彼に一言礼を述べてカリフに即位したのだ。

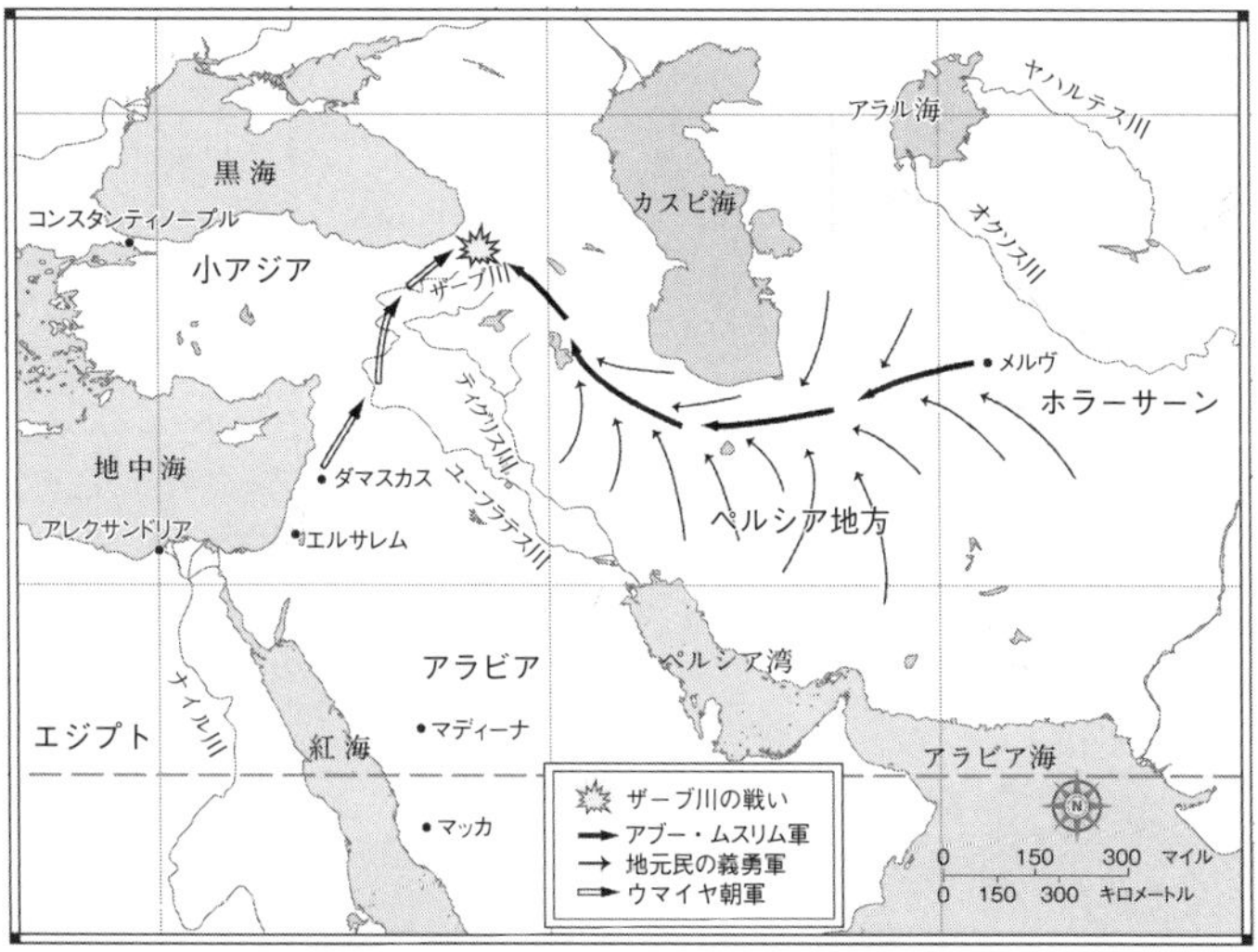

図8　アブー・ムスリムとアッバース朝革命

新任のカリフは、かつてムアーウィヤ一世がうわべの優しさで苛酷な性情を隠し、礼儀正しいふるまいと人間的魅力で以前の敵を味方に引き入れ、それによって権力を強化したことを覚えていた。そこで、アッバースは自分が悪意をもっていないことを示そうと、ウマイヤ家の主だった人々を食事（break bread）に招いた。

いや、「break bread」という表現は適当でない。これではまるで、アッバースが大麦パンとスープだけの食事を客に供しようとしていたように思われてしまう。だが、かつて預言者とウマルが分かち合っていたであろうような質素な食事は、今では流行遅れだった。ウマイヤ家の生き残りたちがクッションにもたれて寛いでいるかたわらを、召使たちが忙しく立ち働き、グルメ好みのご馳走をうず高く盛りつけた美しい皿をせっせと運んでいた。

笑い声が響き、生き生きとした会話が交わされ、一種の仲間意識が醸しだされた。だが、一同が食事を始めようとしたまさにその時、給仕たちが上衣を脱ぎ捨て、その下の鎧《よろい》が露わになった。彼らは給仕ではなく、暗殺者だったのだ。ウマイヤ家の一行はぱっと立ち上がったが、時すでに遅く、ドアというドアに鍵が掛かっていた。正体を表わした兵士たちは、ウマイヤ家の残党を棍棒で撲殺した。この時以来、アッバースは「血を流す者」を意味するサッファーフという異名で呼ばれるようになった。どうやら彼は、おのれの所業をいくぶん誇っていたようだ。

けれども、こうした所業も彼の役には立たなかった。というのは、サッファーフはまもなく天然痘で没したからだ。その跡を継いでカリフに即位した異母兄のアル・マンスール〔七七五没。アッバース朝第二代カリフ。在位七五四〜没年〕は、ライバルたちといささか闘わねばならなかったが、アブー・ムスリムが介入して彼の地位をたしかなものとしてくれた。その後、アブー・ムスリムは総督に任じられてホラーサーンに帰ったが、彼はおのれの欲するものを手に入れられるだけの軍事力を有していたにもかかわらず、みずからカリフ位に就こうとはしなかった。彼はどうやらアッバース朝政権の正統性を認めていたようだ。たぶん、その真の姿は節操のある理想主義者だったのだろう。

これほど世話になっていながら、マンスールはアブー・ムスリムという男がどうしても気に食わなかった。その理由はおそらく、アブー・ムスリムに人望があったという一点に集約できるだろう。いや、もう一つあった。彼は独自の軍隊を擁していた。統治者というものは、独自の軍隊をもった人気者をけっして信用することができないのだ。ある日、マンスールは豪勢な食事をともにしようと、アブー・ムスリムを招待した。ついで生じた出来事は、「アッバース朝の君主から晩餐に招かれたら、その夜は多忙だと断る算段をしなければならない」という格言の意味を明瞭に物語っている。宴は快適な河畔の野営地で催された。その初日は、マンスールはアブー・ムスリムの無私の奉仕に対して惜しみなく謝意を表することに終始した。二日目の夜、マンスールは護衛たちにアブー・ムスリムの喉を掻き切らせ、遺体を川に投げ捨てさせた。

イスラームの黄金時代——アッバース朝の栄華

こうして、ムスリムのカリフを戴く第二の王朝が本格的に始まった。アッバース朝の宣伝係は、この政権交代を正当化するストーリーをでっち上げるのに多忙を極めた。彼らはこれをウンマが革新的な方向に進む契機となった転換点と称し、これからは何もかもが一新されると吹聴した。ところが実際には、何もかもがほとんど旧態依然のままだった。変わった点といえば、よいものはよりよく、悪いものはより悪くなっただけだった。

ウマイヤ朝の指導者たちは虚栄と贅沢にうつつを抜かしていたが、アッバース朝の指導者たちは打って変わって、質素な生活を営む素朴な小地主のような外見を取り繕った。ウマイヤ朝の統治下で、ムスリムの帝国は経済的にかなり繁栄していた。アッバース朝の統治下で経済はさらに活気づき、爆発的な勢いで成長した。そして、ウマイヤ朝と同様にアッバース朝の統治者も世俗的な権力者で、政権を維持するためにスパイや、警察力や、常備軍を積極的に活用した。

シーア派の不満の高まりに便乗して権力を掌握したことから、アッバース朝政権は少なくともこの点に関しては前政権と異なっていたはずだ、と思う向きもあるだろう。だが、事実はそうした推測を裏切るものだった。アッバース朝は政権を握ると時を移さず、正統派イスラームの教義を奉ずることを言明した。それはおそらく、錚々《そうそう》たる学者たちを擁する正統派の既成宗教組織がムスリム社会で一大勢力となっていたので、彼らの側につくほうが得策だったからだろう。実際、イスラームの信仰における主流派がスンナ派と呼ばれるようになったのは、(次章でみるように)アッバース朝の時代だった。この時代に初めて、主流派は固有の名前を有する一つの宗派として定着したのだ。

アッバース朝が政権を奪取した当初、単純素朴なシーア派信徒の多くは、サッファーフとその一族はシーア派がイマームと認めた人物をカリフ位に就けるものとばかり思っていた。それによって、ハーシム派のプロパガンダが予言していた千年に及ぶ平和の時代が始まるのだ、と。ところが案に相違して、アリーの子孫の弾圧が強力に推し進められた。それどころか、第三代カリフ〔マフディー。在位七七五〜八五〕が没したのちに、メイドの一人の証言によって恐るべき実態が判明した。第四代カリフ〔ハーディー。在位七八五〜八六〕が宮廷に秘密の部屋があるのを見つけ、そこから伸びる通路をたどっていくと、地下に貯蔵室が設けられていた。なんと第三代カリフはこの地下室に、彼が逮捕して殺したアリーの子孫たちの遺体を残らず集めていたのだ(彼らは必ずしもファーティマの子孫ではなかった。というのは、ファーティマが没したのちに、アリーは複数の妻を娶《めと》っていたからだ)。

その一方で、アッバース朝はウマイヤ朝の統治の優れた面すべてを最大限まで強化した。ウマイヤ朝政権は経済を繁栄させただけでなく、芸術や思想などの文化活動を奨励し、文明を花開かせていた。さまざまな分野で発揮された輝かしい才能と活力は、アッバース朝時代に入るとさらに拍車がかかり最高潮に達した。その結果、アッバース朝時代前半の二〇〇年ほどの期間は、西洋の歴史（と同時代のムスリムの多く）によって「イスラームの黄金時代」として記憶されることになった。

たとえば、第二代カリフのマンスールが真っ先に着手した事業の一つが、新王朝にふさわしい首都を建設することだった〔初代カリフのサッファーフがクーファで即位したのち、アッバース朝の首都はめまぐるしく変わっていた〕。この首都はヒジュラ暦一四九年頃（西暦七六六）に完成し、その後の十数世紀間にわたって破壊と再建が繰り返されたものの、今日まで生き延びてきた。そして今、バグダードはまたしても破壊される途上にある。

新たに首都を建設するに当たって、マンスールは数年かけて領内各地を検分し、ついに完璧な立地を見出した。それはティグリス川西岸の小村バグダードで、この一帯でティグリス川とユーフラテス川が接近することから、将来首都を両河川の岸から岸まで拡大することも可能だった〔マンスールは新都の正式名をマディーナ・アッ＝サラーム（平安の都）と定めたが、一般にはその後も旧来どおりバグダードの呼称が用いられた〕。この空間のど真ん中に、マンスールは完全な同心円を描く三重の城壁を建設した。その直径は一・五マイル〔約二・四キロメートル〕、高さは九八フィート〔約三〇メートル〕あり、厚さは基部で一四五フィート〔約四四メートル〕に達した。この巨大なドーナツの中に築かれた「都市」は宮殿を中心に据えた大規模な複合施設《コンプレックス》で、世界最大の帝国の新たな中枢となった[1]〔三重の城壁の内部に側近、官僚や高級軍人の居住区を配置し、都城全体が行政機構と宗教施設の集中した象徴的な帝国統治空間となった〕。

この円形都城を築くには足かけ五年の歳月を要し、およそ一〇万人もの設計技師や熟練工や労働者が建設に携わった。彼らは建設中の都市の周辺に住みついたので、その居住地域は壮麗な中心部を取り巻くもう一つの――完全な円とはいえない――環状の町を形成した。そしてもちろん、これら建設関連業者にものやサービスを売って生計を立てようと商人たちも集まって来た。その結果、完璧な円を描く中心部を取り巻く変形した環のまわりに、もう一つの町が形成された。こうして、城壁外の郊外に市民の生活空間が生まれたのだ。

完成後二〇年足らずでバグダードは世界最大の都市となった。たぶん、史上最大の都市でもあったろう。その人口は史上初めて一〇〇万の大台を超えた。[2] バグダードはティグリス川とユーフラテス川を越えて広がったので、二つの川はバグダードを貫流することとなった。両河川の水は発達した運河網に導かれ、小舟がバスの役割を果たす光景はいくぶんヴェネツィアに似ていた。もっとも橋や路地も整備され、人々は徒歩や馬に乗って市内を行き来していた。

バグダードは世界最大の都市だっただけでなく、世界で最も賑やかな都市でもあっただろう。インド洋に通ずる二大河川には夥《おびただ》しい数の港湾施設が設けられ、どの方面からでも陸路で容易にバグダードに往き来できた。このように南北の河川ルートと東西を結ぶ隊商ルートの交差点に位置していたため、船舶や隊商が毎日バグダードに集散し、中国、インド、アフリカ、スペインなど既知の世界のあらゆる部分から物資や貿易商が来往した。

商業は国家によって規制されていた〔たとえば、同業者組合の長は政府が任命し、裁判官や市場監督官が販売や両替の監督をしていた〕。あらゆるエスニック集団がそれぞれ独自の居住区を形成し、あらゆる種類の商売を営んでいた。ある通りでは織物商が、別の通りでは石鹸を扱う商人が、また別の通りでは花屋が、またまた別の通りでは果実商が店を連ねていた。文具商通りには中国から伝来したばかりの紙という新製品を商う一〇〇軒以上の店が立ち並び、特徴ある景観を呈していた（アッバース朝軍は西暦七五一年に現在のカザフスタン地方で唐軍と干戈《かんか》を交え、大勝していた〔このタラス河畔の戦いで捕虜となった唐軍兵士によって製紙法が伝わった、とされている〕。金細工師や板金工や鍛冶屋、甲冑師や馬具職人、両替商や麦藁《むぎわら》製品を扱う商人、橋の建設業者や靴職人など、ありとあらゆる種類の商人と職人が広大なバグダードの指定された区画で商売に励んでいた。そこには、種々雑多な品物を商う露天商が居住する区域もあった。当時のアラブ人地理学者のヤークービ〔八九七没〕によれば、バグダードには六〇〇〇の通りと路地、三万のモスク、一万の公衆浴場があったという。

小塔《タレット》が立ち並び、タイルで装飾されたバグダードは、アッバース朝後期に文学にまで高められた説話集『千夜一夜物語』で魅力たっぷりに描かれている〔この説話集が成立した過程については諸説がある〕。「アラジンと魔法のランプ」など、『千夜一夜物語』におさめられた物語のいくつかは、アッバース朝歴代カリフの中で最も名高い第五代カリフのハールーン・アル・ラシード〔七六三／六～八〇九。在位七八六～没年〕の治世に言及し、繁栄と社会正義が最高点に達した時期として描いている。ハールーン・ラシードにまつわる伝説によれば、このカリフは臣民の福利に心を砕く慈悲深い君主であり、臣民の苦境をじかに知って援助の手立てを講じるために、しばしば平民に身をやつして世情を探っていたとされている。だが、私はその実態をこう推測している。乞食に変装して世間の様子を探っていたのはカリフのスパイたちで、彼らが探索していたのは救うべき苦境ではなく、制圧すべき反体制活動家だったのだろう、と。

アッバース朝の時代には、カリフはウマイヤ朝時代にもまして神秘的な存在となった。最大級の富や影響力をもった人々でさえ、カリフに会う機会すらめったに得られず、まして請願するなど思いも寄らなかった。アッバース朝のカリフは媒介者をつうじて帝国を統治し、みずからは宮廷の奥深く引きこもり、ビザンツ帝国やサーサーン朝ペルシアの伝統から拝借した複雑な宮廷儀式に明け暮れて、日常的な現実世界からますます遊離していった。イスラームはサーサーン朝の全領土と、ビザンツ帝国の領土の大部分を征服したが、ついにはこれら両帝国の亡霊がカリフの膝元に潜入し、イスラームを変容させてしまったのだ。

学者・哲学者・スーフィー

ヒジュラ暦一〇〜五〇五年
西暦六三二〜一一一一年

ムスリムの義務——五行とウンマ

前章までは、ムスリムの文明がミドルワールドの文明に進化する過程で社会の最上層部で生じた政治的な出来事を物語ってきた。しかしながら、この下の層でも数々の由々しい物語が進展しており、その筆頭はイスラームの教義が発展したことだった。それに伴って新たな社会階層が出現するとともに、正統派の教義と相容れない思想や、その枠組みにおさまらない思想が生まれていた。

当時に思いをめぐらすと、ムハンマドが彼の信奉者たちにいかに生き、いかに礼拝すべきかについて、細部にいたるまで疎漏なく綿密な指示を与えていたことは想像に難くない。けれども、それらの指示がどれほどの範囲を網羅していたのかは、想像の域を超えている。かなり確実にいえることは、ムハンマドが存命中にムスリムが果たすべき義務として、今日ではイスラームの五本の柱〔五柱〕と呼ばれている五つの信仰行為〔五行〕を確立したということだ。

・シャハーダ〔信仰告白〕――アッラー以外に神はなし、ムハンマドはアッラーの使徒である、と証言すること。
・サラート（または〔ペルシア語では〕ナマーズ）〔礼拝〕――一日に五回、定められた作法に則って礼拝をすること。
・ザカート〔喜捨〕――毎年、所有する財産の一定の割合を貧者に施すこと。
・サウム（または〔ヒンディー語では〕ロウザー）〔断食〕――毎年、ラマダーン月のあいだは暁〔日の出の約一時間半前〕から日没まで飲食を断つこと。
・ハッジ〔巡礼〕――実行する能力がある者は、生涯に少なくとも一度はマッカに巡礼すること。

このプログラムの単純明快さと「外面的であること」に着目してほしい。五行のうち一つだけが、すなわち信仰告白だけが内面の信仰にかかわるものであり、この義務ですら「証言する」という行為によって果たされる。このほかの四つの義務はきわめて具体的な行為を示している。繰り返すが、イスラームとは単なる信仰ないし信条の体系ではなく、さながら食餌療法や運動療法のように、細部にいたるまで具体的に規定されたプログラムである。そう、イスラームとは実践すべきものなのだ。

ムハンマドが没する頃には、五行はすでにムスリム共同体の生活の一部となっていた。これ以外のさまざまな宗教儀式や信仰行為も同様だった。当時はそれらのいずれも、ある程度まで各人各様に実践されていたものと思われる。なにしろ、ムハンマドが生きているあいだは直接彼に問えたので、詳細な方法や手順を厳密に決めておく必要がなかったからだ。人々は神の使徒から毎日学ぶことができたばかりか、彼をつうじて随時神から新たな指示を受けることができたのだ。

実際、ムハンマドは継続的に啓示を受けていた。それらの中には普遍的な価値や理想に関するものだけでなく、特定の差し迫った問題に対処する実際的な手段に関するものも含まれていた。たとえば、敵の軍隊がマディーナに向かってきたときには、ウンマは戦う覚悟を決めるべきか、そうであればいかなる準備をすべきかを、神はムハンマドに知らせてくれた。ムスリムが捕虜の処遇について――殺すべきか、奴隷とすべきか、家族の一員として迎えるべきか、それとも解放すべきかと――迷った場合は、神がムハンマドに採るべき道を教え、それをムハンマドがみなに伝えてくれたのだ。

ムスリムがマッカに向かって礼拝することはよく知られているが、これはもともとそう決められていたわけではない。実はムスリムは当初、エルサレムに向かって礼拝していたのだ。けれども、ウンマが成熟する途上のある時点で、礼拝の方向を変えるようにと指示する啓示が下された。それ以来、礼拝方向《キブラ》はマッカ〔のカアバ神殿〕とされてきた。

そして、それは今後もずっとマッカだろう。というのは、ムハンマドはすでに没し、神の使徒はもう二度と現われないからだ。つまり、今後ふたたび礼拝方向を変える権威をもった人物は現われない、ということだ。要するに、ムハンマドの生存中はイスラームの社会事業は有機的な生命力を有しており、絶え間ない発展と進化の過程にあった。その事業のいかなる要素も、いつでも変化する可能性があったのだ。

ところが、ムハンマドが没したとたん、ムスリムはみずからに問いかけざるを得なくなった。「私たちはいったい何を、どのようにすべきだと求められているのだろうか？　礼拝中のこの場面では両手を挙げておくべきなのか、それとももっと下げるべきなのだろうか？　礼拝の前に足を浄めるときは脛《すね》まで洗うべきなのか、それとも踝《くるぶし》まででよいのだろうか？」と。

そしてもちろん、ムスリムであるためには五行以外にもなすべきことが山ほどあった。断食や喜捨や信仰告白のような個人的な義務のほかに、イスラームには社会事業という側面があることから、ムスリム共同体に対する諸々の義務が課せられた。ウンマを神の意志を執行する機関とするために、ムスリムはよき市民としてふるまうことが求められた。たとえば、飲酒の禁止も、ウンマを防衛する義務を負っていることも、明確に規定されていた。必要とあらば、ジハードの名のもとに生命や財産を賭して戦わねばならなかった。総じて、共同体の善のためにおのれを犠牲にすることが、一人一人のムスリムに課せられていた。というのは、それなくしてはウンマの存続が危うかったからだ。そして——たとえ大多数のムスリムにとってではなくとも——多くのムスリムにとって、この共同体は新しい世界の枠組みであり、人類はいかに生くべきかという模範を絶えず示す義務を負っていた。それゆえ、共同体の安寧に貢献する者は誰であれ、神の業を実践しているとみなされた。他方、貢献度の足りない者は誰であれ、その行ないが正しくないとみなされた。とはいえ、どういう行ないが共同体の安寧に貢献するのだろうか？　そして、どれほど貢献すれば充分なのだろうか？

ハディース学の誕生

ムハンマドが没すると、ムスリムはおのれの信仰があるべき姿から逸脱したり、権力者の気まぐれによって蹂躙されるのを防ぐために、彼らに課せられた義務を明確にして、それを詳細に文書化する必要に迫られた。だからこそ、初代と第二代のカリフはクルアーンが記された断片を一つ残らず収集し、第三代のカリフが唯一の権威ある決定版クルアーンを編纂したのだ。

しかしながら、クルアーンは日常生活でもち上がる雑多な問題すべてに明確な解答を与えているわけではなかった。実をいえば、この聖なる書物は概して、きわめて一般的な事柄を述べるにとどまっている。すなわち、罪を犯すな、行動を慎め、慈悲深くあれ、お前たちはいずれ裁きを受ける運命だ、地獄は恐ろしく、天国は素晴らしいところだ、神から賜ったものすべてに感謝せよ、神を信ぜよ、神に従え、神に服従せよ——こういったところが、人々がこの聖典から受け取るメッセージの要点だろう。たとえ、クルアーンが具体的な事柄を述べている場合でも、それはしばしば解釈の余地を残している。

そして、「解釈」はトラブルの種を胚胎していた。もし、意味が不明瞭な章句を誰もが自分で解釈できるとしたら、実に多様な結論が導きだされてしまうだろう。各人が各様の方向に進むことになり、ムスリム共同体はばらばらに分解し、世界はそれらの破片を呑みこんでしまうに違いない。その結果、この偉大な啓示の書はあたかも初めから存在しなかったかのように、いつか消え失せてしまうのではないだろうか？

意味が不明瞭なクルアーンの章句について、ムスリムが見解を統一せねばならないことは明白だった。それも速やかに、当初の興奮が集団の記憶に息づいているうちに統一する必要があった。ムハンマドの死後まもない頃は、おのれの理性にのみ基づいて「真理」を解釈し提示しようとする者は皆無だった。理性で用が足りるなら、そもそも啓示は必要とされなかっただろう。たしかに、初期のカリフたちは誰一人、そのような権威を主張しなかった。彼らは敬虔な人々で、神が下した指示をみだりに解釈しようとしなかった。まさにこうした謙虚な姿勢によって、彼らは偉大なカリフたりえたのだ。彼らが欲したのは、神の指示を形式的にもその精神においても真正なものとすることだった――そして、彼らのいう「真正」とは、「神が意図したとおりに」という意味にほかならなかった。

こうした事情でムスリムは当初から、預言者ムハンマドの記憶を頼りにクルアーンの空白を埋めようとした。実際にその道筋をつけたのはウマルだった。クルアーンに明確な解答が見出せないような問題がもち上がるたびに、ウマルはこう問いかけた。「ムハンマドもこうした状況に対処する必要に迫られていただろうか？　その時、彼はどのように決着をつけたのだろうか？」と。

ウマルの対処法に接した人々は、ムハンマドの言行にまつわる見聞や逸話、いわゆるハディース〔「伝承」の意〕を一つ残らず集めようと駆りたてられた。けれども、ムハンマドが実に多くのことを語るのを、実に多くの人々が聞いていた。そのうちのどれが信用できるのだろうか？　ある言い伝えはほかの言い伝えと矛盾していた。中には逸話を捏造した者もいるだろうが、いったい誰がそれを判定できるだろう？　また、一部の人々はムハンマドの言葉を直接聞いたのではなく、たしかな筋から伝え聞いたに過ぎないことが――あるいは、そう主張していることが――判明した。こうした事実はいうまでもなく、最初の情報源は誰かという疑問を提起した。その人物は信用できるのか？　その情報を伝達した人々も信用できるのか？　彼らのすべてが信頼に値するのか？つまるところ、「たしかな筋」とは何を意味しているのだろうか？

　前述したように、ウマルはこれらの疑問点を検証させるべく常勤の学者集団を組織し、きわめて意義深い先例を設けていた。イスラームは職業軍人で構成される常備軍を設置する以前に、職業的な学者からなる常設機関を創設していたのだ（彼らは「ベンチの人々」〔第三章参照〕、あるいは時に「ペンの人々」と呼ばれていた）。

　しかしながら、収集されたハディースの数は増す一方で、学者の小集団ではとても対処できなくなった。新しいハディースが絶え間なく現われ、ウマイヤ朝が政権を握った頃には、ムハンマドの言行や裁定にまつわる膨大な量の言い伝えが巷《ちまた》に流布していた。これら雑多な寄せ集めをくまなく精査し、しっかりした典拠に基づく伝承を確定するためには、さらに多くの学者を雇用しなければならなかった。ハディースの検証にかかる経費は宮廷が賄ったが、神に目をかけてもらいたいと願う金持ち連中も資金を提供した。在野の学者たちも、生業の合い間を縫ってこの偉大な仕事に取り組んだ。彼らが学者として名をあげると、学生やパトロンがそのまわりに参集した。こうした在野の学者集団はやがてこの分野の権威者集団に発展し、前述したワクフ〔この場合は寄進財産の運営組織〕の専属となる学者も現われた。

「ハディース」という語は時に「言ったこと」と訳されるが、この訳語は誤解を招く恐れがある。ムハンマドが語った言葉はシェークスピアやアインシュタインや地方の賢人のそれとは異なり、表現の巧みさゆえに記憶されているのではない。それがよっぽど機知に富んでいたり、簡にして要を得た表現であったり、深遠な内容を含んでいるのでないかぎり、地方の賢人の言葉を——いや、シェークスピアの言葉であっても——わざわざ記録しようとする者はいないだろう。だが、ことハディースに関しては、重要なのはムハンマドが実際にそれを言ったという事実なのだ。たしかに、ハディースの中には警句のような性質を帯びたものもある。「一人分の食物は二人分にもなり、二人分の食物は三人分にもなる……」というようなムハンマドの教えには、誰でもその理《ことわり》に感服するはずだ。だが、ハディースの多くはごく平凡な——時には卑近な——事柄を述べている。それらはムハンマドが日常生活の中で気軽に発した言葉だったと思われる。たとえば、あるハディースは、まばらに生えた顎鬚《あごひげ》を剃り落とした男に対して、剃るべきではなかったと預言者が言った、と伝えている。預言者以外の人間が言ったのであれば、こんなコメントは印象に残らないだろうし、実際に忘れられてしまっただろう。けれども、ムハンマドの口から出た言葉は何であれ、神の意にかなう生き方についての新たな手掛かりを与えてくれる可能性があったのだ。

ハディースが真正のものであることが決定的に重要だったので、その真贋の鑑定はやがてハディース学というきわめて精緻な学問分野に発展した。その核心は、伝承の鎖《イスナード》を明確に特定することと、鎖の環の一つ一つが正しくつながっているか否かを検証することから成り立っていた。ハディースが是とされるのは、それを伝えた者たちも是とされる場合に限られた。伝承の鎖は預言者にじかに接した者にまで遡れなければならず、この条件を満たして初めてハディースの候補としてまともに考察されるようになった。ハディースはムハンマドと親しかった教友の一人にまで遡れるのが理想とされ、その教友がムハンマドと親密であればあるほど、くだんのハディースも信用度が高いとみなされた。それに加えて、このハディースを語り伝えた人々もことごとく、敬虔さと正直さと学識において非の打ちどころのない評判をとっていなければならなかった。

偉大なハディース学者のブハーリー〔八一〇～七〇〇〕があるハディースについて、伝承の鎖の真贋を検証していたときの逸話を紹介しよう。彼は最初の環を信用できると判定した。二人目の伝承者も合格した。だが、ブハーリーが三番目の男を面接調査していたときに、彼はこの男が自分の馬を打つところを目撃した。それで、すべては終わった。馬を打つような男の言葉はとうてい信用できない。このハディースは破棄せざるを得なかった。

要するに、あるハディースを伝承した人々が信用できるか否かを推し測るために、学者は彼らの人柄とその時代背景をよく知っていなければならなかった。さらに、ハディースが意図するところを文脈から判断できるように、それが語られた状況についても充分な知識が必要だった。かくして「ハディース学」は〔史料の証拠物件としての信憑性・適切性を、内的・外的批判をつうじて究明する〕史料批判という精緻な研究手法を生みだした。

ムハンマドの死後七〇年から八〇年ほど経つと、イスラーム世界の学者たちは精選されたハディースを集めて、特定の主題のもとに分類しはじめた。こうして編集されたハディース集は、イスラームの教義を体系化した文書として機能するとともに、イスラーム流生活様式の手引書としても役立った。たとえば、預言者ムハンマドは日常の食物や、衣服や、あるいは戦争についてどのように語っていたのかと疑問に思ったら、この類いのハディース集に答えを見つけることができた。ハディースの編集事業はウマイヤ朝後期に始まったが、これが完成の域に達したのはアッバース朝時代だった。とはいえ、その後何世紀にもわたって、新たなハディース集が次々とつくられていた（実は昨年のことだが、私の遠縁に当たるアフガニスタン人の知人から、英語に翻訳してほしいと手書きの原稿が送られてきた。彼の話では、その原稿は彼がみずから——ムハンマドの死後一四〇〇年近くも経ってから——収集・編纂した新版のハディース集ということだった）。

新たなハディースが陸続と現われたものの、ヒジュラ暦三世紀の末頃までに六種類のハディース集〔いわゆる六書〕が『真正集』として規範的な地位を占めるようになった〔西暦十〜十一世紀にはシーア派のハディース集、いわゆる四書も成立した〕。これらハディースの集成はクルアーンを補完するものとされ、やがてムスリムの生活全般における行動規範を示す第二の権威となった。

学者——社会階層としてのウラマー

それでも案の定というべきか、クルアーンとハディース集をもってしても、日常生活でもち上がるすべての疑問に決定的な解答を与えることはできなかった。それゆえ、時には、係争中の問題について誰かが独自の判断で決定を下さざるを得ない場合もあった。イスラームの法律尊重主義的精神に基づいて、ムスリムはこうした独自の決定を下す権利を、クルアーンとハディースに精通し、真贋を判定する学問たる「ハディース学」をマスターした学者だけに譲渡した。啓示が定めた諸々の掟と何ら矛盾しない決定を確実に下せるのは、こうした人々をおいてほかにいないだろう、と。

独自の決定を下す資格を認められた学者でさえ、その際にはキヤース、すなわち類推による論証を厳密に適用しなければならないとされた。キヤースとは、第二代カリフのウマルが飲酒に対する刑罰を定めるため（と、その他さまざまな規則を決めるため）に用いた手法である〔第三章参照〕。要するに、前例のない状況が生じるたびに、学者たちは権威ある文献の中に類似した状況を見出して、すでに下されたものに準拠する判断を引きださねばならなかったのだ。そして、キヤースを適用する方法について疑義が生じた場合、その問題はイジュマー、すなわちウンマの合意によって決着がつけられた。ウンマの合意とは実際には、その時点で有資格者と認められていた学者たちすべての合意を意味していた。ある解釈についてこうした合意が得られれば、その正しさが公然と認められた。なぜなら、預言者ムハンマドはかつて「わがウンマは誤謬において合意することはない」〔合意した場合は誤謬ではありえない〕と述べていたからだ。

クルアーンとハディースを調べ尽くし、キヤースを余すところなく適用し、イジュマーが得られたのちに初めて、学者は法規定発見のための倫理的な思考の最終段階であるイジュティハードに進むことができた。イジュティハードとは、「理性に基づく自由で独立した思考」〔イスラームに関する該博な知識をもつ者の法的問題についての論理的推論〕を意味している。法学者と裁判官はこのタイプの思考法を啓示からは直接導かれない分野や、確立された先例では対処できない分野にのみ適用することが認められた。

時が経つうちに、クルアーンの空白もしだいに埋められていった。というのは、イジュティハードの実践を認められた卓越した学者がある問題を熟考して決定を下すと、その決定も「法典」に加えられたからだ。後代の学者はクルアーンとハディース、ハディースの鑑定法とキヤースに精通し、イジュマーを得るだけでなく、これら増える一方の「判例集」もマスターしなければならなかった。そうして初めて、彼らはイジュティハードを実践する資格を認められたのだ！

　このようにして、ヒジュラ暦三世紀末までに一つの法体系が形成された。これは禁止、規定、義務、推奨、警告、指針、規則、刑罰と報償に関する事項を集成したもので、きわめて重大な社会的・政治的問題から個人の衛生や食物や性行為のごとき日常生活の些事にいたるまで、生活のあらゆる側面を網羅していた。この包括的な法体系は、「道」や「方法」を意味する同語源語から派生したシャリーアという語で呼ばれるようになった。シャリーアは「イスラーム法」より大きな概念を表わしており、イスラームの生活様式全般にかかわっている。これは発展させる類いのものではなく、発見される類いのものであり、自然の法則と同様に不変である。学者と裁判官によって練り上げられた個々の具体的な法規定は、ちょうどさまざまな標石や道標が荒野の灌木や藪の中を進む旅人に道を教えるように、いずれも「アッラーへの道」を指し示す徴《しるし》なのだ。

　スンナ派では、シャリーアの解釈のわずかな違いから四つの法学派が形成された。シーア派は独自に一つの法学派を発展させたが、その精神はスンナ派の諸法学派と通底し、その法体系はスンナ派のそれと同様きわめて網羅的である。これら五つの法学派はごく些細な点が異なっている。だが、私見では、そうした相違点を五つ挙げられるムスリムは一〇〇〇人のうち一人もいないだろう。
スンナ派の四大法学派はそれぞれ、その学派の性格を決定づけた人物の名を冠している〔すぐれた学者が登場すると名祖となるが、学派自体は、後継する弟子の諸世代が師たちの教説を体系化して成立する。また、名祖たちも、それ以前からの法学的系譜を継承している〕。ハナフィー学派は、イラクのクーファで法学者として活躍したアブー・ハニーファ〔六九九頃～七六七〕によって創始された（彼の祖父は奴隷としてアフガニスタンからクーファに連れてこられた）。マーリク学派の名称は、生涯の大半をマディーナで過ごした法学の権威マーリク・イブン・アナス〔七〇八／一六～九五〕に由来している。シャーフィイー学派は、（晩年はエジプトに移住したが）マディーナやイラクで学んだ法源学の創始者アル・シャーフィイー〔七六七～八二〇〕を名祖としている。スンナ派四大法学派のうち最後に成立したのは、頑として妥協を排したアフマド・イブン・ハンバル〔七八〇～八五五〕を祖師とするハンバル学派だが、この人物については本章でのちに詳述する。

これらの法学派が諸々の法源から法規定を導出する方法は若干異なっていたので、各学派の法解釈には些細な相違が生じることになった。とはいえ、アッバース朝時代以来、四大法学派はいずれも等しく正統とみなされてきた。ムスリムはいずれの学説を受け入れても、異端の烙印を押される恐れはない。かかる法体系をさまざまな形で発展させ、実生活に適用するという営みは、それ自体がきわめて大規模な社会事業だった。この事業はウラマーという社会階層を生みだすとともに、彼らに雇用される機会を与えた。ウラマーとは、「〔イスラーム諸学を修めた〕知識人」を意味する「アーリム」の複数形である。

もし、ある人物が宗教分野の学識が深いという名声を博していたら——つまり、ウラマーの一員だったら——ワクフの管理・運営に携わってほしいと請われたことだろう。その人物は学生たちに教えることもできただろうし、学校を経営することさえできたかもしれない。あるいは裁判官に、それも個々の訴訟を審理するのではなく、広範な社会問題に関する規則を制定する裁判官に任命されたかもしれない。カリフ体制下では、政府とウラマーは互いに独立した（しばしば競合する）権力の中枢として、ややもすると角突き合わせる傾向があった。それにもかかわらず、その傑出した学識ゆえに、政府高官はくだんの人物の助言を求めたことだろう。ウラマーは法を定め、法廷を支配し、教育制度を管理・運営し、ムスリムのさまざまな社会組織に浸透して、文明世界の全域できわめて強大な社会的支配力を掌握した。彼らがその力を行使すれば、ムスリム共同体を糾合して、特定の人間集団や行動に対して支持ないし反対するよう誘導することも可能だった。私がことさら社会的支配力と強調するのは、共同体志向の強いムスリム社会においては社会の圧力——面目を失わせる力——が、手続き上のルールや金の支配や暴力の執行機関の独占等をつうじて行使される政治的支配力など、彼らを支配するあらゆる力の中で最も強力に作用すると思われるからだ。

　ここで強調しておきたいのは、ウラマーは誰かに任命されていたのではないということだ（それは今日も同様である）。イスラームには教皇も公的な聖職者組織も存在しない。それでは、どうすればウラマーの一員になれたのだろうか？　そのためには、すでにウラマーとして確たる地位を築いた人々の眼鏡にかなわなければならなかった。それは段階を追って徐々に進むプロセスだった。ウラマーには免許状や証明書の類いはなく、アーリムであることを示すために吊るす「看板」もなかった。ウラマーは（過去も現在も）その一員になることを自主的に選択した人々で構成される自律的な社会階層であり、一連の確立された教義によってのみ拘束される。いかなるアーリムであれ、伝統的なやり方を修正することも変更することもできはしない。そうするには、ウラマーはあまりに歴史が古く、あまりに影響力が大きく、あまりに確立された社会組織なのだ。そのうえ、ウラマーの一員になるためには、おのれの血肉と化すまで教義を完全に消化吸収しなければならなかった。教義に疑義を唱えられる地位に到達する頃には、もはやそうする気を失っていただろう。あくまで疑義を唱えようとする反抗的な厄介者は、早い段階で排除されて、ウラマーにいたる道程を完遂できなかったに違いない。このように閉鎖的なサークルの中で再生産されるプロセスが、ウラマーを本質的に保守的な社会階層にしているのだ。

哲学者——古代ギリシア思想の発見と「科学」の萌芽

しかしながら、ウラマーだけがムスリムの知識人ではなかった。彼らが教義の体系を構築しているあいだに、一群の思索的なムスリムが別の分野の壮大な知的プロジェクトに懸命に取り組んでいた。それは、既知の哲理や発見を一つ残らずイスラームの啓示に照らして解釈しなおし、それらを統合して自然や、宇宙や、その中に占める人間の位置を理解できるような首尾一貫した体系を築くというものだった。このプロジェクトは、イスラーム世界で哲学者と呼ばれる思想家の集団を生みだした。

イスラーム圏が拡大したために、アラブ人はインドのヒンドゥー教徒や中央アジアの仏教徒、ペルシア人やギリシア人など、さまざまな人間集団の思想や業績に接するようになった。その頃にはローマの影響はすでに廃れ、コンスタンティノープルは（その富にもかかわらず）知的な面では凡庸きわまる不毛の地と化していた。それゆえ、今もってギリシア語で著述している独創的な思想家の多くは、つとに〔六四一年に〕アラブの支配下に入ったアレクサンドリアに集住していた。立派な図書館と数多の学者を擁するアレクサンドリアは、ギリシア‐ローマ世界の知的分野における首都となっていた。

この地で、ムスリムは新プラトン主義哲学者プロティノス〔二〇五頃〜七〇頃〕の著作を発見した。それによれば、宇宙の万物は一つの有機体の構成要素のように互いに結びついており、それらすべてが統合されて単一の神的存在たる「一者」を構成し、この「一者」から万物が流出し、万物はやがて「一者」に帰還する、とプロティノスは説いていた。

ムスリムはこの「一者」の概念に、預言者ムハンマドがアッラーの唯一性に関して唱えた終末論的世界観に通ずるものを見出して興奮を覚えた。なおよいことに、プロティノスの著作を研究したところ、彼が少数の公理から出発し、厳密な論理を適用して独自の思想体系を構築していたことが判明した。これによって、イスラームの啓示も論理によって証明できるかもしれないという希望が、ムスリムのあいだに生まれたのだ。

さらに研究を進めた結果、プロティノスとその学派は、一〇〇〇年ほど前のはるかに偉大なアテネの哲学者プラトンにまで遡る思想家の系譜に連なる後裔《こうえい》に過ぎないことも判明した。そして、ムスリムはプラトンを出発点として、ソクラテス以前の哲学者からアリストテレスその他の哲学者にいたる古代ギリシアの知識の宝庫を発見したのだ。

アッバース朝の貴族たちはこれらの思想におおいに関心を抱いた。ギリシア語、サンスクリット語、中国語、あるいはペルシア語の書物をアラビア語に翻訳できる者は、誰もが高額の報酬で雇われた。プロの翻訳者が各地からバグダードにやって来た。彼らは首都や主要な都市の図書館に、さまざまな言語で著わされた古代の文献のアラビア語版を大量に提供した。いまやムスリムの知識人は史上初めて——たとえば、ギリシアとインドの数学および医学、ペルシアと中国の天文学、さまざまな文化圏の形而上学を——直接比較できるようになったのだ。彼らはこれら古代の思想について、いかにすればそれらを互いに、あるいはイスラームの啓示と調和させられるのか、霊性と理性を関連づけられるのか、宇宙全体を説明しうる単一の枠組みに天と地を組みこめるのか等々を探求しはじめた。そうした枠組みの一つを図示すると以下のようになる。この枠組みによれば、宇宙は純粋な「存在」から段階的に〔階層をなして〕流出したもので、かかる現象は日常生活で直接経験する〔最下層の存在形態としての〕物質界の事象にまで及ぶとされている。

不可分の「存在」➡第一知性➡世界霊魂➡原始的な物質➡自然➡空間を占める物質➡元素➡鉱物・植物・動物

プラトンはかつて、物質世界は不変にして永遠の「形相」からなる「真実在」の世界が生みだす幻影に過ぎず、それゆえ現実世界の椅子はすべて、普遍の領域にのみ存在する唯一の「イデア的」な椅子の不完全なコピーに過ぎない、と述べていた。ムスリムの哲学者はプラトンに追随して、人間はことごとく実在するものと実在しないものの混合物であると主張した。すなわち、人間の霊魂は本来プラトンの称する普遍の領域に存在しているが、人間が誕生するとともに物質でつくられた肉体と結びつく、人間が死ぬと肉体と霊魂は分離して、肉体は物質の世界に還り、霊魂はその本来の住処であるアッラーのもとに還るのだ、と。

プラトンに心酔する一方で、ムスリムの哲学者はアリストテレスに対しても、その論理学や、分類の技法や、個物を的確に把握する能力のゆえに称賛を惜しまなかった。彼らはアリストテレスに倣って、取りつかれたように論理学を駆使して事物を類概念や種概念に分類した。こうした姿勢の一端を示す格好の例を紹介しよう。〔「アラブの哲学者」と称される〕アル・キンディー〔八〇一頃〜六六頃〕は物質的な宇宙を質料、形相、運動、時間、空間という五つの支配原理によって叙述した。彼はこれらの原理をそれぞれ下位概念に分解し、たとえば運動を生成・腐敗・増加・減少・質の変化・位置の変化の六つのタイプに分類した。キンディーは現実世界のあらゆる事物を理解しうる個別の要素に分解することを意図して、こうした分類の操作をひたすら繰り返したのだ。

偉大なムスリムの哲学者たちは人間精神の合理的な解釈を追求し、人間の本質は理性のみが到達できる抽象概念と原理から成り立っていると主張した。彼らはまた、知識の目的は理性を働かせて感覚的なデータから抽象的な原理を導き、個別の事象から普遍的な真理を導くことによって霊魂を純化することである、と説いていた。その典型的な例が哲学者のアル・ファーラービー〔八七〇頃〜九五〇〕で、彼は学生たちに、まず自然を研究してから論理学を学び、しかるのちにあらゆる学科の中で最も抽象的な学問である数学を学ぶように、と助言していた。

ギリシア人は幾何学を、インドの数学者は零《ゼロ》を数として扱うという素晴らしいアイディアを、バビロニア人は桁《けた》の値という概念を発明した。ムスリムはこれらの概念を統合したうえで、みずからの創案による概念をも加えて代数を発明し、現代数学の基礎を築いたのだ。

他方、ムスリムの哲学者の関心は実用的な分野にも向けられていた。（ヨーロッパではアヴィセンナというラテン名で呼ばれた）イブン・スィーナー〔九八〇～一〇三七〕に代表されるムスリムの思想家たちは、世界各地で発見された医学的知見を収集し、分類し、相互参照することによって、病気と治療についてほぼ近代的な理解に到達した。解剖学についても然りで、彼らは血液循環のメカニズムばかりか、心臓その他の主要な器官の機能も理解していた。イスラーム世界はまもなく、かつて存在せず、その後数世紀間にわたってほかの地域には出現しなかった世界最良の病院の存在を誇るようになった。バグダードだけでも、こうした医療施設はおよそ一〇〇箇所に達したのだ。

アッバース朝時代のムスリム哲学者は一つの学問分野としての化学の基礎を築くとともに、地質学や光学や植物学など、今日科学と総称されるほとんどすべての分野の学術論文を著わした。だが、彼らはこの学問を独立した名称で呼ばなかった。科学を久しく自然哲学と称していた西ヨーロッパ人と同様に、ムスリムの哲学者も彼らの知的営為の一部を独立したカテゴリーに分類して、それを新たな名称で呼ぶ必要性を認めなかったのだ。しかしながら、彼らはごく初期の段階から、自然を研究する際に数量化という手法が有用であることを認識していた。かかる認識は、科学が独立した知的営為としての地歩を築く第一歩となった。彼らはまた、理論を築く基礎となるデータを収集するために、観察を重視した。これが科学の発展を促す第二歩となった。けれども、ムスリムの哲学者は科学的な研究手法そのものは——つまり、まず仮説を立て、実験によって仮説を実証ないし反証することをつうじて科学的知見を集積するという方法論は——ついに確立しなかった。もし、彼らが実験に基づいて現実の事象から理論を導くという概念を構築していたら、近代的な自然科学は西ヨーロッパで誕生する七〇〇年前に、アッバース朝時代のイスラーム世界で生まれていただろう。

ムスリムが実証的な研究手法を確立できなかった理由の一つは、科学と神学の関係に起因していた。科学が発展する初期の段階においては、科学は本質的に神学と密接不可分の関係にあった。少なくともそれらを探究する人々にとっては、分かちがたく結びついているように思われたのだ。ガリレイ〔一五六四〜一六四二〕が地動説を唱道したとき、宗教界の権威者たちは彼を異端審問にかけて異端と断罪した。今日でさえ、そして西洋社会においてさえ、保守的なキリスト教徒の一部は聖書の創世物語を奉じて、進化論を否定している。まるで、創世物語と進化論は同じ謎に対する相反する解答であるかのように。宗教にとって科学が脅威となるのは、真理を追究する科学的手法は——つまり、実験および啓示に依拠しない論理は——信頼に値し十全であると、科学が主張するからにほかならない。西洋社会においては、大多数の人々が科学と神学の探究領域を分離して、自然の諸原理は科学の領域に、道徳的・倫理的価値は宗教と哲学の領域に属すとみなすことに合意したために、科学と神学は妥協に達したのだ。

九世紀から十世紀にかけてのイラクには（古代ギリシアと同様に）、宗教から分離された厳密な意味での科学は存在しなかった。哲学者はほとんどそれと気づかないまま、科学を生みだしていた。彼らは宗教をおのれの探究分野とみなし、神学をおのれの専門分野と位置づけて、究極の実在〔神〕を理解するために思索をめぐらせていた。それこそが（彼らに言わせれば）、宗教と哲学の双方が最高の次元で解明しようとしているものだった。哲学者が植物学や光学や医学の分野で発見したことは何であれ、この核心的な探究の副産物に過ぎず、本来目指していたものではなかった。それゆえ、上述した分野で新たな知見を発見しつつあった哲学者でも、現代人には神学上の問題としか思えない、たとえば化学者や獣医師の守備範囲から大きく逸脱した問題に判断を下すことを躊躇しなかった。そうした問題の一例を紹介しよう。

もし、ある男が非常に重い罪を犯したら、その男はムスリムと認められないのか、あるいは（単に）悪いムスリムであるだけなのか？

この設問は単なる言葉の遊びのように思えるかもしれない。だが、イスラーム世界では、宗教学者は法の観点から世界をムスリム共同体と非ムスリムの集合体に二分していた。ムスリムだけに適用される法規定と、ムスリムと非ムスリムの交渉に関して適用される法規定は、おのずと異なっていた。それゆえ、ある特定の人物がムスリム共同体に属しているか否かを知ることは、重大な意味をもっていたのだ。

この問題を検討した哲学者の一部は、大罪を犯したムスリムは信仰と不信仰のあいだに位置する第三の領域に属すると考えた。より厳格な主流派に属する学者たちは、第三の領域という概念を好まなかった。なぜなら、この概念は道徳的な宇宙が白黒で割り切れないこと、そこに濃淡さまざまな灰色のゾーンが存在することを示唆していたからだ。

この第三の領域という概念から、ムウタズィラ学派と呼ばれる神学派が発展した〔ムウタズィラ学派は、大罪を犯した者は信仰者でも不信仰者でもなく偽善者であるとした〕。ムウタズィラとはアラビア語で「身を退く人々」を意味する言葉だが、この神学派がこう呼ばれたのは、少なくとも正統派ウラマーからみれば彼らが宗教思想の本流から逸脱していたからだった。だが、ムウタズィラ学派の神学者たちは長い年月をかけて体系的な神学を構築し、その学説は哲学者の心をとらえた。イスラームの核心はタウヒード、すなわちアッラーの唯一性と単一性と普遍性を信じることである、と彼らは主張した。彼らはこの信条から出発して、クルアーンは（主流派のウラマーが主張しているように）永遠〔無始〕ではありえず、創造されたものでないとみなすことはできないと論証した。なぜなら、もし、永遠で創造されたものでないとすれば、クルアーンはアッラーに次ぐ第二の神的存在ということになる。かような考えは神の唯一性を否定するものにほかならない。それゆえ、クルアーンも人間や星や海と同様に神の被造物である、とムウタズィラ学派の神学者は結論づけたのだ。クルアーンは偉大な書物であるが、しょせん書物でしかない。そして、書物でしかないならば、それを解釈することも、さらに（嗚呼！）修正することもできるだろう。

ムウタズィラ学派の神学者はさらに論を進めて、イスラームの根本教義であるタウヒードはアッラーが手や足や目などをもつと考えることを禁じている、と主張した。たしかにクルアーンにはそうした言葉でアッラーを描写している部分があるが、かようなアッラーの擬人化はすべからく比喩的な表現と受けとめるべきなのだ。

彼らはさらに、神は正義や慈悲や力といった属性ももたないと論証した。神に何らかの属性を帰するのは神を分析可能な部分に分割することにほかならず、これはタウヒード——神の唯一性——に違反する。神は人間の精神が認識ないし想像しうる範囲を超越した、単一で不可分の全的存在である。人間が神の属性と称するものは、人間がそれをとおして神を見る窓の呼称であるに過ぎない。人間がアッラーに帰するさまざまな属性は、つまるところ人間がおのれを描写する表現でしかない、とムウタズィラ学派は断じたのだ。

彼ら独特のアッラーの概念に基づいて、ムウタズィラ学派は善と悪、正と不正は神という不変の実在の側面であり、これらの側面は人間が自然の原理を見出すのと同じ方法で発見できる深遠な原理を反映している、という考え方を導きだした。要するに、特定の行為が善とされるのは聖典がそう述べているからではなく、聖典が特定の行為をなせと命じているのはその行為が善であるからなのだ。そして、聖典がそう述べる以前にその行為がすでに善であるならば、それは内在する何らかの理由によって善なのであり、その理由は理性によって究明することができる。それゆえ、理性を行使しさえすれば、啓示とは無関係に倫理的・道徳的・政治的真理を発見することができると、ムウタズィラ学派は主張したのだ。

神学者のあいだで交わされた論争が科学の発展に密接にかかわってきたのは、まさにこの点だった。というのは、科学とは啓示に依拠することなく、もっぱら理性の応用に依拠する探究様式であるからだ。ムウタズィラ学派は理性を道徳的・倫理的真理を発見する手段とみなしていた。だが、この時代と場所においては、人間の行動を律する諸原理も自然を律する諸原理もすべて同一の大きな探究領域に属すとされていた。そう、絶対的真理の探究という領域に。

ムウタズィラ学派と正統派ウラマーの対立

ムスリムの哲学者にして科学者たちは、総じてムウタズィラ学派に与していた。それは間違いなく、ムウタズィラ学派の学説が彼らの探究様式を是認するものだったからだろう。これらの哲学者の中には、理性を啓示より重視する者さえ現われた。たとえば、アブー・バクル・アル・ラーズィー〔八六四頃～九二五／三二〕という哲学者は、過去の預言者たちが奇跡を起こしたという話は伝説に過ぎず、天国と地獄は物理的実在ではなく精神のうちにのみ存在するものだと明確に主張した〔預言者などは「悪霊に取りつかれたただの人」であると断じていた〕。

読者にも想像がつくように、こうした信念は哲学者とウラマーのあいだに激しい対立を生じさせた。それは一つには、哲学者のものの見方が暗黙のうちにウラマーを取るに足りない存在と貶めていたからだ。もし、ある法律が正しいか否かについて、聡明な人物なら誰でもそれが理にかなっているか否かに基づいて判定できるとしたら、預言者ムハンマドが言ったとされる言葉をそっくり暗記してきた学者たちの意見を聞く必要があるだろうか?

ウラマーは哲学者の挑戦を撃退するのに有利な立場にあった。彼らは諸々の法や青少年の教育だけでなく、結婚その他の社会制度全般を支配していた。何より重要だったのは、大衆がウラマーに忠実だったことだ。けれども、ムウタズィラ学派の神学者たちにも有利な点が――より正確にいえば唯一の有利な点があった。彼らは宮廷やカリフ一族、貴族や政府高官の支持を受けていたのだ。それどころか、アッバース朝の第七代カリフ〔マームーン。七八六～八三三。在位八一三～没年〕はムウタズィラ学派の神学をイスラーム帝国の公認教義と定めた。裁判官は哲学の試験に受からねばならなくなり、行政官志望者はその資格を得るために理性に対する忠誠を誓わねばならなくなった。

ムウタズィラ学派とその支持者たちの所業は、それにとどまらなかった。政府の力をもって彼らに同意しない人々を迫害しはじめたのだ。

ここで、前述したハンバル学派の名祖アフマド・イブン・ハンバルの事例を紹介しよう。この学派はスンナ派の四大正統法学派の中では最後に発展したが、最も厳格な保守的立場を採っている。イブン・ハンバルは、アッバース朝が樹立されてから三〇年余り経ったヒジュラ暦一六四年にバグダードで生まれた。彼が成年に達した頃には、一定の社会層に幻滅感が浸透していたに違いない。人々はすでに、アッバース朝がウマイヤ朝に劣らず世俗的になりつつあることに気づいていた。イスラームは道を誤ってしまった、ムスリム共同体が軌道を修正しないかぎり世界は地獄への道をたどると説くイブン・ハンバルは、聴く者の心を虜にした。救済される唯一の望みはあらゆる改革を剝ぎ取って、預言者ムハンマドの時代のマディーナ、原初のムスリム共同体の生活様式に戻ることにかかっている、と彼は訴えた。彼はとりわけ、何が正しくて何が誤っているかは人間ごときにはわからない、人間はムハンマドの足跡に従い、啓示を堅く信ずることによってのみ、魂の安寧を得られるのだ、と断固として主張した。ハンバル学派以外の法学派は、新たな状況にシャリーアを適用する方法を探る際に、類推（キヤース）による論証を重視していた。だが、イブン・ハンバルはキヤースを真っ向から否定した。クルアーンとハディースだけに依拠せよ、と彼は説いたのだ。

イブン・ハンバルは宮廷の法廷に召喚され、クルアーンが〔神によって〕創造されたものか否かについて、ある指導的な神学者にして哲学者と議論するよう命じられた。このテーマは、倫理分野の探究における理性の役割という問題全体を包摂するものだった。相手の哲学者は論理学でイブン・ハンバルを攻め、この法学者は聖典を盾に反撃した。哲学者の舌鋒に追い詰められたイブン・ハンバルは、突如として天のアッラーに祈りはじめた。この類いの論戦に真の「勝者」がいないことは、火を見るよりも明らかだった。なぜなら、議論する者が同じ土俵に立っていなかったからだ。イブン・ハンバルが自説の撤回を拒むと、彼は打ち据えられた。それでも彼は動じなかったので、とうとう投獄されてしまった。たが、イブン・ハンバルはおのれが掲げた原理にあくまで固執しつづけた。私はけっして理性を啓示に勝るものとは認めない、けっして！

そこで、権力者たちは圧力を強めた。彼らは関節がはずれるまでイブン・ハンバルを打ち据え、重い鎖で縛って数年にわたって獄窓につないだのだ。それでも、イブン・ハンバルは自説を撤回しようとしなかった。ご想像のとおり、こうした虐待が世に喧伝されると、彼の思想は評判が落ちるどころか、かえってある種の威信が加わった。一般大衆はすでに蓄財と奢侈にうつつを抜かすアッバース朝のエリート層に憤っていたので、いまやしだいに反抗的になっていた。そして、大衆が反抗的になるにつれて、さしも強大なアッバース朝も彼らに注意を払わざるを得なくなった。というのは、カリフが没するたびに必ずといってよいほど跡目争いが生じており、いずれの当事者も強力な武器として大衆の熱狂を利用する可能性があったからだ。やがて、年老いて満身創痍となったイブン・ハンバルがついに釈放されると、多数の敬虔な信徒が歓呼して彼を迎え、家まで送っていった。その様子を目撃したアッバース朝上層部は、イスラーム哲学とその源泉であるギリシア思想に懸念を抱くようになった。後代のカリフ〔ムタワッキル。八二二～六一。第一〇代カリフ。在位八四七～没年〕はムウタズィラ学派神学の公認を取り消し、イブン・ハンバルにさまざまな名誉を授けた。こうした動きはムウタズィラ学派の威信が低下し、それに伴って哲学者の威信も低下する前兆だった。それはまた、正統派の教義体系を奉ずるウラマーの地位が上昇する前兆でもあった。この教義体系は最終的に、ムスリムの知識人が啓示によらずに真理を探究する道を閉ざしてしまったのだ。

スーフィーの出現

しかしながら、学者たちが法の成文化に着手した当初から、一部の人々はこう自問していた。「啓示のすべてが最終的にひと揃いの規則に帰着するのだろうか？　私にはとてもそう思えない。もっとイスラームにふさわしいものがないのだろうか？」と。天の神から下される命令をすべてよしとしながらも、一部の人々は今この時に、地上のこの場所で、生きた存在として神を感じ取りたいと心から願っていた。彼らが啓示に求めていたのは、おのれが質的に変化し、現実世界を超越することだった。

そうした人々の中から、信徒としての義務が要求する以上の霊的実践を試みる者が現われた。

彼らは絶え間なくクルアーンを読誦したり、アッラーの名前を何時間も唱えたりした。たとえば、バグダードで活躍したアル・ジュナイド〔九一〇没〕は毎日仕事を終えたあとで、イスラームの礼拝儀式を四〇〇回繰り返すのを日課としていた。おそらくはムスリムのエリート層の贅沢な生活様式に対する反発ゆえに、これら神を求める人々の一部はみずから清貧に身を投じた。彼らはパンと水だけで生き、家具を所有せず、毛羽を立てていない粗い羊毛でつくった質素な衣服を身にまとっていた。アラビア語で羊毛をスーフということから、人々はいつしか彼らをスーフィーと呼ぶようになった〔スーフィーの語源については諸説がある〕。

スーフィーたちは新しい宗教信条を告白したのでも、新たな宗派をつくろうとしたのでもない。たしかに彼らは世俗的な野心や腐敗や強欲に反対していたが、それは理屈の上ではすべてのムスリムが同様だった。スーフィーがほかの信徒と異なっていた点はただ一つ、彼らがこう問いかけていたことだった。すなわち「どうすれば魂を浄化できるのだろうか？　礼拝時の正しい動作や唱えるべき章句が何であれ、どうすればほかの一切合切から離れてアッラーに没頭できるのだろうか？」と。

スーフィーはやがて、礼拝の時だけでなく人生そのものから、気を散らしたり欲望をそそるものを排除する技法を編みだしはじめた。ある者たちはそれを、おのれの卑しい性向に対する霊的戦争と称していた。彼らはムハンマドが「大」ジハードと「小」ジハードを区別したハディースに立ちかえり、エゴを消し去るための内心の苦闘こそが真のジハード、大ジハードであると主張した（彼らによれば、小ジハードとは共同体の外部の敵に対する闘争を意味していた）。

こうした一風変わった人々について、しだいにさまざまな噂が飛びかうようになった――彼らの中には物質世界のバリアーを突き抜けて、アッラーとの合一を体験した者がいるそうだ、云々と。

その格好の例として、バスラの詩人ラービア〔ラービア・アダウィーヤ。八〇一頃没〕のエピソードを紹介しよう。彼女の生涯は今日では伝説と綯《な》い交ぜられている。ラービアはウマイヤ朝末期に生まれ、娘時代にアッバース朝の樹立を迎えた。まだ幼い頃に家族と旅をしていたときに、ラービア一行のキャラバンが盗賊団に襲われ、両親は殺されて、ラービアは奴隷に売り飛ばされた。こうした事情で、ラービアはバスラに連れてこられ、ある裕福な男の家で働くことになった。言い伝えによれば、ラービアの主人は彼女を見るたびに光り輝くような霊性を感じ取り、不思議に思っていた……ある夜、礼拝に没頭しているラービアを見ると、なんと彼女の身体を光暈《こううん》が取り巻いているではないか。自分の家に聖人を住まわせていたことに突然気づいた主人は、畏敬の念にとらわれた。主人はラービアを奴隷の身分から解放し、彼女によい嫁ぎ先を見つけると約束した。バスラの名門の男に娶《めあ》わせよう、結婚したいと思う男の名前を言ってくれさえすれば、すぐさま交渉に取りかかろうと、主人は誓ったのだ。

ところが、ラービアはこう応えた。自分はどんな男性とも結婚できない、なぜならもう恋をしているから、と。

「恋をしている？」かつての主人は喘《あえ》ぎながら尋ねた。「いったい誰に？」

「アッラーに！」と答えるや、ラービアは熱烈な感情のこもった詩を流れるように詠いだした。その熱情に圧倒されたかつての主人は、彼女の最初にして終生の弟子となった。ラービアは禁欲的な瞑想と神秘的な黙想の生活に入った。そうした生活の中から、しばしば恋の歌が堰《せき》を切ったように溢れだした。それらの詩はあまりに情熱的だったので、彼女が「恋人」と称する対象がアッラーであることを考慮しなければ、官能的としか表現できないような響きがあった。

わが主よ、星は燦然《さんぜん》と輝き、
人々の眼《まなこ》は深い眠りに閉ざされ、
地上の王者たちもその邸宅の門に鍵を掛け、
恋する若者たちはみな、最愛の乙女と二人きり……
そして、私もこうしてあなたと二人きりでいるのです。(1)

ラービアが何編の詩をつくったのか、私は知らない。彼女の真作と認められている詩で、今日まで伝わっているものは数少ない。だが、彼女は存命中から名声を博し、ラービアをその目で見るためだけに数多の人々がバスラを訪れた。そして、その多くは、彼女はアッラーと合一する鍵を見出したという確信をもってバスラを去った。ラービアにとって、その鍵は恐れではなく愛だった。完全におのれを捨てた、むこうみずで限りのない愛だったのだ。

と言うのは容易いが、どうすればこんな恋に落ちることができるのだろう？　神との合一を渇望する人々は、ラービアの熱情があたかも熱病のように感染することを期待して、このカリスマ的な神秘家にまとわりついた。本当に感染したという者たちも現われて、そのために彼女の家を訪れる人々が増えたことはいうまでもない。私はそうした人々を学生とは呼ばない。というのは、そこには書物も学問も研究も存在せず、バスラのラービアは何も教えなかったからだ。彼女は何かを放射しただけで、そばにいた人々が変わったのだ。これが、「悟り」にいたる技法を導師がムリードことスーフィー志願者〔スーフィズムにおける弟子〕に直接伝授するというスーフィズムのパターンとなった。

この頃までは、ムスリムの神秘主義者のほとんどは宗教儀式とクルアーンの朗誦にひたすら打ちこむ「醒めた」スーフィーで、それはもっぱら（神に対する）畏敬の念のなせる業だった。バスラのラービアが信仰の核心に愛を据えたことは、「神に酔ったスーフィー」の長い系譜が生まれる契機となった。だが、ここで明確にしておかねばならないのは、これらの人々はいずれも第一にムスリムであり、第二にスーフィーであった、ということだ。私があえてこれを強調するのは、今日では歌ったり踊ったりして陶酔状態になることをもってスーフィーと自称する者が少なからずいるからだ。スーフィーはけっして、単なる興奮を追求していたのでも、ハイになろうとしていたのでもない。彼らの霊的実践はまずイスラームの定める信仰行為から始まり、そのうえに新たな宗教実践が加わったのだ。

人々は明確な目的をもってスーフィーのまわりに集まった。彼らは「どこかに行き着く」ことを欲していた。スーフィーの導師のもとで修行するのは、いわば方法論を学ぶようなものだった。実際、スーフィー教団〔名祖の精神的所産を継承し、共通の系譜をもつことによって一体性を有するスーフィーの流派〕はアラビア語で「方法・道」を意味するタリーカと呼ばれるようになった〔タリーカは本来「神との合一を求めてたどる神秘的修行の道程・方法」を意味していたが、時の経過とともにさまざまな流派もタリーカと呼ばれるようになり、これらの流派が組織化されて教団の体裁を整えるにいたった〕。この道に踏みだした人々は修行の道程を一段ずつ進んでついにはエゴを滅却し、神と一体化したいと望んでいたのだ。

法律家や正統派ウラマーはスーフィー全般を好意的な目で見ておらず、とくに神に酔ったスーフィーを胡散臭く思っていた。聖者と目された導師たちの言葉は異端の気配を帯びはじめ、彼らの主張はますます常軌を逸してきた。大衆はしだいに名高いスーフィーは神秘的な力をもっていると思いこむようになった。主流派のムスリムのスーフィーに対する敵意は、九世紀末にアル・ハッラージュ〔フサイン・イブン・マンスール。八五七／五九～九二二〕と呼ばれたペルシア人のスーフィーが出現するにおよんで頂点に達した。

ハッラージュとは「綿梳《す》き人」のことで、彼の父親の生業《なりわい》だった。ハッラージュ自身も当初はこの家業に従事していたが、心の奥底では神との合一を求める思いが燃えさかっていた。ついに彼は家を捨て、スーフィズムの奥義を伝授してくれる師を探す旅に出た。ある時には、カアバ神殿の前でまる一年間、じっと立ったまま一言も発せず過ごしたという。一年間も！　こうした行動はおおいに注目を集めたに違いない。その後、ハッラージュはインドや中央アジアに赴き、行く先々で自作の詩を滔々《とうとう》と朗誦し、特異な説教を行なった。こうして、彼は無数の信奉者を獲得した。

だが、醒めたスーフィーたちはしだいにハッラージュから遠ざかっていった。なにしろ、彼は「私のターバンが包んでいるのは神以外の何ものでもない」だの、「私の衣服の中に、諸君は神以外の何ものをも見出さないだろう」だのと主張していたからだ。あげくのはてに、言わんとすることが誰にでも理解できるように「私は神だ」と言う始末だった。いや、彼は実際には「私は真理者だ」と述べたのだが、「真理者」という言葉が神を表わす九九の名称〔神の多面性を表わすとされる九九の美称〕の一つであることはよく知られており、ハッラージュのそれまでの言動を考えれば、彼が言わんとしていることは誰にも間違えようがなかった。

これはやりすぎだった。正統派の学者たちは何らかの措置をとるよう、アッバース朝のカリフに要求した。かねてから哲学者の件で学者たちが自分を非難するのをやめさせたいと思っていたカリフは、彼らをなだめるためにハッラージュを逮捕して一一年間獄につないだ〔一説には、九一三年に逮捕して裁判により八年間の投獄を命じた〕。だが、その頃にはハッラージュは俗世間から完全に遊離していたので、投獄されてもまったく意に介さなかった。独房の中でも、彼は相変わらず神に酔ったような言葉を弁じつづけ、時にはおのれをイエス・キリストと結びつけ、しばしば殉教を口にした。唯一たしかなことは、彼は何一つ撤回しなかったということだ。ついに、正統派の宗教指導者たちはほかに打つ手はないと決断した。国家に圧力をかけて、あるメッセージが正しくないことを確実に示せる実証済みの手段をとらせよう、そう、そのメッセンジャーを殺させよう、と。

当局はハッラージュをあっさり処刑しなかった。彼らはハッラージュを吊るし、四肢を切断し、首を切り落とし、最後に遺体を焼いた。奇妙なことに、こうした仕打ちも功を奏さなかった。ハッラージュは死んだが、スーフィズムはその後もさかんになるばかりだった。文明世界のいたるところで、カリスマ的なスーフィーが何百、いや何千と現われつづけた。その一部はジュナイドのような「醒めた」スーフィーであり、一部はバスラのラービアやハッラージュのような「神に酔った」類いのスーフィーだった。

知の巨人・ガザーリーの登場

以上を要約すると、十一世紀半ば頃のムスリムたちは三つの壮大な文化事業に精力的に取り組んでいた、といえるだろう。法学者と神学者はイスラームの教義と法を完璧に練り上げることを、哲学者にして科学者は自然の法則と原理を解明することを、スーフィーら神秘主義者は神との合一を達成する技法をひたすら追求していた。もちろん、これら三つのグループには重なり合う部分もあったが、三者は概して相反する方向に向かっていた。そして、知的分野における彼らの意見の相違は政治的・経済的利害関係と強く結びつき、時に流血沙汰まで引き起こされた。こうした危機的な状況下に、世界史に残る知の巨人が登場した。ホラーサーン地方でペルシア語を話す両親のあいだに生まれたその人物の名前は、アブー・ハーミド・ムハンマド・アル・ガザーリー〔一〇五八〜一一一一〕といった。

ガザーリーはまだ二十代前半という若さで、当代きってのウラマーの一人という名声を獲得した。彼は誰よりも多くのハディースを知っていた。当時、アシュアリー学派と呼ばれるウラマーのグループがムウタズィラ学派に対抗すべく独自の神学を練り上げ、信仰は理性にではなく啓示のみに依拠すべきであり、理性の役割は啓示を支持することに限られると主張していた。アシュアリー学派の神学者はムウタズィラ学派の著名な神学者に対して、公開討論を繰り返し挑んでいた。ところが、ムウタズィラ学派は論理学や修辞学など、論争に勝つための古代ギリシアの秘法を知り尽くしていた。それゆえ、公開討論の場でアシュアリー学派は常に混乱の色を隠せなかった。

ガザーリーは彼らに救いの手を差し伸べた。哲学者を論破するためには彼らの論法で討論できるようになるまで哲学を学ばねばならないと決意したガザーリーは、古代の知識を熱心に学びはじめ、論理学を修得し、古代ギリシアのさまざまな文献を消化吸収した。ついでガザーリーはギリシア哲学、とくにアリストテレス哲学を重点的に考察した『哲学者の意図』〔黒田壽郎訳、岩波書店〕と題する書物を著わした。その序文で、彼はこう述べている。ギリシア人は誤謬を犯しており、私はそれを証明する。だが、その前に――この書物において――読者が次著〔『哲学者の矛盾』〕を読む際に私が何を論駁しているのか理解できるように、ギリシア哲学とは何たるかについて概説しよう。

ガザーリーの公正な態度には誰もが感嘆せずにはいられまい。彼は論破すべき架空の人物を捏造したりしなかった。アリストテレスに関する彼の記述はきわめて明晰なうえに博学な知識に裏づけられていたので、きわめつきのアリストテレス主義者でさえ、『哲学者の意図』を読んで「嗚呼、私はついにアリストテレスを理解した！」と言ったとされている。

この書物はアンダルス〔ムスリムによるイベリア半島の呼称。のちに、同半島におけるムスリムの支配領域を指すようになった〕まで伝播し、そこからキリスト教圏ヨーロッパに伝わって、これを読むことのできた数少ない人々を驚嘆させた。ローマ帝国が崩壊して以来、古代ギリシア思想は西ヨーロッパ人の記憶からほぼ完全に失われていた。それゆえ、ほとんどの西ヨーロッパ人にとって、これが最初のアリストテレスとの遭遇だった。ところが、この書物が伝播する過程でガザーリーの序文が抜け落ちてしまったため、ヨーロッパ人にはガザーリーがアリストテレスに反対していることがわからなかった。それどころか、本書の著者はアリストテレスその人で、ガザーリーはペンネームだと思いこむ人々もいたほどだった。いずれにせよ、『哲学者の意図』はヨーロッパ人にきわめて強い感銘を与えたので、彼らのあいだでアリストテレスは侵すべからざる権威となった。そして、後世のキリスト教徒の哲学者たちはカトリック教会の教義とアリストテレスの思想を調和させるために、多大のエネルギーを注いだのだ。

話をペルシアに戻すと、ガザーリーは『哲学者の意図』の続編に当たる『哲学者の矛盾』を著わした。この独創性に富んだ書物において、ガザーリーはギリシア哲学およびその影響を受けたイスラーム哲学が依拠する二〇の前提を特定し、三段論法を用いてこれらの前提を分析した。私が思うに、この論証できわめて由々しい意味をもっていたのは、物質的現象における因果関係という観念を論駁したことだ。かような関連は存在しない、とガザーリーは断言した。綿が燃える原因は火であると私たちが思うのは、綿が燃えているときには必ず火がともに存在するからだ。私たちは空間的接近を原因と取り違えているに過ぎず、実際には綿が燃える原因は神である。なぜなら、神はあらゆる事物の第一原因にして唯一の原因であるからだ。火はたまたまそこに存在しているに過ぎない、とガザーリーは論証したのだ。

もし、ガザーリーが愚かしく思えるような印象を読者に与えたとしたら、それはひとえに私がガザーリーに対して、彼がアリストテレスに対してそうであったほど公正ではないからにほかならない。私はガザーリーの見解に同意しない。もっとも、彼の見解に与する者もいる。因果関係の存在を否定するガザーリーの言い分は、十八世紀のスコットランドの哲学者デイヴィッド・ヒューム〔一七一一〜七六〕によって西洋世界で甦《よみがえ》った。そして、私は一九七〇年代に、アメリカの禅仏教家のアラン・ワッツ〔一九一五〜七三〕がまたしても本質的にガザーリーと同じ論証をしているのを読んだ。ワッツは塀の向こう側で行ったり来たりしているネコになぞらえて、因果律に疑問を提した。もし、塀のこちら側から隙間越しに向こう側を見ていたら、常にまずネコの頭を、ついで尻尾を見ることになるが、それは頭が尻尾の原因であることを意味しない、とワッツは論じていたのだ（実をいえば、私はある意味で頭は尻尾の原因たりうると思っているのだが、ここでは深入りしないでおこう）。

どのように受け取るかは各人の自由だが、因果関係を否定する論理は科学的な営為すべてを根本から傷つけてしまう。もし、本当にいかなる事象もほかの事象を引き起こさないのであれば、意味のあるパターンを発見するためにわざわざ自然界を観察する必要があるだろうか？ もし、神が唯一の原因であるならば、世界を理解する唯一の方法は神の意志を知ることである。それは取りもなおさず、研究に値するのは啓示だけであり、傾聴に値するのはウラマーの言葉だけ、ということを意味しているのだ。

数学と論理学、さらに自然科学さえもが正しい結論を導きうることをガザーリーは認めたが、啓示と矛盾する場合は常にそれらの結論のほうが誤っていると断定した。けれども、科学が啓示と同じ結論に達した場合にのみ正しいとされるなら、私たちは科学を必要としないだろう。私たちが必要とする真理はすべて、啓示から得ることができるのだから。

哲学者の一部はガザーリーに反撃した。（ヨーロッパではアヴェロエスと呼ばれた）イブン・ルシュド〔一一二六〜九八〕は『矛盾の矛盾』〔『中世思想原典集成11 イスラーム哲学』（平凡社）に一部所収〕をもってガザーリーに反駁を加えたが、この試みは不発に終わった。論争が終結したとき、勝利をおさめていたのはガザーリーだった。ガザーリーの時代以降、ギリシア思想に基づくイスラーム哲学は衰退し、ムスリムは自然科学に対する関心を失ってしまった。

ガザーリーはその業績ゆえにおおいに称賛され、バグダードのニザーミーヤ学院の主任教授に任命された。この学院は中世イスラーム世界のイェール大学とも称すべき、令名高い最高学府だった。正統派〔スンナ派〕の首脳部は、ガザーリーを当代の指導的な宗教的権威と認めたのだ。しかしながら、彼はある問題を抱えていた。純粋に宗教的な人間だったガザーリーは、地位と称賛を手中にしながらも、自分がまだ本当の宝を手にしていないことを悟っていた。彼は啓示が真なることを信じ、預言者ムハンマドとクルアーンを崇め、シャリーアに一身を委ねていた。それにもかかわらず、彼は神の存在を肌で感じることができなかった――そう、彼はスーフィズムを生みだしたのとまったく同じ不満を抱いていたのだ。突如として精神的な危機に陥ったガザーリーは、すべての職を辞し、すべての財産を人に譲り、すべての友人を捨てて隠遁生活に入った。

何ヵ月にも及んだ隠遁生活を終えたガザーリーは、学者は正しい道を知っているが、スーフィーはより深く正しい道を知っていると言明した。法は法であり、人は法に従わねばならない。だが、学問と善行を積むだけではアッラーに到達することはできない。人間は心を開かなければならないが、その方法を知っているのはスーフィーだけなのだ、と。

ガザーリーは新たに『幸福の錬金術』と『宗教諸学の再興』という独創的な書物を著わし、神と合一するためのスーフィー独特の技法であるタリーカがいかにシャリーアに適合しているかを説くことによって、正統派神学とスーフィズムを統合した。こうして、正統派イスラームの枠組みの中に神秘主義を位置づけ、スーフィズムを尊重に値するものとしたのだ。

ガザーリー以後のイスラーム世界と社会の保守化

ガザーリーが登場する以前のイスラーム世界では、三つの知的運動が支持者を求めて覇を競っていた。ガザーリーが出現したのちには、これら三つの潮流のうちの二つは和解し、三つ目の潮流は排除されてしまった。

私はけっして、ガザーリーが彼らの誤りを証明したと哲学者たちが認めたとか、その結果哲学の伝統が衰退して消滅したとか、ましてや、ガザーリーが彼らの誤りを証明したがゆえに世論が哲学者に背を向けるようになった、などと言っているのではない。そもそも世論が証拠や論証に基づいて何かを信じたり疑ったりするというのは、めったにないことだ。おまけに、哲学上の問題の真偽が決定的に証明されたことなど絶えてないのだ。

私はむしろ、この時代には一部の人々は哲学や自然科学から顔を背けたがっていた、と言っているのだ。ある人々は以前から、理性とは混乱をもたらすだけの危険な策略であるとみなしていた。ガザーリーはそうした人々に、彼らが哲学と理性を否定する際にもっともらしく見え、さらには頭が切れるように見えるために必要な攻撃材料を提供したのだ。

この時代以降、ますます多くの人々がこうした方向に向かうようになった。倫理的・道徳的な事柄においては濃淡さまざまな灰色のゾーンが存在することを認めれば、人間は実に多様な立場を採ることができる。二人の人間が何から何まですっかり同じことを信じるなどというのは、本来ありえないことだ。ところが、混乱した時代には、人々は微妙な違いを味わう心や曖昧さに対する寛容な心を失ってしまう。曖昧さのない規範を明確に示す教義は信条を同じくする人々を結びつけるので、社会的連帯を促進する。そして、明日は何が起こるかもわからないような時代には、人間は群がろうとするものなのだ。

この時代のある時点で、ムスリム社会における女性の地位も変化したように思われる。私はこれまで、イスラーム初期の時代には後世と比べて、あるいは今日のイスラーム世界の大勢と比べて、女性がもっと自立し、公的な分野でより大きな役割を担っていたことを示唆するさまざまな事例を見出してきた。たとえば、預言者の最初の妻ハディージャはビジネスウーマンとして成功した有力者で、当初はムハンマドの雇い主だった。預言者の最年少の妻だったアーイシャは、第三代カリフ・ウスマーンの死後に生じた分裂の時代に、一派を率いて第四代カリフと対決した。彼女は戦場で軍隊を指揮しさえしたのに、女性がこうした役割を演じても誰も驚いていたようには見受けられない。イスラームの命運を決した初期の戦争には、女性たちも看護婦や支援スタッフ、時には戦士として参加していた。年代記作者の伝えるところによれば、ヤルムークの戦いではウンム・ハーキムという寡婦が剣の代わりに天幕のポールを武器に、ビザンツ軍の兵士たちと戦ったという。(2) また、いくつかの戦争については女流詩人がその詳細を物語っている。彼女たちは戦闘を観察し、それを題材に詩をつくっていた――つまり、事実上従軍記者として活動していたのだ。

当初は女性たちもウンマの重要な会議に参加していたに違いない。というのは、第三代カリフのウマルと女性たちが公の場で議論したという事実が記録されているからだ――しかも、ウマルはマディーナの市場監督官に女性を任命していた。[3] それに加えて、イスラーム初期の時代には女性の学者が精彩を放っている。ヒジュラ暦一世紀にはハフサ〔六〇五頃～六六五。預言者ムハンマドの妻でウマルの娘〕、ウンム・アル・ダルダーゥ〔生没年不詳〕、アムラ・ビント・アブドゥル・ラーマン〔生没年不詳〕らの女性たちが、ハディースの権威として高い地位を占めていた。書家として名をなした女性たちもいた。彼女たちも含めて、さまざまな女性が男女の学生に講義し、公の場で講演していたのだ。

明らかに、これらの女性は公的な生活から締めだされておらず、人目に触れぬよう隔離されたり、公的領域における存在意義を奪われたりしてはいなかった。どうやら、女性を人目につかない私的領域に閉じこめるという慣行は、ビザンツ帝国とサーサーン朝のそれに由来していたようだ。これらの社会では、上流階級の女性はその地位の高さの証《あかし》として深窓に隔離されていた。アラブの名門一族は両帝国の貴族が享受していた地位に就く一つの手段として、この慣行をそっくり採用した。庶民階級のムスリム女性が公的生活に参加する道が顕著に狭められたのは、あるいは、少なくともジェンダーの役割に関する学者たちの論調がそうした意味合いを帯びるようになったのは、おそらくヒジュラ暦四世紀（すなわち西暦一〇〇〇年頃以後）のことだろう。女性を公的領域から隔離するとともに、ジェンダーの役割をまったく重複しない二つの領域に完全に分離するという慣行が定着したのは、社会の分裂が甚だしかったアッバース朝時代後半のことだったと思われる。科学の原型をイスラームの知的活動領域から締めだし、倫理と社会を探究する手段としての理性の価値を貶めたのと同じ力が、女性を抑圧する力としても作用したのだ。

ガザーリーは主著の一つとなった『宗教諸学の再興』の四分の一の紙幅を割いて、結婚や家庭生活や両性が守るべきエチケットを論じている。彼が主張するところによれば、女性は「自宅の私室にとどまって糸紡ぎに専念すべきで、度を超えて私室から出入りしてはならない。隣人ともめったに話すべきではなく、必要に迫られた場合にのみ隣人を訪問することが許される。夫がいるときもいないときも夫を守る義務を負っており、あらゆる事柄において夫が満足するよう努めなければならない……夫の許可がないかぎり家を出てはならず、許可を得て外出する場合は、着古した衣服を身にまとわなければならない……他人に声を聞かれたり、誰と悟られたりしないように、充分気をつけなければならない……女性はすべからく……いつでも（彼女の夫が）欲するときに彼女を楽しむことができるように準備しておくべきである[4]」。ガザーリーはまた、妻に対する男性の義務についても論じている。けれども、上述した彼の言葉を考え合わせれば、彼が公的領域と私的領域に厳然と画された社会を構想し、女性を私的領域に閉じこめる一方で、公的領域は男性が占有するものとみなしていたことは一目瞭然だろう。

変化を不安に思う気持ちと安定を切望する心は、えてして伝統的で馴染み深い社会制度を深化させるものだ。イスラーム世界の社会制度には、アラブの部族社会のみならずイスラーム以前のビザンツ帝国やサーサーン朝にも由来する家父長制が組みこまれていた。ガザーリーが構想した社会は、彼の生存中と死後数世紀間にわたって広く容認された。なぜなら、それはしだいに混乱が増した時代であり、文明的な生活に不安が暗い影を落とした時代だったからだ。そして、この不安定な時代はついに恐るべきクライマックスを迎えたのだ。

第八章
トルコ系王朝の出現

ヒジュラ暦一二〇～四八七年
西暦七三七～一〇九五年

カリフ制の分裂――アンダルスのウマイヤ朝

いったい何がこれほどの不安を生じさせたのだろうか？　その答えは、前章で述べた知的分野の動きと並行して進展していた政治分野の物語の中に求められる。預言者ムハンマドの時代からアッバース朝樹立後二〇〇年ほどが経過するまでは、イスラーム世界の住人が世界文明の中心で生きていると自負していたのも無理はなかった。ヨーロッパ文化は存在しないも同然だった。インドは多数の小さな王国に分割され、仏教はすでに中国に遠のいていた。たしかに「キャセイ」〔中国を意味する英語の古語〕では唐王朝〔六一八～九〇七〕や宋王朝〔九六〇～一二七九〕のもとで、ミドルワールドでムスリムが謳歌していたのにほぼ匹敵する壮麗な文化が花開いていた。それでもやはり、メソポタミアやエジプトのような地域と共鳴し合うには、中国はあまりにも遠かった。

　ムスリムの領域が世界の中心だったとすれば、世界の歴史を動かす根元的な推進力は、イスラーム共同体の完成と普遍化を追求することだった。シーア派と正統派〔スンナ派〕、哲学と神学、ペルシア人とアラブ人のあいだの抗争など、この時代の由々しき問題はすべて、この枠組みの中で理解することができるだろう。長いあいだ、楽観的な人々は世界の出来事を観察して、物事は総じて進歩していると信じていられた。マッカとマディーナで花開いた聖なる奇跡の影響力は、今なお爛漫と咲き誇っていた。イスラームは深く浸透し、さざ波のように広まっていた。インドの中核地域ですら、ヒンドゥー教徒の勢力は弱まりつつあった。サハラ砂漠以南のアフリカにさえ、今ではイスラームに改宗した人々がいた。いまだにイスラーム圏外にとどまっているのは、キャセイと暗黒の淵《ふち》に沈んでいたヨーロッパだけだった。ムスリムが神から与えられた使命を果たし、これらの地域もイスラームの光で照らすようになるのは、時間の問題に過ぎないと思われた。

しかしながら、敬神と正義に基づく普遍的な共同体を築くという夢はなかなか実現できず、いつしか忘れ去られようとしていた。権力と栄華の絶頂に達したときに、カリフ体制が崩壊しはじめた。いや、今から振り返ってみれば絶頂に達する以前に崩壊しはじめていた、と歴史家はまことしやかに語るだろう。アッバース朝が政権を握ったときに崩壊への道が始まったのだ、と。

何もかもが激しく変化していたこの過渡期に、新しい統治者たちはウマイヤ家の一族を言葉巧みに一つの部屋におびき寄せ、一人残らず撲殺した。だが、実は一人だけひそかに難を逃れていた。このウマイヤ朝の生き残りはアブドゥッラフマーン〔一世。七三一〜八八。後ウマイヤ朝初代アミール。在位七五六〜没年〕という若い男で、変装してダマスカスを脱出し、北アフリカに向かった。その後、彼はイスラーム世界の西の端、アンダルスと称されたスペインにたどり着いた。さらに逃亡を続けていたら、キリスト教圏ヨーロッパの未開の荒野に踏みこんでしまっただろう。

　アブドゥッラフマーンはスペインの地元住民に感銘を与えた。この地の果てには、少数ながらハワーリジュ派のごとき筋金入りの反体制分子が潜伏していたが、彼らはこの若者に忠誠を誓った。イスラーム世界の中枢から遠く離れたスペインでは、バグダードの新政権について事情に通じた者はおらず、いわんやこの政権に忠誠心を抱いている者など一人もいなかった。アンダルスの住民は、ウマイヤ朝を統治者とみなすことに慣れていた。そこに本物のウマイヤ朝の貴公子が現われて、彼らの統治者になることを要求したのだ。もし、これほど騒々しい時代でなかったら、アブドゥッラフマーンは総督としてアンダルスに赴任していたかもしれず、その場合、地元住民は彼を総督として受け入れていただろう。それゆえ、彼らはアブドゥッラフマーンを新しい統治者として受け入れたのだ〔アブドゥッラフマーンは七五六年にコルドバで、みずからアンダルスのアミールと名乗った〕。かくして、アンダルスことムスリム治下のスペインは、アッバース朝のカリフが統治するイスラーム帝国から分離した独立国となった。ムスリムの物語はいまや、二つの軸を中心に展開することになったのだ。

　これは、当初は政治的な分裂に過ぎなかった。だが、アッバース朝が衰退するにおよんで、事態は急変した。なんとアンダルスのウマイヤ朝の君主〔アブドゥッラフマーン三世〕が、この国はバグダードから独立した国家であるのみならず、カリフ国家であると宣言したのだ〔九二九年にみずからカリフを名乗った〕。スペインから数百マイル以内の土地に住んでいた人々はみな、「ああ、ご主人さま、あなたはたしかにイスラームのカリフですとも。それはお姿を見ただけでわかります」と、この宣言を受け入れた。こうして、カリフ制そのものが――単一の普遍的な信徒共同体という疑似神秘的な理念そのものが——二つに分裂してしまったのだ。

アンダルスのウマイヤ朝〔七五六〜一〇三一。日本では後ウマイヤ朝と称する〕の主張は、ある程度の共感を得ることができた。というのは、首都のコルドバが西ヨーロッパ随一の都市だったからだ。その絶頂期にはコルドバの人口はおよそ五〇万人に達し、数百もの公衆浴場、病院、学校、モスク等の公共の建物が立ち並んでいた。コルドバには数多の図書館があり、最も大きな図書館には約五〇万冊もの蔵書があったという。スペインにはコルドバ以外にも、五万ないしそれ以上の人口を擁する都市がいくつもあった。それに対して当時のキリスト教圏ヨーロッパでは、最大級の都市でも人口は二万五〇〇〇人に及ばなかった。かつて栄華をきわめたローマは、今日のオハイオ州デイトンより人口の少ない一介の村に成り果てていた。そこでは、農民とならず者が小さな群れをつくり、廃墟の中でかろうじて命をつないでいたのだ。

こういう状況だったので、イスラーム世界の政治的分裂が文明の発達をいささかなりと阻害するとは、最初のうちは思えなかった。アンダルスは文明世界のあらゆる地域とさかんに交易を行なった。北アフリカや地中海経由でミドルワールドに材木や穀物や金属その他の原材料を輸出する一方で、贅沢な手工芸品や陶器、家具や高級な織物、香辛料などをミドルワールドから輸入していた。

これとは対照的に、北方および東方のキリスト教諸国との交易は微々たるものだった——それは地域間の敵意がそうさせたというより、キリスト教圏ヨーロッパにはそもそも売るべき物がなく、物を買う金もなかったから、というのが実情だった。

ムスリムが多数派となったものの、アンダルスにはキリスト教徒とユダヤ教徒も多数住んでいた。バグダードのカリフ政権と対立していたとはいえ、後ウマイヤ朝の歴代君主は、それまでムスリムが征服地で実践してきた社会政策をおおむね踏襲した。キリスト教徒の共同体もユダヤ教徒の共同体も、それぞれ独自の宗教指導者と司法制度を擁し、固有の宗教儀式や慣習を実践することができた。彼らの一人とムスリムのあいだで揉め事が生じた場合、その事案はムスリムの法廷でイスラームの法に則って審理された。だが、彼らのあいだで生じた揉め事は、彼ら独自のルールに従って彼らの裁判官によって裁定されたのだ。

非ムスリムは人頭税《ジズヤ》を納めなければならなかったが、慈善税は免除された。彼らは軍務に就くことも最高レベルの政治的地位に就くことも許されなかったが、それ以外の職業や官職はすべて彼らにも開かれていた。後ウマイヤ帝国においては、キリスト教徒とムスリムとユダヤ教徒が互いに協調しつつ、かなり友好的に暮らしていた。ただし、究極の政治権力を振るうのはムスリムであり、彼らはたぶん無意識のうちに優越感を露わに示していただろう。彼らの優越感はムスリムの文化と社会は文明の最高の段階に達しているという確信から生まれたもので、現代の欧米人がややもすると第三世界諸国の人々に対して抱きがちな感情に通底するものだった。

サンチョ王〔サンチョ一世。九六六没。在位九五六～五八〕の事例は、多種多様な共同体が平和共存していた様子を如実に物語っている。サンチョは十世紀半ばに、スペイン北部のキリスト教国レオン王国の王位を継承した。臣民はまもなく彼を「サンチョ肥満王」と呼ぶようになった。国王たるもの、臣民がこの手の渾名《あだな》を咎《とが》められることもなく使っているのを聞くのは、我慢ならなかったに違いない。哀れなサンチョは「肥満症のサンチョ」と呼ぶほうがふさわしい、一種の病気だったのだろう。だが、臣下の貴族たちは寛大な見方をしてくれなかった。彼らはサンチョが太っているのは精神的な弱さゆえとみなし、統治者たる資格に欠けるとして、彼を退位させてしまったのだ。

その後、サンチョはハスダイ・イブン・シャプルト〔九一五～七〇〕というユダヤ教徒の医者の噂を聞いた。どうやら、この医者は肥満を治す術《すべ》を知っているらしい。ハスダイはコルドバに住むカリフの宮廷医だった。そこで、サンチョは彼の治療を受けるために、母親と従者を伴って南に向かった。ムスリムの統治者アブドゥッラフマーン三世〔八八一～九六一。後ウマイヤ朝第八代アミール、初代カリフ。在位九一二～没年〕はサンチョを賓客として歓迎し、ハスダイの治療が終わるまで一行を宮廷に滞在させた。治療が功を奏して体重を落としたサンチョはレオン王国に戻り、王座に復位した〔復位後の在位九六〇～六六〕。そして、アブドゥッラフマーン三世と友好条約を締結したのだ(1)。

キリスト教徒の国王がムスリムの君主の宮廷でユダヤ教徒の医師の治療を受ける——これがムスリム支配下のスペインの縮図だった。ヨーロッパ人がイスラームの黄金時代について語るとき、彼らはしばしばスペインのカリフ国を念頭に置いている。なぜなら、彼らが最もよく知っていたのは、イスラーム世界のこの地域だったからだ。

さらなる分裂——エジプトのファーティマ朝

けれども、バグダードと覇を競っていた都市はコルドバだけではなかった。十世紀になると、アッバース朝カリフ帝国の覇権に挑戦するもう一つの都市が台頭した。

アッバース朝が統治原理としてスンナ派イスラームを採択すると決断したときに、シーア派は反乱への衝動を甦《よみがえ》らせていた。ヒジュラ暦三五八年頃（西暦九六九）、チュニスで挙兵したシーア派部隊がエジプトの支配権を掌握した。彼らの指導者は（みずから主張するところによれば）預言者ムハンマドの娘ファーティマの子孫であり、それゆえイスラームの真のカリフであると宣言し、ファーティマ朝〔九〇九～一一七一〕と名乗っていた〔九〇九年、北アフリカでシーア派の一分派イスマーイール派が初代カリフを立てて、全イスラーム世界の主権者の座に挑戦するカリフ国を樹立した。九六九年にエジプトを征服したのは第四代カリフの治世である〕。ファーティマ朝は新しい首都を建設し、アラビア語で「勝利」を意味するカーヒラ（Qahira）と命名した。英語ではこれをカイロ（Cairo）と綴っている。

このエジプトのカリフ国は北アフリカの豊富な資源とナイル河谷の穀倉地帯を擁していたばかりか、地中海交易で覇を競うには絶好の場所に位置していた。そのうえ、イエメンに通ずる紅海の海上交通路を支配していたので、インド洋沿岸の市場ともさかんに交易を行なった。西暦一〇〇〇年には、カイロはおそらくバグダードやコルドバより繁栄していただろう。

ファーティマ朝はカイロに世界初の高等教育機関であるアズハル学院を創設した。その後身のアズハル大学は、今日もなお大きな影響力を有している。これまでアッバース朝と後ウマイヤ朝について述べてきたこと——数多の大都市、賑わう市場、寛容な政策、多彩な文化的・知的活動——は、ファーティマ朝にも当てはまった。しかしながら、このエジプトのカリフ国はいかに財力に恵まれていようと、理論上はただ一つであるはずの普遍的共同体のさらなる分裂を意味していた。つまり、西暦一〇〇〇年を目前にして、イスラーム世界は三つに分裂してしまったのだ。

アッバース朝の衰退――トルコ族の台頭

バグダード、コルドバ、カイロに鼎立《ていりつ》したカリフ国はいずれも、われこそが唯一無二の真正なカリフ国であると主張した――「唯一無二の」という概念は、そもそもカリフ制という言葉そのものに組みこまれていたのだが〔本来、ただ一人のカリフがウンマの統一を象徴するとみなされていた〕。しかし、この頃にはカリフの実態は単なる世俗君主と堕していたので、ちょうど三つの世俗的な大国が共存するように、三つのカリフ国がまがりなりにも共存できたのだ。

（当初は）アッバース朝が最大の版図を誇っており、バグダードが最も豊かな首都だった。だが、その版図の大きさこそがある意味で、アッバース朝を三つのカリフ国の中で最も弱い国家にさせてしまった。ローマ帝国は大きくなりすぎたために、一人の君主が一つの拠点から統治するのが困難になった。アッバース帝国も然りだった。カリフの命令を実行するために発達した巨大な官僚機構は、帝国中に常設機関を張りめぐらせた。カリフはこうした国家機構の雲の上の存在となり、ついには臣民の目に触れない存在となってしまった。

ローマ帝国の歴代皇帝のように、アッバース朝の歴代カリフも護衛の一団で身辺を固めた。これはやがて、犬が尾を振るのではなく、尾が犬を振りまわすという結果をもたらした。ローマ帝国ではこの護衛集団を近衛兵団と呼んでおり、そのメンバーの多くは（皮肉なことに）、帝国国境の北に広がる蛮族の地から徴募したゲルマン人だった。ローマ帝国は長期にわたってこれら蛮族と戦いつづけ、蛮族の侵入は文明世界の秩序に絶え間なく脅威を与えてきたのだが。

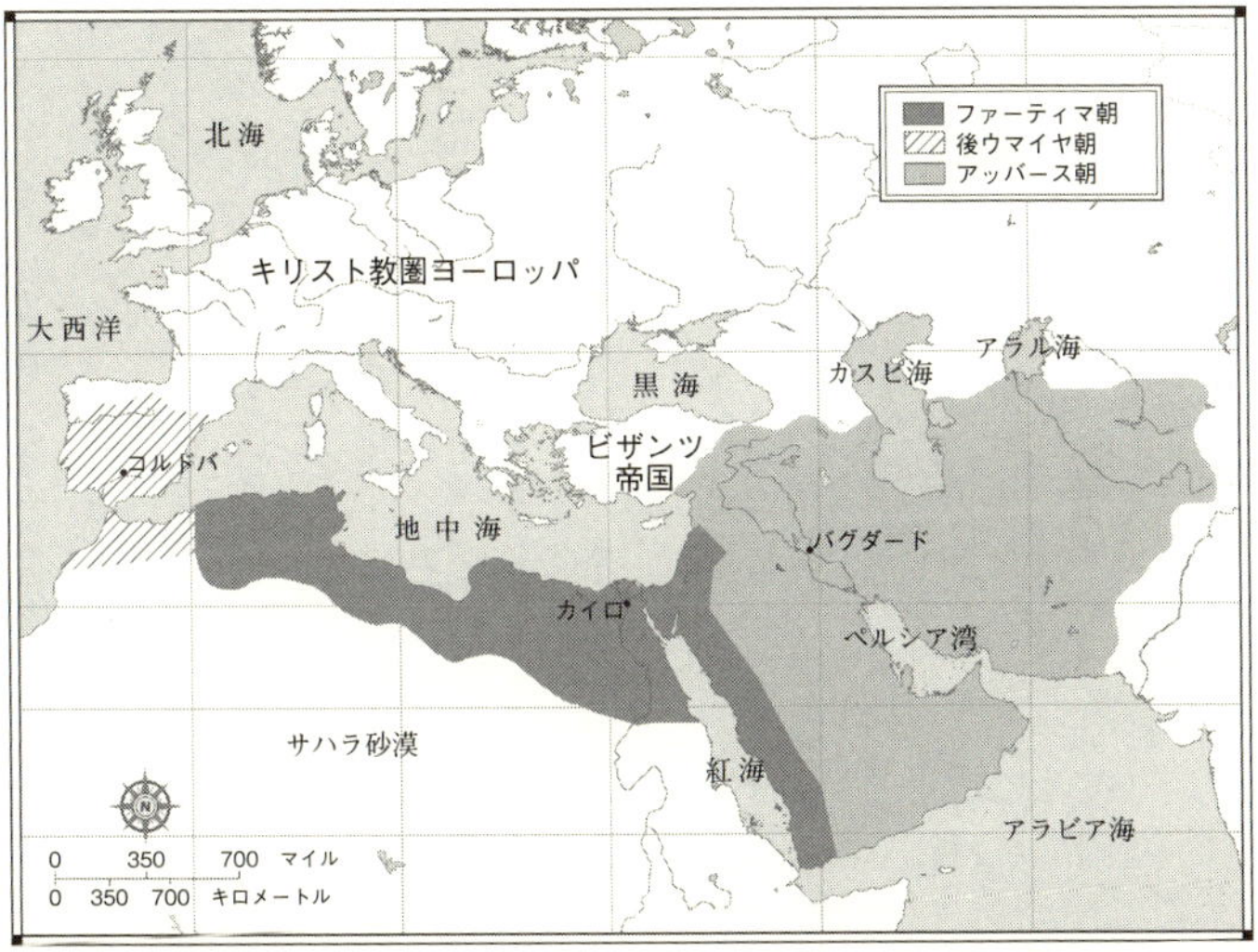

図９　三大イスラーム王朝の版図

これと同じパターンがアッバース朝にも現出した。アッバース朝では、カリフを護衛する兵士は「奴隷」を意味するマムルークと呼ばれていた。マムルークは通常の奴隷ではなく、エリートの奴隷兵だった。ローマ帝国と同様に、アッバース朝も国境の北から侵入する遊牧民の蛮族に苦しめられていた。「北方の蛮族」は西ヨーロッパではゲルマン族だったが、こちらではトルコ族だった（当時、今日トルコと称される地域にはトルコ人は一人もおらず、この地域にトルコ人が移住するのはずっとのちのことである。トルコ族の先祖の故郷は、イランとアフガニスタンの北方に広がる中央アジアのステップ地帯だった）。ローマ帝国がゲルマン族に対してそうしたように、アッバース朝もこれらトルコ族の一部を輸入して——つまり、国境沿いに設けられた奴隷市場で購入して——護衛兵として採用した。歴代カリフがトルコ族に身辺を警護させたのは、アラブ人もペルシア人も信用していなかったからにほかならない。カリフはアラブ人やペルシア人を統治し、彼らの中で暮らしていたが、彼らは土地との絆があまりにも強く、あまりに多くの血縁者をもち、独自の利害関係を有していた。カリフが欲していたのは、カリフ以外の誰とも関係をもたず、カリフの宮廷以外に住処をもたず、彼らの所有者だけに忠誠心を抱く護衛兵だった。それゆえ、この種の奴隷はすべて子どもの時分に購入され、特別な学校でムスリムとして養育されつつ、さまざまな軍事技術を教えこまれた。彼らは成長するとエリート集団であるマムルーク軍団に入ったが、この軍団はカリフの人格が敷衍《ふえん》されたものという観を呈するようになった。それどころか、もはや大衆はカリフの姿を目にすることがなかったので、ほとんどの庶民にとって、このトルコ人の親衛隊がカリフ国の「顔」となったのだ。

いうまでもなく、マムルークは傲慢で、乱暴で、強欲だった――なにしろ、彼らはそうなるように育てられていたのだ。カリフの警護に当たりながら、彼らはカリフを臣民から遠ざけた。彼らの略奪行為のせいでカリフの人気は落ちる一方で、身辺がいっそう危うくなり、ますます護衛兵を必要とするようになった。ついに、カリフはもっぱらトラブルメーカーのマムルークたちを隔離して住まわせるために、〔バグダードの北方一二五キロメートルに位置する〕サーマッラーに軍営都市を建設せざるを得なくなった。そして、カリフ自身も彼らとともに暮らすために、サーマッラーに遷都した〔八三六年。八九二年に首都がバグダードに戻った〕。

その間にバグダードでは、ブワイフ家というペルシア人の一族がいつのまにかカリフの顧問、書記、補佐役として宮廷に入りこんでいた。彼らはじきに官僚機構を牛耳るようになり、ひいては帝国の日常業務を取りしきるようになった。彼らは大胆にも、宰相《ワズィール》（行政官の長）のポストを世襲の称号として父から息子に伝えるという挙に出た（これと似たことがヨーロッパのゲルマン諸王国でも生じていた。ここでは、ワズィールに相当する最高の宮廷職「宮宰《きゅうさい》」が領土の実質的な統治者となった）。ブワイフ家もカリフに倣って、トルコ系蛮族の子どもを奴隷として輸入するようになった。そして、ブワイフ家の絶対的な支配下にある寄宿舎で養育し、彼らの私的な親衛隊に仕立て上げた。ひとたびブワイフ家がこうした制度を設けると、誰も彼らに反対できなくなった。というのは、ブワイフ家の親衛隊のメンバーは年端もいかぬ頃にバグダードに連れてこられたので、父母や兄弟など家族の記憶がなく、知っていたのは軍隊組織の学校や兵営で生活をともにしながら培った仲間意識だけで、兵士として忠誠心を抱く対象はおのれの仲間と、彼らの生殺与奪の権を握っている男たちだけだったからだ。やがて、ブワイフ家は新しいタイプのイスラーム王朝を樹立した〔ブワイフ朝。九三二～一〇六二〕。ブワイフ朝は依然としてアッバース朝のカリフを奉戴していたが〔カリフを保護することによって、その支配の正当化を図った〕、カリフの名で命令を発し、玉座の後ろで贅沢な生活を享受した。こうして、ペルシア人がアラブ人のカリフ国の首都を支配するようになったのだ。

けれども、ペルシア人の宰相はアッバース帝国の全域を支配することはできなかった。彼らもそれを望んではおらず、遠隔地の統治は地元の有力者にまかせることでよしとしていた。その結果、有力な総督は小国の王となり、かつてのサーサーン朝ペルシアの領土のあちらこちらにペルシア人のミニ王朝が誕生した。

奴隷を訓練して殺し屋に育て上げ、彼らに武器を与えて自分の寝室のドアの外に配置する――こんな愚かなアイディアを実行する者がいるはずはない、と思う向きもあるだろう。ところが、実をいうと、当時のこの地域ではほとんどすべての権力者が実行していたのだ。ペルシア人の有力者が中央の支配を脱して打ちたてた弱小国家は、いずれも独自のトルコ系マムルーク軍団を擁していた。マムルーク軍団は非力なペルシア人の王を最初は警護し、最後には支配するようになった。

あたかもそれでは充分でないというかのように、アッバース帝国はその治世をつうじて――ローマ帝国がゲルマン族の侵入を防ぐために奮闘したのと同様に――トルコ系遊牧部族が国境を越えて侵入し、文明世界に災厄をもたらすのを阻止するために絶え間なく戦っていた。だが、ついにトルコ族はカリフ帝国の内外を問わず、もはや制圧できないほど強力になった。辺境の弱小国家の一部では、マムルークがおのれの君主を殺し、みずからの王朝を樹立するという事態まで発生した。

アッバース朝が衰退し、社会組織が崩壊するにつれて、かつてヨーロッパでゲルマン族がライン川を越えてローマ帝国領に侵入したように、蛮族が帝国北部の国境を越えはじめた。南進するトルコ系蛮族の数は増える一方だった。この屈強な戦士たちはイスラームに改宗したばかりで、単純至極な狂信に浮かされて残忍の度を増していた。彼らにとって略奪は生活の手段だったので、彼らは行く先々の都市を荒廃させ、農地を荒らした。大きな街道も安全ではなくなった。小規模な盗賊団が各地にはびこり、交易は衰退し、貧困が蔓延した。トルコ族のマムルーク軍団がトルコ系の蛮族と激しく戦った——どこを見ても力を振るっているのはトルコ族だった。これが、ガザーリーの時代にアッバース帝国の隅々まで不安が浸透していた原因の一つだった。

ガズナ朝——スルタンの誕生

しかしながら、この危機的な状況下でサーマーン朝（八七三〜九九九）と呼ばれるペルシア系イスラーム王朝が出現し、イスラーム世界に一条の光が射しこんだ。この王朝の領土は、現在のアフガニスタン北部国境をなすオクソス川の両岸に位置する諸都市を中心に広がっていた（アッバース朝カリフから中央アジアの支配権を与えられ、事実上の独立国家を建設した）。サーマーン朝ではバルフとブハラという二大都市を拠点に、古代ペルシアの文学の伝統が復活した。そして、ペルシア語は学問の言語として、アラビア語に匹敵する地位を獲得しはじめた（アラビア文字を使ったペルシア語が成立した）。

だが、サーマーン朝もマムルーク軍団を擁していた。やがて、マムルークの将軍の一人が命令される側よりする側になろうと決意した。かくして、「さらば、サーマーン朝よ。いざ、ガズナ朝へ」と相成ったのだ。新しい王朝がガズナ朝（九七七〜一一八七）と呼ばれたのは、カーブルの南西に位置するガズナ（ガズニ）を首都としたことに由来する。ガズナ朝は東方イスラーム世界のシャルルマーニュ（七四二〜八一四）とも称すべき長命の征服者、マフムード（九七〇〜一〇三〇。在位九九八〜没年）の治世のもとで最盛期を迎えた。マフムードが没したときには、彼の帝国の版図はカスピ海からインダス川まで広がっていた。シャルルマーニュが「最もキリスト教徒らしい皇帝」をもって任じていたのと同様に、マフムードは最もムスリムらしい君主と自負していた。彼はみずからをイスラーム世界の共同統治者と位置づけ、スルタンというまったく新しい称号を名乗った。スルタンは「神に由来する権威、権力、証左」を意味する言葉で、マフムードは「王朝の右腕」を意味するヤミーン・アッダウラとも称された。マフムードの見解によれば、アラブ人のカリフは今もなおイスラーム共同体の精神的な父であるが、自分すなわちマフムードもカリフに劣らず重要な軍事指導者であり、法の執行者だった。この時以来二十世紀にいたるまで、イスラーム世界には少なくとも一人のスルタンが常に存在することになった。

スルタン・マフムードは賢明にも、帝国の政務を掌る行政官に読み書きのできるペルシア人を採用した。彼は有識者に高額の報酬を与えると宣言したので、およそ九〇〇人もの詩人や歴史家や神学者や哲学者などの文人や知識人が宮廷に参集し、スルタンの威光を高めた。

その中には、『シャー・ナーメ』（『王書』）の執筆に取りかかっていた詩人のフィルダウスィー〔九三四～一〇二五〕も含まれていた。この叙事詩は天地創造からイスラームの誕生までのペルシア民族の神話や歴史を語ったもので、全行が韻を踏んだ対句からなるマスナヴィーというペルシア独特の詩形で綴られている。フィルダウスィーはミドルワールドで、ヨーロッパにおけるダンテに匹敵する名声を得ている。マフムードはフィルダウスィーに、詩が完成したら対句一つにつき金貨一枚を与えよう、とまことに気前の良い約束をした。ところが、フィルダウスィーがようやく詩を献上するにいたって、マフムードは度肝を抜かれた。なんと、『王書』は一人の人間が書いた史上最長の詩で、六万以上の対句で構成されていたのだ。「わしは金貨と言ったか？」と、スルタンは顔をしかめた。「わしは銀貨と言ったつもりだ。対句一つにつき銀貨一枚を与える、とな」

気を悪くしたフィルダウスィーはむっとして退席し、『王書』を別の王に献呈した。言い伝えによれば、スルタン・マフムードはその後自分のしみったれた仕打ちを後悔し、詩人をなだめて呼び戻すようにと、下僕に金貨を詰めた大きな鞄をもたせて送りだした。ところが、彼らがフィルダウスィーの家の玄関の扉をノックしているまさにその時に、彼の遺体が裏口から墓地へと運びだされていたという(2)。

『王書』は神話時代からのペルシアの歴史を二人の伝説上の兄弟、イランとトゥーラーンの子孫たちの闘争として描いている。イランとトゥーラーンはそれぞれペルシア人とトルコ人を表わしている(と、しばしばみなされ)、イランは善玉、トゥーラーンは悪玉として描かれている。『王書』が今もイランの国民的叙事詩とされていることは驚くに当たらないが、私が思うにそれこそが、くだんのスルタンが『王書』に高額の報酬を与えるのを躊躇した理由だったのではないだろうか。たぶんマフムードは、トルコ人が歴史上の悪役として描かれているのが気に食わなかったのだろう。

フィルダウスィーはアラブ人をもさんざん嘲弄していた。『王書』の巻末近くでは、イスラームが誕生した頃のアラブ人が野蛮な原始人さながらだったことを詳細に描き、文明化したペルシア人の優雅さと対比させている。『王書』は、イスラーム圏におけるアラブ勢力の凋落とペルシア文化の威信の高まりを示す徴候の一つに過ぎなかった。実際、アラブ人に対するフィルダウスィーの姿勢は珍しいものではなかった。同時代の別の詩人は次のように書いている。

アラブ人は不毛の土地で蟋蟀《こおろぎ》を食べ、かろうじて生きていた。
ところがマシュハド〔ホラーサーン地方の大都市〕では、犬でさえ氷水を飲んでいた。[3]

誰よりも熱心に学問と芸術を保護・奨励したというのは、スルタン・マフムードの一面でしかなかった。彼はまた、夥《おびただ》しい数のヒンドゥー教寺院を徹底的に略奪し、莫大な量の戦利品を異教徒から奪ったことを誇っていたのだ。マフムードは略奪した物資をもち帰って首都を装飾したり、宮廷に寄寓する九〇〇人余りの知識人への報酬に充当した。十数度におよんだインド遠征とヒンドゥー教徒の大量殺戮《さつりく》を果たしたことで自分はイスラームの英雄になった、と当人は思いこんでいた。

マフムードの息子のマスウード〔在位一〇三一～四〇〕は、ヘルマンド川のほとりに冬の首都を建設した。そこは、私が生まれ育ったラシュカルガーという町から一マイル〔約一・六キロメートル〕ほど下流のところで、その廃墟は今も残っている。少年時代の私はしばしば思ったものだ。あの樹木が鬱蒼と茂った中州で、マスウードも鹿を狩ったのかもしれない、と。私もその中州を仲間たちとよく歩きまわったが、当時はその森にジャングルキャット〔小型のヤマネコ〕やジャッカルやイノシシがわんさといたものだ。

マスウードは規格はずれの人間だった。たいがいの馬はその重さに耐えられなかったので、普段は象に乗っていた。この象を操って歩兵の部隊をそっくり、ヘルマンド川沿いの籐《トウ》の茂った沼地に追いこんだこともあった。けれども、勘違いをしないように。マスウードの巨体は発達した筋肉のゆえだったのだ。戦いに出陣するときは、彼だけが振りまわせる剣をもち、ほかの人間はもち上げることさえできない巨大な闘斧《バトルアックス》を持参した。さしもの偉大なスルタン・マフムードですら、この息子を恐れていたと言われている。

父親が没したとき、マスウードはたまたまバグダードに滞在していた。ガズナ朝の廷臣たちは、彼の弟が王位を継いだと発表した。マスウードは道中で部隊を糾合しながら帰路を急いだ。ガズナに着くや、すぐさま弟を退位させ、二度とこんなことを企てないようにとその両眼をえぐりだしたのだ。こうして、マスウードはガズナ朝を継承した。彼は父のマフムードと同様に、芸術を奨励する一方でさかんに戦争を遂行し、奪い取った黄金をふんだんに使って壮麗さと野蛮さが混じり合った力強い文化を生みだした。この時点では、ガズナ朝の支配が永遠に続くと思われていたに違いない。

ところが、マスウードの治世のあいだに、北方からオグズ族という粗野なトルコ系遊牧民族が四度にわたってオクソス川を越えて侵攻し、ガズナ朝の領土を襲ったのだ。彼らはセルジューク家という一族に率いられ、(イラン東部からアフガニスタン西部にいたる)ホラーサーン地方にまで軍を進めた。スルタン・マスウードは四度とも敵を迎え撃つべく出陣した。三度は敵を撃退したものの、四度目の戦闘でマスウード軍は大敗を喫した。一〇四〇年、マスウードはラシュカルガーと帝国西部の砦《とりで》をセルジューク軍に奪われた。私はこれまで、恐るべきマスウードの身の毛もよだつような所業を述べてきた。このマスウードを破るとはいったいどんな男たちだったのか、読者にも想像してもらいたい。マスウードは彼の父親が建設した都市に撤退し、この地でまもなく他界した。だが、ガズナ朝の栄光の日々はすでに終わっていた。トルコ系のセルジューク朝〔一〇三八～一一九四〕の時代が始まっていたのだ。

トルコ系王朝――セルジューク朝の興隆

セルジューク軍は西進を続け、バグダードを首都とするアッバース帝国の領土を蚕食《さんしょく》していった。セルジューク軍の指導者たちは読み書きができず、学問に何ら価値を認めていなかった。強い軍人なら黄金を思うように使って、彼の代わりに読み書きする青白い顔をした書記を百人でも雇えたのだ。セルジューク軍は行く先々の都市を略奪し、貢物を取りたてた。だが、彼らはテントで寝起きするほうを好み、絶えず移動するという条件が許すかぎり豪勢にテントを設《しつら》えた（彼らはその後、巨費を投じて領土内の主要な都市に壮麗な建築物を建造するようになった）。セルジューク集団はひとたび国境を越えると、先祖伝来のシャーマニズム的な信仰を捨ててイスラームに改宗した。もっとも、彼らが信仰したのは、教義や倫理的な理念にさほど頓着しない荒削りなイスラームだった。それはむしろ、「俺たち」と「奴ら」を区別する威勢のよいイデオロギーだったのだ。

西暦一〇五三年、セルジューク家の若き貴公子が総督としてホラーサーンに派遣された。この青年は「勇猛なる獅子」を意味するアルプ・アルスラン〔一〇三〇頃～七二。セルジューク朝第二代スルタン。在位一〇六四～没年〕と呼ばれていたが、これは配下の部隊が献上した渾名だった。アルプ・アルスランはペルシア人の秘書官兼助言者を伴っていたが、この男はまもなく「国家の秩序」を意味するニザームルムルク〔ニザーム・アル・ムルク。一〇一九頃～九二〕と呼ばれるようになった。アルプ・アルスランは群衆の中にいてもひときわ目立った。それは彼が優に六フィート〔約一八〇センチメートル〕を超す長身だったばかりか、口髭《くちひげ》を非常に長く伸ばしていたからだ。その口髭を二分して編んで肩から背中に垂らしていたので、白馬にまたがって飛ぶように走ると、二本の髭の束が鞭《むち》状の幟《のぼり》のようにたなびいたという。

　くだんのペルシア人の助言者はホラーサーン地方の秩序を整え、経済を発展させたので、その主君たるアルプ・アルスランの威信はおおいに高まった。そのおかげで、セルジューク家の家長〔セルジューク朝初代スルタン〕が没して兄弟や息子や甥たちのあいだでお決まりの跡目相続争いが生じたときに、アルプ・アルスランは速やかに勝利を手にすることができたのだ。その勝利には、奸智に長けたニザームルムルクの助言がひと役買っていた。第二代スルタンに即位したアルプ・アルスランは、新たに征服できそうな土地を地図で調べはじめた。

　彼はセルジューク朝の支配をカフカス地方まで広げ、さらに西方に軍を進めてついに小アジアに到達した。小アジアの大部分は、ムスリムがいまだにローマと呼んでいたビザンツ帝国が、要塞化した首都のコンスタンティノープルを拠点に統治していた。

　一〇七一年、アルメニアのマラズギルト付近でアルプ・アルスランはビザンツ皇帝ロマノス四世ディオゲネス〔在位一〇六七～七一〕と戦い、一〇万〔一説には六万〕の兵力を擁するビザンツ軍に大勝した。ビザンツ皇帝が捕虜になると、その衝撃は西方世界を震撼させた。ところが、スルタンは思いがけない行動に出た。二度と騒ぎを起こさぬようにと諭しただけで皇帝を釈放し、贈り物までつけてコンスタンティノープルに帰してやったのだ。ビザンツ皇帝に対する丁重な処遇はセルジューク朝の実力をいっそう際立たせ、キリスト教徒の皇帝にいっそう面目を失わせた。マラズギルトの戦いは、歴史上きわめて重大な意味をもつ戦争の一つだった。当時においては、この戦いでセルジューク朝は彼らが望みうる最大の勝利を得たとみなされていただろう。だが実際には、これは彼らが犯した最大の誤りだったのかもしれない。しかし、その後二六年間というもの、誰もそのことに気づかなかったのだ。

その翌年、アルプ・アルスランはホラーサーンで不慮の死を遂げた。だが、その跡を継いだ息子のマリクシャー〔一〇五五～九二。第三代スルタン。在位一〇七二～没年〕は、ニザームルムルクの巧みな補佐を受けて、父に匹敵する器であることをみずから証明した。シリアと聖地パレスチナをトルコ族の支配下に組み入れたのは、まさにマリクシャーその人だったのだ。

ペルシア人の宰相〔ニザームルムルクはアルプ・アルスランの代に宰相に就任した〕と二代にわたるセルジューク朝のスルタンの連携は、双方に利益をもたらした。二人のスルタンは征服事業に専念し、ニザームルムルクは征服地を組織化することに専念した。そのために宰相がなすべきことは山のようにあった。というのは、スルタンたちは進軍途上で奪取した土地を彼らの血縁者の手に委ねており、その血縁者たちは委ねられた領土をおのれの私有財産とみなしていたからだ。中央アジアのステップ地帯から出てきたばかりのトルコ族は、徴税と略奪の違いを充分理解していなかったのだ。

ニザームルムルクは現行税制の不備を正し、徴税人が不正を働くのを確実に阻止するために巡回視察官の制度を設けた。そして、スルタンが戦争から得た収入で道路を建設するとともに、旅人を保護するための警察力を整備して、商人が安心して物資を輸送できるような環境を整えた。

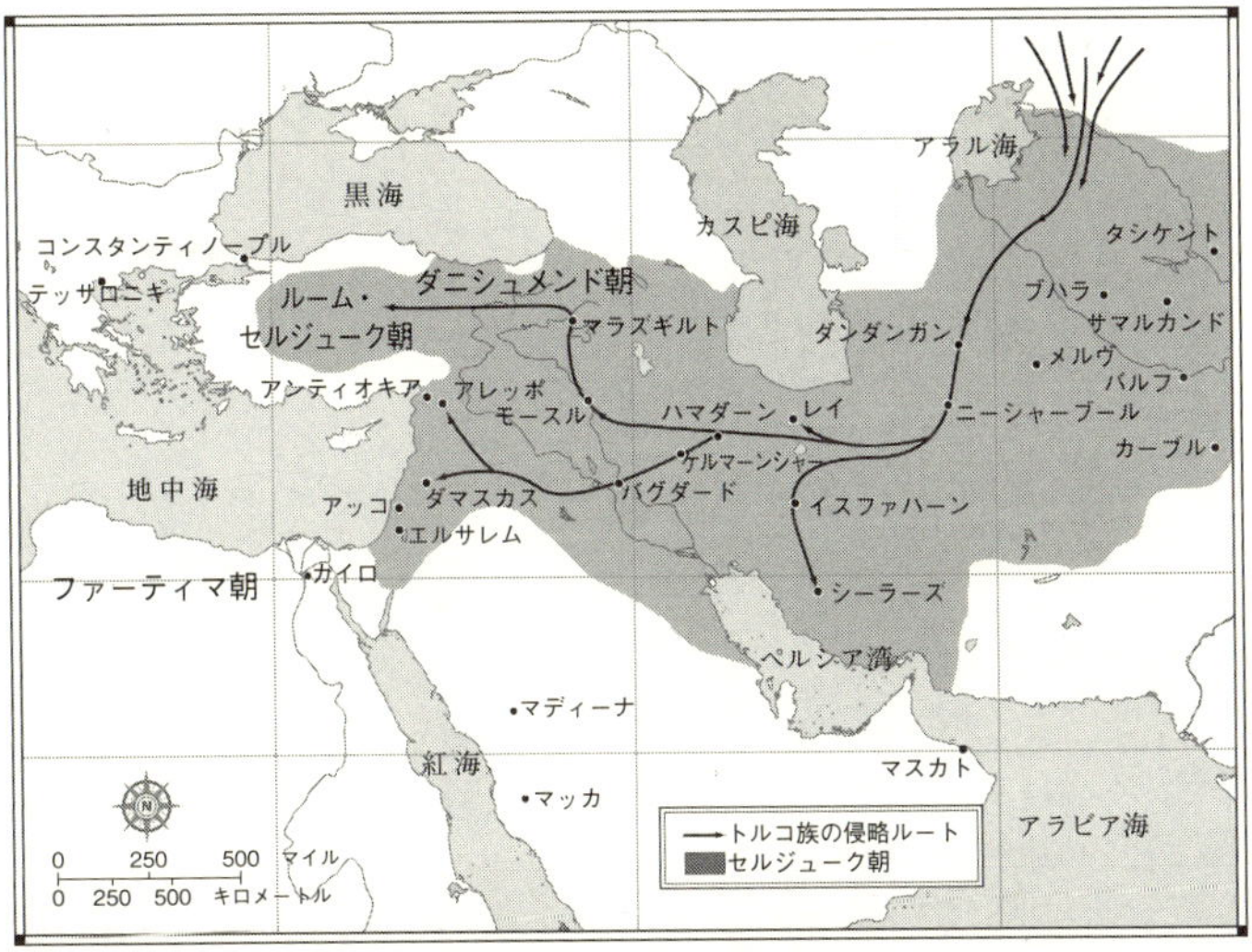

図10　セルジューク朝——トルコ族によるイスラーム世界の侵略

彼はまた旅人の便を図って、ほぼ一日分の旅程ごとに国家の資金で宿泊所を設けた。この偉大な宰相はさらに、おのれが目指すイスラーム社会の将来の官僚に同一の教義を教えるために、初等学校やマドラサと呼ばれる高等教育機関のネットワークを築いた。そして、教義の同一性を確保するために、正統派のスンナ派ウラマーの手にカリキュラムの作成を委ねた。

　これらの政策はいずれも、この時代に中央集権的な社会の構築を志向していた諸勢力に対抗するための戦略だった。ニザームルムルクは三つの民族的構成要素を織りなすことによって、安定したイスラーム共同体を築き上げたいと望んでいた。すなわち、トルコ人は軍事力をもって秩序を維持し、アラブ人はイスラームの教義を確立することによって共同体を統一し、ペルシア人は軍事と宗教以外の文明の全分野——行政、哲学、詩、絵画、建築、科学——に貢献することによって世界を内面的にも外面的にも美しいものにする、という枠組みを構想していたのだ。新しい支配階級はそれゆえ、一人のトルコ人スルタンとその軍隊、一人のアラブ人カリフとウラマー、芸術家や思想家を職員として配置するペルシア人の官僚機構によって構成されることになるだろう。

こうした枠組みによって社会が安定すれば——ニザームルムルクの望むらくは——農民や商人は安んじて生業に励んで富を生みだし、その富は……租税収入を提供し、その税収は……軍隊を維持する資金となり、その軍隊は……社会の安寧秩序を維持し、そのおかげで……農民や商人は富を生みだしつづけるだろう。

邪悪な敵——アサッシン教団

けれどもニザームルムルクには、かかる枠組みを解体せんと策動する邪悪な敵がいた。それはハサネ・サッバーフ〔一一二四没〕と名乗る無慈悲な悪の天才で、俗にアサッシン教団と呼ばれるカルト集団を創始した人物だった。私がこの集団をあえてカルトと呼ぶのは、「分派」と呼ぶにはあまりにも主流から逸脱しているように思えるからだ。アサッシン教団は、それ自体がイスラームの一分派であるシーア派から分離した分派の一つから、さらに分離した支派だった〔アサッシンとは、元来はシーア派の分派であるイスマーイール派の一派、ニザール派に対するヨーロッパ人の呼称〕。

シーア派は信徒を導く最高指導者としてイマームを信奉しているが、彼らにとってイマームは常に世界に一人しか存在しない。イマームが没すると、神から授けられた特別な恩寵はただちに息子たちの一人に移り、その息子がイマームになる。厄介なのは、イマームが亡くなるたびに、息子たちのうちの誰が次のイマームになるかをめぐって争いが生じかねないということだ。後継者をめぐる争いは分裂を引き起こし、新たな分派を生じさせる可能性をはらんでいる。

まさにそうした争いが第五代イマームの人選をめぐって生じたため、ザイド派または五イマーム派と呼ばれる分派が生まれていた。第六代イマームの死後はより深刻な意見の不一致が生じ、〔七イマーム派とも呼ばれる〕イスマーイール派という分派が誕生した。イスマーイール派はしばらくのあいだ、シーア派の中で支配的な地位を占めるようになった。なぜなら、エジプトを征服し、アッバース朝に対抗して独自のカリフを擁立したファーティマ朝が、イスマーイール派を国教としたからだ。

十一世紀末にイスマーイール派はさらに二つに分裂した。そのうちの少数派〔ファーティマ朝第八代カリフの死後、その子ニザールのイマーム位を支持したニザール派〕は急進的な集団で、当時権勢をほしいままにしていたファーティマ朝カリフ体制が富に驕り、奢侈に耽っていることに憤慨していた。彼らは貧富の格差を解消し、弱者に権利を与えるために献身し、総じてイスラームの社会事業を本来あるべき姿に戻すべく精力的に行動した。この運動の指導者たちが支持者を徴募する工作員としてペルシアに派遣したのが、ハサネ・サッバーフだったのだ。

サッバーフはペルシアで自身の権力基盤を築き、イラン北部エルブルズ山中のアラムート（「鷲の巣」）城塞を支配下におさめた。この城塞には人が歩ける細い道が一本通じているだけで、軍隊はとても近寄れなかったので、誰もサッバーフに手出しできなかった。彼がアラムート城塞を奪取した経緯は、今なおわかっていない。ペテンを弄したとか、超自然的手法を用いたとか、さまざまに言い伝えられている。ある伝説によれば、この城塞を警護していた要員を改宗させたのちに、その主《あるじ》から小額の金で買い取ったとされている。事実はどうであったにせよ、サッバーフはアラムート城塞を拠点に、アサッシン教団の組織化に精力的に取り組んだ。

さて、サッバーフの教団がアサッシン（Assassins）と〔部外者から〕名づけられたのは、この教団が政治的な意図による暗殺に精力を注いでいたからだろうか？　事実はその反対で、この教団が一つの戦術として政治的な暗殺を実行していたことから、やがて政治的な暗殺を「アサシネイション（assassination）」というようになったのだ。およそ二世紀のちにマルコ・ポーロ〔一二五四～一三二四〕はこの教団の名称の由来について、サッバーフの工作員たちが殺人の前に気分を高揚させるためにハシーシュ（hashish）〔大麻〕を吸ったことからハシーシーン（hashishin）〔ハシーシュ中毒者〕と呼ばれるようになり、そこからアサッシン（assassin）という言葉が派生した、と主張した。私はこの語源説に疑念を抱いており、以下にその理由を説明しよう。

サッバーフはもっぱら宣伝効果を狙って殺人を行なうという、テロリストの原型ともいうべき人物だった。彼には敵と一戦を交えたり都市を征服するのに必要な資金も軍隊もなかったので、一度に一人ないしごく少数の刺客を放って標的を暗殺させた。暗殺の対象は、その人物の死が社会に与える衝撃の大きさを考量して慎重に選んだ。アサッシン教団は数ヵ月、時には数年を費やして暗殺計画を練った。標的と親交を結んだり、その組織に潜入して信頼される地位まで昇進するという策を弄することもあったのだ。

この長期にわたるプロセスのどこで、気分を高揚させるためにハシーシュを吸ったというのだろうか？　ハシーシュ説は筋が通らない。レバノン人の作家アミン・マアルーフは、アサッシンという言葉は「基礎・基本・原理」を意味するペルシア語の「asās」〔アサース〕に由来する、と主張している〔サッバーフは好んで弟子たちを「アサース」に忠実な人々を意味する「アサーシューン」と呼んでいた〕。サッバーフは宗教的分離主義者の御多分に洩れず、啓示は汚されてしまった、自分はおのれに従う者たちをイスラームの基本に、すなわち原初のイスラームに連れ戻そうとしているのだ、と説いていた。もちろん、根本的な啓示が何であったかについて、分離主義者は各人各様の見解をもっている。だが、サッバーフが奉ずる教義は、ほとんどの学者がイスラームとみなすものから遠く隔たっていた。その一例を挙げると、サッバーフはムハンマドをアッラーの使徒と認める一方で、アリーはアッラーの化身であると――アリーの後継者である歴代イマームも然りだと――説いていたのだ。

　サッバーフはさらに以下のように説いていた。すなわち、クルアーンには表面的ないし外面的な意味とともに、さまざまなレベルの奥義ないし内面的な意味が含まれている。表面的な意味は宗教儀式や目に見える行為、行動規範や倫理的・道徳的な掟を明確に示しているが、これらはすべて、深遠な知識を求めるべくもない粗野な大衆に向けられたものである。クルアーンの奥義は――そして、クルアーンのあらゆる章句、あらゆる行、あらゆる文字に奥義が秘められているのだが――洞察力を有する者たちに、創造された宇宙の暗号文を解読するための暗号表を提示しているのだ。

　アサッシン教団は究極の秘密結社として組織された。教団のメンバーはおのれの正体や信ずるところをけっして世間に明かさなかった。それゆえ、教団のメンバーが何人いるのか、誰にもわからなかった。バザールやモスクなど、人々が集まる場所のどこにでも、人知れずメンバーが紛れこんでいる可能性があったのだ。メンバーの徴募は、教団の教義の徹底した教育と訓練によって進められた。ひとたび教団に受け入れられると、各メンバーはその知識のレベルに応じて等級をつけられた。クルアーンの意味の理解が一段深まったと認められるたびに、メンバーの等級は一段ずつ上がった。こうしてイスラームのすべてがその上に築かれている「基礎」に到達すると、ようやくサッバーフの側近グループに迎え入れられた。

　アサッシン教団は最大級の秘密主義のうちに暗殺計画を練り上げたが、暗殺そのものは最大級の注目を浴びるような形で実行した。彼らの主眼は特定の人物を権力の座から排除することにではなく、アサッシン教団は時とところを選ばず誰でも殺せるのだ、と文明社会全域の人々に信じこませることにあった。サッバーフが望んでいたのは、人々が自分の知っている人物が——親友であれ、信頼している召使いであれ、さらには配偶者でさえ——実は教団のメンバーかもしれないと不安に苛まれることだった。こうして社会を疑心暗鬼に陥れることによって、彼には望みえない領土を保有し、資源を所有し、軍隊を指揮している男たちの政策を左右しようと、彼は目論んでいたのだ。

　サッバーフに代わって暗殺を実行する工作員は、アラビア語の「犠牲にする」を原義とするフイダーイー〔ペルシア語ではフェダーイー〕と呼ばれた。彼らは衆目の中で暗殺を決行することを計画したときから、任務を遂行するやただちに捕らえられ、殺されるであろうことを承知していた。だが、彼らはそうした結末を逃れるための努力はいっさいしなかった。それどころか、死ぬことは彼らが実行しようとしている儀式の重要な要素だった。彼らは自殺を覚悟した刺客だった。死を甘受することによって、処刑すると脅しても彼らを怖気づかせることはできないと、権力者どもに思い知らせてやれるのだ。

すでに混乱の渦中にあった社会は、アサッシン教団によっていっそう不安を募らせた。スンナ派はシーア派と抗争していた。バグダードのアッバース朝政権は、カイロのファーティマ朝政権と覇を競っていた。一世紀近く続いているトルコ族の侵入は、社会を残忍にしていた。そして今、中東全域に秘密の魔手を伸ばしている殺し屋教団が、脳裏から振り払うことのできない恐怖感を社会に吹きこんでいるのだ。

セルジューク朝の衰退と地方王朝の乱立

アサッシン教団は見世物的色彩がしだいに濃くなる一連の暗殺を実行して、おのれの存在を誇示した。彼らはセルジューク朝の高官たちや著名なスンナ派のウラマーを殺害したばかりか、カリフを二人までも暗殺した。彼らは可能なかぎり、最大級のモスクで集団で行なわれる金曜礼拝のさなかに暗殺を決行した。なぜなら、そこには確実に多数の観衆がいたからだ。

そして一〇九二年、アサッシン教団は宰相を引退したばかりのニザームルムルクを殺害した。それから一カ月ほどのちに、彼らはニザームルムルクの主人にしてアルプ・アルスランの息子、スルタンのマリクシャーを暗殺した〔一説には、病没したとされる〕。わずか数週間のうちに、彼らはセルジューク帝国をなんとか統一することに多大の貢献をした二人の人物を殺してしまったのだ。この二人の死が契機となって、セルジューク家の息子や兄弟や従兄弟などの血縁者たちや、さらには有象無象の山師のあいだで権力闘争が勃発した。この闘争によってセルジューク朝の勢力は衰退し、帝国の西方領土は分断されて地方王朝が乱立した。小アジアからシナイ半島にいたる地域の事実上すべての都市が——すなわち、エルサレム、ダマスカス、アレッポ、アンティオキア、トリポリ、エデッサが——それぞれ異なる王侯の支配下に組みこまれた。これらの都市はバグダードのカリフに名目上の忠誠の義務を負っているだけで、実質的にはいずれも独立した主権国家だった。これら弱小国家の王たちはあたかも骨を咥《くわ》えて離さない犬のように、おのれの所有物をしっかり抱えこみ、ほかの王たちすべてを猜疑の目で見ていた。

一〇九五年頃には、普遍的な共同体を建設するという夢は政治的なレベルでは潰えていた。ウラマーがクルアーン、ハディース、シャリーアをもって、かろうじて社会を統合していた。哲学者は稀少な存在となり、依然として仲間うちで語らっていたものの、その声はしだいにか細くなるばかりだった。これが、ガザーリーが生き、思索と著述を行なっていた世界だった。この世界では、理性を信じたりしたら無分別とみなされただろう。

そして、この時に災厄が始まったのだ。

第九章 災厄

ヒジュラ暦四七四〜七八三年
西暦一〇八一〜一三八一年

ヨーロッパ社会の変化と聖地への巡礼

実のところ、災厄は大小合わせて二回訪れた。小さな災厄は西方からやって来た。当時のイスラーム世界は西ヨーロッパについて、ヨーロッパ人がその後久しくアフリカ大陸の奥地について無知だったのと同様に、ごく乏しい知識しかもち合わせていなかった。ムスリムから見れば、ビザンツ帝国とアンダルスのあいだには太古の森が広がっているだけで、そこに住んでいるのはいまだに豚の肉を食べているような未開人だった。ムスリムが「キリスト教」と言うとき、それはビザンツ帝国の教会〔東方正教会〕や、ムスリム支配下の領土で活動していた「アルメニア教会やコプト教会など」より規模の小さな各種の教会を意味していた。はるか西方の地でかつて高度の文明が栄えていたことは、ムスリムも知っていた。イタリア南部などムスリムがたびたび襲撃していた地中海沿岸地域には、その痕跡が歴然と残っていた。けれども、その文明はイスラームが世に出る以前の無明《ジャーヒリーヤ》時代に崩れ去っており、今では過去の記憶に過ぎなかった。

こうしたムスリムの西ヨーロッパ観は、あたらずといえども遠からずだった。ヨーロッパはすでに長きにわたって悲惨な状況下にあった。過去数世紀のあいだ、ヨーロッパ人はゲルマン族、フン族、アヴァール族、マジャール人、ムスリム、バイキングなどから襲撃されて、食うや食わずの状態に陥っていた。ヨーロッパの住人の大多数は農民で、そのほとんどが夜明けから日暮れまで重労働に従事して、なんとか飢えずにすむだけの食物を収穫し、軍事に携わる貴族と聖職者というごく少数の上流階級を支えていたのだ（聖職者は結婚を禁じられていたので、そのメンバーは主として貴族階級から補充されていた）。聖職に就くわずかな例外を除けば、上流階級の子弟が学ぶものといえばもっぱら戦闘技術だけだった。

しかしながら十一世紀のある時点で、さまざまな小さな技術革新が積み重なってついに転機が訪れた。これらの技術革新はささやかなものだったので、当時はほとんどそれと気づかれていなかっただろう。その一つが、刃先に鉄を用いるなどして改良した「重量犂《すき》」の開発だった。このおかげで木の根を掘り起こすことも容易になり、従来型の犂を用いた場合より深く、北ヨーロッパの湿った重い土壌に畝《うね》を掘れるようになった。農民は重量犂を用いて森を開墾し、それまで農業に適さないと思われていた土地にまで耕地を拡大した。こうして、彼らはより多くの農地を手に入れたのだ。

第二の技術革新は馬の首当ての発明で、これは牛に犂を牽《ひ》かせるために使う軛《くびき》をわずかに改良したものに過ぎなかった。従来の軛は、馬に用いると紐《ひも》が首を圧迫して呼吸を妨げてしまうため、牛にしか使えなかった。いつのことかは定かでないが、馬の両肩と首のもっと低い部分に圧力がかかるように、名前もわからぬ発明家が軛を改良した。この首当てのおかげで、農民は馬に犂を牽かせて畑を耕せるようになった。馬は牛よりおよそ五〇パーセント速く犂を牽くことができるので、同じ時間により多くの農地を耕せるようになったのだ。

第三の技術革新は三圃《さんぼ》式農業の発明だった。同じ農地を毎年続けて耕作すると土壌が疲弊してしまうので、農地を時々休ませなければならない。けれども、胃袋は休んでくれない。そこで、ヨーロッパの農民は伝統的に農地を二つに区分して、毎年一方だけに作付けし、他方は休ませていた。その翌年は耕作地と休耕地を逆にして、このサイクルを繰り返していたのだ。

けれども何世紀も経つうちに、ヨーロッパ人は農地を一年おきに休ませる必要がないことに気づきはじめた。三年のうち一年だけ休耕しても、土地の生産力は衰えなかった。農民はしだいに農地を三つに区分して、毎年そのうちの二つに作付けし、一つだけを休ませるようになった。その結果、農民が毎年耕作する農地は従来に比べて六分の一増えたのだ。

さて、こうした小さな変化が積み重なって、どんな結果がもたらされたのだろうか？　たいした収穫はなかった。それは単に、農民が時たまわずかな余剰農産物を生みだすことを可能にしただけだった。そのような時には、彼らは前もって決められた日に村の辻にそれをもってゆき、別種の余剰農産物をもってきた農民と物々交換した。手に入れられる物資の種類と量が増えるにつれて、農民はひたすら生存を維持するためだけの骨折り仕事の暇を盗んで、自分が得意とする手工芸品を物々交換用につくるようになった。特定の辻が多少なりとも恒常的に開かれる市場となり、市場はやがて町に発展した。これらの町には、換金用の品物づくりに専念できる人々が集まってきた。通貨が普及するにつれて、市場から市場へ渡り歩き、もっぱら品物を売買することによって生計を立てる人々が現われた。こうしてヨーロッパに貨幣経済が復活し、通貨が潤沢に流通するようになると、きわめて裕福なヨーロッパ人は旅をする手段を手中にした。

そして、彼らはどこに旅したのだろうか？　そう、当時のヨーロッパ社会は宗教と宗教がらみの迷信にどっぷり浸かっていたので、人々は奇跡を求めて各地の聖地に赴いた。資金に限りがあれば地元の聖地を訪ねるにとどまったが、余裕のある者は偉大な聖堂や聖跡を目指してパレスチナに旅立った。西ヨーロッパ人にとって、これは長く危険な旅だった。普遍的な通貨が存在しなかった時代ゆえ、旅の費用を支払う唯一の手段は黄金か銀だったので、旅人は盗賊の格好の標的となった。そのため、巡礼を志す者はしばしば仲間を募って用心棒を雇い、共同参加のパレスチナ巡礼ツアーを組織した。彼らはキリストと弟子たちが歩き、働き、生き、没した場所を訪れて、神の許しを請い、天国に行けるようにと神に祈った。そして、病気を治すというお守りや東方の市場でしか手に入らない珍しい品々、旅の記念品や親類のための土産物を購入して家路についた。これから生涯最大の冒険をじっくり反芻しようと思いながら。

やがて、寛容なファーティマ朝と怠惰なアッバース朝から、セルジューク・トルコがパレスチナの支配権を奪取した。改宗したばかりの者にありがちなことだが、セルジューク朝のトルコ人には狂信的な傾向があった。彼らは禁酒や謙譲や慈悲という類いの徳目を守ることには熱心でなかったが、異教徒に対してイスラーム中心主義ゆえの軽蔑をあからさまに示すことにかけては人後に落ちなかった。とりわけ、遠隔の未開の地から来た異教徒に対して、この傾向が甚だしかった。

キリスト教徒の巡礼者は、自分たちがパレスチナで粗末に扱われていることに気づきはじめた。といっても、打たれたり、拷問されたり、殺されたりしたわけではない――問題はそういうことではなかった。それはむしろ、彼らが絶えずちょっとした屈辱感を嘗《な》めさせられたり、嫌がらせを受けたりして、二流の存在と感じさせられていたということだ。ふと気づくと、彼らはいつも列の最後に並ばされていた。キリスト教の聖所に入るにも、特別の許可を得なければならなかった。どんな些細なことをするにも金がかかった。商店主は彼らを無視し、役人は彼らを冷遇した。ありとあらゆる種類の軽微な侮辱行為が、キリスト教徒の巡礼者に浴びせられたのだ。

こうした事情で、ヨーロッパに帰った巡礼者には悪口と不平の種が山ほどあった。だが、絢爛豪華な東方世界についての話の種にもこと欠かなかった。その目で見た豪壮な邸宅、庶民までもが身につけていた絹やサテンの衣服、素晴らしい食べ物、香辛料、香水、黄金……これらの見聞譚は聞く者の心に怒りと羨望を掻きたてた。

十字軍のはじまり――その前衛部隊

西暦一〇七一年のマラズギルトの戦いでセルジューク朝軍がビザンツ帝国軍に圧勝し、ビザンツ皇帝を捕虜にしたことはまことに驚くべき出来事だった。これを契機に、ビザンツ帝国から矢のように書信が発せられるようになった。ビザンツ皇帝は西ヨーロッパの騎士たちに、キリスト教徒の団結の名のもとに救援を頼むと懸命に訴えた。コンスタンティノープル総主教はそれまで敵対していた頑固者のローマ教皇に、切迫した書信を送って警告した。コンスタンティノープルが陥落したら、異教徒の「ムハンマドの輩《やから》」はそのままローマになだれこむだろう、と。

その間にヨーロッパでは景気が好転し、人口も増しつつあった。ところが、ヨーロッパの社会慣行は二つの重要な点で時代遅れになっていた。第一に、生産的な労働は依然として、高貴な血筋の威厳にふさわしくないとみなされていた。貴族の仕事は領地を所有することと、戦争をすることだった。第二に、古来の慣習によって、地主が死ぬと長子が地所をすべて相続するとされていた。それゆえ、その弟たちはなんとか自力で生きてゆかねばならなかった。皮肉なことに、この「長子相続」という慣習は、社会の最上層部ではこれとは逆のプロセスによって強固になった。王と諸侯は息子たちに領土を分け与えようとする傾向にあったので、王国の領土は細分化される一方だった。たとえばフランスは、伯爵領と称される半ば独立した政治単位と、城主と呼ばれる小貴族が実質的に統治するより小さな政治単位に細かく分割されていた。城主の城主たる所以《ゆえん》は一つの城と、その支配が及ぶ周辺地域を領有していることにかかっていた。ところが、城は息子たちのあいだで分割できない。それゆえ、騎士が再生産される社会の最上層でも、「長子相続」という慣習が普及したのだ。[1]

こういう次第で、世代が変わるにつれて土地をもたない貴族は増えるばかりだった。彼らにふさわしい仕事は戦争しかなかったが、蛮族の侵入が漸減したため、出陣する機会も減るばかりだった。最後の侵略者として猛威を振るったバイキングも、もはや脅威ではなかった。というのは、十一世紀には彼らはすでにヨーロッパに根を下ろし、「彼ら」が「われわれ」に変身していたからだ。こうした状況だったにもかかわらず、ヨーロッパの社会制度はひたすら大量の騎士を生みだしつづけていた。

ここで上手《かみて》から巡礼者が登場し、聖地パレスチナで異教徒から加えられた侮辱について不平を言いたてる。ついに一〇九五年、教皇ウルバヌス二世〔一〇三五頃～九九。在位一〇八八～没年〕がフランスのクレルモン修道院で開かれた教会会議で、激越な宣言をするにいたった。教皇は居並ぶフランス、ドイツ、イタリアの貴族たちに、キリスト教徒の巡礼者が聖地で被ってきた屈辱をこと細かに述べ、キリスト教世界が危機に瀕していると訴えた。そして、信仰ある者は同胞がトルコ人をエルサレムから追いだすのを支援せよ、と呼びかけた。ウルバヌス二世はさらに、東へ向かう者はその大義を示す目印として、十字架を模《かたど》った赤い記章を身につけるようにと命じた。この遠征はフランス語で「十字架」を意味する「croix」から、「croisade」〔「十字架を運ぶ」の意〕と呼ばれるようになった。歴史家たちはこれに基づいて、この長期におよんだ遠征事業を十字軍と総称している。

ウルバヌス二世はエルサレムを焦点にすることによって東征を巡礼と結びつけ、この事業を宗教行為と位置づけた。それゆえ、教皇はその権威によって、ムスリムを殺しにエルサレムに赴く者には罪の償いを免除すると宣告した。

さて、精力をもてあまし、捨鉢《すてばち》な心境になっていたヨーロッパの幾千もの好戦的な騎士たちは、教皇の言葉をどう受けとめただろうか？　「若者よ、東を目指せ」と、教皇は呼びかけていた。「さあ、社会が汝らをそうなるべく訓練してきた、恐るべき殺人機械《マシーン》という真《まこと》の自己を解放せよ。奪っても罪を問われることのない黄金でそのポケットを満たし、汝らが所有すべく生まれついた領地を手に入れ、それらすべての行ないの結果として――死後は天国に入れるのだ！」と。

最初の十字軍兵士が少しずつイスラーム世界にやって来たとき、彼らが何者なのか、地元のムスリムには皆目見当もつかなかった。ムスリムは当初、この侵入者どもはコンスタンティノープルの皇帝に雇われたバルカン出身の傭兵だろうと思った。彼らと最初に遭遇したムスリムの君主は、コンスタンティノープルから三日ほどの行程にあるニカエア〔ニケーア〕を拠点に東部アナトリアを統治していたクルチ・アルスラン〔一世。ルーム・セルジューク朝第二代スルタン。在位一〇九二～一一〇七〕というセルジューク家の若き王だった。一〇九六年の夏のある日、アルスランは、奇妙ななりをした兵士の一群が彼の領土に入ったという報告を受けた。奇妙というのは、彼らの装備がきわめて貧弱だったからだ。それらしく見える兵士たちもいるにはいたが、そのほかは非戦闘員従軍者〔昔、軍隊に同行した商人・洗濯婦・売春婦などを指す〕の類いのように思われた。一行のほぼ全員が、十字形に切った赤い布を衣服に縫いつけている。アルスランは部下に命じて彼らの追跡と監視に当たらせた。その結果、この一行がみずからをフランクと称していることがわかった。そこで、地元のトルコ人やアラブ人は彼らをアル・イフランジ（「フランジ」）と呼ぶようになった。侵入者たちは、ムスリムを殺してエルサレムを征服するためにはるか西方の地から来たとおおっぴらに語り、まずニカエアを奪取しようと目論んでいた。アルスランは一行が通りそうなルートを地図に記し、伏兵を配置した。そして、あたかも蟻《あり》の群れを殺すように彼らを撃破した。多くのフランジを殺し、より多くのフランジを捕らえ、残りはビザンツ帝国領に追い返した。あまりに容易にことが運んだので、アルスランは彼らのことをそれ以上考えなかった。

だが、アルスランは知らなかったのだ。この「軍隊」が——その後二世紀にわたって地中海沿岸地方のムスリム社会を疲弊させることになる軍事行動の——寄せ集めの前衛部隊に過ぎなかったことを。教皇ウルバヌス二世がクレルモンで演説していた頃、アミアンのペトルス〔ピエール。一〇五〇頃〜一一一五〕という隠者が町の通りで同様のメッセージを説いていた。ウルバヌス二世が語りかけていたのは貴族と騎士だったが、十字軍に参加するキリスト教徒は誰であれ、教皇が約束した贖宥《しょくゆう》〔罪の償いを免除すること〕の恩恵に与かれると思われていたようだ。それゆえ、ペトルスは社会のあらゆる階層から——農民や職人、商人から女子どもにいたるまで——参加者を集めることができた。彼の「部隊」は公式の十字軍が組織される以前に出発した。というのも、彼の「部隊」は陣容を整える必要性をあまり感じていなかったからだ。神の業をなすために東方に赴くのだから、神が手筈を整えてくれるだろう、と。クルチ・アルスランがみごとに粉砕したのは、靴屋や肉屋や農民といった顔ぶれからなるこれら数万の「部隊」だったのだ。

フランジの進軍

その翌年、昨年より多くのフランジが向かっているとの報告を聞いても、クルチ・アルスランはこれを脅威とみなさなかった。だが、今回の十字軍は本物の騎士と弓の射手で編成され、彼らを率いていたのは戦闘のやむときとてない土地で生まれ育った百戦錬磨の指揮官だった。十字軍に対するアルスラン軍の戦いは、戦車さながらの攻撃力と防御力を備えた中世西ヨーロッパの騎士軍団に、軽騎兵が矢を射かけるという構図になった。トルコ人部隊はフランジの歩兵を狙って矢を放ったが、十字軍の騎士たちは歩兵を守る陣形を採って矢を跳ね返しつつ、悠然と容赦なく前進した。本拠地ニカエアを奪われたアルスランは、命からがら親類のもとに逃げのびた。その後、十字軍は二手に別れ、一方はエデッサ目指して内陸に向かい、他方は地中海岸沿いに南下してアンティオキアに向かった。

　アンティオキアの領主は半狂乱になって、ダマスカスの王ドゥカーク〔ダマスカスのシリア・セルジューク朝君主。在位一〇九五～一一〇四〕に助けを求めた。助けてやりたいのは山々だったが、ダマスカス王は兄のアレッポ王リドワーン〔在位一〇九五～一一一三〕が自分の留守中にダマスカスを急襲して奪ってしまうのではないかと神経を尖らせていた。一方、モースルの総督は救援の要請に応じたものの、進軍の途上でほかの敵〔エデッサのフランジ軍〕と戦おうと目論んで時間を浪費してしまった。そして、ようやくアンティオキアに――遅れて――到着すると、やっとアンティオキアに――やはり遅れて――やって来たドゥカークと争いはじめる始末だった。これら二つのムスリム軍は、ついにアンティオキアを助けることなく帰還してしまった。これは十字軍時代初期にムスリム陣営で生じた出来事だが、こうしたライバル意識に由来する内輪もめの悲喜劇はあちらこちらの都市で演じられた。アンティオキアが陥落すると、十字軍の騎士は彼らにさんざん抵抗したことに対する報復として、住民を無差別に殺戮《さつりく》した。その後、彼らはマアッラという都市を目指して南に向かった。

　ニカエアとアンティオキアで生じたことを知って、マアッラの住人は怖れおののいた。彼らも近隣の縁者に急使を送り、必死に助けを求めた。だが、西から来た狼どもがマアッラを狙っていると知って、縁者たちは悦に入るばかりだった。彼らはいずれも、フランジの嵐が去ったらマアアッラを併合しようと目論んでいたのだ。こういう次第で、マアッラは単独でフランジに立ち向かわねばならなかった。

キリスト教徒の騎士はマアッラを包囲し、住人を窮地に追い詰めた――けれども、それと同時に彼らも窮地に陥った。なぜなら、周辺で手に入るものを食べ尽くし、飢えに襲われはじめたからだ。侵略者に食物を与えようとする者がいないのは明白で、これは異郷での長期にわたる包囲戦に常につきまとう問題だった。

ついに、フランジの指揮官はマアッラにメッセージを送った。市の門を開けて降伏しさえすれば、けっして市民に危害を加えない、と。マアッラの名士たちはこれに応じることを決断した。しかし、十字軍はひとたび市内に入るや、虐殺という言葉をもってしても表現しきれない所業を働いた。彼らは暴虐のかぎりを尽くし、なんと大人のムスリムを煮てスープをつくり、子どものムスリムを串焼きにしてむさぼり喰らうことまでしたのだ。

この手の話が敗北したムスリムが十字軍を中傷するために捏造した途方もないプロパガンダのように聞こえることは、私も承知している。しかし、マアッラ攻略の際に十字軍がムスリムを食べたことは、アラブ側が主張しているだけでなく、フランク側の資料にも記録されている。たとえば、カーンのラウールというフランクの年代記作者は、この釜ゆでと串焼きの件を目撃したと報告している。やはりマアッラ攻撃に従軍していたエクスのアルベールは、「わが軍は殺したトルコ人やサラセン人ばかりか、犬を食べることもはばからなかった！」[2]と書いている。私がこの年代記作者の証言にショックを受けるのは、犬を食べるほうがトルコ人を食べるより悪い、という含意が読み取れるからだ。少なくともこのフランジは、トルコ人は自分とは異なる人種だとみなしていたのだろう。

実に驚くべきことだが、マアッラが陥落したのちですら、ムスリムは団結できなかった。その実例は枚挙にいとまがない。シリア西部のホムス〔ヒムス〕の領主はフランジに多数の馬を贈ったばかりか、次は（ホムス以外の）どこを襲ったらよいか、助言しようともちかけた。トリポリのスンナ派指導者は、シーア派に対抗して共同戦線を張ろうとフランジに提案した（案に相違して、トリポリはフランジに占領されてしまった）。

十字軍が初めてやって来たとき、エジプトの宰相アル・アフダル〔生没年不詳〕はビザンツ皇帝に書簡を送り、皇帝が「援軍」を得たことに祝意を表わし、十字軍の成功を祈ると述べていたのだ！エジプトはすでに久しくセルジューク朝およびアッバース朝と戦っており、アフダルはこの新来者がおのれの大義を成就するのにひと役買ってくれると心底信じていた。どうやら彼は手遅れになるまで、自分も十字軍の戦利品リストに載っているとは思ってもいなかったようだ。フランジがアンティオキアを占領すると、ファーティマ朝の宰相は彼らに書簡を送り、何か手助けできることはないかと尋ねた。フランジがトリポリ攻略に乗りだすと、アフダルはこの機に乗じて、ファーティマ朝カリフの名において〔一〇七一年にセルジューク朝によって占領された〕エルサレムの支配権を奪取した。そして、ファーティマ朝のエルサレム総督を任命し、フランジにこう請け合った。いわく、今後はいつでもエルサレムを訪れられたし、名誉ある巡礼者として歓迎し、必ずやご一行を保護する、と。だが、フランジから届いた返信は、われわれは保護云々にではなくエルサレムそのものに関心をもっている、と告げていた。そして、彼らは「槍を立てて(3)」エルサレム目指して進軍を開始した。

エルサレム占領——十字軍国家の樹立

フランジの噂は彼らが着くより先に広まったので、エルサレム周辺はほとんどもぬけの殻となった。フランジ軍が迫るや、村々の住人は逃亡し、小さな町の住人は高い市壁を構えた大きな都市に逃げこんだ。エルサレムはきわめて高い市壁で囲まれていた。十字軍は四〇日間にわたって攻囲したのちに、マアッラで成功した手口をふたたび試みた——市の門を開けさえすれば誰にも危害を加えない、と市民に約束したのだ。そして、ここでも詭計《きけい》は功を奏した。

エルサレムを征服したフランジは、やりたい放題の流血沙汰に耽った。これはあまりに凄まじい所業だったので、それまでの残虐行為がどれも温和なものに思えるほどだった。勝利に浮かれた彼らの言動を記録したある十字軍兵士は、あちらこちらの通りに首、手、足が山のように積まれたと述べている（この男はそれを「不思議な光景」と称している）。その記述によれば、騎手は膝や手綱まで届くほどの異教徒の血の海を進んだという。(4)『ローマ帝国衰亡史』を著わしたイギリスの歴史家エドワード・ギボン〔一七三七～九四〕は、十字軍はこの時に二日間で七万人を虐殺したと述べている。エルサレムに住んでいたムスリムで、生き残った者は事実上一人もいなかった。

エルサレム在住のユダヤ教徒は、市の中心部にあった巨大なシナゴーグに避難した。だが、彼らが救いを求めて祈っているあいだに、十字軍兵士が扉と窓をすべてふさいで火を放った。この

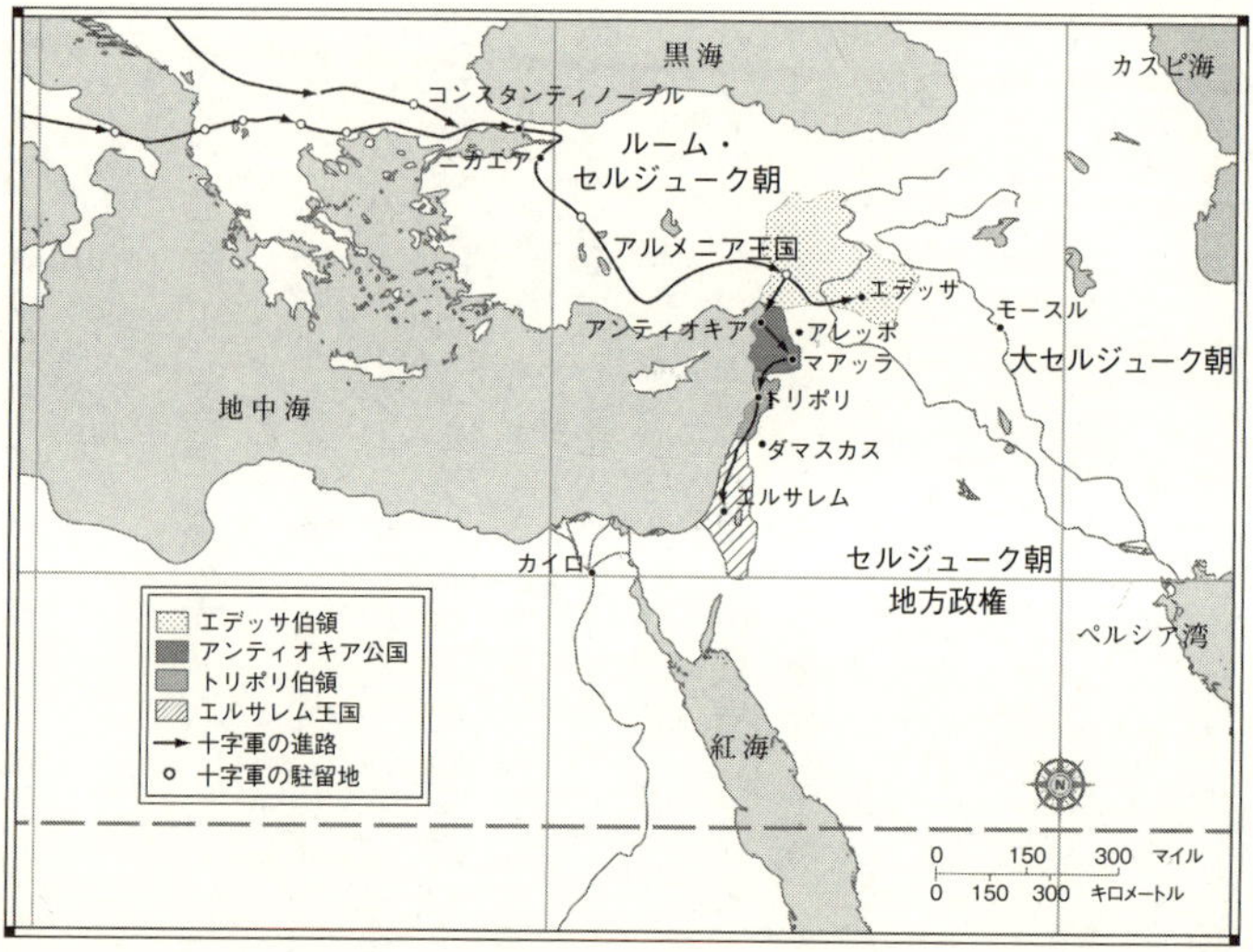

図11　第一回十字軍の戦場

残忍な一撃は、エルサレムのユダヤ共同体をほとんどそっくり焼き尽くした。

エルサレムで生まれ育ったキリスト教徒も悲運を免れなかった。彼らの中にローマ・カトリック教会に属する信徒はおらず、いずれも東方正教会、アルメニア教会、コプト教会などの東方教会に属する信徒や、〔異端とみなされていた〕ネストリウス派のキリスト教徒だった。聖戦を遂行していると自負していたフランジは、これら東方世界のキリスト教徒を異端すれすれの分派とみなし、異端の徒は異教徒より度しがたいとして、財産を没収したうえで追放した。

エルサレムの占領はフランジの侵略の絶頂を画した。勝利に驕る十字軍はエルサレム王国の樹立を宣言した。アンティオキア公国、エデッサ伯領、トリポリ伯領と合わせて四つの十字軍国家がこの地域に定着し、エルサレム王国はその筆頭に叙せられた。

　これらの十字軍国家が樹立されると、情勢は一種の膠着状態に陥った。その後の数十年間というもの、めぼしい展開もなく時ばかりが過ぎていった。その間にも両陣営は相変わらず散発的に矛を交えていたが、フランジはある時は勝利をおさめ、ある時は敗北を喫していた。フランジがムスリムを完膚なきまでやっつけたことも、ムスリムに完膚なきまでやっつけられたこともあった。フランジもムスリム同様、仲間同士で内輪もめをしていた。彼らは時に、ライバルのフランジに対して優位に立つために、ムスリムの王侯と一時的な同盟を結びさえした。

　フランジとムスリムのあいだで、奇妙な提携関係が結ばれては破られた。キリスト教徒の王たるアンティオキア公国のタンクレード〔生没年不詳〕と、ムスリムであるモースルの領主ジャワリ〔生没年不詳〕が戦ったときのことだが、ある日のタンクレード軍の兵力は、その三分の一がムスリムのアレッポ王〔リドワーン〕から有料で借りたトルコ人兵士で成り立っており、このアレッポ王はアサッシン教団と、アサッシン教団は十字軍と手を結んでいた。他方、ジャワリ軍の兵士のおよそ三分の一は、タンクレードと張り合っていたエデッサ伯ボードワン二世〔生没年不詳〕から有料で借りたフランジの騎士だった。[5] そして、これは典型的な例というに過ぎなかったのだ。

ムスリム陣営の混乱——アサッシン教団の暗躍

　ムスリム陣営における統一の欠如たるや、まことに驚愕に値するものだった。その理由の一端は、ムスリムが当初、フランジの蛮行に何らイデオロギー的要素を認めていなかったことにあった。彼らはムスリムゆえに攻撃されているとは露とも思わず、個人として、都市として、国として攻撃されているとばかり思っていた。彼らはフランジを恐るべき災難と受けとめたが、それは地震や蛇の群れと同様、意味のない災難だった。

たしかに、エルサレムの大虐殺ののちには、フランジの侵略を宗教戦争と位置づけて、ムスリムに抵抗を呼びかける者が少数ながら現われた。何人かの著名な法学者は、久しく死語同然になっていたジハードという言葉を説教で使うようになった。けれども、彼らがいかに熱弁を振るっても、ムスリムの聴衆は心を動かされなかった。ジハードという言葉は何世紀も前から使われなくなっていたので、いかにも場違いに思われた。この言葉が廃れたのは、一部にはイスラーム帝国が急激に拡大したため、ムスリムの大多数は帝国国境から遠く離れて暮らすようになり、ジハードの名のもとに戦う敵をもたなくなったからだ。世界と闘うイスラームという初期の観念は、とうの昔に世界としてのイスラームという意識に取って代わられていた。聞いた記憶のある戦争といえば、そのほとんどが領土とか、資源とか、権力といったちっぽけな目的のためになされたものだった。理想をめぐる高貴な闘争とみなしうる数少ない戦争は、イスラームとそれ以外の何かのあいだではなく、誰が奉ずるイスラームが真のイスラームかをめぐってムスリムのあいだで遂行されたものばかりだった。

イスラーム世界が混乱の極みにあったことを考えれば、ある程度の分裂が生じるのは不可避のなりゆきだったのだろう。かかる混乱の巷《ちまた》にフランジが現われたとき、相対立するムスリムは彼らのあいだで進行中のドラマにフランジをあっさり組みこんだ。けれども、分裂に向かう動きがすべて自然発生的に生じたわけではない。舞台の裏ではアサッシン教団が暗躍していた。彼らは混乱の種を蒔き、かなりの成功をおさめていたのだ。

十字軍が開始される直前に、ハサネ・サッバーフはシリアに第二の活動拠点を築いていた。この拠点を運営していたのはサッバーフの補佐役のラシードゥッディーン・スィナーン〔生没年不詳〕で、やがて十字軍はこの人物を「山の老人」と呼ぶようになった。十字軍が開始される頃には、アサッシン教団のメンバーを除くすべての人々がこの教団を憎んでいた。イスラーム帝国の権力者という権力者は、血眼になって彼らを追っていた。アサッシン教団の敵にはシーア派、スンナ派、セルジューク朝、ファーティマ朝、それにアッバース朝が含まれていた。十字軍もたまたま同じ陣容と――――すなわち、シーア派、スンナ派、セルジューク朝、ファーティマ朝、アッバース朝と――戦っていた。アサッシン教団と十字軍は共通の敵をもっていたので、必然的に事実上の同盟軍となったのだ。

フランジの侵略が始まってから最初の一世紀間というもの、ムスリムが団結に向かって動きだすたびに、アサッシン教団はその中心人物を暗殺し、新たな混乱の種を蒔いていた。

一一一三年、モースル総督が反フランジ統一行動を組織すべく、ムスリム指導者の会議を招集した。ところが、会議が始まる直前、モスクに向かうモースル総督に施しを求めて近づいてきた乞食が突然、総督の胸にナイフを突き刺した。これで統一行動は沙汰やみになった。

一一二四年には、新たなジハードを説いていた二番目に影響力の大きな宗教指導者が、アサッシン教団の刺客に暗殺された。その翌年には、スーフィーとおぼしき一団が、この時代に初めてイスラームの使命を復活させよと説いていた、最も有力なジハードの提唱者を襲撃して殺害した。

一一二六年、アサッシン教団はアレッポとモースルを統治する強力な太守アル・ボルソキ〔生年不詳〕を暗殺した。彼はこれら二つの大都市を統合することによって、シリアに統一ムスリム国家を打ちたてる基盤を築いていた。ボルソキはアサッシン教団から狙われていることを承知していたので、用心怠りなく衣服の下に鎖帷子《くさりかたびら》を着けていた。ところが、スーフィーに変装した男たちが彼を襲ったときに、その一人が「頭を狙え!」と叫んだ。彼らは鎖帷子のことも知っていたのだ。ボルソキは首を刺されて絶命し、彼の息子がすぐさま父の跡を継いだ。もしかしたら、この息子は芽生えかけた統一ムスリム国家を救えたかもしれないが、アサッシン教団は彼をも殺してしまった。その後、アレッポでは太守の座を狙う四人の有力者が権力を争い、シリアのこの地域をふたたび戦争状態に戻してしまった。

十字軍初期の時代には、この種の殺人事件が驚くほどの頻度で発生した。その中には、アサッシン教団の仕業と証明できない事件もいくつかあった。だが、テロリストをめぐる風説がひとたび現実のものとなると、テロリストはあらゆるテロ行為をみずから実行する必要がなくなった。彼らはいかなる殺人事件もおのれの仕業と主張することによって、その目的を果たすことができたからだ。アサッシン教団はどうやら、彼らの行動を詳細に記録していたようだ。だが、その徹底した秘密主義のゆえに、当時は部外者の誰一人としてその記録を見ることができなかった。そして一二五六年、アサッシン教団がついにモンゴル軍によって抹殺されたときに、彼らの記録もほとんどすべて歴史から消し去られてしまった。こういう事情で、教団の犯行とされた殺人のうち、実際に彼らが手を下したのがどれくらいあったのか、今日もなおわかっていない。噂話や囁き声の語るところによれば、アサッシン教団は彼らの時代を陰惨な影で覆っていた。だが、彼らが十字軍の事業にどれほどの影響を与えていたのか、私たちが知ることはけっしてないだろう。いっさいの記録が失われてしまったのだから。

反フランジ行動の胎動

フランジに反撃して最終的に形勢を一変させたのは、しだいに偉大さの度を増していった一連のムスリムの指導者たちだった。その一番手はセルジューク・トルコの将軍ザンギー〔ザンギー朝創設者。在位一一二七〜四六〕だった。ザンギーはモースル総督に任ぜられて自立し、その後アレッポを奪取し、さらに多くの都市を併呑して、ついには統一されたシリアの王と説得力をもって自称できるまでになった。こうして実に五〇年ぶりに、一つの都市とその近郊よりも大きなムスリムの国がレヴァント地方に生まれたのだ。

麾下《きか》の兵士がザンギーを崇めていたのは、彼が典型的な兵士の中の兵士だったからだ。彼は兵士とともに苦難に耐え、兵士と同じものを食べ、けっして威張らなかった。彼はじきにムスリムの共通の敵は一つしかないと見極め、この敵に対する統一戦線を組織しはじめた。ザンギーはまず、おのれの権力基盤を徹底的に粛正した。宮廷からはおべっか使いを、軍からは〔幹部将校相手の〕高級売春婦を追放した。より重要だったのは、密告者や宣伝係のネットワークをシリア全域に張りめぐらせて、配下の総督たちに規律を守らせたことだった。

一一四四年、ザンギーはエデッサを奪回し、一躍イスラーム世界のヒーローとなった。エデッサは東方世界最大の都市ではなかったものの、ムスリムがフランジから奪い返した最初の大きな都市だった。エデッサの奪還によって、四つの「十字軍国家」の一角が崩れた。レヴァント全域で希望がうねりのように高まった。一方、西ヨーロッパでは狼狽が広がり、新たな軍事行動を求める声が高まった。その声に押されてフランス王〔ルイ七世〕とドイツ王〔神聖ローマ皇帝、コンラート三世〕が第二回十字軍〔一一四七～四九〕を組織したが、この企ては惨めな失敗に終わった。

ザンギーはジハードを煽る説教者たちを支援した。なぜなら彼は、ジハードという概念によってムスリムを団結させようと目論んでいたからだ。不運なことに、ザンギーはみずから新たなジハードの先頭に立つことはできなかった。それというのも、彼は大酒飲みなうえに、罰当たりな言葉を撒き散らすことで知られていたからだ。部下の将兵を惹きつけてやまない彼の資質そのものが、ウラマーの多くを立腹させていた。とはいえ、ザンギーは間違いなく、彼より敬虔な統治者なら真のジハードに発展させられるような、反フランジ作戦行動を創始したのだ。

彼の息子でアレッポのザンギー朝を継承したヌールッディーン〔一一一八～七四。在位一一四六～没年〕は、父には欠けていた資質を備えていた〔ザンギーの没後、領土は東西に分割され、二人の息子がそれぞれモースルのザンギー朝とアレッポのザンギー朝を継承した〕。ヌールッディーンは父親譲りの傑出した武人だったが、父とは異なり外交手腕に長けた洗練された人物で、何より敬虔なムスリムだった。彼は同一の宗教信条（スンナ派イスラーム）のもとに団結し、ジハードを人生最大の目的にしようと、ムスリムに呼びかけた。エゴや富や権力のためにではなく、イスラーム共同体のために戦う公正で敬虔な男というイメージを、ヌールッディーンは復活させた。単一のウンマの一員であるという意識をムスリムに甦《よみがえ》らせることによって、彼はムスリムの使命感を呼び起こし、ジハードに対する熱意を育んだ。いずれ、彼より偉大な統治者がそれを利用して、真の政治的勝利を獲得するだろう。

ムスリムの救世主――サラディン

ヌールッディーンより偉大な統治者とはサラディンこと、サラーフッディーン・ユスフ・イブン・アイユーブ〔一一三七／三八～九三。アイユーブ朝創始者。在位一一六九～没年〕であることがやがて判明した。彼の叔父〔シールクーフ〕は、ヌールッディーンの最高位の将軍の一人だった。一一六三年、ヌールッディーンはエジプトをフランジの手から守るべく、サラディンの叔父をエジプトに派遣した。この将軍は甥を伴い三度にわたって遠征し、エジプトの奪取に成功した。ところが、〔一一六九年に〕叔父が急死したために、サラディンが宰相としてエジプトを統治することになった。公式にはエジプトは依然としてファーティマ朝カリフの統治下にあったが、実権を握っていたのは宰相だった。やがて、エジプトの宮廷はしだいにサラディンを新しい宰相として受け入れるようになった。それは主として、まだ三一歳という若さと経験不足ゆえに、彼を手先として使えると廷臣たちが踏んだからだった。

たしかに、叔父の影に隠れていた頃のサラディンは、偉大さの片鱗も示していなかった。ひっこみ思案で極端におとなしい性質で、武人としての適性は微塵も認められなかった。だが、サラディンがエジプトの実権を握るやいなや、ヌールッディーンは彼にファーティマ朝を廃絶させよと命じた。この命令はサラディンの心を苦しめた。当時のファーティマ朝のカリフ〔第一四代カリフ・アーデドィ〕は病身の二〇歳の若者で、実際にはいかなる意味でも何一つ統治していなかった。お飾りに過ぎない若者の心を傷つけるのは、どうしても気が進まなかった。サラディンは主君の命令に従ったが、ことを荒立てずにファーティマ朝を滅亡させたので、カリフはその事実に気づきさえしなかった。ある金曜日、集団礼拝が行なわれているモスクで一人の市民が立ち上がり、バグダードのアッバース朝カリフの名のもとに説教を行なう――サラディンはこう手配しただけだった。誰もこれに抗議せず、かくして〔ファーティマ朝廃絶の〕事業は達成された。病弱な若きカリフはまもなく病死したが、自分がもはや一市民に過ぎないことも、彼の王朝が終わったことも最後まで知らぬままだった。カリフの死によって、サラディンは名実ともにエジプトの唯一の統治者となった。

それからというもの、サラディンは彼の主君とみなされている人物との会見を避けつづけた。ヌールッディーンは何度も彼を引見する手筈を整えたが、サラディンはそのたびに口実を設けて主君のもとに参じようとしなかった。父親が病気だ、自分自身の体調が思わしくない――いつも何か具合の悪いことが起こった。実のところ、ひとたび主君とあいまみえたら袂《たもと》を分かたねばならなくなるのは必至、と彼にはわかっていたのだ。なぜなら、サラディンはすでにヌールッディーンより大物になっており、彼のそれより強力な国の王になっていたからだ。しかも、サラディンはムスリムの大義を追求する行動を主導しはじめており、そのことで主君と言い争いたくなかったのだ。それゆえ、彼はヌールッディーンが没するまで、自分はこの年長者の臣下であるという虚構を守りつづけた。その後、サラディンは〔シリアへと領域を拡大して〕エジプトとシリアの王を名乗った。ヌールッディーンの臣下の一部はサラディンを罵り、不忠な成り上がり者呼ばわりし、傲慢で愚かな青二才と決めつけた。けれども、彼らは歴史の流れに逆らっていたに過ぎない。ムスリムの救世主がついに現われたのだ。

サラディンは華奢な身体つきで、もの思わしげな風情をただよわせていた。その眼差しは常に憂いを含んでいたが、ひとたび彼が微笑むと部屋全体がパッと明るくなった。貧しい人々には慈悲深く、謙虚な人々には謙虚に接したが、有力者には威厳をもって対した。誰も彼を怖気づかせることはできず、サラディンもまた、おのれの支配下にある人々を威嚇するような素振りはけっしてしなかった。軍事指導者としてサラディンは水準に達していたが、特別な資質に恵まれていたわけではない。彼の権力はつまるところ、同胞からひたすら崇敬されていたという事実に存していたのだ。

サラディンは時に悲しい知らせに涙を流し、善意や慈悲の心をあえて行動で示すこともしばしばだった。ある日、娘を盗賊に誘拐されたフランジ女性が誰に助けを求めたらよいのかわからないと、打ちひしがれて彼のもとにやって来た。サラディンの命を受けた兵士たちが奴隷市場で娘を見つけ、買い取って母親のもとに連れ戻した。母と娘はフランジの宿営地に帰っていった。

サラディンもヌールッディーンに劣らずおのれに厳しく禁欲的な生活を送っていたが、他人に対してはかつての主君ほど厳しくなかった。彼は敬虔なムスリムだったが、ヌールッディーンの性格を損なっていた教条主義的な傾向はもっていなかった。

アサッシン教団はサラディンを亡き者にしようと躍起になった。彼らは二度までも、サラディンが寝ているときに彼の寝室に忍びこんだ。一度はサラディンの頭に短剣を突きたてたが、彼は革製の首当てを着け、ターバンの内側に鎖帷子を被っていた。二度も殺されそうになったサラディンは、アサッシン教団を根絶やしにしようと決意し、教団がシリアに築いた要塞を包囲した。だが、この時に——

何かが起こった。それが何であったのか、今日もなお謎に包まれている。一説によれば、教団シリア支部の首領ラシードゥッディーン・スィナーンがサラディンの母方の叔父に書簡を送り、包囲を解かなければ一族を皆殺しにすると脅したという。一方、アサッシン教団側の情報源は次のように述べている。ある夜、サラディンは身辺を衛兵で固め、暗殺に対する警戒を万端整えてから就寝した。ところが、真夜中にふと目を覚ますと、人影が幕舎の壁を通り抜けていくではないか。そして、彼の枕には、「汝はわれわれの手中にある」と記された紙切れがピンで刺してあった。この話はたしかに眉唾物だが、人々がこれを信じたという事実から、アサッシン教団が大衆の心理にいかに大きな影響力を及ぼしていたかがうかがえる。しかしながら、今回ばかりはアサッシン教団得意の戦術も裏目に出た。なぜなら、彼らが二度も暗殺に失敗したことは、サラディンの無敵伝説をいっそう強めるという結果しかもたらさなかったからだ。

エルサレムの奪回と第三回十字軍

サラディンはみずからの評判によって臣民が団結を深め、敵たちが態度を軟化させるよう、慎重に行動した。彼は包囲戦や経済的な圧力や交渉をつうじて、十字軍の占領地のほとんどを無血で奪回した。一一八七年、ついにエルサレム奪回に向けて腰を上げたとき、サラディンはまずフランジに対して、以下のような条件でエルサレムも平和的に手放すようもちかけた。すなわち、キリスト教徒は財産をもってエルサレムを去るのも、とどまるのも自由である、キリスト教の宗教実践を心おきなく行なってよいし、礼拝所も保護しよう、エルサレムへの巡礼も歓迎し、往来の安全を保証する、と。フランジは憤然としてエルサレムを手放すことを拒否した。なんといってもエルサレムは彼らが獲得した最大の獲物であり、そもそもこの聖地を奪回することが十字軍事業の主眼だったのだ。交渉が破綻したため、サラディンはエルサレムを攻囲し、武力で奪還した〔一一八七年〕。そして、第二代正統カリフのウマルに倣って虐殺や略奪はいっさい行なわず、捕虜はすべて身代金の支払いと引き換えに釈放した。

　サラディンがいかに紳士的にふるまおうと、彼がエルサレムを奪回したことによって、フランジは第一回十字軍が獲得したもののほとんどすべてを失った。この出来事はまたしてもヨーロッパを震撼させ、これを契機にヨーロッパ大陸で最も有力な三人の君主がかの有名な第三回十字軍〔一一八九～九二〕を組織することとなった。その一人のドイツの赤髭《あかひげ》王ことフリードリヒ一世〔一一二二～九〇。ドイツ王、在位一一五二～没年。神聖ローマ皇帝、在位一一五五～没年〕はパレスチナへの途上で落馬して、水深数インチの川で溺れ死んだ。フランスの尊厳王ことフィリップ二世〔一一六五～一二二三。在位一一八〇～没年〕は無事パレスチナに着いて海港都市アッコ〔アクレ、アッカー〕の征服に参加したものの、疲労困憊して帰国してしまった。残るは国民から獅子心王と称されたイングランドのリチャード一世〔一一五七～九九。在位一一八九～没年〕だった。リチャード一世は武人としての資質に優れ、故国では騎士道の鑑《かがみ》という評判をとっていたが、パレスチナでの行動はそうした評判を裏切るものだった。彼は簡単に約束を破り、戦闘に勝つためには手段を選ばなかった。彼とサラディンはおよそ一年にわたって交渉と小競り合いを繰り返し、ついにリチャード一世が主要な戦闘（アッコの合戦）で勝利をおさめた。けれども、一一九二年六月にエルサレムを包囲する頃には、リチャード一世は大病にかかって体力が衰え、暑さで喘《あえ》いでいた。同情したサラディンは新鮮な果物と冷たい雪を送り、もはやエルサレムを奪回するだけの兵力がないことをリチャード一世が悟るのを待った。とうとう、リチャード一世はサラディンと和睦することに同意した（サラディンは一一九二年の休戦協定によって、エルサレムを含むパレスチナの領有権を確保した）。その条件の概要は以下のとおりだった。ムスリムはエルサレムを占領するが、キリスト教の礼拝所を保護するとともに、キリスト教徒が嫌がらせを受けることなくエルサレムに居住し、独自の宗教実践を行なうことを保証し、キリスト教徒の巡礼者が自由に往来することを認める。その後、リチャード一世は帰国の途についた。だが、本人よりひと足早く、彼はエルサレムで勝利に匹敵する功績を上げた、つまり、力ずくでサラディンに上述した条件を呑ませたというニュースがヨーロッパに伝わっていた。ところが実際には、リチャード一世はサラディンが当初から提案していたのとまったく同じ条件を確保したに過ぎなかったのだ。

ムスリムが見た十字軍

この第三回十字軍以降、一二〇二年から一二〇四年の第四回十字軍を勘定に入れなければ、重要な出来事は生じなかった。第四回十字軍では、十字軍兵士はパレスチナの地を踏みさえしなかった。というのは、彼らは遠征途上で進路を変えてコンスタンティノープルを征服し、略奪と教会の破壊にうつつを抜かしていたからだ。十三世紀半ばには、ヨーロッパにおける十字軍的な熱情はすでに弱まっており、やがてすっかり消え失せてしまった。

歴史家たちは伝統的に、十字軍は前後二〇〇年にわたって八回派遣されたとみなしている。だが実際には、この期間をつうじて十字軍兵士の往来が——たとえ細々としたものであっても——途切れることはなかったのだ。それゆえ、十字軍という事業は約二〇〇年間続き、その間に人の往来が大幅に増加した時期が八回あった、と言うほうがより正確だろう。往来が増えたのはたいていの場合、君主ないし君主の連合が遠征を組織したときだった。この二世紀のあいだ、ヨーロッパ人にとって「十字軍に参加すること」は、世代を超えて続いている一つの活動に過ぎなかった。どの世代においても、一人か二人の息子が出征している家族は珍しくなかった。彼らは成年に達したから東方に旅立ったのであって、「次の十字軍」が出発するのに合わせて出征したのではなかったのだ。

ヨーロッパの騎士の第一陣がひと握りの都市を占領し、ある程度長くもちこたえた四つの「十字軍王国」を築いた。そののちには、イングランドやフランスやドイツ出身の十字軍志願者は東に向かいさえすれば、必ずどこかの目的地に行き着いて、いずれかの軍隊に加わることができた。もちろん、西ヨーロッパの家系につながるキリスト教徒の中には、これらの十字軍王国で生まれ、生き、死んでいった者たちもいた。けれども、大多数の十字軍兵士は二、三年ほど東方に滞在し、時に大義のための戦闘に従事し、運がよければいささかの戦利品を手に入れ、しかるのちに家に帰ったのだ。十字軍は征服地に威容を誇る石の要塞を建設したが、兵士の多くが東方に短期間逗留するにとどまったために、この事業には常にその場かぎりという雰囲気がつきまとっていた。

今日の急進的なイスラーム主義者（と、西洋の自称専門家）の一部は十字軍を大規模な文明の衝突と位置づけ、現在の困難な状況の予兆だったと述べている。彼らは現代のムスリムが抱いている激しい怒りの淵源を、十字軍の時代とこの時代の出来事に帰している。だが、アラブ側の記録を見るかぎり、当時のムスリムは――少なくとも初めのうちは――十字軍をそのように見てはいなかった。どうやら彼らは誰一人、フランジとの戦争をイスラーム世界とキリスト教世界の叙事詩的な闘争とみなしていなかったようだ――これは十字軍側から見た筋書きだったのだ。二つの文明の衝突どころか、ムスリムにとって十字軍は……文明に……降りかかってきた災難でしかなかった。それは一つには、彼らの目に映るフランジには文明のかけらも認められなかったからだ。ウサーマ・イブン・ムンキズ〔一〇九五～一一八八〕というアラブの貴公子はフランジを評して、まるで「けだもののようだ。勇気と戦う熱意には優れているが、それ以外に優れた点は何もない。動物が体力と攻撃力で優れているのと同様である」(6)と述べている。十字軍にはほとほとうんざりさせられたので、ムスリムはフランジに比べてビザンツ帝国の人々を高く評価するようになった。十字軍の政治的・宗教的動機をようやく理解してからというもの、ムスリムは「アル・ルーム」（ローマ、すなわちビザンツ帝国の住人）と「アル・イフランジ」を明確に区別した。彼らはこの暴力の時代を「フランジ戦争」と呼んでいた。

フランジから攻撃された地域のムスリムが脅威にさらされ、恐怖に戦慄したことはいうまでもない。だが、彼らはフランジの攻撃の中に、イスラームの思想や信仰に対する知的脅威はいささかも見出していなかった。しかも、地中海東部沿岸地方に住むムスリムにとって十字軍はたしかに深刻な出来事だったが、十字軍兵士がイスラーム世界の奥深くまで侵入することはついぞなかったのだ。たとえば、マッカやマディーナには正規の軍隊は一度も現われず、同輩のフランジからさえ卑劣な悪党呼ばわりされていた一人の背教者が率いる小集団に襲撃されただけだった。十字軍はバグダードを攻囲することも、輝かしい歴史を誇るペルシアを侵略することもなかった。ホラーサーン地方や、〔アフガニスタン北部の〕バクトリア地方や、インダス川流域に住む人々は十字軍の来襲によって何ら影響を受けず、ほとんどそれに気づいてもいなかった。

　おまけに、十字軍はイスラーム世界の人々の心に、西ヨーロッパに対する知的好奇心を掻きたてもしなかった。このフランジたちはどこからやって来たのだろう、故郷でどんな暮らしをしているのだろう、いったい何を信じているのだろう、などと真剣に考えるムスリムは皆無だった。一三〇〇年代初期に、イスラームに改宗したユダヤ教徒でモンゴルの宮廷に出仕していたラシードゥッディーン・ファズルッラー〔一二四九／五〇～一三一八〕が、『諸史を集めたもの』すなわち『集史』と題する壮大な史書を〔モンゴルの君主の命によって〕編纂した。本書の叙述は中国、インド、トルコ系諸族、ユダヤ教徒、イスラーム以前のペルシア、ムハンマドとカリフたち、さらにフランジの歴史にまでおよんでいる。だが、十字軍の記憶がまだ生々しかったであろう時期に書かれたにもかかわらず、フランジに関する記述はおざなりで、その典拠も示されていない[7]。要するに、十字軍は事実上、ヨーロッパ文化の影響をイスラーム世界にまったく及ぼさなかったのだ。十字軍の影響はまったく違う方面で現われた。

それは、いかなる分野だったのだろうか？　そう、十字軍の事業はヨーロッパの商人にレヴァントとエジプトで活動する機会を提供したのだ。フランジ戦争の時期をつうじて、西ヨーロッパとミドルワールドの貿易は増大した。その結果、イングランドやフランスやドイツといった地域に住む人々は、東方産の珍しい品々を手に入れた。それらの中にはナツメグ、丁子《ちょうじ》、黒胡椒などの香辛料のほかに絹や繻子《しゅす》、そしてワタという不思議な植物でつくった織物が含まれていた。

東方からヨーロッパに帰った商人や巡礼者や十字軍兵士（その区別は必ずしも明確でなかった）は、豊かなイスラーム世界で見聞したことを故郷の人々に語った。インドや半ば伝説的な「インド諸国」〔インドネシアとマレー諸島〕の島々など、さらに遠い地方についてもさまざまに語り伝えた。これらの話はヨーロッパの人々の心に、東方世界に対する興味をいやがうえにも掻きたてた。それは年を経るごとに強まる一方で、のちにはなはだ重大な結果をもたらすことになった。

しかしながら、十字軍の戦禍がようやくおさまろうとしていたときに、ミドルワールドは第二の、そしてはるかに凄まじい災厄に見舞われたのだ。

モンゴル帝国の誕生

モンゴル〔モンゴル諸語を使用する諸族の総称〕は中央アジアのステップから出現した。この樹木に乏しい広大な草原地帯は土壌が固く、大きな川が少ないため農業には適していないが、羊や馬を放牧するには最適の条件を備えていた。それゆえ、モンゴルは羊肉や乳やチーズを主食とし、家畜の糞を燃料とし、馬の乳を醱酵させた馬乳酒〔クミス〕で酔い、牛に荷車を牽《ひ》かせていた。彼らは都市や恒久的な宿営地をつくらず、解体と移動が容易なゲルと呼ばれるフェルト製のテント小屋（ユルトと呼ぶ地域もある）で寝泊まりしながら、遊牧生活を営んでいた。

モンゴルはトルコ族〔チュルク諸語のいずれかを使用する民族の総称〕と民族的にも言語的にも文化的にも近縁関係にあり、歴史家はしばしば両者をまとめてトルコ－モンゴル系部族と称している。とはいえ、両者を別個の存在と識別できる範囲では、トルコ族は総じてより西方に、モンゴルはより東方に居住していた。分布が重なり合うところでは、両者の混血もある程度進んでいた。

何世紀ものあいだ、中央アジアのステップ地帯では数多の遊牧国家が生まれては消えていった。これらは成員を統合する核となる原理を何らもたない部族連合体に過ぎなかった。ローマで共和政〔前五〇九～前三一〕が敷かれていた頃、モンゴリア〔モンゴルの土地の意〕では匈奴《きょうど》と呼ばれたトルコ－モンゴル系の遊牧騎馬民族が恐るべき一大勢力となっていた。中国統一王朝の初代皇帝〔秦の始皇帝。前二五九～前二一〇。在位前二二一～没年〕は匈奴の侵入を防ぐために、のべ一〇〇〇万人もの労働者を動員して〔先人が築いた長城を増強して〕万里の長城を建造した。かくして東方への侵入路を断たれた匈奴は、西に進路を変えた。ヨーロッパに到達する頃には、彼らはフン族と呼ばれるようになっていた。アッティラ王〔四五三没〕の指揮のもと、フン族は破竹の勢いで西ローマ帝国領まで進軍したが、その後急速に瓦解した。

イスラーム初期の時代には、トルコ系の部族連合体が入れ替わり立ち替わり中央アジアのステップを支配していたが、その実像はよくわかっていない。だが、彼らはひとたび南方に移住すると、ガズナ朝やセルジューク朝などのムスリム王朝を樹立した。

モンゴルは何世紀にもわたって中国世界を襲撃していた。中国の歴代王朝は彼らの侵入を食いとめるために、高価な贈物を与えて懐柔したり、部族長たちを同士討ちさせたり、有力な部族長に反旗を翻すよう新興勢力に資金援助をするなど、さまざまな対策を講じていた。こうして中国王朝はモンゴルを分裂させていたのだが、実をいえばモンゴルも遊牧部族の例に洩れず、分裂するのに部外者の助けをさほど必要としていなかったのだ。

やがてヒジュラ暦五六〇年頃に、聡明にしてカリスマに富んだテムジンが生まれた〔ヒジュラ暦五六〇年は西暦一一六四／六五年。テムジンの生年は一一六二年、一一六七年など諸説ある〕。テムジンはチンギス・カン（西洋ではGenghis Khan）として知られているが、彼が「普遍的な統治者」を意味するこの称号を名乗ったのは四〇歳頃のことである。

チンギスの父親はモンゴルの部族長の一人だったが、彼が九歳の時にほかの部族によって殺された。その後、後見人たちから見捨てられたため、家族は苦境に陥った。数年間というもの、チンギスと母や弟妹たちは木苺や、マーモットやノネズミなどの小動物で飢えをしのがねばならなかった。こうした状況だったにもかかわらず、チンギスの父を殺した一味は用心のために息子も殺そうと考えた。そのため、チンギスは十代をつうじて彼らに追いまわされ、一度は捕らえられたものの、なんとか逃げおおせた。彼は無事に成長し、やがて父の仇を一人残らず後悔させた。

成長する過程で、チンギスはネケル〔ノコル〕と呼ばれる親密な仲間を集めて武装隊を組織した。ペルシア語を話す地域では、ネケルという言葉はのちに「雇われた助っ人」〔従者〕を意味するようになったが、チンギスの時代には「武装した僚友」を意味していた。ここで重要なのは、チンギスのネケルたちが単一の氏族ないし部族に属していなかった、ということだ。彼らを集団としてまとめていたのは、一人の男のカリスマだった。チンギスはこうして彼のネケルたちの中に、部族への忠誠心を超越した組織を生みだす種を蒔いていたのだ。これは、彼がその支配のもとにモンゴルを一つの帝国に統一するうえでおおいに役立った〔テムジンは一二〇六年にモンゴル帝国を建国し、チンギス・カンという称号を名乗った〕。

ヒジュラ暦六〇七年（西暦一二一一）にチンギス率いるモンゴル軍はすでに衰退の途上にあった北中国の金王朝を攻撃し、易々と軍を進めた。それから七年後のヒジュラ暦六一四年（西暦一二一八）、モンゴルはミドルワールドの歴史にデビューした。

チンギス・カンの征服事業

その時、彼らが見たのはどのような世界だったのだろうか？　セルジューク一族がイスラーム世界を征服して以来、さまざまなトルコ系部族が彼らに倣い、先行したトルコ族が勝ち取った領土を蚕食《さんしょく》しては、セルジューク帝国の国境地帯に独自の王国を築いていた。トランスオクシアナ〔オクソス川以北のブハラおよびサマルカンドを含むオアシス定住地域〕にもそうした王国の一つ、ホラズムシャー朝〔一〇七七～一二三一〕が出現し、セルジューク朝に次ぐ強国として威勢を振るうようになった。ホラズムシャー朝の〔第七代〕君主アラーウッディーン・ムハンマド〔在位一二〇〇～二〇〕は優れた軍事指導者と自負しており、傲慢にもモンゴルに教訓を与えてやろうと思いたった。彼はその手始めとして、モンゴルの保護下で彼の王国を通過していた隊商を襲撃した。モンゴルのためにスパイ行為を働いていたと口実をつけて、アラーウッディーンはこの哀れな四五〇人の商人たちを殺し、商品を強奪した。その際に、彼は故意に一人の商人が逃げるにまかせ、チンギスに虐殺の顛末を知らせるように仕向けた。アラーウッディーンは事態が紛糾することを期待していたのだ。

モンゴル帝国の王は賠償を請求すべく、三人の使節をホラズムシャー朝に派遣した。これはおそらく、チンギス・カンが辛抱強くふるまった最後の事例だろう。この時に、アラーウッディーン・ムハンマドは実に大きな誤りを犯した。なんと使節の一人を殺害し、ほかの二人は髭を引き抜いて追い返したのだ。この地方では、髭を引き抜くのは男性に対する最大の侮辱行為だった。アラーウッディーンはそれを充分承知していたが、戦いたくてたまらなかったのであえて相手を怒らせたかったのだ——そして、彼は目的を達した。かくしてヒジュラ暦六一五年（西暦一二一九）、大きな災厄が始まった。

私たちはモンゴルの「遊牧集団《オルド》」にまつわる話をよく耳にする。この言葉が喚起するイメージは、夥《おびただ》しい数の野蛮人がわめきながら地平線いっぱいに広がり、その数で敵を圧倒する、というものだ。ところが、「オルド」というのは、トルコ語では「軍の野営地」〔もしくは遊牧君主の「宮廷」〕を意味するに過ぎない。モンゴルは実際には、相手を圧倒するほど大きな軍隊を配してはいなかった。彼らは戦略と、獰猛《どうもう》さと——そう、軍事技術によって勝利をおさめていたのだ。たとえば、要塞化した都市を攻撃する場合、モンゴル軍は中国から獲得した高性能の攻城用兵器を使用した。彼らは複数の木片を膠《にかわ》で貼り合わせ、角や腱《けん》で補強した「合成弓《コンポジット・ボウ》」をもっていたが、これは「文明」世界で用いられていた弓に比べてより強く、より遠くまで矢を射ることができた。彼らは乗馬術にも秀でていた。モンゴル軍に襲われた人々の中には、モンゴルをこれまで文明社会で知られていなかった半人半馬の新種の生物と思う者がいたほどだ。モンゴルの馬は屈強で俊足だったが、体格はむしろ小型だった。それゆえ、モンゴルの戦士は両脚で馬をはさんで片側にぶら下がり、馬の身体を盾にして、その腹の下から矢を射ることができた。モンゴルは何昼夜も続けて馬を走らせた。彼らは鞍《くら》の上で眠り、馬の首をわずかに切って、そこから血を吸って栄養を補給した。こうして、一つの都市を略奪してからまもなく、そこから遠く離れた別の都市に突然現われたので、まるで超自然的な力をもっているかのようだった。モンゴル軍は圧倒的に優勢であるという印象を敵に与えるために、予備の馬の上にダミーを載せるという策略をしばしば用いた。これは、彼らの多彩な軍事的策略の一つに過ぎなかったのだ。

ヒジュラ暦六一五年（西暦一二一九）、アラーウッディーン・ムハンマドはチンギス軍にはるかに優る軍を率いて戦いに挑んだが、その大軍も役に立たなかった。チンギス軍に撃破されて、アラーウッディーンは命からがら敗走した。ホラズムシャー朝軍の残党のトルコ兵は凶徒の群れと化して西進し、行く先々で法を犯し、秩序を乱した。さらには、最後の十字軍兵士を彼らの要塞から駆逐するのにひと役買った。これは、来るべき事態の前兆だった。チンギスはトランスオクシアナ地方を焦土と化し、オクソス川両岸に位置する史上名高い数々の都市を破壊した。二世紀前にペルシア文学のルネサンスが始まったブハラも、古代の人々が「諸都市の母」と称えた伝説的な古都バルフも、徹底的に破壊された。チンギスはバルフが蔵していた書物をそっくりオクソス川に投げ捨てた。かくして、数十万冊もの手書きの書物が消え失せてしまったのだ。

ついで、チンギスはホラーサーンとペルシアに向かった。これらの地域で、モンゴル軍はジェノサイドという言葉でしか表現できそうもない残虐きわまる所業を働いた。ムスリムの歴史家サイフィー・ヘラーヴィ〔一二八二生〕が記しているところによれば、〔ホラーサーン地方の〕ニーシャーブールを襲撃したモンゴル軍は犬や猫にいたるまで皆殺しにし、犠牲者は一七四万七〇〇〇人に達したという。彼はさらに、ヘラートでの犠牲者を一六〇万人と記している。ペルシア人の歴史家ジューズジャーニー〔一一九三頃生〕は、ヘラートでは二四〇万人が犠牲になったと述べている。これらの数字は明らかに誇張されている。一二二〇年代のヘラートとニーシャーブールに、これだけの数の住人がいたとはとうてい考えられないからだ。[8]

とはいえ、これらの数字は一見してそう思えるほどには誇張されていなかったのかもしれない。モンゴルが出現して略奪を思うままにするや、イスラーム世界の人々は彼らの襲撃からひたすら逃れた――逃れるしか術《すべ》はなかった。モンゴルは畑を燃やし、作物を台無しにし、農民から暮らしの糧をすっかり奪った。そして、一つの戦略として、おのれの暴虐行為をさかんに喧伝した。その恐るべき所業のニュースがすみやかに遠くまで伝われば、これから襲う都市の住人は抵抗する気をなくすだろう、と彼らは目論んでいたのだ。

モンゴルが襲った北部アフガニスタン〔バーミヤーン近郊〕のある町は――いや、私はその町が本来なんと呼ばれていたのかさえ知らないのだ。今日、その町はシャーリ・ゴルゴラ――「悲鳴の町」〔一説には、「亡霊の町」〕と呼ばれている。そこにあるのは瓦礫の山と泥と石だけだ。こうしたことから、モンゴル軍がヘラートのような大都市を攻撃する頃には、何百マイルも離れた土地から逃れてきた難民で都市の人口が膨れ上がっていたことは充分考えられる。これらの都市がついに陥落したとき、犠牲者にはその都市の住民だけでなく、周辺地域全体の住民が含まれていたのだろう。

どれだけの人が実際に命を落としたのか、それは誰にも知りえなかった。わざわざ戦場に赴いて死者を数えた者などいるわけもない。だが、これらの数字はたとえ統計的に正確でなくても、虐殺のスケールを伝えるには充分であり、これほどの殺戮、これほどの恐怖のただ中で生きる悲惨さを表現してあまりある。セルジューク家など初期のトルコ族に関しては、これに類する話はまったく伝わっていない。明らかに、モンゴルの侵略は桁《けた》違いの災厄だったのだ。

これらの数字の根拠が何であったにせよ、そこにはいくばくかの真実が含まれていたに違いない。ヒジュラ暦六五八年頃（西暦一二六〇）、二人の歴史家がそれぞれバグダードとデリーで史書を書き終えた。彼らはモンゴル軍の殺戮行為についてほぼ同様の叙述をしており、おおむね同程度の犠牲者数を記している。二人が知り合いだったとは考えられず、彼らがほぼ時を同じくして執筆していたことから、どちらかが他方の著述を典拠としたとも考えられない。したがって、どちらも当時の風説を、すなわちデリーからバグダードにいたる地域の人々が話していたことを記述していたのだ。

特筆すべきは、モンゴルがペルシアを襲ったときにカナート〔またはカレーズ〕を破壊したことだ。カナートとは古代から用いられてきた灌漑用地下水路のことで、川のない土地で農業に依存する社会にとっては文字どおりの生命線だった。カナートの一部は完全に破壊された。一部は砂を詰められただけだったが、これとても修理する人間が一人も生き残れなかったので、破壊されたと同様に消滅してしまった。アラブの地理学者ヤークート・アル・ハマウィー〔一一七九〜一二二九〕はモンゴルが襲来する二、三年前に現在のイラン西部からアフガニスタン北部、オクソス川北方の一帯にまたがる広大な地域について、肥沃な土壌に恵まれた豊かな土地と記していた。だが、モンゴルが

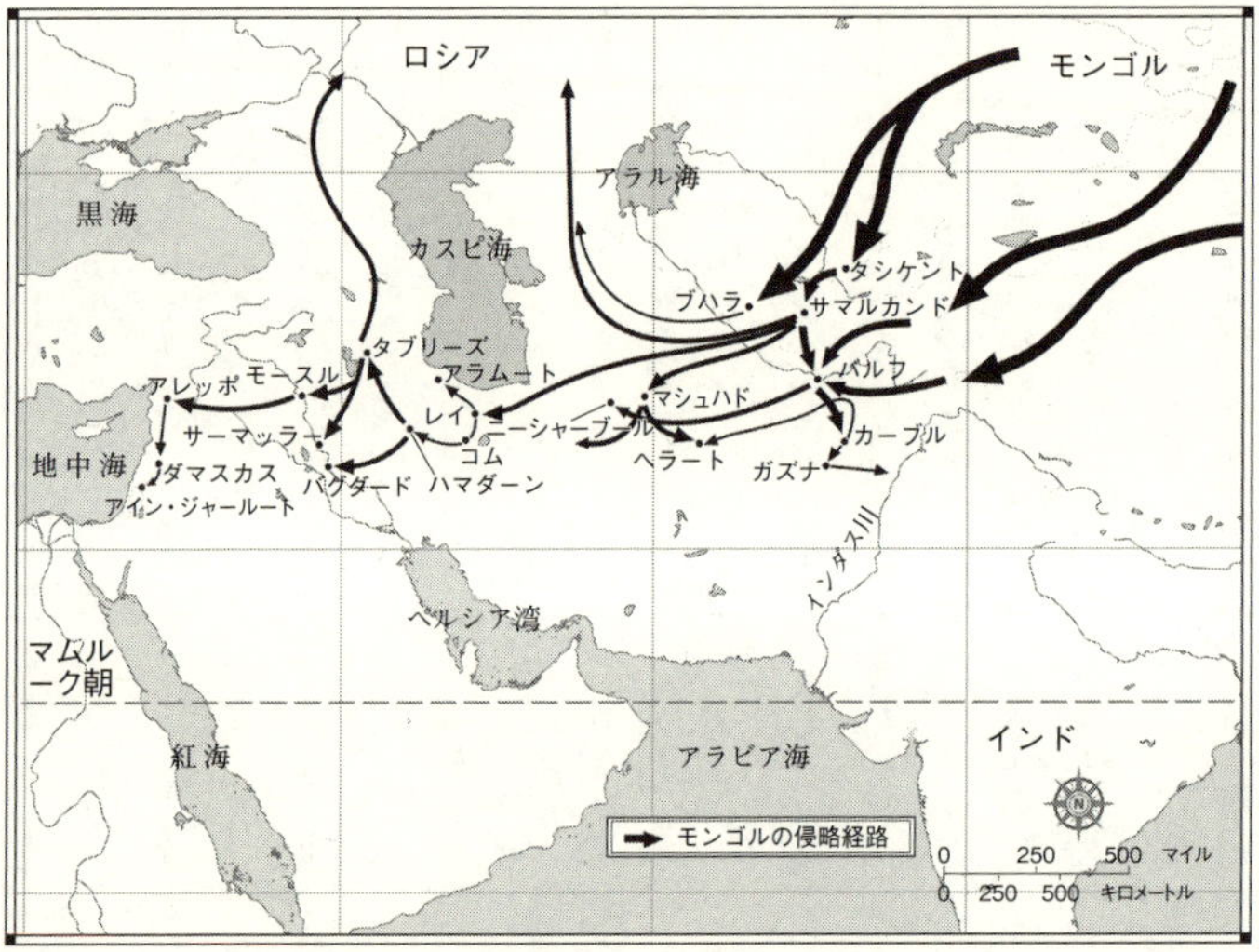

図12 モンゴルによるイスラーム世界の侵略

侵略した二、三年後には、この土地は砂漠と化していた。そして、今でもそれは変わっていない。

モンゴルの破壊行為が完了するまで、チンギスは生きながらえていなかった。ヒジュラ暦六二四年（西暦一二二七）にチンギスが没すると、彼の帝国は息子や孫息子たちのあいだで分割され、破壊や殺戮行為も引き継がれた。イスラーム世界の中核地域は、孫のフラグ〔フレグ。一二一七頃〜六五。イル・ハーン朝初代君主。在位一二五六／六〇〜没年〕が継承した。チンギスはいまだこの地域を完全には征服していなかったので、フラグは祖父がやり残した事業に取り組んだ。

アサッシン教団の最期とバグダードの消滅

モンゴルの副次的な殺戮行為とも称すべき奇妙な出来事が生じたのは、ヒジュラ暦六五三年（西暦一二五六）のことだった。この時、フラグはペルシアを西進中だった。アラムート近くに来ると、地元のムスリムの法官《カーディー》がこのモンゴルの君主に、近くに本拠を置くアサッシン教団を恐れていつも衣服の下に鎖帷子を着ていなければならないと訴えた。その後まもなく、スーフィーに変装した二人のフィダーイー（「自爆」攻撃をするアサッシン教団の刺客）がフラグを暗殺しようとして――失敗した。彼らはフラグの顎《あご》鬚《ひげ》を引き抜こうとしたのも同然だった。こうして、誰でも殺すことができるカルト教団が、一人残らず殺すことのできる軍隊にあいまみえたのだ。フラグは西進を一時中断して、アラムート城塞を急襲した。そしてアサッシン教団に対して、モンゴル軍がそれまで多くの人々に対してなしてきたこと、その後もなすであろうことを実行した。つまり、教団のメンバーを抹殺し、彼らの砦《とりで》を破壊し、彼らの記録や蔵書や書類の類いをすべて破棄した――この時にアサッシン教団の脅威に幕が引かれたのだ(9)。

アサッシン教団を片づけると、フラグはふたたびバグダード目指して進軍した。この地で、フラグは最後のアッバース朝カリフに威嚇的な書簡を送った。歴史家のラシードゥッディーン・ファズルッラーによれば、フラグはその中でこう述べていたという。「過去は終わった。汝の城壁を破壊し、汝の濠を埋め、王国を汝の息子に引き渡してから出頭せよ……もし、助言に従わないのなら……覚悟せよ。ひとたび余の軍が怒り狂ってバグダードを攻撃したら、たとえ汝が空中や地中に隠れようとも、余が引きずりだしてやる。汝の領土では誰一人生かしておかない。そして、汝の都市と国を焼き尽くしてやろう。もし、古くから続いた汝の一族に慈悲を垂れたいと望むなら、余の助言に従うのだ」

しかしながら、アッバース朝カリフ体制はこのところ息を吹き返していた。近年のカリフの中には、軍を率いて実権を握ろうと企てる者すら出現していた。フラグの書簡を受け取ったのは、こうした自信過剰なタイプの一人だった。第三七代カリフ〔ムスタアスィム。在位一二四二～五八〕は居丈高に、フラグにこう返信した。「若造よ、汝は成人したばかりで、永遠に生きられると思っているのだろう。汝は……おのれの権力は絶対だと思っておる……汝は戦略と軍隊と投げ縄をもってやって来たが、どうやって星を捕まえるつもりなのだ？　王子殿はご存じないのか、東から西にいたるまで、王から乞食にいたるまで、老人から子どもにいたるまで、神を恐れ、神を敬う者はすべて、余の朝廷の下僕であり、余の軍隊の兵士であることを？　余が合図をすれば、四方に散らばった者たちもすぐに結集する。余はまずイランに対処し、ついでトゥーラーンに注意を向けて、すべてをあるべき状態にしよう(10)」

バグダード攻撃は一二五八年二月三日に始まった。二月二〇日には、バグダードは征服されただけでなく、跡形もなく消え失せていた。モンゴルは――伝統に反するという理由で――高貴な血を流すことを禁じていた。そこで、彼らはカリフとその一族をそれぞれ絨毯で巻き、足蹴にし、踏みにじって殺害した。バグダードの住民といえば、フラグ配下のモンゴル兵士によって事実上一人残らず殺された。彼らが何人殺したのかは判然としていないが、それはバグダードに何人の人間がいたかにかかっている。ムスリムの情報源は犠牲者を八〇万人としているが、フラグ自身はもっと控え目に見積もっていた。フランス王〔ルイ九世〕に宛てた書簡の中で、彼は二〇万人殺しただけだと述べている。どちらの数字が正しかったにせよ、フラグはかねて公言していたとおり、バグダードに火を放った。図書館も学校も病院もみな焼け落ちた。公文書も記録類もみな焼失した。バグダードが大切に蔵してきた文明の産物のすべてが、黄金時代のイスラーム文明の栄華を伝えるもののすべてが、永遠に失われてしまったのだ。

唯一の勝者――マルムーク朝

モンゴル軍に抗してかろうじて踏みとどまったのは、エジプトの政権だけだった。それまで、モンゴル軍に純粋な軍事的敗北を喫せしめた者は地上のどこにも存在しなかった。

モンゴル軍の暴虐行為が始まったとき、エジプトは依然としてサラディンの子孫が統治していた。だが、アイユーブ朝は一二五〇年にはすでに年を経た王朝に特有の症状を呈していた。甘やかされた虚弱な人物が次々と玉座に座り、そのまわりを虎視眈々と玉座を狙うライバルたちが取り巻いていたのだ。そんなある日、後継者を明確に定めないまま、王が亡くなった。王の未亡人シャジャルッドゥッル〔シャジャラトゥッドゥッル。一二五七没。マムルーク朝初代スルタン。在位一二五〇。〕が一時的にスルタン位を継承したが、奴隷兵士のエリート部隊であるマムルーク軍が結束して、メンバーの一人を彼女と結婚させた。その結果、この男〔アイバク。在位一二五〇～五七〕がマムルーク朝の第二代スルタンとなった〔一二五〇年、アイユーブ朝君主直属のトルコ系マムルークによるクーデターで、マムルーク朝（～一五一七）が成立した〕。

フラグはバグダードを破壊し尽くすと南に進路を変え、過去何人もの征服者が通ったルートをたどった。けれども、エジプト屈指の名将ザーヒル・バイバルス〔一二二三～七七。マムルーク朝第五代スルタン。在位一二六〇～没年〕が、パレスチナの小村アイン・ジャールートでフラグ軍を迎え撃った。アイン・ジャールートとは

「ゴリアテの泉」という意味で、伝説によれば聖書の時代にこの地でダビデがゴリアテを倒したとされている。そして、この一二六〇年の戦いでは、バイバルスが〔羊飼いの少年〕ダビデに、フラグが〔ペリシテ人の勇士〕ゴリアテに相当した。(11)

ここで、ふたたびダビデが勝った（ちなみに、ムスリム軍はこの戦闘で、今日では大砲と総称されている新兵器の手砲《ハンド・カノン》を用いた。アイン・ジャールートの戦いは、火砲が重大な結果をもたらした最初の戦闘だったと思われる）。

その間にカイロでは、シャジャルッドゥッルとその夫がなぜか浴室で殺し合っていた——このおぞましい事件の詳細は今なお謎に包まれている〔シャジャルッドゥッルが嫉妬に狂って夫を殺害させ、みずからはその罪で夫の私兵によって逮捕・処刑された〕。混乱の巷と化したカイロに、やがてアイン・ジャールートの勝利の栄光に包まれたバイバルスが凱旋した。彼は当代のスルタンを殺してカイロを支配下に置き、みずからスルタンとなってマムルーク朝の基礎を確立した。

前述したようにマムルークとは奴隷のことで、そのほとんどがトルコ系だった。彼らは子どもの時に宮廷に連れてこられ、軍事技術全般を仕込まれた。ミドルワールドの歴史では、マムルークが主人を倒しておのれの王朝を樹立するのは珍しいことではなかった。しかしながら、バイバルスが体制を確立したマムルーク朝は、それら通常の王朝とは趣を異にしていた。

マムルーク朝は真の意味での「王朝」ではなかった。なぜなら、王位継承の原理が世襲ではなかったからだ。スルタンが没するたびに、有力なマムルークで構成されるスルタンの側近グループが、仲間の一人を選んで新スルタンに推戴した。その間にも、新手のマムルークたちが実力で軍団内の序列を上げ、ついには側近グループに加わった。このグループの誰にでも、次のスルタンになる可能性があったのだ。それゆえ、エジプトを統治していたのは特定の一族ではなく、新たな実力者の参入によって序列が絶えず更新されるマムルーク軍団だった。これは一種の能力主義であり、この制度はうまく機能した。マムルーク朝の統治のもとでエジプトはアラブ世界の指導的な国家となり、今日にいたるまでその地位を手放したことはない。

ムスリムの勝利――モンゴルのイスラーム化

　モンゴルは電光石火の勢いでイスラーム世界を征服したが、ムスリムは最後には形勢を挽回した。彼らは戦争によって領土を奪い返したのではなく、モンゴルをイスラームに改宗させることをつうじてムスリムの領域に取りこんだのだ。まず、一二五七年にベルケ〔キプチャク・ハーン国（ジョチ・ウルス、金帳汗国）第四代君主。在位一二五五／五七～六六／六七〕が改宗した。ベルケの後継者の一人トデ・モンケ〔第六代君主。在位一二八〇／八二～八七〕は改宗したのみならず、スーフィーと名乗った。これ以後、ペルシアを統治するモンゴル一族から、ムスリム風の名前を有する君主が多数出現した。一二九五年にはスルタン・マフムード・ガザンことガザン・ハーン〔在位一二九五～一三〇四〕が、イル・ハーン国の第七代君主に即位した。仏教徒だったガザンがシーア派イスラームへの改宗を宣言すると、家臣のモンゴル貴族たちも時を移さず改宗した。その後、ガザンの子孫はムスリムのイル・ハーン朝としてペルシアを統治した。

　イスラームに改宗したガザンは、支配地の人民にもっと寛大に接するようモンゴル貴族に命じていた。「余はペルシアの農民を擁護するつもりではないが」と前置きしたうえで、こう諭したのだ。いわく、「もし、そのほうが都合がよいなら、余は農民からすべてを略奪しよう——余以上にそうする力をもっている者はいないのだから。みなで奪い取ろうではないか！　だが——もし、汝らが農民を強奪し、彼らの雄牛や種を奪い、彼らの作物を貪り尽くしてしまえば——いったい将来はどうするというのか？　また、農民の妻や子どもたちを鞭《むち》打ち痛めつけるときには、われらにとって自分の妻や子どもたちが愛しいように、農民にとっても妻子が愛しいことを思いやらねばならない。われら同様、農民も人間なのだ」(12)と。フラグやチンギスだったら、こんなことはとうてい言わなかっただろう。ガザンの言葉は、モンゴルという災厄が過ぎ去ったのちに、ようやくイスラームと文明が甦《よみがえ》りつつあることを示す小さな徴《しるし》だった。

第一〇章　再生

ヒジュラ暦六六一～一〇〇八年
西暦一二六三～一六〇〇年

ムスリム神学の危機――敗北の意味

モンゴルによるホロコーストは、ヨーロッパの暗黒時代のようにゆっくりと始まり、徐々に終わったのではない。これはきわめて恐ろしい出来事だったが、一過性の爆発のようなものだった。それはむしろ、十四世紀にヨーロッパを席巻した黒死病や、二十世紀に全地球的規模で破壊をもたらした両次の世界大戦のようなものだったのだ。

プリンストン大学の歴史学者バーナード・ルイス〔一九一六生〕を筆頭に、一過性であったことをもってモンゴルの所業は実際にはそれほど悪くなかったと主張する人々がいる。たしかにモンゴルはいくつもの都市を丸ごと破壊したが、その明るい面を見るならば、多くの都市を無傷で残したではないか、と彼らは言う。ルイスにいたっては、「現代の基準からすれば」モンゴルによる破壊は「些細なもの」だったとまで述べている。彼はその論拠の一つとして、イスラーム文明が急速にモンゴルを吸収したという事実を挙げている。モンゴルがペルシアに樹立したイル・ハーン朝は、やがてシーア派を奉ずる温和なイスラーム国家に変容した。征服地の人民が信仰する宗教に改宗することによって、モンゴルはイスラーム世界に新鮮な風を吹きこみ、新しい精神や数多の斬新な思想をもちこみさえしたのだ。

これはそのとおりだ。とはいえ、上述したような主張は、二十世紀の両次の世界大戦はつまるところ「些細なもの」だったと言うに等しい。数千万もの人間が殺されたが、きわめて多くの人間は殺されなかったうえに、ロシア、ドイツ、フランス、イギリスなどの国々が破壊されたものの、これら諸国はすみやかに復興して今日の姿になったからだ、と。

さらには、チンギス・カンとその血を引く後継者たちを賞賛する者まで現われた。彼らが大量虐殺を行なったのは残酷さゆえの所業ではなく、熟慮のうえの戦略であり、いくつかの都市を完全に破壊したのは、そのほかの都市が無抵抗で降伏するよう仕向けるためだった、というのである。こうした分析を読んでいると、モンゴルは不要な流血を避けるために最善を尽くしていたと思ってしまうではないか！

たしかに、チンギスからフラグにいたる史上名高いモンゴルの征服者たちも、彼らの子孫の（西洋ではタメルランと呼ばれた）ティムール・イ・ラングに比べれば善人だったと思えるほどだ〔ティムール・イ・ラングはペルシア語で「びっこのティムール」を意味し、この呼称が伝わってタメルランという呼称を生んだ〕。ティムール〔一三三六～一四〇五。ティムール朝創設者。在位一三七〇～没年〕は十四世紀後半の中央アジアで頭角を現わし、ひたすら暴虐のかぎりを尽くして無数の人命を奪った。ティムールはいわば、チンギス・カンとともに始まった恐怖の時代の掉尾《ちょうび》を飾ったといえるだろう。いや、彼はむしろ、映画に出てくるモンスターのような存在だった。死んだかと思われたのちにビクッと尾を動かし、その最後のひと振りでまたしても凄まじい破壊の連鎖を引き起こしたのだ。

ティムールにとって、殺戮《さつりく》は深謀遠慮に基づく戦略の一環というにとどまらなかった。どうやら彼は殺戮すること自体を楽しんでいたようだ。征服した都市の門外に切り取った首をピラミッド状に積んで悦に入っていたのは、(チンギスではなく)ティムールだった。捕虜を生きたまま窓のない高い塔の中に突き落とし、塔の縁まで死体でいっぱいにしたのも、やはりティムールだった。彼は死体の山を築きながら小アジアまで進軍し、血の海をつくりながらインドまで進軍した。デリーまでの路上には無数の死体が腐るにまかせて放置されたので、その周辺地域は数ヵ月ものあいだ人が住めなくなった。ティムールの暴虐行為はあまりに凄まじかったので、いかなる世界史も彼の所業にいくばくかの紙幅を割いてきた。けれども、それは本質的に無意味な行為だったので、深く考察するには値しない。彼は来て、見て、殺した。彼が死ぬと、その広大な帝国はまたたくまに分裂した。そして、今日ではティムールについて、恐ろしい人物だったということ以外はほとんど記憶されていないのだ。

それゆえ、純然たる残忍さを発揮したという点に関しては、チンギス・カンは子孫のティムールよりましだったように思われる(少なくともティムールはチンギスの子孫と主張していたが、その血統は今でもはっきりしていない)。だが、チンギス・カンら初期のモンゴルが成し遂げた征服事業は、ティムールのそれよりはるかに大きな影響を及ぼした。彼らは歴史の道筋を変えたのだ。

何よりもまず、彼らはムスリムの神学に危機をもたらした。これに対してムスリムはさまざまに反応したが、その余波は今日まで尾を引いている。かかる危機が生じたのは、神学者と法学者のみならずおおかたのムスリムがそれまでずっと、イスラームの軍事的成功は啓示が真なることを証明していると思いこんでいたからだった。もし、勝利が啓示の正しさを意味しているのであれば、敗北は何を意味しているのだろうか？

ムスリムはそれまで地上のどこでも——悪夢の中ですらも——これほど徹底的な敗北を喫したことはなかった。アラブの歴史家イブン・アル・アスィール（一一六〇～一二三三／三四）はモンゴルの暴虐行為を「前代未聞の恐るべき災厄」と称し、世界はこれに類することを「今から終末の日まで」二度と経験しないだろう、と述べていた。著名なムスリムの歴史家の中には、モンゴルの襲来を世界の終わりの前兆とみなす者も、モンゴルの勝利を神がムスリムを見捨てた証《あかし》とみなす者もいた(1)。

十字軍はともかくもキリスト教徒の集団だったが、モンゴルは「啓典の民」ですらなかった。モンゴルの度重なる勝利はムスリムの神学に難問を突きつけた。神学者は懊悩の淵《ふち》に沈み、一般信徒はおのれの信仰を試された。暗雲のように疑念が広がるのを多くの人々は感じていただろうが、それを知的に処理することはできなかった。とくに十字軍後のメソポタミアでは、ムスリム共同体が史上最大の破壊を被ったバグダード襲撃以後、ウンマを普遍化することが歴史の目的であるという前提を受け入れていた思索的な人々は、一人残らずこう自問していたことだろう。「いったい何が間違っていたのだろうか？」と。

イブン・タイミーヤとサラフィー主義

シリアの法学者イブン・タイミーヤ〔一二五八～一三二六〕は激烈な反応を示した。彼の一族は現在のシリアとイラクとトルコが接する地点にほど近いハッラーンの出身で、この町はまさにモンゴル侵略軍の通り道に位置していた。彼の家族はフラグの暴虐を恐れて、書物だけを手に着の身着のままで逃走し、ようやくダマスカスにたどり着いた。イブン・タイミーヤはダマスカスで成長し、標準的なイスラーム諸学を学んだ。その優秀さは群を抜いていたので、彼はまだ若い時分にファトワー〔学識と篤信で知られる法学者が私的・公的請託を受け、特定の法的問題について口頭または書面で提示する法的意見〕を発する資格を認められた。

激しい恐怖心は過激な意見を育みやすい。そして、イブン・タイミーヤもまた時代の子だった。故郷を捨てざるを得なかった彼の家族には、常に不安がつきまとっていた。それゆえ、モンゴルという災厄の意味を解明する際に、そうした感情が作用していたことは疑問の余地がない。あるいは、彼の生来の性向がいついかなるところで生まれたかには関係なく、彼に独特な見解を育ませたのかもしれない――それは誰にもわかりはしない。だが、いまだ十字軍の余燼《よじん》が燻《くすぶ》り、モンゴルに襲撃されたばかりのシリアでは、イブン・タイミーヤは少なくとも彼の話に進んで耳を傾ける聴衆を見出すことができた。もし、彼が生まれていなかったとしても、その話に納得した人々は、同様の見解を語る別の誰かを見つけただろう。

イブン・タイミーヤの主張は以下の三点に要約できる。その第一は、イスラームに誤りはなく、啓示に偽りはなく、ムスリムの勝利をそれらの証とみなすことに虚偽はなく、問題はムスリムにある、ということだった。「真の」イスラームの実践をやめてしまったがゆえに、神はムスリムを脆弱にされたもうた。勝利の道に戻るためには、クルアーンに立ち帰り、イスラームから新しい思想や解釈や革新の類いを一掃しなければならない。ムハンマドと教友たちの宗教的な生き方、彼らの価値観と理想に立ち戻り、日常生活の物質的な些事にいたるまで彼らを模範にしなければならない。イスラームの最も初期の時代に定められた掟こそが、最も優れた掟である。これがイブン・タイミーヤの法学的信条の核心だった。

第二に、イブン・タイミーヤは礼拝や断食、欺瞞《ぎまん》を働かないと誓うこと等の神聖な宗教実践に並ぶものとして、ジハードを全ムスリムに課せられた枢要な義務と位置づけた。そして、イブン・タイミーヤにとって、ジハードとは「武器をもって立ち上がること」を意味していた。彼に言わせれば、ウンマが特別な存在であるのは軍事的な共同体であるからにほかならない。ムハンマド以前に神の啓示を受けた預言者は誰一人、「あらゆる人間にあらゆる正しいことをせよとは命じなかった。また、あらゆる人間にあらゆる誤ったことをするなと禁じもしなかった」。彼らの一部は「武装闘争にまったく与からなかった」。武装闘争に身を投じた者も、単に「彼らの土地から敵を追いだすためか、抑圧者に抵抗するために」闘ったに過ぎない。イブン・タイミーヤからすれば、こうした限定的かつ防衛的なジハード観は誤っており、ジハードとは積極的に闘争することにほかならなかった。その目的は、おのれの生命や家庭や財産を守ることだけでなく、アッラーに服従する人々の共同体を拡大することなのだ。

イブン・タイミーヤ自身もモンゴルとの戦争に従軍していた。ところが、彼が戦ったモンゴルはすでにイスラームに改宗していたので、ムスリムがムスリムと戦うことの是非が問題になった。だが、彼らは真のムスリムではないという理由で、改宗したモンゴルとの戦闘は合法的なジハードである、とイブン・タイミーヤは結論づけた。彼はまた、キリスト教徒、ユダヤ教徒、スーフィー、彼とは異なる宗派を信奉するムスリム——主としてシーア派信徒——にも敵対した。彼はある時、一人のキリスト教徒が預言者ムハンマドの名誉を傷つける言葉を弄しているのを小耳にはさんだ。その晩、彼は友人と二人でそのキリスト教徒を見つけだし、叩きのめしたのだ。

かかる攻撃的な姿勢が一部の同時代人のあいだで共感を呼んだ理由は、読者にも理解できるだろう。基本的に、彼はこう訴えていたのだ。「われわれは異教徒のモンゴルや十字軍の輩《やから》にやられっぱなしではいられない。力を合わせて逆襲しよう。単一の教義のもとに結束し、力を結集しよう!」と。声高に団結を求めるこの手の言葉は、外部からの攻撃にさらされた社会には必然的にアピールする。そして、当時のイスラーム世界はすでに一世紀以上にもわたって、恐ろしい攻撃にさらされていたのだ。

正当なジハードの対象は非ムスリムにとどまらず、異端の徒や、転向者や、分離主義者にまで広げられた。これらの敵のリストには、クルアーンとハディースを文字どおりの意味から逸脱して解釈することによってイスラームの修正を目論むムスリムや、宗派の分離を助長しているムスリムも含まれていた。

イブン・タイミーヤはけっして、自分がおのれの解釈を他者に押しつけていると認めなかった。自分はただ、不当な解釈そのものを一掃するために奮闘し、聖典に戻れとムスリムに呼びかけているだけだ、と主張していた。あたかも、クルアーン（とハディース）は絶対的なものとして存在し、人間の解釈をいっさい受けつけない、とでも言うように。

ある人々を異端の徒や分離主義者と決めつけるというのは初期イスラームの精神ではなかった、と思う向きもあるだろう。後継者をめぐる数多の論争、時には血塗られた論争についても、それはいえるだろう。ムハンマドも初期のムスリムの大多数も、ムスリムになりたいと欲する者はムスリムであると概して認めていた（もっとも「偽善者」――ウンマを内部から損なうためにムスリムを装う不信仰者――は明らかにそのかぎりではなかったが）。ムスリム志願者をすべて受け入れたからこそ、ウンマは「ムスリム」という概念についての見解の相違を識別し、理解することができたのだ。けれども、イブン・タイミーヤはムスリムのあるべき姿はただ一つしか存在せず、ムスリムの主たる義務は唯一のあるべき姿を明らかにし、それに従うことだとあくまで主張した。そこには解釈が入りこむ余地はなかった。なぜなら、人間がイスラームについて知るべきことはすべて、クルアーンに明確に記されているからだ。

第三に、イブン・タイミーヤは原初のムスリム共同体の生活は完璧だったという神話をつくり、ムハンマドの教友たちをアル・サラフ・アル・サーリヒーン、すなわち「敬虔な（あるいは原初の）祖先」と称した〔サラフの原義は祖先で、成立期のウンマを支えた初期世代の優れた人々を意味する〕。彼の教義はやがてさまざまな形をとって、サラフィー主義〔サラーフィズム。後代の逸脱や歪曲を排して、サラフの原則や精神への回帰を目指す思想・運動。十九世紀以降のイスラーム復興運動の主流をなす〕と呼ばれる運動としてインドや北アフリカで復活した。サラフィー主義は今日まで生きつづけ、この言葉は「イスラーム主義者」に関するニュースにしばしば登場している。サラフィー主義はここで、モンゴルによるホロコーストの影の中で生まれたのだ。
イブン・タイミーヤは存命中にさほど多くの信奉者を得られず、大衆からあまり好かれていなかった。それはおそらく、庶民が彼らなりのイスラーム観に組みこんでいた民間信仰的な宗教実践や、聖者ゆかりの地に参詣することまで、イブン・タイミーヤが厳しく非難したからだろう。いかに偉大な人物であれ、所詮は人間を崇敬するのは「敬虔な祖先」の教えに反する、とイブン・タイミーヤは断罪したのだ。

権力者は大衆以上にイブン・タイミーヤを嫌っていた。なぜなら、彼らがすでに確立されたものとして受け入れていた諸々の掟を、イブン・タイミーヤは公然と非難したからだ。彼が下した裁定について釈明するようウラマーの審議会に召喚されると、イブン・タイミーヤはウラマーの権威を否定し、彼らは革新と解釈に屈服することによって正当性を失ったと非難した。彼の教説の一つ一つが俎上に載せられたが、イブン・タイミーヤはウラマーといっさい妥協しなかった。それらの具体的な争点は、非ムスリムには取るに足りない瑣末《さまつ》な問題としか思えないだろう。たとえば、夫が妻に「私はお前を離婚する」という宣言を三度目にした場合、それは単に最終的な離婚宣言であるのか、それとも、以後は絶対に復縁できない決定的な離婚宣言なのか、というような問題が争点になった。体制主流派は復縁できないと裁定したが、イブン・タイミーヤは最終的な宣言だが復縁は妨げないと主張した。この事例においては、主流派はイブン・タイミーヤを牢屋にぶちこむことによって、議論に決着をつけた。彼は実に長い時間を獄舎で過ごし、ついには獄死した。

イブン・タイミーヤはイスラームとは何かについて――彼が生きた十三世紀におけるイスラームの本質についてさえ――簡潔に述べていない。この問題に関しては、実に多様な学派が実に多様なアプローチを行なっている。けれども、多くの宗教指導者や政府高官を憤らせたイブン・タイミーヤの姿勢そのものが、それ以外の人々の多くが彼を崇拝する原因となった。彼はアッバース朝時代初期に創始されたハンバル派に属していた。その名祖の法学者イブン・ハンバルは、理性を最重要視し、理性だけでこと足りるとする一派に猛然と反対した。彼はクルアーンを文字どおりに読み、直解主義的に応用することを頑強に主張し、教義を展開する方策としての類推〔キヤース〕による論証でさえ否定するのが常だった。イブン・タイミーヤも然りだった。イブン・ハンバルもイブン・タイミーヤも、頑固で闘争的で不屈な性格だった。二人がいずれもその思想ゆえに獄につながれたという事実は、彼らの思想にどれほどの知的な価値があったかという問題とはまったく無関係に、ともすれば人々に彼らの事績を気高いものと思わしめた。

勇気と真理を同一視するという現象は史上しばしば出現し、今日でさえ見受けられる。ちなみに、深夜トーク番組の司会をつとめていたビル・マー〔一九五六生〕は、九・一一のハイジャック実行犯は勇敢だったとほのめかしたばかりに、ネットワーク放送局から追放された〔遠くからミサイルを飛ばしているアメリカ軍のほうが臆病だ、とビル・マーは指摘した〕。その行動や思想が邪悪な人間にはいかなる肯定的な属性も結びつけてはならない、と世間一般の良識は要求するのだ。不運なことに、かかる方程式に従えば、勇気をもって弁護しさえすれば、疑問の余地のある思想でも正当化できることになる。あたかも、臆病者は真実を語れるはずがなく、勇敢な者が虚偽を語ることはありえない、というかのように。かつてイブン・ハンバルは、こうした偏った思考パターンのおかげで名声を得た。そして今、イブン・タイミーヤもその恩恵に与ったのだ。

世評によれば、イブン・タイミーヤは四〇〇〇冊の小冊子と五〇〇冊の書物を著わしたとされている。これらの著述によって、彼は一粒の種を蒔いた。その種はすぐには芽を出さなかったが、生命を失うこともなかった。それはイスラーム文化の表土の下にひっそりと横たわり、発芽に適した時期が来るのをじっと待っていた。それから四世紀半後に、いよいよ発芽に適した環境が整った。

スーフィー教団の形成

イスラーム世界が衰退する傾向は数世紀前から兆していたが、それはモンゴルという災厄によって一段と加速された。かかる状況に対して現われたもう一つの反応は、サラーフィズムより温和で、大衆により人気のあったスーフィズムが全盛期を迎えたことだった。イブン・タイミーヤのイデオロギーが直解主義に凝りかたまり柔軟性を欠いていたのに対して、スーフィズムは寛容で非教条主義的だった。実際、「酔った」スーフィズムは（「醒めた」スーフィズムとは異なり）、異教徒の侵略者に劣らずイブン・タイミーヤの心を掻き乱していた。なぜなら、彼にとって異教徒はイスラームを襲う外部の敵に過ぎなかったが、スーフィズムはウンマを規定する唯一の教義を拡大解釈し、その輪郭を曖昧にすることによって、ウンマを蝕《むしば》む狡猾な内部の敵にほかならなかったからだ。

スーフィズムはきわめてイスラーム色の濃い神秘主義で、その思想や情念の面で仏教やヒンドゥー教の神秘主義と共通する部分を有していた。スーフィーと呼ばれる人々は官僚主義化した宗教に飽き足らず、内省を深め、神との神秘的合一を遂げる道を模索していた。

何を目指しているかについては、スーフィーたちの思いはほとんど一致していた。けれども、目的に到達する方法については各人各様の考えをもっており、それぞれ独自の霊的技法を信奉していた。あるスーフィーが目的に向かって大きく前進したらしいという噂が広まると、数多の求道者が指導を求めてくだんの人物のまわりに群がった。真理を会得した者のカリスマに直接触れれば超越を求めるおのれの修行が活気づけられるだろう、と人々は期待したのだ。このようにして、傑出した個々のスーフィーを中心に「スーフィー兄弟団」が形成された。これら求道者の集団は導師の指導のもとでともに暮らし、ともに働き、ともに信仰行為を実践した。彼らの導師はシャイフもしくはピアと称された（前者はアラビア語、後者はペルシア語で、ともに「長老」を意味する語である）。

スーフィー兄弟団の典型的な例では、シャイフの側近中の側近たる二、三人の弟子が導師として自立する資格を認められ、シャイフの没後はそのうちの一人が師の権威を受け継いで、その兄弟団を引きつづき指導した。ほかの高弟の中には、独立して新しいスーフィー共同体をつくる者もいた。彼らは旧師の教えを説きつつ、自身の弟子を増やしていった。スーフィー兄弟団はこうしてスーフィー教団に発展し、神秘的な技法にまつわる伝承が導師から入会者へと直接伝えられ、それが何年、何十年、何百年と続いたのだ。

成功したスーフィー教団には、スーフィーの道を極めたシャイフが途切れることなく存在していたものと思われる。シャイフはハーンカーと呼ばれる修道場に居住し、たいていは彼らのムリード（霊的な弟子）たちと共同生活を営んでいた。ハーンカーでは旅人には食物が、異邦人には慰めが供された。やがて、スーフィー教団はある意味で、キリスト教の修道会のイスラーム版となった。中世のキリスト教修道会はヨーロッパ中に修道院と女子修道院を設け、修道院に隠棲した人々は霊的な努力を日々の務めとしていた。

しかし、スーフィー教団はきわめて重要な点で、キリスト教の修道会と異なっていた。第一に、修道会はいずれも厳格な会則を定めており、修道士と修道女は修道院長ないし女子修道院長の指導のもとに戒律に従って生きなければならなかった。これに対して、スーフィー教団はずっと規律が緩やかで形式張っておらず、仲間付き合いに主眼を置いて、外面的に課される規律はさほど重視していなかった。

さらに、キリスト教で修道誓願を立てるということは、いずれの修道会であっても、世俗の生活を棄てて肉の「禁欲」を守ることを意味していた。それは、キリスト教が本質的に個人の救済を重視し、エデンの園で性欲を発見した「原罪」ゆえに人間は生まれながらに罪人であり、救済を必要とするとみなしているからにほかならない。この罪ゆえに、人間の霊魂は物質世界で生きる（とともに死ぬ）肉体に幽閉されることになったのだ。

修道士や修道女はとりわけ人間の堕落した状態を象徴する世間からみずからを隔離するために、修道会に加わった。肉体こそが問題であるという理由で、彼らはおのれの肉体を罰することに専念した。彼らは当然のこととして禁欲を実践した。なぜなら、キリスト教は霊性を性欲の治療薬とみなしていたからだ。

しかしながら、イスラームでは個々の霊魂の救済にではなく、完全な共同体を築くことに重点が置かれていた。人間は救済されるべき罪人ではなく、服従を命じられた下僕だった。人間は何ら罪を負わずに生まれてくる。そして、至高の高潔な状態に到達することも、最低の堕落した状態に落ちることもできるのだ。[2] スーフィー教団のムリードは救済されるためにではなく、より高い状態に到達するために教団に加わった。彼らが修行に励んだのは、おのれの肉体を罰するためではなく、おのれのエネルギーをアッラーのみに注ぐためだった。たとえば、断食は肉体を苦しめんがための行為ではなく、自己を修養するための行為だった。彼らは禁欲と霊性を同一視することもなく、世間から隠遁することもなかった。おおかたのスーフィーとスーフィー志願者はそれぞれ生業に精を出し、売り買いをし、結婚し、子どもを育て、出征もしていたのだ。

そればかりか、スーフィー教団の中には、フトゥーワ〔元来は若者らしさを意味するイスラーム的倫理。正義の遂行、言行一致、勇敢さ、忍耐、誠実などがその徳目とされる〕と呼ばれる倫理的価値を奉ずる神秘主義的な騎士団に発展するものも現われた。フトゥーワは、宮廷風恋愛や騎士の誉れを追求したヨーロッパの騎士道精神に似ている。その影響が西から東に広まったのか、その逆だったのか、あるいは双方向に広まったのかについては、今なお議論されている。だが、この問題には立ち入らないでおこう。

いずれにしても、スーフィーはフトゥーワ的な理想を最初期のウンマのヒーローたちにまつわる逸話によって描きだした。それらの逸話は神話とも詩とも受け取れる類いのものだが、その一例を紹介しよう。若い旅人が一人の老人を殺したかどで逮捕された。被害者の息子たちがこの若者をカリフ・ウマルのもとに引ったてると、彼は自分の犯行を認めた。情状酌量が認められる状況だったが、旅人はそれを申し立てることを拒否した。一人の人間の命を奪ったのだから、自分の命で贖うしかない、と。けれども彼は、一つだけ願いを聞いてほしい、家に帰って用事をすませられるよう刑の執行を三日間猶予してもらえないだろうか、と訴えた。実は孤児を引き取って養育しているのだが、その子が相続した遺産を誰も知らないところに埋めておいたので、自分が死ぬ前にそれを掘りださなかったらその子は文無しで残されてしまう。保護者が犯した罪ゆえに、子どもが苦労するのは公正ではない。「もし、私を今日行かせてくれたら、必ず三日後に戻ってきて刑に服します」と、この殺人者は懇願した。

カリフはこう応じた。「よし、わかった。ただし、その条件として代理人を指名せよ。お前が戻らなかったときに、その身代わりとして刑に服することに同意する者を」

これを聞いて、若い旅人はすっかり当惑してしまった。この地方には友人も親戚もいない。身代わりになって処刑されるリスクを負うほど、自分を信用してくれる赤の他人がいるだろうか？ その時、預言者の教友だったアブー・ザッル〔六五二没〕がこの若者の代理になると宣言した。こうして、殺人者は出発した。

三日後になっても、彼は戻らなかった。これには誰も驚かなかったが、哀れなアブー・ザッルのために誰もが悲しんだ。アブー・ザッルは従容として首切り台に頭を載せた。処刑執行人が斧に油を塗り、まさに首を切ろうとしたときに、くだんの若者が馬で駆けつけた。馬は埃まみれで、身体じゅうに汗をかいていた。「申し訳ありません、遅れてしまって、本当にすみません。でも、やっと戻れました。さあ、刑を執行してください」

一部始終を見守っていた群衆は驚嘆した。「お前は拘束を解かれて自由の身になった。誰も連れ戻すことはできなかっただろう。なぜ、戻ってきたのだ？」

「なぜなら、私は戻ると言ったからであり、また、ムスリムだからです」と、若者は答えた。「いったいどうして、ムスリムはもはや約束を守らない、などという口実を世間に与えられましょうか？」

群衆はアブー・ザッルに向き直った。「あなたはこの若者と知り合いだったのですか？　その気高い性質を知っていたのですか？　だから、彼の代理になったのですか？」

「いいえ」と、アブー・ザッルは答えた。「これまで彼に会ったこともありません。けれども、いったいどうしてこの私が、ムスリムはもはや慈悲深くない、と世間が言いはやす原因になれましょうか？」

殺された老人の近親者たちはいまや跪《ひざまず》いていた。「この若者を処刑しないでください」と、彼らは嘆願した。「いったいどうして私たちが、イスラームに寛容の精神は存在しない、と世間に言わせる元凶になれましょうか？」

スーフィーの騎士道精神を奉ずる人々の多くは、その淵源をアリーに求めていた。それは必ずしも彼らがシーア派信徒だったからではなく、強さと勇気と敬虔と名誉が理想的に結びついた完璧な騎士というアリーの伝説的な名声のなせる業だった。こうしたアリー像を物語るものとして、たとえば以下のような話が伝わっている。イスラームの命運を決した初期の戦争が行なわれていたある日、一人の若者が剣を振りまわしながらアリーに迫ってきた。アリーはこの男にこう問いかけた。「無謀な若者よ、私が誰だか知らないのか？　私はアリーだ！　お前には私を倒せない。私がお前を殺してやろう。なぜ、お前は私を襲おうとしたのか？」

「恋をしているからです」と、若者は答えた。「あなたを殺したら私のものになる、と恋人が言うのです」

「だが、私とお前が闘ったら、私がお前を殺す公算のほうが大きいぞ」と、アリーは指摘した。

「恋のために死ぬ以上によいことがありましょうか」と、若者は応えた。

この言葉を聞くと、アリーは兜《かぶと》を脱いで首を差しだした。「ここを突き刺せ」と。

ところが、アリーが他人の恋のために歓然として死のうとする姿を目の当たりにするや、若者の心は燃えたち、一人の女性に対する恋心はより高尚な存在、すなわちアッラーを激しく求める思いに変容した。アリーは一瞬にして、平凡な若者を啓発されたスーフィーに変えてしまったのだ。(3) こうした伝説の数々が、ムスリムの騎士たちを鼓舞していた。

小アジアの神秘家たちと詩人ルーミー

スーフィー教団はイスラーム世界のいたるところで形成されたが、この勢力が最も重大な結果をもたらしたのは小アジアだった。小アジアはアナトリアとも呼ばれ、現在のトルコ共和国の領土の大半を占める地域である。まさにこの地で、モンゴル襲来後のイスラームの復活が始まったのだ。

小アジアでは、スーフィー教団はアヒー（フトゥーワに相当するトルコ語）と呼ばれる商人や職人の同業者組合《ギルド》と密接に結びついていた〔十世紀以後になると、フトゥーワに各種の宗教結社や職業集団の意味が加わり、その語義は多様化した〕。これらの団体は庶民にとって、激動する社会から彼らを守ってくれる緩衝材の役割を果たしていた。そう、人々はたしかに何らかの緩衝材を必要としていた。小アジアはすでに長期にわたって、トルコ系のムスリムとヨーロッパのキリスト教徒が戦う前線となっていた。セルジューク朝とビザンツ帝国はアナトリアの覇権を争い、この地をずたずたに引き裂いてしまった。かつてセルジューク朝の王族の一人がアナトリアにルーム・セルジューク朝〔一〇七五／七七〜一三〇八〕を樹立した（ルームとはアラビア語化されたローマの呼称である）。このスルタン国は主権国家としてかなり安定した地位を保っていたが、やがて十字軍兵士が領土を往来するようになると秩序が崩壊し、さらにセルジューク家の内紛によって政権の土台が揺らいでしまった。

十字軍に衰退の兆しが現われた頃には、さまざまなトルコ系諸侯が小アジア東部をおおむね支配していた。とはいえ、それはあくまでおおむねという程度の話だった。小アジア西部はビザンツ帝国がおおむね支配していたが、これもやはりおおむねというに過ぎなかった。いずれかがある土地の領有権を主張すると、他方は必ず強硬に異議を申し立てた。かくして、小アジアはキリスト教徒とトルコ族が混在し、統治者が存在しない無法地帯、敵味方が対峙する中間地帯と化していた。

嵐のようなモンゴルの襲撃によって、トルコ系遊牧民は次々に中央アジアのステップを追われた。彼らは群れをなして放浪した果てに小アジアにたどり着き、とうとうこの地に定住した。なぜ、彼らは小アジアを安住の地と感じたのだろうか？　それは、もともと遊牧民にはこうした無法状態の環境を好む傾向があったからだ。遊牧部族は独自のリーダーと法を有する自律的な自治組織であり、政府が課す法や秩序の類いをおのれの権利を侵害するものとしかみていなかった。紛争の絶えない前線地帯では、思うままに放浪し、好きなところで家畜に草を食《は》ませることができた。そして、彼らがかつて故郷と呼んでいたステップ地帯で育まれ、時の試練を経た伝統に従って、定住民を略奪して必要な物資を補うことができたのだ。

キリスト教徒は依然としてこの無法地帯に居住しており、小さな町や村が今でも存続していた。けれども、道路の安全を保障する政府も、店が強盗に襲われたときに助けてくれる警察も存在しなかった。火事や洪水などの災害が生じても、誰も住民の救助に駆けつけてくれなかった。公的な組織はすっかり崩壊していたため、トラブルに遭った場合に頼れるのは自分の氏族や友人と――自分が属するスーフィー兄弟団だけだった。

小アジア全域で新たにスーフィズムがさかんになるにつれて、巡歴の神秘家がこの地を放浪するようになった。その一部はペルシアやさらに東方からやって来たが、地元出身の神秘家もいた。彼らの多くは、霊的実践の一環として自発的に清貧を奉ずるデルヴィーシュ〔ペルシア語ではダルヴィーシュ。広義にはスーフィー教団の成員一般、狭義には住所不定の托鉢僧〕だった。彼らは神を瞑想することにすべての時間を捧げるため、働かずに施しに頼って生きていた。

これら放浪の神秘家はたいてい奇人でもあった。他人からの施しで命をつなぐのであれば、群衆の中で目立つことには何がしかの利点があっただろう。奇矯な行動で知られたカレンダー〔生没年不詳〕は放浪の神秘家の先駆けの一人で、多数の信者を引き連れて町から町へと巡歴した。信者たちは太鼓を叩いたり、朗誦したり、歌ったり、叫んだり、わめきながら、道行く人々にアッラーのもとに集まれと一心不乱に説き、さらに異教徒と戦えと煽りたてた。戦え、戦え！と。カレンダー一行は弊衣蓬髪《へいいほうはつ》というありさまで町の平安を乱したものの、人々の心に熱烈な感情を引き起こし、一風変わったものの見方を吹きこんだ。それゆえ、カレンダー一行が訪れたところでは、必ずといってよいほどカレンダー兄弟団が生まれた。

カレンダーのごとき狂気じみた神秘家たちから身を守るかのように、世間体を慮《おもんぱか》る人々はベクタシュ〔一二七〇頃没〕という謹厳実直な神秘家を信奉した。ベクタシュはいかにも修行者らしい禁欲的な姿勢に終始していたが、その性格には人々の心を掻き乱すような激しさがあった。だが、少なくともベクタシュは大声で叫ぶようなことはしなかった。彼はやがてウラマーのお気に入りのスーフィーとなった。

さらに、メヴレヴィー教団というデルヴィーシュ集団も現われた。知識人やこの道に通じた人々からこよなく愛されてきたメヴレヴィー教団は、詩人のジャラールッディーン〔一二〇七～七三〕を中心に形成された。彼はバルフで生まれたので、アフガニスタンではジャラールッディーン・イ・バルフィと呼ばれている。モンゴル勢がチンギス・カンのもとに結集しはじめた頃、彼はまだ少年だった。彼の父親は災厄が近づいていることを察知し、家族を連れて西方に向かい、いまだルーム・セルジューク朝支配下にあったアナトリアのコンヤを安住の地とした。そのため、この詩人は世界のほとんどの地域でジャラールッディーン・イ・ルーミー（「ローマ〔ルーム〕のジャラールッディーン」）と呼ばれている。

　ルーミーの父親は学識のある説教師で、みずから開いた学校で教えていた。ルーミーも成人すると〔父親の死後、各地で神学と法学を修めたのちに〕、その学校で教鞭をとるようになった。というのは、ルーミー自身も学識の深さで名声を博していたからだ。彼は伝統に則った宗教関連の論文を執筆し、それによって多大の尊敬を集めた。彼のもとには多数の学生が押し寄せ、講義の一言一句を聞きもらすまいと熱心に耳を傾けた。

　そんなある日、ルーミーの伝説的な生涯における決定的な瞬間が訪れた。彼の教室に、ぼろを着た見慣れぬ男が現われたのだ。その男は教室の後ろに座ったものの、沈黙を守ろうとはしなかった。突然大声で歌いだしては講義の邪魔をした――どうやら狂人のようだ。この奇矯なふるまいにまつわる話は、アレン・ギンズバーグ〔一九二六〜九七。アメリカの詩人でビート世代の教祖〕が初めて公開の場で『吠える』を朗読したときに、若き日のジャック・ケルアック〔一九二二〜六九。アメリカのビート世代の小説家・詩人〕がステージの縁に座って絶え間なく「ゴー！」と叫んでいたというエピソードを思い起こさせる。生徒たちは力ずくでこの乞食を教室から放りだそうとした。だが、ルーミーはそれを遮って、男に尋ねた。あなたは誰で、何を望んでいるのか、と。

「私はシャムセ・タブリーズだ。お前に会うためにやって来た」と、この見知らぬ男は答えた。

　すると、生徒たちが驚いたことに、ルーミーは本を閉じて教師の服を脱ぎ捨てた。そして、「私が教えるのはもう終わりだ。この方こそ私の先生だ」と言うと、シャムセとともに教室を去った。その後、彼は二度と戻らなかった。

ジャラールッディーンと放浪の神秘家シャムセ・タブリーズ〔一二四七頃没〕は互いに離れられない存在となった。二人は情熱的な絆で結びついていたが、それは純粋に精神的なものだった。その絆があまりに強かったので、やがてルーミーは自作の詩にシャムセの名を記すようになった。彼がこの時期につくった抒情詩は『シャムセ・タブリーズ詩集』としてまとめられた。シャムセに出会う以前からルーミーは著述家として名声を博しており、その著作も一〇〇年ほどは読み継がれたかもしれない。ところが、シャムセに出会って以後のルーミーは、文学史上最大の神秘主義詩人の一人となったのだ。

長い年月が経ったある日、シャムセは忽然として姿をくらまし、その行方は杳《よう》として知れなかった。その後、ルーミーは『精神的マスナヴィー』〔神秘主義叙事詩集成〕と題する一〇〇〇ページにおよぶ長大な詩をつくった。有名な冒頭の一節〔『葦笛の歌』〕で、ルーミーは一つの疑問を投げかけている。なぜ、葦笛《あしぶえ》が奏でる調べはかくも悲しく胸を突き刺すように響くのだろう、と。それから、彼はみずからこう答えている。なぜなら、川辺の土に根を下ろして育った葦は、葦笛にされるために慣れ親しんだ茂みから根ごと刈り取られてしまった。葦笛が奏でる調べの悲しい音色には、生まれ育った葦原との失われた絆を偲ぶ、葦の切ない思いがこもっているのだ、と。これに続く三万近い対句の中で、ルーミーは宗教的でありながら官能的な言葉を淡々と繰り返し、何百もの物語を紡いでいる。こうして、私たち人間という根無し草の葦笛がどうしたらその本源との絆を取り戻せるのかを語っているのだ。ルーミーは今日でも、英語圏ですら大きな影響力を有している。

英訳された彼の作品は、ほかのいかなる詩人のそれより売れているのだ(4)。

要するに、スーフィズムには万人に訴える何かがあったのだ。スーフィーの影響で遊牧部族はイスラームに改宗したので、彼らは教義を理解する以前にイスラームの情念を吸収した。スーフィー教団は職人のギルドや商人の組合、農民や貴族階級を構成する軍人集団と——あたかも網の目のように——密接に結びついていた。このばらばらに細分化された世界で、スーフィズムは異質の集団すべてを結びつけていたのだ。

オスマン帝国の夜明け

フトゥーワ的理想を奉ずるスーフィー兄弟団の一部は、やがて「聖戦の戦士」ないし「信仰戦士」という意味合いをもったガーズィーの集団に発展した〔ガーズィーのアラビア語の原意は「襲撃する者」〕。ガーズィー集団は、テンプル騎士団など十字軍の時代に相次いで結成されたキリスト教徒の宗教騎士団を連想させる。だが、イスラームには、これら騎士修道会を認可した教皇に相当する人物はいなかった。ガーズィーは自発的に長たるにふさわしい戦士を核として集団を形成し、カリスマ的な導師《シャイフ》からインスピレーションを得ていたのだ。彼らは特定のガーズィー集団の成員であることを示す徴《しるし》として、特殊な被りものやマントや装身具の類いを身につけた。集団に加入する際には誓願や誓約などの儀式が執り行なわれ、象徴的な意味をもつものや秘密めかしたものなど、少年たちが「秘密クラブ」を結成するときに用意するのと同様の小道具が使用された。

ガーズィー集団のメンバーは唯一の真の信仰を広めるための偉大にして勇敢な行動であるとし

て、キリスト教徒の領土に対する攻撃を生活の中心に据えていた。彼らはまさに、アーサー王伝説に登場する騎士たちのイスラーム版だった。

　こうしたガーズィー集団が大小含めて何百と誕生した。戦士たちは名声と幸運を求めて「国境」地帯に出撃した。「国境」とはビザンツ帝国がいまだに公式な領有権を主張していた領土との境界を意味していたが、国境の幅は広がる一方で、ビザンツ帝国の権威も疑わしくなるばかりだった。ガーズィー集団の首領はおのれの国と主張できるだけの土地を手に入れると、すぐさま「アミール」（ないしエミール）と名乗って、その小さな国をおのれの君侯国と宣言した。「アミール」というのは、かつては「指揮官」を意味するイスラーム独特の称号だったが、今ではむしろ「君侯」に近い意味を帯びるようになっていた。

　東アナトリアに多数のガーズィー君侯国〔アナトリア諸侯国〕が割拠するようになるにつれて、ビザンツ帝国の勢力圏は縮小し、無法状態の国境地帯はしだいに西方に後退した――皮肉なことに、これは国境地帯がガーズィー君侯国を大きく育てるという結果を招来した。係争地域が西に移動するにつれて、ガーズィー集団の戦士たちも移動した。彼らは既存の君侯国から出奔して、西方の無法地帯に進入した。そこでは、いまだに戦闘で武勲を立てることも、ついでに戦利品を手に入れることもできたのだ。

　しかしながらある時点で、西方の無法地帯がそれ以上後退しなくなった。なぜなら、ビザンツ帝国が死守していた首都のコンスタンティノープルに、前線があまりに近づいてしまったからだ。東方から流れてきたガーズィーたちは、ビザンツ軍と鼻を突き合わせて対峙している最前線の諸君侯国に集結しはじめた。アナトリアのほかの地方で征服戦争が下火になったのちも、戦士はここでなら少なくとも五〇年間は雇い主を見つけることができた。その結果、国境地帯の君侯国がますます強力になる一方で、東方の君侯国はしだいに弱体化した。かくして、まさにこの戦火のやまぬ国境地帯で、新しい世界帝国が誕生したのだ[5]。

一二五八年、フラグがバグダードを破壊したその年に、アナトリアの指導的なガーズィーの家にオスマン〔一世。一二五八頃〜一三二六〕という男の子が生まれた。オスマンの子孫一族はオスマン家(Othmanli)と呼ばれるようになった。西洋人は彼らの発音に従ってOttomansと綴っている。この一族がやがて強大な帝国を築くにいたったのだ。

といっても、オスマン自身が帝国を築いたわけではない。彼はかろうじて、小さいとはいえアナトリアで最強のガーズィー君侯国を築いたに過ぎなかった。彼の直近の先祖は中央アジア出身の遊牧民で、モンゴルの襲撃から逃れてきた四〇〇人ほどの氏族だった。オスマンは彼のルーツからさほど遠ざかっていなかった。オスマンの宮殿は彼の馬であり、玉座は鞍《くら》であり、執務室は鞍袋であり、オスマンの首都は彼が一夜を過ごす宿営地だった。オスマンが後継者たちに遺したのは、実は一つのプロセスだけだった。戦闘の季節がめぐってくると、彼は部下を率いて国境地帯に出撃し、キリスト教徒と戦って戦利品を分捕った。「オフ・シーズン」には、支配下の土地で何らかの生産活動に従事している定住民から税を徴収した。

オスマン家は強大になるにつれて、ある時は征服によって、またある時は対価を支払うことによって、ほかのガーズィー君侯国を吸収していった。かくして、かつては主権国家のエミールだったガーズィー集団の首領たちは、封建貴族に変身した。彼らはおのれの領地では依然として実権を握っていたが、さらに強大な権力をもったオスマン朝の君主には服従したのだ。

オスマン朝〔一二九九～一九二二〕が繁栄したのは、世襲王朝の成否を決する運に恵まれたからにほかならない。つまり、オスマン朝初期の歴代君主が総じて長命で、しかもきわめて有能だったのだ。たとえば、第三代スルタンのムラト一世〔一三二六～八九。在位一三六〇～没年〕は黒海を越えて征服活動を展開し、帝国領土にヨーロッパ側の土地を加える端緒を開いた。ムラト一世の治世にオスマン朝が馬上から統治する時代は終わり、この政権は首都〔エディルネ〕も宮殿も政府の官僚組織も税制も国庫も備えるようになった。オスマン朝の統治者たちは高度なイスラーム文明でうわべを飾ったが、それに加えてビザンツ宮廷の儀式や虚飾や典礼もいくつか採り入れていた。

第四代スルタンとなったバヤズィト一世〔一三六〇頃～一四〇三。在位一三八九～一四〇二〕は、デヴシルメと呼ばれる制度を創設した。この制度の概要は、ヨーロッパの領土からキリスト教徒の子どもを徴用してスルタンの宮廷に集め、ムスリムに強制改宗させたのちに一流の兵士に育て上げる、というものだった。これはまさしく、イスラーム史では馴染みのマムルーク制度の二番煎じだった。ただし、マムルーク制度ではトルコ族の少年がアラブ人かペルシア人の宮廷で育てられたのに対して、デヴシルメ制度ではキリスト教徒の少年がトルコ人の宮廷で養育された。デヴシルメ制度によって教育・訓練された兵士はイェニチェリ〔オスマン朝の常備歩兵およびその軍団〕と呼ばれた。この言葉は「新しい兵士」を意味するトルコ語のYeni Ceriが転訛《てんか》したものである。

バヤズィト一世のイェニチェリは、臣下の封建諸侯の桎梏《しっこく》からスルタンを解放した。彼らはつい先だってまでは独立したガーズィー君侯国の首領だったが、その出自は中央アジアの遊牧民だった。彼らの軍団はいまだにバヤズィト一世に歩兵を供給していたが、デヴシルメ制度はスルタンに歩兵を指揮するプロの将校団を提供したのだ。

　バヤズィト一世はヨーロッパ侵攻を進め、フランス王とハンガリー王はオスマン軍を食いとめるべく連合軍〔対オスマン十字軍〕を結成した。だが一三九六年、バヤズィト一世は現在のブルガリアに位置するニコポリスでフランス＝ハンガリー連合軍を粉砕した。いまや、オスマン朝のアミールは名実ともに帝国の統治者となった。実のところ、バヤズィト一世はすでに一君侯国のアミール以上の存在になっていた〔オスマン朝では第二代のオルハン時代からスルタンの称号を用いていた〕。彼はスルタン親政を強力に推進し、それによってみずからをダール・アル・イスラームの最高経営責任者、いわばカリフの世俗版と位置づけたのだ。バヤズィト一世の冒険的な軍事行動は本格的な軍事作戦に発展した。彼は年ごとに新たな作戦を発動し、ある年は西方を攻撃すると思えば、その翌年は東征して多くのガーズィー君侯国を傘下に収め、さらにイスラーム世界の中核地域に支配の手を伸ばした。バヤズィト一世はこのように東奔西走し、しかもその速度が尋常でなかったので、人々は彼に稲妻《ユルドゥルム》という異名を奉った。彼はカエサルもどきの威張った歩き方を身につけた。

　しかし、そのすべてが瓦解してしまった。何度目かの東方親征に赴いたときに、バヤズィト一世はおのれより強い戦士に遭遇した――それが、かの恐るべきティムール・イ・ラングだった。実は、臣下の封建諸侯がティムールのアナトリア侵略の手引きをしていたのだ。彼らはオスマン家に主権を奪われたことを恨むあまり、ティムールに書簡を送って、バヤズィト一世はヨーロッパで多大の時間を費しており、キリスト教に改宗しようとしている、と不平を言いたてた。これは、ティムールにはとうてい容認できないことだった。というのは、残虐無比の無慈悲な野蛮人でありながら、ティムールもやはりムスリムだったからだ。しかも、彼は高尚な芸術のパトロンであり、自立した学者であり、敬虔なイスラームの保護者であると自負していたのだ。

一四〇二年、芸術のパトロンたる文明人を自任する二人の男がアンカラ近郊で対峙した。彼らはうわべの優雅さをかなぐり捨て、世界で最も残虐な男が勝利を得んとばかり、いとも野蛮な戦いに身を委ねた。その結果、ティムールのほうが残虐であることが証明された。彼はオスマン軍を粉砕し、バヤズィト一世を捕虜にした。そして、まるで動物園の動物のようにスルタンを檻に入れ、宝石で覆われたティムール朝の首都、中央アジアのサマルカンドまで連行した。バヤズィト一世は絶望と屈辱に打ちのめされて、みずから命を絶った〔一説には病没した〕。はるか西方では、バヤズィト一世の息子たちがかつての帝国の残骸をめぐって互いに争いはじめた。

これでオスマン帝国も終わりかと思われた。これもまた、流星のように現われて、一瞬光を放っては消えていった数多のトルコ系王国の一つに過ぎなかったのだ、と。ところが、この王国は違っていた。オスマン一世からバヤズィト一世までの治世のあいだ、オスマン朝は征服だけに血道をあげていたわけではなく、新しい社会秩序を編みだしていたのだ（これについては本章で後述する）。ここでは、ティムール勢に蹂躙されたあとでもオスマン朝には頼ることのできる強固な社会的資源があった、と言うにとどめておこう。まもなく〔一四〇五年に〕ティムールが病没すると、彼の帝国〔ティムール朝。一三七〇～一五〇七〕はまたたくまに分裂し、アフガニスタン西部の小さな（とはいえ、文化史に燦然《さんぜん》と輝く）王国に成り果てた。それとは対照的に、オスマン帝国は復活したばかりか、隆盛に向かいはじめた。

コンスタンティノープル陥落――ビザンツ帝国の滅亡

一四五二年、オスマン帝国は一段高いレベルに飛躍した。この動きは、メフメト二世〔一四三二～八一。第七代スルタン。在位一四四四～四五、五一～没年〕が二度目にスルタンに即位したときに始まった〔父のムラト二世は一時幼いメフメトを王位に就けて引退したが、すぐに復位し、その死後にメフメトも復位した〕。メフメト二世は満足すべき状態の帝国を継承したものの、一つの問題を抱えていた。彼はまだ一九歳の若さで、側近は彼よりしたたかで野心的な年長者ばかりだったのだ。彼らはそれぞれ内心では、（自分自身のように）メフメトよりしたたかで野心的な年長者のほうが優れたスルタンになれると思っていた。だが、メフメト二世は潜在的なライバルを抑えつけ、おのれの権力を固めるためには、何か壮大な事業を遂行しなければならないことをわきまえていた。

そこで、彼はコンスタンティノープルを征服しようと決意した。

コンスタンティノープルはもはや、軍事的な面ではたいした価値をもっていなかった。オスマン帝国はすでにこの都市を迂回して、ヨーロッパ東部に勢力を伸ばしていた。その価値はむしろ、心理的な面にあった。東方世界と西方世界の双方にとって、コンスタンティノープルはきわめて大きな象徴的意味を有していたのだ。

西方世界からすれば、コンスタンティノープルはかつてアウグストゥス〔オクタウィアヌス。前六三～後一四。ローマ帝国初代皇帝。在位前二七～没年〕とユリウス・カエサルが都としたローマと、一本の道でつながっていた。キリスト教徒にとって、コンスタンティノープルは今もなお、コンスタンティヌス一世〔二七二頃〜三三七。在位三〇六〜没年〕がキリスト教を初めて公認したローマ帝国の首都だった。ローマ史における帝国東部の動向に着目して、これを新しい名称で呼んだのは後世の歴史家たちだ。ビザンツ帝国の住民はみずからをローマ人と称し、その首都を新しいローマとみなしていた。

一方、東方のイスラーム世界では、預言者ムハンマド自身がかつて、ムスリムがコンスタンティノープルを奪取したときにイスラームは最終的な勝利に近づくと述べていた。ヒジュラ暦三世紀にアラブの哲学者アル・キンディーは、コンスタンティノープルを征服したムスリムはイスラームを刷新し、全世界の支配者になるという展望を語っていた。コンスタンティノープルの征服者こそマフディーであろう、と説く学者も多かった。マフディーとは「待望される者」の意味で〔原義は「神意により正しく導かれた者」で、その後、真のイスラーム共同体を築く「救世主」を指すようになった〕、終末の日が近づくとかかる神秘的な存在が出現すると、ムスリムの多くは待ち望んでいた。こういう次第で、コンスタンティノープルを征服すれば恰好の宣伝となり、世間の自分を見る目が一変するだろう、とメフメト二世が思ったのも無理はなかった。

いまや、多数の技術者が彼のもとで働いていた。その中に、ウルバン〔生没年不詳〕というハンガリー人の技師がいた。この男は、まだ新兵器の部類に属する大砲製造の専門家だった。スルタン・メフメトはウルバンに並はずれた大砲をつくるよう注文した。ウルバンはコンスタンティノープルからおよそ一五〇マイル〔二四〇キロメートル〕離れた地点に鋳造所を設け、長さ二七フィート〔約八・二メートル〕という巨大な大砲を製造した。その砲身は人間が潜りこめるほど太かった。このバシリカ砲と呼ばれる射石砲は、重さ一二〇〇ポンド〔約五四五キログラム〕の石の砲弾を一マイル〔約一・六キロメートル〕飛ばすことができた。

この怪物もどきの大砲を戦場に運ぶには、九〇頭の雄牛と約四〇〇人もの人員を要した。だが、実戦で使うにはあまりに大きすぎることが判明した。砲弾と火薬を装填するのに三時間以上もかかるうえに、砲弾を一発発射するたびにその反動で激しく後座した。そのため、ややもすると前方にいる人間より、後方にいる人間を多く殺してしまった。おまけに、一マイル先の標的を狙うと命中精度が極端に低下したので、実際にはコンスタンティノープル市内をかすりもしなかった。だが、そんなことは問題ではなかった。この巨大な大砲は兵器というよりむしろ、その象徴的な意味ゆえに重要だった――すなわち、オスマン軍はこの種の兵器を戦場で使用する、と世界に宣言する役割を果たしたのだ。もちろん、彼らはくだんのバシリカ砲より小型の大砲も多数保有していた。当時の世界では、オスマン軍は最良の兵器を装備し、最先端の軍事技術を有していたのだ。

難攻不落を誇るコンスタンティノープルの攻囲戦は五四日間に及んだ。この都市はサイの角を思わせる三角形の岬の先端に位置し、ボスポラス海峡とマルマラ海に面している。海岸に沿って高い堤防と急峻な崖がそそり立ち、ビザンツ軍はこの上から、狭い海峡を通ってコンスタンティノープルに近づく艦船を狙い撃つことができた。陸地側には、海から海へ半島を横切って石の城壁が築かれている〔古い時代の城壁は著しく破損しており、当時機能していたのはテオドシウス城壁だけだった〕。この城壁は内城壁と外城壁、その外側に木製の柵で補強された低い壁を設けた三重構造になっていた。しかも、この柵の外側には幅の広

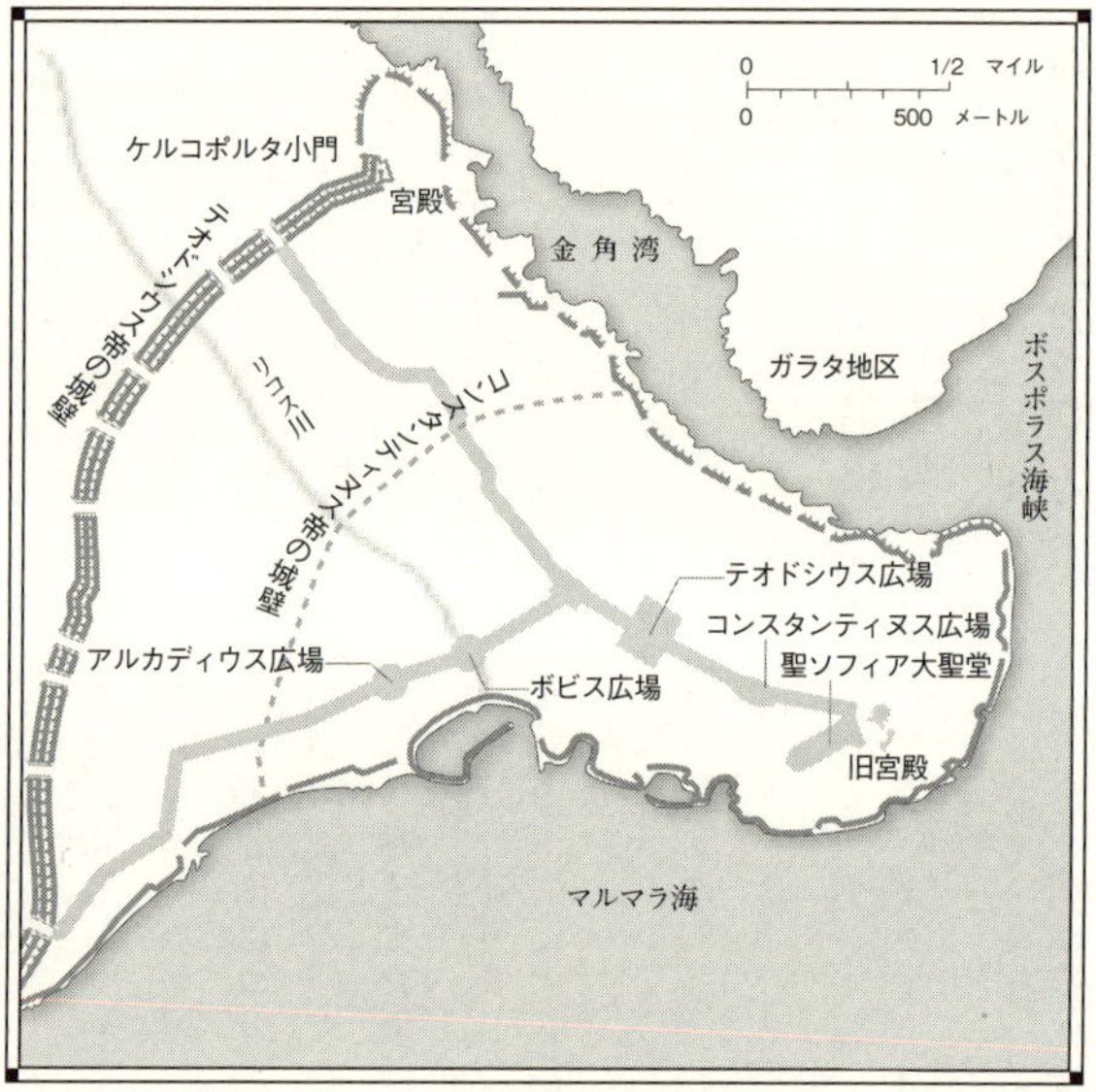

図13　コンスタンティノープル――最難関を誇った都市

い堀が横たわっていた〔当時は空堀だったが、海水を引き入れるよう設計されていた〕。内城壁には高さが九〇フィート〔約二七メートル〕、厚さが三〇フィート〔約九・一メートル〕以上もある塔が林立していた。この障壁を突破するのは不可能と思われた。まして、ビザンツ軍はビザンツ火〔ギリシア火〕と呼ばれる秘密兵器をもっていたので、なおさらだった。これは粘着性をもった燃焼性物質で、弩《いしゆみ》で投射された。着弾すると発火して皮膚に貼りつき、水をかけても消すことができなかった――つまり、ビザンツ火とは原始的なナパーム弾だったのだろう。

それでも、オスマン軍はあきらめなかった。大砲はひっきりなしに砲弾を発射し、イェニチェリはひたすら突撃を繰り返した。厖大な兵力を擁する攻囲軍はさまざまな部族や人種の兵士で構成され、アラブ人やペルシア人のほかにヨーロッパ出身のキリスト教徒まで含まれていた。攻囲軍は怒涛の勢いで城壁を攻撃しつづけたが、ある小さな出来事によって戦闘の流れが変わった。ビザンツ側は包囲が始まる直前に、テオドシウス城壁が金閣湾近くで一重になるところに設けられた非常門を開けていたのだが、そこから出撃して帰った際に、誰かがこの小門に閂《かんぬき》をかけるのを忘れていたのだ。数人のトルコ兵がここから押し入り、その場の防備を固めると、大きな門を開けて仲間を引き入れた〔実際には、ビザンツ軍の指揮官の負傷に伴う混乱に乗じてオスマン軍が乱入した〕。するとたちまち、西方世界で最も長く命脈を保っていた帝国の首都、最難関を誇っていた都市が炎上し、ついに陥落したのだ。

メフメト二世は配下の部隊に三日間だけコンスタンティノープルを略奪することを許したが、それ以上は一分たりとも認めなかった。彼は兵士たちにこの都市を破壊せずに、都市機能を保ったままにしておくことを要求した。なぜなら、彼はここをおのれの首都とするつもりだったからだ。この時以来、コンスタンティノープルは非公式にイスタンブルと呼ばれるようになった（正式な名称変更は数世紀のちまで行なわれなかった）。そして、勝利を得たスルタンは征服者メフメトと称されるようになった。

ここで少し、想像をめぐらせてみよう。もし、イスラームの領土拡大の最盛期にムスリムがコンスタンティノープルを征服していたら、もし、バグダードではなくコンスタンティノープルがアッバース朝の首都になっていたら、と。コンスタンティノープルは黒海と地中海を結ぶ海域を扼《やく》し、艦隊を出撃させるのに必要な港湾を余すところなく備えていた。それらの港からは、エーゲ海と地中海を通ってギリシアやイタリアに行くことも、スペインやフランスの海岸に到達することも、さらにはジブラルタル海峡を抜けてはるばるイングランドやスカンディナビア半島の大西洋岸まで赴くこともできた。海軍の力を縦横に発揮できる環境と、すでに証明済みの陸上におけるムスリムの卓越した戦闘能力が結びついていたら――全ヨーロッパがイスラーム帝国に吸収されていたかもしれないのだ。

だが、実際には、カリフ制の最盛期からすでに七〇〇年の時が過ぎていた。ヨーロッパはもはや、悲惨な窮乏状態のうちにかろうじて命をつないでいる惨めな大陸ではなかった。いまや、この大陸は隆盛に向かっていた。イベリア半島では、のちにカトリック両王と称されることになるアラゴン王フェルナンド二世〔一四五二～一五一六。在位一四七九～没年〕とカスティーリャ女王イサベル一世〔一四五一～一五〇四。在位一四七四～没年〕が、抵抗する最後のムスリム正規軍をアフリカに追いはらい、コロンブスのような航海者の世界探検事業に資金を提供するなど、大車輪の活躍をしていた。ベルギーは銀行業の中心地に発展し、オランダの実業家たちはその恐るべき技量にせっせと磨きをかけていた。イタリア本土ではルネサンスが絶頂に達しつつあり、イングランドとフランスは国民国家への道を歩みはじめていた。コンスタンティノープル（イスタンブル）はオスマン帝国に比類ない作戦基地を提供したが、キリスト教圏ヨーロッパはもはや従来のような与しやすい敵ではなかった。けれども、誰が上り坂にいて誰が下り坂にいるのか、当時の人々には知る由もなかった。オスマン帝国の勝利は大多数のムスリムに、イスラームが甦《よみがえ》ったという強烈な印象を与えたのだ。

オスマン帝国に征服されたとき、イスタンブルの人口は七万人ほどでしかなかった。そこで、征服者メフメトは新しい首都の人口を増やすために、減税や土地の譲渡など一連の人口増加策を実施した。彼はまた、イスラームが古代から継承してきた征服地の統治原理を改めて確立した。

すなわち、非ムスリムは人頭税《ジズヤ》を納めさえすれば、宗教の自由を認められ、土地その他の財産を従来どおり所有できるという原理である。これらの政策が功を奏して、あらゆる宗教と民族に属する人々がイスタンブルに流入した。かくして、イスタンブルは多様性によって活気づくオスマン帝国の縮図となった(6)。

抑制と均衡——オスマン帝国の社会制度

オスマン朝はいまや、ヨーロッパとアジアにまたがり、いずれの大陸にもかなりの領土を有する帝国を統治するようになった。世界最大の都市も彼らの支配下にあった。しかしながら、彼らの最大の業績は征服ではなかった。その経緯は明らかでないが、オスマン朝は一五〇〇年ほど帝国を統治しているあいだに、きわめて独特の新しい社会秩序を構築していた。遊牧民・農民・部族の戦士・神秘家・封建諸侯・職人・商人など多種多様な人々が居住し、混沌とした無政府状態にあったアナトリアが、どういうわけかオスマン朝の支配のもとで一つの社会に統合されていた。それはさながら時計仕掛けのように精妙かつ複雑な社会で、さまざまなパーツが互いにバランスを保ちながら完璧に連動し、おのおののパーツがほかのパーツの動きを促進ないし抑制する仕組みになっていた。このような社会はオスマン朝以前には存在せず、以後も今日にいたるまで出現していない。唯一現代のアメリカ社会だけが、オスマン社会のそれに充分匹敵するだけの複雑さを呈している——もっとも、似ているのは複雑さという点だけだ。神は細部に宿るとされるが、悪魔もまた細部に宿る。私たちの世界はまさにほとんどすべての細部において、オスマン朝の世界と異なっているのだ。

　大雑把にいえば、オスマン朝の世界は支配階級と被支配階級のあいだで水平方向に分断されていた。前者は徴税し、組織し、命令を発し、戦争に携わる階級であり、後者は生産し、納税する階級だった。だが、この世界はまた、各種のスーフィー教団やスーフィー兄弟団によって階級横断的に、いわば垂直方向にも組織されていた。それゆえ、異なる階級に属す人々も、同じシャイフを尊敬することをつうじてしばしば結びついていた。

　他方、オスマン社会はミッレトと呼ばれる主要な宗教共同体に区分されていた。いずれの宗教共同体も――その内部はやはり水平方向および垂直方向に分断されていたものの――全体として半ば自治領のように機能していた。それぞれのミッレトは独自の宗教儀式を実践し、独自の教育制度や司法制度を有し、独自に慈善活動や社会福祉事業を行なっていた。

　たとえば、ユダヤ教徒は一つのミッレトを構成し、イスタンブルの大《グランド》ラビがその管長（ミッレトの指導者）となっていた。このミッレトはかなり大きな共同体だった。というのは、十四世紀と十五世紀をつうじて、ヨーロッパ各地から迫害を逃れて多数のユダヤ教徒がオスマン世界に流入していたからだ――イングランドは十字軍時代にユダヤ教徒を追放し、東ヨーロッパではユダヤ人虐殺《ポグロム》の嵐が猛威を振るい、イベリア半島ではスペインの異端審問がユダヤ教徒を恐怖のどん底に突き落としていた。そして、ユダヤ教徒は世界のいたるところで差別に悩まされていたのだ。

　東方正教会の信徒集団も一つのミッレトを構成し、その管長はコンスタンティノープル（キリスト教徒は依然としてイスタンブルをこう呼んでいた）の総主教だった。このミッレトの管長は、オスマン帝国に居住するスラヴ系のキリスト教徒すべてを監督・指導していた。オスマン朝がヨーロッパに征服の手を伸ばすにつれて、彼らの数は増す一方だった。

さらに、アルメニア教会〔アルメニア人の民族的キリスト教会組織〕のミッレトも存在した。これもキリスト教徒の宗教共同体だが、東方正教会のミッレトとは別個の組織だった。なぜなら、東方正教会とアルメニア教会は互いに相手の教義を異端とみなしていたからだ。

それぞれのミッレトの管長は法廷で信徒たちの代理をつとめ、スルタンに直接答申した。ある意味でムスリム共同体もこうしたミッレトの一つに過ぎず、彼らも最高位の指導者を戴いていた。それは「イスラームの長老」を意味するシェイヒュル・イスラーム〔アラビア語はシャイフ・アル＝イスラーム〕で、バヤズィト一世がティムール・イ・ラングに敗北する直前に設けた官職だった。シェイヒュル・イスラームはシャリーアに則って法律を制定するとともに、法を解釈するムフティー〔法学裁定を出す法学者〕と、法を適用する裁判官と、青少年を宗教に導くムッラーの一団を統括した。ムッラーは初歩的な宗教教育を行なうだけでなく、地方の村々で地域住民のためにさまざまな宗教儀式を執り行なっていた。

けれども、オスマン帝国ではシャリーアが唯一の法ではなかった。そこには宗教法のシャリーアに並ぶものとして、スルタンの権威に基づく世俗法の体系が存在していた〔各地域の実情に応じた柔軟な統治を実現するために、シャリーアの枠内にとどまることを条件に、世俗法や禁令がスルタンの勅令あるいはシェイヒュル・イスラームの意見書の形で布告された〕。この法体系は行政上の案件や税制、ミッレト間で生じる問題を処理し、さまざまな階級間の関係、とりわけ支配階級と被支配階級の利害関係を調整することを意図していた。

どうか、こうした複雑な仕組みを完全に理解しようなどと思わないでもらいたい。オスマン社会の法制度の複雑さは、とうてい簡潔に表現できるものではない。私はただ、読者にそれを感じ取ってほしいだけだ。この包括的な世俗法の体系は、それを制定ないし適用する法学者や官僚や裁判官も含めて、(それ自体がまったく別の世界であった)宮廷の官僚機構を統轄する大宰相《サドラザム》の支配下にあった。大宰相はスルタンに次ぐ帝国第二の実力者だった。

あるいは、第三の実力者だったのだろうか? なんといっても、シェイヒュル・イスラームは世俗法の条文すべてを検討する権利を有し、シャリーアと矛盾するとみなした場合は拒否権を行使することも、修正するよう差し戻すこともできたのだ。

他方、シェイヒュル・イスラームはスルタンの意のままに奉仕するとされ、大宰相が執行していたのはスルタンが定めた世俗法だったのだ。それゆえ、大宰相とシェイヒュル・イスラームが衝突した場合は……どちらが譲歩したのだろうか? あるいは、そもそも譲歩したのだろうか?

こうした仕組みがどのように機能していたのか、読者にも想像できるだろう。そう、ひたすら〔力を分散させることによって特定部門の行き過ぎを抑え、全体の均衡を図るという〕チェック・アンド・バランスの原理を実現していたのだ。

オスマン社会に組みこまれていたもう一つの抑制均衡システムは、バヤズィト一世が創設したデヴシルメ制度にかかわるものだった。前述したように、この制度は初めのうちはマムルーク制度の別称に過ぎなかった。マムルークと同様に、イェニチェリもスルタンの近衛兵として奉仕するように訓練された——初めのうちは。だが、その後、イェニチェリの役割が拡大した。

たとえば、兵士になるという既定の路線以外の道が開かれて、ある者は行政分野の、またある者は芸術分野の教育や訓練を授けられた。スルタンはしだいにイェニチェリを陸海軍の将官に任命するだけでなく、政府の高官に登用したり、芸術関係の要職に就けるようになった。オスマン帝国独特のモスク様式――大ドームと複数の小ドームを戴く重厚なモスク本体と、四隅に配した細く高い光塔《ミナレット》――を確立するのに最も貢献した建築家のスィナン〔一四九四／九九～一五八八〕も、イェニチェリ出身だった。

デヴシルメ制度は本来、新たな征服地のキリスト教徒の家庭から少年を徴用するというものだった。ところが征服者メフメトは、対象地域を帝国本土にまで拡大するというきわめて重大な制度改革を行なった。それ以来、オスマン朝支配下の家庭は例外なく、ムスリムであろうと非ムスリムであろうと、身分が高かろうと低かろうと、息子をこの特殊な形態の「奴隷制度」に徴用されかねないことになった。だが、この制度は逆説的なことに、オスマン社会の最上層にいたるルートを提供したのだ。

デヴシルメ制度をつうじて、オスマン社会にまったく新しいパワーエリート層が出現した。けれども、ほかの社会のエリートとは異なり、イェニチェリは結婚することも（合法的に）子どもをもつことも禁じられていたので、世襲のエリートになれなかった。要するに、デヴシルメ制度とは社会の土壌を絶えず鋤《す》き返すメカニズムであり、社会のあらゆる階層から将来有望な少年たちを発掘し、彼らにきわめて厳しい知的・肉体的訓練を施したのちに帝国を運営する責任を課すというものだったのだ。当然のことながら、彼らは旧来の伝統的な貴族階級、すなわち武勲によって身を立てた中央アジア出身のトルコ人の子孫からかなりの権力を奪い取った。これはオスマン家に関するかぎり、彼らの潜在的なライバルが弱体化することを意味していたので、まことに結構なことだった。

しかしながら、オスマン家はその気になればできたにもかかわらず、潜在的なライバルを完全に排除しなかった。オスマン社会はここでも抑制と均衡を図る天才的能力を発揮して、旧来の貴族を適宜配置し、万一イェニチェリが大それた考えを抱いた場合に備えて、彼らを抑制する役割を果たせるだけの権力を授けていたのだ。

それでは、旧来の貴族階級に残された権力とはいかなるものだったのだろうか？　そう、たとえば、彼らは依然として帝国最大の土地所有者であり、主たる納税者だった。とはいえ、「土地所有者」というのはあまり適切な表現ではない。なぜなら、オスマン帝国では公的にはあらゆる土地がスルタンの所有物とされていたからだ。スルタンは一区画の土地を「徴税権付き分与地」（トルコ語でティマール）として、お気に入りの者たちに貸与しただけなのだ。ティマールは農村部の地所を指し、ティマールの保有者はそこに居住している人々から税を徴収することを認められた〔ティマール制とは一種の軍事封土制で、騎士たちに軍事封土を配分し、俸禄としてその地の徴税権を与えた〕。いうまでもなく、居住者のほとんどはその土地を耕作して生計を立てている農民だった。ティマールの保有者は、これらの農民から好きなだけ税を取りたてることが許された。この特権と引替えに、彼らは毎年規定の借地料を政府に納めなければならなかった。政府に納める以上に徴収した分はそっくり彼らの取り分になり、徴税方法に関する制限はいっさいなかった。政府の取り分はティマールの保有者がどれほど徴税したかによってではなく、どれほどの土地がこの人物の管理下にあるかによって決められていた。これは土地に課せられる税であって、収入に課せられる税ではなかったのだ。もし、あるティマールが予想以上の生産を上げたら、そこから利益を得るのは政府ではなく、その保有者だった。もし、充分な生産を上げなければ、その保有者が損害を被った。何年も続けて借地料を納められなかった場合は、そのティマールは没収されてほかの者に与えられた。

軍事作戦が成功すると、スルタンは軍功を上げた将軍たちに報奨としてティマールを与えた。もちろん、新たな領土を征服した場合以外は、スルタンは誰かの軍功に報いるために、ほかの誰かからティマールを取り上げねばならなかった。ティマールを失う可能性があるという事実は、土地を所有する貴族が半世襲的な階級でしかないことを意味していた。ここでも社会の流動性を促進するメカニズムが働き、オスマン世界を絶えず変化させていたのだ。

かような制度のもとでは、オスマン帝国の貴族はさぞかし厳しく農民を搾取したに違いない——読者はそう思うかもしれない。なにしろ、彼らは政府に納める借地料以上の収入をそっくり貯めこむようになったのだから、と。ところが実際には、ティマールの保有者はやりたい放題のことができるわけではなかった。というのは、農民は正義を求めてシャリーア法廷に提訴することができ、これは貴族階級から完全に独立した機関だったからだ。ウラマーによって構成および運営されるシャリーア法廷は、貴族階級とはまったく異なる権力基盤の上に築かれていた。貴族といえども、この機関に近道で入る術《すべ》はなかった。ある家族が息子をこの法曹制度に「入れる」ことを望んだ場合、その息子はいっさい優遇されることなく、ウラマーの一員になるための長い道のりを歩まねばならなかった。それはきわめて長い道のりゆえ、彼が実際にウラマーの一員になった頃には、社会との絆はもっぱらウラマー仲間との絆だけになっていただろう。それゆえ、彼の利害はウラマーのそれと一体化し、おのれが属する氏族や一族の思惑より、古代から継承された教義によって規定されていたに違いない。

もっとも、主流派の宗教指導者は広範な影響力を有していたにもかかわらず、オスマン帝国のムスリムの信仰や宗教実践を支配してはいなかった。スーフィズムが相変わらず大衆の宗教として栄えていた。ムスリムのほとんどは少なくとも名目上はいずれかのスーフィー教団のメンバーをもって任じており、きわめて多くの人々が何らかのスーフィー兄弟団にみずから進んで加入していた。といっても、オスマン帝国の一般庶民のすべて（ないしは大多数）が神秘主義を実践していたわけではない。それはむしろ、おおかたの庶民にとって、スーフィズムが民間伝承や迷信、聖地詣でやお守り、民間療法や呪《まじな》い、超自然的な力をもつとされるスーフィーの「聖者」に対する崇拝を意味するようになったということだ。

さらに、これらのスーフィー教団は、前述した職人や商人のギルドであるアヒー集団と密接に結びついていた。アヒー集団は自治権を有する社会組織で、成員が守るべき諸々の規範を定め、新たな事業を認可し、組合費を徴収し、支払い猶予期間を延長し、老齢年金を支給し、葬儀の費用を肩代わりし、保健サービスを提供し、貧者のための宿泊・給食施設を運営し、奨学金を支給する一方で、定期市や祭礼や行進など大衆の娯楽のためのさまざまな行事を主催した。それぞれのギルドは独自の長と評議会とシャイフを擁し、ギルドの運営に関する内規を定めていた。不服のあるメンバーは、ちょうど現代の産業労働者が（まだ労働組合が存在しているところでは）組合の代表に訴えるように、ギルドの役員に申し立てることができた。必要とあらば、役員はメンバーの代理として訴訟を起こし、メンバーを代表して国家に請願した。一方、国家は独自の規準をギルドに課したり、公共の利益のために価格を統制するなどして、ギルドを取り締まっていた。

職人は一人残らずギルドに所属し、そのメンバーの多くはギルドの境界を越えた何らかのスーフィー兄弟団に属していた。スーフィー兄弟団はたいてい宿泊施設をもっており、メンバーはここで仲間うちだけでなく、通りすがりの商人や旅人とも交わることができた。というのは、アヒー集団とスーフィー兄弟団が連携して運営する宿泊施設は、いわば旅人の共済組合兼無料の食事付き宿泊所として積極的に活動していたからだ。

時計仕掛けのようなオスマン社会を瞥見《べっけん》しても、そのフラクタルのように複雑な構造を理解することはとてもできない。オスマン社会をより詳しく深く調べていくと、同様の複雑な仕組みが社会のあらゆるレベルに組みこまれていることがわかってくる。すべての事物がそのほかのあらゆる事物と、実に多様な形で結びついている。これらすべての結びつきが釣り合い、あらゆる部分がしかるべく機能している場合には、これは申し分のない仕組みだった。ところが、数世紀のちにオスマン帝国が衰退に向かいはじめると、すべての部分が密接に絡み合い、あらゆる制度が連動していたことが、オスマン帝国にことのほか不利に作用した。こうした複雑きわまる社会の構造は、一つの場所や領域でトラブルが生じると、不思議なことにほかの数多の場所や領域でも——ただし、ある程度時間が経ってから——同様のトラブルが生じることを意味していた。けれども十六世紀の時点では、オスマン帝国は恐ろしいほどよく機能している装置だった。

オスマン帝国の最盛期——スルタン・カリフ制の始まり

オスマン帝国の東方への拡大は、もう一つの新興勢力であるサファヴィー朝によって阻まれた（サファヴィー朝については後述する）。だが、オスマン軍はあっさり南に進路を変えて、インド洋から地中海にいたるかつてのアラブ中核地域を征服した。ついでエジプトを征服してマムルーク朝を歴史から消し去り、さらに西進して北アフリカまで領土を拡大した。

オスマン帝国は十六世紀のスレイマン一世〔一四九四～一五六六。在位一五二〇～没年〕の治世に最盛期を迎えた（ヨーロッパ人は彼に「壮麗王」という尊称を冠していたが、帝国内では通常、立法者《カーヌニー》スレイマンと呼ばれていた）。この時、オスマン帝国はおそらく世界最強の国家だったろう。ヨーロッパとアジアにまたがり、ローマ（つまりコンスタンティノープル）とマッカを擁し、しかもカイロまで領有していた。その君主は、ほかのいかなる君主より多くの人民と領土を支配していた。オスマン帝国の君主がみずから「カリフ」と名乗るようになったのも、無理はなかった。それに異議を唱える者は皆無だった。もちろん、それは一部には、異議を申し立てるほどのことではないと誰もが思っていたからだ。この頃には、カリフという称号はすでに儀礼的な意味しかもっていなかった。それでもやはり、オスマン帝国の君主がイスラームにおける普遍的権威を示す二つの最も重要な称号を名乗ったことは、注目に値する。ここにおいて、史上初めて一人の人間が〈宗教的権威としての〉カリフと、〈世俗的権力者としての〉スルタンを兼務するようになったのだ〔スルタン・カリフ制はオスマン朝の君主の特色についての旧来の通説で、実際には十八世紀に成立した見解とみなす説もある〕。ムスリムの一般庶民にとって、これは歴史がふたたび前進しはじめたことを確証するものと思われた。ウンマは正しい道に戻り、普遍的な共同体になろうとしているのだ、と。

サファヴィー教団と十二イマーム派

しかしながら、「カリフ」と「スルタン」だけがイスラームにおける普遍的権威を示す称号ではなかった。イスラームの二大宗派の一つであるシーア派の解釈にしたがえば、「イマーム」もそうした称号の一つだった。ここで、オスマン帝国の東方拡大を阻止したペルシアのサファヴィー朝〔一五〇一～一七三六〕に話を進めよう。

サファヴィー朝はきわめて特異な経緯で政権を掌握した。その起源は、モンゴルの襲来後まもなく誕生したあるスーフィー教団に求められる。これはペルシア北部でサフィー・ユッディーン・イスハーク〔一二五二／五三～一三三四〕という教主を核として形成され、やがてサファヴィー教団と呼ばれるようになった。

結成後三世代のあいだは、この教団も当時の一般的なスーフィー教団とまったく同様の活動をしていた。穏健で非政治的な組織として霊的な交わりの場を提供するとともに、混乱した世相に惑う人々の避難所となっていたのだ。だが、時の経過とともにサファヴィー教団に変化が現われてきた。第一に、第三代シャイフが没するとその息子がシャイフになり、このシャイフが没するとやはりその息子がシャイフになり、その後もこのパターンが繰り返されるようになった。つまり、シャイフの座が世襲されるようになったのだ。

　第二に、いつの頃からかは定かでないが、これらのシャイフが政治的な野心を抱きはじめた。彼らは信徒を精選してエリート集団をつくり、霊的実践に磨きをかける技法だけでなく、さまざまな軍事技術を教えこんだ。このエリート集団はシャイフの親衛隊となり、ついでシャイフの命令の実行部隊となり、やがて押しも押されもせぬ戦士集団となった。

　サファヴィー教団親衛隊の徴として、この戦士にしてスーフィーの一団は特殊な赤いターバンを被ったので、トルコ語で「赤い頭」を意味するキズィルバーシュと呼ばれた。このターバンは赤い心棒を一二の襞《ひだ》のある布で巻いた独特の形をしており、サファヴィー教団における第三の、そして最も重要な変化を反映していた。すなわち、教団がシーア派に宗旨変えしたことを。

　一二の襞は、シーア派の主流である十二イマーム派を象徴していた。すでに述べたように、シーア派の信ずるところによれば、絶対的な宗教的権威は血統によって受け継がれ、地上における神の代理であるイマームと呼ばれる人物に属するとされていた。世界にイマームは常に一人しか存在せず、二人いることはありえない。そして、真のイマームは必ず預言者ムハンマドの子孫であり、それもムハンマドの娘ファーティマとその夫アリーのあいだに生まれた息子の男系子孫であらねばならなかった。

　イマームに二人以上の息子がいた場合は、その死後にどの息子がイマームになるかをめぐって論争が生ずる可能性があった。まさにそうした論争が第五代イマームをめぐって生じ、ザイド派（ないし五イマーム派）と呼ばれる少数派の分派が生まれた。第七代イマームをめぐる論争では、イスマーイール派（ないし七イマーム派）と呼ばれる分派が生まれていた。

これらの分派以外のシーア派は、初代イマームのアリーから数えて第一二代のイマームまで認めていたが、このイマームはいまだ幼少の時に突然姿を消してしまった。非シーア派信徒はこの少年は暗殺されたとみなしているが、シーア派信徒は「幽隠《ガイバ》」に入ったと信じている。ガイバとは「眼前から隠れ、目に見えない状態」を意味する言葉だが、シーア派のいうガイバとは、イマームがもはや普通の人間には見ることができなくなった（今もできない）ことを意味している。

シーア派の主流（すなわち十二イマーム派）は、この第一二代イマームを「隠れイマーム」と称している。シーア派の教義によれば、隠れイマームは現在もこれからも生きつづけ、今なお神と直接的に交わっており、依然として目に見えない形で地上の世界を導いている。隠れイマームが現在どのような状態にあるのかについて、教義は明確に述べてはいない。本当に人の目には見えなくなったのか、変装しているのか、姿かたちを変えたのか、どこかの洞窟に身をひそめているのか――教義から知ることはできない。こうした具体的な説明は科学の領域に属するものであり、ガイバという神秘的な概念には馴染まないのだ。

シーア派の教義はさらに、終末の日が近づくと第一二代イマームが再臨してアッラーの共同体を完成させ、すべての善良なムスリムが目指している最終的な「正義の時代」の幕を切って落とす、と断じている。この目標に到達すると、歴史は終わり、死者は甦る。かつて地上に生を受けた者は、一人残らずアッラーの裁きを受ける。そして、その生前の行ないに応じて、天国か地獄に送られるのだ。終末の前に隠れイマームが再臨することを待ち望むがゆえに、シーア派は時に隠れイマームをマフディー、「待望される者」と呼ぶ（マフディーという概念はスンナ派イスラームにも存在するが、シーア派ほど明確なものではない）。今日のイラン国民のほとんどが十二イマーム派を信奉していることから、この分派は現代のシーア派の主流となっている。

十五世紀中葉に、サファヴィー教団はかかる複雑な信条体系を信奉するにいたった。前述のとおりキズィルバーシュは赤いターバンを被っていたが、その一二の襞は一二人のイマームを象徴していたのだ。その頃には、サファヴィー教団は野心的なシャイフに率いられ、増える一方の兵士を擁するカルト的な集団に変貌していた。兵士たちは命ぜられるままに行動し、シャイフを最高司令官とも、天国に入るための頼みの綱ともみなしていた。

こうして政治勢力と化したサファヴィー教団は、社会の混乱という文脈の中で行動していた。かつてチンギス・カンに破壊され、ティムール・イ・ラングにも蹂躙されたペルシアの領域には、さまざまなトルコ系部族長が統治する群小国家が分立していた。これらのトルコ系部族長はいずれも筋金入りのスンナ派信徒だった。それに対して、シーア派はすでに久しく、外部からの侵略者に抵抗するペルシア人と同一視されてきた。シーア派＝ペルシア人という図式はアラブの征服時代に生まれたのだが、トルコ族がペルシアを支配するにおよんでふたたび甦った。モンゴルという災厄を被ったのちのペルシアで、サファヴィー教団と呼ばれた好戦的なシーア派カルト集団は、当時進行していたありとあらゆる急進的な反体制運動と容易に結びついた。地方王朝の王たちがサファヴィー教団に脅威を感じたのは、まことにもっともなことだった。

チャルディランの戦い――オスマン帝国 vs サファヴィー朝

一四八八年、一人の王が行動を起こそうと決意した。この男はサファヴィー教団の教主を暗殺し、おまけにその長子まで殺害した。この時に、当時二歳だった教主の息子イスマーイール〔一世。一四八七～一五二四〕もきっと殺されていただろう――もし、王が差し向けた刺客たちに一歩先んじて、キズィルバーシュがこの幼子《おさなご》を隠していなかったなら。

その後の一〇年間で、サファヴィー教団は恐るべき秘密結社に変貌した。イスマーイールは隠れ家を転々としながら成長した。逃亡期間をつうじて、キズィルバーシュは彼を教主として遇していた。それは単なる表面的な行動ではなく、彼らはこの少年に神性の片鱗を認めて、心から崇めていたのだ。青年期に達したイスマーイールがこの世（と自分自身）をどのように見ていたのか、読者にも想像してもらいたい。それまでずっと人目を忍んで暮らし、命を狙われていると常に言い聞かされ、ものごころがついた頃から赤いターバンを被った得体の知れない男たちの一団にかしずかれていた。男たちは彼に屈従し、その言葉に恭しく聞き入り、彼の気まぐれにもいちいち従っていたのだ。かように自尊心の塊となるべく育てられた少年が聡明で心身ともに強靭だったのは、偶然の賜物だったとしかいいようがない。

イスマーイールは一二歳くらいの時に配下のキズィルバーシュ部隊とともに隠れ家を出て、ただちに父を殺した王を討ち取った。そのほかの王たちがイスマーイール一行を粉砕しようと殺到した――一二歳の小僧なんぞひと捻《ひね》りだ、と。ところが、相手は想像を絶する強敵だった〔一般に、一五〇一年にイスマーイールがタブリーズに入城した時点でサファヴィー朝が成立したとされている〕。

一五〇二年、一五歳になったイスマーイールはみずからイランのシャーハンシャーと名乗った。シャーハンシャーとは「王の中の王」を意味し、サーサーン朝やそれ以前の古代ペルシアの王たちが用いた称号だった〔シャーはペルシア語で王の意〕。「カリフ」や「スルタン」という称号を拒否することによって、イスマーイールはアラブとトルコの長年の伝統を否定するとともに、ペルシアの土着文化を尊重し、ペルシア系のアイデンティティーを強調する姿勢を鮮明にした。また、おのれの領土をイランと称することによって、フィルダウスィーが著わしたペルシアの民族叙事詩『王書』に謳われた古代ペルシアの王の記憶を甦らせた。それどころか、イスマーイールの宣伝係は彼をサーサーン朝の後裔と吹聴していたのだ。

イスマーイールはさらに十二イマーム派を国教と定めて、近隣諸国と袂《たもと》を分かった。彼は腹心の部下たちにイスラーム初期の三代のカリフ、すなわちアブー・バクルとウマルとウスマーンを公然と罵らせた。サファヴィー朝はアリーが預言者ムハンマドの唯一正統な後継者であると宣言し、アリーの血統に連なるイマームだけが宗教的権威を有すると主張した。イスマーイールの宣伝係はサーサーン朝の後裔という噂に加えて、彼がアリーの子孫であるという噂も流布させた。のみならず、イスマーイールは隠れイマームとじかに交流しているとまでほのめかしていた（いうまでもなく、隠れイマームは神と直接交わっているとされていた）。それどころか、イスマーイールはわれこそが隠れイマームであると言わんばかりで、当人もおそらくそう信じこんでいたのだろう——幼少時に受けた教育を思えば、彼がそう信じこむのも無理はなかった。自分が神だと思っていた、という説さえ伝わっている。

使命感に駆りたてられたイスマーイールは、おのれの宗教信条を広めるためにオスマン帝国に説教師を送りこんだ。彼の手先はオスマン帝国の臣民に、シーア派に改宗せよ、イスマーイールを神に導かれた唯一の指導者と認めよと訴えた。イスマーイールはまた、彼の支配下にあるスンナ派信徒を徹底的に弾圧した。王の行動に狂気の兆しを見た人々は、先を争うようにオスマン帝国に移住した。サファヴィー朝の領土に残ったスンナ派信徒の多くは、投獄されるか殺されてしまった。

もちろん、冷酷者セリムと異名をとったオスマン帝国の第九代スルタン〔セリム一世。一四六七頃～一五二〇。在位一五一二～没年〕は、帝国領土のシーア派信徒を投獄あるいは処刑して応酬した。それゆえ当然のことながら、スンナ派信徒は西方のアナトリアに、シーア派信徒は東方のペルシアに逃亡した。その結果、サファヴィー朝の領土にはかつてないほどシーア派信徒が（そして、オスマン帝国にはスンナ派信徒が）集中することになった。サファヴィー朝はこの流れを促進すべく全力を尽くす一方で、シーア派の信条とペルシア文化を融合させることにも精力的に取り組んだ。ペルシア民族主義と一体になったシーア派信条は、この新生帝国のイデオロギー的基盤となった。サファヴィー朝の中核部分がのちに近代国家イランに発展した。

かかるキャンペーンの一環として、サファヴィー朝はターズィイェを国を挙げての壮大な儀式に昇格させた。ターズィイェとはカルバラーでの第三代イマーム・フサインの殉教を悼む哀悼行事のことで、その起源はタキーイェ・ハーンと呼ばれる〔フサインを記念する〕特殊な建物で催された哀悼詩の朗詠会に求められる〔ターズィイェの内容は、地域によってさまざまである〕。シーア派信徒はすでに何世紀にもわたって、ヒジュラ暦のムハッラム月〔一月〕一〇日（フサインが殉教した日）にはこうした建物に集まって哀悼行事を催していた。フサインを悼んでいる最中に殉教物語の一節を語りたいという思いに駆られた者は、その衝動に身をまかせた。それは聞く者の心に悲嘆の念を掻きたて、燃えたたせた。シーア派信徒はフサインの殉教に関する詳細にいたるまで、そして、殉教にまつわるありとあらゆる逸話を熟知するようになった。受難劇を語るに際して、彼らは悲嘆の念を引き起こすような独特の語りのスタイルを発展させた。ターズィイェはこれらすべての物語の朗誦や上演で構成されていた（その多くが文字で記されたものの、決定版というようなものは存在しなかった）。サファヴィー朝が権力を掌握すると、毎年ムハッラム月一〇日には領土の全域でシーア派信徒が（もはやタキーイェ・ハーンに集まるだけでなく）通りに繰りだし、おおっぴらに哀悼の意を表明するようになった。彼らはこうして心のしこりを消散させ、精神を浄化していたのだ。その後、彼らは国家の資金で運営される各地の劇場まで行進した。その舞台では、政府に雇われたプロの役者たちが受難劇を演じていた。

　二七歳になったとき〔一五一四年〕、イスマーイールはおのれが神ではないことを思い知らされた。それを教えたのは、彼の領土を侵略したオスマン軍だった。血気にはやるイスマーイールは、オスマン軍を迎え撃つべく前線に急行した。両軍はタブリーズにほど近いチャルディランの野で激突した。オスマン軍は大砲や小銃をもっていたが、サファヴィー朝軍は火器より優れたものを——時代遅れの宗教的熱情と神に導かれた指導者を拠りどころとしていた。けれども、この戦いでは、火器のほうが有効であることが実証された。セリム一世はサファヴィー朝軍を粉砕し、イスマーイールを殺す一歩手前まで追い詰め、彼の首都タブリーズを占領した。

チャルディランの戦いは、国民国家としてのイングランドの誕生を画したヘースティングズの戦い〔一〇六六年〕に匹敵する、きわめて重要な出来事だった。おおかたの歴史家はチャルディランの戦いをオスマン帝国の勝ち戦とみなしているが、全般的に見ればこれはむしろ引き分けだった。なぜなら、セリム一世はタブリーズを維持できなかったからだ。冬が近づくと、オスマン軍はアナトリア内陸部のより安全な基地に退いた。ところが翌年になると、ペルシア軍がすでにタブリーズを奪還していた。しかも、彼らはオスマン軍の再度の攻撃に備えて焦土作戦を決行していたので、侵略軍の食糧は何一つ残されていなかった。それゆえ、この戦いは、実際にはオスマン帝国とサファヴィー朝の領土の境界を画定しただけで終結した。この境界は最終的にそれぞれの帝国を継承したトルコとイランの国境となり、今日にいたるまで変わっていない。

チャルディランから帰還したイスマーイールは悲嘆にくれ、打ちひしがれていた。敗戦の痛手を受けて、彼はおのれのアイデンティティーを見つめなおした。その後の生涯を多かれ少なかれ隠遁状態で過ごし、宇宙について思いをめぐらせ、宗教的な詩を書いた。イスマーイールの失意にもかかわらず、彼が築いた帝国は生き延びたばかりか繁栄した。それは一つには、有能で長命の統治者の治世が続いたからだった。

サファヴィー朝の最盛期——芸術都市イスファハーン

境界がほぼ定まったため、オスマン帝国とサファヴィー朝のあいだの敵意はしだいに和らいだ。両国間の貿易がさかんに営まれるようになり、いずれの社会をも潤した。サファヴィー朝は常にオスマン帝国より小さく、国力も劣っていた。けれども、唯一の国教を定め、一つの民族集団が優勢だったことから、文化的にはオスマン帝国より統一されていた。

このまぎれもないペルシア人の帝国は、イスマーイールの曾孫で第五代シャーのアッバース一世〔大帝。一五七一～一六二九。在位一五八七～没年〕の時代に最盛期を迎えた。この王は一六二九年に他界するまで、実に四二年にわたって王座にあった。アッバース一世は王直属の常備軍に小銃と大砲を装備し、産業や貿易の振興を奨励した。彼の治世に織物、陶磁器、衣類、絨毯など国家の支援を受けた製造業が発達した。これらの製品は西ヨーロッパやアフリカ、インドなどの遠隔地にも輸出された。

サファヴィー朝時代のペルシアでは絵画、とりわけ「ペルシアン・ミニアチュール」——精密に描いた情景を花や幾何学模様で縁どった優美な細密画——の技法が頂点に達した。ムスリムが文字で記されたクルアーンを崇敬することから、カリグラフィー〔書〕はイスラーム世界における主要な芸術様式となっているが、これもまたこの時期に完成の域に達した。細密画とカリグラフィーという二つの芸術様式は、当時最高の芸術的成果であった挿絵入り写本で合体した。この分野の最高傑作はフィルダウスィーの叙事詩『王書』の彩飾写本で、これはサファヴィー朝のある君主のために制作された。この書物は、さまざまな芸術家の手になる二五八枚の細密画と六万行のカリグラフィーによって構成されている――一言でいえば、前表紙と裏表紙のあいだに一つの美術館がそっくり納められているのだ。

サファヴィー朝の独創性は、建築分野で最高度に発揮された。たとえば、オスマン様式の重厚なモスク――周囲にミナレットを配し、ドームを連ねた地味な建造物――とは異なり、サファヴィー朝のそれは優雅で軽快な外観を呈している。壁を装飾する釉《うわぐすり》をかけたモザイクタイルがちらちら光ると、まるでモスク全体が空中に浮かんでいるように見える。そのため、いかに巨大なモスクであっても、レースと光でできているかと思えるのだ。

そして、建築がサファヴィー朝ペルシアにおける最高の芸術分野であったとするなら、その都市計画はまさにメタ芸術だった。サファヴィー朝は(不気味にのしかかるオスマン帝国の脅威から安全な場所を求めて)絶えず首都を移転していた。彼らは新たな首都候補地を見つけるたびに、その都市を美学的見地からつくりなおした。一五九八年、シャー・アッバースは〔イラン高原中部の〕イスファハーンを新たな首都に定めると、この都市全体をみごとに調和した宝飾品に変貌させる建設計画に着手した。装いを一新したイスファハーンでは、多数の公共の広場や庭園、モスクや大邸宅、人工の池や宮殿、さまざまな公共施設が景観を競い、そのあいだを立派な街路が走っていた。この都市を訪れて畏敬の念に打たれた人々は「イスファハーン、ネスフェジャハーン」、すなわち「イスファハーンは世界の半分」という慣用句をつくりだした(つまり、まだイスファハーンを見ていないなら、世界で見るべきものの半分を見逃している、という意味だ)。

オスマン帝国とサファヴィー朝の世界には歴然たる違いがあり、さらに両国の支配層が互いに敵意を抱いていたにもかかわらず、これら二つの世界のあいだには一種の文明的な一体性が浸透していた。たとえばイギリスとフランスがまったく異質な存在ではないのと同様に、オスマン帝国とサファヴィー朝もまったく異質な存在ではなく、しかも、おそらくイギリスとフランスほど異なってはいなかったものと思われる。イスファハーンからイスタンブルに、あるいはイスタンブルからイスファハーンに赴いた旅人は、いずれの都市でも多少なりとも馴染みのある土地のように感じたことだろう。これほど強力で独特な二つの帝国が同じ時期に隣接して並存しえたということは、まさに瞠目に値する。それにもまして驚嘆すべきは、これとほぼ同じ時期にもう一つの強力で独特なムスリム帝国、すなわちムガル帝国が出現したということだ。ムガル帝国はやがてビルマからインド、アフガニスタン中部まで版図を広げ、この地域でサファヴィー朝の国境を侵犯するにいたった。

ムガル帝国の登場――バーブルという男

ムガル帝国は富の面でも武力の面でも、オスマン帝国とまったく同格だった。今日の世界の人口のおよそ二〇パーセントは、かつてのムガル帝国領土に居住している。その領域には現在のアフガニスタン、パキスタン、インド、バングラデシュ、およびビルマという五つの国家の全部ないし一部が含まれていた。この巨大な帝国を創始したのは、「虎」を意味するバーブル〔一四八三～一五三〇。ムガル帝国初代皇帝。在位一五二六～没年〕と名乗る男だった。バーブルは十代でサファヴィー朝を創始したイスマーイール一世とほぼ同時代人だったが、いくつかの点で、この桁《けた》はずれの若者以上に驚くべき人物だった。

バーブルは〔父方で〕ティムール・イ・ラング、〔母方で〕チンギス・カンの血をひくと主張していた。その真偽のほどは定かではないが、バーブル自身はおのれの家系を重くみて、それゆえの使命感を生涯抱きつづけた。彼の父親は、今日のアフガニスタン北方に位置するフェルガナという小国を統治していた。一四九五年に父親が死ぬと、バーブルがこの国を継承した〔ティムール朝支配下のフェルガナ地方の太守となった〕。この時、彼は一二歳だった。

一年も経たないうちにバーブルはこの国を失ったが、それは驚くに当たらない。なんといっても、彼はまだ一二歳だったのだ！　だが、彼は軍を立てなおして、かつてティムールが都とした令名高いサマルカンドを征服し――まもなく失った。バーブルはフェルガナに帰郷して政権を奪還したが、ほどなく敵たちに奪い返された。その後、バーブルは二四〇人ばかりのわずかな手勢でサマルカンドをふたたび征服した――だが、もちこたえることはできなかった。一八歳になるまでに、バーブルはフェルガナとサマルカンドをそれぞれ二回ずつ、手に入れては失った。やがて、彼は母親と妹たち、数百人の部下とともに、アフガニスタンの山中を逃げまわるようになった。三年間というもの、バーブル一行は新たな王国を求めて荒野をさすらった。王たることがバーブルの知っているすべてであり、彼は王という称号だけを求めていた。

寝所も定まらぬ放浪生活を何年も送りながら、大人の戦士の一団をまとめていられるティーンエイジャーというのは、よほど人を惹きつける何かをもっているに違いない。そして、バーブルはたしかに人間離れした身体能力のもち主だった。伝承によれば、彼は大の男の両脇に腕を通して抱えたまま、小川を跳び越えられたという（当の大の男がこうしたパフォーマンスをどう思っていたのか、伝承は何も語っていない）。だが、おおかたのタフガイとは異なり、バーブルは感受性が強く、芸術家肌でロマンチックな性格だった。彼は冒険に明け暮れていたときにも、ずっと日記を書きつづけていた。日記をもとに晩年に著わした回想録〔『バーブル・ナーマの研究』全四巻、間野英二著・校訂、松香堂〕は、トルコ文学史に残る傑作となった。バーブルの孫がより威信の高いペルシア語に翻訳させると、これもペルシア語の文学として高い評価を得た。回想録の中で、バーブルは驚くほど率直におのれをさらけだしている。たとえば、決定的な敗北を喫したときに「号泣」せずにはいられなかった、と述べているのだ。いったい、こんなことを正直に打ち明けるタフガイがいるだろうか？　後段では親が取り決めた結婚について、最大限努力したにもかかわらず、妻に対して熱い思いを抱けなかったと明かしている。一週間か二週間おきにしか妻のもとを訪れず、それも母親にせっつかれたからに過ぎなかった、と。ところが、彼はやがて恋に落ちた――相手はバザールで見かけた少年だった。「泡立つような欲望と熱情にわれを忘れ、若さゆえの愚かさに押し流されて、私はしばしばターバンも巻かず素足のままで、町の通りや小道、果樹園や葡萄園をさまよい歩いた。友人や見知らぬ人に対する礼儀も忘れ、自分のことも他人のこともまるで眼中になかった……」(7)。未来の皇帝はこのように、無防備な若き日の情熱を包み隠さず明かしている――それでいながら、この若者はすでに二度にわたってサマルカンドを征服し、かつ失った男だったのだ。

ある日、アフガニスタンの山中を放浪していたバーブル一行が眼下を見下ろすと、谷間《たにあい》に抱かれたようなたたずまいの心惹かれる都市が目にとまった。バーブルはまたしても恋に落ちた――

今回はカーブルに。そして、彼の言葉によれば、カーブルはその思いに応えてくれた。彼らの支配者を憎悪していたカーブルの住民が、その男に代わってカーブルの王になってほしいとバーブルに懇願したのだ。この話は、征服者がよく口にする眉唾物のプロパガンダのように聞こえるだろうか？　たぶん、そのとおりなのだろう。だが、バーブルに対するカーブルの愛情は今なお生きつづけている、と私には断言できる。カーブル市内を見下ろす高台に彼が設けた庭園は、今でも公園として市民から愛されており、そこにある彼の墓も今なお聖廟として崇敬されているのだから。

一五〇四年、バーブルはカーブルを征服して王冠を戴き、ついに本拠地を得た。〔一五一一年に三たびサマルカンドを奪還し、翌年奪い返されたのちに〕彼は熟慮のあげく、サマルカンドの征服を断念した。彼と顧問たちはその代わりに、これまで数多のトルコ＝モンゴル系の征服者たちがそうしたように南を目指すことを決断した。〔一五二六年に〕バーブルは一万の兵を率いてインドに侵攻し、一〇万の兵を率いるデリーの地方王朝の君主とパーニーパットの平原で対峙した。一対一〇というハンディキャップ——伝説の材料として申し分ない！　おまけに、デリーの王は一〇〇〇頭もの象を擁していた。しかし、バーブルにも火器という強みがあった。新しいテクノロジーは古い動物学を踏みにじった。オスマン軍とサファヴィー朝軍と同様に、槍と矢に対して銃弾と砲弾で応戦するバーブル軍は敵を圧倒した。バーブルは王を敗走させ、デリーを征服した。こうして、ムスリムの三大「火薬帝国」の一角を担うムガル帝国が世界地図に登場したのだ。

アクバル大帝——「万人との平和」と「神の宗教」

ムガル朝〔一五二六～四〇、一五五五～一八五八〕はサファヴィー朝にもまして、長命で聡明な統治者が続いたことによって恩恵を受けた。初期の二〇〇年をつうじて、たった六人の皇帝が帝国を統治したのだ。そのほとんどが情熱的でロマンチックで芸術家肌の性格で、少なくとも三人は軍事面での天才だった。第四代皇帝ジャハーンギール〔一五六九～一六二七。在位一六〇五～没年〕は行政能力に劣っていたが、妃のヌール・ジャハーン〔一五七七～一六四五〕が玉座の後ろから采配を振るって帝国を統治した。彼女は気性の荒さではムガル人の誰にも引けを取らず——抜け目のないビジネスウーマンであり、詩人にして芸術家のパトロンであり、傑出したスポーツウーマンであり、当時有数の老獪な政治家だった。

六人の皇帝のうちのただ一人だけが役立たずで、それはバーブルの息子の第二代皇帝フマーユーン〔一五〇八～五六。在位一五三〇～四〇、五五～没年〕だった。この大酒のみは即位してから一〇年のあいだに、父親が築いた帝国の全土を失った。しかしながら、彼がアフガニスタンの山中〔あるいはインド西部〕を流浪しているときに、最愛の妻がやがてアクバル大帝〔一五四二～一六〇五。第三代皇帝。在位一五五六～没年〕と称されるようになる男の子を出産した。アクバルの父がようやく玉座を奪還したので、アクバルは皇子として一二歳の誕生日を祝うことができた。その後まもなく、アクバルの父は宮廷の図書館で階段の最上段に立っていたときに、礼拝を呼びかける声を聞いた。すると突然、おのれの生き方を改めるべきだというインスピレーションが閃いた。彼は聖者のような生活を始めようと急いで階段を降りかけたが、途中で躓《つまず》いて首の骨を折ってしまった。こうして、弱冠一三歳の息子が帝位を継ぐことになったのだ。

アクバルはイングランドのエリザベス女王〔一世。一五三三～一六〇三。在位一五五八～没年〕と同時代人であり、彼女に匹敵する当代きっての傑出した君主だった。彼は祖父が征服した領土の支配を固め、さらに版図を広げたうえで、帝国全土に秩序をもたらした。これらの業績だけでも、偉大な君主と呼ばれるに値しただろう。だが、彼は単なる征服者以上の存在だった。

即位後まもない頃から、アクバルはおのれの帝国の決定的な弱点を認識していた。それは、圧倒的に少数派のムスリム集団が莫大な数のヒンドゥー教徒を支配しようとしていることだった。およそ五〇〇年前に遡るガズナ朝のスルタン・マフムードの時代から、ムスリムはヒンドゥー教徒に対して略奪と殺戮のかぎりを尽くしてきた。アクバルは彼のいわゆるスルヘ・クッル、すなわち「万民との平和」政策を掲げて、かかる弊習の是正に猛然と取り組んだ。本心からの行為であることを示すために、彼はヒンドゥー教徒の小国の王女と結婚し、彼女が最初に産んだ息子を帝位継承者にすると宣言した。

アクバルは政府のあらゆる官職を、ムスリムと同じ条件でヒンドゥー教徒にも開放した。彼はまた、この地方を支配するムスリムが久しくヒンドゥー教寺院に詣でる巡礼者に課してきた、懲罰的な意味合いをもった税金を廃止した。のみならず、クルアーンが非ムスリムに課すと定めた人頭税《ジズヤ》も廃止した。そして、これらの税の代わりに、身分の高低を問わず帝国臣民すべてに適用される地租の制度を設けた。当時の世界においては、事実上いかなる国家も貴族には税を課していなかったが、アクバルはそうした旧来の型を破ったのだ。彼はさらに、イスラームだけでなくあらゆる宗教の寺院や聖地を保護するよう、配下の部隊に命じていた。

この偉大なムガル皇帝は前任者たちが依存してきた貴族主体の常備軍を廃して、軍制を改革した。さらに、すべての官吏を特定の期間だけ任用するという新たな行政制度を導入した。この期間が過ぎると、官吏はほかの部署に異動して新たな職務に就かねばならなくなった。要するに、アクバルは任期制度という概念の先鞭をつけたのだ。その結果、地方軍閥という厄介の種を大量に生みだしてきた旧来のルートが断ち切られた。

ムスリムとして生まれ育ったアクバルは、間違いなくおのれをムスリムの君主とみなしていた。けれども、彼はイスラーム以外の宗教にも深い関心を抱き、ヒンドゥー教、イスラーム、キリスト教、ジャイナ教〔仏教とほぼ同時代に成立したインドの宗教で、倫理的色彩が濃く、とりわけ不殺生戒を厳守する〕、ゾロアスター教、仏教などの指導者を宮廷に招き、彼らの信条を説明させたり、互いに議論させたりした。彼らの話に熱心に耳を傾けていたアクバルはついに、すべての宗教は何がしかの真理を内包しており、いかなる宗教もあらゆる真理を内包してはいないと結論を下した。そして、それぞれの最良の要素を抽出し、それらを混合して新しい宗教を創始しようと決意した。彼はそれを「神の宗教」を意味するディーネ・イラーヒーと称した〔アクバル時代に他宗教に寛容な政治思想を提唱した文人が用いた語であるが、その意味は必ずしも明瞭ではなく、アクバルが新宗教を創設したとする説には異論もある〕。この新しい宗教は以下の教義を掲げていた。第一に、神は唯一にして全能である。第二に、宇宙はさまざまな要素が統合された単一の統一体であり、その創造主を反映している。第三に、万人に課せられた宗教的義務の最たるものは、他者に害をなさないことである。第四に、人間は「完璧な生き方」を手本としなければならず、それは意志さえあれば実行できる。その範例は数多あり——アクバルによれば——ムハンマドはそうした模範を示したし、シーア派のイマームたちも同様である。アクバルはさらに、自分自身も一つの模範を示していると控え目にほのめかしていた。
おのれが創始した宗教に熱中するあまり、アクバルはこの宗教に奉献すべく新都ファテプル・スィークリーを造営した。新しい帝都は、彼が敬愛していたスーフィー教団のシャイフが庵を結び、のちにその墓廟が設けられた台地の上に赤色砂岩を用いて築かれた。新都で最も重視されていたのは私的な謁見室だった〔公的な謁見場も設けられていた〕。これはドーム型の高い天井を戴いた大きな部屋で、家具と呼べるものは一つしかなかった。それは一本の高い柱で、橋状の狭い通路によって、周囲の壁に沿って設けられたバルコニーとつながっていた。アクバルがこの柱の天辺に座り、皇帝に請願する人々はバルコニーから奏上した。廷臣や利害関係者は階下のフロアで、皇帝と請願者のやりとりに耳を傾けた。

新しい宗教を広めようとするアクバルの試みに誰一人反抗しなかったという事実は、彼が魅力と威厳を有していたことを物語っている。だが、この宗教は普及しなかった。これはムスリムを満足させるほどイスラーム的でなく、ヒンドゥー教徒を満足させるほどヒンドゥー教に即していなかったからだ。ファテプル・スィークリーも長続きしなかった。水源が枯れたために、この新都も衰退してしまったのだ。

イスラームとヒンドゥー教——融和から迫害へ

しかしながら、アクバルの着想は無から生じたわけではなかった。神秘主義を接点としてイスラームとヒンドゥー教の最良の要素を融合しようとする動きは、バーブルの時代からインド亜大陸に徐々に広まっていた。その一例を挙げると、一四九九年にナーナク〔一四六九〜一五三九〕という男がある宗教的な体験をつうじて、「世界にはヒンドゥー教徒もムスリムも存在しない」と宣言するにいたっていた。ヒンドゥー教徒として生まれたにもかかわらず、ナーナクはスーフィズムに到達し、カースト制度を否定し非難することに生涯を捧げた。彼はヒンドゥー教のグル〔師〕とスーフィーの聖者に倣って、指導者が入信者に霊的技法を直接伝えるという流儀を採用した。グル・ナーナクの信奉者たちはやがてスィク教徒と自称するようになった。こうして、新しい宗教が生まれたのだ。

グル・ナーナクの同時代人で文盲の詩人のカビール〔一四四〇〜一五一八〕は、ヒンドゥー教徒の未婚の母から生まれた〔バラモンの私生児だった〕が、ムスリムの織工の家庭で養育された。カビールは霊における愛を称える抒情詩を次々とつくるようになり、代書人がそれらを書き取った。彼の詩にはスーフィズムとヒンドゥー教の影響が認められ、今日まで読み継がれている〔カビールは唯一の神への絶対的信愛を基軸にして、ヒンドゥー教とイスラームを批判的に統合しつつ、まったく独自の一神教を唱えたいわば宗教改革者であった〕。

ムガル朝治下のインドでは、市井の神秘家が口承文学に根差した情熱的な抒情詩を生みだす一方で、宮廷のお抱え詩人が複雑な形而上学的様式のペルシア語の詩を練り上げていた。それと同時に、ムガル帝国の芸術家は色鮮やかな「ペルシア」細密画と挿絵入り写本の技法を消化吸収して、より力強いインド独特のムガル細密画を発展させた。

ムガル芸術の創造性は、オスマン様式の堂々とした威厳とサファヴィー様式の優雅な軽快さを結合した建築術で頂点に達した。第五代皇帝シャー・ジャハーン〔一五九二〜一六六六。在位一六二八〜五八〕は自身もこの分野の天才だった。その治世において「公正な王」と称えられていたにもかかわらず、今日では彼の政治的・軍事的業績の数々を記憶している者はほとんどいない。シャー・ジャハーンといえば、もっぱら妃のムムターズ・マハル〔一六三一没〕に対する熱烈な愛が記憶されている。「宮殿の飾り」と称えられた妃は、シャー・ジャハーンが即位してまもなく世を去った。悲嘆にくれた皇帝は二〇年の時を費やして愛妃のために壮大な墓廟、タージ・マハルを建設した。しばしば世界で最も美しい建築物と称されるタージ・マハルは、ダ・ヴィンチ〔一四五二～一五一九〕の「モナ・リザ」や、ミケランジェロ〔一四七五～一五六四〕のシスティナ礼拝堂の天井画に匹敵する、広く世に知られた比類ない傑作である。驚愕せずにいられないのは、かかる大傑作の建設を主導した芸術家が、帝国を運営するという本業をもっていたことだ。というのは、タージ・マハルの建設には多数の建築家や設計士がかかわっていたものの、建設事業全般を細部にいたるまで監督したのは皇帝シャー・ジャハーンその人だったからだ。彼には名匠の眼識があったのだ[8]。

　シャー・ジャハーンの息子で、最後の偉大なムガル皇帝となった第六代皇帝アウラングゼーブ〔一六一八～一七〇七。在位一六五八～没年〕は、芸術に対する嗜好をまったくもち合わせていなかった。音楽も詩も絵画も、彼には何ら感銘を与えなかった。アウラングゼーブの情熱の対象は宗教で、おのれの一族がインド亜大陸で始めた寛容政策の伝統ほど、彼を苛立たせるものはなかった。一六五七年にシャー・ジャハーンが病の床に臥すと、皇子たちのあいだで帝位継承戦争が起こり、アウラングゼーブは父親が溺愛していた長兄を倒して帝位に就いた。彼は老いた父親を廃位させ、石づくりの城塞に幽閉した。シャー・ジャハーンは死ぬまでひと間だけの独房で暮らしたが、この独房には窓が一つしかなく、しかも高い位置にあったのでそこから外を見ることはできなかった。ところが老皇帝の死後、壁に小さな鏡が貼りつけてあるのを看守が見つけ、ベッドにいながら鏡に映る外の世界が見えることが判明した。そして、たった一つの窓をとおして鏡に映り、シャー・ジャハーンが見ることのできた唯一のものはタージ・マハルだったのだ。

ムガル帝国において正統派〔スンナ派〕イスラームを特権的な地位に復活させることが、アウラングゼーブの強迫観念となった。父から帝位を簒奪《さんだつ》したアウラングゼーブは曽祖父のアクバル譲りの軍事的天才で、アクバルと同様に四九年の長きにわたって帝国を統治した。それゆえ、彼にはインド亜大陸で根本的な変化を引き起こせるだけの時間と力があったのだ。

アウラングゼーブが追求し、実際に成し遂げた諸々の変化は、アクバル大帝が推進した寛容と融合政策の対極に位置するものだった。彼はジズヤを復活させ、ヒンドゥー教徒だけに課す特別な税金も復活させた。配下の治安部隊に命じて、新たに建設されたヒンドゥー教寺院を残らず破壊させた。彼はさらに政府の官職からヒンドゥー教徒を追放し、ヒンドゥー教徒のラージプート諸侯連合と戦った。帝国南部で大幅な自治権を享受していたラージプート諸侯に戦いを挑んだのは、ムガル政権とムスリムの宗教指導者層、つまりインドのウラマーの支配下に彼らをしっかり組みこむためだった。

アウラングゼーブはスィク教徒も抹殺しようとした。スィク教開祖のグル・ナーナクは志《し》操堅《そうけん》固《ご》な平和主義者だったが、アウラングゼーブによる迫害はスィク教団を戦士集団に変貌させた。その時以来、敬虔なスィク教徒の男性は湾曲した長い懐剣を常に携帯することが、神聖な掟によって定められた。

ムガル朝の最後の巨人が冷酷な狂信者であったにもかかわらず、この王朝は歴史に際立った足跡を印した。一六〇〇年前後の最盛期には、ムガル帝国は疑問の余地なく、世界最強の三大帝国の一翼を担っていたのだ。

三大帝国の時代――イスラーム世界の普遍性

たしかに一六〇〇年には、インドネシアの島から船出してベンガルに渡り、インド北部を横断し、さらにヒンドゥークシュ山脈を越えてオクソス川北方のステップ地帯を訪れ、そこから向きを変えてペルシア、メソポタミア、小アジアを経由してバルカン地方に赴いてから、黒海を船で渡るか陸路で迂回するかしてカフカス地方にいたり、南下してアラビア半島経由でエジプトに入り、さらに西進してモロッコまで行くことができた。しかも、このあいだずっと、旅人は総じて馴染み深い世界、一つの揺るぎない文明が隅々まで浸透した世界にいると感じていられたのだ――それはちょうど、現代の欧米人がサンフランシスコからロンドンを経由してヨーロッパ大陸を横断するときに、ここではドイツ独特の雰囲気を、かしこではスウェーデンならではの風趣を、あるいはスペインやイギリスやオランダなど各地で独特のお国柄を感じながらも、総じて馴染み深い文明の中にいると思っていられるのと同じことだった。

もちろん、十七世紀にイスラーム世界全域をめぐった旅人は、行く先々でさまざまな慣習に遭遇し、多種多様な言語を話す人々に出会い、国境を越える際には異なる主権国家に属する役人に書類を提出しなければならなかっただろう。それでも、この旅人はどこへ行こうと、共通の要素も見出していたに違いない。

たとえば、ムスリムの三大帝国とその衛星諸国では、概してトルコ人が政治権力と軍事力を握っていた(サファヴィー朝統治下のペルシアにおいてすら、支配者一族はもとをたどればトルコ系であり、キズィルバーシュの多くもトルコ系だった)。そして、この世界の全域にわたって、教育を受けた知識人はたいていペルシア語とペルシアの古典文学に通じていた。どこにいても、一日の決まった時刻に礼拝を呼びかけるアザーンがあちらこちらのミナレットから聞こえてきた。アザーンはアラビア語で唱えられるが、人々が何らかの宗教儀式を実践する際には、やはりアラビア語が用いられていた。

旅人がどこに行こうと——三大帝国の領土内のみならず、インドネシアやモロッコなどイスラーム世界の辺境に位置する地域でも——社会にはさまざまな掟や規範が網の目のように張りめぐらされていた。これらの掟や規範は、上は法律から下は日々の実践や儀礼にいたるまで社会のあらゆる分野に浸透し、それらのあいだに確たる境界は存在しなかった。そして、いずれの社会にも有力な学者集団であるウラマーが存在した。ウラマーのメンバーは誰かに選ばれるのではなく集団内部で再生産されるのだが、人々の日常生活に多大の影響力を及ぼしていた。旅人はどこに行っても、スーフィズムやスーフィー教団と遭遇した。商人や貿易商が相対的に高い地位にあったとしても、宮廷と結びついた官僚や役人のそれには及ばなかった。宮廷はそれ自体が独立した重要な社会階層を構成していた。

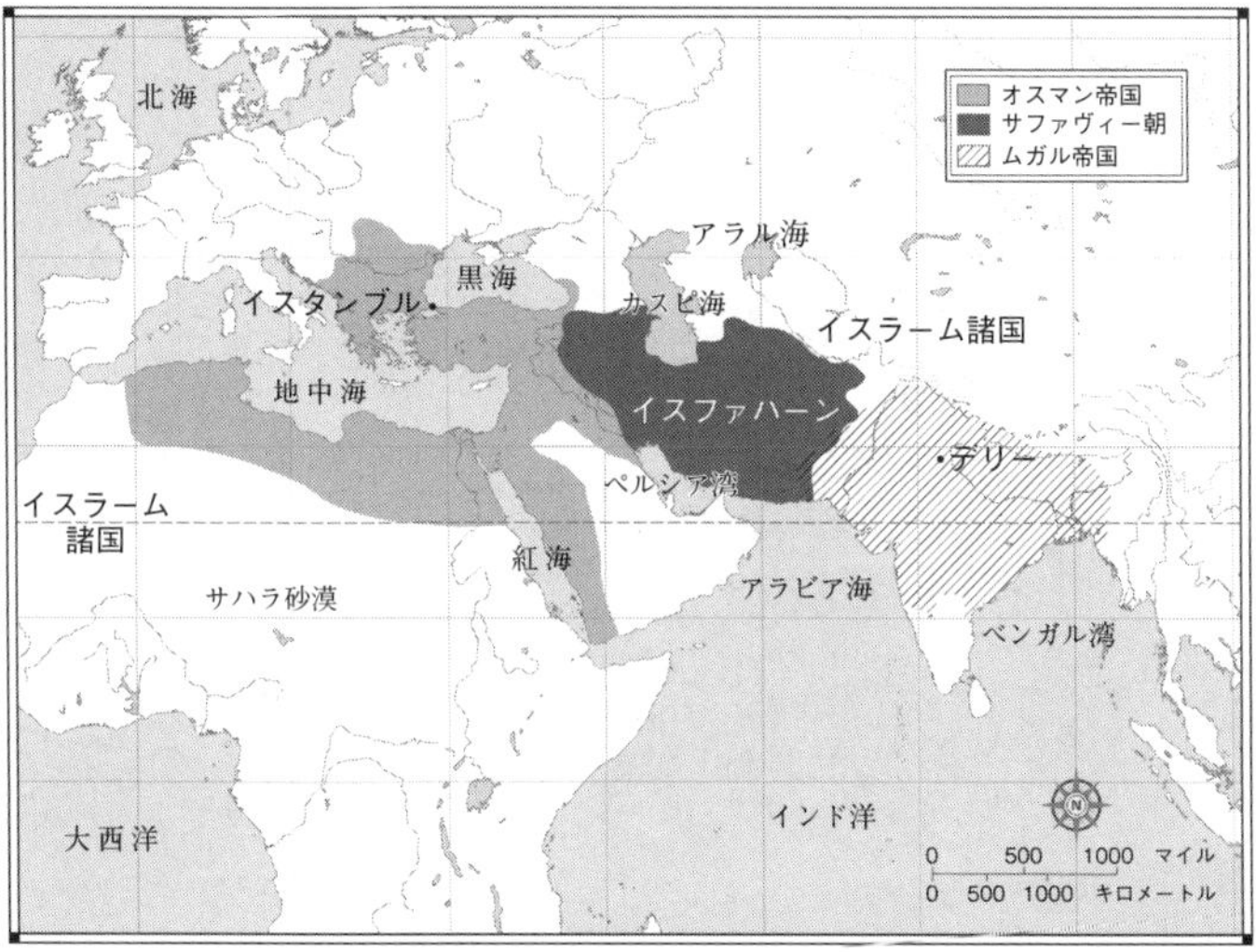

図14　17世紀の三大イスラーム帝国

公共の領域を歩んでいるときに、旅人が女性の姿を目にすることはめったになかっただろう。というのは、インドネシアからモロッコまで広がるイスラーム世界では、いずこの社会も程度の差こそあれ公的な領域と私的な領域に分かたれており、男性が公的領域をほぼ完全に牛耳っていたのに対して、女性は私的な領域に隔離されていたからだ。

旅人が公的な領域で見かける女性たちは——たとえば買物をしたり、よその家を訪問する途上の女性は——顔をすっかり覆うか、少なくともよく見えないようにする類いのものを身につけていただろう。もし、顔を隠していない女性がいたら、それは農民や召使いやある種の労働者など、下層階級に属する女性だった。どのような服装をしていようとも、女性が腕や脚や胸の谷間を人目にさらすことはなく、頭には必ず何かを被っていた。

男性の服装は地方によってさまざまだったろうが、旅人が行くところでは例外なく、男性もやはり頭に何かを被っていた。彼らは身体の線を露わにしないゆったりした衣類を着用し、礼拝でひれ伏すときに股の辺りが露出するのを防ぐようなものを身につけていた。

イスラーム世界のいたるところで、カリグラフィーが芸術様式として特権的な地位を占めていた。彩飾写本の挿絵を別にすれば、具象的な芸術は（抽象的ないし装飾的な芸術とは対照的に）稀にしか見られなかった。そして、語られたものであれ、文字に記されたものであれ、言葉が重んじられていた。

この旅人が通過する都市は、どこも村々の集合体のごとき様相を呈していただろう。町を貫く大通りはめったに見られず、古代ギリシア風の都市のような碁盤状に走る街路も見られなかった。いずれの居住区にも独自のバザールがあり、いずれの都市にも人目を奪うモスクがあった。モスクはいずれもドームとミナレットを備え、その多くは釉薬《ゆうやく》をかけたモザイクタイルで装飾されていた。

もし、旅人がこの世界で知り合った誰かと会話を始めたら、彼は自分と相手が神話に類する伝承のあれこれを共有していることに気づいただろう。二人はともに――アーダム、ダーウード〔ダビデ〕、ムーサー〔モーセ〕、ヌーフ〔ノア〕など――イブラーヒームの伝統に連なる指導者たちについても、預言者ムハンマドにまつわるありとあらゆる事柄についても、アブー・バクルやウマルやアリーやウスマーンの事績についても知識があり、これらの人々についてさまざまな感情や見解を抱いていた。二人は歴史上の主要な出来事についても知識を共有していたに違いない。たとえば、アッバース朝やその治世に展開したとされている黄金時代についても、モンゴルとその破壊行為についても知っていたものと思われる。

実際のところ一六〇〇年の時点では、イスラーム世界で暮らしていた一般庶民はことごとく、三つのムスリム帝国とそれに隣接する国境地帯がまさに「世界」であると思いこんでいた。あるいは、シカゴ大学の歴史学者マーシャル・ホジソンの言葉を借りるなら、「西暦十六世紀には、火星からの訪問者が地上の人類は一人残らずムスリムになりつつあると思ったとしても、それはもっともなことだったろう(9)」。

この火星人が誤っていたことはいうまでもない。なぜなら、十字軍以降のヨーロッパの発展によって、歴史の道筋がすでに変わっていたからだ。

第一一章　ヨーロッパの状況

ヒジュラ暦六八九〜一〇〇八年
西暦一二九一〜一六〇〇年

インド航路開拓と「発見の時代」

エジプトのマムルーク軍に撃退されて、最後の十字軍兵士たちがイスラーム世界から敗走したのは一二九一年のことだった〔この年に、十字軍が中東に築いた植民地が全面的に崩壊した〕。だが、ヨーロッパでは十字軍の遺物がのちのちまで生き残った。その一つがローマ教皇の認可を受けた騎士修道会で、たとえばテンプル騎士団は有力な国際的金融業者となった。ホスピタル騎士団〔ヨハネ騎士団〕はロードス島を征服し、ついでマルタ島に本拠を移して事実上の海賊として行動し、地中海を航行するムスリムの船舶を略奪した。チュートン騎士団〔ドイツ騎士修道会〕はプロイセンのほぼ全域を占領し、その支配は十五世紀に騎士団が解体するまで続いた。

その間にも、ヨーロッパはイスラーム世界に新たな軍事行動を仕掛けようと、絶えず策動していた。だが、こうした動きは全般的に低調で、あるものは計画途上で空中分解し、またあるものは突如として脇道に逸れてしまった。いわゆる北方十字軍の行動は、バルト海沿岸地方に居住するスラヴ系異教徒の殺戮《さつりく》と略奪に変わり果てた。ヨーロッパ内部で繰り広げられたさまざまな「異端」派に対する小規模な戦争は、教皇が煽りたて、各地の王侯が遂行したが、これらもやはり「十字軍」と称された。たとえばフランスでは、アルビジョア派〔アルビ地方におけるカタリ派の呼称〕と呼ばれたキリスト教の分派に対する「〔アルビジョア〕十字軍」が長期にわたって推進された。またイベリア半島では、キリスト教徒が十字軍に比せられる国土回復運動《レコンキスタ》を続けていたが、ついに一四九二年にグラナダを陥落させ、最後のムスリム勢を半島から駆逐した。

　十字軍精神が命脈を保った理由の一つは、本物の十字軍が進められていたあいだに、人々を東方へと駆りたてる新たな動機が加わったことだった。それはインドや、ヨーロッパ人がインド諸国と総称していたインド以東の島々からもたらされる交易品への強い欲求だった。インドにはヨーロッパ人の垂涎の的が数多あったが、その一つが砂糖と呼ばれる驚くべき産物だった。マレーシアとインドネシアからは、胡椒やナツメグなど多種多様な香辛料がもたらされた。中世盛期ヨーロッパのシェフたちは何を料理するにも香辛料を用いていた——セイボリー〔食前に出す辛口の料理〕とデザートに同じ香辛料を使うこともしばしばだった。彼らは本当に香辛料が好きだったのだ！[1]

　ところが、厄介な問題がもち上がった。十字軍がこうした品々への欲求に火をつける一方で、エジプトからアゼルバイジャンにいたる一帯を反キリスト教陣営と化さしめてしまったために、ヨーロッパの商人がこれらの品を手に入れる道が断たれてしまったのだ。かかる障壁があるために、ヨーロッパの貿易商は生産者と直接交渉することができず、ムスリムのブローカーと取引せざるを得なかった。たしかにマルコ・ポーロ一行はこの時期に中国まで旅していたが、これはきわめて特異な例というに過ぎない。だからこそ、ヨーロッパ人は彼らがはるばる中国まで往復したことに驚嘆したのだ。だが、実をいえば、大多数の人々はマルコ・ポーロの話を信じていなかった。彼らはマルコ・ポーロが著わした冒険譚〔『東方見聞録』〕を「ミリオーネ」〔一〇〇万の意〕と呼んでいたが、これは一〇〇万もの嘘が満載されたものとみなしていたからにほかならない。ムスリムは黒海東岸からカフカス山脈を経てカスピ海沿岸にいたる地域を領有し、さらに紅海および紅海にいたるあらゆる交通路を支配していた。そのため、ヨーロッパ人はインドやインド諸国の物産をシリアやエジプトのムスリム商人から買うことを余儀なくされた。これらのブローカーは明らかに、市場がもちこたえるぎりぎりまで商品の価格を吊り上げていた。とりわけ買手がヨーロッパのキリスト教徒の場合には、この傾向が著しかった。フランジのキリスト教徒がかつてモンゴルと手を組んでいたことに加えて、十字軍時代に生じたさまざまな出来事を考えれば、ムスリムが彼らに悪意を抱くのは無理もなかった。

それでは、西ヨーロッパの貿易商はどうすればよかったのだろうか？

まさにここで、十字軍精神が探検への衝動と結びついた。ムスリムは、古代から栄えた重要な市場を網の目のように結ぶ陸上交通路をそっくり支配していた。けれども、ムスリムの君主や庶民が与り知らないところで、西ヨーロッパ人は過去何世紀にもわたって優れた航海術を発達させていたのだ。その一例として、十字軍以前に猛威を振るったヴァイキングが挙げられる。北方からヨーロッパ各地に侵寇《しんこう》したこれらの船乗りは航海術にきわめて長けており、竜骨を備えた船で北大西洋を横断し、〔九八五年に〕グリーンランドまで到達していた。ヴァイキングの大きな波がイングランドを襲うと、「Northman」〔北方の人〕という言葉が「Norman」〔ノルマン人〕に転訛《てんか》した。ノルマン人の一部はフランスの沿岸部に移動し、彼らが定住した地方はノルマンディー〔「ノルマン人の国」〕と呼ばれるようになった。

だが、彼らはもはや単なるヴァイキングではなかった。スカンディナヴィアから南方のヨーロッパまで頻繁に往来するためには、頑丈な船を建造するとともに、大嵐の中や北大西洋の外海で操船する技法を習得しなければならなかった。こうして、西ヨーロッパ人は航海術に熟達するようになったのだ。臣民の中から熟練した船乗りが続々と出現するにつれて、野心的な君主はヨーロッパから陸地を通らずに東アジアに行く方法を——それによってムスリムの問題もすべて回避できる方法を——見出したいと夢見るようになった。要するに、彼らはインドやその東方の島々に到達する航路を開拓したいと思うようになったのだ。

こうした冒険的な事業に多大の支援をした貴族の一人が、ポルトガルの王子エンリケ〔一三九四〜一四六〇〕だった（彼は自分が後援した航海に一度も参加しなかったにもかかわらず、「エンリケ航海王子」と称された）。エンリケはポルトガル王家の一員だったが、より重要だったのは彼が西ヨーロッパ有数の資産家だったということだ。彼は船長たちに資金を出して、アフリカ大陸西岸沿いに南下して大陸を周回する航路を探らせた。エンリケの書簡と声明書は、彼がそもそも十字軍兵士をもって任じていたことを物語っている。ムーア人に対して勝利をおさめ、唯一の真の信仰によって救うべき魂を発見することをつうじて、偉大なキリスト教君主であることをみずから証明する——彼はかような使命感を抱いていたのだ。(2)

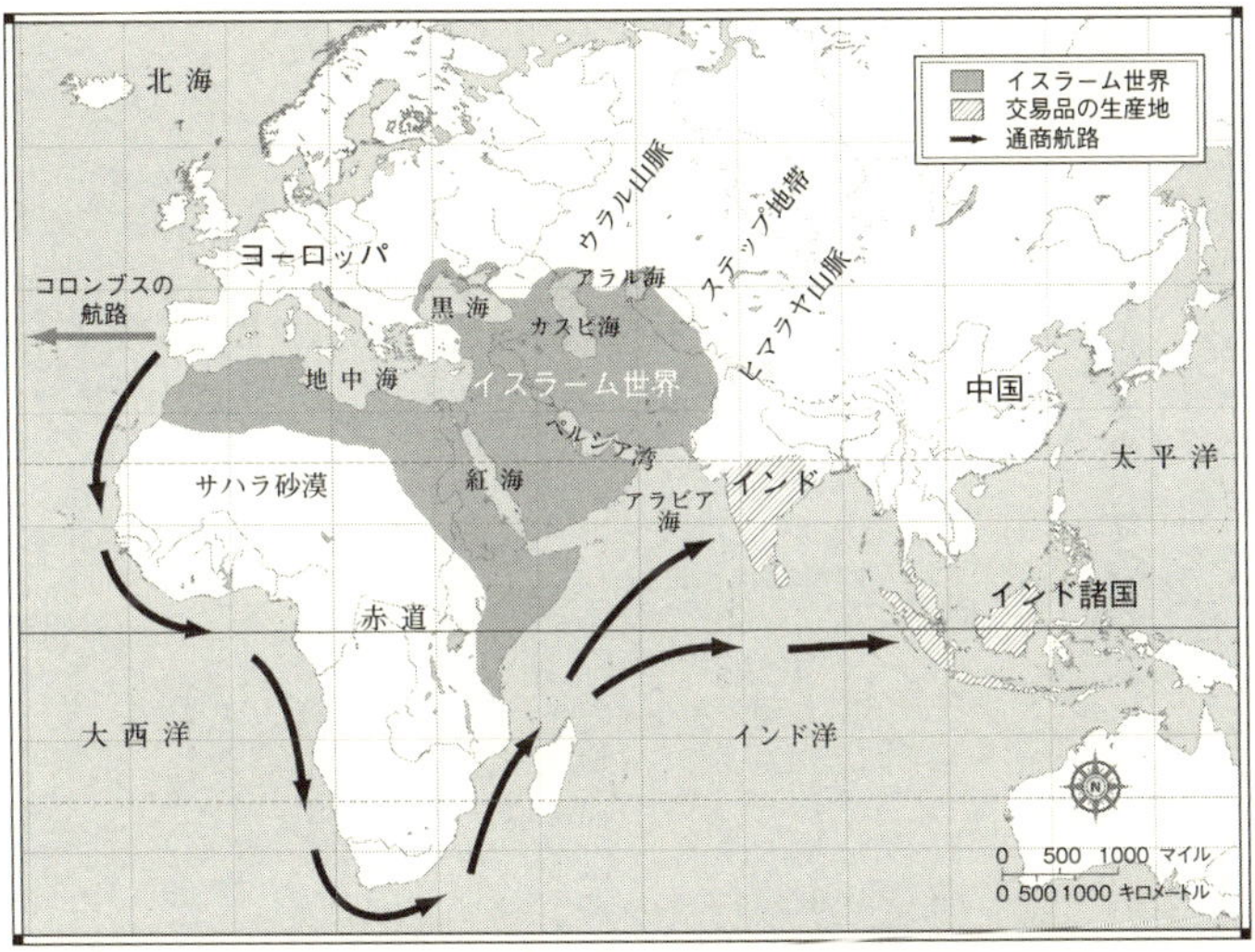

図15　ヨーロッパのインド航路開拓

部下の船乗りが発見した魂の多くは、黒い肌をした肉体の中に住んでいた。彼らに奴隷という商品価値があることが判明するや、「エンリケ航海王子」は「エンリケ奴隷商王子」に変身した。さらに南下するにつれて、ポルトガル人は奴隷のほかにも市場価値の高い多種多様な産物を発見した。そのリストは砂金、塩、ダチョウの卵、魚油など、長くなる一方だった。新たな交易品がひっきりなしに見つかるにつれて、十字軍の夢に経済的な動機が加わった。かくして、十字軍の時代はヨーロッパ人のいわゆる「発見の時代」に道を譲ったのだ。おそらくこの時代の最もドラマチックな出来事は、インド航路を求めて大西洋を横断したクリストファー・コロンブスが一四九二年にアメリカ大陸を偶然に発見したことだろう。この航海の資金を提供したのは、イベリア半島における対ムスリム十字軍事業を完了し、キリスト教王国スペイン統一の基礎を築いたカトリック両王こと、フェルナンド二世とイサベル一世だった。

カリブ海のイスパニオラ島に上陸したとき、ついにインド諸国に到達したとコロンブスが思いこんだという話は有名である。その誤りが明らかになったのち、インド東方の島々は東インド諸島、カリブ海の島々は西インド諸島と呼ばれるようになった。このきわめて重大な発見について、当時のムスリムは概して漠然とした知識しかもっておらず、オスマン朝の史料もコロンブスの航海には軽く触れている程度である。とはいえ、一五七〇年代にはオスマン帝国の地図製作者数人が、南北アメリカ大陸の位置を正しく記したかなり正確な世界地図をつくっていた。その頃には、スペインはメキシコに新たな帝国の基礎を築いており、イングランドやフランス等の国々もメキシコ以北の土地に植民していた。

一方、ミドルワールドの東の端では、ヨーロッパ人が本来探し求めていたものを、ムスリムがとうの昔に発見していた。ムスリムの貿易商はもう何世紀も前からマレーシアやインドネシア周辺海域を航海しており、その多くは何らかのスーフィー教団に所属していた。彼らをつうじて、ヨーロッパ人が初めてやって来るずっと以前に、イスラームは(東)インド諸島に根づいていたのだ。

古代ギリシア思想の再発見と知の覚醒

ポルトガル人やスペイン人、さらにイングランドやオランダなどヨーロッパ北部に居住する人々が冒険熱にかかる前から、南ヨーロッパの人々は海上で勢力を誇っていた。というのも、彼らの文明はそもそも海運業から生まれたもので、その熟達した航海術はローマ人やギリシア人、それ以前のミュケナイ人、さらにそれ以前のクレタ島人やフェニキア人にまで起源を遡れるからだ。

十四世紀には、ジェノヴァとヴェネツィアが地中海貿易をめぐって覇を競っていた。いずれも当時最大級の強力な艦隊を擁し、抜群の海上戦闘能力を有していた。ヴェネツィアはコンスタンティノープルで精力的に商売を営んでいたが、オスマン帝国がコンスタンティノープルを征服したのちも、臆することなくイスタンブルに取引所を開設した。

地中海貿易はイタリアに莫大な富をもたらし、ヴェネツィアとジェノヴァのほかにもフィレンツェやミラノなどの都市国家が急速に成長した。イタリアでは土地に代わって金《かね》が富と地位の象徴となり、商人は新興のパワー・エリートになった。フィレンツェのメディチ家のような財閥やミラノのスフォルツァ家のような傭兵上がりの新興貴族が、封建領主という軍人貴族階級に取って代わった。隣接して並びたつこれらの自治都市や都市国家がいずれも潤沢な財力を投入し、旺盛な起業家精神とそれぞれの特色を存分に発揮しつつ、壮麗さや名声や信望を競って鎬《しのぎ》を削ったことから、イタリアには史上かつてないほどの活力がみなぎった。才能に恵まれた芸術家や売れるだけの技能をもった職人なら、この時代のイタリアでわが世の春を謳歌できただろう。なぜなら、有能な芸術家や職人を召し抱えようと、多数のパトロン志願者が競って報酬を吊り上げていたからだ。公爵や枢機卿や教皇までもが、ミケランジェロやレオナルド・ダ・ヴィンチのような芸術家をおのれの邸宅や宮廷に招くために張り合った。というのも、優れた芸術家の作品は単に美しいだけでなく、貴重なステータス・シンボルとなったからだ。やがてイタリアでは、後世に「イタリア・ルネサンス」と総称されることになる、芸術分野や科学分野における独創的な偉業が次々となされはじめた。

それと同時に、書物がふたたび流行するようになった。いわゆる「暗黒時代」には、聖職者を除くヨーロッパ人のほとんどは読み書きができず、聖職者は聖書を読み、聖務を行なうためだけに読み書きを習っていた。シャルルマーニュの時代を例にとると、ゲルマン族のキリスト教聖職者は聖務を行なう際に用いるラテン語を崇めていた。というのは、彼らはラテン語を神が話す言葉と信じていたからだ。ラテン語を操る能力が衰えてしまったら祈禱が神に通じなくなるだろう、と案じた聖職者たちはこの古い言語の文法や構造や発音を習得するための補助教材として、キケロ〔前一〇六～前四三〕等の異教徒が著わした数少ない古代の書物を保存して研究した。彼らは神に通じるよう一言一句を正確に発音するために、たしかな手段を講じたかったのだ。キケロらの著作を読む際には、異教徒の感性によって魂が汚染されるのを防ぐために、その内容は無視して文体や表現法だけを学ぶように細心の注意を払った。聖職者がかかる姿勢で保持しようとしたばかりに、ラテン語は硬直化し、儀式や決まり文句を述べるとき以外には使いようのない死語と化してしまった。もはや、議論をしたり思想を伝達する手段としては機能しなくなったのだ。(3) それにもかかわらず、彼らは過去の遺産として書物を崇敬していたがゆえに、教会や修道院の地下室や奥まった小部屋に書物をしまいこんでいた。

やがて十二世紀になると、ムスリム支配下のアンダルスを訪れたキリスト教徒の学者たちが、アリストテレスやプラトンなどギリシアの哲学者たちの著作を発見した。それらはアラビア語に訳されていたばかりか、ラテン語に重訳されたものまであった。こうした翻訳作業のほとんどは、翻訳センターとして活況を呈したトレドで行なわれていた。これらの書物はトレドから徐々に西ヨーロッパ中心部に広まり、ついには教会や修道院の書庫に収蔵されるようになった。

アンダルスで見出されたアラビア語の著作には、（ヨーロッパではラテン名のアヴィセンナとして知られた）イブン・スィーナーやイブン・ルシュド（アヴェロエス）など、ムスリムの哲学者が著わした註解書も多数含まれていた。彼らの著作はギリシア哲学とイスラームの啓示を調和させることに主眼を置いていた。キリスト教徒はムスリムが成し遂げたことは歯牙にもかけず、アリストテレスその他のギリシア哲学にムスリムが加えた註解の類いをすべて剝ぎ取り、いかにすればギリシア哲学とキリスト教の啓示を調和させられるかという問題に取り組んだ。こうした奮闘努力の中からトマス・アクィナス〔一二二五頃～七四〕やドゥンス・スコトゥス〔一二六五頃～一三〇八〕といった思想家が輩出し、「スコラ」哲学が一世を風靡した。かくして、古代ギリシア哲学とムスリムの結びつきは、ヨーロッパ文化の記憶から消し去られてしまったのだ。

ヨーロッパの学者たちは図書室を備えた修道院に惹きつけられるようになった。なぜなら、そこには書物があったからだ。ついで、将来の学生たちが寄り集まるようになった。なぜなら、そこには学者がいたからだ。文無しの学者は研究に勤しみながら、学生たちに講義をしてかろうじて生計を立てていた。学問に従事する共同体が修道院を中心に形成され、これらが発展してヨーロッパで最初の大学が誕生した。最古の大学の一つはパリのノートル・ダム大聖堂の周辺に出現し、やはり初期に生まれた学問共同体の一つがナポリ大学となった。イングランドではオックスフォード大学が誕生したが、学者のあいだで論争が生じたときに、主流派とは意見を異にするグループがケンブリッジに移って独自の学問共同体を創設した〔一説には、一二〇九年におけるオックスフォード大学の学生処罰事件を契機に学生の大量移住が始まったとされている〕。

これら揺籃期の大学で教鞭をとった学者たちは、学生志望者のほとんどが学問を始められるだけの知識すらもち合わせていないことに気づかされた。そこで、彼らは学生たちにまず学問を始める準備をさせるために、標準的な教育課程を設定した。そのカリキュラムはいかに読み、書き、考えるかを教えることを喫緊の目的として、修辞学、文法、論理学、算術などの学科で構成されていた。この基本的な課程を修了した学生は、ラテン語で「初心者」を意味する学士(baccalaureate)と呼ばれた。こうして、彼らはやっと神学や哲学や医学や法学など、学問の名に値する学科を学ぶスタートラインに立てたのだ。蛇足だが、今日の学士号(baccalaureate)は、四年制大学を卒業した者が取得する学位の称号を意味している。

ヨーロッパに富が蓄積されるにつれて、自分の時間すべてを学んだり、読んだり、書いたり、芸術作品を制作することに費やせる人々が現われてきた。ギリシアの賢哲の著作が甦《よみがえ》るとともに、さまざまな目新しい思想が学識のあるヨーロッパ人の想像力に浸透した。古代ギリシア人は「人間は万物の尺度である」と述べ、彼らが奉ずる異教の神は複数の神的存在の集合体としての「神」を表わしていた。異教の神々は人間さながらに十人十色の性格を有しており、ほかの神々や人間たちとドラマチックな形で交流していた。古代ギリシア人は自然界と生身の人間に並々ならぬ関心を抱き、鋭く洞察していた。彼らは自然界の事象を解明する第一歩として、そこに見られる諸々のパターンを識別する方法を大きく発展させた。それゆえ、古代ギリシアの文献の研究に取り組んだ人々も、地上の生活で遭遇する不可思議な事象を解明することに関心を抱くようになった。こうした志向は、ローマ帝国の崩壊以来カトリック教会が育んできたものの見方とまったく相容れないものだった。なぜなら、中世のキリスト教世界には、物質世界を悪と断ずる教義が隅々まで普及していたからだ。現世にいる人間にとって唯一重要なことは、現世から脱出することだった。したがって、研究に値する唯一のテーマは来世であり、参照する価値のある書物は聖書とその註解書だけだった。新たに出現した人文主義〔教会の権威や神中心の世界観から人間を解放し、ギリシア・ローマの言語・文学・芸術の研究をつうじて普遍的な教養を身につけ、人間の尊厳を確立することを目ざす運動。また、その立場〕の信奉者は、キリスト教と張り合おうなどとは夢にも思っておらず、けっして無神論者の類いではなかった。それでも、教会上層部はこうした新しい思考様式に脅威を感じた。それがどのように進展するか、彼らは感じ取ることができたのだ。

カトリック教会の発展と宗教改革

キリスト教は廃れゆくローマ帝国の枠組みの中で成長した。教会はその過程で、帝国全土を網羅していた行政機構のヒエラルキーによく似た聖職位階制《ヒエラルキア》を構築した。帝国の秩序が崩壊すると、キリスト教体制がこれに取って代わり、文明化された生活を支える新たな枠組みとなった。東西分割統治体制下のローマ帝国東部では皇帝が常に帝国のヒエラルキーに君臨していたので、自動的に教会のヒエラルキアにも君臨することになった。各地の主教は、ちょうど各地の総督が帝国の最高権力者としての皇帝に服従してきた（そして、今でも服従している）のと同様に、教会の最高権力者としての皇帝に服従していた。キリスト教の教義は皇帝が招集する会議で主教たちによって公式に定められ、同様の会議の場で定期的に更新された。いずれの場合も、最終的な決定を下すのは常に皇帝だった。

キリスト教とローマ帝国はきわめて密接に結びついていたので、ローマ帝国が〔三九五年に〕東西に分裂したときに、キリスト教会も分裂した。東ローマ帝国〔ビザンツ帝国〕では、皇帝が依然として教会に君臨した。西ローマ帝国では、まもなく〔四七六年に〕「皇帝」という称号そのものが消滅した。政治的見地からいえば、ヨーロッパ大陸は各地の軍閥が実効支配する群小王国に分裂した。かような状況のもとで、西ヨーロッパでは文化的一体性と統合の唯一の源泉としてカトリック教会が台頭し、さまざまな言語を話し、さまざまな君主に仕える人々が互いに交流したり、互いの領土を行き来することを可能にする文化的媒介物となった。こうした役割を果たすためには、教会の教義は普遍的に〔カトリック〕等しく、普遍的に理解され、普遍的に受容されるものであらねばならなかった。それゆえ、カトリック教会は異端の徒を見つけだしては抹殺するという獰猛《どうもう》な傾向を強めていった。

十字軍の時代には、西ヨーロッパの教会当局は日常的に異端者を処刑していた――公認された教義から少しでも逸脱した信条を公言した者は誰であれ、火刑柱に縛りつけて足元の薪に火をつけていたのだ。

教会が信徒の日常生活に対する統制を強めるにつれて、ローマ司教が西ヨーロッパで最高の地位を占めるようになった。人々はローマ司教をキリスト教共同体の「父」とみなし、ギリシア語の「父」に由来する「il pape」、すなわち教皇（pope）と呼んだ。東方世界では、コンスタンティノープル総主教が宗教界の指導的な地位にあったとはいえ、それは各地の総主教の筆頭というに過ぎなかった。それに対して西方世界では、教皇がほかのすべての司教のそれを凌駕する権威を獲得した。十字軍の時代になると、ローマ・カトリック教会は教皇の無謬《むびゅう》説を主張しはじめた。

その間に、教会はヨーロッパ大陸の広範な地域に、そして社会の隅々にいたるまで勢力を伸ばしていった。あらゆる村や町、そして都市部のすべての区域が一つないし複数の小教区〔教会組織の最小の単位で、より上位の組織である司教区に属する〕に指定され、各小教区には教会堂が設けられ、教区司祭が配置された。各地の司祭は同一の形式と言語によって同一の祭儀を執行した。教会位階制は異論の余地なく正当化され、教会組織に定着した。司祭はすべて高位の司教に従い、司教は大司教に、大司教は枢機卿に、枢機卿は教皇に従うものとされたのだ。

だが、十字軍が終息するとともに、ローマ・カトリック教会の支配体制《ヘゲモニー》に亀裂が生じはじめた。教会の権威を疑問視する声が、ここかしこで上がりはじめたのだ。十四世紀後半には、オックスフォード大学の神学教授ジョン・ウィクリフ〔一三三〇頃～八四〕が聖書を低俗きわまる言語、すなわち庶民の日常の言語である英語に翻訳しようと提唱して、教会当局を驚愕させた〔当時、支配階級のあいだではフランス語が日常語であり、また公用語としてはラテン語とフランス語が用いられていた〕。なぜ、ウィクリフは聖書の英訳を志したのだろうか？　それは、一般庶民が自分で聖書を読み、その内容を理解できるようにするためだった〔ウィクリフの提唱のもとに一門の人々が一三八五年頃にウィクリフ派英訳聖書を完成し、一三九五年頃に改訳した〕。だが、なぜ一般庶民が聖書の内容を理解する必要があるのか、教会当局はとうてい納得できなかった──彼らに代わって聖書を理解してくれる司祭がいるではないか。

ウィクリフはさらに歩を進めた。聖職者はすべからく使徒に倣って清貧を実践すべし、と主張したのだ。そして、教会純化の手段として教会や修道院の領地を没収し、世俗政権の国庫に入れよと主張したので、教会当局の忌諱《きき》に触れてしまった。ウィクリフは有力な貴族の保護下にあったので、なんとか天寿を全うできた。ところが彼の死から四〇年以上も経ってから、教皇は彼の墓を暴いて遺骸を焼き、遺骨を粉々に砕いて川に撒き捨てさせた。どうやら、教会当局の怒りは持続していたようだ。

怒りが持続した理由の一端は、ウィクリフの思想が廃れそうもないことにあった。たとえばウィクリフの次の世代では、ボヘミアの司祭ヤン・フス〔一三七〇頃〜一四一五〕が彼の改革思想に強く共鳴し、あらゆる人間はみずからの言語で聖書を読む権利を有すると主張して、大々的な聖書翻訳プロジェクトを開始した。教会当局が教会法を引用して彼の行為が誤っていると指摘すると、フスは聖書を引用して応酬し、聖書は教会会議に優越すると宣言した。これはやりすぎだった。教会当局はフスを逮捕し、火刑に処した。彼を焼く火には、彼が翻訳を推進してきたチェコ語聖書の写本がくべられた。要するに、キリスト教は初期の宗教改革者たちに対して、イスラームがかつてスーフィーの先駆けハッラージュになしたのと同じ仕打ちを加えたのだ。

しかしながら、改革者を殺しても、改革への渇望を根絶することはできなかった。ウィクリフやフス、そして彼らと同類の改革者たちは、人々の心に危険なほど鬱積していた何かを刺激したのだ。それは、真の宗教体験を求める人々の報われない思いだった。

宗教が官僚主義化したことによって、ローマ・カトリック教会は強力になり、ヨーロッパには文化的一体性がもたらされた。だが、官僚主義化した宗教はついに、その存在理由《レーゾン・デートル》である核心的な宗教体験を与えることができなかった。ドイツの神学教師マルティン・ルター〔一四八三～一五四六〕は、カトリック教会が機能不全に陥っていることをきわめて正確に指摘した。罪の意識につきまとわれて懊悩していたルターは何をしても、自分は地獄に堕ちる定めの罪人であるという意識から逃れられなかった。キリスト教の諸々の儀式を実践すれば、罪が洗い流されて、罪の意識が和らぐはずだった。しかし、こうした儀式もルターには効果がなかった。彼はあらゆることを試みた――断食も、おのれを鞭打《むちう》つことも、聖体拝領も、果てしない懺悔も。けれども、これらすべてを試みたあげく、司祭からあなたは清められたと言われたときに、ルターはその言葉を信じることができなかった。自分がまだ清められていないことを知るためには、おのれの心を探ってみるだけで充分だった。彼はいまだに罪の意識を感じていたので、それがわかったのだ。

そんなある日、ルターは不意におおいなる洞察を得た。救済されたとみずから信じられるようになるまでは、けっして救済されないだろう、と。もし、救済されたと信じられないのであれば、司祭が何を言おうと何をしようと関係ない。もし、救済されたと信じられたのなら、司祭が何を言おうと何をしようと気にすることはない。かかる洞察は実に大きな問題を提起した。司祭の役割は何なのだろうか？　そもそも司祭がなぜ信徒共同体の中に存在するのだろうか？

それどころか、ルターは次のように確信するにいたった。人間は長年の労働に対する報酬として年金を得るように、みずからの行為によって救済を得ることはできない。救済は神から与えられる恵みであり、人間はそれを受け取ることしかできないのだ。しかも、救済は信仰という内的プロセスをつうじてのみ与えられるものであって、宗教的な「務め」という外的行動をつうじて与えられるものではない、と。

かような洞察に基づく確信をもって周囲を見まわすと、世間は「務め」をつうじて救済を得ようとする人々で満ちあふれていた。なお悪いことに、これらの務めを実践するよう命じていたのは、巨大で裕福でよく組織された官僚機構、すなわちローマ・カトリック教会だった。この事実を認識するや、ルターは恐怖に戦慄した。なぜなら、彼の洞察が正しいのであれば、これらの「務め」はすべて無駄な行為であるからだ！

教会が命じる数多の「務め」の中でも、ルターがとりわけ疑念と反感を募らせていたのは、教皇が贖宥《しょくゆう》を与えるという慣行だった。贖宥とはある種の〔告解の秘跡後に残った有限の〕罪に対する償いを赦免《しゃめん》することで〔その証書を贖宥状といい、免罪符と通称した〕、教会は充分な対価と引替えに贖宥を与える権能を有すると宣言していた。この慣行の起源は十字軍に求められる。教皇は十字軍を勧奨するに際して、異教徒のトルコ人と戦うべく出征する者に贖宥を与えたのだ。その後、人々が十字軍に参加する機会が減少するにつれて、教会は寄付金と引替えに贖宥を授けるようになった。大規模な官僚組織においては、些細な腐敗行為が必ず組織全体にはびこるものだ。これを考えると、各地の聖職者の一部はおそらく――ありていに言えば――自分たちへの寄付金と引替えに贖宥を与えていたものと思われる。こうした見方を読者がどう受けとめようと、マルティン・ルターの時代にはすでに、贖宥という慣行はとりもなおさず煉獄から脱出して天国に入る近道を金で買えることを意味していたのだ。

天国に入るためと称して信徒に金を出させるというのは、それだけでも悪しきことだった。だが、ルターには、かかる慣行はもっと悪しき何かを内包しているように思われた。もし、救済が神から個々の人間に直接与えられるものであるなら、教会はそれを開けたり閉めたりする能力を実際にはもっていないにもかかわらず、天国に入る門を通してやると称して賄賂を強要していることになる。これは腐敗どころの騒ぎではない。最悪の部類の盗みであり、詐欺行為ではないか！

一五一七年のハロウィーン〔一〇月三一日〕の夜、ルターはウィッテンベルク城教会の扉に煽動的な文書を掲示した。この中で、ルターは九五ヵ条の「提題」、すなわち教会およびその行為に対する九五項目の反対意見を表明した。ルターの抗議文は一夜にしてセンセーションの嵐を巻き起こし、宗教改革の口火を切った。

宗教改革はけっして画一的な現象ではなかった。ひとたびルターが門を開くや、改革を志す熱情は多様な方面に広まり、さまざまな改革者がそれぞれ独自の運動を展開し、独自の信条を掲げる新たな宗派が続々と誕生した。もっとも、これらの宗派は概していうなら、以下の四つの信条を共有していた。

・救済は今この時に／まさにこの場で、直接感じることができる。
・救済は信仰のみをつうじて得られる。
・個々人が神と結びつくのに仲介者は不要である。
・信仰について知るべきことは、すべて聖書から得られる。ラテン語も、教会会議が下した結論も、聖職者や学者の見解も知る必要はない。

ある意味で、プロテスタントの宗教改革は、イスラーム世界でスーフィズムを生みだしたのと同種の不満と渇望から生まれたといえるだろう。しかしながら西ヨーロッパでは、正統的教義と神との合一を求める個々人の思いを統合するガザーリーのような人物はついに現われなかった。

別の意味では、プロテスタントの宗教改革には——スーフィズムとは対極に位置する——イブン・ハンバルやイブン・タイミーヤが推進した運動と通底する側面があった。プロテスタントの宗教改革者もこれらのムスリム神学者と同様に、正統的教義から後世に付加されたものをいっさい剝ぎ取って、信仰の源泉たる聖書に戻れと声高に主張した——いずれも「聖典」を何より重視していたのだ。

けれども結局のところ、プロテスタントの宗教改革はイスラームでかつて生じた現象とはまったく異なるものだった。プロテスタントの宗教改革者は教会制度と教皇に反逆したが、イスラームにはそもそも反逆すべき教会も教皇も存在しなかった。西ヨーロッパで宗教改革者たちがカトリック教会の支配体制を打破したのは、画一的で一枚岩の教会を新たに打ちたてるためではなく、個々人に権利を与えるためだった。こうした目的を追求するがゆえにキリスト教そのものに反旗を翻すというのは、絶対にありえないことだ。なぜなら、キリスト教という宗教は本質的に個人にかかわるものであり、個々人が救済されるための青写真を提供するものだからだ。それとは対照的にイスラームという宗教は、共同体がいかに機能すべきかという青写真を提供するものである。いかなる改革運動であれ、各自が最良と思う宗教実践を行なう権利を個々人に保証することを目指すような運動は、イスラームそのものの中核をなす教義に本質的に逆らうものなのだ。

科学的な世界観の誕生

個人に権利を与えることによって、プロテスタントの宗教改革は宗教の枠を超えた重大な結果を招来した。あるレベルにおいては、「カトリック教会」の支配を打破することは、いかなる教会の支配も打破することと同義になった。たしかに、十六世紀と十七世紀の宗教改革者が言挙げしていたのは、宗教分野の改革に関連する事柄だけだった。そしてたしかに、それぞれの宗派《セクト》は神と個人のしかるべき関係について、かなり明確かつ限定的な見方をしていた。おそらく宗教改革者の誰一人として、信仰について型にはまらない考え方をするよう、自分が人々に奨励しているとは思ってもいなかっただろう。それにもかかわらず、彼らが救済を求めるのは個人の領域に属すると主張したことによって――その意図とは無関係に――個々人は神についておのれの欲するように考える権利を有するという見方が正当化された。そして、かかる見方が正当化されたことは、人間はあらゆる事柄についておのれの欲するように考える権利を有するという見方をも暗黙のうちに正当化したのだ。

まさに宗教改革のこの側面が、ヨーロッパ人が再発見した古代ギリシア思想や、改めて関心をもたれるようになった異教徒のラテン語の著作や、徐々に影響力を強めていたアラブ人の思想と互いに作用し合い、共鳴し合ったのだ。自分の思うとおりに救済を求めることができる——そう思うようになった人々は当然のことながら、それぞれ思い思いに神の本質や世界について思索をめぐらせはじめた。そして、上述したような興味深い思想が広まるにつれて、これまた当然のことながら、身のまわりに存在する謎の断片《ピース》を組み合わせる新たな方法を模索する者たちが現われてきた。

もし、カトリック教会の影響力がいまだに隅々まで浸透し、強力なままであったなら、いかなる問題について思索をめぐらせていようと、同時にもう一つの問題——それは信仰とどのように関連しているのか——も考察しなければならなかっただろう。たとえば「なぜ、万物は上昇するのではなく落下するのだろう?」と誰かが考えはじめたら、その心の内なる教会の声がすぐさまこう問いかけてきただろう。「この謎を解明することは、私がよりよきキリスト教徒になるためにどれほど役立つのだろうか?」と。こんな重荷を年がら年中引きずっていたら、人間の精神が自由にさまよえる範囲も、その速度もおのずと大きな制限を受けてしまうに違いない。

かような重荷から解放されたからこそ、コペルニクス〔一四七三〜一五四三〕は地球が太陽のまわりを回転していると断言することができたのだ。簡明にして大胆な太陽中心説は惑星の運動にまつわるあらゆる現象を説明できた——神がなぜ、その最も貴重な創造物である地球を差しおいて、太陽ごときのまわりを宇宙が回転するようにさせたのか、という問題を除いては。もし、後段の問題に対処する必要がないのであれば、前段の問題に対する解答をはるかに容易に導くことができただろう。無数に存在する自然界の謎についても同様だった。ひとたび信仰が命じるものと一致させる必要がなくなると、これらの謎を解明するのはずっと容易になったのだ。

大多数の思想家にとって、こうした姿勢は信仰と矛盾するものではなかった。それはただ、信仰と自然の解明は別物であることを意味しているに過ぎなかった。それらは別個の探究領域であり、二つの領域が一致しなければならない理由など微塵もないのだ。自然界の探究を信仰の枠組みから分離したおかげで、ヨーロッパ人は宗教改革後の二世紀間にわたって、科学的な概念の創出と科学分野の発見という目覚ましい成果を矢継ぎ早に上げることができた。

たとえば、フランシス・ベーコン〔一五六一～一六二六〕とルネ・デカルト〔一五九六～一六五〇〕はアリストテレス的な探究方法を否定して、科学的な探究方法を練り上げた。彼らをはじめ多くの人々が、いかなる物理的事象も純粋に物理的な原因によって生じるとする宇宙の機械論的モデルの構築に貢献した。ガリレイやデカルトおよび彼らの後継者たちは、万物は土と空気と水と火でつくられているとするアリストテレスの概念を解体し、それに代わるものとして物質の原子論を構築し、近代化学の基礎を築いた。

アンドレアス・ヴェサリウス〔一五一四～六四〕は世界初の近代的・系統的な人体解剖書『人体の構造』を公刊し〔みずからの手で人体を解剖し、画家に詳細な解剖図を描かせた〕、ウィリアム・ハーヴィー〔一五七八～一六五七〕は血液循環の原理を発見した。こうして、彼らはそのほかの医学者とともに近代医学の基礎を築いたのだ。アントニー・

ヴァン・レーウェンフック〔一六三二～一七二三〕は微生物の世界を発見した。この発見はやがて、パスツール〔一八二二～九五〕が説得力をもって提唱した病原菌の理論に結実した。

ロバート・ボイル〔一六二七～九一〕が開始した研究は、熱力学の四つの法則の定式化につながるものだった。ウサギの消化管の働きから宇宙の誕生にいたるまで、あらゆるシステムにおけるエネルギーの仕事への変換はたった四つの法則によって支配されているのだ〔熱力学の法則は第〇法則から第三法則まであり、熱をエネルギーの一形態とした上でのエネルギー保存の法則や、エントロピー増大の原理などが含まれる〕。

そして、忘れてはならないのが、この時代の科学者の中で最も偉大なアイザック・ニュートン〔一六四二～一七二七〕である。ニュートンは微分学を発明し、小石から惑星にいたる宇宙のあらゆる事物の運動を三つの単純な公式で説明した。彼は万有引力の法則を発見することによってあらゆる天体の運動を明確に説明し、コペルニクスとガリレイが始めた仕事を完成した。おまけに光が波動の性質をもつことを論証し、光のスペクトルを発見した。ニュートン以前にこれほど多くの業績をあげた科学者はおらず、ニュートン以後に彼に匹敵する業績をあげた科学者は存在しない。それゆえ、ニュートン自身は終生独身でとおしたことを最も誇るべき業績とみなしていたのは、まことに皮肉な話である。

だが、まさにこの点にこそ、考察に値するまことに興味深い謎が存在するのだ。実は、西ヨーロッパの科学者にずっと先んじて、ムスリムの科学者たちはこれらの発見の事実上すべてのとば口まで達していたのだ。たとえば、十世紀にアル・ラーズィー〔八六四～九二五／三二〕は、ガレノスが医療の基礎とした四体液説を論駁していた。十一世紀にはイブン・スィーナーが、六世紀のちにニュートンが運動の理論を完成させるのに先立って事物の運動を数学的に分析していた。十三世紀にはヴェサリウスにおよそ三〇〇年先んじて、イブン・アル・ナフィース〔一二〇八頃～八八〕が人体を血液が循環する仕組みを論述していた。一〇三九年に他界したイブン・アル・ハイサム〔ラテン名アルハーゼン。九六五頃生。没年を一〇四一頃とする説もある〕は光のスペクトルを発見し、科学的方法論について著述し、数量化と実験を科学的な探究の基礎と位置づけた。彼はいわば、ニュートン以前の時代のニュートンであり、デカルト以前の時代のデカルトだった。ムスリムはすでに、インドの科学者から学んだ物質の原子論的概念を練り上げていた。そして、中国から入手した宇宙の機械論的モデルをさらに精巧なものにしていたのだ。

　きわめて重大なのはこれらの発見そのものではなく、西ヨーロッパでは発見が持続し、その知見が蓄積され、それらが相乗的に作用して、包括的で首尾一貫した新しい世界の見方と研究方法の体系、すなわち科学的な世界観を生みだしたという事実である。科学的な世界観は、その後の西ヨーロッパにおける急激な技術の進歩の原動力となった。なぜ、こうしたプロセスが西方世界では実現し、東方世界では実現しなかったのだろうか？

　それはおそらく、科学上の偉大な諸発見がなされた時期が、イスラーム世界では社会秩序が崩壊しはじめた時期と重なっていたのに対して、西ヨーロッパでは久しく崩壊していた社会秩序が回復に向かいはじめた時期と重なっていたからだろう。それはまた、宗教改革によって人間の精神がカトリック教会の教義の桎梏《しっこく》から解放され、個々人が自由に思索しはじめた時期でもあった。

国民国家の出現と重商主義

このように、プロテスタントの宗教改革はヨーロッパの復活にきわめて重要な役割を果たした。けれども、宗教改革は科学分野にとどまらず、やはり重大な結果をもたらした別の分野におけるヨーロッパの発展とも密接に絡み合っていた。それは、政治組織の一形態としての国民国家が出現したことで、これと宗教改革が結びついたのは、教会に反旗を翻したルターらの宗教改革者がヨーロッパの王侯のもとに避難したことに端を発していた。ヨーロッパ各地の君主はかねてから、領地を最終的に支配するのは聖俗いずれの権力者であるかをめぐって、さまざまな形で教皇と闘っていた。宗教改革が引き金となってヨーロッパのいたるところで暴力の嵐が吹き荒れたが、アウクスブルクの宗教和議（一五五五年）がかかる状況に終止符を打った。この和議では、相争う勢力が画期的な原則に合意した。すなわち、その領国の大小にかかわらず、おのおのの領邦君主にローマ・カトリック教会にとどまるか、あるいはルター派教会に移るかを決定する権利を認めるという原則である〔「支配者の宗教がその地の宗教」という原則。この和議はカトリックとルター主義の両宗派間に結ばれた宗教平和の取決めであり、カルヴァン派などルター派以外のプロテスタントは排除されていた〕。だが、アウクスブルクの宗教和議は休戦条約でしかなかったことが、やがて明らかになった。新教派諸侯と旧教派諸侯の対立が再燃し、三十年戦争〔一六一八〜四八〕の火蓋《ひぶた》が切られたのだ。これは基本的に新旧両派が覇を競った宗教戦争であり、当初はドイツを舞台とした一種の内戦だったが、ヨーロッパ諸国が介入してヨーロッパ全域が戦場となった〔ドイツ国内の戦争であった最初の局面では宗教戦争という傾向が強かったが、外国勢力の介入後は政治的利害のほうが優越し、最終的にはオーストリア、スペインの両ハプスブルク家とフランスのブルボン家の対抗関係を主軸として戦われた〕。三十年戦争がようやく沈静化し、一六四八年にウェストファリアで講和条約が締結されると、アウクスブルクで決定された原則が確認された〔アウクスブルクの宗教和議で認められなかったカルヴァン派は、ルター派と同等の資格で承認された〕。こうして、宗教改革は個人主義に公然たる権利を与えるとともに、汎ヨーロッパ的イデオロギー〔ヨーロッパ全土を支配する普遍的帝国理念〕を解体するという結果をもたらした。新たな情勢のもとで、教会と国家が連携してナショナリズムを推進するという体制が優勢になった。

国民国家の最初の萌芽とみなせるものは、イングランドとフランスで形成された。両国の君主は一三三七年から一四五三年にかけて、いわゆる百年戦争を戦っていた。といっても、この期間中ずっと戦争が続いていたわけではなく、一連の軍事行動の合い間には平和な時期が訪れていた。百年戦争が始まる前には、「イングランド」とか「フランス」というようなものは事実上存在していなかった。存在していたのは貴族が支配する領土だけであり、領主はほかの貴族とさまざまな形で提携を結んでいた。中世のカロリング朝〔フランク王国の後期王朝。七五一〜九八七〕が築いた類いの帝国は、実際には領土の集合体に過ぎなかった。これら領土の集合体を統治する皇帝であるということは、そこから租税を徴収し、徴兵する権利と権力を有することを意味していた。皇帝は他国の君主たちと——ちょうど子どもたちがベースボール・カードを交換したり、おもちゃの取り合いをするのと同様に——領土の一部を交換したり、干戈《かんか》を交えて奪い合うなどして、各地の領土を混ぜたり、組み合わせたり、移し替えたりすることができた。一人の皇帝が二ヵ所の領土を所有していた場合、それぞれの領民が領主が同じだからという理由で共通の民族意識を抱くようなことはありえなかった。たとえば、ともに禿頭《とくとう》王ことカール二世〔八二三〜七七。西フランク王。在位八四三〜没年〕の臣民であっても、別の領土に住む人々は互いに親近感で結ばれてはいなかったのだ。

しかしながら、百年戦争が進むうちに、同じ国に属しているという意識が人々のあいだに芽生えはじめた。その一例として、フランスの住民はフランス語を話し、イングランドの住民は英語を話すという事実が、より鮮明に意識されるようになった。フランス人は自分と同じ言葉を話し、自分と同じく被占領地に住む人々との一体感をかつてないほど強く意識しはじめる一方で、彼らの土地に絶えずやって来る英語を話す兵士たちをかつてないほど強く異質の存在と感じるようになった。他方、延々と続く軍事行動に――これはかつて彼らの父親たちが従事した軍事作戦の再現であったのかもしれず、将来彼らの息子たちが継承する軍事作戦であるのかもしれなかった――各地の領土から投入されたイングランドの兵士たちは、互いに一種の団結心で結びついているとかつてないほど強く意識するようになった。百年戦争の時期をつうじて、「王」は最も強力な貴族という以上の存在に昇格した。つまり、「国家」を体現する存在としての「王」という概念が形成されはじめたのだ。

百年戦争が始まった頃には、戦争の主役は有力な王侯とその臣下の騎士たちだった。ヨーマン〔封建社会が解体する過程にあった十四～十五世紀のイングランドに出現した独立自営農民層〕も軍用行李を携えて従軍し、時に素朴な弓で矢を放った。だが、彼らが放つ矢は、金属製の甲冑《かっちゅう》を身につけた本職の兵士には歯が立たなかった。ところが、百年戦争が進行する過程でイングランドが長弓を発明した。長弓は従来の弓に比べてより強く、より遠くまで矢を射ることができ、その矢は甲冑を貫通した。突如として、前線のはるか後方に位置する長弓隊が、前方に展開した騎士たちを――戦闘を開始する隙さえ与えずに――射落とせるようになったのだ。

この時以来、騎士が戦闘の帰趨を決することはなくなった。つまり、騎士は時代遅れの存在となったのだ。封建制度下の政治組織は個人的な人間関係のネットワークで成り立っていたが、封建制度が廃れるにつれて、金を支配する者が個人的な結びつきによらずに強大な軍事力を組織できるようになった。この図式はやがて労働力の分野にも当てはまるようになる。一方で、この図式は王を王国随一の実力者に変容させた。つまり、王は大規模な軍事作戦の資金を組織的に調達するのに格好の地位を占める唯一の人物となったのだ。だが他方で、王がこれを実行できるか否かは臣下の貴族たちの意向にかかっていた。イングランドでは、王が新たな軍事行動を開始する際には、「議会」と呼ばれる貴族の一団を召集して承認を得なければならなかった。イングランドの君主が税制を定めるのに議会の承認を要したことは、ゆくゆくはイングランドにおける民主主義的諸制度の発達につながった――だが、それはまだずっと先のことだ。一四〇〇年の時点では、王が諸侯に超越する存在になったことは、それだけでビッグ・ニュースだったのだ。

国民国家が出現する以前には、最も強力な政治組織は領土が緩やかに結びついた連合体という形態をとっていた。それらの領土を統治する権利はさまざまなレベルで、半ば独立した権威を認められたさまざまな人物が担っていた。それゆえ、全体を統治する者は多くの中間段階を経て組織を管理・運営せざるを得なかった。最高権力者が発する命令はいずれも、中間段階の権力者一人一人の手を経るあいだに修正されてしまう可能性があった。もちろん、さまざまな言語に翻訳される際に歪曲されてしまう可能性も、地域の習慣に合わせて変更されてしまう可能性も、末端の地方レベルの権力者がそれを伝えるのを忘れた（ないしは拒否した）ために完全に立ち消えになってしまう可能性もあった。最強の皇帝が最大の音量で怒鳴っても、それが辺境に位置する小さな村々に届く頃には、かすかに聞こえる程度の雑音になってしまう恐れがあったのだ。ところが、誰もが多少なりとも同じ言語を話し、単一の官僚機構が領土全域で法令を執行し、誰もが多少なりとも同じ方向を目指している国民国家においては、王の政策はたいして歪曲されることなく領土の隅々まで伝わった。

私はけっして、一三五〇年ないし一四〇〇年時点のイングランドやフランスがかような国民国家だった、と言っているのではない。けれども、イングランドもフランスもその方向に向かっており、北ヨーロッパのいくつかの公国や侯国も同様だった。国民国家の出現によって、単一の系統だった政府が、その支配地に居住する人々すべての生活のあらゆる側面に影響を及ぼす政策を立案することが可能になった。その人々は依然としてみずからを臣民とみなしていたが、市民に変身する途上にあった。こういう次第で、のちに西方世界が東方世界に進出したときに、国民国家という硬くて鋭いナイフが、帝国という脆《もろ》くて柔らかいパンを切るがごとき様相を呈することになったのだ。

ヨーロッパがインド航路を探求するようになったのは、十字軍の直接的な結果だった。そして、インド航路開拓事業が重大な局面にいたったのはまさに、ヨーロッパに国民国家が出現しようとしていたときであり、プロテスタントの宗教改革によって個人が歴史の舞台の主役に変わりつつあったときであり、個人主義と復活した古代の学問が相乗的に作用して近代科学を生みだそうとしていたときだったのだ。

一四八八年にポルトガルの航海者バーソロミュー・ディアス〔一四五〇頃〜一五〇〇〕が初めてアフリカ大陸最南端の喜望峰〔ディアス自身は「嵐の岬」と命名した〕を通過し、大西洋からインド洋に回航できることをついに証明した。彼の航路をたどる船が絶え間なく続いた。一四九二年にはクリストファー・コロンブスが大西洋を西に向かって航海し、それまでヨーロッパ人には知られていなかった二つの大陸を発見した。その後まもなく、多数の船舶が南北アメリカ大陸までさかんに往来するようになった。

コロンブスの航海に資金援助をした経緯から、スペインは他に先んじて南北アメリカ大陸の富に手をつけた。この幸運のおかげで、スペインはしばらくのあいだヨーロッパで最も裕福な国となった。スペインが南北アメリカ大陸から大量の黄金《きん》を略奪し、本国で思うさま浪費したために、ヨーロッパの黄金市場は崩壊した。皮肉なことに、これによってスペイン経済は破綻し、スペインはヨーロッパの最貧国の一つに成り下がってしまった。

だが、南北アメリカ大陸の黄金はヨーロッパのいたるところに押し寄せた。かかる事態が生じたのは、ちょうど西ヨーロッパが国民国家体制を固めつつあるときだった。国民国家はきわめて緊密に統合されているので、あたかも一人の人間であるかのように行動する傾向がある。国民国家が出現する以前には、イングランドに住む誰かが「イングランド」がもっと豊かになることを望み、それが実現した場合に満足感と誇りを感じるなどということはありえなかった。その人物は自分の地元に富が流れこむことを望んでいただろう。自分の町や家族が、あるいは王でさえもがもっと豊かになることを望んでいたかもしれない。だが、イングランドが豊かになることについてはどうだったろう？　そもそもその人物にとって、イングランドとは何だったのだろうか？　けれども、いまや人々がみずからを集合的に「国民《ネーション》」とみなしている地域では、国家《ネーション》を利する政策という観点から人々が物事を考えるのはありがちなことで、また必然的なことでもあった。そうした政策の一つが重商主義〔十六〜十七世紀にヨーロッパ諸国家が採った経済政策。国家の保護・干渉によって有利な貿易差額を取得し、国富を増大させようとする主義〕だった。

重商主義とは単純至極な概念で、国家の経済を個人の経済と同一視することに基づいていた。ある人が金《かね》をたくさん稼いでほとんど消費しなければ、その人は必ず金持ちになる。誰にとっても、（入って来る）金がとりうる最も望ましい形は黄金である。黄金を大量に貯めこんでおけば、一生金に困らない。こうして、西ヨーロッパの人々は容易に次のような思考様式に陥った。すなわち、自分の国を富ませるには、できるだけ多くの黄金をもちこんで、できるだけ国外に流出しないようにするに如《し》くはない、と。そして、彼らはそれを実現する方法も考えだした。友人や隣人に大量の品物を売って黄金を手に入れ、買うのは——理想的には——ゼロに抑えればよいのだ。

大量の品物を売るためには、大量の品物をつくらねばならない。何も買わずにすませるためには、経済的に自立しなければならない。けれども、いったいどうやったら、国家が製品を売りに売る一方で、何も買わずにいられるだろうか？　そもそも原材料はどこからやって来るのだろうか？　ここにおいて重商主義が、ヨーロッパ人の優れた航海術および世界を探検したいという強い衝動と重なり合った。重商主義はナショナリズムと、ナショナリズムはプロテスタントの宗教改革と、宗教改革は個人主義という社会精神《エートス》と、個人主義はルネサンスの人間中心主義《ヒューマニズム》と、それぞれ密接に絡み合っていた。そして、ヨーロッパにおける航海術の進歩と探険熱は、まさに十字軍の産物だったのだ。

これらすべてが相乗的に作用しつつ発展し、その勢いは一六〇〇年前後のヨーロッパ社会で絶頂に達しはじめた。この時点で、ヨーロッパ人は世界に冠たる船乗りであり、適度な大きさの国民国家の一員として急速に組織される途上にあり、科学的な観点から世界を見なおしつつあり、南北アメリカ大陸から奪った黄金を湯水のごとく使っていた。そして、彼らは個人主義という新しい社会精神で武装した原《プロト》資本家的な起業家精神をもって、精力的に経済活動を営んでいたのだ。

信じがたいことだが、ヨーロッパがこれほど発展していたことにイスラーム世界はほとんど気づいていなかった。この当時、インドではムガル帝国の文明が、ペルシアではサファヴィー朝の文化が絶頂に達しようとしていた。オスマン帝国もまだ全盛期を過ぎたばかりで、小アジア、メソポタミア、レヴァント地方、ヒジャーズ地方〔アラビア半島西部の紅海に面した地域〕、エジプト、北アフリカでいまだに勢力を保っていた。

そして、やがて二つの世界が交わりはじめたのだ。

第一二章　西ヨーロッパの東方進出

ヒジュラ暦九〇五～一二六六年
西暦一五〇〇～一八五〇年

初期の訪問者――貿易商と軍事顧問

西暦一五〇〇年から一八〇〇年にかけて、西ヨーロッパ人は世界のほぼ全域を航海し、いたるところを植民地化した。ある土地は策を弄すことなくあっさり占領し、先住民を根絶やしにした。北米とオーストラリアはこうした悲運に見舞われ、ついには事実上ヨーロッパ大陸外のヨーロッパと成り果てた。

ある土地では先住民を生かしておいたが、西ヨーロッパ人はその地の統治エリートとなって貴重な資源を思いのままに収奪した。先住民の一部は彼らの召使いや奴隷に成り下がり、そのほかの人々は抑圧された環境のもとで必死に命をつないだ。これが、南アメリカとサハラ砂漠以南のアフリカの先住民のほとんどを襲った運命だった。

しかしながら、ある土地では――よく知られているのは中国とイスラーム世界の中核地域だが――ヨーロッパ人はよく組織され、技術的に進んだ豊かな社会に遭遇した。一見したところ、これらの社会は西ヨーロッパ勢に充分対抗できそうに思われた。こうした地域では、新来者と先住民相互の関係はより微妙な経過をたどった。イスラーム世界はとりわけ複雑な社会心理的ドラマを展開した。なぜなら、まず第一に、西ヨーロッパ人とムスリムのあいだにはすでに錯綜した歴史があったからだ。第二に、西ヨーロッパ人がイスラーム世界に少しずつ足を踏み入れはじめたのが、ちょうど三大イスラーム帝国が勢力と栄光の絶頂に向かっていた時期だったからだ。

ここで一つ明確にしておきたいのは、西ヨーロッパ勢のイスラーム世界への侵入はけっして（一九九〇年代に造語された言葉を使うなら）「文明の衝突」というがごとき事態にいたらなかった、ということだ。この植民地主義の時代に「ヨーロッパ文明」が「イスラーム文明」と戦ったことは一度もなかった。そして、この事実は以後の展開を理解する鍵の一つなのだ。実のところ、一五〇〇年以後に東方イスラーム世界を訪れた西ヨーロッパ人は、そのほとんどが貿易商だった。貿易商以上に危険を感じさせない存在があるだろうか？　そもそも貿易とは、人間が戦争をする代わりに行なうものだ。貿易――そう、これは平和と同義語も同然なのだ！

また、ヨーロッパ人は大挙してやって来たわけでもなかった。たとえば、最初に海路でインドに到達したヨーロッパの遠征隊は、ポルトガルの下級貴族ヴァスコ・ダ・ガマ〔一四六九頃～一五二四〕に率いられた一団だったが、その陣容は四艘の船と総勢一七一人の船員に過ぎなかった。一四九八年にインド西岸のカリカット〔現コジコーデ〕に到着すると、ガマは地元のヒンドゥー教徒の王に謁見し、海岸に交易所を設けて商売をしたいと申し入れた。少しばかり買って、もしかすると少しばかり売ってもよろしいか、と。カリカットの王は〔ポルトガルの香料取引への参入に反対するムスリム商人

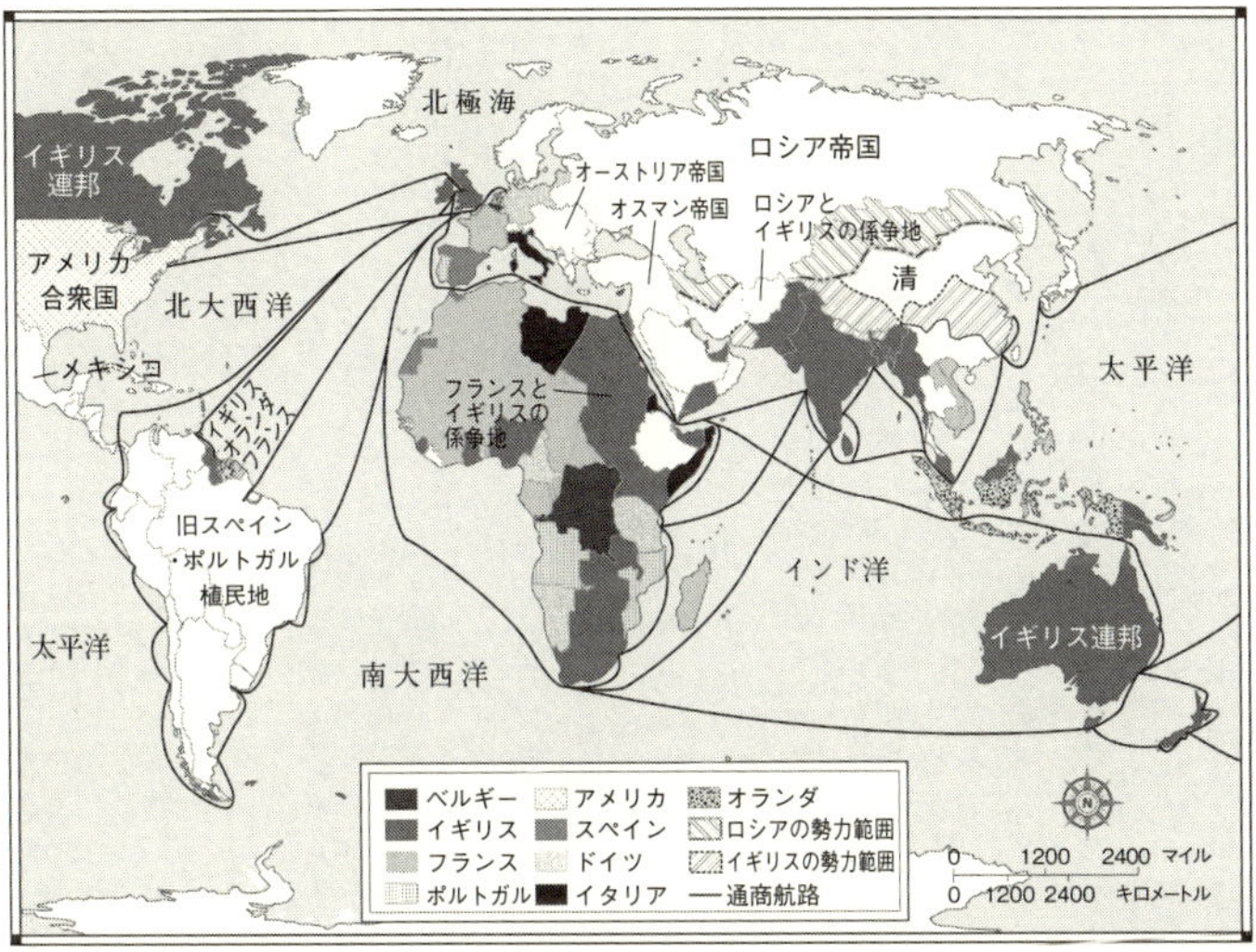

図16　西ヨーロッパの帝国主義――海軍国の勢力範囲

の意向をくんで、当初はガマの申入れを断ったが、最終的に」これを承諾した。どうして、王が承諾しないわけがあったろう？　この他《よ》所者《そもの》たちが布や、原綿や、砂糖や、その他何であれ買いたいというなら、どうして王が否と言おうか？　王の臣民が商売を営めるのだ！　産物を売ることを拒否したら、金を稼げないではないか。

その後まもなく、ポルトガル人一行はカリカット周辺で敵意に燃えるムスリム勢から襲撃された。けれども、かかる南方の地ではムスリムたちも侵入者だった。そこで、ポルトガル人は地元のヒンドゥー教徒の支援を受けて、ゴアに小さな町と要塞を築いた。彼らはとくに価値のある商品は何一つもっていなかったが、地元の産物を買う金はもっていた。時が経つにつれ、南北アメリカ大陸の黄金《きん》がヨーロッパ経済に流入するのに伴って、ますます多くのポルトガル人がますます多くの金《かね》を使いにゴアに来るようになった。こうして、ゴアはその後久しくインドにおけるポルトガルの活動拠点となった。

やがて、フランスやイングランドやオランダなど、西ヨーロッパのさまざまな国から貿易商人が続々とやって来るようになった。これらヨーロッパ人の共同体は商売敵《がたき》として互いに争いはじめたが、インド人はそれを気にもとめなかった。誰が勝とうと、インド人が気にする理由があったろうか？　時あたかもバーブルとその子孫たちがインド北部にムガル帝国を建設中で、それが当時の重大な関心事だった。そう、インド洋の海岸沿いに小さな砦《とりで》を築いている少数の身分の卑しい貿易商人などより、はるかに重要な問題だったのだ。こうして、ヨーロッパ人がイスラーム世界にたいした影響を与えることなく、十六世紀が過ぎていった。

とはいえ、イスラーム世界を訪れたヨーロッパ人は貿易商人だけではなかった。その一部は、経営アドバイザーや技術コンサルタントとしてやって来た。一五九八年にアンソニー〔一五六五～一六三五頃〕とロバート〔一五八一頃～一六二八〕のシャーリー兄弟が、はるばるイングランドからペルシアを訪れた。当時のペルシアはサファヴィー朝屈指の英主シャー・アッバースの統治下で、新たな「黄金時代」を迎えたところだった。二人のイングランド人はシャー・アッバースにこう奏上した。いわく、私たちはペルシア王に耳寄りの提案をするために丸腰で来た、実は大砲と小銃を売りたいのだが、売るだけでなく技術的なサポートをすることを約束する――本国から要員を呼び寄せて、シャーの臣民にこの新兵器の使用法を訓練したり、火器を用いる軍事戦略を教授したり、さらに故障した場合に備えて修理法を伝授する等々の支援を行なう、と。

シャー・アッバースは彼らの提案が気に入った。サファヴィー朝ペルシアは軍事技術の面で近隣諸国に後れをとっていた。キズィルバーシュは火器を好まず、いまだにもっぱら槍と剣と弓で戦っていた。こうした弱点ゆえに、サファヴィー朝軍はチャルディランの戦いに敗れたのだ。しかも、いまや、憎きオスマン帝国がペルシアへの武器輸送を阻止せんと画策している。イングランドとは、はるか彼方のヨーロッパの西に位置する小さな島だという。そんな取るに足りない小国から兵器とコンサルタントを手に入れるというのは、完璧な解決法であるように思われた。イングランド人は彼らの製品を熟知しており、遠国から少数のイングランド人がやって来ても、たいした害になるとは思えない。こうして始まったのだ――ヨーロッパ人のアドバイザーをペルシア軍の指揮官に任命するという慣行が〔シャーリー兄弟はペルシア軍の改編と訓練を行ない、砲兵隊とライフル銃歩兵隊を編制した〕。

オスマン帝国の終わりの始まり

もちろん、西ヨーロッパ人とムスリム相互の関係がすべて平和的に推移したわけではない。オスマン帝国のトルコ人とヨーロッパのキリスト教徒は過去数百年にわたって戦いつづけてきた。帝国の西部国境は二つの世界の境界をなし、ここでは常に摩擦が生じていた。けれども戦闘の合い間には、いや、どこかで本格的な会戦が行なわれている最中でさえも、ほかの場所ではさかんに交易が営まれていた。というのは、第二次世界大戦のごとき総力戦とは異なり、戦闘が行なわれる地理的範囲が限られていたからだ。ある場所で二つの軍隊が激突しているまさにその時に、そこからたった二、三マイルしか離れていない場所では平常どおりに商売が営まれていたものと思われる。西ヨーロッパ人とムスリムのあいだに生じた摩擦に十字軍以来のイデオロギー的要素——キリスト教対イスラーム——が含まれていたことはたしかだが、両者間の戦闘は現実的には双方の君主が領土をめぐって戦ったものであり、その実行部隊は職業軍人だった。結局のところ、オスマン帝国にはキリスト教徒もユダヤ教徒も多数住んでいたのだ。しかも、彼らの一部はオスマン軍に加わり、オスマン帝国のために戦っていた。それはオスマン朝に対する愛国的熱情から出た行為ではなく、戦うことが彼らの職業であり、俸給を必要としていたからだ。戦闘の実態がこのようなものであってみれば、戦場から離れた土地の住民は心おきなく往来したり売買に精を出したりできただろう。

十七世紀には、ヴェネツィアの貿易商人にとどまらず、フランス、イングランド、ドイツ、オランダなどヨーロッパ諸国の貿易商人がイスラーム世界の奥深くまで進出していた。彼らは黄金ではなく、火器で武装していた。これらの商人は強大なオスマン帝国をじわじわと、情け容赦なく鈍重な怪物に変貌させるプロセスにひと役買った。こうして追い詰められたオスマン帝国を、ヨーロッパ人は「ヨーロッパの病人」と称し、時には——より婉曲な表現だが、ある意味ではいっそう優越意識芬々《ふんぷん》たる——「東方問題」と称していた〔東方問題とは、オスマン帝国の衰退と内部分裂の危機を利用したヨーロッパ列強によるバルカン・中東への進出と介入によって、十八世紀から十九世紀にかけて発生した一連の国際紛争をさすヨーロッパ側の呼称〕。しかしながら、このプロセスはごくゆっくりと進行し、きわめて広い範囲に波及し、非常に複雑な経過をたどったので、その歴史のただ中で日々を送っている誰にとっても、ヨーロッパの侵入と急速に進むオスマン帝国の衰退を関連づけることは至難の業だった。

このプロセスに関して第一に注目すべきは、実際に生じなかったことである。オスマン帝国は押し寄せる敵軍に完全に屈服したりはしなかった。すっかり瀕死の状態になり、ハゲワシに啄《ついば》まれるのを待つばかりの死体同然になってからでさえ、オスマン帝国は相手に打撃を与えられるだけの軍事力を結集することができたのだ。

歴史家たちはオスマン帝国の終わりの始まりを画するものとして、二つの重大な軍事的敗北を特定している。もっとも、当時はいずれの敗北についても、トルコ人はほとんど気にかけていなかったのだが。その一つは一五七一年のレパントの海戦で、ヴェネツィア、スペイン、教皇庁が結成した同盟艦隊は、オスマン帝国の地中海艦隊を事実上全滅させた。ヨーロッパでは、この海戦は異教徒のトルコ人がついに、ついに落ち目になりはじめたことを示す徴《しるし》として、興奮の渦の中で祝われた。

ところがイスタンブルでは、大宰相は艦隊の損失を髭《ひげ》剃りになぞらえていた。髭は剃ってもまた伸びてくるし、むしろ前より濃くなる、と。実際、オスマン帝国は一年も経たないうちに、失ったものより大規模かつ近代的な艦隊を再建した。八艘の主力艦は、かつて地中海を航行したいかなる船舶より大きかった。それから六ヵ月以内にオスマン海軍は東部地中海の制海権を奪還して、キプロス島を占領し、シチリアを攻撃しはじめた。当時のオスマン帝国のアナリストがレパントの海戦を大きな転換点とみなさなかったのは、さほど驚くに当たらない。ヨーロッパの制海権掌握が疑問の余地なく明らかになり、その意味するところが明白になるまでには、少なくとももう一世紀を要したのだ。

もう一つの重大な軍事的敗北はレパントの海戦より四〇年余り前の出来事だったが、それからずっとのちにオスマン帝国はその続編ともいうべき敗北を喫することになる。前編に相当する敗北は、壮麗王スレイマンがウィーン占領に失敗したことだった。オスマン軍はたゆむことなく着々と征西を進めており、一五二九年にウィーンの市門に到着した。だが、スルタンがこの名高いオーストリアの都市を包囲したときには、季節はもう冬に向かっていた。いよいよ冬が間近に迫ると、スルタンはウィーンの占領は一時見合わせて、次の機会にしようと決断した。だが、スレイマンに次の機会は訪れなかった。なぜなら、対処すべき問題がいろいろともち上がり、彼はそちらに気を取られてしまったからだ——なにしろオスマン帝国はあまりに大きく、国境線があまりに長かったので、国境のどこかで絶えず早急に対処すべき問題が生じていたのだ。スレイマン一世はついにウィーン征服をふたたび試みることなく終わったが、当時の人々はそこに帝国衰退の兆しを認めてはいなかった。「ウィーン征服」は今でもスルタンの「やるべきことのリスト」に載っているが、スルタンは忙しすぎて実行できないだけだ、と彼らはみなしていた。スルタンは休むことなく戦いつづけ、ほかの戦場で勝利を重ねていた。その統治はすこぶるうまくいっていたので、いまだウィーンを征服していないというだけの理由でオスマン帝国が下り坂にあるなどとほのめかす者がいたら、それはどうしようもない愚か者だけだったろう。つまるところ、第一次ウィーン包囲は軍事的な敗北に終わったわけではなく、いつものように決定的な勝利を得られなかったというに過ぎないのだ。

それでもやはり、歴史家が過去を振り返ってみれば、スレイマンがウィーンを占領しそこなったことが分水嶺となったのは一目瞭然である。この時点で、オスマン帝国の版図は最大に達していた。これ以後、オスマン帝国の領土は拡大していない。だが、当時においては、この事実はさほど明瞭に認識されていなかった。なぜなら、オスマン帝国は相変わらず常に誰かとどこかで戦っており、戦場からの知らせは概して吉報だったからだ。たぶん、オスマン軍はここかしこで敗北を喫していたのだろう。だが、それと同時に、ここかしこで勝利をおさめてもいたのだろう。オスマン軍は勝つ場合より負ける場合のほうが多かったのだろうか？　大きな戦闘では負けて、小さな戦闘でだけ勝っていたのだろうか？　これが現実的な問いであり、その答えはイエスだった。けれども、歴史の潮流を漂っていた当時の人々にとって、客観的な評価を下すのは困難だったろう。そもそも、ある戦闘の重要性を評価することなど誰にできようか？　中には将来を不安がって騒ぎたてる者もいたが、取越し苦労をする人間はいつだっているものだ。なんといっても一六〇〇年の時点では、帝国の領土は間違いなく縮小してはいなかったのだ。

けれども不運なことに、オスマン帝国にとっては領土が縮小していないという事実だけでは充分でなかった。実をいえば、この帝国は永久に拡大しつづけるという前提のもとに成り立っていた。オスマン社会の複雑きわまるメカニズムをしかるべく機能させるためには、国境地帯で絶えず戦争を遂行し、しかも総じて勝利をおさめる必要があったのだ。

第一に、領土の拡大は租税収入の源泉であり、帝国はそれを失うわけにはいかなかった。

第二に、戦争は内部の圧力を調節する安全弁として機能していた。たとえば、何らかの理由で土地を追われた農民たちは、飢えと絶望に打ちひしがれて無為に過ごしてはおらず、荒くれた賤民の群れと化した。彼らはいつでも軍隊に入ることができた。軍事作戦に参加し、いくばくかの戦利品を手に入れ、それから帰郷してささやかな商売を始めることもできたのだ……

しかし、ひとたび領土の拡大がやむと、こうした圧力はすべて内側に向かいはじめた。理由はなんであれ農村で生計を立てられなくなった人々は、いまや続々と都市に流入していた。たとえ、ある種の技術をもっていても、それを活用する術はなかった。同業者組合《ギルド》があらゆる種類の製造業を牛耳っており、彼らが新たなメンバーを受け容れる余地はほとんどなかったからだ。都市に流入した人々の大多数は失業者と成り果て、不満を募らせた。そして、帝国領土がもはや拡大しなくなったことによって、この類いの小さな変化が無数に生じていたのだ。

第三に、伝統的なデヴシルメ制度は新たに獲得した領土から「奴隷」を徴用して帝国のエリートに育成するというものだが、この制度の成否は新たな領土が不断に得られることにかかっていた。デヴシルメ制度によって教育・訓練されたイェニチェリには、本来一つの重大な制限が課せられていた——彼らは結婚することも後継ぎをもうけることも禁じられていたのだ。これは、行政機構に常に新しい血を入れるために考案された仕組みだった。だが、ひとたび領土の拡大が停滞すると、デヴシルメ制度も箍《たが》がはずれはじめた。イェニチェリはしだいに結婚するようになり、世間の親と同じことをするようになった。つまり、自分の子どもに最良の教育と就職の機会を与えるためにおのれの影響力を行使する、ということだ。これはごく当然のなりゆきだったとはいえ、それはまた、イェニチェリが代々続く世襲エリート層になることを意味していた。その結果、オスマン帝国の活力が低下した。なぜなら、それまで帝国を運営する諸分野の専門家は早くから天分を発揮した者たちの中から選ばれていたのが、社会階層が固定化したがゆえに、裕福で有力な両親をもった鈍物も登用されることになったからだ。

停滞した社会情勢を何十年も前にスレイマンがウィーン征服に失敗したことと結びつける者は、一人としていなかった。どうしてそんなことができたろう？　それらの因果関係はあまりにも漠然としており、あまりにも間接的だったので、一般大衆は社会の現状を一種の説明しがたい閉塞状態としか理解できなかった。社会がこうした状態に陥ると、宗教的保守主義者はえてして社会の道徳的な枠組みを激しく非難し、規律や年長者の尊重といった旧弊な徳目を復活させよと声高に主張するものだ。

経済の破綻——産業の衰退とインフレーション

そして、いよいよスレイマンの失敗の続編が始まった。一六八三年、オスマン帝国はふたたびウィーン征服を試み、またしても一五四年前と同様に失敗した。だが、今回はみずから撤退したのではなく、ヨーロッパの連合軍に大敗を喫したのだ。軍事的見地からいえば、この第二次ウィーン包囲作戦も勝利をあげそこなったというに過ぎなかった。だが、オスマン帝国首脳部は完敗したことを思い知り、何かがひどく間違っていたことを悟ったのだ。

そうした思いから、彼らは軍事力を強化しようと断固たる決断をした。彼らはあまりに安易に、帝国の勢力と活力は軍隊と兵器にかかっていると決めこんだのだ。そして、帝国を蝕《むしば》みつつある姿の見えない勢力を防遏《ぼうあつ》するために、軍事力という防波堤を築こうとした。しかしながら、帝国の資源を軍事部門に投入すればするほど、すでに過度の負担に喘いでいた政府の支出は増すばかりだった。

オスマン帝国政府が過度の負担を負うことになった原因の一つは、帝国経済に食いこんだヨーロッパの貿易商人がオスマン社会の微妙な抑制均衡システムを撹乱したことにあった。レパントの海戦も、失敗に終わったウィーン包囲作戦も無視しよう。つまるところ、オスマン帝国を弱体化させたのは兵士ではなく、貿易商人だったのだから。

ここで、少々詳しく説明しよう。オスマン帝国では（スーフィー教団と密接に結びついた）ギルドがあらゆる種類の製造業を支配し、競争を排除することによってメンバーを保護していた。たとえば、あるギルドは石鹸の製造を独占し、あるギルドは靴の製造を独占するというように……。とはいえ、ギルドは独占的な地位を利用して製品価格を吊り上げることはできなかった。というのは、ギルドが設定する価格に対して、帝国政府が制限を課していたからだ。政府は大衆を守り、ギルドは組合員を守っていた。万事に均衡が保たれ、万事がうまく機能していたのだ。

その後、西ヨーロッパ人がこの抑制均衡システムに入りこんできた。彼らは石鹸や靴を売ってギルドに対抗しようとはしなかった――たとえそうしようと思っても、帝国政府が許さなかっただろう。いや、彼らは買うものを探していたのだ。それは主として羊毛、食肉、皮革、木材、油、金属といった原材料で――手に入るものなら何でもよかった。供給する側は喜んで売り、政府ですらこうした商取引を是認した。なぜなら、それは帝国に黄金をもたらしたからだ。これが悪い話であるはずはないだろう？　ところが不幸なことに、ヨーロッパ人が買い求めていた原材料は、ギルドが製品をつくるのに欠かせないものだった。そして、ヨーロッパ人はアメリカ大陸で得た黄金を潤沢にもっていたので、ギルドより高い値で原材料を買うことができた。一方、ギルド側には手持ちの資金は収益金しかなく、しかもそれは政府の価格統制によって制限されていた。彼らはその差額を量で——つまり、より多くの製品をつくって売ることで——埋め合わせることもできなかった。生産を増やそうにも、原材料を充分に調達できなかったからだ。ヨーロッパ人が帝国領土から原材料を吸い上げてヨーロッパに送るという図式が進行するにつれて、オスマン社会の職人は経済的苦境に陥った。こうして、国内産業の衰退が始まった。

オスマン政府当局はこの問題を認識し、それに対処するために、国内産業が必要とする戦略的に重要な原材料の輸出を禁止した。しかし、この手の法律は密貿易の道を開くだけに終わった。羊毛を輸出するのが犯罪とされるときには、犯罪者だけが羊毛を輸出するものなのだ。こうして闇市場経済が栄えはじめ、闇市場起業家というにわか成金の階層が出現した。彼らは法を破って金を稼いでいたので、それを見逃してもらうためにさまざまな役人に賄賂を贈らねばならなかった。これは腐敗の温床となり、別種の「起業家」からなるにわか成金の階層を生みだした。そう、賄賂で太った官僚という階層を。

いまや少なからぬ人間が不法な現金を手に入れていた。これらの金は生産性の向上によって生みだされたものではなく、アメリカ大陸産の黄金の蓄えを減らしつつ、気前よく消費するヨーロッパ人によってオスマン帝国経済に流れこんできたものだった。けれども、にわか成金となった帝国臣民は彼らの金を何に使えただろうか？　まともな産業に投資するのは問題外だった。そんなことをしたら、政府当局から目をつけられるのが落ちだろう。そこで、彼らは現代のアメリカ社会で麻薬のディーラーがやっていることを実行した。そう、法外に高価な贅沢品に惜しみなく金を使ったのだ。贅沢品の中には西ヨーロッパ製の消費財も含まれていたが、オスマン社会で舶来品を手に入れるには現金で闇取引するしかなかった。オスマン帝国の製造能力を蝕んでいた趨勢そのものがヨーロッパの産業に市場を提供し、それに伴って黄金がヨーロッパへ還流した。

製造業が不振に陥るのと並行して外国から現金が流入したために、オスマン帝国の経済はインフレーションに見舞われた。インフレーションとは、購入できる品物の量に比べて通貨量が過剰になったときに生じる現象である。私はこれと同じパターンを北カリフォルニアのとある農村地帯で見たことがある。そこでは、ごく少数の住民がマリファナの栽培によって途方もない金持ちになりつつあった。これといった産業もない土地で、人々がＢＭＷを乗りまわし、平凡な家屋が百万ドルで売れはじめた。そして、ついにはパンまでもが、突然高級店に様変わりした食料品店で値上がりしてしまったのだ。

インフレーションはどういう人々を直撃するのだろうか？　それは、固定収入で生計を立てている人々である。最近では「固定収入」を「低収入」と同一視する傾向があり、私たちは固定収入云々というと、社会保障制度に基づく諸々の給付金にすがって生きている人々を思い浮かべがちだ。だが、オスマン社会には社会保障制度の類いは存在せず、家族や共同体が身内の老人や病人たちの面倒をみていたのだ。実のところオスマン社会で「固定収入」で暮らしていた人々とは、給料を支給されていた政府の官僚、より具体的には宮廷の高官たち——不相応に肥大した非生産的な上流階級——だったのだ。これら「固定収入」人種は、クロイソス〔巨万の富で知られたリュディア王国最後の王〕も羨むほどの大金持ちだった。だが、金持ちの中の金持ちでさえ、自身の購買力が低下すると、なぜか恐怖心に襲われるらしい。一九二九年にアメリカの株式市場が大暴落したときに、高層ビルの窓から身投げした銀行家たちがいたことはよく知られている。そのうちの何人かは、歩道に激突したときにはまだ一〇〇万ドル相当の株式を保有していたのだ。彼らにとって、どれだけ金をもっているかは問題でなかった。彼らを打ちのめしたのは、おのれの金がどれほど減ったかということだったのだ。オスマン社会でもこれと同様に、固定収入で暮らす裕福な宮廷人たちはインフレーションに直撃されて、経費を切り詰める必要性を感じずにはいられなかった。ところが、彼らはそうすることを好まず、収入を補う手段として、おのれが行使できる唯一の権限を振るいはじめた。

さて、宮廷人（と官僚）はどのような権限を行使できたのだろうか？　それは、臣民が陳情等の目的で国家の行政機関や立法機関にアクセスすることを許可する権限である。しかしながら、ある人々がアクセスを許可する役割しかもっていない場合、彼らは実際にはアクセスの申請を却下する権限しか有していないのだ。オスマン帝国の廷臣と官僚は、臣民の手助けをする代わりに邪魔だてするようになった——賄賂をもらえない場合には。かくして、オスマン帝国は書類仕事の伏魔殿と化した。臣民が国家の行政・立法機関へのアクセスを求めて役人と交渉するためには、しかるべき人物Aを知っている人物Bを買収できる人物Cを、これまた買収できる人物Dを知っている人物Eの、さらに知り合いFに賄賂を贈らねばならなかったのだ。

かかる悪しき慣行を封じるために、国家は廷臣や官僚の給料を上げた。こうすれば、彼らは賄賂をとる必要性を感じなくなるだろう、と。けれども、国家には余分な支出を賄うだけの、実際の生産力に裏づけられた財源がなかった。とりわけ帝国領土の拡大がやんでからは、従来新たな征服地から国庫に流入していた租税収入が得られなくなっていた。それゆえ、給料や年金や兵士の俸給の額を上げるために、政府はひたすら紙幣を印刷することを余儀なくされたのだ。

紙幣の流通量の増大はインフレーションに拍車をかけた――なんと、出発点に戻ってしまったではないか！　腐敗を食いとめ、効率を高めるためにオスマン政府が講じた手立てのどれもが、解決すべき問題をいっそう悪化させてしまったのだ。とうとう政府当局は匙《さじ》を投げ、コンサルタントを何人か雇い入れて、事態を正常化するための助言を仰ごうと決断した。彼らが雇ったのは経営コンサルタントと技術部門の専門家で、それらのノウハウを知っているとおぼしき国々から――すなわち、西ヨーロッパ諸国から――招聘した。

スルタンのハレム

たぶん、きわめて優秀な統治者だったら、オスマン帝国のエリートをこれほど惨めな状況に追いやった経済の破綻に対して何がしかの手が打てただろう。しかし、この帝国が華々しい成功をおさめ、オスマン家が強大な権力を握ったがゆえに、もはや征服者メフメトや壮麗王スレイマンの再来を望むべくもないほどまでに、オスマン朝の文化とスルタン一族の生活様式が変わってしまったのだ。とりわけ宮廷はいよいよ壮大に、いよいよ非生産的になる一方で、ついには巨大な畸形《きけい》の怪物もどきの存在になった。これを社会全体で背負っていたのだ。

この畸形性を端的に象徴していたのがいわゆるグランド・セラーリオ、つまりイスタンブルの宮殿に設けられたスルタンのハレムだろう。いうまでもなく、それまでのムスリム諸王朝もハレムを設けていた。だが、オスマン朝において、このおぞましい施設はかつてない規模に膨れ上がった。唯一の例外は中国明朝の後宮だろう。

迷宮のようなグランド・セラーリオには、征服地のいたるところから連れてこられた数千人もの女性たちが住んでいた。豊かで贅沢な雰囲気にどっぷり浸かりながらも、ほとんどの女性は迷宮内の小部屋で暮らしていた。ハレムの女性には化粧品や装飾品などが支給され、彼女たちには自分を飾りたてる以外にすることはなかった。有益な仕事も学ぶ機会も与えられず、何かを生産せよと命じられることもなかった。無意味で退屈な生活から救いだしてくれるものは皆無だった。ハレムの女性は宝石で飾った独房に囲われた囚人だったのだ。

女性を隔離するという慣習は、すでに何百年にもわたってイスラーム世界の構造に組みこまれていた。だが、この時点においてさえ、かかる慣習は社会全体には普及しておらず、定着していたのは上流階級だけだった。農村地帯では、畑で農作業に励み、道で動物を追いたてている農婦の姿がいまだに見られただろう。都市部の公共のバザールでは、下流階級の女性たちが家族のために買物をしたり、自作の手工芸品を呼び売りしていた。中流階級の女性の中には、財産をもっていたり、商売を営んでいたり、みずから使用人に指図する者たちもいた。しかし、女性が世間の目に触れることは、身内の男性の地位が低いことを意味していたのだ。

特権階級の男たちは、身内の女性を公的な生活から遠ざけ、家庭の私的な領域に隠すことによって、おのれの地位を誇示していた。この慣習の根底にある心理は、（私が思うに）男の名誉――その真意は仲間の男たちのあいだで毅然とした態度でいられること――は、おのれにかかわる女性すべてをほかの男の性的妄想の対象にさせないことにかかっているという感情だった。つまるところ、女性を隔離するとはこういうことだったのだ。かような文化的風土にあっては、社会の下層に属する男たちでさえ、世間から蔑視されないためには身内の女性を人目にさらしてはならない、という圧力を感じていたのだ。

スルタンのハレムでは、こうした隔離症候群とも称すべき慣習が強化されて、唖然とするようなレベルにまで達していた。「ハレム」という言葉は通例、ことに西洋の東洋学者《オリエンタリスト》のあいだでは、みだらな意味合いをもって使われている。あたかもハレムでの日々の生活が、朝から晩まで性的な浮かれ騒ぎに終始していたかのように。だが、どうしてそんなことがありえようか？　宮廷のハレムにいた男性は護衛を除けばスルタンだけであり、そのほかの男性はハレムの女性たちをひと目見ることさえかなわなかったのだ。しかも、護衛はすべて宦官《かんがん》だった。そして、スルタンは――これを知って驚く人もいるだろうが――ハレムをうろついて女性たちといちゃつきながら余暇を過ごしていたわけではない。一人の宦官が夜毎にスルタンと同衾《どうきん》する女性を選ぶという特別な任務を負っており、この宦官がその女性を上衣ですっぽりくるんで、夜の闇にまぎれてこっそりスルタンの寝室に導いていたのだ。スルタンのハレムでは、性的放縦と性的抑制が奇妙な形で結びついていた。(1)

宦官はハレムと世間を自由に行き来できたので、ハレムの女性たちの目や耳や手の代わりとなって、彼女たちが外の世界を知る手段にも、外界に働きかける道具ともなった。スルタンの子どもたちは息子も含めて、一二歳になるまでハレムで養育された。彼らは思春期になるまで、庶民と交わることも、無秩序きわまる市井の生活に触れることもなかった。こうして育てられた王子が王位に就く頃には、概して社会的に無能な代物となっていた。この青年が長けていたのは、もっぱら陰謀渦巻く迷宮の中で策略をめぐらすことだった。

そして、ハレムで企てられていたのは、きわめてリスクの高い一か八かの陰謀だった。というのは、たとえ王子の一人が王位継承者に指名されていたとしても、ほかにも数多いる王子の母親たちは必ずしも自分の息子が玉座に就く望みを捨ててはいなかったからだ（息子がスルタンになれば、母親はオスマン帝国の有力者になれるのだ）。そこで、ハレムの女性とその息子たちは当代のスルタンがついに死ぬ日まで、策謀し、共謀し、潜在的なライバルの暗殺を試みて（そして時に成功して）いた。スルタンが死ぬやいなや、権力をめぐる闘争は秘密裏の陰謀から公然たる殴り合いに一変した。跡目争いに勝った王子がスルタン位に就くのは自分自身のためばかりではなく、ハレム内の女性と宦官からなる派閥全体のためでもあったのだ。こうした環境で成長するオスマン帝国の王子は、自分には宇宙の最高権威者になれる小さな見込みと、成人する前に死んでしまうはるかに大きな可能性があることを充分承知していた。

ハレムの制度は、虚弱で愚かで奇矯な性格のスルタンを延々と生みだすという結果をもたらした。だが、オスマン帝国の衰退と崩壊の原因をこの事実に帰すことはできない。なぜなら、この制度が熟して退廃の極致に達したときには、スルタンはもはや帝国を運営していなかったからだ。壮麗王スレイマンの死後まもない頃から、スルタンが国を統治する権力は低下しはじめていた。オスマン帝国の統治機構では、大宰相が実権を握るようになったのだ。

それでもやはり、巨大なハレムを抱えた厄介者の宮廷は、オスマン帝国の足枷《あしかせ》となった。なにしろ、宮廷は莫大な経費がかかるばかりで、ほとんど何も――実のところ、まったく何も――生みださず、何かを決定する能力すらなかったからだ。大宰相を筆頭とする官僚たちは宮廷を背負い、このろくでもないお荷物を養いながら、帝国を運営しなければならなかった。これは帝国の運営全般に齟齬《そご》をきたし、遅滞が生ずる原因となった。

サファヴィー朝の消滅

アッバース一世の時代以後、サファヴィー朝ペルシアも崩壊への道をたどっていた。ヨーロッパ諸国は弱体化しつつあるペルシアを食い物にしようと、虎視眈々と機会を狙っていた。とはいえ、この王国を分裂させたのは王国内部のさまざまな矛盾だった。第一に、お決まりの王家の腐敗が始まった。贅沢三昧に育てられた王子たちが王位に就くと、自堕落で怠惰な君主となった。こうした欠陥だらけの王が死去するたびに、遺族のあいだで王位をめぐる権力闘争が勃発した。この闘争に勝った者が戦争によって荒れ果てた領土を継承したが、彼らは総じて怠惰で無能だったので、国土を復旧することもできなかった。かくして、黄金時代は銀の時代に、銀の時代は青銅の時代に、青銅の時代は泥の時代へと変わっていった。

サファヴィー朝は政権を掌握したときにシーア派イスラームを国教とすることによって、ペルシア独特のイスラームを創造していた。当初、この政策は功を奏した。なぜなら、国家の統一が促進され、そのおかげでペルシアは領土の大きさの割に強国になれたからだ。けれども、この政策は領土内のスンナ派信徒を離反させてしまった。王権が弱まるにつれて、彼らはしだいに反抗的になり、中央政府と袂《たもと》を分かちはじめた。

シーア派を国教と定めたことには、もう一つのマイナス面があった。つまり、シーア派の宗教指導者たちに自尊心という危険な感情を抱かせてしまったのだ。とりわけムジュタヒドにその傾向が顕著だった。ムジュタヒドとは、「イスラーム諸学に精通し、独自の解釈・判断を提示する資格をもつ学者」を意味する称号である（その後、こうした高位のウラマーはアーヤトッラーと呼ばれるようになった）。自負心を高めたシーア派のウラマーは、ペルシアが本当にシーア派の国家であるなら、隠れイマームの唯一の代弁者たる彼らの承認なくして王は国を統治できない、と主張しはじめた。不吉なことに、ウラマーは農民とも、都市の中流階級をなしている商人とも強く結びついていた。したがって、サファヴィー朝の歴代の君主は二者択一の選択を迫られることになった。もし、ウラマーの承認を求めたりしたら、究極の権威をアーヤトッラーに譲り渡すことになるだろう。もし、至高の権威は王に属すると主張したら、ウラマーの承認は得られず、その場合は大衆から統治の正当性を認められなくなるだろう。

サファヴィー朝の歴代君主は後者を選んだ。だが、正当性の裏づけを欠く統治者には、彼らに権威を与える何らかの力の源泉が不可欠だ。サファヴィー朝の君主は何にそれを求めたのだろうか？　彼らには配下の軍隊しか頼れるものがなかった――そしてこの頃にはすでに、サファヴィー朝の軍隊はヨーロッパの軍事専門家によって装備され、訓練され、「助言」されていた。要するにペルシアでは、サファヴィー朝の君主が大衆と密接に結びついたムスリムの宗教学者を締めつけるのを、ヨーロッパのキリスト教徒が支援するという構図ができ上がったのだ。いずれトラブルが生じるのは、火を見るよりも明らかだった。

時が経つにつれて、王位継承をめぐる闘争はいっそう熾烈になった。相争う派閥は互いにライバルより有利な地位を占めるべく、ますます多くのヨーロッパ人軍事顧問を雇い、ますます多くのヨーロッパ製武器を輸入しはじめた。やがて、権力闘争によってただ一人の勝者が生まれることはなくなり、さまざまな派閥が各地に割拠するようになった。ペルシアが分裂状態になると、スンナ派が支配する地域はサファヴィー朝から離脱した。さらに、ウズベク族やアフガン族など近隣のスンナ派部族がサファヴィー朝の領土に侵攻して、破壊と略奪をほしいままにした。

戦火がおさまったとき、サファヴィー朝は消滅していた。やがて、この地に〔トルコ系カージャール族による〕新たな王朝が興った。このいわゆるカージャール朝〔一七九六～一九二五〕は、名目上は以後一三〇年にわたって縮小の一途をたどるイランを統治した（この国はヨーロッパ人にとっては依然として「ペルシア」だったが、この頃には住民のほとんどはイランと称していた。もっとも、国の名称がある時点で突然変わったわけではない。ペルシアもイランも古代に起源を有する国号である）。カージャール朝の治下で、サファヴィー朝時代の不穏な傾向は常態と化した。国軍はヨーロッパ人の顧問や将校に乗っ取られて形骸化した。ウラマーは絶えず朝廷と対立していた。宮廷の外国人勢力から排斥されたウラマーは、下流および中流階級の人々がいまだに固執している伝統的なイスラーム文化の保護者をもって任じていた。歴代の王は概して怠惰で、強欲で、近視眼的で、軟弱だった。ヨーロッパ人は巧みに紐《ひも》を操って、これらの操り人形に迫真の演技をさせた。

　ヨーロッパ人はペルシアに侵攻することも、戦争を仕掛けることも絶えてなかった。彼らが来たのはもっぱら売り、買い、働き、「助ける」ためだった。だが、彼らはペルシアが分裂状態に向かっているときにも、日和見性のウイルスのように潜んでいた。この種のウイルスは通常は気づかれることもなく宿主に潜伏しているが、宿主の免疫システムが衰えると増殖して病気を発症させる。ヨーロッパ人は解体に向かう社会の割れ目という割れ目に入りこみ、割れ目が広がるのに伴って勢力を伸ばし、やがてペルシアを支配するにいたったのだ。

　ヨーロッパ人には、彼らがペルシアを乗っ取ろうとしているという意識はほとんどなかった。その理由の一端は、「彼ら」とひと括《くく》りにできるような主体が存在しなかったことに帰せられる。ヨーロッパ諸国からペルシアにやって来た西洋人にとって、ペルシア人[1]は敵ではなく背景に過ぎなかった。ヨーロッパ各国の敵はヨーロッパのほかの国だった。イギリス、フランス、ロシア、オランダなどヨーロッパ諸国がペルシアの権力の空白に絶えず侵入したのは、ペルシアを征服するというより、ヨーロッパのほかの国がペルシアを征服するのを阻止するためだった。ヨーロッパ諸国の覇権争いは、最終的にロシアとイギリスの対決に帰着した。英露の闘争を理解するためには、ペルシアの東方で生じていた風雲急を告げる出来事を視野に入れる必要がある。すなわち、かの三大イスラーム帝国の掉尾《ちょうび》を飾るムガル帝国の領土で生じていたことを。

ムガル帝国の解体と東インド会社の進出

ムガル帝国が抱えていた矛盾の最たるものは、連綿と続くヒンドゥー教徒とムスリムの対立だった。アクバル大帝は両者を調停する一種の和解策を編みだしたが、アクバルの曾孫の第六代皇帝アウラングゼーブがかかる政策すべてを覆してしまった。すなわち、臣民に正統派イスラームの信仰を容赦なく強制し、ヒンドゥー教徒に対する差別的処遇を復活させ、スィク教などマイノリティの宗教集団を弾圧し、総じてアクバルの寛容政策を抑圧政策に転換したのだ。それでいながら――その偏狭で狂信的な性格について読者が何を言おうと――アウラングゼーブは超弩級の軍事的天才だった。だからこそ、帝国を統合するにとどまらず、領土を拡大することができたのだ。しかしながら、彼がその治世をつうじて蒔いていた軋轢《あつれき》と緊張の種は、彼ほど有能でない人物が帝位を継承するや、またたくまに芽を出して帝国の屋台骨を揺るがすことになった。

彼ほど有能でない人物とはアウラングゼーブの次の皇帝のことだ――が、その次の皇帝も、そのまた次の皇帝も然りで、以後はこのパターンがずっと続いた。ムガル帝国建国後の二〇〇年間はたった六人の皇帝が統治していたが、その後の五〇年間には八人の皇帝が即位した。前半の六人の皇帝のうち、五人は歴史に残る天才だった。ところが、その後の八人は小粒な皇帝ばかりだった〔ムガル朝の王統は第一七代まで続いた〕。

これら小粒な皇帝たちが統治した五〇年のあいだに、帝国南部ではマラーター同盟〔半独立的なヒンドゥー教徒諸侯の政治的連合体〕が実権を掌握し、スィク教団は武装勢力となった。ムスリムの州太守であるナワーブ

〔ムガル帝国では、地方の知事、代官の称号として用いられた。十八世紀以降は帝国の弱体化に伴い、各地の実力者が勝手に名乗るようになった〕たちも中央政府の命令を無視して、独立した王侯として地方を支配するようになった。インドは事実上分裂して小王国が乱立するにいたり、ヒンドゥー教徒、ムスリム、その他の諸勢力のあいだで小競り合いが頻発した。いずれの王国も混乱の巷《ちまた》と化し、人々の暮らしは心もとなくなるばかりだった。

こうしてインドが分裂への道をたどっているあいだにも、ポルトガルやオランダ、フランスやイングランドの商人たちは国境周辺をうろつき、海岸に設けた交易所を拠点に貿易を営んでいた。当初はポルトガルがインド貿易を支配していたが、めきめき頭角を現わしたオランダが東南アジアとペルシアに要塞と商館を設け、より優れた艦船と大型の大砲をもってポルトガル艦隊を撃破した。やがてフランスも参入し、〔一六七四年に〕ポンディシェリーに「交易所」を設けてインドに独自の地歩を築いた。イングランドは一六三九年にマドラス〔現チェンナイ〕を取得して要塞を築き〔一六五四年に完成〕、イングランド王チャールズ二世〔一六三〇～八五。在位一六六〇～没年〕がポルトガルのカタリナ王女と結婚すると、（現在はムンバイと呼ばれている）ボンベイも獲得した（ボンベイは王女の持参金の一部だった）。その後、イングランドはベンガル地方に要塞と居留地を建設し、将来のカルカッタ〔現コルカタ〕の基礎を築いた。

この時代にインド以東のアジアに来たヨーロッパ人は、それまでの世界史には登場しない新しいタイプの人々だった。彼らは将軍でも兵士でもなく、王の外交使節や本国政府の代表でもなかった。彼らは民間会社の雇い人に過ぎなかったが、その会社はジョイントストック・カンパニー〔合本制会社または合本制組合〕、すなわち今日のいわゆる株式会社の先駆けだったのだ。

この種の会社の第一号は一五五三年に誕生した。それは、インド航路開拓の資金を調達するために四〇人のイングランド商人が一人当たり二五ポンドを投資したのが発端だった。彼らが資金を提供した遠征隊は（とんでもないことに）インドの代わりにモスクワを発見したが、かなりの利益をもたらした。このニュースが広まると、人々は競い合うように「ロシア会社」〔一五五五年に特許状が下付された〕に投資した。出資者には当社が今後の事業であげた利益の一定の比率分を分配すると明記した紙片が交付されたが、これは出資者の一存で投機家に売ることもできた（こうして、株式市場という制度が誕生したのだ）。

一六〇〇年以後、ヨーロッパで三つの巨大な国策会社、すなわちイギリス〔一六〇〇年〕、オランダ〔一六〇二年〕およびフランス〔一六〇四年〕の「東インド会社」が相次いで創設された。三社はいずれも個人株主で構成される有限責任会社で、喜望峰以東のアジア貿易で利益をあげて株主に還元することを唯一の目的として設立された。いずれも経営の主体は取締役会だったが、各国政府から特許状を授けられ、東方イスラーム圏で独占的に事業を行なう特権を与えられていた。当時、ペルシア、インド、東南アジア方面で優位に立つべく策動していたのは、実はこれらの会社だったのだ。

その後二世紀のあいだにヨーロッパの東インド会社はインドの経済構造を根底から変えてしまったが、そのプロセスは前述したオスマン社会の変化を彷彿とさせるものだった。ほかのヨーロッパ勢を排してイギリスが独占的な支配権を確立したベンガル地方では、イギリス東インド会社が土着の手工業をほぼ完全に壊滅させた。もっとも、当事者はほとんどそれに気づいていなかった。なにしろ、彼らは単に、きわめて高い価格で原材料を大量に買い上げていただけだったからだ。地元住民はイギリス人に売ったほうが、それらを用いて製品をつくるより利益が大きいと悟ったのだ。地場産業を基盤とする経済が破綻したため、ベンガル人はそれまで以上にイギリス人に依存するようになり、ついには彼らの言いなりになってしまった。

初めてインドにやって来たとき、これらの東インド会社は競ってムガル皇帝の支持を得ようとした。ところが、帝国の解体が進むにつれて、中央政府の支持はしだいに意味を失った。ヨーロッパ人はやがて、各地で台頭している地方の有力者と提携するほうが有利だと認識するにいたった。けれども、彼らはまず、しかるべき提携先を選ばねばならなかった。なぜなら、地方の有力者の一部は負け犬で、失脚しそうなことが判明したからだ。インド亜大陸の国内政治を見誤れば、会社が損失を被ることは必定だった。それゆえ、誰が勝つかと当て推量などせずに、地方の権力闘争に介入しておのれの都合のよい方向に誘導する、というのは魅力的な考えだった。この目的を実現するために、それぞれの東インド会社は私設軍隊を投入して、提携先を側面から支援した。ここでもペルシアの場合と同様に、ヨーロッパ各国の敵は地元の住民ではなく、ほかのヨーロッパ諸国だった。インドの盟友を支援するという行為をつうじて、ヨーロッパの各東インド会社は実際には本国政府の代理戦争を遂行していたのだ。ポルトガルは早々と敗北し、ついでオランダが排除された(とにかくインドからは——オランダは東南アジアでは依然として優勢だった)。かくして、インドをめぐる覇権闘争の当事者は、最終的にイギリスとフランスに絞られた。

ちょうどこの頃、フランスとイギリスは地球の反対側の北米大陸における覇権闘争でも、決勝戦に勝ち残っていた。ここで生じた少数のヨーロッパ人同士の小競り合いがきっかけとなって一連の出来事が出来《しゅったい》し、インド全土がイギリスの植民地になるという事態に発展したのだ。それは一七五四年の春のことだった。測量技師でヴァージニア市民軍の大佐だったジョージ・ワシントン〔一七三二～九九〕がオハイオ川流域でフランス軍偵察部隊を攻撃し、銃撃戦の結果ヴァージニア人一人とフランス人一〇人が戦死した。この戦闘が引き金となって世界を舞台にした英仏間の戦争が勃発し、ほとんどのヨーロッパ列強がすぐさま参戦した。この戦争は、北アメリカでは「フレンチ・インディアン戦争」〔一七五五～六三〕、ヨーロッパでは「七年戦争」〔一七五六～六三〕、そしてインドでは「第三次カルナータカ戦争」〔一七五六～六一〕とそれぞれ称された[3]。

この名称からわかるように、ヨーロッパの敵対勢力はすでに二度にわたって、マドラス北方のカルナータカ地方で代理戦争を遂行していた。第一次および第二次カルナータカ戦争は英仏両国がそれぞれ地元の同盟者をその地の最高権力者の地位に就けようと画策したことから勃発し、実行部隊はいずれも英仏東インド会社の私設軍だった。一七五六年、イギリス東インド会社との対立を深めていたベンガル太守《ナワーブ》のスィラージュッダウラ〔在位一七五六～五七〕が、カルカッタのイギリス要塞を攻略した。蒸し暑い六月のある夜、何者かが（くだんの太守の与り知らぬところで）六四名のイギリス市民を風通しの悪い地下の監房に閉じこめた。「何者か」がその夜のうちに彼らを救出して本国に送り返す手筈になっていたのだが、合図を送るのが妨げられたために、捕虜たちは一晩中監房に入れられたままだった。朝までに、そのうちの四三人が死亡した。

この事件はすみやかにイギリス本土に報告された。メディアは過熱し、太守の地下牢を「カルカッタの獄房《ブラックホール》」と称して報道した。事件が繰り返し報道されるたびに、監房の面積は小さくなり、捕虜の数は急激に増えていった。ついには一四六人にまで膨れ上がり、そのうち一二三人が死亡したと報じられるにいたった。この話はイギリス市民を憤慨させた。インドでは、かつてイギリス東インド会社の事務員だったロバート・クライヴ（一七二五〜七四）がいまや東インド会社軍の大尉としてカルカッタを攻撃し、報復を果たした。彼はベンガル太守を退位させ、その伯父（ミール・ジャーファル将軍）を太守に任命した（いわゆるプラッシーの戦い（一七五七年）によってこの太守交代劇が実現したのだが、その粗筋は、クライヴが太守の護衛たちを買収して帰宅させたのちに、孤立無援となった太守を逮捕して処刑した、というものだった（クライヴ率いる会社軍は反スィラージュッダウラ派の将ミール・ジャーファルとひそかに結んで、ベンガル地方のプラッシーでフランスと結んだ太守の軍勢を敗退させた））。

ことここにいたっても、イギリスはベンガル州の統治者とさえ名乗ってはいなかった。公式には、ベンガル州は依然としてムガル帝国の領土であり、州政府は依然としてベンガル人のものだった。クライヴは州政府の一職員となり、おのれの給料を年額三万ポンドと定めた。イギリス東インド会社はベンガル政府の「顧問」を標榜するにとどまった。効率をあげるために、同社は一歩進んで、ムガル帝国政府に代わってベンガル一帯の地税を徴収することを決断した。そして、やはり効率をあげるために、同社はさらに一歩進んで、徴収した税をみずからベンガルで直接支出することを決断した。わざわざ中央政府に送って、それをまた送金させるなどというのは無意味じゃないか、と。嗚呼、これからは東インド会社の私設軍が安全保障を担い、法と秩序を維持することになるだろう。それでも同社は、わが社は現時点ではベンガル州を統治しておらず、報酬と引替えに必要とされるサービスを提供しているに過ぎない、とあくまで主張した。

イギリス人の実質的な支配は当初から、ベンガル人には悲惨な結果しかもたらさなかった。イギリス東インド会社は日常的な行政業務は現地人にまかせて、同社の商売上の利益にかかわる案件だけを取り扱った。つまり、実際には、（無力な）「ベンガル州政府」があらゆる問題を解決する責任を負っていたのに対して、（有力な）東インド会社はあらゆる利益を手に入れる権利を与えられた一方で、人民の福利に対する責任をいっさい免れたということだ。なにしろ、わが社は州政府ではないから、と。強欲な東インド会社の幹部連は、ベンガル人のもてるものすべてを搾り取った。だが、ベンガル人が不平を訴えても、「州政府」に言えとあしらわれるばかりだった。同社の苛酷な収奪はベンガル地方に飢饉をもたらし、わずか二年で人口の三分の一――およそ一〇〇〇万人――が命を落とした。[4] しかしながら、飢饉は東インド会社にも損害を与えた。ちょうど、宿主となっている植物が萎《しお》れると、寄生している生物もダメージを受けるのと同様に。

この時点で、イギリス政府は介入する決意を固めた。議会はインド総督〔一七七四年の創設時は「ベンガルのフォート・ウィリアム総督」と呼ばれたが、一八三四年からはインド総督となり、一時はベンガル州の知事を兼任した〕を任命して東インド会社をその管理下に置くとともに、軍隊をインド亜大陸に派遣した。その後の一〇〇年間、インドには二つのイギリス軍が常駐することになった。その一つは東インド会社のために働くいわゆる「ジョン・カンパニー」軍で、もう一つはイギリス国王のために働く「クィーンズ・カンパニー」軍〔インド駐留国王軍〕だった。だが、特筆すべきは、いずれの軍でも将校だけがヨーロッパ人だったことだ。小銃を担ぎ、弾丸を運ぶ歩兵は地元で徴募し、雇用した傭兵で、彼らはセポイ〔ペルシア語起源のウルドゥー語で「軍隊」、「兵士」を意味するスィパーヒーが転訛した語〕と呼ばれていた。

クライヴはベンガルで、ほかの多くの州がじきに追随することになる一つの先例をつくった。

すなわち、イギリス東インド会社が商売上の利害関係を有する地域では、イギリスが当該地域の統治者を任命および罷免する権限を有するという制度を築いたのだ。一七六三年以降、この制度はインド全域に普及した。というのは、七年戦争に敗れたフランスはインド亜大陸からの撤退を余儀なくされたからだ。

イギリスはその後まもなく、インドの地方王朝の王が男子の跡継ぎを遺さずに死去した場合、〔養子を認めずに〕イギリス国王がその領土を相続すると布告した。こうして、イギリスは徐々に多くの州を直接支配するようになった。そのほかの州では、イギリスの要望と利益に従う傀儡《かいらい》を統治者に任命した。インドはさながら、イギリスに直接支配されている州と間接支配されている州のパッチワークのようになった。東インド会社はしだいに、インド亜大陸の最高権力者にしてムガル帝国の真の継承者という様相を呈しはじめた。

イギリスはインドの支配権を掌握するのとほぼ時を同じくして、北米大陸の植民地を失った。ヨークタウンの戦いに敗れてジョージ・ワシントンに降伏したことでアメリカ史ファンにはよく知られたコーンウォリス将軍〔一七三八〜一八〇五〕が、第二代インド総督に就任し、イギリスのインド支配を真にたしかなものとした。アメリカ史の文脈でみるかぎりコーンウォリスは敗者だったが、彼はおそらく、おのれの業績を誇りつつ生涯を終えたものと思われる。というのは、インドは「イギリスの王冠の宝石」と謳われたイギリス屈指の貴重な植民地となり、その世界制覇を進める拠点となったからだ。

インド亜大陸の無尽蔵の資源を思いのままに使って、イギリスはアフリカをはじめ世界のいたるところで植民活動を展開した。それゆえ当然のことながら、おのれの「宝石」を脅かすものに対してきわめて敏感だった。そして、十八世紀から十九世紀に変わる頃に、そうした脅威が露わになりはじめた。そう、拡大を続けるロシアの脅威がしだいに高まってきたのだ。

グレート・ゲームとインド大反乱

オスマン・トルコのコンスタンティノープル征服によって、東方正教会は危機的状況に陥った。コンスタンティノープルはそれまで「新しいローマ」とみなされ、（東方正教会に属する）キリスト教世界の中心だった。中心を失って、どうして信仰が生きつづけられようか？　この危機を救ったのがモスクワ大公だった。すなわち、イワン三世〔一四四〇～一五〇五。在位一四六二～没年〕がモスクワ大公国の首都を「第三のローマ」と宣言し、東方正教会の新たな中心と位置づけたのだ。彼の孫のイワン雷帝ことイワン四世〔一五三〇～八四。ロシア皇帝。在位一五三三～没年〕は「カエサル（Caesar）」の称号を正式に名乗ることによって、古代ローマの伝統を継承する皇帝たることを主張した（もちろんロシア語では、この称号は「ツァーリ」と発音された）。ピョートル大帝ことピョートル一世〔一六七二～一七二五〕は一六八二年から一七二五年までの治世に軍事改革によってきわめて強力な軍隊をつくり、モスクワ以東に広がる帝国を建設しはじめた。一七六二年にロマノフ王朝のエカチェリーナ大帝〔二世。一七二九～九六。在位一七六二～没年〕が即位した頃には、ロシア帝国の版図はカスピ海やウラル山脈を越えてシベリアの奥地にまで広がり、インド、ペルシア、メソポタミア、小アジアの北方にまで迫っていた。

エカチェリーナはまもなく、ロシアが東方への拡大だけではなく南下政策も推し進めていることを明らかにした。ロシア軍はオスマン帝国の黒海制海権を打破し、ヨーロッパからトルコ人を駆逐せんとバルカンへの進出を目論んだ。イギリスにとって、ロシアがオスマン帝国と戦っている分にはまったく問題はなかった。だが、ロシアがさらに南下してペルシアを侵攻したり、もっと悪いことにアフガン諸族が居住する山岳地帯に侵入することは、とても容認できなかった。なぜなら、そうした事態を許せば、イギリスの王冠の宝石がロシアの射程内に入ってしまうからだ。実のところ、ヒンドゥークシュ山脈とイラン高原はこれまでずっと、インド征服を目指す部隊の中間準備地域〔作戦や任務に参加する人員が集結し態勢を整える地域〕の役割を果たしてきた。ロシアがこの前線を一歩でも越えることは断固阻止しなければならない、とイギリス首脳部は決断した。こうして、「グレート・ゲーム」の幕が切って落とされたのだ。

「グレート・ゲーム」とはイギリスの小説家ラドヤード・キップリング〔一八六五～一九三六〕が発明した言葉で、北のロシア帝国勢力圏と南の大英帝国勢力圏にはさまれた地域の支配権をめぐって英露が展開した闘争を意味している〔一説には、イギリス東インド会社の将校が命名し、キップリングが小説『キム』で広めたとされる〕。かつてのサファヴィー朝ペルシアの全領土、現在のアフガニスタンの全領土、現在のパキスタンの領土のほとんど、それに旧ソヴィエト連邦を構成していたトルクメニスタン、ウズベキスタン、キルギスタン、タジキスタンの各共和国の全領土――これらすべてにまたがる地域が、「グレート・ゲーム」が「プレー」される競技場となった。

グレート・ゲームがゲームでなかったのはいうまでもないことで、「プレー」というのも誤った表現だ。だが、その実態は戦争でもなかったのだ。たしかに、散発的に戦闘が勃発し、大規模な殺戮《さつりく》や残虐行為がここかしこで行なわれたことも一再ならずあった。けれども、グレート・ゲームは概して、陰謀と脅迫と駆引きと情報操作と政治工作と賄賂と、前述した地域の住民を腐敗させることによって進められた。敵対していたのはヨーロッパの二大強国であり、事実上すべてがムスリムだったこれら地域の住人はチェスの駒か、ゲーム機用のメダル同然の存在に過ぎなかった。

イランではカージャール朝の王たちが、ヨーロッパの技術とノウハウを導入して彼らの国を強化したいと夢想していた。だが、どの国から手に入れたらよいだろうか？　なんと、彼らは相手を選り好みできたのだ！　ここではロシアの外交使節が、あそこではイギリスの外交使節と実業家が、熱心に自国を売りこんでいた。フランスや、ドイツや、スウェーデンなども同様だった。カージャール朝はヨーロッパに対抗する力をほとんどもたず、ヨーロッパ人に完全に支配されていた。それでも、ヨーロッパ人同士を対抗させて漁夫の利を得れば、ある程度の独立を保つことができたかもしれない。しかし、イランの君主たちは別のチャンスを見て取った――ヨーロッパ人に独占的な利権を売ってリベートをもらい、私腹を肥やす絶好の機会を。要するに、彼らは自国の経済を外国人に競り売りしたのだ。

とりわけ常軌を逸していたのは、ジュリアス・ド・ロイター男爵〔一八一六～九九〕というドイツ生まれのイギリス市民に売った利権だった。彼はなんと、イラン全土で路面電車と鉄道の線路を敷設する独占的な権利、イランの鉱物を採鉱し、イランの森林を伐採する独占的な権利、イランの国営銀行を建設して経営する権利を手にしたのだ。ロイターはこれらすべてを入手する対価として、

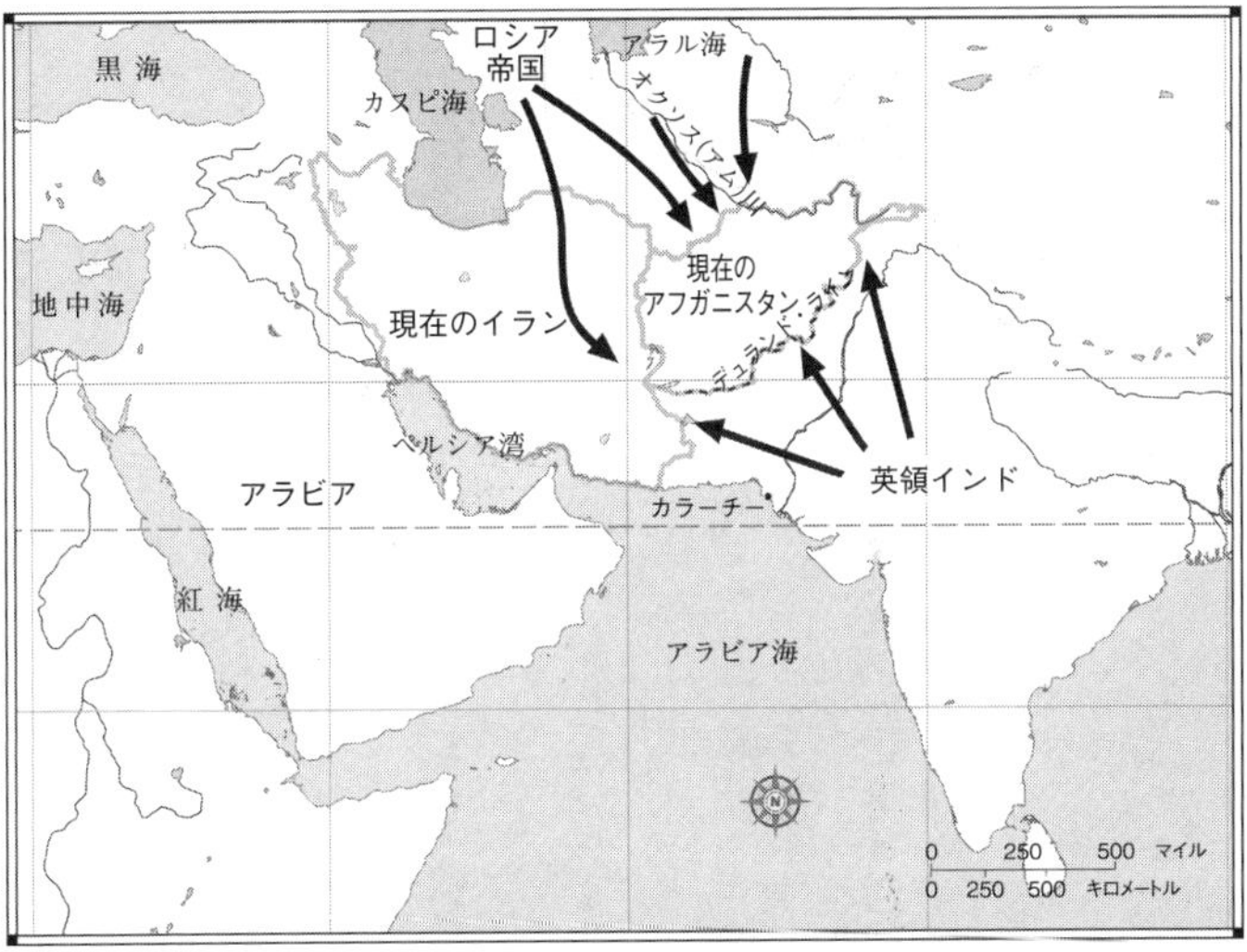

図17　「グレート・ゲーム」

シャーに現金を渡すとともに、今後ささやかなロイヤリティーをイランの国庫に納めることを約束した。嵐のような反対の声があがったが、このこと自体は何の影響も及ぼさなかっただろう――もし、ロシアが独自の理由で反対陣営に加わっていなかったら。こうした圧力に屈して、シャーはロイターとの取決めを撤回した。ところが、シャーが署名した契約書の条件に基づいて、イランはいまや、ロイター男爵に四万ポンドの違約金を支払わなければならなくなった。（シャーにとっては）幸運なことに、この金はシャーのポケットからではなく、イランの国庫から支払われるのだ。かくして、イラン（と、その納税者たち）は一人のイギリス貴族に、何も建設しないことに対して巨額の金を支払う破目になった――この取引のおかげで、ロイターは新設されたイランの国営銀行を支配できるだけの持株を保有することになった[5]。

この手の出来事は再三再四出来した。何か取引が行なわれるたびに、腐敗した王やその親族のポケットに現金が入り、ヨーロッパの会社ないし政府にイラン経済の何らかの側面に対する支配権が与えられた。契約が解除された場合には——それは一再ならずあったのだが——必ずイランの納税者が多額の違約金を支払う破目になった。イランの臣民は何が起きているのか充分承知していたが、彼らにはどうすることもできなかった。弱体化したとはいえ、カージャール朝の王はいまだ臣民に対しては絶大な権力を有していた。臣民を投獄することも、拷問することも、処刑することもできたのだ。

けれども、ヨーロッパ側からすれば、いまや分断され、分割され、併呑されようとしている国家は略奪の対象でしかなかった。何より重大な問題は、ヨーロッパのどの国が併呑に着手し、さらなる搾取のために戦略的に有利な地位を占めるか、ということだった。二大敵国の力量はほぼ互角だったので、イギリスとロシアは最終的にイランをそれぞれの勢力圏に分割し、ロシアがイランの北部を支配し収奪する権利を、イギリスが南部に対して同様の権利を確保した。この取決めによってイランの北方および東方の国境がまがりなりにも確定され、先が読めないイラン以東の地域とのあいだに一線が画された。この境界線がやがてイランとアフガニスタンの国境となったのだ。

その間にも、グレート・ゲームはイラン東方の荒涼としたヒンドゥークシュ山脈とその北方の平原でも延々と続いていた。ここでは、生前からアフマド・シャー・バーバーと愛称で呼ばれ

〔バーバーは父の意〕、のちに「アフガニスタンの父」と呼ばれるようになった部族長のアフマド・シャー・アブダーリー〔のちにドゥッラーニーと改称。一七二二～七三。在位一七四七～没年〕が、十八世紀半ばに荒々しいアフガン諸部族を統合し、新興地方王朝の一つであるドゥッラーニー朝〔一七四七～一九七三〕を樹立していた。ドゥッラーニー朝は北インドをはじめ周辺地域への遠征を繰り返して勢力圏を拡大し、アフガニスタンの最後の王朝となった。アフマド・シャーの後継者たちは新たな現実、ロシア帝国と大英帝国というヨーロッパの二大強国が北と南から迫っているという現実に対処することを余儀なくされた。ロシアは絶えずアフガニスタン領土にスパイや工作員を送りこみ、ドゥッラーニー朝の王のみならず、彼を倒す見込みのあるライバルの部族長たちに同盟を迫っていた。イギリスもまた然りだった。

イギリスはロシアの南下を阻止するために、アフガニスタンに二度にわたって侵攻し征服を試みた。だが、いずれの場合もアフガン勢はイギリス勢を撃退した。第一次イギリス・アフガニスタン戦争〔第一次アフガン戦争〕は一八四二年に、アフガニスタンからの脱出を図ったイギリス人コミュニティーとイギリス軍をアフガニスタン勢が殲滅《せんめつ》したことをもって終結した（けれども、つかのま戻ったイギリスの一部隊がカーブルのグランドバザールに火をつけ、中にいた人すべてを焼き殺した）。

インドで反乱が勃発したとき、イギリスはいまだ第一次アフガニスタン侵攻で被った痛手から立ちなおろうとしているところだった。この反乱は一八五七年、セポイと呼ばれたイギリス軍歩兵の蜂起をきっかけに始まった。イギリス人将校が牛脂と豚脂を混ぜたグリースを銃弾に塗るよう歩兵たちに命じたのだが、そのほとんどがヒンドゥー教徒かムスリムだったセポイには、この命令はとうてい受け容れられるものではなかった。ヒンドゥー教徒にとって牛は神聖な生き物であるがゆえに、その脂を銃弾に塗るのは冒瀆行為と思われた。ムスリムにとって豚はイスラームの掟によって不浄な獣とされており、その脂を銃弾に塗るのは嫌悪をもよおさせる行為だった〔イギリス軍が新たに導入したライフル銃に用いる薬包に牛と豚の脂が塗布してあった、という説が有力である。これを噛み切って装塡することは、ヒンドゥー教徒とムスリムのいずれにとってもタブーを犯すことにほかならなかったのだ〕。

ある日、セポイの一連隊が一致団結して、銃弾を装塡することを拒否した。当直将校は断固たる行動に出た――連隊の全員を投獄したのだ。その結果、反乱は一気に町中に広まった。どうやら、牛脂と豚脂を成分とするグリースを塗れと命じたことがセポイの憤激を買ったとは、イギリス人の頭にはちらとも浮かばなかったようだ。かような無知に根差した強圧的な姿勢は、イギリス人将校と配下の歩兵のあいだに横たわる大きな文化的ギャップを反映していた。インド軍はしばしば多種多様なエスニック集団や宗教集団の混成部隊であったにもかかわらず、かかる文化的ギャップはヨーロッパ人がやって来るまでは存在しなかった。それ以前には、ムスリムのトルコ人やムスリムのペルシア人、ヒンディー語を話すヒンドゥー教徒等々がともに戦っていたのだ。これらの集団は互いに喧嘩をしたり腹を立てたりすることもあったが、それぞれ相手が何者であるかを理解し、協力し合っていた。ムガル帝国の軍営では、彼らの言語が混ざり合ってウルドゥー語が生まれた。ウルドゥー語は、ヒンディー語とペルシア語とトルコ語から派生したまったく新しい言語である（ウルドゥーの文字どおりの意味は、トルコ語〔中世テュルク語〕の「軍営の言葉」に近い）。イギリス人指揮下のインド軍では、新しい言語はついぞ生まれず、英語は現地のいかなる言語とも混ざり合わなかった。なにしろ、イギリス人将校と部下の兵士は別個の階層に属していたからだ。

銃弾に塗布するグリースの件でしくじったことによって、イギリスはかのアクバル大帝が果たしえなかった目的を達成した。そう、彼らはムスリムとヒンドゥー教徒を団結させたのだ。セポイの反乱は一八五七年から五八年まで続いたインド大反乱に発展し、この間にヒンドゥー教徒もムスリムもインド全域のイギリス人居留地を襲撃した。ムスリムの活動家はこの反乱をジハードと称しており、彼らの攻撃はよく組織されていたので、くだんのグリースの件は反乱の呼び水に過ぎなかったことがうかがえる。反乱に先立って周到な準備がなされていたのだ〔マラーターの末裔やヒンドゥー王国の王子など、旧来のヒンドゥー教徒支配層の一部も参加していた〕。

だが、周到な準備も充分というにはほど遠かった。イギリス軍はほどなく反乱を鎮圧したばかりか、その後乱暴狼藉の限りを尽くした。およそ一ヵ月にわたってインドの諸都市を略奪し、怯える住民を家から連れだして街の通りで虐殺した。少なくとも一つの事例では、イギリス軍が捕らえた地元住民を一〇人ずつ穴の縁に並ばせて射殺したことが知られている。こうすれば撃たれた瞬間に都合よく穴に落ちるので、死体を埋めるのが容易になるからだ[6]。イギリスの歴史家サー・チャールズ・クロスウェイト〔一八三五～一九一五〕はこの勝ち戦をイギリス版『イーリアス』として描出し、「民族の叙事詩」と称えた。

反乱を完全に鎮定すると、イギリスは本性を剥きだし、あわれなムガル帝国最後の皇帝を退位させて追放した。東インド会社は特権をもたない一民間会社に格下げされ〔一八五八年に解散〕、イギリス国王がインドの直接支配に踏みきった。それから九〇年続いたイギリスの直接統治は「ラージュ」〔一八五八～一九四七〕と呼ばれた。

イギリス首脳部はインドを「ヴィクトリア女王の王冠を飾る宝石」とみなし、以前にもまして油断なく防御するようになった。一八七八年、イギリスはロシアがアフガニスタンに触手を伸ばしていることを察知し、ふたたびカーブルの征服を試みた。けれども、イギリスはまたしても、互いに敵愾心《てきがいしん》を燃やし反目し合う多数の部族が割拠する山岳地帯を征服する難しさを甘く見ていた。それは、ヨーロッパ人が征服という言葉を理解している意味において、その土地を「征服」するのが難しいということではなかった。イギリスは易々とアフガニスタンの首都まで軍を進め、イギリス政府に従順な人物を王座に就け、彼に指図する「外交使節」を任命した。ほとんどの場合、こうした状況は征服とみなされるだろう。だが、アフガニスタンの指導者連を屈従させても何の役にも立たないことを、イギリスは思い知らされた。彼らが屈服させた指導者たちはあっさり仕事をイギリス人にまかせて働かなくなり、彼らの道具になるどころか、お荷物に成り果てた。その一方で、アフガニスタンの君主に支配されているとばかり思っていた諸部族集団が、それぞれ独立したゲリラとして山岳地帯を跋扈《ばっこ》していた。この第二次イギリス・アフガニスタン戦争〔第二次アフガン戦争〕は、インド総督府外交使節のカバグナリ〔一八四一～七九〕が暗殺され、破壊的な市街戦が勃発するにおよんで、イギリスの手に負えなくなった。結局、イギリス軍はまたしてもインド亜大陸に撤退することを余儀なくされたのだ。

第二次イギリス・アフガン戦争の終結後、ロシアとイギリスはアフガン諸部族の支配地域を征服するのはあまりに高くつくとの判断のもとに、この地域全体を両帝国の緩衝地帯とすることで合意した。すなわち、ロシアはけっしてオクソス川以南に侵入せず、イギリスは同国の外交官モーティマー・デュランド〔一八五〇〜一九二四〕が荒野に恣意的に引いた境界線〔デュランド・ライン。一八九三年に画定〕以北に侵入しない、と。これらの境界線に囲まれた地域がアフガニスタンとなった。アフガニスタンの王たちは、過去にはこの境界を越えた地域を征服していたであろうが、今ではもっぱら奥地を征服することに——部族を一つ一つ征服し、小さな谷を一つ一つ奪取することに——専念するようになった。かくして、この主のいない土地はしだいに、カーブルに本拠を構えた中央政府の緩やかな支配のもとに組みこまれていった。

だが、ロシアはもちろん、温暖なインド洋に臨む港を手に入れるという望みを本当に捨てたわけではなかった。他方、イギリスもロシアの意図に対する疑念を払拭してはいなかった。それゆえ、「グレート・ゲーム」は依然として続いたのだ。

「東方問題」としてのエジプト

「グレート・ゲーム」の舞台の西方でも、十九世紀をつうじてもう一つのドラマが進展していた。これもまた、ヨーロッパ諸国の政治的駆引きがイスラーム世界を舞台に演じられたものだった。ドラマの主役はイギリスとフランス、彼らが手に入れようと争っていたのは崩壊しつつあるオスマン帝国の領土、そして、ドラマのテーマはヨーロッパにおける先進国民国家間の権力闘争だった。ヨーロッパ人からすれば、メソポタミア、レヴァント、エジプトその他の北アフリカで起きていたことは、このより偉大なドラマの舞台の東方で生じた相対的に重要でない出来事に過ぎなかった——そう、単なる……「東方問題」でしかなかったのだ。

フランス革命の余波を受けて、東方問題が喫緊の課題となった。この革命の理念は君主制を否定していたので、ヨーロッパ各国の王族は恐慌をきたした。そこで、彼らは結束して革命勢力の打倒を目論んだ。革命によってフランスは大混乱に陥っていたので、容易にことが進むだろうと彼らは高を括っていた。ところが、案に相違して、革命フランスは興奮したスズメバチの巣と同じくらい手強い相手だった。

さらに悪いことに、フランス革命後の混乱の中からナポレオン・ボナパルト〔一七六九〜一八二一。第一帝政皇帝。在位一八〇四〜一四〕が台頭し、その指揮のもとでフランスは一躍世界征服を目指す強国となった。イギリスはナポレオン討伐軍を繰りだした。こうして、英仏間の闘争にまつわる一つのエピソードがエジプトで生まれることになった。

西洋の歴史は、一七九八年にナポレオンが三万四〇〇〇の兵力を率いてエジプトに遠征したこと、ネルソン提督〔一七五八〜一八〇五〕率いるイギリス艦隊がナイル河口の海戦でフランス艦隊を撃破したこと、ナポレオンが部隊をエジプトに残してひそかに帰国し、クーデターを起こしてフランスの唯一の統治者になり、やがて史上最強の皇帝になったこと、その後もいわゆるナポレオン戦争が続いたこと、を詳細に語っている。

けれども、エジプト人については何を語っているだろうか？　彼らはどういう人々だったのか？　彼らはナポレオンを歓迎して、支援したのか？　ナポレオンは彼らを征服する必要があったのか？　彼らは英仏の闘争において何らかの役割を演じたのか？　彼らはどちらの側についたのか？　ヨーロッパ人が去ったのち、エジプトではどんなことが起こったのか？　西洋の歴史はこれらの問題にはほとんど着目せず、もっぱら英仏の戦闘に焦点を当てている。まるで、エジプト人がそこに存在していなかったかのように。

だが、もちろん、彼らは存在していたのだ。ナポレオンがやって来たとき、エジプトはいまだ名目上はオスマン帝国の属州だった。だが、ナポレオンはピラミッドを背景にエジプト軍主力部隊と交戦し、一日も要さずに彼らを撃滅してしまった！　その後は掃討戦に過ぎなかった——イギリス軍が到着するまでは。その時から本当の戦争が、ヨーロッパ人同士の戦争が始まった。イギリス艦隊はナイル河口の海戦でフランス艦隊の艦船のほとんどを撃沈した。ナポレオンは「統治者」として一年ほどエジプトにとどまったが、その間に疫病の蔓延でフランス軍は疲弊し、地元の有力者を標的にした反乱が頻発したため、エジプトは混乱状態に陥った。イギリスは遠征軍を続々と派遣するとともに、オスマン帝国当局にもエジプトを攻撃するよう働きかけた。こうしたイギリスの動きに応酬すべく、ナポレオンはオスマン帝国要地のシリア方面を急襲し、数千ものヤッフェ住民を虐殺した。ナポレオンは一年後にヨーロッパに帰ったが、その頃にはエジプトはさながら屠殺場のようなありさまになっていた。こうした混乱に乗じて、エジプトに派遣されていたオスマン帝国軍将校がすみやかに権力を掌握した。このムハンマド・アリー〔一七六九〜一八四九。ムハンマド・アリー朝創始者。在位一八〇五〜四八。〕というアルバニア系トルコ人は、あたかもイスタンブルのスルタンの代理として行動しているかのように、エジプト「総督」の名乗りをあげた。けれども、その実態が総督どころか独立した権力者、否定しようのない新しい王であることは、誰の目にも明らかだった。

ムハンマド・アリーはナポレオンが易々とエジプトを侵略するのを目の当たりにして、衝撃を受けていた。そこで、彼はこう決断した。フランスを筆頭にヨーロッパ諸国が実践していることを採り入れて、新たなナポレオンやネルソン卿がさながらギャングの一団のように侵入してエジプトを小学校の運動場並みに扱ったりできないように、エジプトを強くしよう、と。

だが、ナポレオンの力の秘密はどこにあったのだろうか？ ナポレオンはフランスの聖職者から権力を剝奪し、教会付属学校を閉鎖して、世俗的な学校制度を設けていた。ムハンマド・アリーはエジプトでも同じことをやろうと決意し、ウラマーに対する国の経済的支援を削減し、慈善団体や宗教学校やモスクへの交付金も減額した。さらに、あらゆる宗教団体に彼らが所有する土地の権利書を提出するよう命じたが、もちろんそんなことはできるはずもなかった。なぜなら、これらの宗教団体が土地を手に入れたのは中世初期のことで、その後三つないし四つの王朝が興亡していたからだ。こういう次第で、ムハンマド・アリーの国家が彼らの土地を没収した。エジプトには依然として、徴税権保有者として確固たる地位を築いたマムルークというエリート階層が存在していた。だが、ムハンマド・アリーはヨーロッパでは国家が税を直接徴収していることに着目し、マムルークの指導者たちを晩餐に招いて皆殺しにした。それから、ムハンマド・アリーはいよいよ近代的な道路や学校等の突貫建設工事に着手した。これらはすべて、次の世紀に何度も繰り返されることになるパターンの前触れだった。

あまりに急激に開発を進めたために、エジプト経済は破綻し、ムハンマド・アリーは政権を維持するために借金せざるを得なくなった。融資したのはもちろんヨーロッパの銀行家で、彼らはヨーロッパ人金融コンサルタントを雇ってエジプト政府の諸官庁を監視させるよう、ムハンマド・アリーに強く迫った。それはただ、政府の業務を監督し、不適切に金が使われるのを防ぐための措置に過ぎないのだから、と。

一方、ムハンマド・アリーはシリアの領有権も狙っていたので、オスマン帝国はしだいに警戒心と不安を募らせた。けれども、弱体化したオスマン帝国には独力で彼を抑えつける力はなかったので、イギリスに助けを求めた。オスマン帝国領土に関するある種の特権をヨーロッパ人に与える協定に署名することを条件に、イギリスは支援を約束した。イギリスはこの協定に参加するヨーロッパ列強のコンソーシアム、いわば有志の連合体を組織した〔一八四〇年にヨーロッパ列強はエジプトとロンドン協定を結んだ〕。こうして騒ぎがおさまってみると、ムハンマド・アリーは二度と面倒を起こさぬようエジプトに押しこめられ、ヨーロッパ列強はレヴァント地方一帯で多大の権益を得ていた。いまや、解決すべきは「東方問題」を残すだけとなった。それはすなわち、ヨーロッパのどの国が地中海東部沿岸地域のどの部分を「保護」する責任を担うか、という問題だった。

エジプトは最も豊かな獲物だったので、フランスとイギリスはエジプトの統治者にさかんに取り入った。ムハンマド・アリーは〔ロンドン協定によって〕彼の一族がエジプト総督職を世襲する権利を合法的に確立していたので、総督の地位は彼の息子たちから孫息子へというように代々継承された〔ムハンマド・アリー朝。一八〇五〜一九五二〕。やがて、エジプト総督はヘディーヴという称号で呼ばれるようになった〔ペルシア語で「支配者」を意味する言葉で、オスマン帝国の宗主権下に事実上の独立を達成したムハンマド・アリー朝の支配者に与えられた称号〕。その後の数十年間というもの、歴代のヘディーヴは鉄道を建設する利権をイギリスに与え、スエズ運河建設という巨額の契約を結んでフランスをなだめ、それに憤慨したイギリスには国営銀行を建設して所有する権利を与えて機嫌をとり、これらの取引をするたびにリベートを搾り取って私腹を肥やした——これがどういう結果をもたらすか、誰でも想像できるだろう。

とかくするうちにムハンマド・アリーの子孫たちは、エジプトの将来は綿花にかかっていると思うようになった。ヨーロッパでは織物工業が最初に産業化されたため、市場は綿花を貪欲に求めており、ナイル渓谷できわめて良質の綿花が生産されていたからだ。一八六〇年頃に、世界市場における綿花の相場が急激に高騰した。当時のヘディーヴのイスマーイール〔一八三〇〜九五。在位一八六三〜七九〕は、東方世界で名だたる浪費家のプレイボーイだったが、自分と自国が裕福になることを夢想した。彼は一夜でエジプトの綿業を産業化すべく、ヨーロッパの銀行家たちから巨額の融資を受けた。そして、莫大な資金を費やして、綿操り機などの機械類を購入した。エジプトは永久に綿布を売りつづけるから借金は容易に返済できる、とイスマーイールは見積もっていたのだ。

けれども、綿花の市場価格が高騰したのは、アメリカで南北戦争が勃発したことに起因する一時的な現象に過ぎなかった。南部諸州からの綿花の輸出がとだえたので、イギリスの綿織物工場がほかの産地の綿花を求めていたのだ。南北戦争が終結するやいなや、綿花の市場価格は急落し、エジプト経済は壊滅的打撃を受けた。すぐさま、銀行家と金融コンサルタントがこの国に殺到した。結局、エジプト政府の役人一人一人に専属のヨーロッパ人顧問が配されることになった。だが、東方問題は依然として解決されないままだった——フランスもイギリスも、エジプトの全面的な支配権を獲得しようと身構えていた。

フランスのアルジェリア征服

とはいえ、エジプトではイギリスのほうが優勢に思われた。それゆえ、フランスはなおのこと、エジプト以西での優位を失うまいと決意した。フランス革命後の混乱した時期に、アルジェリア在住のユダヤ人の二家族が八〇〇万フラン相当の穀物を兵士の糧食として当時のフランス政府に売っていた。ところが、ナポレオンが失脚して王政が復古すると、フランス政府はかかる債務は関知するところではないと言明した。オスマン帝国のアルジェリア総督は直々に、フランス領事のピエール・デュヴァル〔生没年不詳〕に説明を要求した。すると、デュヴァルは総督に、フランス政府はアラブ人と金の話はしないと言い放った。総督はデュヴァルの顔をぴしゃっと叩いた……なんと蠅《はえ》たたきで。これはフランスの名誉に対する一撃だ！「蠅たたき事件《ラフェア・ドゥ・ムッシュ・スワッター》」はフランスのメディアに伝えられ、これを笑ってすます者は皆無だった。両者のあいだで侮辱の応酬が続き、緊張は高まる一方だった。この事件が起きたとき、フランスでは王党派とリベラル派が抗争しており、政権にあった王党派は迅速な軍事行動で成果をあげれば国内政治で優位に立てると考えた。ナポレオンがすでにエジプトで、アラブ勢を破るのがいかに容易であるかを実証していた。かくして一八三〇年、フランスはアルジェリアに侵攻した[7]。

この軍事作戦は、フランス人の期待を大きく上まわる成果をすみやかにあげた。アルジェリア総督は財産を残したままナポリに逃亡し、アルジェリアは指導者不在のまま取り残された。フランスはアルジェリアからおよそ一億フランを没収し、その半分ほどをフランスの国庫に入れた。

その残りは、この国を侵略した兵士と将校のポケットに消えてしまった。政府が倒壊したため、アルジェリアは権力の真空地帯となった。そして、自然が真空を嫌うことは周知の事実だ。フランスは傀儡政権を立てる代わりに、アルジェリアを三つの新しい州として国家に組みこんだ。換言すれば、フランス人はアルジェリアを植民地としてではなく、フランス本土の一部として扱ったということだ〔実態は移住植民地〕。これら新設された州に移住して、その「開発」に助力しようとするフランス市民に土地を売るために、「株式会社《ジョイント・ストック・カンパニー》」が設立された。

かつてフランスはアルジェリアを徹底的に蹂躙したが、移住者として大量に流入したフランス人は先住民と戦わなかった。彼らはただ、国土の八〇パーセントの土地を公明正大な手法で買い占め、地場経済と張り合うというより頭から無視した、まったく新しい経済構造を築いただけだった。アルジェリアのアラブ住民は従来どおり、自分が所有する土地に思いのままに何でも作付けすることができたし、運送料を払う余裕があれば、収穫した作物をアルジェリアの港に出荷することができた。そして、買手を見つけられさえすれば、自分がつくったものを世界の市場で売ることも可能だった――だが、彼らには買手を見つけることができなかった。あるいは、彼らがそうしたいと思うなら、そして、もし、それだけの資本をもっており、しかも商売を営む認可をフランス政府当局から得られたなら、自分の土地を離れて都市に移住し、商売を始めることも可能だった――だが、彼らは資本をもっておらず、彼らの認可申請はさまざまな純粋に法律的な理由からしばしば却下されたのだ。

こうした事情で、アルジェリアのアラブ住民はしまいには、旧来の伝統的なやり方で互いに売り買いするしかなくなった。それとは対照的に、アルジェリア経済の大勢はヨーロッパと世界の市場に組みこまれ、合理化された生産的かつ近代的なやり方で事業を展開していたのだ。

もし、アルジェリア先住民の誰かに、国土の八〇パーセントをフランス人に売ることに反対するか、支持するかと尋ねていたら、その人物は確実に反対すると答えていただろう。もし、彼らのうちの誰かがそうした決断を迫られていたら、その人物はまず間違いなく、売らないと決断していただろう。ところが、実際には誰一人、国土の八〇パーセントを売り払うか否かを判断する機会を与えられていなかった。自分の地所を「フランス人」に売った一人一人の地主は、私有地の一部を特定の買手に売るか否かを判断していただけなのだ。国土の八〇パーセントを外国人に売ることに反対しながら、みずから納得したうえで私有地の特定の部分を特定の外国人に売ると決断するというのは、充分ありうることだった。

その後の一〇〇年間で、アルジェリアのフランス人コミュニティーは七〇万人のフランス系市民を擁するまでに発展した。彼らは国土の大半を所有し、みずからを土着のアルジェリア人とみなすようになった。なぜなら、彼らはアルジェリアの国土で生まれ、その多くは両親もアルジェリア生まれだったからだ。ところが生憎《あいにく》なことに、アルジェリアには五〇〇万人ほどのアラブ人も住んでいた。彼らがどこから来たのか、ここで何をしているのか、アルジェリアのフランス系市民の誰にも理解できなかった。一見したところ、彼らはいかなる役割も担っていないように思われた。何で生計を立てているにせよ、彼らが営んでいる経済活動は、フランス系アルジェリア人が携わっているそれとはまったくといってよいほど共通点のないものだった。

一八五〇年には、ヨーロッパ人はかつてムスリムがダール・アル・イスラームと称していた世界のいたるところを支配していた。彼らはこれらの国々に上流階級として居住し、国を直接統治するか、あるいは統治する者を任命し、資源を支配し、政策を決定してそれを施行させ、国民の日常生活にさまざまな制限を課していた。エジプトやイランやインドなどの国々には、エジプト人やイラン人やインド人だからという理由で、先住民が足を踏み入れることさえできないクラブがあった。ヨーロッパ人はかかる圧倒的な支配力を、大きな戦争や大規模な殺戮行為をなすこともなく手に入れていた。かつて闘争が繰り広げられ、自分たちがそれに勝ったことを、ヨーロッパ人はほとんど認識してさえいなかった。だが、ムスリムはそれを意識していた。なぜなら、自分を押し潰している石を無視することは、自分が乗っている石を無視することより常に困難であるからだ。

改革運動

ヒジュラ暦一一五〇～一三三六年
西暦一七三七～一九一八年

イスラームの改革と復興への三つのアプローチ

政治の分野で前章で述べたような物語が進展するのと並行して、知的な分野でも由々しい物語が展開していた。一八〇〇年以前に始まり、その後も延々と続いたこの物語は、今日の世界をも揺るがす重大な結果をもたらした。その主題は、ヨーロッパ勢の圧力が強まるのと軌を一にしてイスラーム世界全域で急激に高まった、イスラームの復興運動と改革運動である。

これら二つの物語は互いに関連し合っているが、けっして同じものではない。この頃には——ヨーロッパ人の存在とは無関係に——ムスリムの現状に対する全面的な異議申立てがなされようとしていた。なぜなら、一七〇〇年頃のイスラーム世界では、ちょうど中世後期のヨーロッパでローマ・カトリック教会によってキリスト教が官僚主義化されたのとまったく同様に、諸々の宗教制度がその精神において官僚主義化してしまっていたからだ。イスラーム法の全体系があまりに完璧に機能していたため、誰がどれほど熱心に取り組もうと、創造性を発揮する余地はまったく残されていなかった。個人や社会の生活の隅々にまでシャリーアを適用することは、しごく当然とみなされていた。ウラマーの権力は揺るぎないものとなり、スーフィー教団は制度化され、あらゆるレベルの権威が「イジュティハードの門は閉ざされた」という認識で一致していたのだ。

第七章で述べたように、イジュティハードとは「理性に基づく自由で独立した思考」を意味し、聖典から逸脱しない範囲でその言外の意味を創造的に解釈するという営為である。ムスリムの学者たちはすでに、クルアーンが明示的に述べていない問題にイジュティハードを適用することを是認していた。ひとたび、これが認められると、やがてクルアーンとハディースが、ついでこれに加えて権威ある先学の著述が明示的に述べていない問題についても、イジュティハードが適用されるようになった……かくして十八世紀になる頃には主だった学者は総じて、いまだ決着のついていない問題は存在しないとみなすようになっていた。あらゆる問題が解決され、すべてがしかるべく機能していた。庶民はもはや、自由で独立した思考に耽る必要はなかった。彼らに残されていたのは掟に盲従することだけだった。

けれども、ひたすら掟に従ったところで、人間が宗教に求める精神的な満足は得られない。イスラームが官僚主義化したために、ムスリムの多くはキリスト教世界でプロテスタントの宗教改革を引き起こしたのと同様の虚無感と不満を抱くようになった。そして実際、十八世紀半ばになると、さまざまな改革運動がイスラーム世界のいたるところで急速に広まりはじめた。

しかしながら、ヨーロッパの宗教改革のムスリム版はついに出現せず、それゆえ、その結果生じた現象も何一つ起こらなかった。イスラーム世界に個人主義という思潮が出現することも、

（ある意味ではイランを除いて）宗教とナショナリズムが結合することも、教会と国家が分離することも、世界を世俗的な領域と宗教的な領域に分離するという概念が生まれることも、啓蒙主義的なリベラリズムが急速に発達することも、民主主義革命や、科学革命や、産業革命が起こることもついぞなかったのだ。

それはどうしてだろうか？

一つには、宗教改革の火を煽った争点のいくつかは、そもそもイスラームでは生まれようがなかった。プロテスタントの宗教改革者はカトリック教会に反逆し、教皇の権威を攻撃したのだが、イスラームには教会も教皇も存在しなかった。彼らは聖職者には神と人間の仲介はできないと主張したのだが、イスラームには聖職者という制度がなかった（ウラマーは聖職者というより法学者だった）。宗教改革者は礼拝する個人と神との直接的で個人的な交流こそが肝要だと力説したが、ムスリムの礼拝儀式は常にそうしたものだった。

だが、ヨーロッパ人の存在もたしかに一つの要因だった。もし、彼らが絡んでいなかったら、ムスリムの改革運動は違う方向に進んでいただろう。ヨーロッパの宗教改革は純粋にヨーロッパの文脈の中で実現した。つまり、プロテスタントの宗教改革者がカトリック教会の実践と教義に異議を申し立てたとき、彼らはヨーロッパ社会に内在する問題を争点としていたのであって、外部からの文化的挑戦に対してキリスト教をより強固にしようとしていたのではなかったのだ。一五一七年の時点では、ムスリムはキリスト教より説得力のあるメッセージを提示できるのかもしれないとか、キリスト教徒の若者がイスラームに改宗するかもしれないなどと気を揉む者は、西ヨーロッパのキリスト教世界にはまずいなかった。トルコ人が門口まで迫っていたのは事実だが、彼らは居間にいたわけではなく、ましてや寝室に入りこんでいたのでもなかった。トルコ人がキリスト教徒に身体的な危害を及ぼす恐れはあったものの、その霊的安寧を害する可能性は皆無だったのだ。

しかし、ムスリムの場合はまったく事情が違っていた。前にも述べたように、イスラームは誕生してまもない頃から、ムスリムの政治的・軍事的成功をその教義の正しさと啓示が真なることを裏づける証拠と位置づけてきた。こうした見方は、バドルの戦いとウフドの戦いというイスラーム初期の象徴的な戦争ののちに、戦闘の帰結には神学的な意味があるとされたときから始まった。奇跡のような領土の拡大と、軍事的勝利を真理の証《あかし》とみなすことが、その後数百年にわたって続いた。

やがて、モンゴルによって徹底的に蹂躙されると、ムスリムの神学者はそれまで自明の理とみなしていた前提を再検討することを余儀なくされた。その過程で、イブン・タイミーヤのような改革者が続々と出現した。けれども、ムスリムに対するモンゴルの強さは、具体的で容易に理解できるものに基づいていた。つまり、彼らはムスリムよりはるかに強力な殺傷能力を有していたのだ。ところが、モンゴルはイデオロギーに類するものを何らもっておらず、流血沙汰が徐々におさまり、例によって例のごとく人間が存在の意味を無性に知りたがるようになっても、何一つ提示できなかった。それどころか、彼らは自発的にイスラームに改宗した。結局、勝利をおさめたのはイスラームだった。イスラームはかつてペルシア人を、ついでトルコ人を吸収したのと同様に、モンゴルをも吸収してしまったのだ。

　イスラームに改宗したからといって、モンゴルの残虐さがいささかなりと和らいだわけではない（それはティムール・イ・ラングを見れば一目瞭然だ）。だが、ムスリムは少なくとも改宗した統治者たちの庇護のもとで——たとえ荒廃した世界のいまだ戦火が燻《くすぶ》る瓦礫の中にあっても——アッラーの共同体を築き、それを普遍化する道を探ることにふたたび取り組めるようになったのだ。

　だが、今度の統治者のもとでは、そうはいかなかった。ヨーロッパ人は彼らの生活様式が最良であるとの確信を抱いて来襲し、彼らが究極の真理とみなすものを押しつけようとした。宣教師以外のヨーロッパ人はイスラームに異を唱えることもなく、単に無視した。宣教師は宣教師で、やみくもにムスリムを改宗させようとするばかりだった。彼らはイスラームの存在に気づいても、わざわざそれについて議論しようとはせず（そもそも宣教師の職務に議論することは含まれていない）、まるで子どもの玩具や原始的な人々の奇妙な風習を目にしたかのように一笑に付すだけだった。ムスリムの識者にとって、どれほど腹立たしいことだったろう！　それでもやはり、ムスリムにはどうすることもできなかった。

　たとえ、ムスリムとキリスト教徒の学者が討論の場を設けて意見を戦わせたところで、それはムスリムが直面していた難問の解決には役立たなかっただろう。というのは、十九世紀になる頃には、イスラームに対する異議申立てはキリスト教のものの見方からというより、プロテスタントの宗教改革から派生した世俗的で人間中心主義的な世界観から発せられていたからだ。その世界観は、今日ではしばしば「近代性」と総称される雑多な要素から成り立っていた。

ムスリムの弱さとヨーロッパ人の強さの源泉は、目に明らかではなかった。それは軍事力の差だけに帰せられるものではなかった。一般的にいって、これらの外国人はムスリムを虐待したり殺したりはせず、新しい権力者は統治者の名乗りをあげてさえいなかった。公式には、大多数のムスリムは依然として土着の君主を戴き、独自の政庁を有していた。そこではムスリムの役人が従来どおり書類に判を押していた。どのムスリムの国にも首都があり、それらはかつて栄華を誇った由緒ある古代都市だった。首都には宮殿があり、宮殿には王座があった。王座に就いていたのは、通常シャー、スルタン、ナワーブ、ハーン、ヘディーヴなどと呼ばれる土着の統治者だった。その富と壮麗なありさまは、古きよき時代の君主と見まがうほどだった。

外国人たちは、イランでは単なるアドバイザーとして権力の回廊を徘徊し、トルコではコンサルタントとして給料をもらっていた。エジプトとレヴァントでは、「保護者」として出番を待っていた。イギリス議会によって任命される総督を戴くインドでさえ、「秩序を維持する」軍隊と警察はほとんどムスリム、ヒンドゥー教徒、スィク教徒、パールシー教徒〔インド在住のペルシア系ゾロアスター教徒の一派〕などの地元民で構成されていた。かかる状況下で、どうしてムスリムがもはやみずからを統治していないなどと主張できただろうか？

それにもかかわらず十八世紀も末になる頃には、ムスリムは周囲を見まわして自分たちがすでに征服されていることを思い知り、恐怖に駆られはじめた。ベンガルからイスタンブルまでのいたるところで、ムスリムは自身の都市でも町でも村でも家庭においてさえも、生活のあらゆる面で外国人に従属していた。しかも、外国人といっても隣に住んでいる類いの人々ではなく、彼らとはまったく異なる言語を話し、まったく異なる宗教儀式を実践し、まったく異質の衣類や被り物を身につけ（あるいは、驚いたことに何も被らない者さえいるのだ！）、まったく異なる様式の家を建て、まったく異なる種類のグループをつくっている輩《やから》だった。これらの外国人は豚肉を食べ、酒を飲み、女たちは顔も隠さずに公共の場を動きまわっている。面白くもない冗談に大声で笑う一方で、思わず笑いを誘う愉快な物事にユーモアを見出すことができない。そのうえ、気味の悪い食物を食べ、騒音としか思えない音楽に耳を傾け、暇な時にはクリケットだのカドリール〔トランプ・ゲームの一種〕だのといった、わけのわからない無意味な活動に精を出している。

そこで、かつてモンゴルという災禍に見舞われたのちに生じた疑問が、またしても芽生えてきた。もし、ムスリムの華々しい勢力拡大が啓示の真なることの証であるのなら、これら新手の外国勢に対してムスリムが無力であるという事実は、イスラームの信仰に関して何を意味しているのだろうか？

この疑問がムスリム社会を重苦しく覆うようになるにつれて、イスラーム復興運動はムスリムの勢力を回復しなければならないという意識と分かちがたく結びついた。いやしくもイスラームの改革を志す者は、より純正な宗教体験を成し遂げる方法を提唱するだけではすまなくなった。彼らの言う純正さがいかにして歴史を正しい軌道に戻し、ウンマの尊厳と栄光を復活させ、ムスリムをふたたび正しい歴史の終着点に向かわせるのかを説明しなければならなくなったのだ。すなわち、どうすればムスリムを、原初の黄金時代にマディーナで栄えた公正で慈悲深い共同体を完成させ、それを全世界に広めるために行動させられるのか、を。

さまざまな改革者が出現し、多種多様な改革運動が沸き起こった。だが、上述した厄介な問題に対する反応という観点から、これらの運動は大きく三つに分類することができるだろう。

第一の反応は、変わらなければならないのはイスラームではなくムスリムである、というものだった。革新したり、変更したり、余計なものを付け加えたためにイスラームの信仰が台無しになり、もはや誰も真のイスラームを実践していない。ムスリムがなすべきことは、西洋の影響を排して、原初の純正な形のイスラームを復活させることである。

第二の反応は、西洋のほうが真っ当で、ムスリムは時代の変化を認識できない無知蒙昧な宗教指導者の手にイスラームを委ねたばかりに陳腐な宗教的観念という泥濘《でいねい》にはまってしまった、というものだった。ムスリムは迷信を一掃し、魔術を信じるがごとき考え方を改め、科学や世俗的な活動と両立しうる倫理体系としてイスラームを見なおすことによって、その信仰を西洋式に近代化しなければならない。

第三の反応は、イスラームは真の宗教であると断言しつつ、特定の分野ではムスリムが西洋から学ぶべきものがあることを認める、というものだった。この見解によれば、ムスリムは固有の信仰と歴史と伝統の本質を再発見し、それを強化するのと並行して、科学と技術の分野では西洋の知識を吸収しなければならない。こうした流れに沿って改革を進めれば、近代化は避けられないとはいえ、ムスリム独特のやり方で近代化することができる。科学はムスリムの信条と両立するものであり、近代化は必ずしも西洋化と同義ではないのだ。

近代化という挑戦に対してムスリムが示したこれら三とおりの反応を体現していたのが、十八世紀から十九世紀にかけて活躍したきわめて独創性に富んだ三人の改革者、すなわちアラビア半島出身のアブドゥルワッハーブ〔一七〇三～九二〕と、インド出身のアリーガルのサイイド・アフマド〔一八一七～九八〕と、サイイド・ジャマールッディーン・イ・アフガン〔アフガーニー。一八三八／九～九七〕だった。アフガーニーの出身地は今でも議論の的となっているものの、彼はいたるところに出没していた。もちろん、この三人だけが改革者だったわけではないし、彼らの思想が常に相容れなかったわけでもない。彼らは時に改革運動の二つの潮流のあいだで日和見的な態度をとったし、彼らの同時代人や弟子たちはしばしば、三人それぞれの思想の一部を借用していた。それでもやはり、この三人の男たちは、イスラームの改革と復興への三つの明らかに異なるアプローチを代表しているのだ。

サウード‐ワッハーブ同盟――原初のイスラームへの回帰

アブドゥルワッハーブは一七〇三年に、アラビア半島内陸部のナジュド地方で生まれた。ここは私たちの多くがアラビアというと反射的に思い浮かべる、黄色い砂丘が延々と連なる砂漠地帯だ。彼は判事の息子として小さなオアシスの町で育ったが、クルアーンの学徒たる天分が認められたため、さらに学業を修めるべくマディーナに送られた。ここで勉学に励んでいたときに、教師の一人が厳格なシリアの神学者イブン・タイミーヤの著作を紹介してくれた。モンゴルという災厄に見舞われたあとで、イブン・タイミーヤはこう説いていた。神はムスリムを見捨てたもうた、もし神の寵愛を取り戻したいのであれば、ムスリムは原初の共同体が実践していたとおりの生活様式に立ち返らなければならない、と。イブン・タイミーヤの教えに若きワッハーブは心から共鳴した。

マディーナでイスラーム諸学を修めると、ワッハーブはペルシア湾にほど近い国際都市バスラに移った。この田舎育ちの若者がバスラで見たものは——百家争鳴そのままに表明される多様な意見、数多の学派、「聖なる言葉」についてのさまざまな解釈、そして群衆と人工的な光と騒音だった。愕然としたワッハーブは、これこそイスラームを日に日に弱体化させている癌《がん》のごときものだと結論づけた。

その後、彼はイラク、シリア、イラン各地を学問遍歴したのちに、砂漠に囲まれた純朴そのものの郷里の町に帰り、原初の形に回帰することによってイスラームを復興しなければならないと説きはじめた。神は唯一なり、とワッハーブは声高に主張した。そして、ムスリムはすべからく、クルアーンの指示どおりに唯一の神に礼拝し、啓示が定めた法を遵守し、ムハンマド時代のマディーナで純正な祖先たちが実践していたとおりの生活を送り、原初の神聖な共同体の復活を阻止する者をことごとく排除すべし、と強硬に訴えたのだ。

オスマン帝国は全アラビアを帝国領土とみなしていたが、この砂漠地帯に住む小規模なベドウィン諸部族に対してはいかなる実権も有していなかった。彼らは散在するオアシスの周囲に居住し、交易や牧畜を生業《なりわい》としてかろうじて命をつないでいた。ワッハーブは仲間のベドウィンから募った同志を率いて、誤った崇敬の対象であるとして各地の霊廟や聖跡の類いを破壊した。いわく、唯一の神以外のものや人を崇敬するのは偶像崇拝にほかならない、と。やがて判事の職を得たワッハーブは、ハンバル派の法学をおのれの解釈に基づいて厳格かつ熱心に適用しはじめた。

ある日、彼は町で何かと噂のあった女性を姦通のかどで石打ちの刑に処した。町の人々はこうした事例にほとほと嫌気がさしていたので、たちまち群衆が暴徒化し、アブドゥルワッハーブを判事の職から追放しろと要求した。リンチにかけろという声さえあがった。ワッハーブはこの町を逃れ、ディルイーヤというオアシスの町にたどり着いた。

この町では、地元の支配者ムハンマド・イブン・サウード〔一六八七〜一七六五〕から温かく迎えられた。イブン・サウードは小さな部族の首領だったが、アラビア半島の「統一」というとてつもなく大きな野望を抱いていた。彼のいわゆる「統一」が「征服」を意味していたことはいうまでもない。ひたむきな説教師アブドゥルワッハーブの中に、イブン・サウードはまさに自分が必要としている同志を見出した。ワッハーブもイブン・サウードに会うなり、同じことを見て取った。二人は以下のような盟約を結んだ。すなわち、イブン・サウードはワッハーブをムスリム共同体の宗教面の最高権威と認め、彼の構想を実現するために全力を尽くす。一方、ワッハーブはイブン・サウードをムスリム共同体の政治面の最高権威たるアミールと認め、彼のために戦うよう自分の信徒を指導する、と。

この盟約は実を結んだ。その後の数十年間で、二人はアラビア半島の全ベドウィン部族をサウード－ワッハーブ同盟のもとに「統一」した。服従を拒む部族と対峙するたびに、彼らはまず相手に改宗を呼びかけた。「改宗せよ！」と三回叫び、この警告が三回とも無視されると（たいてい無視されたのだが）、ワッハーブは配下の兵士に攻撃せよ、奴らを殺せ、と命じた。奴らは不信仰者ゆえ、アッラーはそれを許したもうたのだ、と。

改宗しろという呼びかけは、ワッハーブらの攻撃の的となった部族民たちを困惑させた。というのは、彼らはいずれも敬虔なムスリムをもって自任していたからだ。しかし、アブドゥルワッハーブが「改宗せよ！」と言うとき、彼の念頭にあるのはおのれが説いているイスラームの構想だった。ワッハーブ自身はそれをワッハーブ主義と称さなかった。なぜなら、彼は先達のイブン・タイミーヤと同様に、後世のあらゆる付加物を剝ぎ取り、あらゆる腐敗を洗い落として原初の純正なイスラームに回帰せよ、とムスリムに呼びかけていただけだったからだ。彼は改革者ではなかった。それどころか、アンチ改革者だったのだ。

しかしながら、ワッハーブの見解に与しない人々は、彼の構想はイスラームそのものではなく、イスラームについての一つの解釈でしかないとみなし、彼のイデオロギーを安直にワッハーブ主義と名づけた。この言葉はやがて、彼の見解を支持する者たちのあいだでも用いられるようになった。

一七六五年にイブン・サウードが暗殺されたが、息子のアブドゥルアズィーズ・イブン・サウード〔一七二一～一八〇三。第一次サウード朝第二代君主。在位一七六五～没年〕が父の跡を継ぎ、アブドゥルワッハーブの神学のもとにアラビア半島を統一するという軍事作戦も継承した。ついで一七九一年にワッハーブも他界し、あとには二〇人の未亡人と数えきれないほどの子どもたちが残された。彼の生涯は十八世紀とほぼ重なっていた。彼がアラビア半島で原初のイスラームを復活させよと声高に説いていたあいだに、イングランドとスコットランドが合同してイギリスとなり〔一七〇七年〕、アメリカ合衆国が誕生し、フランス革命によって人権宣言が謳われ、モーツァルト〔一七五六～九一〕が多くの楽曲をつくり、ジェームズ・ワット〔一七三六〜一八一九〕が蒸気機関を発明していた。
ワッハーブが死去すると、アブドゥルアズィーズ・イブン・サウードが彼の後継者たることを宣言した。彼はすでにアミールになっていたが、いまや宗教分野の最高権威でもあると名乗りでたのだ。一八〇二年に、彼は預言者ムハンマドの孫のフサインが殉教したカルバラーを攻略した。この都市はシーア派信仰の中心地で、折しもフサインの殉教を記念するために多数のシーア派信徒が集まっていた。けれども、ワッハーブはシーア派を、原初の純正なイスラームを変容させ堕落させた者のリストの上位に位置づけていた。それゆえ、アブドゥルアズィーズ・イブン・サウードはカルバラーを征服するや、二〇〇〇人ものシーア派住民を殺害したのだ。

一八〇四年、彼の息子の大サウード〔サウード・イブン・アブドゥルアズィーズ・イブン・ムハンマド・イブン・サウード。一七四七頃〜一八一四。第一次サウード朝第三代君主。在位一八〇三〜年没〕はマディーナを征服し、ただちに配下の部隊に命じてムハンマドの教友たちの墓を破壊させた。サウード‐ワッハーブ同盟軍はマディーナからマッカに進軍し、預言者ムハンマド生誕の地を示すとされていた聖堂を破壊した（これは、何人《なんぴと》もムハンマドの偶像崇拝に陥らせまいとしての行動だった）。マッカ滞在中に、大サウードはこの機会を利用してカアバ神殿で恭しく巡礼儀式を行なった。

一八一一年になると、同盟軍は新たな軍事作戦の準備に取りかかった。今回の狙いはオスマン帝国の心臓部の小アジアだった。ことここにいたって、ついにスルタンもワッハーブ主義者の動きに注目するようになった。急激に勢力を増したこのベドウィン軍を攻略すべく、スルタンはエジプト総督のムハンマド・アリーに援軍を要請した。ムハンマド・アリーは訓練の行き届いた近代的な軍隊を率いて、アラビア半島に進軍した。そして一八一五年——ナポレオンの栄達がワーテルローで終わりを告げようとしていたのと同じ年に——サウード‐ワッハーブ同盟軍を撃破し、オスマン帝国の手にマッカとマディーナの支配権を取り戻して、ムスリムなら誰でも巡礼できるように聖地をふたたび開放した。ムハンマド・アリーは大サウードの跡を継いでいた息子〔アブドウッラー。一八一八没。在位一八一四～没年〕をイスタンブルに送ったが、彼は嘲笑する群衆の前を引きまわされたあげく打ち首になった〔第一次サウード朝。一七四五～一八一八〕。

その後一世紀ほどのあいだ、サウード‐ワッハーブ同盟は鳴りをひそめていたが、消滅したわけではなかった。初代イブン・サウードの孫息子〔トゥルキー。一八三四没。第二次サウード朝初代君主。在位一八二四～没年〕が、やがて同盟の残骸を継承した〔第二次サウード朝。一八二四～九一〕。今では一介の部族長に戻ってしまったが、彼は依然としてサウード家の家長であり、ワッハーブ主義者だった。そして、彼がいまだに権威を保っていた地方では、ワッハーブ主義者のウラマーが信徒を統轄し、勢力を伸ばしていった。ワッハーブは死んだが、ワッハーブ主義は生きつづけたのだ。

ワッハーブ主義の信条とその変容

さて、その信条はいかなるものだったのだろうか？

アブドゥルワッハーブの著述をいくら熱心に読んでも、今日ワッハーブ主義と称されているような信条は見出せないだろう。それは主として、彼が政治的な論文を著わさず、もっぱらクルアーンの註解書をその教説独特の語彙《ごい》を厳密に使って著わしていたことによっている。彼がひたむきにイスラームの教義や法や実践の瑣末《さまつ》な点まで重視していることは、部外者の目には強迫観念のように映るかもしれない。主著の『キターブ・アル・タウヒード（神の唯一性の書）』は六六の章からなっているが、各章がクルアーンから少なくとも一つの章句を引用し、それぞれの引用箇所を分析し、そこから学ぶべき教訓を列挙し、しかるのちにその箇所がワッハーブの中核的な信条とどのように関連しているかを解説している。この書には東方ないし西方世界への言及はなく、西洋の影響とかムスリムの弱さという類いの事柄にはまったく触れていない。また、それと認識できるような政治的な記述もいっさいない。ワッハーブの著述を読んでわかるのは、彼が純粋に宗教的な視点から世界を見ていた、ということだ。ワッハーブの見解によれば、彼の神学の全体系はつまるところ二つの信条に収斂する。その第一は、神の唯一性を意味する「タウヒード」を信じることとの重要性である。第二は、何らかの人間ないし物体がたとえ微々たりとはいえ神性を帯びているとみなすシルク〔偶像崇拝などの多神教、多神崇拝。神が複数であると信じること〕は謬見《びゅうけん》であるということだ。

　マルクスはかつて「私はマルクス主義者ではない」と述べていたが、アブドゥルワッハーブが生きていたら、おそらく彼も「私はワッハーブ主義者ではない」と言ったことだろう。それにもかかわらず、ワッハーブ主義は現に存在している。今日ワッハーブ主義の信条とされているものには、ワッハーブの説教の言外の意味を推し量って導きだしたものや、サウード家の家長たちの応用例から歴史的に発展したものなど、新たに加えられた信条が多数含まれている。この拡張されたワッハーブ主義は、「法」はイスラームであり、イスラームは「法」である、「法」を正しく会得し、完全に理解し、一点一画もおろそかにせず従うことが、信仰のすべてである、とムスリムに説いている。
ワッハーブとその信奉者たちによれば、「法」はすべてクルアーンに示されている。スンナ、すなわちハディースをつうじて明らかにされた預言者ムハンマドの言行が、いわば「法」の解説書だった。クルアーンが規定しているのは人間の行動を導く原理ではなく、ムスリムが実践すべき具体的な行動である。クルアーンは人間が守るべき生活の形式だけでなく、その内容をも示している。預言者ムハンマドの生き方をつうじて、すべてのムスリムに従うべき規範を与えたのだ。ムハンマドと最初の三代のカリフが統治していた頃のマディーナは理想的な共同体であり、誰もが法を理解し、体得し、完全に法に従っていた。だからこそ、「原初の共同体」は繁栄し、奇跡的な領土拡大を遂げることができたのだ。この時代のマディーナこそ、いついかなる時代にもムスリム共同体が再現すべき規範である。

人生の目的は「法」に従うことであり、社会的・政治的生活の目的は「法」を具現しうる共同体を建設することである。かかる理想的な共同体の建設という偉大な事業を妨害する者は、例外なくイスラームの敵とされた。一人一人のムスリムが負うべき義務の中にジハード、つまりイスラームの敵を征伐する戦闘に参加することも加えられた。ジハードは、礼拝、断食、喜捨、巡礼、「神は唯一である」と証言する信仰告白と並ぶ、信徒の義務の一つとなったのだ。

では、イスラームの敵とはどのような人間を指していたのだろうか?

ワッハーブの教説によれば、イスラームを信仰しない者はもちろん潜在的な敵ではあるが、決定的に重大な害をなす存在ではなかった。彼らがムスリムの掟のもとで平和裡に生きることに合意するなら、寛大に扱ってかまわなかった。真に由々しき敵は怠惰な者、背教者、偽善者、そして革新者だった。

怠惰な者とは、言行が一致しないムスリムのことだ。イスラームを信仰していると口では言うものの、礼拝の時間になってもトランプをしていたり、昼寝をしていたりする輩だ。彼らがほかのムスリムを堕落させるのを防ぐために、怠惰な者は罰しなければならない。背教者とは、ムスリムとして生まれたか、あるいはイスラームに改宗していながら、その後棄教した者だ。彼らは殺される運命にあった。偽善者とは、ムスリムと名乗りながら実はそうではない者だ。彼らはもっともらしい言葉を操っているが、心の中では何かほかの信仰に忠誠を抱いている。その正体はムスリム共同体を陥れるために策動する内通者であり、危機に際しては破壊的な裏切り行為を働きかねない。偽善者は正体が露呈したら即座に殺さねばならない。そして、おそらく最も性質《たち》の悪い敵が革新者だった。そう、原初の純正な「法」に何かを加えたり、その一部を変えることによって、イスラームを堕落させているムスリムのことだ。「敬虔な祖先」とは異なるやり方で儀式を行なったり、預言者やその教友たちがついぞ行なわなかった儀式を実践したり、クルアーンに記されていない概念を唱道する者たちは、いずれも革新者とみなされた。シーア派信徒とスーフィーもこのグループに属していた。歴史的実践の中で発展したワッハーブ主義によれば、革新者に対するジハードは合法的であるばかりか、ムスリムが果たすべき義務とされたのだ。

ワッハーブ派のものの見方と熱情はアラブ圏を越えて広まった。ワッハーブ主義はアラビア半島から遠く離れたインド亜大陸で、ことのほか肥沃な土壌を見出した。実際には、ワッハーブ派を自称する人々は各人各様に、サウード一族が説いた信条の特定の側面を強調していた。たとえばインドでは、義務としてのジハードを否定する者も、背教者には暴力ではなく議論で立ち向かうべきだと主張する者もいた。怠惰な者は罰するより再教育すべきであるとか、偽善者は殺すまでもなく懲らしめるだけでよいとか、そのほかにもさまざまな説を唱える者たちがいた。とはいえ、自称ワッハーブ主義者は例外なく「法」をイスラームの核心、ひいてはイスラームのすべてとみなしていた。彼らはみな、ムスリムの生き方の規範を示した黄金時代を回顧して、ムハンマド統治下のマディーナで生まれた「原初の共同体」を復活させれば、アッラーの眼鏡にかなうようにムスリムが生まれ変わり、それに伴って最初の四人のカリフのもとでウンマが享受した活力と勢力が甦《よみがえ》る、と思いこむ傾向があった。

イスラーム世界の部外者には、サウード‐ワッハーブ同盟は短命に終わった特異な現象で、つかのま燃えてすぐに消えてしまったように思えるかもしれない。ところが実際には、この同盟はアラビア半島の砂漠で燻りつづけ、二十世紀の世界はこれにまつわる話を山ほど聞くことになった。そう、アラビアのロレンスとして記憶されているイギリスの工作員が、アラビア半島の砂漠に赴いたのちに。

アリーガルのサイイド・アフマド――世俗的近代主義

サイイド・アフマド、あるいは晩年の彼がこう呼ばれるのを好んだアリーガルのサー・サイイド・アフマドは、十九世紀のイスラーム世界のいたるところでそれぞれ独自に芽生えた一つの思想傾向を代表する人物である。彼を含めた多くの人々が、イスラームの伝統と精神から逸脱せず、しかもヨーロッパ支配下の世俗世界と両立しうる一つの倫理体系として、イスラームを見なおす方途を探求しはじめたのだ。

サイイド・アフマドは一八一七年に、デリーのムスリムの名家に生まれた。ムガル帝国が北インド一帯を支配していた時分には、彼の先祖は帝国の重要な役職に就いていた。だが、彼が生まれたときには、イギリスはすでに何世代にもわたってインド亜大陸の支配を強めており、彼の一族はこうした新しい秩序に適応していた。彼の祖父は東インド会社で責任ある地位に就き、一時は同社のための学校を経営し、また、イギリス使節団の一員としてイランに赴いたこともあった。彼はムガル皇帝の宰相を二度務めたが、当時の「皇帝」はイギリスの年金受給者の一人に過ぎず、宰相の主たる役目は皇帝への年金支給が滞らないように書類を整えることだった。サイイド・アフマドの父も東インド会社に就職し、その兄弟はインドで初めてウルドゥー語の新聞を発行した。要するに、サイイド・アフマドは地位が高く、近代的で、西洋志向が強い一族の出身だったのだ。それゆえ、彼はイギリス流の生活についてある程度の知識をもっていた。

けれども、彼の母は敬虔なムスリムで、信仰と学識の深さゆえに尊敬を集めていた。彼女は息子をマドラサ〔おもにイスラーム諸学を教授する寄宿制の高等教育施設〕に入学させ、彼の人生に祖父のそれに匹敵する影響力を及ぼした。こういう次第で、サイイド・アフマドはその性格に二つの拮抗する性向を刻みながら成長した。その一つはおのれが属するムスリム共同体への心からなる忠誠の念であり、もう一つはイギリス文化に対する高い評価と、これら植民地主義者から尊重されたいという強い願望だった。

不運なことに、父親が早死にしたために彼の家族は経済的苦境に陥った。サイイド・アフマドは学業を中断して働かざるを得なくなった。彼は東インド会社に法務職員として雇われ、その後昇進を重ねて、瑣末な法律問題を扱う同社の判事補にまで栄進した。だが、この職は会社の法務部門の中では微々たるポストに過ぎず、その実態は事務員よりましという程度でしかなかった。正式の教育を修了していなかったので、それ以上の昇進は望むべくもなかった。彼はほとんど独学で知識を得たのだ。

サイイド・アフマドは手当たり次第に科学書や英語の文献を貪り読んだ。彼はインド人のムスリム仲間とともに読書グループやディベート・クラブを結成し、科学的なテーマに関する連続講義を主宰した。一八五七年のインド大反乱の際にはイギリスを支持したが、のちにイギリス人行政官の考え違いと手落ちを批判した『インド大反乱の諸原因』と題する冊子を著わして、カルカッタとロンドンの政府高官に送った。ついで、『インドの忠実なるムスリムの弁明』を著わし、あるイギリス人の大佐に英訳してもらった。彼はこの小著の中で、インドのムスリムをイギリス女王の忠実な臣民と描くことによって、イギリス人に彼の同宗信徒を再認識させようと試みていた。そして、ムスリムはイギリス人に対してジハード主義者のごとき感情をもちようがなく、もつべきでもないと主張し、宗教学者の論文を引用して、イギリス人はムスリムの信仰を制限したり妨害してはいないので、イギリス人を標的としたジハードは許されないと論じていた。

ついに一八七四年、サイイド・アフマドはイギリスをこの目で見ようと決断した。彼がインドの国境を越えるのはこれが初めてだった。彼の著述が比較的好意的に受け容れられていたロンドンで、上流階級のパーティーに出席したり、知識人や芸術家や貴族たちと親しく交際するなど、収入では賄いきれないような生活を送った。こうした環境の中で、サイイド・アフマドは異彩を放っていた。どこに行くにもムスリム独特のゆったりした上衣を身にまとい、これ見よがしに顎《あご》鬚《ひげ》を長く伸ばし、やはりムスリム独特の筒状の縁無し帽を被り、どこから見てもムガル帝国の上流社会に属する保守的なムスリム紳士然としていた。イギリス女王は彼を「最下級勲爵士」に叙し、スター・オブ・インディア勲章の綬《じゅ》〔紐飾り〕を手ずから授与した。それ以来、彼はサー・サイイド・アフマド・ハーンと名乗るようになった。

そんなある日、彼はさるイギリス人が書いた預言者ムハンマドの伝記を偶然見つけたが、それが預言者の名誉を傷つけるような代物だったので呆然とした。彼はくだんのイギリス人に論駁すべく、ほかの関心事はいっさい忘れて、みずから預言者の伝記を母語のウルドゥー語で書きはじめた。この伝記をヨーロッパ人に広く読んでもらうために、翻訳者を雇って、自分が書き進めるのと並行して一章ずつ英語、フランス語、ドイツ語、ラテン語に訳させた。これには莫大な費用がかかることがじきに判明したので、野心的な企てを縮小せざるを得なくなり、結局ムハンマドにまつわる随筆集の出版に目標を切り替えた。だが、この目標でさえ、達成する前に資金が尽きてしまった。インドを発ってから一七ヵ月後、文無しで疲労困憊したサイイド・アフマドは重苦しい気持ちで帰国した。

しかしながら、イギリスはサイイド・アフマドに深い――彼に批判的な人々に言わせれば深すぎるほどの――感銘を与えていた。イギリスを見てきた目に映る祖国は、胸が痛くなるほど遅れていた。「イギリス人におもねるわけではないが」と、彼は書いている。「正直なところ、インドの先住民は身分が高かろうと低かろうと、貿易商であろうと小売商であろうと、教育を受けていようといなかろうと、教育や礼儀作法や正直さの面でイギリス人と比べると、まるで不潔な動物と有能で容姿端麗な人間くらい違っている」

だが、いったい何が原因で、同胞のムスリムはこれほど遅れているのだろうか？　ムスリム共同体を向上させるために、自分に何ができるのだろうか？　サー・サイイド・アフマド・ハーンは思案した末に、問題の一端はムスリムのイスラーム解釈にあると結論づけた。彼らはイスラームを魔術と同一視するがごとき思考様式に陥り、迷信にしがみついて、それをイスラームと称している。彼は独自の教説を練りはじめたが、これはインドのウラマーを憤慨させずにはおかなかった。宗教は人間が探求し、獲得した自然の領域の一つである、とサイイド・アフマドは主張した。宗教は人間の生活に不可欠なものであり、事物の自然のなりゆきとして――芸術や農業や技術と同様に――人間の共同体とともに進化する。人間がより文明化するにつれて、宗教も洗練の度を増してゆくのだ。

初期の人類が道徳的・倫理的な問題を知的に探究する能力には限りがあった、とサイイド・アフマドは推測した。彼らが激しい感情を克服し、道徳的な行動と判断を行なえるようになるためには、啓示宗教〔人間の理性に基づく自然宗教に対し、神の恩恵によって示されたものに基づく宗教〕の助けと導きが必要だった。それは、より高次の力を有する存在から下される諸々の掟であり、説明抜きで人々を納得させるカリスマ的な権威をもった諸預言者をつうじて伝えられた。しかし、あらゆる偉大な真の宗教が命ずる道徳的・倫理的な掟とは、根本的に非合理なものではない。こうした掟は道理にかなっているので、ひとたびそのために必要な知的能力を発達させさえすれば、人間は理性によってそれらを見出すことができるのだ。

だからこそムハンマドは、自分が最後の預言者であると言明したのだ――その真意は、当時のマッカとマディーナで生じた問題について彼が下した裁定がその後も永遠に人間の行動に適用される、ということではない。ムハンマドが言わんとしたのは、神が説明抜きで命ずる掟なしでも人間が独力で道徳的な共同体の建設を進められるように、そのために必要な最後の道具《ツール》を自分が人々に与えた、ということだった。イスラームが最後の啓示宗教となったのは、それが理性に基づく宗教の時代の始まりを画したからだったのだ。合理的な思考をする人間は、健全な基本的諸原理から出発して正しく論理的に考えることによって、道徳的に優れた状態に到達できる。イスラームがもたらしたのは健全な基本的諸原理だった。それらはキリスト教など偉大な啓示宗教すべてに見られるが、唯一異なる点は、イスラームは合理的な思考をも命じたということだ。もし、ムスリムがクルアーンの啓示の意味を誤解して道から逸れたりしなかったなら、合理的な思考は人間を迷信やドグマに対する盲従から解放していただろう。

ムスリムは天国と地獄にまつわる強迫観念や、神が超自然的な方法で歴史に介入するという考え方を断ち、イスラームの信仰を一つの倫理体系として再考すべきだ、とサイイド・アフマドは暗に主張していた。こうしたアプローチを採るなら、よきムスリムになるために、毎日何時間もクルアーンをアラビア語で朗誦したり、特定の衣服を身につけたり、定められたとおりに礼拝する必要はなくなるだろう。よきムスリムとはすなわち、嘘をついたり人を騙したり盗んだり殺したりしない者、おのれの最良の能力を根気強く涵養《かんよう》する者、他者に対して公正にふるまう者、社会に正義を実現しようと努める者、おのれの共同体において責任をもって行動する者、できるかぎり慈悲や博愛や寛容を実践する者たちのことである。

サイイド・アフマドは渡英する以前に、インド北部のアリーガルという町で科学協会と称する組織を創設していた。この組織は講演会を催したり、インドのムスリムがヨーロッパの進んだ知識に触れられるように、西洋文化に関する重要な文献をウルドゥー語やペルシア語に翻訳して出版するなど、啓蒙活動に取り組んでいた。イギリスから帰国したサー・サイイド・アフマドは、「イスラーム世界のケンブリッジ」に発展することを期待して、科学協会を母体にカレッジを創設した〔一八七五年〕。アリーガル・カレッジ〔ムハンマダン・アングロ・オリエンタル・カレッジの通称。一九二〇年に学位授与機能を伴うアリーガル・ムスリム大学に昇格〕のカリキュラムには「宗教学」や伝統的なイスラーム諸学の科目のみならず、物理学、化学、生物学その他の「近代的な」科目も組みこまれた。

インドのウラマーの多くがサイイド・アフマドの思想を攻撃したにもかかわらず、アリーガル大学は順調に発展し、学生たちを惹きつけた。アリーガル大学の学生や、卒業生や、教授団は世俗的改革運動の中核となった。二十世紀になると、彼らはムスリムの先頭に立って、インドからの分離とムスリム国家の建設を目指す運動を展開した。この運動は最終的にパキスタンの建国につながった。

サイイド・アフマド固有の思想は、彼の名前と結びついた広範な運動を引き起こしはしなかった。けれども、インド以外のイスラーム圏でも、近代主義を奉ずる知識人たちが彼と同様の思想を探究し、彼と同様の結論に到達していた。イランでは、カージャール朝のシャーに仕える宰相が、ダール・アル＝フォヌーンと呼ばれる近代的な高等教育機関を創設した。この学校では自然科学の全分野と、文学や西洋哲学などの人文科学も幅広く教授された。卒業生はやがてイラン社会に近代主義の種を蒔き、こうして育った近代主義者はイランをヨーロッパ流につくりなおそうと目論むようになった。

オスマン帝国の中心部でも、同類の近代主義者が活発に行動していた。十九世紀半ば頃から、帝国政府内部で近代主義を奉ずる一派が、「改革」を意味するタンズィマート〔西欧化、近代化を志向した上からの恩恵的改革（一八三九～七六年）およびその諸成果を指す〕と称された一連の政策を推進した。その中には、ヨーロッパ式の教育機関の設立、政府の官僚機構へのヨーロッパの行政技術の導入、ヨーロッパの軍制に倣った軍隊の再編制、ヨーロッパ流の軍服の採用、政府の役人にヨーロッパ流の服装を奨励すること、などが含まれていた。

アフガーニー――イスラーム主義者の近代主義

本節では、十九世紀最大のムスリムの改革者で、絶大な影響力を振るったサイイド・ジャマールッディーン・イ・アフガン〔アフガーニー〕という人物を紹介しよう。アフガニスタン人が信ずるところによれば、この人物は一八三八年頃にカーブル東方五〇マイル〔約八〇キロメートル〕、クナール地方の首邑アサダーバードで生まれた。彼の家族はアフガニスタンの王族と姻戚関係にあったが、何らかの理由でこの高貴な一族を立腹させてしまったために、アフガーニーがまだ幼いときに慌ただしくイランに移住する羽目になった〔一説には、スンナ派、シーア派の枠を超えた活動を展開する便宜上、アフガニスタン出身と自称していたが、実際はイランのアサダーバード出身だったとされている〕。紛らわしいことに、彼らはイランのやはりアサダーバードという町の近くに定住した。このおかげで、アフガーニーはどこで生まれたのか、アフガニスタンとイランのどちらが彼を祖国の名士と主張できるのかについて、今日まで延々と議論が続くことになった。アフガニスタン側は、彼が常にジャマールッディーン・イ・アフガン——「アフガニスタン人のジャマールッディーン」——と自称していたことを指摘して、これで一件落着とみなしている。一方、イランの歴史家たちは、「アフガニスタン人」と名乗ったのはひとえにイラン人であることを隠すためだったと主張し、この問題に——彼らに言わせれば——きっぱり決着をつける文書が存在するとほのめかしている。他方、私がアフガニスタンで暮らしていた頃には、カーブル在住の少なからぬ人々が、当時はまだクナール地方に土地をもっていた彼の家族や親戚と面識があるように思われた。私にはこれで一件落着のように思えるのだが、それはおそらく、私がアフガニスタン人だからなのだろう。

一つ確実にいえるのは、今日のムスリム諸国の政府の多くはアフガーニーをきわめて高く評価している、ということだ。ところが彼の生前には、いずれの政府も最後には彼を厄介者とみなして、国外に追放した。ここで、彼の驚くべき放浪の生涯を手短に紹介しよう。

彼がどこで成長したにせよ、一八歳前後でインドに行ったことに異論を唱える者はいないだろう。当時のインドは反英気運が高まる一方で、まさに興奮の坩堝《るつぼ》と化そうとしていた。アフガーニーはたぶん、反英抗争を目論むムスリムたちに会っていただろう。インド大反乱が勃発したとき、彼はたまたまマッカに巡礼中だったが、急遽インドに戻った。そして、東方イスラーム世界に深甚な衝撃を与えたイギリスの残虐極まる報復行為を目撃した。おそらくこの最初のインド訪問の時期に、アフガーニーは終生抱きつづけたイギリス人への憎悪と、ヨーロッパの植民地主義に対する反感を育んだのだろう。いずれにせよ、彼はインドからアフガニスタンに向かった……

●アフガニスタン――アフガーニーはアフガニスタンを統治していたバーラクザイ朝〔ドゥッラーニー朝の後期部分を構成する王朝。一八三五〜一九七三〕の国王の信任を得て、その長子ムハンマド・アーザム〔バーラクザイ朝第五代国王。在位一八六七〜六八〕の家庭教師として雇われた。イギリスはかつてこの国王の失脚を図って、失敗していた。アフガーニーはかねてから、ムスリムの勢力とプライドを甦らせるにはイスラームの改革と近代化を進める必要があると考え、いろいろと構想を練っていた。それゆえ、次代の国王の家庭教師という職は、その構想を実現してくれる統治者を育てる絶好の機会だった。彼は王子のアーザム・ハーンに改革主義的な思想を叩きこみ、アフガニスタンを近代へと導く術を徹底的に教授した。不幸なことに、アーザムの治世は短期間で終わりを告げた。従兄弟の一人がイギリスの支援のもとに、彼を王座から追放したのだ。イギリスがアーザムを退位させるために策動したのは、アフガーニーの弟子をアフガニスタンの国王にしておきたくなかったことが一因だったのだろう。アフガーニーが何を企んでいるか、彼らは察知していたのだ。いずれにしてもアーザムはイランに亡命し、この異郷の地で没した。アフガーニーも逃亡を余儀なくされ、小アジアを目指した……

●**小アジア**——コンスタンティノープル大学で講演を行なうようになったアフガーニーは、以下のような見解を明らかにした。すなわち、ムスリムは近代科学全般を学ぶ必要があるが、それと同時にイスラームの価値や伝統や歴史を子どもたちにしっかり教えなければならない。近代化とは必ずしも西洋化を意味するものではない。ムスリムはイスラームそのものの中に、まごうことなきイスラーム流の近代化に不可欠な要素を一つ残らず見出すことができるのだ、と。かかるメッセージは大衆にも上流階級にも好評を博した。いまや、アフガーニーがオスマン帝国政府の高官になることも夢ではなくなった。そうすれば、イスラームの代弁者として、名誉と多額の報酬を得て安楽な生涯を送ることができただろう。ところが、彼はそうする代わりに、ムスリムはウラマーの抑圧的な「手引き」によらず自分でクルアーンを解釈する自由を認められるべきだ、と説きはじめた。のみならず、イスラーム文明における科学の遅れの元凶として、ウラマーを激しく非難した。当然のことながら、有力な宗教指導者たちは彼を敵視するようになり、結束して彼を国外に追放させた。そのため、彼は一八七一年にエジプトに移住した……

●**エジプト**——アフガーニーはかの有名なアズハル大学で学生に講義するとともに、講演も行なうようになった。彼は相変わらず、イスラーム流の近代化についての持論を熱心に説きつづけた（この時期に彼はアフガニスタンの歴史を執筆していた。これはおそらく、自分がイラン出身ではなくアフガニスタン出身だと人々に思わせるための策略の一つだったのだろう）。ところがエジプトでは、ムハンマド・アリーが創始した王朝はすっかり堕落して、英仏の利益と結託した専制的な支配階級と堕していた。それゆえ、アフガーニーは裕福な有力者たちの腐敗した状況を批判しはじめた。いわく、国家の統治者たるものは初期のウンマの指導者たちを見習って、質素な生活様式を実践し、庶民とともに暮らすべきだ、と。彼はさらに議会制民主主義を要求しはじめたが、ここでも民主化は必ずしも西洋化を意味するものではないと主張した。彼はイスラーム流民主主義の基盤を、シューラー〔合議〕とイジュマー〔合意〕というイスラーム独自の二つの概念に見出していた。

シューラーとはいわば「諮問委員会」のようなもので、初期のムスリムの指導者たちはこの仕組みをつうじて共同体の助言と合意を求めていた。最初のシューラーは、第二代カリフのウマルがおのれの後継者を選ぶために設けた少人数の委員会だった。このシューラーは、彼らが推す候補者をマディーナのムスリムたちに承認してもらわねばならなかった。いうまでもなく、当時のムスリム共同体は小規模だったので、主だったメンバー全員が議場となるモスクとモスクを囲む中庭に入ることができた。それゆえ、シューラー民主主義はタウン・ミーティングと同様の直接民主制だった。こうしたモデルをエジプトのような巨大な国にいかに適用するかというのは、また別の問題だった。

イジュマーは「合意」を意味する。この概念の起源は、預言者ムハンマドが言ったとされる「わがウンマは誤りにおいて合意することなし」という言葉に求められる。ウラマーはこの言葉を盾に取り、教義に関する何らかの問題についてウラマーの全員が合意に達した場合、新たに疑問を呈したり、議論することは許されないと主張した。要するに彼らは、イジュマーとはすなわちウラマーの合意である、と勝手に決めつけたのだ。しかし、アフガーニーはこれら二つの概念の解釈を見なおし、その適用範囲を拡大した。そして、シューラーとイジュマーを根拠に、「イスラームにおいては、臣民の支持なくして統治者は正当性を有さず」と主張したのだ。

アフガーニーの民主主義論はエジプトの国王を不安にさせ、上流階級の退廃を難ずる熱弁はある程度の収入を有する者すべてを憤慨させた。かくして一八七九年、彼はエジプトから追放された。そこで、彼はふたたびインドに向かった……

●インド――この地では、サー・サイイド・アフマドが創始した「リベラルな」アリーガル運動が、侮りがたい一大勢力に発展していた。だが、アフガーニーはサー・サイイド・アフマドをイギリスにへつらう腰巾着とみなし、彼の唯一の本格的な著作である『物質主義者への論駁』で公然と批判した。サイイド・アフマドの思想を好意的に見ていたイギリス当局は、エジプトで反乱が勃発するや、アフガーニーが支持者をつうじて暴動を煽ったとして、彼を数ヵ月間投獄した。反乱が鎮まると、イギリス当局はアフガーニーを釈放したが、インドから追放した。そこで、彼は一八八二年にパリに向かった……

●パリ――パリに落ち着いたアフガーニーは英語、ペルシア語、アラビア語、ウルドゥー語、フランス語で書いた論説をさまざまな雑誌に寄稿した（彼はこれらの言語すべてを流暢に操るばかりか、これらの言語で明晰に表現することも、雄弁に主張することもできたのだ）。彼はその論説の中で、イスラームはその核心において合理的な宗教であり、かつては科学革命の先駆をなしていたという思想を展開した。そして、イスラーム世界における科学の進歩を妨げてきたのはウラマーと専制君主だと糾弾したが、キリスト教も含めたほかの宗教共同体の聖職者と専制君主も同罪であると付言していた。当時のフランスでは、エルネスト・ルナン〔一八二三〜九二〕という文献学者にして宗教史家が、ムスリムは生まれつき科学的な思考ができないと論じていた（ルナンはまた、中国人は「手先は驚くほど器用だが、名誉を重んじる心をまったくもち合わせていない人種」であり、ユダヤ人は「不完全」であり、「黒人《ニグロ》」は畑を耕しているときが一番幸せであり、ヨーロッパ人は生まれながらの主人と兵士であり、それぞれの人間が「そのためにつくられた」ことだけをしているなら、世界は万事うまくいくだろう、と述べていた[1]）。アフガーニーはソルボンヌ大学でルナンと史上名高い（少なくともムスリムのあいだではよく知られた）論争を行ない、イスラームはキリスト教ほど「科学的」でないように見えるだけで、それはイスラームのほうがのちに創始されたがゆえに、キリスト教よりいくぶん発達が遅れているからに過ぎないと主張した。

　パリに滞在しているあいだに、アフガーニーはエジプト人の弟子ムハンマド・アブドゥ〔一八四九〜一九〇五〕とともに、『固き絆』と題した独創性に富む新聞・政治評論誌の発行を開始した。だが、一八号まで発行したところで資金が尽き、そのほかにも難題がもち上がったため、停刊せざるを得なくなった。けれども、既刊の一八号までで、アフガーニーは今日汎イスラーム主義と称されている信条の核心部分を確立したのだ。彼は以下のように言明していた。現在、各地のムスリム勢力とヨーロッパ列強がそれぞれ固有の問題をめぐって――たとえば、イランとロシアがアゼルバイジャンをめぐって、オスマン帝国とロシアがクリミアをめぐって、エジプトとイギリスが銀行の融資をめぐって、アルジェリアとフランスが穀物の取引をめぐって、インドならびにアフガニスタンの人民とイギリスが国境の画定をめぐって――一見したところ局地的な闘争を繰り広げている。だが、その実相は、さまざまな問題をめぐる別個の闘争ではなく、一つの大きな問題をめぐってイスラームと西洋という二つの地球規模の存在が繰り広げている一つの大きな闘争なのだ、と。アフガーニーは史上初めて、イスラームと西洋という二つの言葉を同格のカテゴリーとして、そしてもちろん歴史的に対立するカテゴリーとして用いたのだ。この時期のいつ頃か、彼はどうやらアメリカも訪れていたようだ……

●**アメリカ**――しかし、アメリカにおける行動はほとんど知られていない。短期間しか滞在しなかったことは確実で、まもなくロンドンに向かった……

●**ロンドン**――ここでは、ウィンストン・チャーチル〔一八七四～一九六五〕の父のランドルフ・チャーチル〔一八四九～九五〕など、イギリス政界の指導者たちと何度か会い、イギリスのエジプト政策について議論した。この間にドイツも訪れ、ロシアの首都サンクト・ペテルブルグにもしばし滞在した。だが、『固き絆』が停刊となったため、これ以上ヨーロッパにとどまる理由はなくなった。そこで、アフガーニーはウズベキスタンに移動した……

●**ウズベキスタン**――ロシア皇帝の統治下にあるムスリムにクルアーンを広めるために、彼は帝政ロシア政府当局と交渉してクルアーンを出版する許可を得た。さらに、小アジアでは過去何十年間も手に入らなかったイスラームの文献を翻訳・出版して普及させる許可も取りつけた。こうした努力が実って、中央アジア全域でイスラームが復活した。アフガーニーはこの地で、彼が久しく暖めてきた構想に肉づけをした。それは、ムスリム諸国が自力で独立した生存圏を獲得するためには――ロシアと提携してイギリス勢に対抗し、ドイツと提携してロシア勢に対抗し、英仏と提携してロシア勢に対抗するというように――ヨーロッパ列強間のライバル意識を利用する必要がある、というものだった。かかる構想はやがて二十世紀になると、国際的な「非同盟運動」の中核的戦略として現出することになった。一八八四年にアフガーニーはイランに移った……

●**イラン**――この地では司法制度の改革を目指して行動したため、地元のウラマーと正面から対決することになった。事態が紛糾したため、彼はあたふたと中央アジアに逃げ帰った。ところが一八八八年になると、イランの王ナーセロッディーン・シャー〔一八三一～九六。カージャール朝第四代君主。在位一八四八～没年〕が宰相としてイランに戻るよう、アフガーニーに要請してきた。イラン国王は臣下のウラマーとの権力闘争で進退きわまっており、彼の「近代主義」が国王の大義を救ってくれるものと期待したのだ。アフガーニーは宰相としてではなく、王の特別顧問としてイランに戻った。それにもかかわらず、今回はウラマーから矛先を転じて、国王その人と王が植民地主義列強に経済的「利権」を売り渡していることを非難するにいたった。彼のイラン滞在中にも、利権売渡しの最悪の事例ともいうべき出来事が出来《しゅったい》した。それは、タバコに関する利権を入札なしでイギリスの投機家に譲渡したというもので（半年後にイギリス系のペルシア帝国タバコ会社に転売された）、これによってイギリスの関係者はイラン全土におけるタバコの原料生産から販売までの全分野にわたる独占的な支配権を手中にしたのだ。[2] アフガーニーはタバコのボイコットを呼びかけた（イランの利権が諸外国に譲渡されつつあることに対する抵抗を呼びかける手紙をイランの宗教指導者に送り、これがタバコ・ボイコット運動の契機となった）。これは、のちにさまざまな地域で、多種多様な政治活動家が採用することになる戦略の嚆矢《こうし》となった。その中には、インドの反植民地主義運動の指導者マハートマ・ガンディー（一八六九〜一九四八）も含まれていた（ガンディーがインドの国民にイギリス製綿製品のボイコットを呼びかけ、インドの伝統的な手法による手紡ぎ綿糸と手織綿布の生産を奨励したことはあまりにも有名である）。アフガーニーの雄弁に鼓舞された民衆は、イランの通りという通りでシャーに抗議するデモ行進を繰り広げた。シャーはおそらく、このアフガニスタン（あるいはイラン？）出身の改革者に目をつけたことを後悔していただろう。アフガーニーの手紙に刺激されたシーア派の最高指導者は、タバコ使用の禁止教令を発した。ことここにいたって、シャーもついに堪忍袋の緒が切れた。シャーは軍隊をアフガーニーの家に派遣して、国境まで彼を連行させた。こういう次第で、彼は一八九一年にふたたびイスタンブルに向かった……

●**イスタンブル**——オスマン帝国のアブデュルハミト二世（一八四二〜一九一八。第三四代スルタン。在位一八七六〜一九〇九）は彼に家と固定給を与えた。アフガーニーの説く汎イスラーム主義はいずれ何らかの形でおのれの政治的立場を強化する役に立つだろう、とスルタンは期待したのだ。アフガーニーは教育と執筆と講演に従事した。イスラーム世界のあらゆる地域から、知識人や活動家が彼のもとを訪れた。この偉大な改革者は彼らに対して、イジュティハードすなわち「自由な思考」こそイスラームの最も重要な原理であるが、自由な思考はクルアーンとハディースに基づく根本原理から出発しなくてはならないと説いた。ムスリムはすべて男女にかかわらず聖典と啓示を独自に解釈する権利をもつが、共同体としてのムスリムは啓示に埋めこまれた諸々の根本原理を体得しなければならない。ムスリムが犯した大きな過ちは――それがムスリムを弱体化させる原因となったのだが――西洋の教育制度や社会慣習を信奉する一方で、西洋の科学に背を向けたことだ、とアフガーニーは主張した。ムスリムはその正反対のことを実行すべきだった。つまり、西洋の科学を信奉しつつ、西洋の教育制度と社会慣習には門を閉ざすべきだったのだ。

まことに不幸なことに、一八九六年にあるイラン人学生がナーセロッディーン・シャーを暗殺した。イラン政府はただちにこの事件の責任をアフガーニーに負わせ、彼をイランに引き渡すようオスマン帝国に要請した。アブデュルハミト二世はイランの要請を拒否したものの、この偉大な改革者を自宅に軟禁した。この年のうちにアフガーニーは顎の癌に侵された。ウィーンで治療を受ける許可を求めたが、スルタンはこの要望を却下し、侍医をつかわして治療に当たらせた。ところが、この宮廷医はアフガーニーの癌を治療すると称して彼の下顎を取りはずしてしまった〔一説には、医者が歯茎に注射したのちに容態が急激に悪化したとされる〕。ジャマールッディーン・イ・アフガンは一八九七年三月に亡くなり、小アジアに埋葬された。その後、彼の遺体はアフガニスタンに移送されて、改めて埋葬された。彼の生涯がどこで始まったにせよ、アフガニスタンが終の住処となったことは間違いない。彼の墓はカーブル大学のキャンパスの中心部に置かれている。

アフガーニーが指導者として公式の称号や地位を得なかったことは、興味深い事実である。彼は国を統治することも、軍隊をもつこともなかった。いかなる政府においても正式な官途に就かず、政党を創設することも、運動の先頭に立つこともなかった。使用人も部下ももたず、彼から命令される立場の者は一人もいなかった。しかも、彼はまとまった数の著作を残さず、首尾一貫した政治哲学をまとめたイスラーム主義者版『資本論』と称しうる一巻の書物すら著わさなかった。この男は純然たる論客であり、民衆扇動家であり、反逆者だった——これが彼のすべてだったのだ。

それでいながら、彼はイスラーム世界にとてつもなく強烈な影響を及ぼした。それは彼の「弟子たち」のなせる業だった。彼はある意味で預言者のように行動し、そのカリスマに満ちた強烈な個性が彼の赴く先々で導火線に火をつけたのだ。弟子のムハンマド・アブドゥはアズハル大学の学長になり、エジプト屈指の宗教学者となった。彼はアフガーニーの近代主義思想を練り上げて体系化した一連の書物を著わした。

やはりアフガーニーの弟子だったザグルール〔一八五七／六〇～一九二七〕は、ワフド党と称する政党を結成した。ワフド党は民族主義政党に発展し、エジプトの完全独立を目指す広範な大衆運動を指導した。スーダンでは宗教指導者となったアフガーニーの弟子〔ムハンマド・アフマド〕が「マフディー」宣言を行ない、民衆の支持を得てイギリスに激しく抵抗した。イランでは、アフガーニーが鼓舞したタバコ・ボイコット運動によって一群の活動家が生まれ、二十世紀の立憲運動を推進した。
アフガーニーはまた、アフガニスタン生まれでトルコ在住の知識人、マフムード・タルズィー〔一八六五〜一九三三〕にも感銘を与えた。タルズィーはアフガニスタンに帰国し、アフガーニーに倣って、最も有力な王位継承候補者だった王子アマーノッラー〔一八九二〜一九六〇。バーラクザイ朝第一〇代国王。在位一九一九〜二九〕の家庭教師になった。タルズィーの薫陶を受けた王子はやがて近代主義を奉ずる国王となった。そして、アフガーニーの死から二二年後にイギリスからの完全独立を達成し、アフガニスタンを主権国家と宣言した。

　さらに、アフガーニーの弟子にも弟子たちがいた。弟子から弟子へと伝えられるにつれて、その信条やメッセージは変化していった。ある一派は過激な政治的立場をとるようになり、別の一派は民族主義を志向した。また、ある一派は開発至上主義を奉じるようになった――つまり、何が何でも国内の産業と技術を発達させることに取りつかれたのだ。ムハンマド・アブドゥの弟子でシリア人の神学者ラシード・リダー〔一八六五〜一九三五〕は、イスラームを国家の基礎に据えるための理論を練り上げた。やはりアフガーニーの知的子孫とみなせるのが、ムスリム同胞団を創設したハッサン・アル・バンナー〔一九〇六〜四九〕だが、彼については後述する。要するに、アフガーニーという情熱と機知に富んだ人物の影響は、彼が慌ただしく彷徨したイスラーム世界の隅々にいたるまで、今日もなお響き渡っているのである。

第一四章　産業・憲法・ナショナリズム

ヒジュラ暦一一六三〜一三三六年
西暦一七五〇〜一九一八年

産業革命を実現させたもの

アブドゥルワッハーブ、サイイド・ジャマールッディーン・イ・アフガン、そしてアリーガルのサイイド・アフマド――この三人はそれぞれ、イスラーム世界では何がうまくいかなかったのか、どうすればそれを是正できるのか、という問題についての三とおりの見解を代表する人物だった。十九世紀をつうじて、これら三つの思潮がさまざまに組み合わさり、発展しながら広まっていった。その中で公然たる政治勢力となったのは、アリーガルのサイイド・アフマドが擁護した世俗的な価値を追求する近代化運動だった。とはいえ、サイイド・アフマド自身が何らかの強力な運動を創始したわけではない。彼は単に、イスラーム世界全域で同じようなものの見方を表明した数多の世俗的改革主義者の一人に過ぎなかった。彼らの見解をことのほか説得力のあるものにしたのは、当時ヨーロッパからイスラーム世界の中核地域に徐々に流入していた三つの現象、すなわち産業化と、立憲主義と、ナショナリズムだった。

これらの現象の中で最も重大な役割を演じたのは、世界のあらゆる地域をその魅力の虜にした産業化だったと思われる。ヨーロッパの産業革命は、蒸気機関を皮切りに西暦一八〇〇年前後に相次いでなされた諸々の発明によって引き起こされた。私たちはしばしば偉大な発明について、あたかもそれがなされただけで実用的な価値も証明されたかのような言い方をする。だが、実をいえば人間というものは、それが優れているというだけの理由である装置をつくったり、使うようになるのではない。ある発明が技術的な突破口を開いたとしても、それはその発明品が成功する要因の一つでしかない。それが「当たる」か否かを実際に決定するのは、社会的な状況なのだ。

蒸気機関がその格好の例である。これほど有用で、これほど世界を変える可能性が目に明らかなものがあっただろうか？ 実は、蒸気機関は西洋に突然出現する三世紀以上も前にイスラーム世界で発明されていたのだが、ここではほとんど何も変えなかった。この蒸気機関はある金持ちが催した宴会で、羊を効率的に丸焼きするために肉を焼く装置に動力を供給するという目的で使われていた（この装置の図が、一五五一年にトルコ人技師のタキ・アルディン〔一五二六〜八五〕が著わした書物に載っている）。けれども、その後ほかの用途に用いることを誰も考えつかなかったので、蒸気機関は忘れ去られてしまったのだ。

もう一つの例を紹介しよう。古代の中国人は早くも十世紀には、製造工程の機械化と大量生産に必要な技術はすべて発明していた。だが、彼らはそれらの技術をそうした目的には使わず、歯車を組み合わせて精巧な玩具をつくり、水タービンを用いて大きな時計を動かした。もし、彼らがこれらの技術を応用して――十九世紀のヨーロッパで工場が続々と生まれる原因となった――

人力を節約する機械類をつくっていたら、産業革命はほぼ確実に中国で始まっていただろう。

それでは、どうして産業革命は中国で始まらなかったのだろうか？　なぜ、これらの発明品は、西洋で発明されるまで「当たら」なかったのだろうか？　その答えは発明そのものよりも、それらの発明がなされた社会の状況により大きくかかわっているのだ。

伝動装置付きの機械を発明した頃の中国は高度に中央集権化された帝国で、皇帝の官僚が社会全体を効率的に管理・運営していた。記録と国防を別にすれば、官僚の主たる役目は公共事業を組織することだった。中国の政治文化の真髄は、公共の福祉に役立つ大規模建設プロジェクトに余剰労働力を吸収する能力にあった。たとえば、中国の最初の皇帝〔秦の始皇帝〕はおよそ一〇〇万人もの労働者を投入して万里の長城を築いた。後世の皇帝〔隋の煬帝〕はそれ以上の労働者を雇って、中国の二大河川を連絡する大運河を開削した。そう、たしかに中国は人力を節約する機械類を製造できるだけの技術をもっていた。だが、いったい誰がそんな機械をつくろうと思っただろうか？　それを実現する能力をもっていたのは帝国の官僚だけだったが、どうして彼らがすでにあり余っているものをわざわざ節約しようとするだろうか？　中国は人口過剰で、労働力は安価だった。もし、大量の労働者が失業して無為に過ごすようになったら、それに起因する社会の混乱に対処させられるのは誰だろう？　官僚だ。中国を産業化する能力をもった唯一の組織には、それを実行する動機が完全に欠けていたのだ。

ムスリムの発明家たちも中国の官僚と同様に、蒸気の力を利用して消費財を大量に生産できる装置をつくろうとは考えなかった。なぜなら、彼らが住む社会には、夥《おびただ》しい数の職人が手作業でつくった消費財が、効率的な商業ネットワークによって大量に流通していたからだ。しかも、発明家たちは暇をもてあましたエリート層のために働いていたのだが、この連中は消費できるものは何でももっており、発明家たちにことさら何か実用的なものをつくってほしいと——ましてや大量につくってほしいとは——要求しなかったのだ。

　世界を変える可能性を秘めた技術に対して中国やイスラーム世界が無頓着だったのは、これらの社会が機能不全に陥っていたからではない。事実はその正反対だった。何かがあまりにうまく機能していたために、これらの社会は（歴史家のマーク・エルヴィンの言葉を借りるなら[1]）「高水準均衡の罠」に陥ってしまったのだ。必要とはつまるところ発明の母ではなく、ある発明を一つの製品に変えるプロセスの母である。そして十八世紀後半のヨーロッパでは、この「母」の準備が完了していた。

　蒸気機関は、民間の鉱山主が坑内の水を抜くために使っていた蒸気動力ポンプ〔揚水機〕が発展したものだった。鉱山主たちは坑内の排水のほかにも、早急に解決すべき経営上の問題を抱えていた。それは、市場での競争に勝つために、いかにして鉱石をできるだけ速く鉱山から川ないし海港まで運ぶかという問題だった。彼らは従来、馬が引く運搬車に鉱石を積んで、トラムウェイと呼ばれた木製の鉱石運搬用トロッコの軌道の上を走らせていた。ある日、ジョージ・スティーヴンソン〔一七八一～一八四八〕という無学のイギリス人炭坑技術者が、蒸気動力ポンプを運搬車に固定して適切な伝動装置を取りつければ、車輪を回転させられるだろうと考えついた。こうして蒸気機関車が誕生した〔蒸気機関車そのものはスティーヴンソン以前に発明されていたが、彼は実用的な蒸気機関車を完成させた〕。

当時のイギリスに数多存在していた私企業主たちは、製品や原材料を一刻も早く市場に運ぼうと互いに競い合っていた。鉄道にアクセスできる者は競争相手より有利な立場に立てた——競争相手も鉄道輸送を利用するようになるまでは。そこで、誰もが鉄道を利用しはじめた。その結果、資金と手立てがある者は、誰もが鉄道を建設するようになった。

これと同じ図式で、十八世紀後半にジェームズ・ワットが蒸気機関を完成させると、抜け目のないヨーロッパの発明家たちは織機を機械化する方法を考案した。力織機が一台あれば、ライバルの織物製造業者より多くの製品をつくって、彼らを業界から駆逐できるようになった——ライバルもまた力織機を手に入れないかぎりは。そこで、誰もがこぞって力織機を導入するようになった。

けれども、力織機を二台、いや、一〇台、一〇〇台と購入する資本をもってさえいれば、はるかに多くのライバルを蹴落として、ますます豊かになれたのだ！　大金を稼げるとなると、才気のある鋳掛屋《いかけや》は、燃料で駆動する伝動装置付きの機械で何かほかのものをつくれないだろうかと思案した。靴はどうだろう？　イエスだ。家具はどうだろう？　イエスだ。ではスプーンは？イエスだとも。それどころか、ひとたび実行に移してみると、日常的に使う品物のほとんどすべてがこうした機械によって、従来の手作業より速く、安く、はるかに大量につくれることがわかったのだ。そして、製靴業界の大物になりたいと思わない者がいただろうか？　あるいは、つくるものがスプーンであれ何であれ、製造業界の大物になりたいと思わない者がいただろうか？

こうしたなりゆきによって、莫大な数の職人が職を失ったことはいうまでもない。だが、十九世紀のヨーロッパと十世紀の中国には決定的な違いがあった。十九世紀のヨーロッパで産業用機械を設置する手立てをもっていた資本家は、機械製の安価な製品が突然大量に出まわることによって生計の道を断たれるであろう人々に対して、何ら個人的な責任を負っていなかった。彼らのせいで落ちぶれる人々は、彼らの親戚でも部族の仲間でもなかった。今まで会ったこともなく、これから名前を知ることもない赤の他人だった。しかも、失業の蔓延によって生じる社会の混乱に対処するのは、彼らではなく誰か別の人間の仕事だった。産業化に邁進したからといって、彼らに何らかの道徳的欠陥があったわけではなく、それは当時の分断された社会の状況を反映していたに過ぎなかったのだ。

産業革命は一定の社会的前提条件が存在する場合にのみ生じうる現象だったが、当時のヨーロッパにはそれらの条件がたまたまそろっていた。産業革命はまた、必然的にヨーロッパ社会に由々しい影響を及ぼした。製造工程の機械化は社会のあり方や人々の日常生活だけでなく、ヨーロッパ人そのものも大きく変えてしまった。そうした変化の様相(のいくつか)を列挙してみよう。

・農村地帯が過疎化する一方で、新たな都市が激増した。
・大多数の人々の日常生活から動物の姿が見えなくなった。
・時計とカレンダーが刻む時間のほうが、太陽や月などの自然現象が知らせる時間より重要になった。
・大家族のネットワークが解体され――成人男女一組とその子どもたちからなる――核家族

が産業化時代における普遍的な標準世帯となった。

・新しい経済体制が流動性を要求したため、人と土地の結びつきが弱まった。人々は職のあるところに移動しなければならなくなり、突如としてどこでも雇われ仕事が見つかるようになった。

・大多数の人々は有用な職業上の技能を両親から学んだり、子どもたちに伝えられなくなったので、世代間の結びつきが弱まった。両親が子どもたちにしてやれる最良のことは、柔軟にことに対処し、学び、社会に適応するために不可欠な基本的技能を確実に身につけられるよう、はからってやることだった。その結果、かつてないほど広範な分野で、読み書き算数が職業人に必須の技能となった。

・そして最後に心理的順応性、すなわち古い価値観や考え方をことあるごとに捨て去り、新しいものを進んで受容する能力が、競争に勝つために欠かせない資質となった。

これらの変化はいずれも人々に不安を生じさせたが、それは命取りになるようなものではなかった。というのは、ヨーロッパ人には（そしてアメリカ人にはそれに輪をかけて）、すでにこうした不安に対処できるだけの心構えができていたからだ。その核心にあったのが、西洋で何世紀もかけて発達してきた個人主義という精神のあり方だった。

産業化のムスリム社会への影響

ヨーロッパ人がイスラーム世界にやって来たとき、彼らは産業革命の最終生産物である種々の製品を携えてきたが、それらの生産を可能ならしめた漸進的なプロセスはもちこまなかった。ムスリムはもちろん——誰だってそうだろうが——それらの製品をほしがった。安価な織物、機械でつくった靴、パッケージされた乾燥食品、その他いろいろの品物を。そして、ムスリムはそれを手に入れていけない理由はないと思った。彼らは西洋人がつくった機械を買うことも、操作することも、分解してその仕組みを学ぶことも、同じような機械をつくることもできた。それらの製造工程について、彼らに理解できないことはなかったのだ。

だが、社会的な基盤はそれとは別の問題だった。産業化の社会的前提条件はすぐには輸入できなかった。さらに、西ヨーロッパ社会とかけ離れた構造を有する社会では、産業化が社会に与える由々しい影響に適切に対処するのは、それほど容易くはなかったのだ。

たとえば、オスマン帝国の社会では、製造業は久しくギルドに牛耳られていた。ギルドはスーフィー教団と、スーフィー教団は帝国の行政機構や社会制度と、社会制度は帝国住民の一人一人がさまざまな部族的紐帯《ちゅうたい》を有しているという事実と密接に結びついていた。帝国の社会制度はさらに、公的な領域は男性のみに属し、女性は政治や生産から切り離して私的な領域にしかるべく隔離すべきであるという社会通念の上に成り立っていたのだ。

とはいえ、産業化以前には世界のどこでも——ヨーロッパでもイスラーム世界でも同様に——

製造業の多くは実際には女性の手で行なわれていた。というのは、商品価値のあるものはほとんどすべて、家庭の中やその近辺で生産されていたからだ。女性たちは布を織り、衣服を縫い、家畜の世話に大きな役割を果たしていた。また、牧畜や畑作で収穫した原材料を有用な製品に加工し、さまざまな手工芸品もつくっていた。これらの製造工程が機械化されると、「家内工業」は廃れ、無数の女性たちが職を失った。

ヨーロッパでは、家内工業に従事できなくなった膨大な数の女性たちが工場や商店、さらには事務所で働くようになった。そうできたのは、ヨーロッパの社会構造がそれを許したからにほかならない。たしかに女性の社会進出によってある程度の社会的・心理的混乱は生じたものの、女性たちはそれ以前に公的領域に参加する権利を勝ち取っていた。だからこそ、家の外で働くことができたし、実際にそうしたのだ。こうした大きな動きの中から——これはいずれにしても生じる運命にあった——哲学的な考察や、政治的な理論づけがなされるようになり、さらに今日ではフェミニズムと称されている社会的活動が出現した。フェミニズムとは、人権の存在と尊厳を前提とした運動である（「個人」という概念が存在して初めて、「あらゆる個人は権利を有する」ということができる。かかる主張がひとたび認められると、女性も男性と同じ権利をもちうるという観念が考慮の対象となる。なぜなら、男性も女性も個人であるのだから、と）。

イスラーム世界では、男性が属する公的領域と女性が属する私的領域を画然と分離するという慣行が広範に根づいていたために、家内工業からマニュファクチュアへの移行ははるかに深刻な問題を引き起こし、はるかに悲惨な社会的混乱を生じさせた。製造形態の変化は第一に、分断された社会システム全体の解体を要求した。かような要求はあらゆる家庭の生活の根幹を揺るがし、男女双方の意識の最も深いレベルに、さらには意識下のレベルに、アイデンティティーの問題を未解決のまま刻みつけた。二十世紀後半になると、この問題は目に見える形で現われてきた。

さらに、工場がギルドに取って代わったことは、製造業とスーフィー教団の結びつきが断たれたことを、ひいては宗教心と労働の結びつきもいささかなりと断たれたことを意味していた。しかも、製造の場が工場に移ったことは、時計が刻む時間に従って生活することを人々に要求した。ところが、ムスリムの生活の中核をなし、一日に五回実践しなければならない礼拝の儀式は、太陽の位置によって礼拝の時刻が決められるというように、自然現象が示す時間の枠組みの中に位置づけられていた。それゆえ、ここでも産業化は別の意味で、生産活動と宗教実践のあいだに齟齬《そご》をきたさせた（もし、朝課や晩課などの聖務日課が人々の生活のリズムをつくっていた封建時代に産業革命が生じていたら、ヨーロッパも同様の矛盾に直面していただろう）。

産業化はこれらすべてに加えて、部族に対する忠誠を何よりも優先する諸氏族が相互に結びつき、それらの大きなネットワークとしてあまねく組織された社会に対して、そうしたあり方を一晩で見なおして、独立した個人の集団としての社会に生まれ変わるよう要求した。つまり、各自が合理的な利己心に基づいて独自に経済面の決定を下し、おのれの核家族にのみ責任を負うような社会になれ、と要求したのだ。そんな変化は――容易には――起こりそうもなかった。まして、にわかに起こるべくもなかった。それはすなわち、西暦七〇〇年代以来のイスラーム文明という滔々《とうとう》たる流れに逆らうことにほかならない。イスラーム世界で産業化の社会的前提条件を育むには、ムスリム社会には時間が必要だった。けれども、これはなおさら実現しそうもなかった。その理由は第一に、誰も「社会的前提条件」を育むという観点から物事を考えていなかったからだ。彼らは製品と製造技術を手に入れ、その基礎をなしている科学的な原理を知るという観点からのみ考えていたのだ。

換言すれば、機械製の消費財を見ながら、誰もこう言わなかったということだ。すなわち、「よしっ、われわれも何らかの『改革』をして個人主義崇拝を広めるべきで、それから長い年月をかけて理性が宗教という権威を蝕《むしば》むにまかせ、その一方で、近代科学の諸概念に偶然出くわせるように、自由な探究を鼓舞する類いの政治制度を発達させ、それと同時に、われわれの科学が新しい技術を次々と生みだしたときに即座にそれに便乗できるよう、私企業間の競争の上に築かれた経済システムを発展させ、かくして二、三〇〇年のうちにヨーロッパとはまったく別個に、これらと同様の品物を独力でつくれるようにすべきだ」と。否、人々は「素晴らしい品物だ。これはどこで手に入るのだろう?」と言っただけだった。なぜなら、定価のついた車輪がすでに店頭に並べられているときに、改めて車輪を発明してもなんの意味もないからだ。

マルクスとエンゲルス〔一八二〇~九五〕を筆頭とする一群の思想家は、産業化は西洋世界に望ましくない副作用をもたらしたと論証した。だが、イスラーム世界においては、産業化はそれ以上に大きな社会的・心理的混乱を生じさせた。それにもかかわらず、機械製の消費財は単に存在するだけで、いかなる論説も論破できず、いかなる宗教的な熱弁も弱めることのできない主張をしていたのだ。「私たちは素晴らしい品物です。あなたも手に入れなさい」と囁きかけ、何かが変わらなければならない、何らかの形で……もっと西洋人風にならなければならない、という意識がイランや、アフガニスタンや、小アジアや、エジプトや、モロッコの住人のあいだに広まる引き金を引いたのだ。こうして産業革命の認識がムスリム社会に浸透するにつれて、世俗的な改革思想がイスラーム諸国で優勢になった。

カージャール朝治下のイランでは並はずれて精力的な宰相ミールザー・タキー〔一八〇七～五二。在職一八四八～五一〕、通称アミーレ・キャビール（「偉大な指導者」の意）がイランを「近代化」するために、一八四〇年代から突貫計画を開始した。宰相のいう「近代化」は「産業化」を意味していたが、彼はこの計画が一筋縄ではいかないことを理解していた。単に産業財を手に入れるだけでは不充分で、祖国を貪っている西洋列強と真に対等になるためには、イラン人は西洋文化の特定の側面を採り入れなければならない。だが、どの側面を採り入れるべきだろうか？　その鍵は教育にある、とアミーレ・キャビールは判断した。

彼は西洋を模範とする教育制度改革を推進し、イラン全土に世俗的な公立学校のネットワークを築いた。そして、テヘラン郊外に前述した「知恵の館」ことダール・アル＝フォヌーンを創立した。この高等教育機関で学生たちはさまざまな外国語、科学や技術に関する学科、西洋文化史などを学ぶことができた。イランはさらに、ドイツやフランスなどの国々へ留学生を派遣しはじめた。驚くには当たらないが、留学生の大半は宮廷や政府の高官とコネのある都市の特権階級の子弟で――地方の農民や、商人や、高位の宗教指導者の家庭から選ばれることはなかった。それゆえ、新しい教育制度はイラン社会にすでに存在していた格差をいっそう拡大した。

世俗的な教育制度が続々と送りだす卒業生たちは、「近代化された」政府の官僚組織や国軍に登用された（この文脈における近代は「ヨーロッパで目にするようなもの」を意味していた）。こうして、産業主義に対するイラン政府の取り組みは、教育を受けた文官や軍の将校、大学生や教師、技術者や専門家、それにダール・アル＝フォヌーンの卒業生やヨーロッパへの留学経験者……からなる新しい社会階層を誕生させた。この新興階層はそれまで以上に世俗的な世界観を育み、天国に入るための啓示に基づくマニュアルという従来のそれに代わる、合理的な倫理的価値体系というイスラーム観を積極的に容認するようになった。

イランの立憲運動

ヨーロッパで生まれてイスラーム世界の中核地域に流入した二つ目の現象は、立憲主義だった。主として前述した新興階層が進んで受け入れたことから、立憲主義はイランで影響力を振るいはじめた。立憲主義は理想的な民主主義とまったく同義ではない。なにしろ、全体主義的な独裁体制でさえ憲法をもつことはできるのだ。とはいえ、憲法は間違いなく民主主義の必要条件である。民主主義の前提条件は、統治者と被統治者をともに拘束する成文法の確固とした枠組みの中で社会が機能するということだ。しかるに、イスラーム世界全域に久しく根を張っていた絶対君主政体は、いついかなるときでも思いのままにルールを定める事実上の権限を統治者に与えていた。銘記すべきは、絶対君主政体においてはかかる図式が最高位の統治者にとどまらず、社会の隅々まで浸透しているということだ。人は誰でも、自分より下位の者には恣意的に権力を振るう一方で、上位の者の勝手気ままな言動に服従しているのだ（同様に、民主主義とは単に最高指導者が選挙をつうじて政権を掌握することではなく、相互に影響し合う個人参加方式のプロセスが社会のあらゆるレベルで進行することを意味している。選挙は民主主義と同義ではなく、民主主義が存在することを示す徴《しるし》であるに過ぎないのだ）。

イランで立憲主義が優勢になった理由の一端は、教育を受けた世俗的な近代主義者という新興階層の中から、新しい知識階級が出現したことにあった。彼らはおのれの近代性をその思想においてだけではなく、思想を表現する言語そのものにおいても表明した。新たに登場した著作家たちは、過度に凝った修辞的な表現や美辞麗句や技巧に満ちあふれたペルシアの古典文学流の言葉づかいを避けるようになった。彼らはその代わりに簡潔で力強い散文による表現に磨きをかけ、叙事詩や神秘主義的な抒情詩ではなく、風刺的な小説や政治的な戯曲という類いの作品を著わした。

文学研究者のハーミド・ダバシは、英語で書かれた『イスファハーンのハッジ・バーバの冒険』という小説をめぐる興味深い話を述べている〔一八二四年出版。邦訳は『ハジババの冒険』岡崎正孝ほか訳、平凡社東洋文庫〕。作者はジェームズ・モーリア〔一七八〇～一八四九〕というイギリス人旅行者〔外交官としてイランに滞在した〕だが、モーリアはあたかもペルシア語の原書を翻訳したかのように装い、奇妙な言葉づかいを駆使してペルシア語の表現を愚弄し、イラン人を不正直な悪党や粗野な愚か者として描いていた。

ところが、一八八〇年代に驚くべき出来事が出来《しゅったい》した。イラン人の文法学者ミールザー・ハビーブ〔一八九三没〕が『ハッジ・バーバ』をペルシア語に翻訳したのだ。意外なことに、侮辱的で人種差別丸出しの駄作だった英語の原作が、ペルシア語に翻訳されると文学史に残る傑作となっていた。この翻訳書は近代主義的なペルシア語表現形式の基礎を築くとともに、「立憲運動を予兆する書」となった。モーリアが東洋学者《オリエンタリスト》的なやり口でイラン人一般に向けていた嘲《あざけ》りを、この翻訳者はイラン社会における宗教界と宮廷の腐敗に向けていた。そうすることによって、彼は『ハッジ・バーバ』を煽動的な政治批判の書に変容させたのだ。(2)

世俗的近代主義を奉ずる知識階級の出現に伴って、ルーミー、サーディー〔一二一〇頃～九二頃〕、ハーフィズ〔一三二六頃～九〇頃〕らの詩やペルシアの古典文学には埃が積もりはじめた。人々はその代わりにイラン人の新しい著作や、シャルル・モンテスキュー〔一六八九～一七五五〕やオーギュスト・コント〔一七九八～一八五七〕など、社会は漸進的により高次の段階に進化すると説くヨーロッパの思想家の著作を貪り読んだ。モンテスキューは政治制度を類型化して序列をつけ、共和制は君主制および独裁制より一段高い段階にあると言明した。コントは、人類がより文明化するにつれて、人間の精神は神学的段階、形而上学的段階を経て実証的段階へと進化すると論じていた。(3)

イランの近代主義的知識人は、祖国を進化させねばならないと決断した。彼らの不満はもっぱら、王朝成立後二世紀目に入っていたカージャール朝の君主たちに向けられた。歴代君主はいずれもイランをほとんど私物化し、国の経済を外国人に切り売りしては、贅沢と遊興三昧で国家の金を浪費してきた。その中には、莫大な経費をかけたヨーロッパ遊覧旅行も含まれていた。

やがて、ジャマールッディーン・アフガーニーが情熱的に鼓舞したタバコ・ボイコット運動が始まると、世俗的近代主義者の憤りは頂点に達した。アフガーニーがシーア派の宗教指導者層も巻きこんで、彼らと提携したために、国王《シャー》はイギリスへの独占的なタバコ利権の譲渡を撤回せざるを得なくなった。ところが、宗教指導者たちはシャーの翻意をもって勝利を得たとみなし、闘争の舞台から退場してしまった。

しかしながら、舞台に残った活動家たちは一致団結し、新たな闘争の目標を入念に練り上げた。そして、国王の権利を制限するとともに、国の運営に国民の発言権を認める憲法の制定を要求したのだ。はるか彼方からの（この頃には小アジアに追放されていた）アフガーニーの声援を受けて、これら世俗的近代主義者は議会制民主主義の樹立に向けた議論を始めた。この動きに対して、宗教界は全面的に反対した。イランにはすでにシャリーアという憲法があり、世俗的な憲法はイスラームに反する、というのが彼らの言い分だった。宗教指導者たちは民主主義という概念も嘲笑し、イスラームは王朝による統治だけを認めていると断言した。イランの宗教界と宮廷との長年の闘争は、二十世紀初頭には世俗的近代主義を奉ずる知識階級も交えた三者間の複雑きわまる闘争に変容していた。三者間の闘争では、往々にして二つの陣営が組んで第三の陣営に対抗するものだ。憲法の問題に関しては、宗教界と宮廷が結託して近代主義者に対抗した。

だが、近代主義の潮流は高まる一方だった。一九〇六年、カージャール朝の第五代君主モザッファロッディーン・シャー〔一八五三〜一九〇七。在位一八九六〜没年〕はついに屈服し、王の権利を厳しく制限する憲法の制定を受け入れ、国民議会（マジュリス）の設置を容認した〔八月に憲法と国民議会に関する勅令を発布し、一〇月に国民議会開会。一九〇七年一月に憲法発布〕。一二月に国民議会で承認された憲法を批准すると、王はその直後に病死し、息子のモハンマド・アリー・シャー〔一八七二〜一九二五。第六代君主。在位一九〇七〜〇九〕が王位を継いだ。この議会がいかなる実権をもっているのかは明らかでなかった——なにしろ、軍隊も警察指揮権ももっていなかったのだ。それにもかかわらず、マジュリスは二年足らずのうちに、イランにおける言論・出版の自由など広範な市民的自由の基盤となる多数の法律を制定した。

けれども一九〇八年六月、モハンマド・アリー・シャーは軍を動員して反革命クーデターを断行し、国会議事堂を砲弾で吹き飛ばした。「旧来のやり方にもう一度チャンスをやろう」と、彼は行動で示したのだ〔議会解散と憲法機能の停止を強行した〕。ウラマーを筆頭に、伝統主義を奉ずる守旧派はこぞってシャーを誉めそやした。第一次世界大戦が間近に迫っていたとき、イランはこうした状況下にあったのだ。

ヨーロッパのナショナリズム

その間に、ヨーロッパから流入した三つ目の現象、すなわちナショナリズムがイスラーム世界のいたるところで人々の知性と感性を魅了していた。このイデオロギーに対して、イランはさほど肥沃な土壌を提供しなかった。それはおそらく、イランがすでに実質的に一種の国民国家《ネーション・ステート》になっていた、あるいは少なくとも、イスラーム圏の中核地域の中で最もそれに近い状態にあったためだろう。インドでは、ナショナリズムがアリーガルの近代化運動を、最終的にパキスタンを誕生させることになった民族主義的な運動に変質させはじめていた。だが、ナショナリズムが本当に普及したのは、オスマン帝国とかつてのオスマン帝国領だった。

私はけっして、ナショナリズムが国民国家そのものを意味すると言っているのではない。国民国家とは国境線で明確に画された領土を擁する具体的な地理上の実在であり、単一の中央政府と、この政府が施行する単一の法体系と、単一の通貨や軍隊や警察等々を有するものだ。イギリスやフランスのような国民国家は歴史的な環境の中から自然発生的に発展したのであって、ナショナリストがその構想に基づいて建設したものではないのだ。

ここで私が言うナショナリズムとは、一つの概念であった（それは現在も然りである）。国民国家がすでに形成されていたところではナショナリズムは発達せず、形成されていないところで発達した。ナショナリズムは「ある姿」ではなく、「あるべき姿」（と想定されるもの）を叙述するものだったのだ。十九世紀初頭には、ドイツ語を話す人々が居住する土地はいくつもの公国や王国に分かれていた。イタリアも同様で、ドイツ以東のヨーロッパはいずこも同じような状況下にあった。ナショナリズムはこれらの地域で急激に発展した。

この思想の淵源は、〔文芸や思想の源は民族・歴史・風土を基盤とする人間の自由な創造精神にあるとした〕十八世紀のドイツの哲学者ヨハン・ヘルダー〔一七四四～一八〇三〕にまで遡る。ヘルダーはイマニユエル・カント〔一七二四～一八〇四〕のような、人間を本質的に合理的な存在とみなし、倫理的価値は究極的には理性に基づくと説く「啓蒙主義」哲学者を批判した。彼らによれば、万人にとって理性の命ずるところは時代や場所を分かたず常に等しいがゆえに、熱情を抑制してもっぱら理性を行動の指針とする文明化された人々は、ゆくゆくはただ一つの普遍的な法と価値判断の体系に向かって進歩するはずだとされていた。

これに対してヘルダーは、倫理的なものであれ、美的なものであれ、普遍的な価値などというものは存在せず、世界は多種多様な文化共同体で構成されていると反論した。そして、かかる共同体をフォルク（Volk）すなわち「民族」と称し、それぞれのフォルクは固有のフォルクスガイスト（Volksgeist）〔民族精神〕を有すると主張した〔Volkとはドイツ語で民族、国民、民衆、人民を意味する言葉で、十八世紀以来のドイツの歴史的変遷の中で、政治陣営や思想家によってさまざまに使い分けられてきた〕。フォルクスガイストとは、所与の民族が共有するある種の精神的エッセンスを意味している。共通の言語や伝統や慣習や歴史という類いの絆が、ある人間集団を一つのフォルクとして結びつける。実在するフォルクは純粋に社会的な共同体だが、その「集団性」は社会的な契約や、チームをつくろうというメンバー間の合意ごときに基づくものではない。それは、多数の細胞が合体しようと合意したうえで一つの有機体を形成するのではないのと同じことだ。フォルクはそれぞれ、おのれを蝶や山と同様のリアルな存在とさせている統合された一体性を有している――以上が、ヘルダーの言うフォルクの意味だった。そして、彼がフォルクスガイストという言葉で言わんとしていたのは、宗教的な人々が「霊魂」という言葉で、あるいは心理学者が「自己」という術語で表現するものに似た何かであった。ヘルダーの見解によれば、すべてのフォルクはこの種の統合された精神的エッセンスを共有しているのだ。

彼の主張は、いかなる倫理的・美的判断も普遍的に正しいことはありえず、客観的な真理ではありえないことを暗に示していた。もし、人間の本質が理性を行使する能力に還元できないのであれば、万人にとって倫理的・美的価値が常に等しいということはありえない。たとえば美的価値についていえば、あるインド人とあるドイツ人の美の基準が異なったとしても、これはどちらか片方が正しくて他方が誤っていることを意味しない。各自の判断はそれぞれのフォルクスガイストを反映しており、それが真にフォルクスガイストを体現しているかぎりにおいて真っ当な判断となる。個人が下す価値判断は、その人物が属するフォルクの水準以上の高みには上れないのだ。

ヘルダーは、ある民族がほかの民族より優れているとは言わなかった。彼はただ、民族はそれぞれ異なっており、ある民族をほかの民族の価値観によって評価することはできない、と言っただけだ。だが、彼より二〇歳ほど年少のドイツの哲学者ヨハン・ゴットリープ・フィヒテ〔一七六二〜一八一四〕はヘルダーの思想を一歩推し進め、その趣意を変えてしまった。人間はそれぞれ共通の精神によって結ばれた別個の民族集団を形成するという説に同意したうえで、あるフォルクはほかのフォルクより事実上優れていると主張したのだ。具体的には、ドイツ人は生得的に自由を享受する能力に優れており、生命力を失ったフランス語に比べてドイツ語は力強く生き生きとした言語である、とフィヒテは論じていた（むろん、フランス人はこの説に同意しなかった）。

一八一四年に没したフィヒテの生涯の絶頂期は、ナポレオンがヨーロッパを征服し、ドイツ人を支配していた時期と重なっていた。この事実はおそらく、フィヒテの影響力を理解する一つの鍵となるだろう。フランスの支配下で苛立っていたドイツ人は、そのとおり、フランス人とドイツ人の精神のあり方はまったく違うと身に沁みて感じていた。そして彼らの耳に、たとえ現在はフランスに支配されていようとドイツ人のほうがともかく「高等」である……という主張は心地よく響いたのだ。

ナポレオン・ボナパルトの死から五〇年後の一八七一年まで話を進めよう。この年、プロイセン首相のオットー・フォン・ビスマルク〔一八一五～九八。ドイツ帝国初代宰相。在職一八七一～九〇〕が数多の領邦国家を統一して、ドイツ帝国〔一八七一～一九一八〕を誕生させた。その前年まで、フランスはナポレオンの甥のナポレオン三世〔一八〇八～七三。第二帝政皇帝。在位一八五二～七〇〕が統治していた。この人物はナポレオン一世の倍も尊大だったが、才能は半分しかなかった。ビスマルクはこの愚かな男を挑発して、プロイセンに宣戦させた〔普仏戦争。一八七〇～七一〕。プロイセン軍は電撃的な攻撃でフランス軍を圧倒し、わずか数ヵ月でパリを占領した。そして、フランスに屈辱的な講和条件を押しつけ、独仏国境の資源に恵まれたアルザスとロレーヌ地方の大半をフランスから奪い取ったのだ。

敗北と怨嗟のうちに生まれたドイツのナショナリズムは、いまや勝利を得て肥大した。意気揚々たるドイツ国家という展望が、神話もどきの運命観をまとって飛躍的に高まった。芸術家たちはドイツのフォルクスガイストの源泉を古代のチュートン神話に求めた。ワーグナー〔一八一三～八三〕はドイツの民族主義的な熱情を壮大なオペラで謳い上げた。歴史家たちはドイツ人の起源を、インド－ヨーロッパ語族に属する言語を話し、カフカス山脈を故郷とした先史時代のアーリア人とする神話を紡ぎはじめた。

ドイツのナショナリズムはとりわけ、当時のドイツで〈大学進学のための〉中等教育機関として特権的な地位にあったギムナジウムの教授たちを魅了した。ギムナジウムではハインリヒ・フォン・トライチュケ〔一八三四～九六〕らの思想家たちが、国家は最も正統的な社会組織であり、人間の生き方の最も崇高な表現形態である、と生徒に教えはじめた。そして、ドイツ語を話す人々が住む地域すべてを統治する汎ゲルマン国家について熱狂的に語った。彼らはその英雄的な宿命を説き起こし、「偉大な」国々が野蛮な土地の住人にその意志を押しつけることを正当化した（換言すれば、植民地主義は高尚な思想であると唱えたのだ）。彼らの教え子たちはこうした熱情を身につけて、技師や銀行家や教師などとして社会に巣立ってゆき、ドイツの大衆に汎ゲルマン主義的ナショナリズムというウイルスを感染させた。

その間にイタリアでは、革命家のジュゼッペ・マッツィーニ（一八〇五〜七二。青年イタリアと称する政治結社を結成し、共和制によるイタリア統一を目指して活動した）が政治イデオロギーとしてのナショナリズムにさらなる要素を付加し、おそらくは最後の仕上げを施していた。マッツィーニはもっぱらオーストリアなど諸外国の支配からイタリアを解放することに心を砕き、この目的を達する唯一の道はイタリアの統一であると考えた。彼はその政治信条に従って、個人は社会的結束をつうじてのみ有意義に行動できる、それゆえ個人より祖国を優先すべきであると提唱した。彼は『人間の義務について』（『マッツィーニ 人間の義務について』齋藤ゆかり訳、岩波文庫）と題した小冊子を著わし、「私という代わりに私たちと言おう」と革命家の同志たちに語りかけ、「祖国が君たち一人一人のうちに体現されるように努めよう」と熱烈に呼びかけた。(4) マッツィーニはさらに、ナショナリズムに基づく集団的権利という理論を提唱した。それによれば、おのおのの国家は固有の領土を所有する「権利」を有し、国民の中から指導者を選ぶ「権利」を有し、画定された国境をもつ「権利」を有し、国家を構成する人々すべてを包含するのに必要な範囲で領土を拡大する「権利」を有し、国境線の内側で完全な主権を行使する「権利」を有する、とされていた。そして、ある国の国民が一人として外国人のあいだで暮らすことを余儀なくされることのないように、全国民が地理的に連続した一つで不可分の国土の中で暮らすことは、きわめて正当かつ当然で崇高なことである、とマッツィーニは主張したのだ。

十九世紀後半になると、ナショナリズムに煽られた運動が、統一されたイタリア王国〔一八六一年に成立し、一八七〇年に領土的な統一がほぼ完成した〕とドイツ帝国〔一八七一年に成立〕を誕生させた。だが、ナショナリズムというウイルスはこれらの国を越えて広まり、東ヨーロッパに侵入した。この地では——多様な言語を話し、さまざまな民族的起源を主張し、その起源についてそれぞれ固有の物語を紡いでいる——何ら共通点をもたない数多の共同体が、オスマン帝国とオーストリア＝ハンガリー二重帝国〔一八六七年から一九一八年までオーストリア帝国とハンガリー王国が対等の二国家として連合して構成したハプスブルク帝国を指す〕という崩壊寸前の二大帝国に同化されることなく並存し、混沌とした状態にあった。両帝国の政府は領土内の民族主義者を抹殺しようと躍起になったが、それは彼らを地下に潜らせ、地下活動を活発にさせるという結果だけを招来した。ヨーロッパの漫画家はこれらの革命家を、髭《ひげ》を生やした屈強な小男が、だぶだぶの上衣の下にボウリングの球もどきの爆弾を隠しもっている、という面白おかしい姿で描きだした。だが、ヨーロッパのナショナリズムから派生した本物のアナーキストとテロリストの運動は、それほど面白おかしいものではなかった。そして、まさにこの地域からナショナリズムは東方に広まり、イスラーム世界の中核地域に侵入していったのだ。

アメリカのナショナリズム

だが、ヨーロッパから舞台を移す前に、西洋世界で成熟し、きわめて重大な結果をもたらした二つのナショナリズムに触れておこう。その一つはオスマン帝国と直接関係していたが、もう一つはのちに重大な関係をもつことになった。後者の運動は、新しい国家が生まれたばかりの北アメリカで形成された。厳密にいえば、この国が誕生したのは、一三のイギリス植民地の入植者たちが本国政府に反旗を翻し、独立への道を歩みはじめたときだった。だが、いろいろな意味で彼らが結成した連合体が国民国家となるのは、一八六一年から六五年まで続いた南北戦争を待たねばならなかった。アメリカの国民は、南北戦争以前には彼らの国を諸邦〔州〕の連合という意味で「連邦（these united states）」と呼んでいたが、南北戦争以後は「合衆国（*the* United States）」[5]と呼ぶようになった。奴隷制の問題が戦争の引き金を引いたとはいえ、リンカーン大統領〔一八〇九～六五。在職一八六一～没年〕は率直に、この戦争が正当かつ必要であるという主張の核心に連邦を維持する必要性を位置づけ、ゲティスバーグの演説〔一八六三年〕において、この戦争は「自由の理念によって身ごもった」国と、人民の、人民による、人民のための政治が永くもちこたえられるかどうかを検証するために戦われていると言明した。リンカーンをはじめ合衆国を創造した人々——政治家や歴史家、哲学者や著述家、思想家および一般市民——は、ヨーロッパで生まれたイデオロギーとは明確に異なるナショナリズムを信奉していた。彼らは国家のアイデンティティーを共通の宗教、歴史、伝統、慣習、人種あるいは民族的出自に求める代わりに、多数の個人が諸々の原理と一つのプロセスに対する忠誠を共有することによって「国民」になれると主張したのだ。これは理念に基づくナショナリズムであり、誰でも奉ずることのできるナショナリズムだった。なぜなら、それは理論的には、この国で生まれた者だけでなく、誰でもその一員になれる国家だったからだ。

　南北戦争のあいだに、この新生国家はその潜在的な力を世界に知らしめた。この戦争において史上初めて、ある地点にいる一人の人間が一〇〇万もの兵士を擁する軍隊を指揮し、二五万人近くもの兵士が一つの戦場で相戦い――鉄道から潜水艦や初期の機関銃〔多数の銃身が束になった回転式のガトリング銃〕にいたるまでの――工業技術が決定的な役割を果たしたのだ。たしかに、南北戦争では諸州が団結（ないし分裂）して互いに戦っただけだったので、部外者には何ら軍事的脅威を与えなかった。とはいえ、ひとたび両陣営が合体してふたたび一つの国家になった暁には侮りがたい勢力になるであろうことは、衆目の一致するところだった。

政治的シオニズム

ヨーロッパで成熟し、世界史上重大な意味をもつことになったもう一つのナショナリズムでイスラーム世界と直接かかわっていたのは、シオニズム〔ユダヤ人を「民族」とみなして、その差別からの解放をユダヤ人による国民国家の形成によって達成しようとする運動〕だった。強烈な情念と多様な思想がないまぜになったこの運動は、その主張と要求において、十九世紀のヨーロッパで生まれた諸々のナショナリズムとよく似かよっていた。言語と文化と歴史を共有する人々を一つの民族とみなすという点で、シオニズムはヘルダーの思想と一致した。民族は固有の領土に安全を保障された主権国家を築く権利を有するとみなす点で、シオニズムはマッツィーニの思想と一致した。国民国家はその領土にすべての国民を居住させる権利（どころか使命）と、必要とあらば国民以外の人間をことごとく追いだす権利を有するとみなす点で、シオニズムはトライチュケに類する人々の見解と一致した。もし、ドイツ人が一つの民族でこれらの権利を有するのであれば、そして、イタリア人やフランス人もそれぞれ一つの民族であるというなら、ユダヤ人も絶対に一つの民族であると、〔もっぱら政治的な手段によりユダヤ人国家の建設を図ろうとした〕政治的シオニズムの創始者たちは主張したのだ。

しかしながら、シオニズムと十九世紀ヨーロッパのナショナリズムのあいだには、決定的に重要な違いがあった。イタリア人やドイツ人やセルビア人らは、彼らが居住している土地に国民国家を築く権利を主張した。だが、ユダヤ人はいかなる領土ももっていなかった。彼らはほぼ二〇〇〇年間にわたって世界中に離散《ディアスポラ》し、今なお他民族の諸国家で土地をもたない少数派として暮らしていた。けれども、二〇〇〇年に及ぶディアスポラの期間をつうじて、ユダヤ人は団結を維持し、ユダヤ教を中核として形成された一種の民族意識を保ちつづけていた。彼らにとって、ユダヤ教は宗教であると同時に文化であり歴史であった。十九世紀のヨーロッパにおいては、ユダヤ教の宗教実践を行なわなくても、あるいはユダヤ教を「信仰」すらしなくても、何ら問題なくユダヤ人でありえたのだ。それでもやはり、ユダヤ教の宗教的・歴史的物語の核心部分は、「神」が原初のヘブライ人――アブラハムとその部族の子孫たち――に、唯一の神だけを礼拝し、神が命じた戒律のみに従うことを条件にカナンの地を与えると約束した、と主張していた。この物語の筋書きに従えば、ユダヤの民はこの契約で課された条件をずっと守ってきたので、「彼らの」土地を取り戻す権利を獲得していた。それはパレスチナと呼ばれる地域で、当時はアラブ人が居住し、オスマン帝国が統治していた。十九世紀のヨーロッパに居住していたシオニストの多くは非宗教的だったにもかかわらず、「約束の地」に関する信条は地中海東部沿岸地域にユダヤ人の民族国家を建設しようという主張の論拠となったのだ。

一八九七年にテオドール・ヘルツル〔一八六〇〜一九〇四〕というオーストリアのジャーナリストが第一回シオニスト会議を開催し、最初の公的な政治的シオニズム組織である世界シオニスト機構を創設した。しかし、シオニズムそのものはそれ以前から存在しており、その思想が芽生えたのは一八〇〇年代初期にまで遡る。これは多種多様なナショナリストがこぞって声をあげはじめた時期であり、その中でヨーロッパ在住のユダヤ知識人がパレスチナへの移住を口にするようになったのだ。ドイツ人の原《プロト》ナショナリストの一部は、これら原《プロト》シオニストの意見に同意したが、それは友好的な理由からではなかった。たとえば、フィヒテはこう主張していた。いわく、ユダヤ人はたとえ生まれたときからドイツ語を話していても、けっしてドイツの文化に同化できない、彼らがドイツにとどまるかぎり、常に国家の中の国家ともいうべき存在になるだろうから、パレスチナでユダヤ民族としての運命を追求すべきだ、と。

　パレスチナに土着のユダヤ教徒が住んでいないことは絶えてなかった。とはいえ一八〇〇年の時点では、パレスチナにおけるユダヤ人の人口比率はきわめて小さく——アラブ人が九七パーセントを超えていたのに対して——わずか二・五パーセントほどだった。ヨーロッパからパレスチナへの移住が本格化しはじめた一八八〇年代になると、ユダヤ人の人口比率は全体のおよそ六パーセントにまで上昇した。ユダヤ人のパレスチナ移住はアーリヤー（aliyah）と呼ばれたが、第一波のアーリヤーで約三万人が移住し、パレスチナの人口構成はふたたび変わった。けれども、これら最初期の移民は理想主義的な都会の知識人たちで、パレスチナの農民になることを夢見ていたものの、鋤《すき》と鍬《くわ》の区別もつかない人々だった。彼らのほとんどはヨーロッパに舞い戻り、第一波のアーリヤーは途絶えてしまった。以上が、第一次世界大戦が近づきつつあった頃のパレスチナの状況だった。

オスマン帝国のタンズィマート改革

ヨーロッパからイスラーム世界に流入した立憲主義、ナショナリズム、産業化という三つの現象は、オスマン帝国にはことのほか破壊的な影響をもたらした。その理由の一端は、オスマン「世界」が十九世紀をつうじて縮小の一途をたどっており、それが社会を不安のどん底に陥れていたことにあった。アルジェリアは〔海外県として〕フランスに吸収された。エジプトは名目上はともかく、実質的にはイギリスに完全に征服されていた。公式にはエジプト以北の地中海東部沿岸地域は――アラビア半島全域や今日のイラク領土の大半と同様に――オスマン帝国に属していたが、この地域においてすら、オスマン帝国はしだいにヨーロッパ列強に屈服しつつあった。それに加えて、ヨーロッパ大陸側の領土に対するオスマン帝国の支配力も弱まる一方だった。つい先日まで世界最大を誇っていたこの由緒ある帝国が、四肢をもぎ取られ、胴体が腐りかけながらも、なんとか息を継いで生きている巨大な生物といった様相を呈していたのだ。

オスマン帝国はまだ生きていたものの、西洋の実業家たちは本国政府の威光を後ろ楯に、帝国領土で自由気ままに活動していた。十九世紀前半における彼らとオスマン帝国相互の関係は、カピチュレーション〔外国人居住者に治外法権などの特権を認めた条約・政府間協定〕の一語に集約できるだろう。

カピチュレーション――これは「屈辱的な譲歩」と同義語のように思われる。だが、この言葉には本来そんな意味合いはまったくなかったのだ。

　カピチュレーションを与えるという慣行は、オスマン帝国の最盛期に始まった〔イスラーム世界では、九世紀にアッバース朝がフランク王国に対して与えたのが最初といわれる。オスマン帝国は一五三六年にフランス、一五七九年にイギリス、一六一三年にオランダに対してこの特権を与えた〕。その頃には、この言葉は単に、帝国内で商売をさせてほしいと訴えるヨーロッパの有象無象に、権勢並ぶ者なきスルタンが与える恩恵的な特権を意味するに過ぎなかった。カピチュレーションとはこれら請願者がオスマン帝国領内で許可された活動を列挙したもので、これに含まれない活動はすべて禁止されていた。どうして、これを「カピチュレーション」と呼んだのだろうか？　それは、ラテン語の原語の *capitulatus* が「項目ごとに分類する」ことを端的に表わしていたからだ。それゆえ、ヨーロッパ人にとってカピチュレーションとは、スルタンから認可された経済活動を部門ごとに配列したリストを意味していたのだ。

　オスマン帝国とヨーロッパ列強の力の均衡を一気に逆転させるような大きな戦争があったわけではないので、ある特定の時点でカピチュレーションの意味が「権勢並ぶ者なきオスマン帝国の君主が恩恵的に与えた特権」から、「（傲慢なヨーロッパ人のボスが）オスマン帝国の役人から意気揚々とむしり取った屈辱的な譲歩」に突然変わったのではない。だが、一八三八年にオスマン帝国が（ムハンマド・アリーとの戦いを支援してもらおうとの思惑から）イギリスとバルタ・リマヌ通商条約〔イギリス＝オスマン通商条約〕を締結したときには、カピチュレーションという言葉は疑問の余地なく後者を意味していた。これはオスマン帝国とヨーロッパ列強のあいだに結ばれた最初の不平等条約で、帝国全土に適用された。たとえば、ヨーロッパからの輸入品には低い関税を課す一方で輸出品には高い関税を課し、帝国臣民には事業の独占を禁ずる一方でヨーロッパ人がまったく同じことをするのを認めたばかりか、それを容易にする条項を含んでいた。これらのカピチュレーションの目的はただ一つ、帝国臣民が自身の国でヨーロッパ列強のビジネスマンと絶対に競争できないようにすることだった〔帝国領土内のヨーロッパ人居住者に領事裁判権も認めていた〕。

　バルタ・リマヌ条約締結後の数十年間にわたって、オスマン帝国政府はあたかも老骨に鞭《むち》打つかのように、ヨーロッパ列強と対等にわたり合えるようオスマン社会を改革すべく、一連の新たな法令を公布した——この頃には、イランでもまったく同様の事態が進んでいた。オスマン帝国では、こうした上からの近代化運動をタンズィマート、いわば「立直しの施策」と称していた。タンズィマート改革は一八三九年に発布されたその名も仰々しい「薔薇園《ギュルハネ》勅令」によって開始された〔イスタンブルのトプカピ宮殿内の庭園で読み上げられたところから、その名がある〕。一八五六年には「改革勅令」が、ついで一八六〇年には第三弾となる改革の指針が発せられた。

　以下に、タンズィマートが成し遂げた改革の事例をいくつか列挙しよう。

・フランスの行政制度をモデルにした中央政府の機構改革。
・伝統的なシャリーア裁判所に代わる国営の世俗裁判所の設置。
・フランスの「ナポレオン」法典に基づく刑法と刑事訴訟法の制定。
・「自由貿易」を奨励する新しい商法体系の制定。これは本質的に、オスマン帝国内における商取引のルールについてヨーロッパ人に自由裁量権を与えるものだった。

・デヴシルメ制度に代わる、プロイセンの軍制に倣った徴兵制に基づく軍隊の創設。
・ムスリムの宗教指導者が運営する伝統的な学校制度とはまったく別個の公立学校網の設置。ここでは、イギリスの学校で教授されているのと同様の世俗的なカリキュラムが設けられた。
・オスマン帝国の伝統的な「徴税請負人」制度（その本質は、政府から業務を委託されたフリーランスの徴税人）の廃止と、帝国全土をカバーし、国家が運営する（今日のアメリカの国税庁のような）徴税庁の設置。
・人種や宗教を問わず、オスマン帝国の全臣民の「名誉と生命と財産」は不可侵として、保障することを明文化。

紙上から判断すれば、これらの改革は結構なものと思えるだろう。とりわけ、民族的出自にかかわらず臣民すべての生命と安全が保障されるというのは。差別を終わらせることに誰が反対できようか？　これはほとんどヨーロッパと同等の制度だった。

だが、読者には、十九世紀のオスマン帝国で暮らしていた平均的なトルコ人ムスリムの立場になって考えてもらいたい。彼らからすれば、一連のタンズィマート改革の功績は、ヨーロッパ人がこれらの改革を帝国政府の役人に——口述筆記《ディクテート》させたといっても過言でないほど——文字どおり押しつけた《ディクテート》という事実と分かちがたく結びついていた。歴史家のジェームズ・L・ゲルヴィンによれば、一八五六年に発布された「改革勅令」はどうやら、イギリス大使のスタンフォード・

キャニング〔一七八六〜一八八〇〕が一字一句書き記したうえで、翻訳して公表するようオスマン帝国の役人に指示したもののようだ(6)。ギュルハネ勅令だってそうに決まっている！　オスマン帝国の大多数のムスリムには、これら一連の政策は改革というより、外国人勢力が彼らの生活を牛耳っていることを裏づける新たな証拠のように思われたのだ。

もっとも、オスマン帝国のムスリムすべてがこのように感じていたわけではない。小アジアで勢力を増しつつあった改革運動は——すなわちインドや、アフガニスタンや、イランの改革運動のトルコ・ヴァージョンは——タンズィマート改革を熱烈に支持して推進した。この運動の担い手たちは、ヨーロッパ帝国主義を打倒するにはヨーロッパ人を彼らの得意の手でやっつけるしかないと考えていた。そのためには何はさておき、ヨーロッパの強さの源泉であるヨーロッパの思想を摂取しなければならなかった。

ところが、オスマン帝国ではウラマーがまだ隠然たる影響力をもっていた。タンズィマートはウラマーの既得権を直接的に侵害した。宗教指導者の手から教育を奪い……シャリーア裁判所に代わるものとして世俗の裁判所を設置し……イスラーム法をさしおいてフランスの法体系を採用した——かかる改革はウラマーの権力を剝奪するにとどまらず、彼らの存在理由をも奪ってしまった。もちろん、ウラマーは抵抗した。そして、一般庶民のあいだでは、ウラマーはいまだに多大の道徳的権威を有していた。彼らはまた、宮廷にも依然として影響力を振るっていたのだ。

こういう次第で、スルタンとその顧問団はまもなく、声高に改革を要求する世俗的近代主義者と、不平不満を言いたてるイスラーム守旧派の板挟みとなった。両陣営から圧力を受けて、宮廷はある時はこちら側に、またある時はあちら側に傾いた。世俗的近代主義者がいっそう声高にヨーロッパ流の改革を要求すると、伝統主義者はいっそう頑強に反動的な公式見解に固執した。近代主義者が機械化された国営工場の建設を要求すると、ウラマーは政府の役人がタイプライターを使っていることを罵った——預言者ムハンマドはそんなものはいっさい使わなかった、と。

しばらくは近代主義者が優勢だった。一八七六年一二月、彼らの圧力を受けたアブデュルハミト二世は、ついにオスマン帝国憲法を発布した〔改革派政治家ミドハト・パシャが起草したことからミドハト憲法と呼ばれる。第一次立憲制〕。この画期的な勝利は「東洋のフランス革命」と広く称えられた。その後の一年有余、崩壊への道をたどるオスマン帝国は（形の上では）イギリスと同じ立憲君主国だったのだ。この短い年月のあいだ、近代化を目指す活動家たちは民族的出自や宗教にかかわりなく、進歩的な熱情に満ち、高揚した雰囲気の中で和やかに協力し合っていた。トルコ人のムスリム、アラブ人のムスリム、ユダヤ教徒、東方正教会に属するキリスト教徒、アルメニア人らがみな、新しい世界の建設を志す一つの広範な運動のメンバーとして親しく交わっていたのだ。

アルメニア人迫害

ところが、守旧派が近代主義陣営を切り崩し、彼らの裏をかいてスルタンの権力を復活させた。権力を取り戻したスルタンは〔一八七八年二月に〕憲法を停止し、絶対君主の座に返り咲いた。振り子が大きく逆に振れた原因の一端は、諸々の改革がうまく機能していないことにあった。小アジアのトルコ系ムスリムは、生活水準がしだいに低下し、自治権も奪われる一方だと感じていた。外部から圧力をかけてくるヨーロッパ勢の強大な力に対して、彼らはそれまで以上に無力感を嘗《な》めさせられていたのだ。

しかるに、彼らの領土には、外部の世界に属するとおぼしき異分子が存在していた。それは、オスマン帝国の支配下にあるアルメニア人共同体だった。いうまでもないが、トルコ人がそうでないのと同様に、アルメニア人はヨーロッパ人ではなかった。アルメニア人は記憶にないほどの昔から小アジアに定住しており、独自の非ヨーロッパ系の言語と、伝統と、歴史を有していた。彼らはどこかほかから小アジアにやって来たのではなく、その祖先はトルコ人より先に小アジアに住みついていたのだ。

だが、アルメニア人は多数派のムスリムのあいだで暮らす少数派のキリスト教徒だった。しかも、屈辱の度を増すカピチュレーションの時代にあって、西ヨーロッパの実業界がオスマン帝国経済に参入し、地元民の犠牲のもとに有利な商慣行を確立していたときに、アルメニア人はいつのまにか厄介な立場に置かれていた。帝国の住民にとって、この時点で経済的に成功する唯一の道は、ヨーロッパ人に雇われて働くか、ヨーロッパ人と商取引をするか、あるいは何よりいいのはヨーロッパ人と提携して事業を行なうことだった。だが、オスマン帝国でビジネス・パートナーを求めたヨーロッパ人は、ごく当然のことながら親近感を覚える人々に接触した。そして、選択の余地がある場合には、トルコ人のムスリムより、アルメニア人のキリスト教徒をパートナーに選んだ。そのため、アルメニア人共同体は外国人が獲得した有利な条件のおこぼれにあずかっているように思われた。あるいは少なくとも、貧窮に陥って憤懣やるかたないムスリムの目にはそう映っていた。

アルメニア人はそれまでずっとオスマン世界で平穏に暮らしてきたが、トルコ人でないがゆえに、軍務に携わる貴族という支配階級から締めだされていた。また、大地主や「徴税請負人」になる道も限られていた。そこで、彼らの多くは生計を立てるために、商業や金融業に従事するようになった。

金融業――これはかつて金貸しと呼ばれ、古来きわめて広範な地域で顰蹙《ひんしゅく》を買っていた商売だった。貸付金に利子を課すことを、クルアーンは明確に禁じている。中世のキリスト教圏ヨーロッパも然りで、教会法において高利貸し（usury）という言葉は「法外な利子を課すこと」ではなく、「その程度にかかわらず利子を課すこと」を意味していた。なぜ、金貸しはこれほど評判が悪かったのだろうか？　私が思うに、それは一般庶民が金を貸すという行為を商売という文脈ではなく慈善という文脈に位置づけ、隣人がトラブルに陥って助けを求めているときに善意から行なう類いの行為とみなしていたからだろう。こうした枠組みからみれば、貸付金に利子を課すというのは、他人の不幸につけこんで金を稼ぐ所業のように思われた。それでも、金を借りざるを得ない状況は、きわめて素朴な封建経済のもとでさえ絶え間なく生じた。それはしばしば何らかの危機のあとでやって来た。たとえば、鍛冶屋の作業場が焼け落ちたとか、高名な宗教指導者が不慮の死を遂げて遺族が高額の費用がかかる葬儀を執り行なわねばならなくなったとか、結婚資金の蓄えもないのに結婚したくなったとか、重篤な病に倒れたとか……。もはやにっちもさっちも行かなくなったと感じると、人々は金貸しのもとを訪れた。それでもやはり人々の心のうちには、まともな人間なら無利子で金を貸すはずだという、共同体の文化に根差した感情が巣くっていた。金融業者の条件を呑まざるを得ないという絶望的な状況は、金貸しに対する憤懣を募らせるばかりだった。借り手と金貸しが同じ共同体に属している場合には、血縁関係や忠誠心といった感情的要素がこうした憤懣を和らげていたかもしれない。だが、人々がすでに「他者」と認識していた金貸しのもとを訪れる場合には、両者間に働く力学は、人種・宗教を異にする共同体相互のあいだに存在する敵意を増幅させがちだった。それゆえ、圧倒的多数派に囲まれている歴然たる文化的少数派が金貸し業を独占するというのは、起こりうる最悪の事態だった。ヨーロッパでは、この力学がユダヤ人を犠牲者となさしめた。オスマン帝国では、この力学の犠牲者となったのはアルメニア人だった。

緊張が高まるにつれて、トルコ人とアルメニア人が過去三世代どころか、ずっと平和に共存してきたことは容易に忘れ去られた。これら二つの共同体はまるで往古からの宿敵であるかのように、激しく敵意を燃やし合った。臣民を自治的な宗教共同体に分離して統治するというオスマン帝国のミッレト制度は、本来は各共同体に文化的主権を授けるための方策だった。この政策は寛容の精神を反映しており、社会の調和を保つ制度として機能していた。ところがいまや、まさにこのミッレト制度が欠陥となり、厄介の火種となり、来るべきトラブルの鍵を握る重大な要素となった。というのは、これは不運なアルメニア人たちを分離し、孤立させ、目立たせるという役割を果たしたからだ。それどころか、ミッレト制度はオスマン社会に現存していた断絶をいっそう深めるメカニズムとなったのだ。

一八九四年から一八九六年にかけて、東部アナトリアでアルメニア人迫害の嵐が吹き荒れ、トルコ人の村民がアルメニア人を大量虐殺するという事態にいたった。これは東ヨーロッパとロシアでユダヤ人を襲ったポグロム〔集団的な略奪・破壊行為・虐殺〕と同種の蛮行だったが、こちらのほうがずっと大規模だった。狂気がおさまるまでに、三〇万ものアルメニア人が犠牲となった。しかも、事態が沈静したのはひとえに、ヨーロッパ諸国がオスマン帝国政府に何らかの手を打つよう圧力をかけたからにほかならない。そもそもヨーロッパ人がかような力をもっているという事実こそ、トルコ人のあいだで憤懣が高じ、アルメニア人がその捌《は》け口とされた原因の一つだった。それゆえ、ヨーロッパ勢がその権威によって暴力沙汰を終わらせたことは、それを引き起こすもととなった心理的要因をいっそう強めただけだった。その結果、事態はアルメニア人にとってさらに悪い方向に推移した。そう、近所の子どもたちに苛められている幼いわが子を守ろうと口出しした両親が立ち去ってしまうと、苛めっ子たちと一人取り残されたその子は、前よりもっと辛い立場に陥ってしまうのだ。

青年トルコ人から統一進歩団へ――民族主義の台頭

一方、スルタンが憲法を停止したとはいえ、政権掌握をめぐる守旧派と新興勢力の綱引きは続いていた。政治闘争は激化の一途をたどったが、新興勢力がふたたび優位に立つという趨勢は押しとどめようがなかった。というのは、イランの場合と同様に、オスマン帝国でも時代の潮流は近代主義者に味方していたからだ。一九〇〇年には、新世代の活動家はこぞって憲法の復活を要求していた。彼らは両親の世代が成し遂げた「フランス革命」を再現したいと熱望していたのだ。政治的な面からみれば、これは活力と混乱に満ちた時代だった。政治活動家たちを、これはナショナリストの、それは世俗的近代主義者の、あれはリベラルな立憲主義者のグループと色分けできるような状況ではなかった。多種多様なイデオロギーと運動が相互に関連し合い、作用し合っていた。どの人もその人なりに、あるイデオロギーの一部を支持し、別の運動の一部に共鳴していたものと思われる。さまざまな思想の共通点や相違点を明らかにし、分類・整理するには時間が足りなかった。守旧派に対抗する人々はみな、みずからを帝国の再建に共同で当たるオスマン人とみなし、無知な年長者に対抗する事情に通じた若者という自己像を描いていた。彼らが同志として団結したのは、彼らの誰もが――それが何であれ――「近代的」なるものを熱烈に支持していたからにほかならなかった。

　この新世代の活動家は青年トルコ人と自称するようになった〔青年トルコ人とは、オスマン朝末期にスルタンの専制政治に反対し、オスマン帝国憲法の復活を求める運動をした人々の総称〕。彼らがこう名乗った理由の一つは、そのほとんどが二十代というように彼らが実際に若かったことにあったが、彼らはまた、こう名乗ることによって守旧派を嘲弄していたのだ。なぜなら、伝統を重んずるムスリムのあいだでは、年長者のほうが優れていると常にみなされていたからだ――ちなみに、シャイフやピールといった尊称は文字どおり「長老」を意味している。頭の固い時代遅れの人間が欠点とみなすものを、青年トルコ人は誇らしげにひけらかした。僕たちは若いのだ！

　憲法の復活を求める運動に参加した動機はさまざまだったが、青年トルコ人は団結して粘り強く闘い、ついにアブデュルハミト二世を屈服させた。一九〇八年、彼らはこの意志薄弱で愚かな専制君主に憲法を復活させ、スルタンを名目上の元首に引き下ろすことに成功したのだ〔青年トルコ人革命。第二次立憲制〕。

しかしながら、スルタンを打倒するとまもなく、青年トルコ人が一枚岩ではなく、いくつかのグループの寄合所帯であることが明らかになった。たとえば、〔中央集権化を否定し、多民族から構成されるオスマン帝国を連邦制のもとにゆるやかに統合しようとした〕地方分権主義者の一派は、少数派の権利を確保し、国民の声を政治により反映させることを目指していた。この地方分権派はすぐさま〔オスマン人としての立場を強調する中央集権派によって〕政権から追放された。別の一派はトルコ・ナショナリズムを信奉していた。このグループは一九〇二年頃に六人の医学生が結成した結社を中心に発展したもので、厳格な掟に基づく軍隊式の組織をつくり、統一進歩団〔または、統一と進歩委員会〕と称していた〔統一進歩団の前身については諸説があり、改称したり他集団と合流するなど、複雑な経過をたどって成立した〕。

統一進歩団が掲げる理念はしだいにトルコ人の反帝国主義者や若者、教育を受けた公務員や大学生、知識階級とその子どもたちのあいだに多くの支持を集めるようになった。ヨーロッパの哲学者の民族主義的な論説を読み、ドイツとイタリアのナショナリズムの勝利について熟知していた知識人の多くが、ナショナリズムを帝国主義から彼らを解放する唯一の道とみなしはじめた。多文化主義に基づくオスマン帝国の煩雑で旧弊な統治理念を排して、その代わりに贅肉を削ぎ落とし、不純物を取り除いた適度な規模の国家体制、つまりトルコ人の国を築こう――これが彼らの理念だった。アラブ地域の属州はこの枠組みに合致しないので、切り離さざるを得ないのはいうまでもない。だが、トルコ・ナショナリズムに目覚めた人々はアナトリアと、トルコ民族の父祖の地である中央アジアの帝国領土を統一することを夢想した〔ユーラシア大陸に居住するトルコ系諸民族の文化的・政治的な統合を主張する汎トルコ主義〕。そう、彼らはボスポラス海峡からカザフスタンまで広がるトルコ民族の国民国家を夢見ていたのだ。

やがて、トルコ・ナショナリズムを奉ずる知識人は、アルメニア人を筆頭に少数派のキリスト教徒はトルコにおける特権的な貴族階級であり、ロシア人や、西ヨーロッパ人や、東ヨーロッパの旧帝国領土のスラブ人と結託している国家の内なる敵であると主張しはじめた。

これら新世代のトルコ民族主義者は、国家はそれより小さな帰属集団《アイデンティティー》すべてに優先すると宣言し、国家の「魂」は一人の偉大な人物によって体現されるだろうと主張した。かかる観念は、ドイツの民族主義哲学者の思想を受け売りしたものだった。社会学者で著述家のズィヤ・ギョカルプ〔一八七六〜一九二四〕は英雄と天才を除いて個人にはいかなる価値もないと断言し、同輩のトルコ人たちに「権利」を口にするなと強要した。いわく、個人には権利などなく、あるのはただ義務のみ、すなわち国家の声を聞き、その要求に従う義務だけだ、と[7]。

オスマン帝国にとっての厄介の種は、こうした軍国主義的ナショナリズムの魅力を増す傾向があった。そして、厄介の種はひっきりなしに現われた。それはすでに長い、長い期間にわたって現われつづけていたのだ。ブルガリアは自由をもぎ取り〔一九〇八年に独立〕、ボスニア・ヘルツェゴヴィナはハプスブルク家によってオーストリア－ハンガリー二重帝国に併合され〔一九〇八年〕、いずれもオスマン帝国の支配を脱していた。その結果、およそ一〇〇万人ものムスリムが故郷を追われて難民と化した。彼らは機能不全に陥って瀕死状態のオスマン帝国で新たな住処を見つけようと、すでに人口が過密だったアナトリアに続々と流入した。その後、オスマン帝国はクレタ島も失った。島民の半数近くはムスリムで、そのほとんど全員が東方に移住した。大量の移民に起因する混乱によって、漠然とした不安が社会の隅々まで蔓延した。

こうした騒動のあいだに、アラブ民族主義〔アラブの一体性の自覚としてのアラブ民族意識に基づいて、アラブの統一を求める思想・運動〕が勃興するなど、ナショナリズムがほかの民族集団においても熱を帯びはじめた。そして、同郷のトルコ人の支配下でさんざん恐怖を嘗めてきたアルメニア人の活動家たちも、アルメニア人の民族国家を樹立する必要性と権利を主張するようになった。これらの動きはいずれも、当時の東ヨーロッパで民族としての帰属意識《アイデンティティー》に目覚めた人々のあいだで渦巻いていたのとまったく同じ、民族主義的衝動の発露だったのだ。

一九一二年、バルカンのキリスト教諸国が宣戦布告した戦争〔第一次バルカン戦争〕によって、オスマン帝国はアルバニアとマケドニアなど、イスタンブル周辺を除くヨーロッパ側領土の大半を失った。この決定的な軍事的敗北によって、小アジアは不安と憤懣と困惑の巷《ちまた》と化した。かかる混乱した状況は、五年後のロシアでボリシェヴィキが証明したように、大衆の支持があるか否かにかかわらず、最も厳格に組織された集団に有利に作用するものだ。そして、当時のイスタンブルで最も厳格に組織された集団は、超民族主義的な統一進歩団だった。一九一三年一月二三日、統一進歩団はクーデターによって権力を掌握した。彼らは現職の宰相を殺害し、政府の指導者を一人残らず追放し、ほかの政党をすべて非合法化して、オスマン帝国を一党独裁国家に転換した。唯一の政党たる統一進歩団の指導者としてタラート・パシャ〔一八七四〜一九二一〕、エンヴェル・パシャ〔一八八一〜一九二二〕、ジェマル・パシャ〔一八七二〜一九二二〕が台頭し、三頭政治を行なった。一九一四年に久しく懸念されていたヨーロッパの内戦がついに勃発したときに、残り少なくなったオスマン帝国領土をたまたま統治していたのが、これら「三人のパシャ」だったのだ〔パシャとは、オスマン朝では将軍・総督・政府高官などに与えられた栄誉の称号〕。

「強制移住令」――第一次世界大戦下の民族浄化

この戦争はヨーロッパでは「大戦《グレート・ウォー》」と呼ばれていたが、ミドルワールドの住人からすれば当初はヨーロッパの内戦のように思われた。ドイツとオーストリアが同盟を結んでフランス、イギリス、ロシアの連合と交戦し、ヨーロッパ諸国のほとんどがすぐさま参戦するか、あるいは不本意ながら巻きこまれたのだ、と。

ムスリムはヨーロッパの内戦に何のかかわりもなかったが、統一進歩団上層部は戦争が終結する前に勝者側に加わっていれば大きな収穫が得られるだろうと考えた。おおかたの予想と同様に、彼らもこの戦争は二、三ヵ月で終わるものと踏んでいた。なぜなら、ヨーロッパ列強は過去何十年にもわたって「先端」技術を駆使した最新鋭の兵器を備蓄しており、その恐ろしい破壊力にはいかなる人も物も長くは抵抗できないはずだったからだ。それゆえ、これはすぐに片がつくむごたらしい銃撃戦のごときものにしかなりえず、最初に発砲し、最後まで弾薬が尽きない者が勝者になると思われた。

統一進歩団の策士たちは、その勝者はドイツだろうと判断した。なんといってもドイツはヨーロッパ大陸随一の工業国であり、すでにフランスを蹂躙し、中央ヨーロッパを占領していた。これはすなわち、ドイツは自国の勢力範囲内でその優れた鉄道網によって兵員や兵器をいずこの戦線にも配備できることを意味していた。おまけにドイツ側につけば、トルコはロシアとイギリスという長年の仇敵と戦えるのだ。

〔一九一四年一一月に〕参戦してからおよそ一年後の一九一五年一〇月、ロシア軍が早くもオスマン帝国北部国境を脅かしているという状況下で、統一進歩団指導部は悪名高い「強制移住令」を公布した。この命令は公式には、ロシアとの国境周辺に住むアルメニア人を、ロシア人と共同戦線を張れないような帝国の奥地〔シリアとメソポタミアの砂漠地帯〕に「移住させる」ことを意図したものとされていた。トルコ共和国政府は今日にいたるまで、強制移住令は戦争によって実行を余儀なくされた純粋に安全保障上の措置だった、と主張している。政府当局はある程度の殺人行為が発生したことを認めたうえで、なにぶんにも当時は内乱が激化していたことでもあり、おまけに暴力行為はトルコ人とアルメニア人の双方からなされていたと続ける。これがトルコ共和国政府の公式見解であり、歴代政権は一歩も譲ろうとしていない。

実際、当時は戦争の最中であったし、ロシア軍が迫っていたし、アルメニア人の中にはロシア人に協力したり、トルコ人を殺した者たちがいた。だが、一九一五年早々から始まった暴力行為の一部は、一八九〇年代に大量虐殺や民族浄化という形で激発した、組織化されていない憎悪の延長線上にあったように思われる（国際連合の関連機関は「民族浄化」という語を慣用的に、「複数の民族集団が混在する地域において、ある特定の民族集団がほかの民族集団を強制的に追放したり殺害することで、その地域を民族的に『純化』すること」という意味で使っている。しばしば自発的に避難させることを狙って、残虐行為が行なわれる)。

しかしながら、トルコを一歩出ると、一九一五年に民族浄化よりはるかに悲惨な出来事が生じたことを疑う学者はほとんどいない――むろん、民族浄化だけでも充分非難さるべき出来事だろうが。強制移住令は、アルメニア人という民族を絶滅させることを意図した組織的な行動の始まりだった。これを主導したのはタラート・パシャだったが、エンヴェル・パシャと、統一進歩団の秘密の中核をなす無名の指導者たちもかかわっていたようだ（統一進歩団は徹底した秘密主義を大きな特徴としていた）。彼らはアルメニア人を――単に小アジアやトルコ人が指定した地域からだけではなく――地上から消し去ろうとしていたのだ。「移住」を余儀なくされた人々は実際には強行軍を強いられ、残虐な仕打ちによって死にいたらしめられた。これは要するに意図的な集団殺害《ジェノサイド》だったのだ（国際連合のジェノサイド条約によれば、ジェノサイドとは「国民的、人種的、民族的または宗教的な集団の全部または一部を破壊する意図をもって行なわれる殺害等の行為」を意味している）。正確な犠牲者数は今日もなお議論の的になっているが、一〇〇万人を超えていたのはたしかである。タラート・パシャはオスマン・トルコ政府の内相として、のちには大宰相として、この恐るべき行動を統轄した。第一次世界大戦の終結直前まで、彼はこの地位に就いていた（敗北が濃厚になると辞任して、ドイツに逃亡した）。

政府公認の歴史の見なおしを進めているトルコ人の歴史家タネル・アクチャム（一九五三生）によれば、この大虐殺の時期に統一進歩団に入党したある医者はこう釈明したという。すなわち、「国家がほかのいっさいに優先する……東方のアルメニア人たちは私たちに対して激昂していたので、もし彼らがあのまま彼らの土地にとどまっていたら、一人のトルコ人も、一人のムスリムも生き残れなかっただろう……だから、私は自分にこう言い聞かせた。いいか、ドクター・レチットよ、選択肢は二つしかない、彼らがトルコ人を抹殺するか、トルコ人によって抹殺されるかだ、と。これら二つのいずれかを選択しないわけにはいかなかった。トルコ人であることが、医者という立場を凌駕した。私はこう決意した。彼らに絶滅させられる代わりに、彼らを根絶やしにすべきだ、と」(8)。

だが、統一進歩団は完全に見込み違いをしていた。第一に、この戦争はすぐには終わらなかった。圧倒的な火力を用いた一度の大規模攻撃で敵を粉砕するどころか、西ヨーロッパの戦域はしだいに一〇〇万規模の軍隊が防衛戦を戦っているかのごとき奇妙な観を呈するようになった。両陣営は数百マイルも延々と連なる塹壕《ざんごう》に立てこもった。塹壕のあいだには荒涼たる戦場が広がり、そこには有刺鉄線が張りめぐらされ、地雷が仕掛けられていた。前線のどこかで常に戦闘が行なわれており、時には数時間のうちに万単位の兵士が戦死することもあった。けれども、戦闘で勝ち取るか失った領土はしばしば、インチの単位で測れる程度の広さに過ぎなかった。これがヨーロッパの戦場の実態だった。

オスマン帝国の消滅――イギリスが残した禍根

かかる膠着状態を打破するために、イギリスは小アジア経由で同盟国勢を背後から攻撃することを決断した。そのためには、まずオスマン帝国を無力化する必要があった。連合国はイスタンブル攻略の拠点とすべく、トルコ北西部のガリポリ〔ゲリボル〕半島への上陸作戦を敢行したが、この攻撃は失敗に終わり、連合国軍は大量の戦死傷者を出した。

その間にも、イギリスはオスマン帝国の弱みにつけこもうとさかんに画策していた。それは、帝国のアラブ属州のいたるところで反乱の気運が高まっていたことで、その原因はさまざまだった。民族主義者はオスマン・トルコからのアラブの独立を目指し、古来の部族連合は帝国政府の行政制度を冷笑していた。アラブの有力な一族の中には、主権を有する地方王朝をみずから樹立しようと目論むものが少なくなかった。これら諸勢力が抱く不満の中に、イギリスは好機を嗅ぎ取ったのだ。

王朝の樹立を争う勢力の中で、二つの一族が傑出していた。その一つは今なおワッハーブ派の宗教指導者と連携していたイブン・サウードの一族で、もう一つはイスラームの精神的中心たるマッカを支配するハーシム家だった。

サウード‐ワッハーブ同盟が支配する領域はすっかり縮小し、今ではアラビア半島中央部に位置するベドウィンの一部族国家になっていた。とはいえ、この国は依然として、十八世紀にかの超保守的な宗教指導者アブドゥルワッハーブと盟約を結んだサウード家の家長、ムハンマド・イブン・サウードの直系の子孫によって統治されていた。二人の一族は過去何十年にもわたって、婚姻をつうじて結びつきを強めていた。サウード家の家長はいまやワッハーブ派宗教共同体の最高指導者となり、アブドゥルワッハーブの子孫は今もってサウード家の王国でウラマーとして影響力を振るっていた。イギリス外務省インド局から派遣された工作員たちがサウード家の家長に

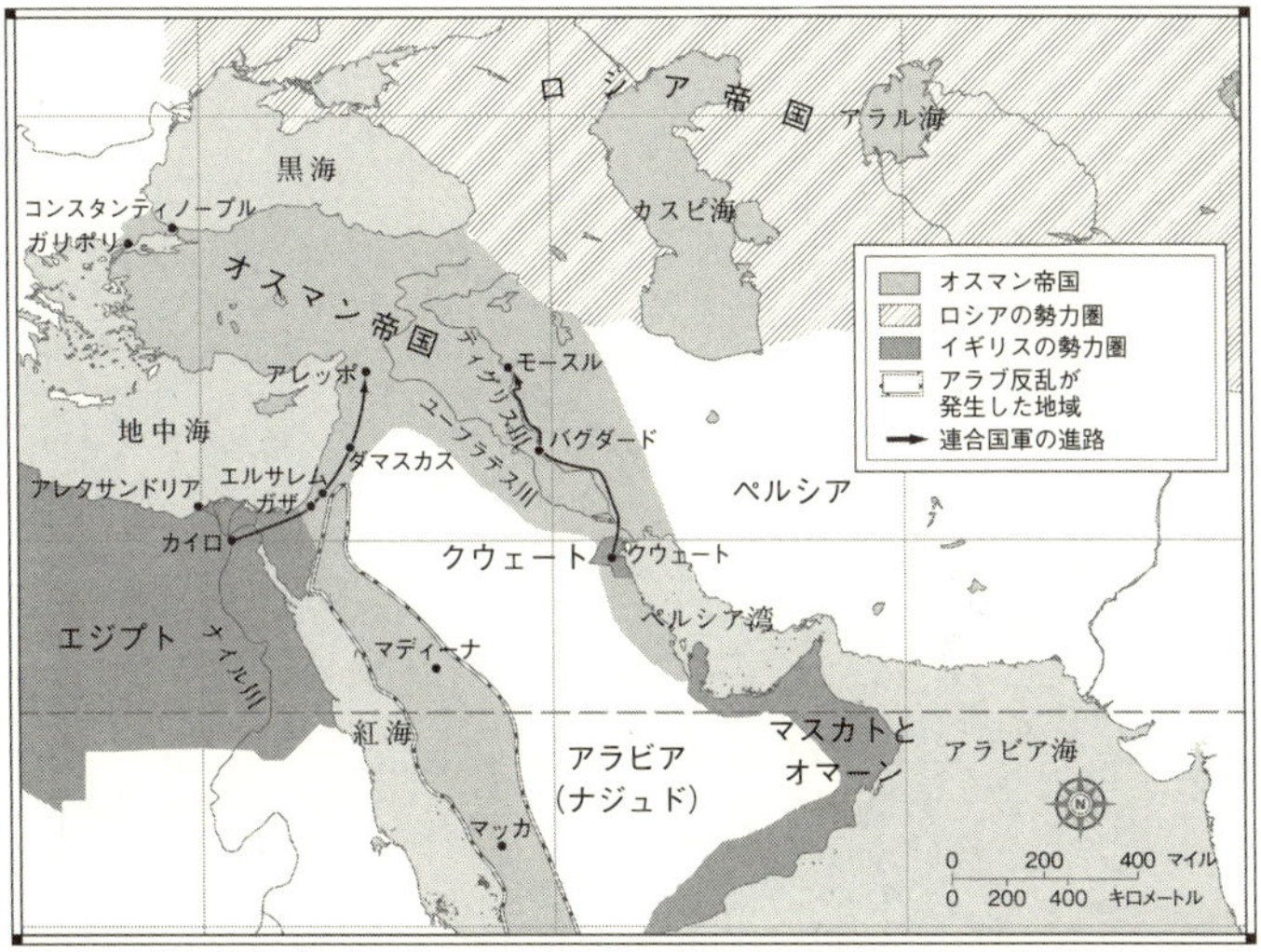

図18　第一次世界大戦とアラブ反乱

取引をもちかけ、あの手この手で彼の野心を煽り、オスマン帝国を攻撃するための資金と武器を提供した。イブン・サウード〔次章で述べるアブドゥルアズィーズ・イブン・サウード〕は用心深く対応したが、彼がこの交渉によって、トルコ人にいささかなりとダメージを与えたら戦後にその報酬を得られるだろう、と思いこんだのも無理はなかった。

ハーシム家の家長フサイン・イブン・アリー〔一八五三～一九三一。ヒジャーズ王。在位一九一六～二四〕は、イスラームの最も聖なるカアバ神殿の管理者だった。彼はシャリーフと呼ばれていたが、この尊称は預言者ムハンマドが属していたハーシム家《バヌー・ハーシム》の子孫であることを意味していた。八世紀にアッバース朝を樹立した革命の担い手たちがハーシム派と名乗っていたことを思いだしてほしい。この名前は古来尊崇されてきた血統を表わしていたが、今ではこの名を名乗る一族がふたたびマッカを支配していたのだ〔青年トルコ人革命後、シャリーフとしてマッカ総督となった〕。

だが、マッカを支配するだけでは、シャリーフ・フサインは満足できなかった。彼はメソポタミアからアラビア海まで広がるアラブ王国の建設を夢見ており、支援を求めてイギリスに接触した。イギリスはこれ幸いと、イギリスは支援する能力も意志もある、とシャリーフ・フサインに思わせた。そして、一人の大胆不敵な陸軍情報将校をフサインのもとに派遣した。この将校はトーマス・エドワード・ロレンス〔一八八八〜一九三五〕という考古学者出身の大佐で、アラビア語を話し、ベドウィンの伝統的な衣服を好んで身につけた。こうした習慣から、彼はやがて「アラビアのロレンス」と呼ばれるようになった。

今から振り返ってみると、イギリスがいかにこの地を撹乱したかがよくわかる。ハーシム家とサウード家はアラビア半島最強の二大部族だった。両家はいずれもオスマン帝国のアラブ支配を打破したいと望んでいたが、互いに相手を不倶戴天のライバルとみなしていた。イギリス当局は両陣営に次々と工作員を送っては、それぞれの家長にさまざまな約束をして、オスマン帝国と戦いさえすればイギリスは自分が王国を築くのを助けてくれる、と信じこむように仕向けた。ところが、イギリスが二人に約束した将来の領土は、ほとんど同じ土地だったのだ。実際のところ、二人のうちのどちらがこの地域を支配しようと、イギリスは気にもかけていなかった。彼らはただ、ドイツに打ち勝つ前段階として、オスマン帝国の勢力を殺ぐのに必要な当面の支援だけを求めていたのだ。

結局、ハーシム家がイギリスを支援することになり、彼らはアラブ独立熱を煽って「アラブ反

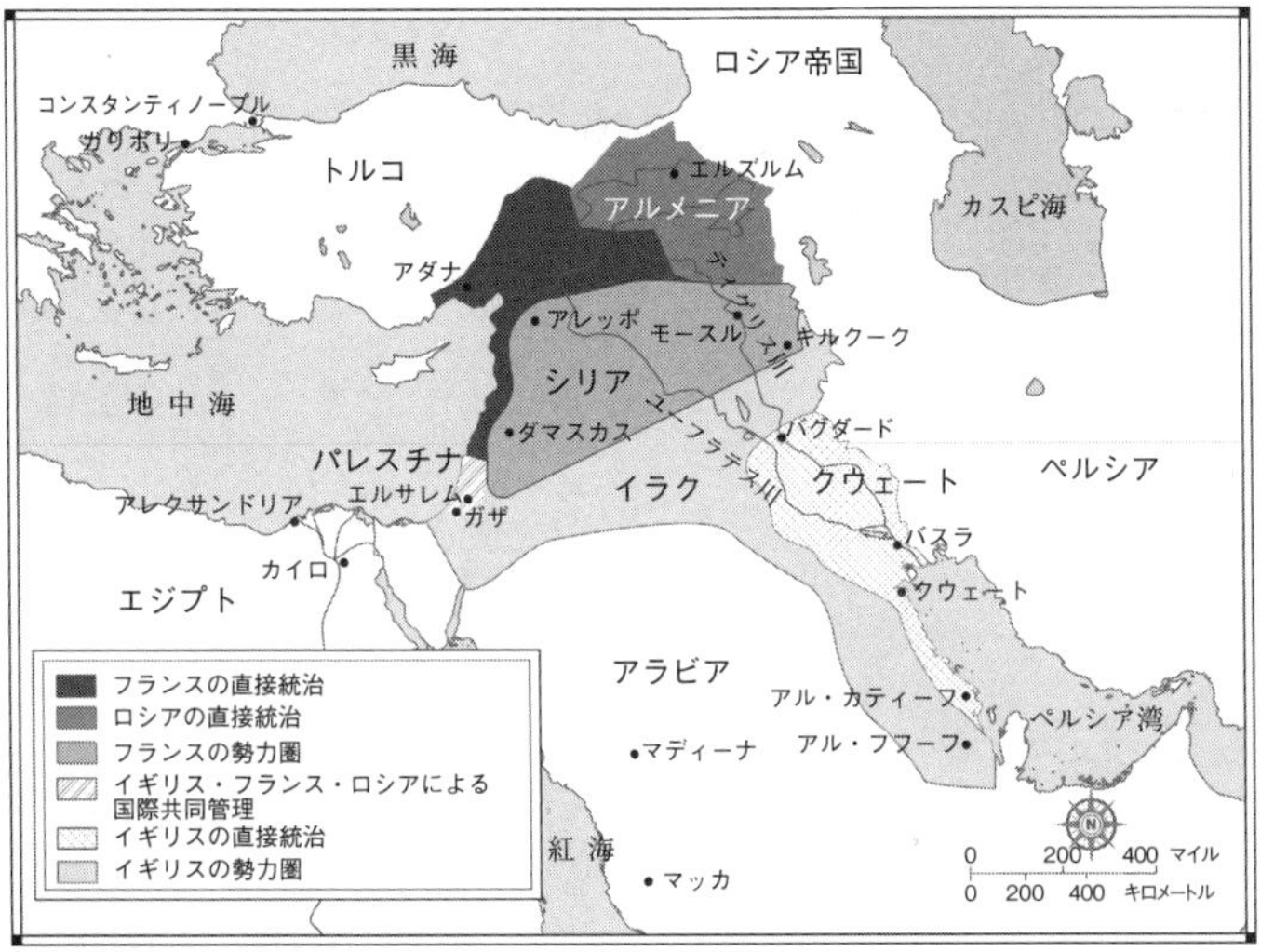

図19　サイクス・ピコ協定の構想

乱」と称されるゲリラ闘争を指導した。ロレンスの協力のもとに、フサインの二人の息子がアラブ地域からトルコ人を駆逐し、イギリスがダマスカスとバグダードを奪取する道を整えた。かくして、イギリスは背後からオスマン帝国に圧力をかけられるようになったのだ。

しかしながら、イギリスの工作員がサウード家とハーシム家にさまざまな約束をしていたまさにその時に〔イギリスは一九一五年のフサイン＝マクマホン書簡によって、戦後における独立アラブ王国の樹立を事実上承認していた〕、イギリスのマーク・サイクス〔一八七九～一九一九〕とフランスのフランソワ・ジョルジュ－ピコ〔一八七〇～一九五一〕という二人の外交官が、地図と鉛筆を手にひそかに会合していた。彼らは文明人よろしく紅茶を飲みながら、戦後にヨーロッパの戦勝国のあいだでオスマン帝国領土をどのように分割するかを協議していたのだ。その結果、サイクスが代表するイギリスとピコが代表するフランスの将来の勢力範囲と、ロシアの利益に供する部分について合意に達した。奇妙なことに、アラブ人が獲得する部分については何ら言及されていなかった〔一九一六年五月、英・仏・露はサイクス・ピコ協定と呼ばれる秘密協定を締結し、オスマン帝国領土の一部を三国で分割し、それぞれの勢力範囲と、パレスチナの統治形態は三国およびマッカのシャリーフ間の将来の協議に委ねることを定めた。一九一七年、革命後のボリシェヴィキ政府がこれを暴露し、アラブの独立を約したフサイン＝マクマホン書簡などとの矛盾が明らかになった〕。

これらの材料だけでも、将来に禍根を残すに充分だった。ところが、深夜テレビのコマーシャルではないが、まだ終わりではなかった！　アラブ民族主義がパレスチナと、エジプトも含めた周辺のアラブ人居住地域で活気づきはじめたのだ。この動きは王朝樹立を目論むハーシム家とサウード家の野心とはまったく関係がなかった。この新たなナショナリズムを信奉していたのは、知的職業人や政府職員や都市の新興ブルジョアなど、立憲主義と産業主義も奉ずる世俗的な近代主義者だった。パレスチナとシリアでは、これらアラブ民族主義者はオスマン帝国とヨーロッパ列強からの独立だけでなく、ハーシム家とサウード家からの独立も要求していた。

さらにもう一つ、トラブルの材料があった。それは、ヨーロッパのユダヤ人のパレスチナ移住が加速していたことで、これが最も手に負えない問題になりそうだった。ヨーロッパ大陸が戦争に向かうにつれて、シオニズムの発展を促した反ユダヤ主義は激しくなるばかりで、ヨーロッパ全域のユダヤ人はそれまで以上に生存の危機にさらされるようになっていた。その結果、パレスチナのユダヤ人人口は一八八三年の四パーセントから、第一次世界大戦勃発時には八パーセント、戦争終結時には一三パーセント近くまで膨れ上がった。

一九一七年、当時のイギリス外相アーサー・ジェームズ・バルフォア〔一八四八〜一九三〇〕が、イギリスの銀行家で英国シオニスト連盟会長のライオネル・ロスチャイルド卿〔一八六八～一九三七〕に書簡を送った。ロスチャイルドはユダヤ教徒の重鎮で、私財を惜しみなく投じてユダヤ人のレヴァント地方への移住を支援していた。バルフォアはロスチャイルドに宛てた書簡の形で、イギリス政府は「パレスチナにユダヤ人の民族的郷土《ナショナル・ホーム》が設立されることに賛成し、この目標の達成を容易にすべく最善の努力を払う」と宣言したのだ。

バルフォアはこの書簡に「パレスチナに居住する非ユダヤ人共同体の市民的・宗教的諸権利を侵害するようないかなる行為もけっしてなされない」との但し書を記していた。しかしながら、ユダヤ人とアラブ人の民族主義を同じ土地に共存させる方法をイギリスはいかに構想しているのか、バルフォアは一言も述べていなかった。

以上を要約すると——これは要約するだけの価値がある——イギリスは事実上ハーシム家、サウード家、ヨーロッパのシオニストに同じ領土を与えると約束した、ということだ。しかも、その土地にはハーシム家やサウード家以外のアラブ人たちも現実に住んでおり、彼らは民族主義の高まりの中で、アラブ国家建設への欲求を急激に募らせていた。ところが、その一方で、イギリスとフランスは前述したグループに与えると約束した領土すべてを両者間で分割支配することに、秘密裏に合意していたのだ。その後多年にわたって、誰が何に合意したのか、何が誰に約束されたのかについて、さまざまな屁理屈や、修飾語や、否認の言葉が弄された。それでもやはり、誰が何に合意したのか、何が誰に約束されたのかがこの問題の要点であり、これは将来事態が激しく紛糾することを保証するものだった。

だが、将来の事態のよいところは、将来にならなければ生じないということだ。現在は激しい戦争の最中であり、英仏が急ごしらえで取り決めた短期的な措置はみごとに功を奏した。統一進歩団は小アジア以外のオスマン帝国領土をすべて失った。彼らはパレスチナ、大シリア〔現在のシリア、レバノン、ヨルダン、イスラエル（パレスチナ）の領域にほぼ相当する地域。歴史的シリア〕、メソポタミアをイギリスに引き渡した。そして、彼らの同盟国にとっても、ヨーロッパの戦況は悪化していた。一九一八年一一月にドイツは連合国に無条件降伏した〔トルコは一〇月三〇日に降伏〕。統一進歩団の三人のパシャ、すなわちタラートとエンヴェルとジェマルは窮地に陥ったことを悟り、逮捕状が執行される寸前にイスタンブルから逃走した。タラートはベルリンに逃れたが、一九二一年に同地でアルメニア人に暗殺された。ジェマルはグルジアに逃れたが、一九二二年に同地でやはりアルメニア人に暗殺された。エンヴェルは中央アジアまで逃れてボリシェヴィキに対する反乱を扇動したが、アルメニア人ボリシェヴィキが指揮する赤軍分遣隊によって一九二二年に殺害された。

　こうして統一進歩団は命脈を絶たれた。たしかに彼らが樹立したのは悪しき政府だったが、統一進歩団の消滅によって、「オスマン帝国」の残骸はいかなる政府ももたずに取り残されたのだ。

第一五章　世俗的近代主義の隆盛

ヒジュラ暦一三三六〜一三五七年
西暦一九一八〜一九三九年

世俗国家トルコの誕生とアタテュルクの改革

一九一九年の小アジアは、フランス軍とイタリア軍の兵士でごった返していた。〔旧ビザンツ帝国領域を最大目標とする〕大ギリシアの実現を夢見るギリシア民族主義者に率いられたギリシア軍も、オスマン帝国の中核地域であるイオニア目指して進軍していた。帝都イスタンブルはすでにイギリス軍の占領下にあった。民族的独立を脅かされたトルコ人は、アナトリア各地で激しいレジスタンス運動を開始した。彼らはやがて、鷹のような面立ちの炯眼《けいがん》射るがごとき将軍のもとに結集した。この将軍こそムスタファ・ケマル〔一八八一〜一九三八。トルコ共和国初代大統領。在職一九二三〜没年〕、のちにアタテュルク——「父なるトルコ人」——と称されることになる人物だった。彼は祖国解放運動を組織して、外国の軍勢をすべて駆逐した。そして一九二三年、トルコ共和国の誕生を高らかに宣言したのだ。

新生トルコ共和国はオスマン帝国の再現であってはならなかった。アタテュルクはオスマン朝に連なる過去も、帝国という政体も否定した。彼が小アジアを支配下におさめるだけでよしとしたのは、国家として意味をなすような一つにまとまった領土を求めていたからにほかならない。これからのトルコは、明確にして不変の国境によって画された国となる。そして、その領土に住む国民の多数派はトルコ民族で、国家の公用語はトルコ語であらねばならない。この新生国家では、イスラームは公的な分野でいかなる役割も与えられず、私的な領域でのみ存続を許される。その信者が同胞に迷惑をかけさえしなければ、イスラームは数ある宗教の一つとして栄えつづけることもできるだろう。

　かくして、トルコはムスリムが多数派を占める国の中で、みずからを世俗国家と規定し、政教分離を国是とした最初の国となった。けれども、イスラームを公的領域から排除したために、アタテュルクには彼の国を統合する何かほかの原理が必要だった。そこで、彼は民族主義〔トルコ国民国家〕、世俗主義〔政教分離〕、改革主義〔社会改革〕、国家主義〔国家主導経済〕、人民主義〔人民主権〕、共和主義〔共和制〕の六つの主義を神聖視するイデオロギーを念入りにつくり上げた。トルコ人は今でもこの信条をケマリズムと呼んでいるが、通常は最初の四つの主義を重視したさまざまなヴァージョンが、第一次世界大戦後のイスラーム世界全域に広まり、あるいは独自に発展した。

　アタテュルクが提唱する民族主義は、統一進歩団の強権的な軍国主義と混同されてはならなかった。両者のルーツはともに青年トルコ人にあったが、そもそも「青年トルコ人の運動」とは、リベラルな立憲主義から全体主義までの全領域にまたがる非常に広範な運動だった。そして、アタテュルクが掲げた民族主義は、リベラルな側から発展した柔軟な文化的民族主義だったのだ。

　文化的民族主義の立場から、アタテュルクはトルコ語〔トルコ共和国語〕を唯一の公用語と定め、オスマン帝国で話されていたほかの言語はすべて廃止した。従来使われていた多種多様なトルコ語の方言や、発音が転訛《てんか》したり綴りが変異した語は、ただ一つの標準語に取って代わられた。それは、かつて宮廷で使われていた文語調のトルコ語〔オスマン語〕ではなく、大衆が話す市井のトルコ語を純粋な形にしたものだった。熱烈な民族主義者の中には、いつのまにかトルコ語に侵入した外来語をすべて禁ずるよう求める者たちもいた〔トルコ語の語彙のきわめて多くの部分を、アラビア語やペルシア語などの外来語が占めていた〕。だが、アタテュルクは以下のように単純明快な説明をして、かかる煽動的な意見を退けた。いわく、トルコ語はあらゆる言語の母であるがゆえに、ほかの言語からの借用語も、もとを正せばトルコ語の言葉だったのが祖国に帰ってきたに過ぎないのだ、と。しかしながら、それまで久しくトルコ語を書くのに用いてきたアラビア文字は、〔一九二八年の文字改革によって〕ラテン文字（ローマ字正書法）に切り替えられた。

根っからの近代主義者だったアタテュルクは、国王ともスルタンとも名乗らなかった。彼は成文憲法を新たに制定し、議会を設置し、共和制を敷いてみずから共和国大統領となった。彼が築いた議会制民主主義は今日まで存続している。だが、あからさまにいえば、アタテュルクの存命中は選挙で彼に勝てる指導者はいなかっただろう——なにしろ、彼は「父なるトルコ人」だったのだ！　自分の父親を政権から追い落とそうとする者など、いるわけがないじゃないか！　アタテュルクはけっして武力を振りまわす独裁者ではなかったし、彼の指揮下の統治機構も軍事政権《ジャンタ》の類いではなかった（彼は法の支配を確立し、それを忠実に守った）。とはいえ、彼は叩き上げの軍人であり、何より規律を重視した。それゆえ、彼は軍人特有の率直さと厳格な決意をもって、おのれが構想する国家の建設へとトルコ国民を導いたのだ。

さて、アタテュルクの構想とはいかなるものだったのだろうか？　それは、トルコにおけるウラマーの権威を粉砕し、イスラームを社会生活の調停者の座から引きずり下ろし、世俗的な手法で社会を管理・運営する公的な制度を確立することだった。西洋の文脈では、かかる方針を掲げる者は「穏健派」に位置づけられるだろう。ところがイスラームの文脈では、アタテュルクは並はずれて過激な急進派とみなされたのだ。

彼が最優先事項としたのは、女性に公的領域を開放することだった。この目的を実現するために、彼は女性に投票権を与え、公職に就く権利や財産を所有する権利を認める新たな法律を次々と公布した。さらに一夫多妻制を禁止し、〔新郎が新婦に支払う〕婚資制度に反対し、結婚にまつわる伝統的な慣習に難色を示し、クルアーンでもハディースでもなくスイスの民法典に基づく離婚制度の制定を後押しした。

彼はまた、国が新たに定めた服装規定の一環として、ヴェールやスカーフの着用を禁止した。この規定は女性のみならず男性にも適用され、たとえばフェスと呼ばれたトルコ帽〔赤いフェルト製の円筒状の帽子。オスマン帝国陸軍の制帽から一般化した〕の着用も禁止された。ターバンも顎鬚《あごひげ》も激しく非難されたが、山高帽や野球帽やベレー帽はよしとされた。アタテュルク自身はスーツとネクタイを身につけ、同胞のトルコ人に彼を見習うよう強く促した。

国家の祝典における公式行事として舞踏会が催されると、宗教指導者たちは衝撃を受けた。だが、彼らにはどうすることもできなかった。アタテュルクは本気で改革に取り組んでおり、それをやり遂げるだけの権力と威信を有していた。公の場でのクルアーンの朗誦はアラビア語ではなくトルコ語で行なう――敬虔な信徒にとってこれは瀆神《とくしん》以外のなにものでもなかった――とする法案をアタテュルクが提出したとき、議会は満場一致で彼を支持した。労働者の休日を金曜日から日曜日に――日曜日に！――変える法案を提出したときも、議会はこぞってアタテュルクを支持した。アタテュルク政権はさらに宗教学校を閉鎖し、スーフィー教団の集会場や修道場を閉鎖したばかりか、イスラームに根差した歴史ある慈善制度のワクフを廃止して、その代わりに国が施行する社会福祉制度を導入した。とりわけ一九二四年にアタテュルクが発したまことに衝撃的な宣言は、彼流の世俗的近代主義革命の真骨頂を示すものだった。そう、彼はカリフ制の廃止を宣言したのだ。

もちろん、この宣言は青天の霹靂《へきれき》とはいえなかった。理論は別にして実際上は、カリフ制はすでに何世紀も前から形骸化していたからだ。とはいえ、イスタンブルからインダス川まで広がる世界では、カリフ制は人々の心の中で――いわば西洋世界の人々にとっての古代ローマのように――特別な位置を占めており、普遍的な共同体といういまだ廃れぬ夢を体現していたのだ。西洋では、ローマの亡霊は第一次世界大戦が終結するまで生きながらえていた。それは、本質的に「神聖ローマ帝国」の最終形態だったオーストリア゠ハンガリー二重帝国や、ドイツとロシアの最後の皇帝が名乗っていた称号――カイザーもツァーリもカエサルが転訛したもの――に見ることができる。ローマ帝国が滅亡してから長大な時間が流れていたにもかかわらず、普遍的な国家というローマ人の理想はこの大戦が終わるまで完全に消え失せてはいなかったのだ。カリフ制もこれと同様だった。アタテュルクがカリフ制を廃止したとき、彼は一つの理想を捨て去ろうとしていたのであり、それがイスラーム世界を震撼させたのだ〔すでに一九二二年にスルタン・カリフ制をスルタン制とカリフ制に分離して、前者を廃止していた〕。

世俗的近代主義の波及——イラン・アフガニスタン

あるいは、それは少なくとも伝統主義者たちを震撼させた。だが、彼らが何を思おうと、誰が気にかけてくれただろうか？　彼らはもはや、いかなる権力ももっていなかったのだ。現実に目をやれば、アタテュルクはその後半世紀にわたってムスリムの指導者の模範となった。イランもまた、イラン独自の指導者の模範を生みだした。第一次世界大戦が終わると、カージャール朝の最後の王《シャー》は「ゲリラ革命」、すなわちサイイド・ジャマルッディーン・アフガーニーの信奉者が引き起こした暴動に直面した〔イラン北部で地方革命政権が生まれた〕。王の軍隊はスウェーデン人将校らが率いる部隊と、ロシア人の傭兵部隊で編制されていた(1)。だが、王の統治を真に脅かしているのはゲリラではなく、彼を支える外国人たちであることに、王は気づいていなかった。ボリシェヴィキがゲリラ勢力に合流しはじめると、イギリスは脅威を感じた。ロシアではレーニン〔一八七〇～一九二四〕が政権を掌握したばかりで、イギリスはこうした事態がイランに波及するのを警戒した。現在の王の器量ではボリシェヴィキを鎮圧できないと判断したイギリスは、あるイラン人将校がカージャール朝を打倒するよう舵《かじ》を取った。

このレザー・ハーン〔一八七八～一九四四〕という陸軍大佐はアタテュルク・タイプの世俗的近代主義者だったが、彼と違って（この類いの指導者の大多数と同様に）民主主義の価値を認めていなかった。

一九二五年、レザー・ハーンはみずからパフラヴィー朝〔一九二五〜七九〕を創設し、その初代国王レザー・シャー・パフラヴィー〔在位一九二五〜四一〕となった。レザー・シャーは玉座から、アタテュルクが行なったのと同様の内政改革を断行し、とりわけ服装規定を厳密に適用した。スカーフ、ヴェール、ターバン、顎鬚――一般庶民はこれらすべてを禁じられた。この新生イランでは、登録した聖職者だけはターバンの着用を認められたが、そのためには聖職者であることを示す証明書をもっていなければならなかった（そして、イスラームには聖職者であることを「証明する」公的機関など絶えて存在しなかったのだから、彼らがこんな面倒な条件を満たせるはずがなかった）。それにもかかわらず、証明書を携帯せずにターバンを被っているところを見つかれば、公開の場で鞭《むち》打たれ、投獄される恐れがあったのだ。

アフガニスタンでもまったく同様の事態が進行していた。この国では一九一九年に国王が暗殺され、その息子アマーノッラーが王位を継承した。エルキュール・ポワロもどきの口髭《くちひげ》を生やしたこの丸顔の若者は、青年トルコ人の熱烈な信奉者で、性急に上からの改革を進めた。アマーノッラーは〔国民の自由と平等を保障する〕リベラルな憲法を発布し、女性の解放を宣言し、ふんだんに資金を投じて世俗的な初等学校制度を設立した。そして、もちろん、お決まりの服装規定も定めたのだ。ヴェールも、顎鬚も、ターバン等々も禁止する、と。

私がこうした服装規定に関して興味深く思うのは、急進的なイスラーム主義者が半世紀以上のちにイランとアフガニスタンで権力を奪取したときに、同様の政策を推進したということだ。ただし、規定の内容は正反対だった。突如として、女性たちはスカーフを被ることを強制され、顎鬚を生やしていない男性は人前に出ると鞭で打たれるようになった。とはいえ、服装や髭の有無を理由に鞭打ったり投獄したりするという原則は——どちらの陣営も採用したのだ。

イスタンブルからヒンドゥークシュ山脈にまたがる地域に君臨していた三人の統治者は、国家権力をもって世俗的な近代化政策を推進した。ダール・アル・イスラームのそのほかの地域はいまだに帝国主義列強の支配下にあったが、これらの地域でもやはり世俗的近代主義者に率いられた独立運動が活発になった。たとえば、インドで傑出したムスリムの指導者として頭角を現わしたのは、ムハンマド・アリー・ジンナー〔一八七六～一九四八〕というイギリスで教育を受けた物腰の柔らかい弁護士だった。

要するに、一九二〇年代には世俗的近代主義がイスラーム世界全域で隆盛を極めていたのだ。諸々のムスリム社会は次々とこの新しい政治信条の影響下に組みこまれた。かかる言葉では表現しきれないと承知しつつ、私があえて世俗的近代主義と称するのは、世俗的・近代主義的・民族主義的・国家主義的・開発至上主義と呼ぶのはあまりに不便なうえに、たとえこう呼んだとしても、こうした動向を完璧に表現するのは不可能だからだ。それゆえ、こう言うにとどめておこう。すなわち、これは広範に及ぶ感情的・理性的なものの見方が合流した大きな川のようなものであり、この川はアリーガルのサイイド・アフマド、イランのアミーレ・キャビール、イスタンブルの青年トルコ人といった人々や、過去一世紀のあいだにミドルワールドに出現した中流階級出身の無数の知識人、教育を受けた労働者、専門的職業人、著述家、活動家などが熱をこめて説いた諸々の思想を呑みこんでいたのだ、と。突然、ムスリム社会はおのれがどこに向かっているかを悟った——西洋社会と同じ方向だ。もちろん、彼らは遅れをとっていたので、必死で追いつかねばならなかった。だからこそ、ひたすら急ぐこと、民主主義のようなニュアンスと機微に富んだものは押しつぶすこと、ともかく突貫計画を進めることが要求されたのだ——この突貫計画の中核をなすのが「開発」だった。

アフガニスタンとイランでは国家が国民を締めつけたが、それはひとえに「進歩的な」政策を推進するためだった。いずれの国王も道路や、ダムや、発電所や、工場や、病院や、事務所用のビルの建設に着手した。彼らはさらに航空会社を設立し、国家が運営する（とともに検閲も行なう）新聞を創刊し、国営のラジオ放送局を設置した。いずれの国も引きつづき世俗的な公立学校のネットワークを築いた。イランにはすでに国立大学が一校あったが、アフガニスタンも国立大学を創立した。いずれの政府も、女性を解放し、公的領域に引き入れるための政策を公布した。両国の政府はともに自国をもっと「西洋的」にしようと熱心に努めたが、国を西洋化することと臣民の自由を拡大することのあいだにいかなる関連も認めなかった。彼らが臣民に約束したのは自由ではなく、繁栄と自尊心だったのだ。

この時点で世界史の物語としてのイスラームは終わったという見方は、いかにも筋が通っているように思えるだろう。これは謬見《びゅうけん》だが、もっともらしく思えるのだ。激しく押し寄せる西洋の潮流はムスリム社会を混乱させ、人々の心にこのうえなく深い苦悩と痛烈な疑念を生じさせていた。西洋の潮流に合わせてムスリム社会を再編することによってかかる精神的混乱を鎮めよう、と世俗的近代主義者は提唱した。だが、勘違いしないでほしい。これらの指導者の大多数は、今でもムスリムをもって任じていた。ただし、彼らの「ムスリム」観には新たな理念が盛りこまれていた。彼らのほとんどは依然として、特定のムスリム集団に対する特定の西洋勢力の支配を打破しようと奮闘していた。だが、それは急進的な反植民地主義者としての行動であって、神から与えられた使命に基づき、単一の大きな共同体たるイスラームを普遍化すべく挺身するムスリムとしての行動ではなかった。これらのエリートは、西洋人に彼ら自身の規範と理想を守らせることをつうじて、優位に立とうと模索していた。彼らはそうすることによって、西洋の前提条件の枠組みが有効であることを暗黙のうちに示していたのだ。

世俗的近代主義者に大衆の支持がないわけではなかった。ミドルワールド全域で伝統的な宗教としてのイスラームは打ちのめされ、屈服を余儀なくされて、いまや鳴りをひそめていた。教育を受けた人々は、保守的な学者や宗教指導者を不合理な存在とみなすようになった。聖典を文字どおりに解釈し、奇跡を商い、正統的な「信仰者」を自任するウラマー——何世紀にもわたってダール・アル・イスラームを支配してきた彼らは、いったい何を創造しただろうか？　西洋列強に立ち向かうどころか、自動車一台つくれず、飛行機も発明できない惨めな社会ではないか。ウラマーの無能さは彼らのものの見方に対する疑念を生じさせ、大衆のかなりの部分はほかの誰かに出番を与える心構えができていた。世俗的近代主義者の前途は洋々だった。

あるいは、そのように思われた。

ワッハーブ主義の復活——インドのデーオバンド派

しかしながら、世俗的近代主義は十九世紀のイスラーム世界で生まれた唯一の改革運動ではなかった。このほかの改革運動はどうなったのだろうか？　たとえば、ワッハーブ派や、アフガーニーの弟子たちはどうしていたのだろうか？　彼らの運動を正統的イスラームや、旧弊な宗教的保守主義と混同してはならない。これらもまた、世俗的近代主義と同様に新しいタイプの運動であり、現状の打破を意図していたのだ。

ワッハーブ派でさえ——はるかな過去の、すでに神話と化した時代への回帰を訴えることによって——膠着した現状（と、それにいたった一二世紀間）を否定していた。ワッハーブ派は今でもアラビア半島で息づいていた。のみならず、彼らはサウディアラビアを建国して、国家権力を握ったのだ。だが、これについてはのちに述べよう。アラビア半島の外では、ワッハーブ派は教育を受けたエリート層や新興の中流階級のあいだに勢力を伸ばせなかった。だが、彼らは農村部のモスクに赴き、無学で困窮した村人たちに説教した。これらの聴衆のあいだでは、とくにインドでは、彼らのメッセージは共感を呼んだ。ワッハーブ派が過去の栄光を語り、それを復活させるには原初の共同体の生活様式に戻るしかないと説くと、何もかも奪われた貧しい人々は彼らが誰を非難しているのか、容易に理解できた。社会のエリート連中はムスリムの生活様式から逸脱するばかりで、しかもそれを誇っているのだ！　彼らこそ、ムスリムが弱体化した元凶として非難さるべきだ。それどころか、ワッハーブ派の話が本当なら、農民が貧窮したのは都会の金持ちのせいではないか。

一八六七年にインドのワッハーブ派の改革派ウラマーが、北インドの地方都市デーオバンドに

〔マドラサをベースとした教育を体系的に立てなおす目的で〕宗教学院を創立していた。その後五〇年以上にわたって、この学院の卒業生はインド亜大陸全域で伝道活動を展開し、インド流のワッハーブ主義を説きつづけていた。そして一九二〇年代後半、デーオバンド派の説教師がアフガニスタンにワッハーブ主義の小さな灯をともしたのだ。

アフガニスタンの王位に就いたアマーノッラーは、イギリスからの完全独立を宣言し、軍隊をインド国境に派遣して国民を感嘆させた。この第三次イギリス・アフガニスタン戦争〔第三次アフガン戦争。一九一九年〕は戦闘では決着がつかなかったものの、アマーノッラーはイギリスとの交渉で独立を勝ち取った〔ラーワルピンディー条約〕。かくして、彼はヨーロッパ主要国との直接対決に勝利した最初にして唯一のムスリム君主となった。インドのワッハーブ派は狂喜してアマーノッラーを新たなカリフと称えたが、彼はかような称号を受け入れる人間ではなかった。現実には、彼は前述したアタテュルク路線の改革に着手して、デーオバンド派を「裏切った」のだ。インドのワッハーブ派はこの背教者を打倒することを心に誓った。

そして、彼らはそれを実行した。だが、彼らは独力で実行したのではなく、イギリスの支援を受けていた。これは奇妙ななりゆきに思えるだろう。なにしろ、アマーノッラーはデーオバンド派とは比較にならないほど、文化的な面ではイギリスの価値観に与していたのだ。ヨーロッパ人の理想はアマーノッラーの理想だった。けれども、おそらくイギリスはだからこそ、彼を脅威とみなしたのだろう。レーニンの所業を目の当たりにしたイギリス人は、反帝国主義を掲げる急進主義者というものを熟知していた。それに対して、イギリス人はデーオバンド派については何も知らなかった。ターバンを巻き、顎鬚を伸ばした説教師の姿は、彼らの目にはさぞかし珍奇な原始人のように映ったことだろう。これは利用できると踏んだイギリスは、反アマーノッラー・キャンペーンを展開するデーオバンド派に資金と火器を提供した。地元の急進的な宗教指導者の支援も受けたデーオバンド派は、ついにアフガニスタンを火の海にした。一九二九年、彼らはアマーノッラーを悲劇的な亡命へと追いやることに成功した〔イギリスが提供した飛行機でインドに脱出したあと、イタリアへ亡命し、チューリッヒで没した〕。

この騒動のあいだに、文字どおり原始的な山賊の頭領がアフガニスタンの首都を占領した。「水運び人の倅《せがれ》」という派手なあだ名で呼ばれたこの男〔ハビーブッラー・ガジーまたはハビーブッラー二世。一九二九没。在位一九二九〕は、九ヵ月間にわたって暴政を行なった。人々に「純粋な」イスラームの掟を強制しただけでなく、アマーノッラーの改革をすべて廃止し、首都を破壊し、国庫を枯渇させたのだ。二十世紀末のアフガニスタンにおけるターリバーンの所業を知っている者なら、水運び人の倅の暴政は恐ろしいほど真に迫った予告編のように思えるだろう。この男が処刑された頃には、アフガニスタンの人々は混乱にはほとほとうんざりしていたので、実力者の出現を待望するようになっていた。イギリスはバーラクザイ朝の王族でイギリスに従順な人物が王位に就くのを後押しして、人々の願いをかなえた。このナーディル・シャー〔在位一九二九〜三三〕という王は、冷酷な独裁者だった。

新たな国王もやはり世俗的近代主義者だったが、すでに骨抜きにされていた。彼はアフガニスタンをふたたびアタテュルク路線に導いたが、イギリスの顔色をうかがいながら、ゆっくりと慎重に改革を進めた。その一方で地元のデーオバンド派を懐柔するために、アフガニスタンの社会と文化を弾圧した。

イスラーム主義の潮流――ムスリム同胞団

ワッハーブ主義についてはこれくらいにしておこう。さて、アフガーニーが体現していた改革主義の潮流はどうなったのだろうか？　廃れてしまったのだろうか？　いや、しっかり生き延びていた。アフガーニーの業績の知的な面は、一番弟子のムハンマド・アブドゥが発展させた。彼はエジプト最高の威信と一〇〇〇年の歴史を誇るアズハル大学で教鞭をとり、さまざまな要素が入り混じった師の思想を整理して、首尾一貫したイスラーム近代主義の理論にまとめ上げた。アブドゥの弟子で友人でもあったラシード・リダーは、イスラームの諸原理に基づいて近代国家を運営する実際的な方法を探究した。

ついで、ハサン・アル・バンナーが登場した。彼はたぶん、アフガーニーの知的系統に連なる子孫の中で、最も重要な人物といえるだろう。このエジプト人の教師は哲学者というより活動家だった。一九二八年に彼はムスリム同胞団と称するクラブを創設したが、これは当初はボーイ・スカウトのムスリム版のような組織だった。ムスリム同胞団の結成はイスラーム主義〔イスラームの理念を掲げ、最終的にはシャリーアによって秩序づけられた国家（ウンマ）を建設しようとする政治（時として社会、文化）運動、およびそのイデオロギー。とりわけ、近代以降に生まれたものを指す〕にとって画期的な出来事だったが、当時はほとんどそれと気づかれていなかった。

スエズ運河地帯の学校で教師をしていたバンナーは、西洋が東洋を蹂躙していることを日々実感していた。ヨーロッパ諸国と東方の植民地間の貿易は、事実上すべてがスエズ運河を経由して行なわれていた。貨物船はいずれも法外な通航料を支払わねばならず、この近代的な運河はエジプトで最も好景気に沸いていた。英仏の大株主が所有するスエズ運河会社が経営に当たり、運河がもたらす豊かな収入の九三パーセントを手中にしていた。こういう事情で運河地帯には多数の外国人技術者が居住しており、運河沿いの一帯は二つの世界が交差していることを歴然と示していた。一方の世界では、店舗やレストラン、カフェやダンスホール、バーまで完備したインフラストラクチャーが、ヨーロッパ人コミュニティーにさまざまなサービスを提供していた。他方の世界のそれは市場や茶店など、下層社会のエジプト人が出入りする諸々の施設で成り立っていた。二つの世界は混在していたものの、まったく別個の存在だった。

ハサン・バンナーは、同胞のエジプト人がなんとかヨーロッパの言語とマナーを習得しようと悪戦苦闘するのを目の当たりにした。彼らは西洋流の洗練されたマナーを身につけて西洋世界に参入しようと――最下層の労働者として受け入れられるのが関の山だったにもかかわらず――卑屈な努力を続けていた。羨望と追従にまみれたエジプト人の姿は、バンナーの自尊心を傷つけた。彼がムスリム同胞団を結成したのは、ムスリムの少年たちが健全に交わり、自分たちの文化を学び、自尊心を培うのを手助けするためだった。少年たちは放課後になると同胞団のセンターでスポーツに興じ、それと同時にバンナーや講師陣からイスラームとムスリムの歴史の講義を受けた。

そのうちに、少年たちの父や兄たちも立ち寄るようになった。そこで、ムスリム同胞団は大人用の夜間講座を提供しはじめた。これが非常に好評だったので、各地に支部が開設された。一九三〇年代半ばには、ムスリム同胞団は発足時の少年向けクラブから脱皮して、大人の親睦団体のような組織に発展していた。

その後、ムスリム同胞団は徐々に一種の政治結社に変容した。彼らの運動は、世俗的なイスラームと「西洋化した」エジプト人エリートを祖国の主たる敵と明確に位置づけていた。ムスリム同胞団はナショナリズムにも反対した。かかる思想は、シリアやリビアやエジプトのごとく分立した小国が主権を求める衝動に過ぎない、と。彼らは単一の包括的で超国家的なウンマを復活させ、全ムスリムの統一を体現する新たなカリフ制を築こうとムスリムに呼びかけた。アフガーニーと同様に、西洋化抜きの汎イスラーム的な近代化を説いたのだ。

ムスリム同胞団がはっきりとした形をとりはじめたのは、ちょうどアメリカが大恐慌と格闘していた頃だった。それはまた、ドイツでナチスが着々と実権を掌握し、スターリンがソヴィエト連邦の支配を固めていたときでもあった。エジプトの外では、ムスリム同胞団はほとんど無名の存在だった。それは、この組織が（当初は）秘密結社だったからではなく、エジプトのエリート層のあいだにほとんど支持者がおらず、外国のジャーナリストの興味を惹かなかったからだ。エジプトの新聞でさえ、その活動についてめったに報じず、西洋のメディアはまったく報道しなかった。それも無理はなかった。この運動のメンバーの大半は都市の貧しい労働者であり、エジプトに短期間滞在するだけの外国人には、まるで影のように通りを往き来する人々の群れに気づくべくもなかったのだ。彼らは荷役などの重労働に従事したり、雇われ仕事をしたり、あるいはチップを意味する「バクシーシュ」を乞うたりしていた（これは作家のS・J・ペレルマン〔一九〇四〜七九〕がインドの物乞いを皮肉った「それは暑さではなく貪欲なのだ（It's not the heat, it's the cupidity）」という言葉を思いださせる〔彼は中国、インド、エジプトなどを周遊したときの体験を綴った旅行記の一章のタイトルに、この言葉を掲げている〕）。

西洋化と産業化が進むにつれて、エジプトの都市下層民は増える一方だった。この階層が拡大するのに伴って、ムスリム同胞団は政治運動という自己認識《アイデンティティー》さえ脱して、むしろ伝染性の強い下層民の反乱といった様相を呈するようになった——世俗主義と西洋の影響に対して、エジプトの近代主義エリートに対して、エジプト政府に対して、ナショナリズムを奉ずるムスリム諸国の政府に対して、さらには、それが西洋の価値観を反映しているというかぎりにおいて民主的な組織に対してさえ、猛然と抗議するようになったのだ。

アラブ中核地域の分断——委任統治とアラブ民族主義

やがて一九三〇年代も半ばを過ぎると、イスラーム世界全域の世俗的な政治指導者たちは——すでに国家権力を握っていようと、独立運動の先頭に立っていようと——二つの勢力の板挟みになった。ヨーロッパの帝国主義列強がいまだに彼らを上から押さえつけている一方で、反体制派のイスラーム主義者が下から突き上げていた。指導者はどうすればよかったのだろうか?

この手の圧力にさらされると、政治家というものはえてして、大衆と熱情を共有することによって支持を得ようとするものだ。そして、彼らが通常こうした目的で利用するのは宗教だが、世俗的近代主義者は宗教的な熱情に訴えることはできなかった。なぜなら、彼らはまさに宗教から社会を離反させようとしていたからだ。そこで、彼らは宗教に代わるものとして二つの旗印を掲げた。その一つは「開発」と、それがもたらす物質的な繁栄だった。もう一つはナショナリズムで、彼らはその象徴的存在であると主張した。たとえばイランのパフラヴィー朝は、イスラーム以前のペルシアとの連続性を強調しようと躍起になった。アフガニスタンのナーディル・シャー政権は、この国では一部の住人だけが使っていたにもかかわらず、パシュトー語を国語とすることにあくまで固執した〔一九三六年にアフガニスタンの公用語に指定された〕。ありとあらゆる地域で、民族の栄光が、その文化の壮麗さが、その誇るべき歴史がさかんに喧伝されるようになった。

ナショナリズムを刺激する感情にはこと欠かなかった。当時のミドルワールドには、そうした感情が満ちあふれていた。厄介なのは、新たに生まれた国民国家のほとんどが人工的につくられた国だったことだ。たとえば、アフガニスタンはロシアとイギリスが長い年月をかけて創造した国だった。イランはつい最近まで、国というより異質の地域がゆるやかに結びついた帝国だった。トルコが国民国家となったのは、アタテュルクがそう宣言したからにほかならない。インドについては、なんと言ったらいいのかもわからない。

だが、ナショナリズムという観点から最も問題が大きかったのは、アラブの中核地域だった。以下にその理由を説明しよう。

第一次世界大戦後、戦勝国は世界をつくりなおすためにフランスのパリで会合した。このパリ講和会議の前口上として、第二八代アメリカ大統領ウッドロウ・ウィルソン〔一八五六～一九二四。在職一九一三～二一〕は米国連邦議会で行なった演説の中で、新しい世界秩序に関する「一四ヵ条」の構想を表明した〔民族自決・植民地における原住民の利益の尊重・国際連盟の創設など戦後処理の原則を示したウィルソンの一四ヵ条平和原則は、パリ講和会議での基本原則となった〕。これは植民地支配されていた人々の多くを鼓舞するものだった。アラブの人々がウィルソンの一四ヵ条平和原則の中で最も興奮を覚えたのは、あらゆる民族の自治権が尊重され、承認されなければならないという条項だった。

ウィルソンはまた、国際的な問題を審判するために中立的な立場の「国際連盟」を創設することも提唱していたが、そうした問題の中には旧オスマン帝国領土のアラブ人居住地域の運命も含まれていた。「調停者」たちはヴェルサイユ条約によって、まさにこうした機関を設立したのだ〔パリ講和会議はウィルソンの主張を基礎に国際連盟規約を作成し、これがヴェルサイユ条約の冒頭第一編に掲げられたことにより、国際連盟が成立した〕。

ところが驚いたことに、アメリカは国際連盟に加盟することを拒否したのだ! そして、ひとたび国際連盟が活動を開始すると、第一次世界大戦のヨーロッパ戦勝国はすみやかにこの機関を自国の国益を追求する道具と化してしまった。その一例を挙げよう。国際連盟は原則としてアラブ世界における自治の理念を保証していたにもかかわらず、実際にはサイクス・ピコ協定を施行して、当該地域を「委任統治領」として分割し、英仏の支配下に置いてしまったのだ。戦敗国旧植民地等の統治をいくつかの国に委任して監督するという委任統治制度の制定を定めた国際連盟規約第二二条は、これらの地域を「近代世界の激甚なる生存競争状態のもとでいまだ自立できずにいる人民が居住している」土地と位置づけ、「当該人民の後見役は、資源、経験または地理的位置により、この責任を引き受けるのに最も適した先進国に委任さるべきである」と規定していた(2)。つまり、この規約はアラブ人を子ども、ヨーロッパ人を大人とみなしたうえで、子どもが食糧を自給するという類いの大人の仕事を自分でできるようになるまで、大人が子どもの面倒をみる、と言っているのだ。まさにこのような文言が、ムスリムの物語がいまだに生きていたなら文明の創始者と称えられたであろう人々に対して——しかも今でもそうした意識をある程度もちつづけていた人々に対して——発せられたのだ。

フランスがシリアを委任統治領として獲得し、イギリスは「中東」のそのほかの地域をほとんどすべて獲得した。フランスはすぐさま委任統治領を分割して、シリアとレバノンという二つの国をつくった。レバノンとは、フランスがこの地域における特別なクライアントとみなしていたマロン派キリスト教徒が多数派を占めるように、国境線を恣意的に引いてつくった人工的な国だった。

イギリスもまた、満足させねばならないクライアントを抱えていた。まず、アラブ反乱を起こしてイギリスを支援したハーシム家を満足させるために、旧オスマン帝国の三つの属州をまとめてイラクという国をつくり、ハーシム家のクライアントの一人をその国王にした。この幸運な人物は、マッカのシャリーフ・フサインの三男のファイサル〔一世。一八八五～一九三三。在位一九二一～没年〕だった。けれども、ファイサルにはアブドゥッラーという兄がいた。弟が一国の王となったのに兄には何もないというのはよろしくないので、イギリスの委任統治領からもう一つの国がつくられ、アブドゥッラーに与えられた。こうして、彼はヨルダン国王となったのだ〔一八八二～一九五一。トランスヨルダン首長。在位一九二一～四六。のちにヨルダン国王。在位一九四六～没年〕。

不運なことに、彼らの父親は結局何も得られなかった。というのは、アラブ地域におけるイギリスのもう一人のクライアントだったアブドゥルアズィーズ・イブン・サウード〔一八七六／八〇～一九五三。ヒジャーズ王のちにサウディアラビア王国初代国王。在位一九二五～没年〕が、一九二四年に宗教戦士の一団を率いてマッカを襲い、この聖地を奪ってハーシム家の家長を追放したからだ。イブン・サウードはさらに軍を進めて、アラビア半島の八〇パーセントを占領した。イエメン、オマーン、そして湾岸地帯のいくつかの小さな首長国

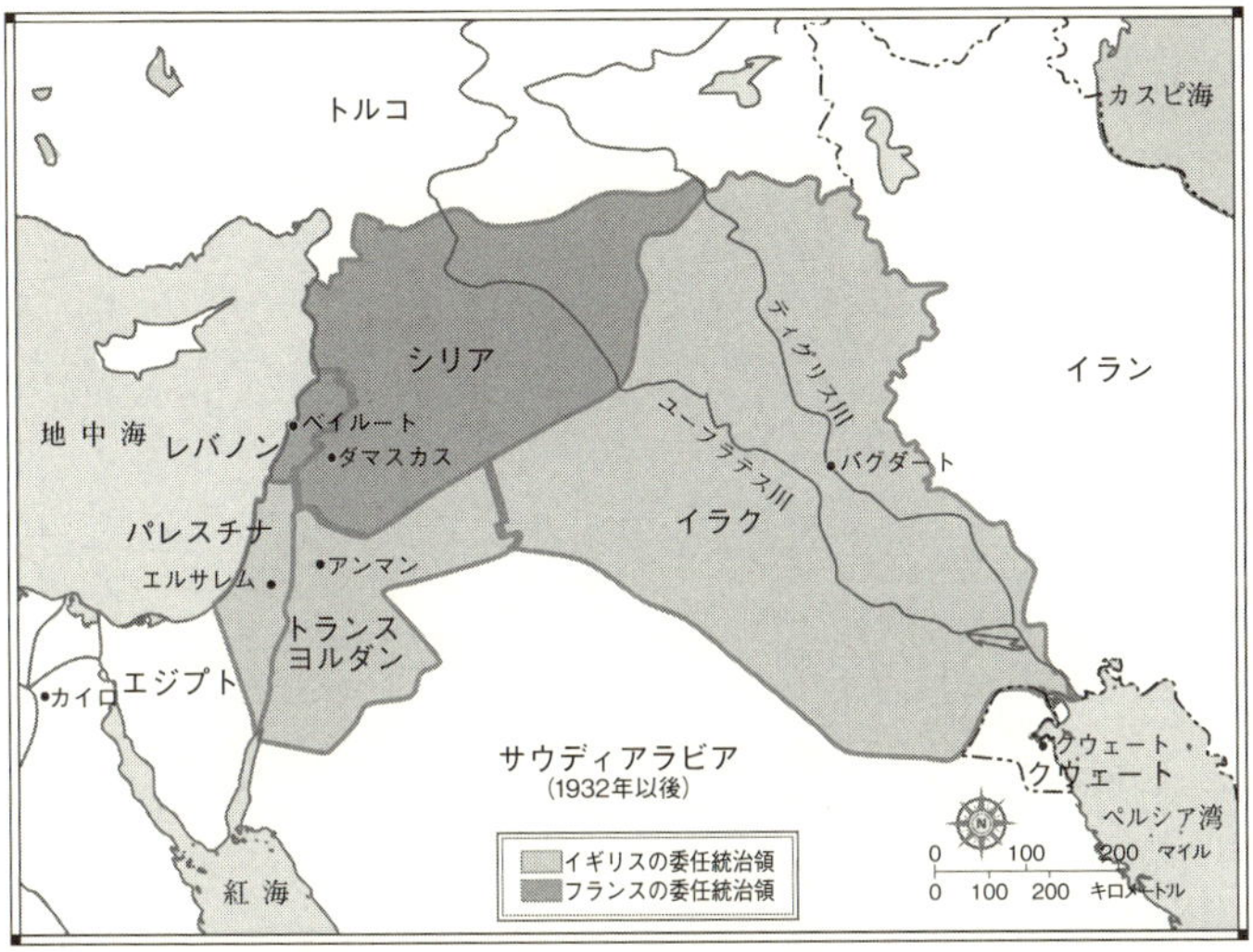

図20　アラブ世界の分割——委任統治

だけが、彼の支配を免れることができた。ヨーロッパ列強が彼を阻止する手立てを何ら講じなかったのは、彼もまたある種の借用証書を握っていたからにほかならない。一九三二年、イブン・サウードはおのれの国をサウディアラビア王国と改称した。

その間にエジプトでは、イギリスが偽善的なジェスチャーを示したいという誘惑に抗しきれず、エジプト王国が自由な主権国家として独立することを〔一九二二年に〕認めた——ただし、イギリスはいくつかの付帯条件をつけていた。第一に、エジプト国民は政体を変えてはならず、君主制を維持しなければならない。第二に、エジプト国民は王朝〔ムハンマド・アリー朝〕を変えてはならず、現在の王族を存続させなければならない。第三に、エジプト国民は今後もイギリス軍を駐留させ、その領土にイギリス軍の基地を置かねばならない。第四に、エジプト国民はスエズ運河をおとなしくイギリスの手に委ねておかねばならない。第五に、英仏が監督する私企業が引きつづき、稼ぎ頭のスエズ運河の通航料をすべて徴収し、その大部分をヨーロッパに送るものとする。

エジプトは選挙によって選ばれる議会をもつことになるだろうが、その議会の決定はカイロに駐在するイギリス当局の承認を得なければならない。これらの付帯条件を除けば、エジプトはみずからを自由で独立した主権国家とみなすことができたのだ。いうまでもなく、エジプト国民は即座に（世俗的近代主義者が主導する）本格的な独立運動を展開した。このなりゆきにイギリスは憤慨した。どうして独立国が独立運動をする必要があるのか、彼らは国家間の外交覚書を理解できなかったのか、と。どうやら、そのようだった。

フランスもまた、シリアでいささかの抵抗に直面した。この地では、ソルボンヌで学んだアラブ人キリスト教徒のミシェル・アフラク〔一九一〇～八九〕という著述家が、汎アラブ民族主義イデオロギーを練り上げていた。言語と歴史的経験を共有することによって形成された超自然的なアラブ精神というものが実在し、これがアラビア語を話す夥《おびただ》しい数の人々に一体性を与えている――こうアフラクは断言したのだ。十九世紀のヨーロッパの哲学者からインスピレーションを受けた二十世紀のナショナリストの例に洩れず、彼もまた、「アラブ民族」にはアラブ人によって統治され、一つにまとまった国土を有する単一の国家をもつ権利がある、と主張した。

自身は東方正教会に属するキリスト教徒であったにもかかわらず、アフラクはアラブ民族主義の中心にイスラームを据えた。だが、それはあくまで歴史的な遺産としてのイスラームだった。

アフラクによれば、イスラームは歴史の特定の時点でアラブ精神を覚醒させ、アラブ精神を正義と進歩を求める地球規模の運動の先鋒とさせた。それゆえ、アラブ人はその宗教にかかわらず、アラブ精神の産物としてのイスラームを重んじなくてはならない。しかしながら、重要なのはアラブ精神であるがゆえに、アラブ人はその再生をイスラームのうちにではなく、「アラブ国家」のうちに求めなければならない。筋金入りの世俗的近代主義者だったアフラクは、一九四〇年代初期に盟友とともに彼らの構想を実現すべく政党を創設し、バアス党すなわち〔アラブ〕「復興」党と名づけたのだ〔バアスは復興・再生の意。一九四七年に党として正式に発足した〕。

ヨーロッパの委任統治領から新たに四つの国が生みだされ、五つ目の国〔サウディアラビア〕が独力で誕生した。そして、エジプトは偽りの独立を成し遂げた。だが、一つの問題が未解決のまま残されていた——パレスチナをどう処理すべきかという問題が。〔各民族が自己の政治組織または帰属を、他の民族や国家によって干渉されることなく、みずから任意に選択し決定するという〕民族自決の原理は、パレスチナも自己が統治する国になるべきであると命じていたが、この「自己」とは何を指していたのだろうか？　パレスチナの本来の「民族《ネーション》」は、人口の九〇パーセント近くを占め、十数世紀にもわたってこの地で暮らしてきたアラブ人なのだろうか？　それともユダヤ人なのだろうか？　ほとんどのユダヤ人は過去二〇年以内にヨーロッパから移住してきたのだが、彼らの祖先は二〇〇〇年前にパレスチナで暮らしていた。う〜ん、難しい問題だ。

アラブ人からすれば、その答えは明白と思われた。パレスチナをもう一つのアラブ国家にすればよいのだ。ヨーロッパから移住したユダヤ人にとっても、その答えは明らかと思われた。現在の法律的な取決めがどうあろうと、この土地は安全なユダヤ人の民族的郷土とならねばならない。

なぜなら、ユダヤ人は世界各地で生命を脅かされており、パレスチナだけが彼らのものと根拠をもって主張できる土地だったからだ。しかも、イギリスのバルフォア外相が例の重大な約束をしてくれたではないか。

イギリスは、パレスチナに関していかなる重要な決断も下すまいと腹を決めた。何か事件が起きたらそれに対処するだけにして様子をみようと、日和見を決めこんだのだ。

さて、世俗的近代主義を奉ずる指導者はいったいどうすれば、ナショナリズムを媒介として真意のおぼつかない同胞を統合できただろうか？　とりわけ、世俗的近代主義陣営の中にも既存の国境を超えたアラブ国家の建国を要求する者がいるという状況下では。その一方で、イスラーム主義者やワッハーブ派は国家など糞喰らえ、民族的アイデンティティーを主張する政策など糞喰らえ、と叫んでいた。われわれはみなムスリムなのだ、カリフ制を再建しようじゃないか、と。

かかる情勢のもとでは、世俗的近代主義の成否はつまるところ、次の二点にかかっていた。第一に、世俗的近代主義者はこれまでずっと「開発」を旗印に掲げてきたので、何かを開発して、それがもたらす経済的繁栄を分配しなければならなかった。第二に、彼らはナショナリズムにおのれの正当性を求めてきたので、彼らの国家《ネーション》の真の独立を達成しなければならなかった。

しかしながら第一次大戦終結後の二〇年間、世俗的近代主義者はどちらの目標も達成できなかった。それはひとえに、独立精神を鼓舞するウィルソンの一四ヵ条のレトリックにもかかわらず、西洋列強がイスラーム世界の中核地域の支配をいっこうに緩めそうもなかったからだ。

それは、西洋列強諸国がこの時点でさらなる工業化を目指して互いに競い合っていたからにほかならない。西洋列強は共産主義、ファシズム、ナチズム、民主主義などのイデオロギーに煽られて、黙示録的な対決への道を歩んでいた。これは生死を賭けた勝負だった。勝利は工業力にかかっており、工業化の成否はいまや石油にかかっていた。そして、世界の石油のほとんどはムスリムが居住する地域に埋蔵されていたのだ。

「石油の時代」へ

十九世紀後半に、世界で初めて大きな油田がペンシルヴェニアとカナダで発見された。けれども、当時は石油からつくれるものといえば灯油くらいだったので、これらの発見はたいした関心を呼ばなかった。灯油はもっぱらランプを灯すのに使われていたが、おおかたの消費者はランプの光源としては鯨油のほうを好んでいた。

一九〇一年、イランの石油探鉱計画に関心をもったイギリス人投資家のウィリアム・ノックス・ダーシー〔一八四九〜一九一七〕が、北部を除くイラン全土の独占的な石油開発利権をカージャール朝の国王から買い取った。国王はその代金を自分のポケットに入れたが、それとは別に石油からあがる年間利益の一六パーセントがロイヤリティーとしてイランの国庫に納められることになった。これは総利益ではなく、「純利益」に基づいて計算されると定められた。これはつまり、ダーシーの石油利権契約は、イランが今後自国の石油からどれほどの収入を得られるか、保証するものではないことを意味していた〔七年後の一九〇八年、ダーシーの石油シンジケートは苦難の末にようやくイランの大油田を発見した〕。

読者はおそらく不思議に思っているだろう。一国の王ともあろう者がいかなる資源であれ、発見されたものもまだ発見されていないものも含めて自国の鉱物資源をそっくり、どこの馬の骨ともわからぬ外国人に現金と引替えに売ったりするだろうか、なぜ、国民はこんな王をただちに退位させようとしなかったのだろうか、と。その答えは、第一に伝統である。カージャール朝の歴代君主は過去一〇〇年にわたって、この手のことをやってきたのだ。第二に、イランでは全国規模のタバコ・ボイコット運動が国民の勝利のうちに終息したばかりで、活動家たちは疲労困憊していた。第三に、石油はさほど重要な資源とはみなされていなかった。ありがたいことに、その重要性はタバコの比ではなかった（鯨油の比でさえなかった）。第四に、活動家たちは憲法制定と議会開設を求める闘争の準備を進めており、このほうが石油やタバコよりよほど重要な課題と思われていた。こういう事情で、石油をめぐる取引は看過されてしまったのだ。

けれども、イランが自国の石油を安く売り渡していたまさにその時に、石油の重要性が飛躍的に高まろうとしていたのだ。その引き金となったのは、内燃機関という新たな発明だった。蒸気機関のような外燃機関は、燃えるものなら何でも燃料にできた。つまり、薪でも石炭でもよかったのだ。だが、内燃機関は精製した石油しか燃料として使えなかった。

一八八〇年代に、あるドイツ人発明家〔K・F・ベンツ〕がこのタイプの機関を動力源として大型三輪車に搭載した。この動力三輪車はやがて自動車に発展した。一九〇四年には欧米で自動車が大衆に普及しだし、道路の一部が自動車の走行に適するよう補修されるほどだった。それからまもなく、石油を燃料とする列車が走りはじめた。一九〇七年に飛行機が発明され、ついで外洋船が燃料を石油に切り替えた。

第一次世界大戦において史上初めて戦車や、石油をエネルギー源とする軍艦や、爆撃機が登場した。戦争が終結する頃には、石油を利用する兵器は今後ますます精巧になり、世界の石油を制する者が世界を制するであろうことは、誰の目にも明らかになっていた。

イランがこうした認識に到達するのはあまりに遅すぎた。ウィリアム・ダーシーはすでにイランの石油利権を、〔一九〇九年に〕イギリス政府の肝煎りでつくられた会社〔アングロ・ペルシアン石油会社〕に売り払っていた（この会社は今日もなおブリティッシュ・ペトロリアム、通称BPとして存続している）。ウィンストン・チャーチルによれば、イギリスは一九二三年までにイランの石油から四〇〇〇万ポンドの収入を稼いでいたが、それに対してイランはおよそ二〇〇万ポンドを得るにとどまっていた。[3]

その間に、くだんのイギリスの会社がロイヤル・ダッチ・シェル社とドイツ資本〔戦後にフランスが持株を取得〕と提携して巨大企業（「トルコ石油会社」）を設立し、オスマン帝国領土のペルシア湾岸地帯で油田を発見しようと目論んでいた。この巨大企業が油田を掘削する準備を終えたときには、当該地域はイギリスの「委任統治領」となっていた。まさにこの時に、イギリスはイラクをつくり、彼らのクライアントであるハーシム家の一人を国王に据えたのだ。トルコ石油会社はすぐさまファイサル国王に接触して、イラクの石油資源に関する独占的な利権を求めた。国王はこの申入れを快諾した。両者の交渉の席上、イラク側は同社の株式の二〇パーセントを所望した。ところが、彼らは採掘された石油一トンにつき定額の報酬を受け取るという条件で、株式割当てはゼロという契約に同意してしまった。その報酬額は、少なくとも契約締結後二〇年間は、石油の価格とも会社の利益とも連動しないものと取り決められた。同社の株式はヨーロッパ勢と〔のちに資本参加した〕アメリカが山分けすることになり、彼らのあいだで誰が何パーセント取るかについて真剣な議論が始まった。これらの問題がすべて片づいたのちの一九二七年に、同社はイラクの大油田を発見した[4]。

それから九年後には、アブドゥルアズィーズ・イブン・サウードが彼の国土でも油田が発見されたことを祝っていた。それどころか、この決定的に重要な鉱物資源の埋蔵量はサウディアラビアが世界最大であることが、やがて判明した。サウード家の王国が石油の採掘を始めるまもなく第二次世界大戦が勃発し、それに伴って石油の戦略的重要性は飛躍的に高まった。この大戦中に、第三二代アメリカ大統領フランクリン・デラノ・ローズヴェルト〔一八八二〜一九四五。在職一九三三〜没年〕とイブン・サウードが会合し、ある合意に達した。これは公《おおやけ》の協定の形で成文化されなかったにもかかわらず、両者は今日にいたるまで誠実に守ってきた。この取決めは、アメリカがサウディアラビアの石油を自由に利用する権利を保証していた。それと引替えに、サウード家の王族は彼らの立場を危うくする勢力を排除して権力の座にとどまるのに必要なだけ、アメリカの兵器と軍事技術を入手できるとされていた。かかる取決めによって、アメリカは間接的にワッハーブ派の宗教指導者と提携することになり、アメリカの軍事力はワッハーブ派の改革運動の後ろ盾となった。こうして、第二次世界大戦が勃発したときには、ワッハーブ派およびダール・アル・イスラーム全域のイスラーム主義者は、世俗的近代主義陣営を本格的に攻撃できるだけの軍事力を蓄えつつあったのだ。

第一六章

近代化の危機

ヒジュラ暦一三五七～八五年
西暦一九三九～六六年

民族解放運動の勃興――脱植民地化と国民国家の現実

史上最もむごたらしい戦争は、一九三九年に勃発してから六年もの長きにわたって暴威を振るった。またしても、ドイツがフランスとイギリスを相手に戦い、遅れて参戦したアメリカが戦争に決着をつけた。たしかに陣容の一部は先の大戦とは変わっていたが――ロシアはいまやソヴィエト連邦となり、オスマン帝国は消滅し、日本が軍事強国として台頭していた――この大殺戮《だいさつりく》はとどのつまり、第一次世界大戦が始めたことを終わらせたに過ぎなかった。かつての植民地帝国は致命的な打撃を受け、旧来の力の連帯はしだいに失われた。戦後のイギリスは物資の欠乏に苦しみ、フランスの国土は廃墟と化し、ドイツは無力化され、東西に分割された。砲火が消えたあとに二つの超大国が出現し、それぞれ地球の広範な地域をその勢力圏に組み入れて、人類を滅亡させる威力をもった熱核兵器で武装した〔米ソは一九五〇年代に相次いで水素爆弾を開発した〕。こうして、世界史の次の章はもっぱら米ソの抗争に紙幅を割くことになった。

しかしながら、冷戦の二極構造の水面下で、そのほかの物語も依然として紡がれていた。その中には、人知れず進行していた世界史的な大事件としてのイスラームの物語も含まれていた。第二次世界大戦中に――ムスリムであると否とを問わず――植民地支配されていた事実上すべての人々のあいだで高まった独立への激しい欲求は、いまや極限に達していた。エジプトでは、軍の将校が反乱を画策しはじめた。中国では、毛沢東〔一八九三～一九七六〕率いる共産党軍が、西洋の傀儡《かいらい》と広くみなされていた蔣介石〔一八八七～一九七五〕政権打倒に邁進していた。ヴェトナムでは、三〇年ぶりに帰国したホー・チ・ミン〔一八九〇～一九六九〕がヴェトミン〔ヴェトナム独立同盟会〕を結成し、フランス軍と果敢に戦っていた。インドネシアでは、スカルノ〔一九〇一～七〇〕がオランダからの独立を宣言した。まるで雑草が生い茂るように世界のいたるところで民族解放運動が勃興し、ムスリム諸国も非ムスリム諸国も何ら変わるところのない闘争を展開していた。これから何が起ころうとも、イスラームの歴史の物語はいまや、ムスリムが他者と共有する物語と分かちがたく結びつくことになったのだ。

これらの運動が解放すべく奮闘していた「国」の多くは、地図の上では帝国主義列強が引いた国境線によって画されていた。それゆえ、祖国を解放する闘争においてさえ、その担い手たちはそもそもヨーロッパ人が紡ぎはじめた物語の中で役割を演じていたのだ。サハラ砂漠以南のアフリカでは、ベルギー王がようやく征服した領土はコンゴ（のちにザイールと改称）になった〔一九九七年からコンゴ民主共和国〕。ドイツの領土はカメルーンに、イギリスが東アフリカで獲得した領土はケニアになった。「ナイジェリア」という国名は、五〇〇を超える言語を話す二〇〇以上のエスニック集団が居住する地域を表わしていた〔英領植民地時代には部族分割統治政策がとられていた〕。住人の多くは互いに意思の疎通ができなかったが、世界はいまや国家の集合体へと組織されつつあったので、この地域もまた「国」になったのだ。それぞれの国の形と大きさは、ヨーロッパの宗主国がかつて繰り広げた競争の結果を反映していた。

北アフリカで独立を志した人々はアルジェリア、チュニジア、リビアという国が分立した現実を受け入れたものの、それぞれ独自に祖国解放運動を展開した。これら三つの運動は最終的に勝利を得たものの、多大の犠牲を余儀なくされた〔アルジェリアは一九六二年、チュニジアは五六年、リビアは五一年にそれぞれ独立した〕。フランスからの独立運動の最終段階となったアルジェリア戦争は八年近くに及び、一〇〇万人以上のアルジェリア人が犠牲になった。戦争開始時の人口が九〇〇万人に満たなかったことを考えれば、いかに凄まじい闘争だったか想像がつくだろう(1)。

ムスリムが覇権を誇っていた時代から継承されたさまざまな問題は、今なおここかしこで争点となった。ムスリムの物語がしっかり根づいていたことは、インド亜大陸できわめて劇的な形で明らかになった。世界最大の植民地だったインドは独立を達成するだけの力を充分に備えており、第二次世界大戦以前からイギリスの支配を脱するための闘争を続けていた。祖国の解放を求める全土的な運動の中から、もう一つの民族運動、すなわち少数派のムスリムが独自の国家を求める運動が発展した。(一九四七年八月一五日に)独立国家インドが誕生するのと同時に、独立国家パキスタンが誕生した。新生パキスタンは馬の背の両側につける鞍《くら》袋のように、国土がインドの東西〔北西部と東ベンガルのムスリム多住地域〕に分かれたまったく新しい形状の国だった。インド亜大陸がヒンドゥー教徒の国とムスリムの国に分割されたことは、引かれたばかりの国境線を越えて同宗信徒の国に避難しようとする難民の波を引き起こした。この騒動の中で、数週間のうちに数十万人が殺され、さらに多くの人々が家を失った。だが、これほどの犠牲を払っても、印パ「分離」独立が引き起こした諸々の問題を解決することはできなかった。たとえばカシミールでは、ムスリムの人口が圧倒的に多かったにもかかわらずヒンドゥー教徒の藩王がインドへの帰属を表明したため、両国間の戦闘に発展した。はたしてカシミールはインドとパキスタンのどちらに帰属すべきなのか？　イギリスは事態がどのように展開するか、ここでも様子見を決めこんだ。カシミールは今日もなお揺れつづけている。

　第二次世界大戦後に脱植民地化とともに重大な局面を迎えたのが、「国民国家主義」だった。つい忘れてしまいがちだが、世界を国家の集合体に組織するという動きが始まってから、まだ一世紀も経っていないのだ。このプロセスが完了したのは終戦後のことで、一九四五年から七五年のあいだに一〇〇ほどの国が誕生し、ついに地上の土地が寸土も残さずいずれかの国民国家に属することになった。(2)

　不幸なことに、「ナショナリズム」のイデオロギーと「国民国家主義」の現実は、せいぜいほぼ一致したというに過ぎなかった。国家とされたものの多くはその国土の中に小さな国家を内包し、分離・独立や「自治」を求める少数派のエスニック集団を抑圧していた。一方、ある国境の両側に住む人々が、両者は同じ国家に属すべきだと主張するケースも少なくなかった。たとえば、シリアとイラクとトルコが接する国境地帯では、クルド人が居住する土地〔クルディスターン〕を国境線が三つに分割してしまった。だが、アラビア語でもトルコ語でもなく、クルド語というペルシア語系の言語を話すクルド人は当然のことながら、みずからを「上記の三国のいずれでもない」単一の国のメンバーとみなしていた。

また、ある地域では、所与の国々が別個の国であることにさえも疑問の余地があった。いまだ国家の体をなす途上にあったイラク、レバノン、ヨルダンは、たしかに国境線で画され、それぞれ独自の政府を有していた。だが、これら三国の国民は本当に互いに別個の国民と思っていたのだろうか？　それは明らかではなかった。

ウッドロウ・ウィルソンが一四ヵ条平和原則を発表してからというもの、アラブ世界では民族自決がスローガンとなっていた。しかしながら、この巧妙な理念は、そのメンバーと想定される人々すべてに受け入れられる集団的な「自己」というものが、ある程度確立されていることを前提にしていた。アラブ人居住地域のいたるところで、民族主義者はリビア、チュニジア、シリア、そしてエジプトも含めて、分立したアラブ人国家を統合すべく奮闘した。だが、常に疑問がもち上がってきた――どの集団がより大きい集団的な「自己」なのか、地図上のシリアはヨーロッパ人がつくったものであるのに、「本当に」シリア国民というものが存在するのか、ヨルダン人のナショナリズムごときものが存在しうるのか、彼らの統治者がアラビア語を話すからといって、イラクの住人は自治を実践しているといえるのだろうか、と。

イスラエルの建国と第一次中東戦争

ナショナリズムと「国民国家主義」の主張がせめぎ合う地域の中で、最も問題の多かったのがパレスチナ、まもなくイスラエルと呼ばれるようになる地域だった。第二次世界大戦以前から大戦中をつうじて、ナチスはヨーロッパのユダヤ人を絶滅すべく、組織的な集団殺害《ジェノサイド》を実行した。かかる蛮行はシオニストが最も恐れていたことを裏づけ、主権を有する民族的郷土を求めるユダヤ人の主張に、倫理上抗いがたい重みを加えた。なにしろ、ナチスはヨーロッパ唯一の反ユダヤ勢力だったわけではなく、最も過激な集団というに過ぎなかったからだ。イタリアのファシストは同地のユダヤ人を恐怖のどん底に陥れ、ドイツが樹立したフランスの傀儡政府〔ヴィシー政権〕は、主人のナチスに代わって国内のユダヤ人狩りを推し進めた。ポーランドその他の東ヨーロッパの住人は、ナチスの強制収容所《デス・キャンプ》運営に積極的に協力した。イギリスもまた反ユダヤ主義に加担していた。スペインやベルギーも——いや、ヨーロッパのいかなる国も、この時期にユダヤ人に対してなされた犯罪に関して、嘘偽りなく無実を主張することはできなかった。数百万ものユダヤ人がヨーロッパに囚われたまま、非業の死を遂げたのだ。からくも脱出できた人々は、ともかく道が開けているところに逃れようとした。多数のユダヤ難民が、上陸できる土地を求めて世界の海をさすらった。一部はアメリカにたどり着いて定住できたが、アメリカでさえ受け入れるユダヤ移民割当て数に厳しい制限を課した。それはおそらく、一つの国が受容できる特定集団の移民の数には限度があったからだろう。とはいえ、この政策にはいくばくかの反ユダヤ主義も混じっていたように思われる。

ユダヤ難民が上陸できた土地の一つがパレスチナだった。この地では、初期の移住者たちが土地を購入して入植地を建設しており、難民を支援するインフラもある程度整備されていた。それゆえ、ユダヤ難民は身の安全をかすかな望みに託してパレスチナに向かった。そして、幾多の困難を乗り越えて、古代に祖先が住んでいた土地に新しいユダヤ人国家を建設しはじめたのだ。これが、ユダヤ側の語るストーリーの概要である。

アラブ側のストーリーでは、その筋書きはまったく異なっている。アラブ人は長いあいだ、他民族による二重の支配のもとで生きてきた。まずトルコ人に、さらにトルコ人のボスであるヨーロッパ人に支配されてきたのだ。やがて第一次世界大戦が終わると、「自治」にまつわるさまざまなレトリックとウィルソンの一四ヵ条平和原則によって喚起された希望の渦の中で、アラブ人の土地にヨーロッパからの新たな入植者が殺到した。聞くところによれば、彼らのスローガンは「国のない民へ、民のいない国を」(3)というものだった——これは「民のいない国」に住む人々にとってまことに驚くべきスローガンだった。

ヨーロッパからの新たな移住者は力ずくで土地を手に入れたわけではなく、土地を買ってそこに入植した。だが、彼らはそのほとんどを不在地主から買ったので、ついには土地をもたない小作農のあいだで暮らす破目になった。一方、小作農たちは押し寄せる異邦人によって、もたざる者の悲哀を二重に嘗《な》めさせられた。第二次世界大戦直前から大戦中にかけてパレスチナで生じた出来事は、かつてアルジェリアで生じたことによく似ていた。当時、フランス人移住者はアルジェリアの土地の大半を買い上げ、この地に現地のそれとは別個の経済構造を築くことによって、先住民を時代遅れの存在とさせてしまったのだ。一九四五年には、パレスチナのユダヤ人人口はアラブ人に匹敵するほどになっていた。ユダヤ人の人口増加をアメリカの人口規模に即して換算すると、一〇年間で一億五〇〇〇万人の難民が流入したことになる。混乱が生じるのは必至の情勢だった。

ヨーロッパの物語の文脈では、ユダヤ人は犠牲者だった。アラブの物語の文脈では、ユダヤ人は彼らの仲間のヨーロッパ人とまったく同じ態度で土着のアラブ人に接する入植者だった。早くも一八六二年に、シオニズムの先覚者と目されるドイツのモーゼズ・ヘス〔一八一二～七五〕は「中東の心臓部にユダヤ人が建設する国家は西洋帝国主義の利益に奉仕するとともに、遅れた東洋に西洋文明を導入する助けとなる[4]」と主張して、政治的シオニズムへの支持を声高に呼びかけていた。初期のシオニストのテオドール・ヘルツルは、パレスチナに建設されるユダヤ人国家は「アジアに対するヨーロッパの防壁の一部となり、野蛮に対する文明の前哨の任務を果たす[5]」と述べていた。一九一四年、ハイム・ヴァイツマン〔一八七四～一九五二。イスラエル初代大統領。在職一九四八～没年〕は『マンチェスター・ガーディアン』紙に投稿し、以下の展望を述べていた。いわく、パレスチナにユダヤ人の入植地が建設されたら、「二〇年ないし三〇年のうちに、一〇〇万人のユダヤ人を定住させられるだろう……彼らは国を発展させて祖国に文明を復活させ、きわめて強力なスエズ運河の防衛線となるだろう[6]」と〔ヴァイツマンはイギリス政府高官に働きかけて一九一七年にバルフォア宣言を発表させることに成功し、パレスチナでのユダヤ人国家建設の緒をつくった〕。アラブ人はシオニストの運動を形を変えたヨーロッパの植民地主義とみなしていたので、まったくのつくり話から夢物語を描こうとはしなかった。シオニストもまた、彼らの運動をヨーロッパの植民地主義に即したものとみなしていた。あるいは少なくとも彼らがその支援を必要としていた帝国主義列強に対しては、そうしたものとして提示していたのだ。

一九三六年、パレスチナのアラブ人のあいだでストライキや暴動が頻発し、状況が加速度的に悪化していることが明白になった。イギリス当局はアラブ人を懐柔する苦肉の策として、ユダヤ人のパレスチナ移住を制限する命令を発した。ところが、それは時あたかも一九三九年、第二次世界大戦が勃発する直前のことだった。ヨーロッパのユダヤ人には、ナチズムの恐怖はもはや疑うべくもなくなっていた。ユダヤ難民がイギリスの命令におとなしく従う可能性は皆無で、そんなことをすれば自殺行為となっただろう。入植希望者はそうする代わりに、武装組織を次々と結成した。彼らは財産を奪われた圧倒的少数派であり、闘う相手は世界を股にかける大英帝国だった。それゆえ、これらユダヤ人武装集団の一部は、分散を余儀なくされた弱者が組織化された強者に挑む際の典型的な戦略を採用した。それはすなわち、〔襲撃してすぐ逃げる〕ヒットエンドラン攻撃、サボタージュ、無差別の暗殺、市民が頻繁に出入りする場所の爆破――要するにテロリズムだったのだ。一九四六年、ユダヤ人の地下武装組織ハガナ〔のちにイスラエル正規軍の中核となった〕がエルサレムのダビデ王ホテルを爆破し、九一人の市民が犠牲となった。これは、一九八八年にリビアのテロリストがスコットランド上空で民間航空機のパンナム一〇三便を爆破して二七〇人を殺害するまでは、一度のテロ行為としては最も破壊的なものだった。

ナチスの恐怖はユダヤ人に安全な避難場所が必要であることを証明したが、彼らは避難させてほしいと懇願するどころか、パレスチナに住む権利を主張した。そう、われわれは好意を求めているのではない、本来われわれのものである祖国に帰るのだ、と。彼らはその根拠として、祖先が西暦一三五年までパレスチナに住んでいたことと、離散《ディアスポラ》のあいだですら一度も帰郷の望みを捨てなかったことを挙げた。ユダヤ教の重要な祭日の一つである過越の祭では、「来年はエルサレムで」と誓い合うことが恒例となっていた。ユダヤ教の教義によれば、神はアブラハムとの契約の一部として、ヘブライ人とその子孫にこの係争の地を与えたとされている。アラブ人はもちろん、自分たちが現に住んでいる土地をほかの民族に与えたとする宗教の教義に納得しなかった。それが彼らの信仰するものではないので、なおさらだった。

第二次世界大戦の終結後、アメリカの主導で平和を維持するための諸々の政治的メカニズムが創設された。その一つが国際連合で、パレスチナ問題の解決はこの機関に委ねられた。一九四七年、国際連合はパレスチナをめぐる抗争に決着をつけるために、この係争地域を分割して二つの国家を創設するという勧告案を提示した。それによれば、紛争当事者はそれぞれ奇妙に組み合わさった三ヵ所の土地を獲得し、エルサレムは独立した国際都市としていずれにも帰属しない〔国際管理下に置かれる〕とされていた。新たにつくられる二つの国、すなわちイスラエルとパレスチナの領土面積は、全体としてほぼ等しくなるように計算されていた。要するに、国際連合は「どちらの言い分が正しいか否かは問題ではない。さっさとパレスチナを分割して、次に進もうじゃないか」と言っていたのだ。これはいわば、子どもの喧嘩を仲裁するときに大人が用いるお決まりの解決法である。

だが、アラブ側は「どちらにも言い分があり、真実はその中間にある」という論理をとうてい受け入れられなかった。彼らには、ヨーロッパ人の問題に対するヨーロッパ人流の解決策がアラブ人に押しつけられようとしている、より正確にいうなら、ヨーロッパ人がヨーロッパ人に対して犯した犯罪の賠償として、アラブ人の土地を犠牲にしろと言われている、としか思えなかったのだ。周辺のアラブ諸国はパレスチナの同胞に共感し、彼らの主張の要点を理解した。だが、世界の大多数の国は共感も理解もしなかった。くだんの勧告案が国連総会に提出されると、非ムスリム諸国の圧倒的多数が分割案に賛成票を投じたのだ。

ほとんどのアラブ人はこの問題に関して個人的な利害関係をもっていなかった。イスラエルが誕生しても、イラクの農民が自分の土地を奪われるわけでも、モロッコの商店主が商売の邪魔をされるわけでもなかった――それでもやはり、誰がパレスチナを手に入れるかという問題になると、ほとんどのアラブ人は、いや、ほとんどのムスリムは冷静ではいられなかった。なぜなら、イスラエルの出現は彼らにとって象徴的な意味をもっていたからだ。それはすなわち、アラブ人(およびムスリム全般)が無力であること、帝国主義者は彼らの領土のどこでも奪えること、イスラーム世界の部外者は歴然たる不正を目の当たりにしても、誰一人として彼らに助勢してくれないことを意味していた。イスラエルの存在は、アラブ人であると否とにかかわらずムスリムに対して、ひいてはアジアやアフリカの人々に対して、ヨーロッパ人が支配力を振るっていることを象徴していたのだ。これが、インダス河流域とイスタンブルのあいだに居住する人々のおおかたの見方だった。

一九四八年五月一五日、イスラエルが建国を宣言した。それとほぼ時を同じくして、この新生国家が最初の息をする前に粉砕してやるとの決意のもとに、アラブ諸国の軍隊が三方からイスラエルを攻撃した。ところが、戦況は彼らの思惑とは正反対に推移し、イスラエルがシリア、ヨル

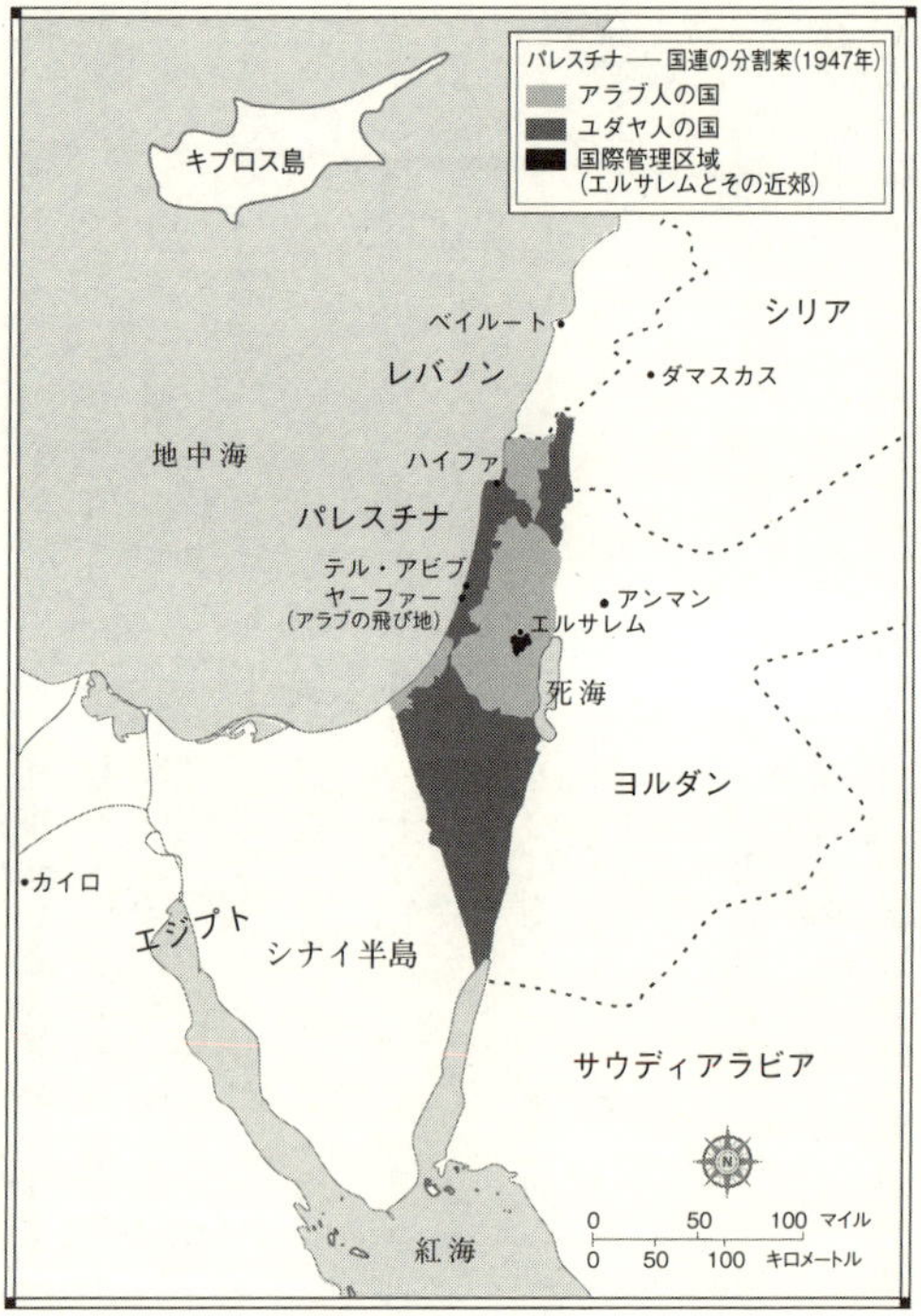

図21　イスラエルとパレスチナ

ダン、エジプトのアラブ三国の軍隊を粉砕し、敗走させた。かくして死産児となったのはイスラエルではなくパレスチナだった。イスラエルはこの戦争〔第一次中東戦争〕を「独立戦争」と位置づけているが、アラブ人は「ナクバ（破局）」と称している。戦争が終わったとき、およそ七〇万ものアラブ人が家も国も失い、近隣のアラブ諸国で難民として生きることを余儀なくされていた。パレスチナの国土となるはずだった土地は（そのほとんどがヨルダンに）併合され、夥《おびただ》しい数のアラブ難民がヨルダン川西岸で暮らすようになった。彼らはこの地の難民キャンプで怒りを募らせ、苛立ち、時折かつて自分たちのものだった土地に小規模な攻撃を仕掛けた。

一九四八年の戦争が終わってまもなく、アラブ人は広報戦争においても、土地を失う以上に厳しい敗北を喫した。それは一つには、何人かの著名なアラブ人が公然と、そして執拗にイスラエルの「生存権」に異議を唱えたことに起因していた。もっとも、彼らはナショナリズムの議論の枠組みの中でこう主張していたに過ぎない。すなわち、シオニストはイスラエルの存在を欲し、パレスチナのアラブ人はパレスチナ国家の存在を欲しているが、両者は同じ土地を国土として要求しているので、両者がともに存在することは不可能であり、一方の国家の「生存権」を主張することは本質的に他方の「生存権」を否定することにほかならない、と。ところが、ナチスの組織的ジェノサイドの影が色濃く残っていた当時の状況下では、イスラエルは生存権をもたないとする主張は、あたかも「ユダヤ人には生存権がない」と言っているように聞こえたのだ。

さらに悪いことに、少なくとも一人のアラブ人名士がナチスの反ユダヤ主義を公然と支持していた。これは、委任統治開始後にエルサレムのムフティー〔ファトワーを出すことを公式の職務とする法学者〕に任命された人物〔アミーン・フサイニー〕で、大戦中はナチス支配下のドイツに亡命し、今ではラジオの放送や各地の説教壇で人種差別的な見解をとうとうと弁じていた〔アミーン・フサイニーは戦前にイギリスにより公職から追放され、レバノン、イラクを経てドイツに亡命した。反英的立場からナチスに接近し、大戦中はベルリンからラジオをつうじてイギリスへの抵抗を呼びかけたため、ナチスの協力者の烙印を押された〕。国際世論の論調やメディアの報道姿勢、それにくだんのムフティーのごときアラブ人の声高な主張のせいで、アラブの大義はいつしかナチズムと同一視されるようになった。こうした見方はとくに西洋で顕著だった。かくして、アラブ人は領土をめぐる論争で敗れたのみならず、その論争の過程で、自分の土地を失って当然の「悪者」となってしまったのだ。誤解され、中傷されているという思いは、アラブ人の憤懣をひたすら募らせるばかりだった。こうした感情はやがて、ムスリムが心ならずもその咎《とが》を負わされていた反ユダヤ主義そのものに堕してしまった。

アラブの英雄ナセル——エジプト革命とスエズ運河の国有化

大敗した一九四八年の戦争に前線指揮官として出陣していたエジプト陸軍将校の一人が、ガマル・アブドゥル・ナセル〔一九一八～七〇。第二代エジプト大統領。在職一九五六～没年〕だった。貧しい郵便局員の息子としてエジプト南部で生まれたナセルはまだ幼い時分から、祖国がヨーロッパ諸国に従属していることに深く傷ついていた。少年たちが女の子に夢中になりはじめる年頃になっても、ナセルが執着していたのは祖国の「名誉」だった。けれども、祖国の名誉を回復するために彼にできることはありそうもなかった。ところが、突然彼にも道が開けた。陸軍士官に対する需要が急に高まったため、下層階級の少年たちもエリート軍人を養成する士官学校に入学することが認められたのだ。ナセルはこの機会に跳びつき、順調に中佐まで昇進した。

一九四八年のアラブの敗北によって、腐敗した体制に対するナセルの不満はいっそう深まった。敗北の責任はエジプト王にあるとして、彼は「自由将校団」の一〇〇人ほどの青年将校と語らって、王制の打倒と共和制の樹立を計画した。一九五二年七月のある朝、自由将校団は電撃的なクーデターを決行し、ほとんど無血で勝利を得た——犠牲者は二人にとどまり、王は追放された〔エジプト革命。翌年六月に共和国成立を宣言〕。

だが、王の追放は革命の容易な部分に過ぎなかった。次なる大きなステップはエジプトからイギリスを追いだすことだが、そのためには大量の火器が要る。当時は冷戦の最中ゆえ、新生国家はほぼ例外なく、二つの超大国のいずれかから武器を入手することができた。ナセルはまずアメリカに接触した。ところが、アメリカはエジプトを共産主義「封じ込め」政策にとって重要な存在とはみなさず、しかもこのアラブ人は武器で何をするつもりなのかと疑って、ナセルの申し出を断った。そこでナセルはソ連に接近し、大量の兵器を手に入れた――これでアメリカの態度が急変した。アメリカはあらためてエジプトに注目し、典型的な冷戦流思考様式によって重要な存在と見なおした。そして、ナセルを西側陣営に取り戻そうと、ナイル川中流のアスワンに世界最大のダムを建設しようともちかけた。アスワン・ハイ・ダムができれば農地は倍増し、潤沢な電力によってエジプトは飛躍的に発展し、たちまちのうちに工業国の仲間入りができるだろう！なんと素晴らしい展望だろう――世俗的近代主義者の夢が実現するのだ！

しかし、アメリカが提示した契約書の注意事項を読んでみると、この援助協定にはエジプトの国土に米軍基地を置き、アメリカがエジプトの財政を監督するという条件が盛りこまれていた。帝国主義者はここに楔《くさび》を打ちこんで、またしても祖国の心臓部に侵入しようとしているのだ。ナセルは憤然として契約を拒否したが、アスワン・ハイ・ダムの夢を捨てることはできなかった〔当初は世界銀行が資金を、米英が技術を援助する予定だったが、ナセルの対外政策がアメリカの政策に沿わなくなったことから、アメリカがまず援助計画を撤回し、イギリス、世界銀行もこれに倣った〕。しかし、どうすれば祖国を超大国に売り渡すことなく、ダムの建設資金を調達できるだろうか？

そして、ナセルは解答を見出した。それはもちろん、スエズ運河だった。この運河は毎年九〇〇〇万ドルほどを稼いでいたが、エジプトの取り分はおよそ六三〇万ドルに過ぎなかった。ここにエジプトの開発のために必要な金があるのに、その大部分がヨーロッパに流出しているのだ！

一九五六年、ナセルはエジプト軍に運河地帯を急襲させ、スエズ運河を占領して国有化を宣言した。

ヨーロッパでは激しい怒りが渦巻いた。イギリスの政治家たちはナセルをヒトラーの再来と称し、世界征服の野望を抱く狂人呼ばわりした。フランスのメディアは、運河を運営する能力がないエジプト人は国際貿易を混乱させ、世界経済を破綻させてしまうだろう、と論評した。イギリスとフランスはイスラエルと共謀して、カイロを爆撃し、ナセルを暗殺し、スエズ運河を奪還するという込み入った計画を立てた〔第二次中東戦争〕。

しかしながら、この計画は間一髪で第三四代アメリカ大統領アイク・アイゼンハワー〔一八九〇〜一九六九。在職一九五三〜六一〕の知るところとなり、アイゼンハワーを激怒させた。ヨーロッパ人たちは今が冷戦の最中だとわかっていないのか？　こんな小細工を弄すれば中東全体をソ連側に引き渡すことになりかねないのが、彼らにはわからないのか？　アイゼンハワーはスエズ運河をエジプトに返して撤退するよう、英仏に命じた。そして、アメリカの支配力は、英仏（とイスラエル）がこの命令に服従せざるを得ないほど強大だったのだ〔同じ時期にハンガリーで民衆の反ソ蜂起が発生し、ソ連軍が武力で反乱を鎮圧しようとしていたため、アメリカはソ連を非難しながら、英仏の行動を大目にみるわけにいかなかった〕。

アラブ世界はこれをナセルの偉大な勝利とみなした。その後の意気軒昂たる一一年間というもの、ナセルは植民地解放の英雄であり、アラブ統一の預言者であり、「イスラーム社会主義」の化身だった。ナセルの構想する「イスラーム社会主義」とは、マルクス主義が重視する階級闘争をつうじてではなく、イスラームの諸原理によって調整される階級間の協力をつうじて、階級のない社会を実現することだった――これは、世俗的近代主義を奉ずるムスリムの基本的信条を、「社会主義者」流に力強く表現したものにほかならなかった。

ナセルはアスワン・ハイ・ダムを建設し、エジプトの電化を実現した〔ソ連から多額の資金と技術援助を受けて、一九六〇年に着工、七〇年に完成した〕。彼はさらにインド首相のネルー〔一八八九～一九六四。在職一九四七～没年〕、インドネシア大統領のスカルノ、セイロン首相のバンダラナイケ〔一八九九～一九五九。在職一九五六～没年〕らの各国指導者と結束して非同盟運動を組織した。これは、積極的中立主義に立つ諸国がブロックを形成して、冷戦を主導している米ソ両陣営と対峙すること〔対立関係にある大国やブロックのいずれとも同盟を結ばず、第三世界の主張を国際社会に提示すること〕を意図した運動だった。

その偉大な業績と国際的名声によって、ナセルはエジプトで無数の信奉者を新たに獲得した。それはエジプト国内にとどまらなかった。あらゆる階級、あらゆる国に属するアラブ人が、ナセルのカリスマ的な魅力の虜になった。その演説の才は余人の追随を許さなかった。彼が話すのを（そのほとんどはラジオをつうじて）聞いたアラブ人たちによれば、まるでナセルが同じ部屋にいて一人一人の目を見つめながら話しかけ、何をなすべきかについての話し合いに――みながこの問題にかかわっており、一人一人の意見が重要なのだと思わせつつ――聞く者すべてを誘《いざな》っているように感じたという。

国内外からの絶大な人気に支えられて、ナセルは主権国家エジプトより大きな目標を掲げるようになった――そう、汎アラブ国家の建設を！　これはまさに、シリアのバアス党がかねてから説いていた構想〔全アラブ統合主義〕だった。エジプトとシリアは一九五八年に合邦してアラブ連合共和国を樹立したが、その三年後にシリアは〔軍将校によるクーデターが直接の契機となって〕離脱した

——これはナセルの威信を大きく傷つけた。

反ナセル派の台頭

一方、ムスリム同胞団も活動を続けていた。一九五二年のエジプト革命の際には王制打倒を支援したが、世俗的なナセル政権が発足するや、彼らはナセルその人に反対するようになり、暗殺まで企てた。ナセルは報復として同胞団の指導者たちを投獄し、獄中で拷問した。

ムスリム同胞団を創設したハサン・アル・バンナーは、ナセルが政権を掌握する以前に〔一九四九年〕暗殺されていた。彼に代わって同胞団を率いていたのは、イスラームを熱烈に信奉するサイイド・クトゥブ〔一九〇六〜六六〕という知識人だった。彼は神経質で聡明で風変わりな人物だったが、そのものの見方はアメリカに二年間滞在したときの驚くべき見聞によって形成されていた。エジプト政府はアメリカの教育制度を学ばせるために、〔教育省の役人だった〕クトゥブをコロラド州グリーリーの教員養成カレッジに派遣したのだ。彼はアメリカで見た物質主義に嫌悪を覚え、個人主義に困惑し、諸々の社会的自由に苛立ち、男女の交流にまつわる習俗に衝撃を受けた——なんと、教会主催のパーティーで若い男女がスクエアダンスに興じていたのだ！

アメリカは悪魔の軍勢ゆえ破壊せねばならぬという確信を抱いて、クトゥブは帰国した。彼は政治的な論説の執筆に取りかかり、イスラームはキリスト教や仏教等の他宗教に対してだけでなく、共産主義や民主主義等の政治制度に対しても、完璧な代替物を提供できるという見解を発表した。そして、単一の普遍的なムスリム共同体の建設にふたたび取り組もう、とムスリムに呼びかけた。もし、この呼びかけが、ムスリム同胞団がエジプトで権力を掌握すべきだと言っているように聞こえるなら、そうしようではないか、と。

ナセルはクトゥブを投獄したが、これは大きな間違いだったことがやがて判明した。権力の犠牲者という民衆を魅了せずにはおかない境遇のもと、クトゥブは『道標』と題したきわめて煽動的な著作を執筆した〔邦訳は『イスラーム原理主義の「道しるべ」——発禁・アルカイダの教本』岡島稔・座喜純訳、第三書館〕。彼は同書において、アフガーニーが掲げた汎イスラーム的近代主義の急進的な再解釈を提示し、世界はダール・アル・イスラームとダール・アル・ハルブ、すなわち(ムスリムの)平和の領域と(異教徒の)暴力の領域に分かれているという、古代の理論的枠組みを復活させた。クトゥブは大言壮語することもなく、冷静で抑制が効いた散文と、的確な言葉で論述している。こうした堅実で明快で感情を抑えた表現によって、クトゥブはジハードの価値を信奉し、ジハードを実践せよとすべてのムスリムに呼びかけたのだ。その対象には非ムスリムだけでなく、イスラームへの忠誠が揺らいでいるムスリムや、敵と協力しているムスリムも含まれていた。(7) クトゥブの指導のもとでムスリム同胞団は基本的に、エジプト、シリア、イラク、ヨルダン、レバノンの各政府と、これら政府を支持している世俗的近代主義者すべてに宣戦を布告したのだ。

エジプトには、下層社会に対するムスリム同胞団の影響力を政権に取りこめるような民主的なプロセスが存在しなかった。ナセルはそうする代わりに警察力を行使してデモを鎮圧し、秘密警察を使って陰謀を芽のうちに摘み取った。

クトゥブとムスリム同胞団がナセルをことのほか苛立たせたのは、ナセルにとって同胞団以上に厄介な存在だった多数のライバルが彼を攻めたてていたからだ。シリア、ヨルダン、イラクの指導者たちはナセルの人気を妬んで、彼の評判を落とすためにあらゆる手段を講じていた。バアス党の活動家はアラブ世界におけるナセルの地位に挑戦し、われこそが真の汎アラブ民族主義者であると主張していた。さらに、エジプトの共産主義者がいた。冷戦たけなわの時期にソ連の支援を受けていることを考えると、共産主義者は間違いなく、ムスリムの烏合の衆を組織しているカルト集団ごときより危険な存在と思われた。そして最後に、いまだにアラブ諸国の一部を統治している王国や部族王朝が存在していた。その王たちは公然と反革命を宣言し、ナセルが象徴しているものすべてに反対していたのだ。

一九六三年、ナセルはうかつにもイエメンを舞台にした代理戦争に介入してしまった。〔前年のクーデターで〕部族王朝の大首長を追放して権力を掌握したイエメンの社会主義政党に対する支持を表明するために、ナセルは単なるジェスチャーとして軍隊を派遣した。ところが、エジプト軍がイエメンに到着するやいなや、サウディアラビアが王政派に資金と火器を大量に提供しはじめた。突如として、ナセルは自分が戦争の泥沼にはまりこんでしまったことを悟った。この戦争は決着がつかないまま、その後何年も続くことになった〔一九六九年にイエメン内戦は終息した〕。

その間にも、サイイド・クトゥブは獄窓から彼独特の教義を説きつづけていた。ほかの戦線で頓挫して失意のうちにあったナセルは、この蠅《はえ》のようにうるさい男にこれ以上我慢する必要はないと決断した。一九六六年八月、ナセルは過大な権力をもち、しかもその行使を抑制する手立てが確立されていないという状況下にある男がしばしば行なうことを決行した。つまり、クトゥブを絞首刑に処したのだ――そのあげく、恐怖を覚えるほど広範にわたる崇拝者のネットワークが、クトゥブを殉教者と称えるさまを見せつけられたのだ。

それからわずか三ヵ月後、シリアとイスラエルのあいだで続いていた小競り合いが本格化し、両者は国境を越えて攻撃と反撃を繰り返すという膠着状態に陥った。この状態は六ヵ月に及び、戦闘は残虐の度を増すばかりだった。当時シリアを支配していたバアス党は、世俗的近代主義陣営におけるナセルの最大のライバルだった。イスラエルと直接対決したことによってアラブ人全般のあいだで、とりわけ今なお悲惨な難民キャンプで呻吟していたパレスチナ難民のあいだでバアス党の評価が上がり、相対的にナセルの威信が低下した。

かくして、アラブ世界の英雄たるナセルが、同胞のアラブ人ムスリムから攻めたてられ、アラブの世俗的近代主義陣営のライバルによって評判を落とされ、果てしない戦争の泥沼にはまりこんでしまった――しかも、その相手もアラブ人だったのだ。かかる苦境を脱するには、明らかに何かをしなければならなかった！　そして、その矛先がアラブ人の国や集団や運動であってはならないことも明らかだった。

これが現代史上最も重大な事件の一つ、少なくともムスリムはそうみなしている事件が起きる直前の、一九六七年春の状況だった。その事件とは、イスラエルが近隣のアラブ諸国を攻撃した六日間戦争である。

第一七章　潮流の変化

ヒジュラ暦一三六九〜一四二一年
西暦一九五〇〜二〇〇一年

六日間戦争――ナセル主義の衰退

一九六七年五月、ナセルは好戦的なレトリックを駆使してイスラエルを挑発しはじめた。さらに口先だけではないことを示すために、アカバ湾と紅海を結ぶティラン海峡を封鎖して、イスラエル艦船の紅海へのアクセスを阻止するという挙に出た。もちろん、エジプト軍精鋭部隊の七万人の兵士がイエメン内戦の泥沼にはまっていたので、ナセルにはとうてい本格的な軍事行動に踏みきる余力はなかった。けれども、人間には言葉がある。それで相手を充分に威嚇できれば、時には言葉だけで目的を果たせる場合があるのだ。

そして、目的を果たせない場合もある。六月五日、イスラエルは通告なしでエジプト、ヨルダン、シリアを一斉に急襲した。もっとも、「通告なしで」という言葉を額面どおりに受け取ってはならない。なぜなら、アラブとイスラエルのあいだの緊張はすでに何ヵ月も前から高まる一方だったからだ。それにもかかわらず、アラブ諸国はいずれも、この六月の朝に戦争が始まるとは夢想だにしておらず、こうした事態に備えてもいなかった。
最初の二四時間で、イスラエルは事実上すべてのエジプト空軍機を飛び立つ間も与えずに地上で破壊した。その後の五日間で、イスラエルはかつて国際連合が地図上でパレスチナの領土と定めた土地をすべて占領した。これらの土地はパレスチナの国土となる代わりに、イスラエルが統治し、住民のほとんどをパレスチナ人が占める「占領地」となった。開戦後七日目に戦争は終結し、世界は二度ともとには戻らなくなった。

あまりに決定的な勝利などというものはありえない、と思う向きもあるだろう。たぶん、ありえないだろう——両陣営がともに一枚岩である場合には。ところが、一九六七年にイスラエル軍が近代戦争史上最も決定的な勝利をおさめたときに、彼らが粉砕したのは一枚岩の軍勢ではなかった。アラブ陣営の実態は、互いに非難の応酬に明け暮れる無秩序な寄せ集め集団に過ぎなかったのだ。

六日間戦争〔第三次中東戦争。アラブ側は六月戦争と呼んでいる〕はナセルの権威を失墜させ、その華々しい経歴に終止符を打った。そして、三年後の秋にナセルは急死した。もし、彼が本当に一枚岩のアラブ・ブロックのリーダーであったなら、彼の敗北は「アラブ・ブロック」にイスラエルの存在を受け入れることを余儀なくさせ、恒久的な平和のための何らかの礎《いしずえ》を築かせていたかもしれない。

けれども、「アラブ・ブロック」なるものは存在していなかった。実のところ、ナセルはアラブと自称する人々の中で、世俗的近代主義という一つの潮流の主導権を競い合う数人のうちの一人というに過ぎなかったのだ。イスラエルがアラブ陣営を攻撃したとき、彼らが実際に攻撃したのはこの潮流だけだった。そして、イスラエルがナセルを粉砕したとき、彼らがダメージを与えたのはこの西洋化と近代化を目指す世俗的な民族主義の潮流で、しかも、これらの言葉で表現されるものすべてにダメージを与えたわけでもなかったのだ。ナセルの権威失墜とともに、世俗的近代主義とイスラーム社会主義が奇妙な具合に混淆した「ナセル主義」も衰退した。ナセルの失脚によって生じた権力の真空地帯に、「ナセル主義」より危険なさまざま潮流が流入した。その中には、原理に固執するものや、非理性的なものも含まれていた。

六日間戦争の帰結——PLO・バアス党・イスラーム主義

六日間戦争が終わると、イスラエル国境周辺に群がったアラブ難民はどこかのアラブ国家が彼らを救ってくれるという希望を捨て、これからは自分たちだけを頼ろうと決意した。この戦争によって、アラブ難民の数は一〇〇万以上に達していた。この時点で、彼らはパレスチナ人という存在になったとみなせるだろう。なぜなら、強烈な歴史的経験を共有したことが彼らに共通のアイデンティティーを与え、彼らを典型的な意味で一つの「民族」とさせたからだ。彼らはいまや「国なき民」となった。そして、これらのパレスチナ人の中から、手段を選ばずパレスチナの解放を目指す集団が続々と生まれたのだ。その中で最大の集団〔ファタハ。正式名はパレスチナ解放運動〕が、しだいにパレスチナ解放機構（PLO）と呼ばれる民族解放運動の統合組織に合流した。PLOとはそもそも、〔アラブ諸国の経済的・政治的・文化的協力の推進を目的として、一九四五年にアラブ七ヵ国が結成した〕アラブ連盟がパレスチナ人を「管理」するために、一九六四年に創設した組織だった。六日間戦争以後はパレスチナ人がＰＬＯの実権を掌握し、パレスチナ解放を目指す独立の政治組織としてＰＬＯを全面的に再編した。ヤセル・アラファート〔一九二九〜二〇〇四〕というパートタイムの技師で、フルタイムの革命家が新生ＰＬＯの議長に就任した。[1] パレスチナ人はＰＬＯを政府に準ずるものとして、イスラエルとの長期戦に乗りだした。これが、六日間戦争の第一の帰結だった。

他方、ナセルの失脚によって、もう一つの世俗的なアラブ民族主義運動が勢力を伸ばした。それはミシェル・アフラクが創設したバアス党の運動で、バアス党はその後シリアのアラブ社会党と合併して、アラブ・バアス社会主義党と改称していた。そのイデオロギーは、国家を賛美する社会主義とアラブを崇拝する民族主義が結びついたものだった。六日間戦争の終結後、不満を抱いた軍の将校が続々とこの新バアス党に入党したため、すでに民族主義と社会主義の危険な混合物と化していた党の性格に軍国主義的な傾向が加味された。結成当初のバアス党はかなりリベラルな近代化運動として出発し、女性の権利や宗教的マイノリティーの平等、言論の自由等の市民的自由、民主主義や識字教育といった進歩的な理想の実現のために挺身していた。それがいまや民族主義に基づく開発主義を志向する、全体主義的傾向を帯びた集団に大きく変質してしまったのだ。その信条はつまるところ「わが民族よ！　わが民族は工場と産業と爆弾を開発しなければならない！」というスローガンだった。六日間戦争が勃発する以前からバアス党はシリアを支配していたが、戦後の一九六八年に第二の地域指導部〔各国支部〕がイラクで政権を掌握した。イラクのバアス党政権は警察国家の建設に着手したが、やがて一九七九年にかの闘志満々の独裁者サッダーム・フセイン〔一九三七〜二〇〇六〕が大統領に就任した。シリアでもイラクでも、バアス党は初めのうちは大衆の支持を得た。なぜなら、両国のアラブ市民はイスラエルに脅かされ、一九六七年の破局によって痛手を受けていたからだ。彼らは誰かが失われた自尊心を取り戻してくれることを熱望していた。だが、シリアとイラクの中流階級の人々が露骨な武力頼みのイデオロギーの桎梏《しっこく》のもとでの生活に幻滅するようになると、バアス党の威光はしだいに薄れていった。これが、六日間戦争の第二の帰結だった。

第三の帰結は最も不吉で、険悪な事態の前触れとなるものだった。イスラーム世界の世俗的近代主義者はイスラームの思想と行動における別の潮流、すなわち十九世紀に台頭したワッハーブ主義や多様な政治的イスラーム主義の信奉者たちと全面的に闘ってきたが、六日間戦争はその闘争に転機をもたらしたのだ。

ワッハーブ派はすでに、サウディアラビアという彼らの王国を築いていた。エジプトは久しくアラブ世界の盟主をもって任じていたが、サウディアラビアもその地位を狙っていた。なんといっても、サウディアラビアはマッカとマディーナというイスラームの二大聖都を擁しているのだ。いかなる形であれエジプトが弱体化することは、サウディアラビアの力を強める結果になった——その力たるや途方もないものだった！　石油はワッハーブ派の王国に富をもたらし、アメリカの兵器は彼らに強大な軍事力を与えてくれた。エジプトの混乱につけこんで、ワッハーブ派の宗教指導者はサウディアラビアの資源を活用しつつ、イスラーム世界全域でひそかに伝道活動を展開した。宗教学校を設立し、モスクを建設し、イマームを任命し、下層階級や農村部のムスリムに手を差し伸べる慈善団体を組織した。その活動範囲は、南はサハラ砂漠以南のアフリカまで、東はアフガニスタン南部のパシュトゥーン族居住地域から、ワッハーブ主義のイデオロギーがすでに何百万という信奉者を獲得していたパキスタンにまで広がった。

そして、ムスリム同胞団も活動していた。六日間戦争の敗北によってナセルが面目を失うと、エジプトの大衆はあっさり彼を見限って、国内に広く浸透していたこの反ナセル主義運動に心を移した。かくして、いまやムスリム同胞団が優勢になった。同胞団はエジプトの国境を越えてシリア、ヨルダン、アラブ首長国その他のアラブ中核地域に勢力を伸ばし、各地に支部を設立した。さらに、ムスリム同胞団本来の運動から多様な分派が次々と派生しはじめた。新たに生まれる分派は、先行する分派より急進的な傾向を強めていった。その一つが、アイマン・アル・ザワーヒリー〔一九五一生〕が創設したエジプトのジハード団だった。ザワーヒリーはまた〔亡命先で〕、かの悪名高いサウディアラビア出身のジハード主義者ウサーマ・ビン・ラーディン〔一九五七～二〇一一〕を教育していた。

クトゥブに触発されたイデオローグの一部は、ジハードを敬虔なムスリムが負う「義務の一つ」とするにとどまらずイスラームの「六つ目の柱」、つまり礼拝、巡礼、断食、喜捨、信仰告白からなるイスラームの五つの柱と同等の義務であると唱えはじめた。アフガニスタンでソ連軍と戦ったパレスチナ人のアブドゥッラー・アッザム〔一九四一～八九。ウサーマ・ビン・ラーディンも彼の薫陶を受けた〕のごとき過激なイスラーム主義者たちはさらに進んで、ジハードへの参加はムスリムと非ムスリムを識別する唯一の方法であると宣言した。アブドゥッラー・アッザムの教説に従えば、武力闘争に尻込みするムスリムは非難さるべき存在となった。(2) こうした筋金入りの革命家は単に「イスラーム主義者」

と呼ぶよりも、「ジハード主義者」と呼んでしかるべきだろう。大多数のムスリムにとって、彼らのイデオロギーは明らかにイスラームの本流から——もはやイスラームとは思えないほど——途方もなく逸脱していた。ジハード主義はイスラーム主義の支流の一つに過ぎず、イスラーム主義そのものも、イスラームの本流から派生した政治的イスラームの支流の一つに過ぎないのだ。

さて、六日間戦争は何を達成したと総括できるのだろうか？　イスラエルは占領地を獲得した。占領地は、他国のさらなる攻撃からイスラエルを守る緩衝地帯の役割を果たすものと思われた。ところが案に相違して、イスラエル当局はまさにこの占領地において、インティファーダ〔蜂起の意〕と呼ばれるパレスチナ人の民衆闘争に直面した。激化する一方のインティファーダに対して、イスラエルははるかに残虐な手段で応酬した。延々と続く攻撃と報復の連鎖は、イスラエルのエネルギーを消耗させてきた。のみならず、国際世論に対するイスラエルの主張の道徳的根拠に疑念を抱かせたのだ。

アラブ側について総括すれば、六日間戦争はＰＬＯを急進化させるとともに「パレスチナ化」させた。そして、バアス党を強化させ、ムスリム同胞団を活発化させたうえに、これを母胎としてジハード主義を掲げるさまざまな分派を生じさせた。ジハード主義者はかつてないほど過激な狂信者で、彼らの攻撃は残忍の度を増すばかりだった。それは現場にたまたま居合わせた無辜《むこ》の人々を巻き添えにしただけでなく——これは事実上すべての戦争につきものの悲劇的な副産物である——誰に対しても無差別に向けられた。犠牲者に罪がなければないほど、彼らにとっては好都合だった。つまり、彼らは今日ではテロリズムと呼ばれている暴力の一つのジャンルを実践したのだ。以上を要約すると、六日間戦争は世界平和を決定的に後退させ、イスラーム世界に壊滅的なダメージを与え、イスラエルに対してさえあまりよい結果をもたらさなかった。

イランの石油国有化紛争

以上が、第二次世界大戦後のアラブ中核地域で展開していた物語である。ここで少し時間を戻して、東方のペルシア中核地域で進展していたもう一つの物語を追ってみよう。この地でも六日間戦争に劣らず重大な、世界を変える出来事が生じていた。というのは、これはイスラーム世界の人々の心に修正しがたいアメリカ像を植えつけたからだ。

ムスリムがようやくアメリカに注目するようになったのは第一次世界大戦後のことで、その第一印象はきわめて好もしいものだった。第二次世界大戦期をつうじて、ムスリムはアメリカの淀みない効率性、優れた製品を大量に生産する能力、強大な軍事力に感嘆していた。彼らはとりわけ、アメリカが掲げる自由・公正・民主主義という高尚な理念を称賛し、アメリカの政治体制はあらゆる国の国民を貧困と抑圧から救えるという主張に敬服していた。アメリカの理想主義者はまるで宗教運動のような情熱をもって、共産主義や、ファシズムや、イスラームなど世界を構築する社会思想と競合するものとして民主主義を提示した。信仰心の篤いムスリムはアメリカが主張する道徳的価値を拒否したかもしれないが、世俗的近代主義を奉ずるムスリムはそこに大きな希望を見出し、アメリカの理想と彼らが理解するイスラームのあいだに何ら本質的な矛盾を認めなかった。

ウィルソンの一四ヵ条平和原則が無に帰したとき、ムスリムはアメリカを責めずに、ヨーロッパの守旧勢力を非難した。第二次世界大戦中の一九四一年八月、アメリカ大統領のフランクリン・デラノ・ローズヴェルトは（ウィンストン・チャーチルと共同で）大西洋憲章を発表し、あらゆる国家の解放と民主化を呼びかけることによって、アメリカが道徳面でもリーダーシップをとることを改めて宣言した〔大西洋憲章は第二次世界大戦と戦後の基本方針を示したもので、領土不拡大・民族自決・通商と資源の均等解放・公海の自由・侵略国の武装解除などの八ヵ条の原則を提示した。これらの原則は国際連合の創設理念の一つの源泉となった〕。のちにチャーチルは本意ではなかったと明かしたが〔帰国後、インドとビルマには憲章が適用されない旨声明した〕、アメリカの指導者は誰一人、この憲章の理念を否定しなかった。実際に、アメリカは戦争が終結するとまもなく、のちに国連総会で採択された世界人権宣言の起草を主導したのだ。これは、アメリカが全世界で政治的自由と民主主義を支援すると公約したことを――もし、何らかの証拠が必要であったとするなら――さらに裏づけるものだった。

イランの人々にとって、かかる情勢はきわめて好都合と思われた。第二次世界大戦が終わった今、彼らは世俗的近代主義路線の改革プロジェクトを再開する用意ができていた。王による独裁政治を廃して、土着の民主主義を確立するのだ。レザー・シャー・パフラヴィーは数十年来このプロジェクトを阻止してきたが、彼はすでに姿を消していた。連合国が――かの素晴らしき連合国が――ナチスと接近したという理由で大戦中に王を退位させていたのだ〔一九四一年に退位すると南アフリカへ亡命し、一九四四年に客死した〕。いまや、イラン国民が一九〇六年の憲法と議会を復活させ、本物の選挙を実施するための舞台が整った。彼らはついに、長いあいだ夢見てきた世俗的な民主主義を築けるようになったのだ。

イラン国民は大きな希望を胸に選挙を実施し、世俗的近代主義者のムハンマド・モサッデクを彼らの首相に選出した〔一八八〇～一九六七。在職一九五一～五三〕。モサッデクはかねてから、イランの最も貴重な資源である石油の完全な支配権を取り戻すと公言していた。そこで、彼は政権を握ると、ブリティッシュ・ペトロリアム社〔の前身のアングロ・イラニアン石油会社〕との契約を破棄して、石油産業の国有化を宣言した。

その意気やよし、だった。

アメリカの中央情報局（CIA）がすぐさま、〔国務長官のジョン・フォスター・ダレス〔一八八八～一九五九〕の言葉を借りれば〕「狂人モサッデク」を阻止すべく行動を起こした。一九五三年八月末、CIAから資金を提供されたイラン軍の一派がクーデターを決行し、暴虐をほしいままにした。街の通りには何千もの死体が散乱し、モサッデクは軟禁された。このイランで最も人望を集めた政治家は、ついに復権できなかった。CIAはレザー・シャー・パフラヴィーの息子のモハンマド・レザー・パフラヴィー〔日本では通称パーレビ国王。一九一九～八〇。在位一九四一～七九〕を王座に連れ戻した。若きシャーはアメリカとの協定に署名して、イランの石油を「管理する」業務を〔七大石油会社が合同でつくった〕国際的な石油合弁会社に譲渡した。

このクーデターがイラン国民の心に裏切られたという思いを刻みつけ、イスラーム世界の隅々まで身体が震えるほどの怒りを伝播させたことは、いくら強調してもし足りないだろう。これから三年後の一九五六年、アイゼンハワーの介入によってエジプトはスエズ運河を奪われずにすんだ。だが、アメリカはムスリムのあいだで好評を博すことができず、その栄誉はすべてナセルが手中にした。それというのも、ＣＩＡがイランで引き起こしたクーデターのダメージがあまりにも大きかったからだ。イスラームの中核地域のいたるところで、いや、かつて植民地支配されていたあらゆる地域で、帝国主義者の策動はいまだに続いており、大英帝国の衣鉢を継いだアメリカがそれを主導しているという確信が根を下ろした。イスラームの物語の観点からすれば、イランで進行している歴史は依然として、世俗的な衝動と宗教的なそれの闘争を核として展開していた。イスラームを復興する最良の方法はいかなるものか、どうすればムスリムの勢力を復活させて、西洋の桎梏から脱けだせるのか——これらの問いかけが事態を進展させる原動力だった。とはいえ、イランもすでに、地球の支配を目指す超大国の覇権争いをめぐって展開する世界の歴史の物語に組みこまれていた。その観点からすれば、事態を進展させる原動力は冷戦下の戦略的思考と石油をめぐる政治的駆引きだった。これはイランのみならず、ミドルワールドのすべての地域に当てはまった。そして、これら二つの物語は二十世紀末にいたるまで、ダール・アル・イスラームのいたるところで複雑に絡み合うことになったのだ。

冷戦下の石油戦略とムスリム社会の分裂

イランの東方では——表面的な違いはあったものの——冷戦はグレート・ゲームの再現のようにしか見えなかった。かつての帝政ロシアは今ではソヴィエト連邦と呼ばれ、かつてイギリスが演じていた役割は今ではアメリカが担っていた。しかしながら、その動力学《ダイナミクス》はまったく同じで、陰謀と心理的圧力、暴力による脅嚇《きょうかく》、そして惨たらしい殺戮《さつりく》によって成り立っていた。

けれども、その規模は冷戦のほうがずっと大きかった。グレート・ゲームはロシア帝国軍と大英帝国軍が対峙する前線地帯で展開されたが、冷戦はソ連の勢力拡大を断固阻止せんとするアメリカの封じ込め政策によって地球規模で展開された。当時は世界各地で新たな国民国家が誕生しつつあり、そのほとんどは最終的に米ソいずれかの同盟国になると想定されたことから、地上のどこでも冷戦の前線になる可能性があった。紛争の火種を抱えた国は例外なく、両超大国から資金と兵器を手に入れることができた。その国が米ソのいずれかに傾くかによって、米ソの一方が当該政府に対して、他方が何らかの反政府組織に対して多大の援助を与えていたのだ。

グレート・ゲームの主戦場はイランとアフガニスタンと中央アジアだったが、この地域は冷戦下でも役を割り当てられた。十九世紀のロシア帝国は温暖な海域に海軍基地と貿易港を確保すべく、アフガニスタン経由でペルシア湾を目指す南下政策を採っていた。ソ連も同じことを目論んでいたが、今回はもっと大きな動機が加わっていた。世界の石油のおよそ六五パーセントがペルシア湾周辺と北アフリカの二、三のムスリム諸国に埋蔵されていることが、地質学者の調査によって明らかにされつつあったのだ（さらに、その残りの多くがアフガニスタン北方に位置する中央アジアのムスリム諸国に埋蔵されていることが、以後の地質調査で明らかになった）。地球規模の工業化が途方もない勢いで進展するに伴って、石油の重要性はいよいよ高まる一方だった。

石油はイスラーム世界の政治にきわめて大きな影響を及ぼしたが、その社会に与えた影響はいっそう深く浸透したように思われる。一九三〇年代以来、産油国は石油が発見された当初に結んだ利権契約のゆえに、強欲な外国資本にひたすら搾取されていた。その後、産油国の一部は数年ごとに外国の石油会社と契約条件を再交渉するまでに漕ぎつけ、しだいにより有利な条件を獲得するようになった。一九五〇年には「石油輸出」国は総じて、〔利益折半協定を結んで〕自国の石油から得られる収入の五〇パーセントを受け取っていた。かくして、この時期から相当な額のオイル・マネーが産油国に流入しはじめた。

もし、石油が発見される以前に、産油諸国に民主的な制度が築かれていたなら、急激な富の流入はまったく異なる影響を及ぼしていたことだろう。これらの国々において、社会の隅々まで権力が分配され、あらゆる階層の国民に政治参加の道が開かれていたなら、石油がもたらす潤沢な資金が多数の国民の創造的エネルギーを活性化させ、文化的ルネサンスの引き金を引いていたかもしれない。

しかしながら、時代と環境は民主的な制度が生まれることを許さなかった。これらのムスリム社会は失われた偉大な過去の記憶に取りつかれており、統治エリートは過去の栄光を復活させるのに不可欠であるとして、近代的インフラストラクチャーの開発にあくまで固執した。彼らは西洋に追いつこうと躍起になり、権力を独占した中央集権国家だけがなすべきことを成就できると思いこんだ。時間をかけて本当に必要なインフラを組織的に建設すればよいとも、自国民が彼らなりのペースとやり方で近代化を実現する方途を見出すにまかせればよいとも、彼らは考えなかった。そんな余裕はない、ムスリム社会は刻一刻と遅れをとっている。だからこそ、近代的な物理的インフラが丸ごと一式、今すぐに必要なのだ！

石油のおかげで、彼らはきわめて迅速に目的を達することができた。石油を売って、その金で望みどおりのインフラを急ピッチで築くことができたのだ。産油国のエリート連中が莫大な富を貯めこんだことは、今でも語り草になっている。たしかに、ごく少数のアラブ人やイラン人はうんざりするほど多くの富を手中にし、ジェット機を乗りまわして世界中のリゾート地やカジノで浪費した。だが、産油国の統治エリートはひたすら私腹を肥やしただけではなかった。彼らはまた、世俗的近代主義者の信条に忠実に従って、巨額の資金を「開発」に投じたのだ。実際には、こちらのほうが重要な出来事だった。産油国の政府は次々と、国が管理・運営する学校制度を構築し、発電所や超高層のオフィスビルを建設し、国営航空会社を創設し、国営のテレビ局やラジオ局や新聞社を開設した。

産油国では一様に、国家とその執行機関がこの種の大規模開発事業を推進した。その結果、新たに設けられた近代的な国家機構の管理・運営に従事する新しい社会階層が誕生した。この階層は教育を受けた技術者や官僚、いわゆる「テクノクラート」〔政治経済や科学技術について高度の専門的知識をもつ行政官や管理者〕で構成されていた。彼らは国家から給料を支給される被雇用者だったが、国家はその金を、自国の石油を採掘して販売する外国企業から得ていた。国家は依然として農民や牧畜業者や手工業者や商人など、従来どおりの経済活動を営む人々から税を徴収していたが、これらの税収はたいした額にならなかった。伝統的な経済制度はそれほど生産的ではなかったのだ。政府が野心的な開発計画の資金を調達するうえで、こうした税収に頼れないことは明白だった。

ひとたび伝統的な経済からの税収に依存しなくなると、国家の統治エリートはもはや、かかる経済に従事する人々の支持を必要としなくなった。全体主義的な独裁国家でさえ、パワー・エリートは国内の支持層の機嫌をある程度とらねばならないものだ。ところが、石油資源に恵まれたムスリム諸国においては、パワー・エリートは自国の大衆と文化的に遊離しても、何ら痛痒《つうよう》を感じなくなった。彼らが親交を結ぶ必要があったのは、彼らの国にやって来ては去ってゆく国際経済の担い手たちだった。こうして、「近代化」はこれら「開発途上の」社会を「統治者の倶楽部」と「その他大勢」に分裂させたのだ。

統治者の倶楽部の規模は小さくなかった。そのメンバーにはくだんのテクノクラートも含まれていたが、彼らは単なる集団というより、一つの社会階層を構成していた。この倶楽部には統治エリートも加わっていたが、それは王国の場合には王族とその広範にわたる血縁者であり、「共和国」の場合には与党と与党に盲従する官僚だった。それでもやはり、いずれの国においても統治者の倶楽部は国民全体の中では少数派だった。そして、支配階級と大衆を隔てる境界はますます鮮明になる一方だった。

倶楽部に属する人々は、祖国を変容させるという刺激的なプロジェクトに従事していた。一方、倶楽部の部外者は近代化の受け身の受益者であり、彼らにとって近代化は単に生じつつあることに過ぎなかった。ある日突然、近所に病院ができてよりよい医療を受けられるようになったり、近所に舗装された幹線道路が出現して都市に行くのが便利になったりするのはよいことだ。けれども、統治者の倶楽部から排除された人々はよかれあしかれ自国の近代化に何の役割も演じておらず、政府の意思決定にまったく参加しておらず、国庫に流入する金の使途について発言する権利も機会もなく、祖国を変容させるプロジェクトに政治参加する道を閉ざされていたのだ。

彼らはまた近代化の副産物として、おのれの個人的な夢や目標を――それがどのようなものであれ――実現する能力を高められたわけでもなかった。それどころか、石油輸出国が総体として豊かになったにもかかわらず、「統治者の倶楽部」の部外者は相対的に貧しくなった。

大多数の国民にとって、祖国の事業に関与するために唯一開かれた道は、官立学校に入学し、優秀な成績を修め、(理想的には)留学し、学位を得て、それも望むらくは技術分野の学位を得て、テクノクラシー〔テクノクラートの管理による社会経済体制〕に割りこむことだった。このコースを選んだ者はおそらくみながみな、やがてはスーツを着て働き、西洋人のそれに似たライフスタイルを営むようになっただろう。彼らの時間は時計で規定され、その家族は「核家族」となる傾向があった。余暇には酒を飲んだり、ナイトクラブで過ごしたり、オペラを鑑賞するようになったかもしれない。彼らの子どもたちはたぶんロックンロールを聴いたり、異性とデートしたり、自分で配偶者を選ぶようになっただろう。

このコースからはずれた者はほぼ例外なく、最後までピーラーハネ・トゥーンバーン〔南アジアの民族衣装〕、シャルワーズ・カミーズ〔南アジアの民族衣装〕、サリー、ジュッラーバ〔北アフリカの民族衣装〕、ケフィエ〔パレスチナのベドウィンに伝わるスカーフ状の被りもの〕など、帰属する社会の伝統的な衣服を身につけていただろう。日々の生活は宗教儀式に合わせて営まれ、彼らのいう家族とは通常、複雑に絡み合った諸々の義務によって結びついた血縁者の大きなネットワークを意味していた。配偶者は血縁者など第三者の協議によって、当事者不在のまま決められるのが一般的だった。

西洋世界の外交官や実業家や官僚などは、同じ文化を共有しているという親近感から、スーツを着て働く人間とは気楽に交渉することができただろう。彼らと違う文化に属する現地人とは、ほとんど没交渉だったと思われる。

スーツを着て働く人々は、電気や下水道が完備した近代的なキッチンやバスルーム付きの住宅で暮らせる見込みが大きかった。そうでない人々は、先祖が住んでいたのと代わりばえのしない家で暮らしていた。キッチンやバスルームは正式な配管工事がなされておらず、おそらく公共の下水道につながっていなかった。エネルギー源としては電気の代わりに、木炭や木材といった燃料をそのまま燃やして熱源や光源としていたのだろう。

国家の統治者倶楽部に属する人々は、世界経済のそれに匹敵する規模で金を稼ぐことができた。立ち遅れた国内経済に依存する人々は、概してはるかに少ない収入しか得られなかった。それだけの収入では農村や都市のスラムでその日暮らしをするのが精いっぱいで、貧困から抜けだすのは絶望的だった。

こうした社会の分裂は産油国に限った現象ではなかった。同様のプロセスは石油を産出しない国々でも生じていた――それらの国に冷戦下の交渉の切り札としての戦略的な価値がある場合には。そして、戦略的価値をもたない国などあっただろうか？　この目的にかなったエジプト、アフガニスタン、パキスタンなど多くの国々には、彼らを自陣営になびかせようと目論む超大国から「開発援助」の名目で多額の資金が流入した。ある国の統治エリートが道路や病院、学校や空港、軍や警察の装備など何を必要としようと、彼らはそれを実現するための資金を無償資金協力や借款の形で外国から手に入れることができたのだ。その金はオイル・マネーではなかったが、自国の伝統的な経済が生みだす収入に比べたら、まことに多額の金だった。この種の援助資金のおかげで、ますます中央集権化を進める国家は国内の税収に頼らないですむようになり、統治エリートは国内の有権者の機嫌をとったりなだめたりしないですむようになった。これは大量のテクノクラートを生みだし、社会を二つの世界に分裂させるに充分な額の金だったのだ。

社会の分裂はきわめて明確な形をとったので、二つの世界が並存しているのがひと目でわかる土地は枚挙にいとまがなかった。カサブランカからカーブルにいたるイスラーム圏の大都市にはことごとく、本質的に二つの繁華街が存在した。その一つは「旧市街」で、都市によっては「カスバ」〔アラビア語で町を意味するカサバに由来するマグリブの方言〕とか「メディナ」〔植民地時代以降に建造された新市街との対照の中で、地元住民が居住していた都市区域をこう呼ぶようになった〕と呼ばれていた。旧市街は立ち遅れた経済に従事する市民のための繁華街だった。ここに出入りする人々はみな、もう一つの繁華街――全世界を相手に商取引が行なわれている近代的な「新市街」――に集う人々とはまったく異なる服装をしていた。旧市街と新市街は匂いも、建築様式も、社会生活の雰囲気もまるで違っていた。かつてヨーロッパ諸国に植民地支配されていた国々では、社会は多かれ少なかれこのように分裂してしまったことだろう。けれども、ムスリム諸国ではそれがいっそう鮮明だったように思われる。

もちろんヨーロッパにおいても、産業革命が引き起こした急激な変化によって社会は明確に異なる二つの階層に分断された。ロンドンにも瀟洒なビジネス・センターと中世の面影濃いチープサイドがあり、高級住宅地とスラム街が併存していた。けれども、ヨーロッパにおける社会の分裂はもっぱら経済的な格差に起因していた。富める者はより豊かで快適な衣食住を享受し、よりよい学校に行き、教育を受けた者に特有の話し方をした。とはいえ、彼らはもともと貧しかった者が豊かになったというに過ぎなかったのだ。

シャーの暴政と抵抗運動の高まり

イスラーム圏においては、二つの世界は経済面のみならず文化面でも隔絶していたので、その懸隔はもたざる者の疎外感を募らせた。彼らは反植民地主義的色合いの濃い憤懣を抱くようになったが、その矛先は自国のエリート層に向けられた。こうした感情はしばしば社会不安を生じさせたが、これら文化的に分断された国々には紛争を調停する民主的な制度がなかったので、政府は無造作に武力で騒乱を鎮圧した。土着のエリートが、かつてのヨーロッパ植民地主義者の役割を担うようになったのだ。モロッコからエジプトを経てパキスタンにいたる地域で、さらにそれを越えた地域で、刑務所には政治犯と反体制活動家が溢れるようになった。イランではほかのどの地域にもまして、二つの世界のあいだの文化的・政治的緊張が目に明らかだった。モサッデクを失脚させて実権を掌握したモハンマド・レザー・パフラヴィーは、アタテュルク・タイプの世俗的近代主義者だった。ところが、アタテュルクが独裁者的な傾向をもちながらも基本的には民主的な人物であったのに対して、このイランのシャーは根っからの独裁者で、しかも全体主義的傾向まで帯びていたのだ。彼はおのれの支配を固めるべく、〔CIAの支援のもとに〕秘密警察と諜報機関の機能を併せもつサーヴァーク（SAVAK）を設けて、反国王運動を弾圧した。その一方で、あたかもイラン国民の傷に塩を擦りこむかのように、イラン在住のアメリカ市民に治外法権を認める条約をアメリカと締結した――これは驚くべき主権の譲渡だった。

シャーの暴政は抵抗運動を激化させ、その担い手たちはサイイド・ジャマルッディーン・アフガーニーの精神に立ち戻った。彼らの理論的指導者は、ソルボンヌに留学したムスリムの社会学者で改革思想家のアリー・シャリーアティー博士〔一九三三〜七七〕だった。シャリーアティーは彼のいわゆる「西洋中毒」を排したイスラーム流近代主義を構想し、イスラームの伝統の中に進歩的な社会主義の基盤となるものを見出した。いわく、イスラームが神の唯一性を主張するのは人類が地上で一致団結すべきことを意味しているにもかかわらず、現代においてはイスラームが禁じている「多神教」が、富と人種による社会の階層分化に体現されている、と。シャリーアティーによれば、ムスリムがマッカ巡礼《ハッジ》中に石を投げつける三本の石柱〔ジャムラ〕は、資本主義、専制政治、宗教的偽善を象徴するものとされた。彼はかようにイスラームの伝承や伝統を燃料として、革命的熱情を焚きつけた。その一例を挙げるなら、彼はムアーウィヤーに対するフサインの反乱を自由、公正、救済を求める人類の闘争のシンボルと位置づけた。フサインはわずか七〇人余りの一団を鼓舞して強大なウマイヤ朝に立ち向かった。それを思えば、地下の革命組織が二、三〇〇名のメンバーしかいないからといって、イランの国王と彼を支える超大国に対して宣戦布告するのをためらう理由などないではないか(3)〔シャリーアティーは独自のイスラーム的階級闘争史観や弁証法を駆使して人々に決起を呼びかけたが、政府の弾圧を受けてイギリスに移住し、渡英直後に謎の死をとげた〕。

イスラーム社会主義者の抵抗運動は、モジャーヘディーネ・ハルク〔イラン人民聖戦隊の意〕と称する地下組織によって実行された。一九五〇年代半ばから一九七九年のイラン革命にいたるまで、この小さなグループは反国王闘争を主導し、サーヴァークに対する秘密戦争を遂行した。（しばしばイスラーム・マルクス主義者と呼ばれた）モジャーヘディーネ・ハルクのメンバーは弾圧の矢面に立ち、処刑され、投獄され、拷問された。シャーはこれによって抵抗運動を粉砕しようと目論んだのだが、メンバーの男女は筆舌に尽くせない残虐な仕打ちに耐えたのだ。

しかしながら、イランではこれと並行して、まったく種類の異なる宗教的抵抗運動が勢力を伸ばしていた。それは正統派ウラマーが主導した運動で、その象徴的存在が厳格な宗教指導者アーヤトッラー・ホメイニー〔一九〇二〜八九〕だった。

ホメイニーはスンナ派イスラームを奉じるワッハーブ派と同様に、ムスリムは「真の」イスラームから逸脱してしまったと糾弾した。彼のいう真のイスラームとは、クルアーンを文字どおりに読むことと、預言者ムハンマドおよび（イランのムスリムはシーア派に属していたので）その後継者である歴代のイマームの伝承に基づいて理解されるところのものだった。ホメイニーはその専制政治ゆえにではなく、その近代主義ゆえに——西洋式の服装規定を奨励し、女性の権利を支持し、イランにナイトクラブを建設することを認めたこと等々に対して——シャーを攻撃したのだ。

ホメイニーはさらに、〈預言者から歴代イマームにウンマの指導権が伝わったとする〉シーア派の伝承に基づいて新奇な政治理論〔「法学者の統治」〕を編みだした。この教義によれば、ムスリム共同体を統治する権限は世界でただ一人だけ選ばれた隠れイマームの代理人に委ねられているが、この代理人は宗教上の深い学識と、イスラーム法に精通した学者たちが彼に寄せる崇敬の念によって、それと知ることができる。かかる人物は立法権を有する指導者すなわちファキーフ〔法学者〕であり、現在の世界においては自分こそがその人物である、とホメイニーは暗に主張していたのだ。

シャーは一九六四年にホメイニーを国外追放したが、この厳格な宗教指導者は〔トルコを経て〕隣国のイラクに亡命し、ここを拠点に数を増す一方の彼に忠実なイランの宗教的狂信者集団を指揮していた。

世俗的近代主義者の凋落――イスラーム革命

一九六七年の六日間戦争は、アメリカはイスラエルを足掛かりとしてイスラーム文明に対する新たな帝国主義的攻撃を先導している、というムスリムの確信を深めさせた。結局のところ、イスラエルの軍事力はアメリカの兵器と援助に依存していたのだ。彼らの確信は一九七三年にいっそう強まった。この年、ナセルの後継者の第三代エジプト大統領アンワル・アル・サダト〔一九一八～一九八一。在職一九七〇～没年〕が、ユダヤ教における最も厳粛な祭日であるヨーム・キップールの日〔贖罪日〕にイスラエルを攻撃して、四度目のアラブ－イスラエル戦争〔第四次中東戦争〕の火蓋《ひぶた》を切った。今回はエジプト軍が緒戦を優勢に戦ったが、イスラエルが突然アメリカから大量の兵器を供給されるにおよんで潮流が変わった。そして、またしても、イスラエルが軍事的勝利をおさめたのだ。

ちょうどこのアラブ－イスラエル戦争の最中に、石油輸出国機構（ＯＰＥＣ）は生産量の調整と原油価格の決定という通常業務を行なうために会合する予定になっていた。ＯＰＥＣは一九六〇年に創設された組織で、当時の加盟一二ヵ国のうち九ヵ国がムスリム国家だった。ＯＰＥＣの指導者が会議場に集まりつつあったまさにその時に、彼らの国ではイスラエルとアメリカがアラブに軍事的屈辱を与えようとしていることに対して、大衆が抗議のデモを繰り広げていたのだ。それまでＯＰＥＣはとくに政治的な組織ではなかったが、この一九七三年の会議において、加盟国は石油を反撃の武器とすることを決断した。彼らはイスラエルを支持する国への石油の禁輸を宣言した〔イスラエル支援国への禁輸・供給制限を決定したのは、ＯＰＥＣを補完する目的で一九六八年に設立されたアラブ石油輸出国機構（ＯＡＰＥＣ）で、ＯＰＥＣは原油価格の大幅引上げを一方的に実施した〕。

この動きは工業化された世界に大きな衝撃を与えた。当時、私が住んでいたオレゴン州ではガソリンの供給が制限された。ガソリンは一日おきにしか購入できなくなり、購入できる日はナンバープレートの数字の末尾が奇数か偶数かによって決められた。今でも覚えているが、私はその冬のあいだ、一日おきに夜が明けるずっと前に起きては、わずかなガソリンを手に入れるチャンスを求めて、地元のガソリンスタンドに並ぶ長い列に加わったものだ。時には、ポンプにたどり着く前にガソリンが売りきれてしまった。自分は今文明の終焉を目の当たりにしている、と私は思ったものだ。そして、たぶん、私はその前兆を経験していたのだろう。たぶん、私たちすべてが。ＯＰＥＣの決定によって、原油の平均公示価格は一バーレル〔約一五九リットル〕当たり三ドルから一二ドル近くまで急騰した。本書を執筆中の時点では、原油の価格は一バーレル当たりおよそ一三〇ドルになっている。

メディアはすぐさま、今ではお馴染みとなったステレオタイプのアラブ人像を描いて反撃を開始した。すなわち、アラブ人は金持ちで、脂ぎっていて、長い鼻をもった邪悪な輩《やから》で、世界を支配することを共謀している、と。こうしたステレオタイプは、一〇〇年前にヨーロッパの反ユダヤ主義者が描いたユダヤ人像に——むしろ奇妙なほど——よく似ている。とりわけ、「シオンの長老たち」〔または「シオンの賢者」〕と呼ばれた想像上のユダヤ人秘密結社のメンバーのイメージに酷似しており、彼らは——そう、世界の支配を目論んでいるとされていたのだ。

禁輸措置を断行したことによって、アラブ産油国は自国の潜在的な力を認識するようになった。禁輸措置は数ヵ月で終わったものの、産油国が自国の石油資源に対する支配力を強めるという結果をもたらした。それ以来、産油国のエリート層は以前にもまして裕福になった——これは、前述したムスリム社会の分裂に拍車をかけただけだった。

この期間をつうじて、ダール・アル・イスラームの世俗主義陣営は国際的な勢力に対処しつつ、祖国を「近代化」するための闘争を続けていた。けれども、彼らとは「別」の潮流に属する水面下の——さらには禁じられた——イスラーム復興運動が、すなわち政治的イスラーム主義、サラフィー主義、ワッハーブ主義、デーオバンド派の運動、ジハード主義などが、立ち遅れた経済活動に従事する疎外された人々のあいだで勢力を伸ばしていた。これらの運動に携わる者たちは相変わらず、世界は二つの明確に異なり、互いに排斥し合う領域に分かれていると説いていた。そう、ムスリム共同体の平和の領域と強欲な異教徒の戦争の領域に分裂しているのだ、と。

彼らの説教を聞いた人々は、身のまわりを見まわして彼らの話に納得した。たしかに、社会は二つのまったく異なる世界に分裂していた。それはあまりに明白だったので、いやでも気づかずにはいられなかった。そして、七世紀のアラビア半島で預言者ムハンマドが受けた啓示の言葉に今でも忠実な人々と、人間を神から離反させようと企む悪魔に与した者たちのあいだの終末論的な対決が近づいている、とジハード主義者が予言したときに、これら歴然と分断された社会に住む人々は、彼らが言わんとしていることを理解できたのだ。彼らは毎朝目覚めるたびに、自分たちが貧窮の一途をたどっているという現実に向かい合っていた。ところが、テレビのスクリーンには町の反対側に住む人々、どんな夢物語《ファンタジー》も及ばないほど豊かな別世界に住む人々が映しだされていた。彼らは終末の日が近づいていると聞いて、喜びに心をときめかせた。その時には、自分たちには地上と天国が与えられるのに対して、神を見失った不実なエリートどもは傲慢の鼻をへし折られるのだ。

こうした状況であったにもかかわらず、西洋諸国は一九七〇年代にいたるまで、イスラーム圏の下層社会で怒りが爆発的に高まっていることにほとんど注意を払わなかった。西洋で主流となっている世界史の物語は、これら取り残された人々を過ぎ去った時代の痕跡器官、つまり過去には機能していたが進化の過程で無用化した器官のごときものとみなしていた。そして、開発途上国が先進国になり、専制国家がおのれの誤りを悟って民主国家に生まれ変わり、教育と呼ばれる普遍的な万能薬によって科学が迷信に取って代わり、偏狭な感情が冷静な理性に道を譲るにつれて、この手の人々はしだいに消えてゆくと見ていたのだ。当時普及していた理論によれば、イスラーム世界（およびそのほかの地域）の立ち遅れた人々を苦しめている問題は、彼らが暮らしている社会の諸条件ではなく、彼らの誤ったものの見方に起因するとされていた。そして、まもなく――イスラーム世界の世俗的近代主義者の凋落が始まった。

その一番手が、パキスタン首相のズルフィカール・アリー・ブット〔一九二八〜七九。在職一九七三〜七七。一九七一〜七三は大統領〕

だった。彼はカリフォルニア大学バークレー校などに留学した洗練された人物で、〔一九六七年に〕世俗的社会主義を奉ずるパキスタン人民党を結成し、左翼的な傾向の強い政策を次々と打ちだした。一九七七年、イスラーム主義者のズィヤーウル・ハック陸軍参謀長〔一九二四〜八八〕がクーデターを起こして、ブットを投獄した。パキスタンのデーオバンド派はすぐさま、ブットの処刑を声高に求めはじめた。軍事法廷は彼に死刑判決を下したが、その罪状は漠然としたものだった〔政敵暗殺を命じたとされていた〕。かくしてブットは絞首刑に処されたが、この一三年前に、サイイド・クトゥブはエジプトでまったく同じ運命に見舞われていた。

ついで失脚したのはイランのシャーだった。一九七九年、世俗的な左派勢力とイスラーム社会主義者と親ホメイニーのシーア派革命論者が連合して、シャーを国外に追放した。しばらくのあいだは、モジャーヘディーネ・ハルクと彼らを支持する近代主義者の同盟がイスラーム社会主義という新しいイデオロギーに基づいて、イランに進歩的な政権を築くかと思われた。

ところが、ホメイニーが狡猾に立ちまわって、イラン革命の成就に貢献したほかのすべてのグループを出しぬいた。一九七九年一一月四日、ホメイニーを崇拝する学生の一団がアメリカ大使館を襲撃し、六六人のアメリカ人を人質にとった。ホメイニーはアメリカとの積年の対立を利用して、ライバル各派の勢力を削ぎ、おのれの支配を固めた(4)。とはいえ、彼が成功した原因を狡猾な戦略と政治的駆引きだけに帰すことはできないだろう。ホメイニーの勝因は、彼が当時のイラン大衆の心の奥底で沸きたっていた感情を代弁したことにあったと思われる。その感情はおそらく、世俗的近代主義の軌道を修正しようというものではなく、その方向を目指すあらゆる運動を圧殺し、「イスラームのやり方」をもう一度試してみようというものだったのだろう。いずれにしてもホメイニーは一九八〇年までに、イランを同国の正統的シーア派ウラマーの中でも最も保守的な宗教指導者が統治する「イスラーム共和国」に変えてしまったのだ。

次は、アフガニスタンの世俗的近代主義者の番だった。彼らの終焉は、過激な形で噴出した世俗主義者の衝動が勝利をおさめたかと思われたときに始まった。一九七三年にアフガニスタンの共産主義者の一団がクーデターを決行し、一九二九年にナーディル・シャーが再興した王朝〔バーラクザイ朝〕を打倒した。王の一族で逃亡しそこなった者は一人残らず殺された。一九七九年にソ連が侵攻を開始して、アフガニスタンの直接統治に乗りだした。けれども、振り子が大きく左に振れたのは一時的な現象で、何の成果ももたらさなかった。それはただ、圧倒的に大規模な部族的・宗教的反乱の引き金を引いただけだった。その後八年間続いた反ソ・ゲリラ戦によって、アフガニスタンのイスラーム主義イデオローグの勢力が全面的に強まった。彼らの闘争とアフガニスタン農村部におけるレジスタンス運動は、周辺のイスラーム世界のいたるところから熱狂的なイスラーム主義者を引き寄せた。その中には、アラブ世界のジハード主義者や、パキスタンのデーオバンド派などが含まれていた。彼らはいずれも、ペルシア湾岸のアラブ産油国からワッハーブ派に流れた資金の援助を受けていた。アフガニスタンの戦場で初めて血の味を知った多くの男たちの中に、ウサーマ・ビン・ラーディンがいた。

実のところ、二十世紀最後の二〇年のあいだに、イスラーム圏の世俗的近代主義陣営の勢力はほとんどすべての地域で衰退した。アルジェリアでは、世俗政権〔民族解放戦線〕が絶えずイスラーム救済戦線〔または救国戦線。アルジェリア最大のイスラーム主義組織〕の非難にさらされるようになった。パレスチナでは、世俗的なPLOがイスラーム組織ハマース〔正式名称はイスラーム抵抗運動。ムスリム同胞団の闘争組織として登場した〕のイデオローグに指導権を奪われるとともに、やはり宗教的イデオロギーに根差した武装集団であるイスラーム・ジハード運動〔イスラームに立脚してパレスチナ解放を目指す組織〕がこの地に足場を築いた。レバノンでは、イスラエルによる一連の破壊的な侵攻によって、南部国境沿いのパレスチナ難民キャンプは無人地帯と化した。ベイルートは破壊され、PLOはリビアに本部を移さざるを得なくなった。だが、イスラエルのレバノン侵攻は、急進的なシーア派政党であるヒズボラ〔ヒズブ・アッラー。「神の党」の意。一九九二年に合法政党となる〕の結成という結果しかもたらさなかった。その後、ヒズボラはレバノンの南半分を実効支配するようになり、追放されたPLOと同様にイスラエルの抹殺に挺身していることを行動で示すにいたったのだ。

シリアとイラクでは、ムスリム同胞団（と、そのさまざまな分派）がバアス党と熾烈な闘争を繰り広げたが、西洋諸国はこれにほとんど気づいていなかった。両国のバアス党政権は強硬な弾圧政策をとったにもかかわらず、これらイスラーム主義者の反政府運動を根絶できなかった。バアス党政権の恐るべき残虐行為の一例として、一九八二年にシリア大統領ハーフィズ・アサド〔一九三〇～二〇〇〇。在職一九七一～没年〕がハマーというかなり大きな都市の住民のほとんどを殺した事例が挙げられる〔ムスリム同胞団の反政府運動に対する掃討作戦の過程で、一万人に及ぶ市民が犠牲になったと言われている〕。

イラン・イラク戦争と湾岸戦争

イラクの統治者サッダーム・フセインはスンナ派の世俗的近代主義者で、急進的なイスラーム主義の不倶戴天の敵だった。一九八〇年、ホメイニーが政権を掌握した直後に、フセインはイランに侵攻した。彼はおそらく、革命に揺れるイランを奪う機が熟したと考えたのだろう。イランの石油を狙ってもいただろう。そして、ホメイニーに脅威を感じてもいたのだろう——それも無理はなかった。なぜなら、ホメイニーはイスラーム革命を輸出すると公言しており、シーア派人口の多い世俗国家イラクは明らかに輸出先候補の筆頭だったからだ。フセインが何を目論んでいたにせよ、彼が起こしたイラン・イラク戦争はいずれの国にも破局以外の何ものをもたらさなかった。イランもイラクもほぼ一世代分に相当する若者と少年を失った。第一次世界大戦以降、これほど大規模な軍隊が直接交戦した例はなく、これほどわずかな領土の奪い合いのためにかくも多くの人命がいとも無造作に奪われた例も絶えてなかった。この戦争期間をつうじて、アメリカはイラクに莫大な資金と大量の兵器を注ぎこみ、イラク軍が最後の一兵にいたるまで戦えるよう支えていた。というのは、アメリカはすでにイランにおける足場を失っていたので、ソ連がこの戦略的に重要な地域に確実な地歩を築くのを恐れていたからだ。イラクを支援することはイランを弱体化させる道であり、おそらくはソ連の介入を阻止する道でもあると思われた。ここでふたたび、ムスリムの歴史の物語と西洋のそれが破滅的な形で絡み合った。ムスリムの物語は依然として、世俗的近代主義と原初への回帰を訴えるイスラーム主義の対決というストーリーを紡いでいた。それに対して、西洋の物語は相変わらず——民主主義と全体主義にまつわるレトリックで表現されていたものの——超大国の覇権と石油支配をめぐる闘争というストーリーを紡いでいたのだ。

イラン・イラク戦争は一九八八年に終結したが勝者はいなかった——イランがともかく生き残れたのを勝利とみなさないのであれば。不毛の流血沙汰によってイラクの国土は廃墟と化し、国庫は涸渇した。その後の二年間、サッダーム・フセインは戦争の痛手から立ちなおろうと画策し、ついに一九九〇年、一気に損失を挽回すべく行動に出た。これは二倍かゼロかの賭け〔借りているほうが負ければ借りが二倍になり、勝てば借りがなくなる賭け〕だった——もし、一というのが存在していたならば。フセインはクウェートの石油を我がものにしようと、この隣国に侵攻して「併合」したのだ。どうやらイラク駐在アメリカ大使エイプリル・グラスピーの言葉から、フセインは今度の冒険でもアメリカは自分を支援してくれると思いこんでいたようだ〔侵攻直前の七月二五日にイラクがクウェートの併合を示唆した際に、グラスピーは「国境問題に介入するつもりはない」と発言していた〕。

ところが、アメリカはフセインを支援するどころか、三四ヵ国からなる多国籍軍を率いて「砂漠の嵐」作戦を発動し、かつての盟友を攻撃した。湾岸戦争は短期間で終結したが、イラクのインフラの多くが破壊された。フセインに徴集された哀れな兵士たちは、のちに「死のハイウェー」と呼ばれるようになった道を重い足取りでバスラ目指して敗走したが、多国籍軍の焼夷弾攻撃に見舞われた。今回は、イラクは決定的に、完全に、疑問の余地なく敗北した——にもかかわらず、戦争が終わったときに、サッダーム・フセインはなぜかいまだに権力の座にあり、中核的なエリート部隊たる共和国防衛隊を支配していた。そして、彼が西洋勢に打ち負かされたのちに各地で蜂起した反乱を鎮圧するだけの武力を保持しており——実際に残忍至極に鎮圧したのだ。

湾岸戦争終結後に国際連合が課した経済制裁によって、イラクは実質的に世界から孤立し、イラクの収入はおよそ九五パーセント減少した。イラク国民の生活水準は一九九〇年当時のヨーロッパ並みの水準から、世界の最貧国レベル近くまで低下した。病気が蔓延したが、治療するための医薬品はなかった。二〇万人以上の子どもたちが――もしかすると五〇万人もの子どもたちが――経済制裁の直接的な結果として命を落とした。バグダード駐在国連人道問題調整官のデニス・ハリデイは国連の制裁に抗議し、「毎月五〇〇〇人の子どもが死んでいる……私はこんな結果をもたらすプログラムの運営に携わりたくない」[5]と述べて辞職した。好戦的な警察国家に囚われて、長年のあいだ深まる一方の恐怖を嘗《な》めてきたイラク国民は、いまや想像を絶する悲惨な状況に陥った。イラク社会で制裁の影響をほとんど被らなかったのは、国連が制裁をつうじて罰しようとしていたバアス党のエリート、サッダーム・フセインとその取り巻き連中だけだった。

冷戦の終結――歴史は終わったのか?

東方に目を転じると、イラクがイランに侵攻する一年足らず前にアフガニスタンに侵攻したソ連軍は、イラクが最終的にイランから撤退した一年足らずのちにアフガニスタンからの撤退を完了した。アフガニスタンの共産主義者はその後三年間権力にしがみついていたが、彼らがついに倒れたときには、ソヴィエト連邦自体が崩壊の途上にあった。ソ連帝国は東ヨーロッパでほころびはじめ、連邦を構成する共和国も――ロシア共和国でさえも――次々と独立を宣言した。そして、ついにはソ連からの独立を宣言しようにも、ソ連そのものがなくなってしまったのだ。

アメリカでは保守派の歴史学者フランシス・フクヤマ〔一九五二生〕が、ソ連の崩壊は冷戦の終わりのみならず歴史の終わりを画したとする仮説を提示した。資本主義に立脚したリベラルな民主主義が勝利をおさめ、もはやいかなるイデオロギーもこれに挑戦することはできない、残されているのは周辺地域の小規模な残敵掃討だけで、それが終われば全世界は唯一の真理に向かって進む列車に乗るのだ、と。その後、フクヤマはこの仮説を『歴史の終焉と最後の人間（*The End of History and the Last Man*）』〔邦訳は『歴史の終わり』渡部昇一訳、三笠書房〕と題する著作で発表した。

しかしながら地球の反対側では、これら驚天動地の出来事から、ジハード主義者とワッハーブ派がまったく異なる結論を引きだしていた。イランではイスラームが王政を倒してアメリカを追放し、アフガニスタンではムスリムが赤軍を破ったばかりかソ連そのものを崩壊させた、と彼らの目には映っていた。こうした状況を通覧して、ジハード主義者は彼らが一つのパターンとみなすものを見出した。つまり、原初のムスリム共同体はひたすら神のご加護によって、当時の二大超大国たるビザンツ帝国とサーサーン朝を打ち破った。現代のムスリムも二つの超大国と対決し、すでにその一つを完全に打倒した。次はもう一つを倒す番だというのが、ジハード主義者とワッハーブ派の見方だった。歴史が終わりに近づきつつあるだって？　とんでもない！　これら急進主義者の見るところでは、歴史は今まさに面白くなってきたところなのだ。

彼らは長年にわたって、ダール・アル・イスラームとダール・アール・ハルブに二分された世界像を提示し、善と悪、神と悪魔の終末論的対決が迫っていると予言してきた。地球規模の大々的な闘争によってあらゆる矛盾が解決され、あらゆる人間集団は一つの世界に、そう、普遍化されたマディーナに統合されるのだ、と。

西洋諸国にとって、冷戦の終結はアフガニスタンを見捨ててもよいことを意味していた。ここですべきことはもはや何も残っていなかった。アメリカとその西ヨーロッパ同盟諸国は数十億ドル相当の兵器と資金をアフガニスタンに投入してきたのだが、彼らは時を移さずアフガニスタンから完全に撤退した。協議の場を設けるとか、アフガン諸部族間の和平を仲介するとか、しかるべき政治的プロセスの構築を支援するとか、何らかの形でアフガニスタンが国内の秩序を回復するのを手助けしてほしいと、いくつかの筋から要請や申し出がなされたが、彼らはそれらをすべて拒否したのだ。ソ連のアフガニスタン侵攻の時期にCIAイスラマバード支局長として現地で秘密工作を指揮していたミルト・ベアデンは、この性急な撤退の理由を「誰もアフガニスタンなんて屁とも思っていない」と簡潔に説明した。かつてソ連軍と戦ったアフガニスタンの諸部族は共産政権から奪還した祖国の支配権をめぐって、対ソ戦中に入手した武器をもって相争うようになった。ソ連はアフガニスタンの農村部を破壊したが、さまざまなゲリラ部隊が繰り広げた内戦によって諸都市も破壊されてしまった。一九八〇年代にアフガニスタンでソ連軍と戦った外国のジハード主義者たちが、陸続と舞い戻ってきた。彼らは廃墟と化したこの国を、西洋に対する戦争の作戦基地としたのだ。

外国のジハード主義者が最初にしたことは、彼らが構想する純正な共同体をアフガニスタンに築くことだった。この共同体では、老いも若きも男も女も彼らが理解するところの神の掟に文字どおり厳密に従って生きるものとされ、さもなければ罰せられた。だからこそ、サウディアラビアから流入するワッハーブ派の資金に支えられたジハード主義者たちは、ターリバーンが勢力を拡大するのを支援したのだ。ターリバーンは原理に固執するイデオローグの集団で、アフガニスタンとパキスタンを漠然と画する部族地域の難民キャンプから出現した。

そしてついに、アフガニスタンの残骸に立てこもっていた好戦的ジハード主義者の一派が巧妙な計画を立てて、ハイジャックした旅客機をニューヨークの貿易センタービルとワシントンの国防総省本部《ペンタゴン》に命中させたのだ。

二〇〇一年九月一一日、二つの世界の歴史が激突した。そして、この出来事からたしかな事実が明らかになった。フクヤマは間違っていた。歴史は終わってはいないのだ。

終わりに

歴史は終わっていないが、九・一一以降の年月はいまだ歴史の範疇に定着するにはいたっておらず、いまもってジャーナリズムの領域に属している。けれども、それぞれ独自のストーリーを紡いできた二つの壮大な物語が交差したことを露わに示すものとして、この時期を考察するのは時期尚早でないだろう。

テロリストがニューヨークとワシントンで自爆攻撃を決行したのを受けて、ブッシュ大統領〔一九四六生。在職二〇〇一〜〇九〕はただちに行動を起こした。彼は欧米の歴史が長らく追求してきたテーマを喚起するレトリックを駆使して、アメリカ国民に軍事行動を呼びかけた。テロリストどもは自由と民主主義を破壊しようとしている、これらの価値は生命・財産をもって守らなければならない、と。これとまったく同じ言葉が一九三〇年代にはナチズムに対して、五〇年代には共産主義に対して、国民を糾合すべく声高に発せられていた。この時以来、アメリカと、そのほとんどはさして乗り気でなかった同盟諸国は、膨大な兵力をイラクに投入してきた。彼らにとってこの戦争は、冷戦や二十世紀の両次の世界大戦、さらには西洋版世界史物語のもっと前の章で使われていたのと同じ用語とレトリックで表現される類いのものだった。

だが、九・一一の実行犯たちは本当に、自由と民主主義に一撃を加えていると思っていたのだろうか？　今日の暴力的で過激な政治的イスラーム主義者を衝き動かしている情念は、はたして自由に対する憎悪なのだろうか？　もし、そうだとしても、ジハード主義者の言説の中にその証拠を見出すことはできないだろう。彼らは概して、自由や民主主義やそれらと対立する概念は重視せず、規律と堕落、道徳的な純粋さと腐敗を対置して、堕落や腐敗といった現象は、西洋人が数世紀にわたってムスリム社会を支配し、それに伴って共同体や部族の紐帯《ちゅうたい》が断ち切られたことから生じたと論じている。その結果、イスラームの社会的価値が低下し、飲酒が蔓延し、娯楽が宗教に取って代わり、裕福なエリート層は世俗化し、それが貧富の格差の固定化に拍車をかけている、と。

一方が他方を「退廃的だ」と非難すると、相手は「私たちは自由だ」と言い返す。これは議論の応酬とはいえず、双方が自分の理屈を言い張る水掛け論でしかない。いずれも他方を自身の物語の登場人物とみなしている。一九八〇年代にホメイニーはアメリカを「大悪魔」と呼び、急進的なイスラーム主義者は彼のレトリックをそのまま繰り返してきた。二〇〇八年にメリーランド大学の歴史学教授ジェフリー・ハーフ（一九四七生）は、急進的なイスラーム主義者はナチスの再来であり、その行動の原動力は本質的に反ユダヤ主義と女性への憎悪であると主張した。これはありふれた分析である。

ハーフや彼に類する人々は、イスラーム主義の教義とはつまるところ、首を切り落とせ、手を切り落とせ、女には袋を被せておけ、と命ずるものだとみなしている。急進的なイスラーム主義者がこうした所業をなしてきたことは否定できない。ところが急進的なイスラーム主義者自身は、今日世界を分裂させている対立の主たる原因は、神は唯一なのか、それとも多数の神が存在するのか、あるいは神はそもそも存在しないのか、という論点に関する見解の不一致にあるとみなしている。世界が神の唯一性（と、預言者としてのムハンマドの比類ない役割）を認識しさえすれば、人類が抱えるあらゆる問題は解決される、と彼らは断言しているのだ。

西洋の世俗的な知識人は、神の数について必ずしも異議を唱えていない。彼らは単に、それが重大な問題だとは思っていないのだ。彼らにとって——私たちにとっても——人類が解決すべき根本的な問題は、個々の人間が自己の運命にかかわる意思決定に申し分なく参加できるような形で、あらゆる人間の欲求と必要を満たす方法を見出すことである。唯一の神であれ、二つの神であれ、三つの神であれ、神が存在しなかろうが、数多存在しようが——どうでもよいのだ。神の数については各人各様の見方があるだろうが、それは論争するに値しない。というのは、この問題に決着をつけたところで、飢えや貧困、戦争や犯罪、不平等や不公平、地球温暖化や資源の涸渇など、人類を苦しめている諸々の悪を解決する助けにはならないからだ。これが、世俗的な見解である。

だが、イスラーム主義者がなんといおうと、世俗的であることと西洋人であることは同義ではない。二〇〇一年にニューヨーク市立大学がアンケート調査をしたところ、アメリカ人の八一パーセントは何らかの組織化された宗教を信仰し、その七七パーセントはキリスト教徒であることが判明した。それ以外の人々も、その多くはみずからを「宗教的な《スピリチュアル》」人間と称していた。無神論者と言明した者はあまりに少なかったので、調査結果を表わした図表に集計されてすらいなかった。今日の世界を苦しめている対立がいかなるものであれ、それは宗教的な人間と非宗教的な人間の対立ではないのだ。

　それどころか、西洋社会にも神を政治の中心に据えたがっている狂信的な信者集団が存在する。中でも有名なのは、一九七〇年代以来アメリカで強大な影響力を振るっているプロテスタント系の保守的福音主義の信者たちだ。タリク・アリー〔一九四三生〕は九・一一後に公刊した『原理主義の衝突（*The Clash of Fundamentalisms*）』と題する著書において、イスラーム世界と西洋世界のあいだの緊張の高まりは、結局は双方の過激な原理主義者同士の宗教的な論争に帰着すると論証した。しかしながら、たとえそうだとしても、両陣営は相対立する教義を提示しているわけではない。キリスト教の原理主義者〔キリスト教のファンダメンタリズムは根本主義と訳される場合が多い〕は必ずしも、神は唯一か否かという問題に関して異議を申し立ててはいない。彼らは要するにそれを争点とはみなしていないのだ。彼らの言説は、イエス・キリストを人類の救世主と信じることを核として展開する（それに対して、ムスリムはけっして「ムハンマドは人類の救世主である」とは言わないだろう）。それゆえ、キリスト教とイスラームの「原理主義者」の論争はつまるところ、「神は唯一であるか？」という問いに対して「イエス・キリストは人類の救世主であるか？」という問いで応ずることになる。またしても、議論が嚙み合っていない。これでは、二人の人間が別々の部屋でそれぞれ独り言を言っているのと同じことだ。

　イスラーム世界と西洋世界が異なる経路を通って九・一一に到達したという事実は、それを具体的に示す結果を招来した。二〇〇一年以後、アメリカ政府の戦略家たちは、現代の風土的テロリストの行動も国民国家間の武力外交《パワー・ポリティックス》の枠組みにおさまるという前提のもとに政策を立案した。なんといっても、欧米諸国は過去何世紀にもわたって、この枠組みの中で戦争を繰り返してきたのだ。冷戦でさえ、結局は国家連合《ブロック》のあいだの対決だった。イデオロギーの断層線をはさんで対峙し、戦争を遂行した主体は、究極的には各国政府だった。したがって、ブッシュ政権は九・一一の直後から、この日のテロ行為にかかわった当事者を直視することなく、彼らの背後にいる政府を突きとめようと血眼になった。アメリカ政府の戦略家――と、欧米のメディアのアナリストの多く――は反射的に、アメリカが過去の数多の戦争で対決したのと同じジャンル、同じ種類、同じタイプの敵を探し求めたのだ。

こういう次第で、ブッシュのチームはまずアフガニスタンを短期間攻撃し、しばしウサーマ・ビン・ラーディンに執着したのちに、テロの首謀者をサッダーム・フセインと断定し、欧米の市民へのテロ行為に責任を負う中核的な国家としてイラクに照準を合わせた。この国を征服して「民主化」すれば、テロリズムという疫病を根絶できるだろう、と。ところが、サッダーム・フセインが逮捕され処刑されたのちにも、また、内実はともかくイラク全土が占領されたのちにも、テロリズムは一向に衰える気配を見せなかった。そこで、アメリカ政府の戦略家はイランに照準を移した。そして今では、シリア、リビア、サウディアラビア、パキスタン、その他多くの国々が、自国の情勢の如何によって主たるテロリズム「支援国家」と名指しされる番を待っているのだ。

アメリカの政策は西洋の歴史の物語に深く根ざしているので、アメリカはイラクやアフガニスタンなど問題を抱えた国々に特有の悪を治療するために、民主主義を処方し、選挙を後援してきた。こうした選挙が成功裡に終わった国々は、民主国家になった、あるいは少なくともかかる幸福な国家に近づいたと評されている。

けれども私は、タリバーンが逃げ去ったのちにアフガニスタンで行なわれた選挙のことを、何かにつけて思い出す。そう、国中の人々が〔二〇〇二年六月開催の〕緊急国民大会議《ロヤ・ジルガ》に出席する代議員を選んだ選挙のことだ。この会議は、国会と憲法と大統領と内閣を完備した新しい民主的な政府〔移行政権〕をつくる準備段階として、アメリカがお膳立てしたものだった。その夏、私はカーブル近郊のパグマンという町で、この代議員選挙で投票したという一人の男に会った。その男はお決まりの長い上衣とだぶだぶのズボンを身につけ、ターバンを被って顎鬚《あごひげ》を生やしていた。少年時代の私が馴染んでいた地方の村人そのもののように見えたので、彼が投票している姿を思い描くことができなかった。そこで、私は彼に投票の手順を具体的に教えてほしいと頼んだ――実際にどのように行動したのですか、と。

「いいですとも」と、彼は応じてくれた。「町から二人の男が紙切れをたくさんもってやって来て、それにどのようにマークをつければよいのか、何度もくどくどと説明しました。私たちは礼儀正しく、彼らの話を聴いていました。わざわざ遠いところからやって来たのだし、無作法な真似はしたくありませんでしたから。でも、あんな町の奴らに教わらなくとも、誰が自分たちの代表なのか、みなわかっていました。彼らが望むとおりにマークをつけましたが、私たちはいつだって、誰が私たちを代表してくれるか知っています——もちろん、アガー・サヤーフですとも」
「それでは、あなたはどうしてサヤーフを選んだのですか」と、私は尋ねた。
「選んだですって？　あなたはいったい何を言っているのですか？　彼の一族はドゥースト・ムハンマド・ハーン〔一七九二～一八六三。ドゥッラーニー朝君主。在位一八二六～三九、四三～没年〕の時代か、それ以前からここに住んでいるのです。あの尾根を越えたら、谷の向こう側に彼の家が見えますよ——この辺で一番大きな家です！　毎年イード〔イスラームの祭〕の時にはこちらにやって来て、子どもたちに飴を配り、私たち大人には何か困っていることはないかと聞いてくれます。誰かが助けを必要としていれば、ポケットから金を出して、その場で手渡してあげるんです。しかも有り金全部を。あの男は本物のムスリムです！　ところで、私の姉の亭主の従兄弟が、サヤーフの義理の妹と結婚していることをご存知ですか？　彼は私の一族の一員なんですよ」。

　私はこれを聞いて、西洋の政策立案者が「民主主義」と称するものは、この男にとっては好むと好まざるとにかかわらず背負ってゆかざるを得ない外来の制度でしかない、と痛切に思った。この重荷を背負いながら、彼はその実人生を精一杯営んでゆくのだろう。この男の中に、本来関連がないにもかかわらず厄介な形で絡まり合った二つの歴史の潮流が押し寄せてきたのだ。こうした事態がカーブルから一時間の土地で生じていたのであれば、それはアフガニスタン全土で生じていたに違いない。

　西洋の観点からすれば、パキスタン、ヨルダン、イラク、アフガニスタン、エジプトのような国々の西洋流に修正できる統治者に資金と武器を与えれば、これらの社会への——自由市場の恵みはいうに及ばず——民主主義の導入が容易になるという見方は、（一部の人々には）いかにも道理にかなっているように思えるだろう。また、イスラームの社会的価値は遅れているので、より進んだ社会の人々が——たとえ、そのためには実力行使が必要であっても——それを修正しなくてはならないという見方も、やはり（一部の人々には）もっともらしく思えるだろう。

しかしながら、他方の観点からすれば、近年の欧米による道徳的・軍事的キャンペーンは、ムスリムを自身の国の中で弱体化させるという定石どおりのプログラムのように思われる。西洋の習慣や法体系や民主主義というのはまるで、個々の経済単位が合理的な利己心に基づいて自主的に判断を下すというレベルまで、社会を細分化するプロジェクトのようにみえるのだ。社会の細分化が進めば、やがては物質的な目的のためにみなが競争し合い、老若男女がことごとく対立し合うようになるのではあるまいか。

一方から見れば性別にかかわりなく市民の権利を拡大するためのキャンペーンと思えることが、他方から見れば、強力な他者が家族の私的な領域に割りこんできて、一族や部族のネットワークとして固有の共同体を維持してゆくという社会の能力を蝕《むしば》んでいるように思えるのだ。要するに、同じ行為がその観点によって、個人の力を強めるものとも、共同体を弱体化させるものとも受け取れるということだ。

私が思うに、現代の世界を苦しめている対立は「文明の衝突」という観点からはよく理解できないだろう——もし、この仮説が「われわれは異なっている、それゆえ、最後の一人になるまで闘わなければならない」ということを意味しているのであれば。これはむしろ、まったく異質の二つの世界の歴史が交差したために生じた摩擦とみなすほうが理解しやすい。ムスリムという人間集団がある方向に向かって進んでいた。そして、ヨーロッパ人とそこから派生した人間集団も、ある方向に向かって進んでいた。これら二つの人間集団の進む道が交差したときに、数多の衝突や軋轢《あつれき》が生じた。そして、それは今でも生じつづけているのだ。

これら二つの人間集団が向かっている方向を解明することは、今日の紛争の基盤をなす教義上の問題を理解するために最低限必要な前提条件である。これを解明すること自体は、喜びも光ももたらさないだろう。というのは、そこには単なる「誤解」だけでなく、互いに排斥し合う要素が実際に存在しているからだ。本書の執筆に取りかかったとき、私は仲間の著述家たちの前で草案を読み上げた。そのうちの二人はこう断言した。すなわち、イスラーム世界と西洋世界の対立は隠れた勢力が煽っているに過ぎない、なぜなら「人間は本質的にみな同じで、誰もが同じことを欲しているからだ」、イスラームが実はキリスト教と同じようなものだと西洋の人々が理解しさえすれば、両者の対立はしだいに消えてゆくだろう、と。一人は「彼らもアブラハムを信じているのだから」と付け加えた。

この類いの善意に基づく単純化は、問題の解決にたいして貢献しないだろう。

その一方で、私はしばしばアメリカ在住のリベラルなムスリムが「ジハードとは単に『よい人間になるべく努力すること』を意味するに過ぎない」と述べ、この言葉を暴力と結びつけるのは反ムスリムの偏狭な人間だけだと主張するのを耳にする。だが、彼らは、預言者ムハンマド自身の生涯にまで遡る歴史の過程で、ムスリムにとってジハードが意味してきたものを無視している。

ジハードは暴力と無関係だと主張する者は、最初期のムスリムが「ジハード」の名のもとに遂行した戦争について説明しなければならない。初期のムスリムは彼ら独特のジハード観をもっていたが、われわれ現代のムスリムはジハード（と、イスラームのそのほかの諸側面）を全面的に定義しなおせる、と主張したい者は、ムスリムが長い年月をかけて練り上げてきたイスラームの教義と正面から取り組まなければならない。つまり、クルアーンと預言者ムハンマドの生涯、それに原初のムスリム共同体における教友たちの生活や言動は地上に啓示された神の意志であり、死を免れない人間ごときが当時のマディーナで実践されていた法と慣習に手を加えることはできない、という教義と格闘しなければならないのだ。かかる教義のゆえに、従来のムスリムの改革者は例外なく、自分は何か新しいことを提唱しているのではなく、本来意図されていたものを復活させようとしているだけだ、と言明せざるを得なかった。彼らは今でも、前進しようとしていることを否定し、原初の純正な状態に戻ろうとしていると主張することを強いられている。ムスリムの思想家はこの罠から抜けださなければならないのだ。

近代主義者のエジプトのイスラーム改革思想家ムハンマド・アブドゥは世に知られた数々の著作の中で、クルアーンは科学と特定の（それ以外は該当しない）近代的な社会的価値をも啓示していると例証した。たとえば、彼は聖典の文言を引いて、クルアーンは実際には一夫多妻制より一夫一妻制のほうが好ましいとしていると論証した。ムハンマド・アブドゥの立証には説得力があるが、そもそも彼がクルアーンの中に一夫一妻制を支持する文言を見つけることを意図して、この仕事に取りかかったのは明白だ。彼はすでにこうした結論に到達していたのだ。問題は、彼がクルアーン以外の何を根拠としてかような結論を導いたか、ということだ。それは、生きとし生ける人間すべてが共有している深遠な原理を、合理的に考察して導いたものだったのではないだろうか？

社会における女性の役割という問題がイスラーム世界と西洋世界を鋭く対立させる一つの要因となっていることは、疑問の余地がない。この問題は、知的な解明と脱構築をおおいに必要としている。古今東西の社会は性的衝動には社会の調和を乱す潜在的な力があることを認識し、それを抑制するための社会的な制度やルールを築いてきた。この点に関してイスラーム文化と西洋文化で見解が分かれるのは、しばしば西洋社会で言挙げされているような、女性を抑圧すべきか否かという問題をめぐってではない。どちらの文化に属していようと、善意の人々はいかなる人間も抑圧されてはならないと確信している。私はけっして、多くのムスリム国家の女性たちが抑圧的な掟のもとで辛酸を嘗《な》めていることを否定しているのではない。私はただ、ムスリムが依拠している原理は女性を抑圧する「権利」ではない、と言っているだけだ。むしろ、イスラーム世界がその歴史の中で具体化してきたのは、共同体の公的生活から性的衝動という要素を排除するために、社会を男性と女性の領域に分けて、両性が接する場を私的な領域に限るべきであるとする観念だったのだ。

正直なところ、私にはまったく理解できないのだ。男と女のあり方について正反対の考えをもつ市民たちが、どうして一つの社会を築けるだろうか。彼らの一部は、世界を完全に女性の領域と男性の領域に分離すべきだと考えている。また、別の人々は、両性はただ一つの社会的領域の中で分け隔てなく暮らすべきだと考えている。その領域では、男女は同じ通りを歩き、同じ店で買い物をし、同じレストランで食事をし、同じ教室で席を並べ、同じ仕事をする。社会はこの一方か他方でしかありえず、両者が並存することはありえない。私の見地からすれば、もし、ムスリムが二つの領域に分離された世界という観念を本当に奉じているのであれば、どうして彼らが西洋社会の法と慣習に従って西洋世界で暮らしていけるのか理解できない。また、もし、西洋人が男と女が混在し一体化した社会という観念を本当に奉じているのであれば、短期の訪問者は別として彼らがどうしてイスラーム世界で暮らしていけるのかも理解できない。

私はみずから提起している疑問に、何らかの回答を提示しようとしているのではない。ムスリムの知識人はこれらの問題に取り組まねばならない、と言っているのだ。そして、彼らは実際に取り組んできた。イランでは、アメリカを追放して自国の文化的主権を宣言してから二〇年のあいだに、大胆至極にも正統的イスラームの教義から離脱しようとする動きが現われた。複数の著述家が匿名で、あらゆる世代のムスリムは宗教学者が構築した法体系に拘泥せずにシャリーアを新たに解釈する権利を有する、と主張したのだ。かような見解は抑圧され、そのことが西洋世界ではニュースの種になった——これはイランが民主国家でないことを裏づけるさらなる証拠である、と。けれども、私が衝撃を受けたのは、こうした意見がともかくもイスラーム世界で発せられたということだ。かかる事態は欧米諸国と断交状態になったイランのように、ムスリムが西洋世界とではなくムスリム同士で闘っているところでのみ生じうることなのだろうか、と思ったものだ。

九・一一後、ブッシュ政権はイランに対する圧力をしだいに強めた。外部からの脅威に直面したイランの人々は、いかにも敵を利するような西洋臭芬々《ふんぷん》たる思想を信用しなくなった。この手の思想は保守化した大衆から支持を得られなくなったので、もはや抑圧する必要もなくなった。かくして、大衆は超国家主義者のアフマディーネジャードを祖国の大統領〔在職二〇〇五〜〕に選んだのだ。

イスラーム世界と西洋世界のあいだには、議論すべき問題が山積している。その中には、すぐにも激しい論争に発展しそうな問題もある。けれども、双方が同じ用語を使い、それらの用語で同じことを意味するようになるまでは――つまり、双方が同じ観点を共有し、あるいは少なくとも相手がいかなる観点に立っているかを理解するようになるまでは、分別のある議論はできないだろう。多様な世界史の物語をたどることは、こうした展望を開く一助にはなるに違いない。

誰もが民主主義を好んでいる。とりわけ、それが自分自身に直接適用される場合には。だが、イスラームは民主主義に敵対するものではなく、それとはまったく別種の枠組みであり、この枠組みの中で民主主義も独裁制も、その中間のさまざまな状態も存在しうるのだ。

また、イスラームはキリスト教に敵対するものでも、ユダヤ教に敵対するものでもない。厳密に宗教的信条の体系としてみるなら、イスラームはキリスト教と対立するより一致する部分のほうが多く、イスラームとユダヤ教ではこの傾向がいっそう強いのだ――ためしに、正統派ユダヤ教が定めている食事や衛生や性行為にまつわる諸々の掟を一見すれば、正統的なイスラームのそれとほぼ等しいことがわかるだろう。実際、パキスタンの作家イクバール・アフマド〔一九三三／三四〜九九〕がかつて指摘したように、ほんの二、三世紀前までは、ユダヤ－キリスト教文化というよりユダヤーイスラーム文化というほうが理にかなっていたのだ。

しかしながら、イスラームをキリスト教、ユダヤ教、ヒンドゥー教、仏教などと同列に論じると、重大な誤解を招いてしまう。もちろん、それが間違っているというのではない。イスラームはこれらと同様に一つの宗教であり、倫理や道徳や神や宇宙や死すべき運命に関する一連の明確な信条と実践規範を内包している。だが、イスラームはそれと同時に、共産主義、議会制民主主義、ファシズムなどと同じ範疇に属すものとみなすこともできる。なぜなら、イスラームはこれらと同様に一つの社会事業であり、政治と経済の運営方法を規定する理念であり、市民法と刑法の完全な体系でもあるからだ。

さらにいうなら、イスラームは中国文明、インド文明、西洋文明などと同じ範疇に属すものとみなすこともできる。なぜなら、イスラームは文化的な人工物の全領域を内包しているからだ。その中には芸術や哲学から建築や手工芸品にいたるまで、人間の文化的な営みの事実上すべての分野が含まれており、それがまさにイスラームと称されるものなのだ。

あるいは、私がこれまで述べてきたように、イスラームを一つの世界史の物語とみなすこともできる。そう、同時に進行しつつ、それぞれが何らかの形でほかのすべての物語を組み入れている、数多の世界史の物語の一つである、と。かかる観点からすれば、イスラームは時の流れとともに展開する壮大な物語であり、その始まりは一四世紀前のマッカとマディーナにおけるウンマの誕生によって画されている。この物語にはムスリムでない人々も多数登場し、宗教とは無縁の出来事も多数語られている。ユダヤ教徒や、キリスト教徒や、ヒンドゥー教徒も重要な役割を演じている。産業化はこのストーリーを構成する重要な要素であり、蒸気機関も石油の発見も然りである。こうした見方をすれば、イスラームとは、終始一貫した内なる使命感に衝き動かされて時とともに進展する、共同体のさまざまな意志が複合した壮大な歴史の物語なのだ。

　これは西洋の歴史の物語にも当てはまることだ。

　それでは、どちらが本物の世界史なのだろうか？　ドイツの哲学者ライプニッツ〔一六四六～一七一六〕はかつて「モナド」〔単子。真の実在である不可分の単純な実体〕という概念を提唱し、宇宙のなりたちをモナド論と呼ばれる仮説によって説明した。それによれば、宇宙はモナドで構成されているが、個々のモナドは特定の観点から見れば全宇宙であり〔それぞれに固有の観点から宇宙のいっさいの事象を表出している〕、自身以外のすべてのモナドを包含している。世界の歴史はモナドに似ている。つまり、世界の歴史とは特定の観点から見た包括的な人類の物語であり、それぞれの歴史はそのほかの歴史すべてを包含している。実際に生じた諸々の出来事は、中核をなす物語との関連に応じて歴史のどこかに位置づけられる――たとえ、この「どこか」というのが背景に過ぎず、意味のある台詞を引きたてる雑音の役割しか与えられない場合でも。これらはすべて、本物の世界史である。私たちがなすべきことは、人類が共有するただ一つの歴史の中に位置づけられる普遍的な人類共同体を築くことを目指して、これらの歴史を編集するという終わりのない作業なのだ。

謝辞

二〇〇六年にサンフランシスコ州立大学オッシャー生涯学習センターでイスラームと西洋に関する講座を開くよう私を説得してくださった、同センターのスーザン・ホフマン所長に深甚なる感謝を捧げる。ここでの講義が本書を生む種の一つとなった――この種はやがて、講義の一部を録音してくれたニールズ・スウィンケルと、編集したテープを週に一回のシリーズとして放送してくれたKALWラジオ局のマット・マーティン局長のおかげで発芽し生長した。

ついで、エージェントのキャロル・マンに感謝を捧げる。私が漠然と「イスラームから見た世界の歴史」と呼べるようなものを書きたいと言いかけたとたん、彼女は「それよ、ぜひ書いて！『カーブルの西（*West of Kabul*）』は蟻《あり》の目で見た歴史だったけど、次の本は鳥の目から見た歴史になるわ」と応じたのだ。そして、彼女は正しかった――本書は私が尽きることのない関心を抱いている、東と西の接近と乖離《かいり》というテーマを鳥瞰《ちょうかん》したものとなった。

そして、洞察力豊かな編集者のリサ・カウフマンにも感謝する。彼女の知識と編集技能のおかげで、私はまるでもうひと組の目と、もう一つのより几帳面な脳をもっているかのように仕事を進めることができた。

また、本書を執筆中の段階で、私には望むべくもないほどイスラームの教義と初期の歴史に詳しい兄弟のリアズ・アンサーリー、聡明な姉妹のレベッカ・ペティーズ、それに友人のジョー・クワークとポール・ローベルがこのうえなく貴重な意見と情報を寄せてくれた。ライマ・ムルタザは寛大にも、彼女の祖父でサイイド・ジャマルッディーン・イ・アフガンの弟子だったアブドゥル・ハキム・タビビ博士から家族に遺贈された書信と雑誌類を研究することを許してくださった。ファリード・アンサーリーは数多の物語や逸話や詩をウィットたっぷりに教えてくれた。ワヒッド・アンサーリーは私たちの宗教について、細かいところまで根気よく説明してくれた。そして、友人のアクバル・ノウルーズがいる。アクバル君、君がイスラームの知恵にまつわるさまざまな話をEメールで送ってくれなかったら、今頃こんな文を書いていられなかっただろう。

何より、本書の最初の読者にして批評家であり、欠かすことのできないパートナーである妻のデボラ・クラントに感謝する。何度も地図を調べるのを助けてくれたエリーナ・アンサーリーも、いつも精一杯協力してくれたジェサミン・アンサーリーも、本当にありがとう。

後記――日本の読者へ

数十年ないしは数百年も前から、地上に存在する多種多様な社会は相互に関係を深めてきた。いまや、全世界に共通する普遍的な文化が出現しつつある。あるいは少なくとも、各地で各様に語られてきた歴史が融合して、世界中の人々すべてを包含する一つの歴史の物語が生まれようとしている。

立場の違いを超えて長期的な視野に立つなら、過去五〇〇年間における主要な出来事を「西洋」の拡大とする見方に異論はないだろう。さまざまな社会が錯綜した紐帯《ちゅうたい》によって結びついた西洋世界で、科学や技術や産業および社会政治的組織が目覚ましい進歩を遂げたことから、西洋文明が地球を支配するようになったのだ。

西洋が拡大したために、非西洋社会は突然侵入してきた外来の文化に適応することを余儀なくされ、それに伴って世界各地で軋轢《あつれき》と反発が生じた。今日では東洋世界と西世界洋の勢力はほぼ拮抗しつつあり、成長著しい中国は日本と肩を並べる世界有数の強国となった。韓国などの東アジア諸国も急激な発展を遂げて国際経済を牽引している。これは東アジアが西洋化したというより、「西洋」が先導した科学技術の飛躍的な進歩を東アジア社会がその文化的枠組みに取りこんだということだろう。その結果、東洋世界と西洋世界はますます結びつきを深めており、その相互作用の中から両者をともに包摂する世界史の物語が生まれでようとしている。

とはいえ、世界は西洋と東洋だけで成り立っているのではない。中国とヨーロッパのあいだには、インド北部から中央アジアのステップ地帯にまで広がるミドルワールドが存在している。私たちがイスラーム世界というとき、それはこの広大な地域を指しているのだ。この地域に居住する一群の社会集団は今日にいたるまで西洋流の近代性に異議を申し立て、西洋そのものに敵対してきた。一〇年前にテロリストがニューヨークの貿易センタービルを倒壊させるや、それぞれ独自に紡がれてきた二つの世界史の物語が激突した。イスラーム世界と西洋世界のあいだで悲惨な闘争が勃発し、たちまちのうちに全世界を巻きこんだ。九・一一という恐るべきテロリストの犯罪に対抗して、アメリカは軍事力でイスラーム過激派を根絶できるとの確信のもとに、ヨーロッパ諸国主体の多国籍軍を率いてアフガニスタンを空爆し、ついでイラク戦争に突入した。かかる軍事行動はイスラーム主義者、つまりイスラーム法に基づく国家の建設を目指し、政治に深くかかわるようになったムスリムの反撃を引き起こした。彼らを煽っていたのは、ジハード主義者特有の終末論的なレトリックで組みたてられた国際テロ組織のイデオロギーだった。これら過激なイスラーム主義者は流血沙汰を利用して、彼らの運動の中核を担う新たな要員を獲得した。この戦争は世界の分裂をいっそう深め、分裂の深化は戦争を正当化する論拠となった。

だが、攻撃と反撃の第一の波はすでに最大の振幅に達している。八年に及んだ暴力の応酬は、ムスリム社会に力ずくで議会制民主主義を導入できるという、西洋側の当初の楽観的な見込みを打ち砕いた。イラクのバアス党政権の崩壊は大混乱を引き起こし、世界はいまだにその鎮静化に努めている。ターリバーンを追放したアフガニスタンでは、国を安定化させることも統治することもできない「腐敗政権」が誕生した。ターリバーンは迅速かつ容易に追いはらわれたが、ターリバーン主義はよりたちの悪い反政府運動に変質し、膨張と拡大を続けている。

今日のターリバーンは創設時のターリバーンと同じものではなく、今日のアフガニスタンにおける反政府行動は、アル・カーイダが始めた運動とは異質のものだ。これを煽っているのは、終末論的展望を説く国際的なジハード主義のイデオロギーというより、むしろアフガニスタンの歴史に長く根差した外国人嫌いという偏狭な地域性なのだ。

実際、イスラーム世界のいたるところで、各地で連綿と語り伝えられてきた歴史の物語がふたたび自己主張をはじめている。ムスリムのジハード主義者もアメリカのブッシュ政権も、終末の日に両陣営が全地球規模で闘争し、それに勝った者がすべてを得るというストーリーをさんざん吹聴してきた。だが、こうした不毛の論争を差しおいて、イスラーム世界内部でいまだ決着がつかずに続いているさまざまな闘争が表面に出てきたのだ。

二〇〇九年六月四日、アメリカの新大統領バラク・オバマは訪問先のカイロで画期的な演説を行なった。彼はムスリムに対して、現代の世界をかような混乱に陥れた原因の一端は、過去何世紀にもわたってムスリム社会に屈辱を嘗《な》めさせたヨーロッパ植民地主義にあると言明したのだ。けれども、彼はそれと同時に、自国民から収奪しているとして、また、その抑圧的な政策から注意を逸らすためにパレスチナの人々など本当に悲惨な状況に置かれた同胞を利用しているとして

——アメリカが支持している政府も含めて——ムスリム諸国政府を弾劾した。

だが、オバマのカイロ演説には、個々の論点以上に重要な意義があった。それは、彼の論調から、ヨーロッパ中心主義的な世界史観は数多ある世界史観の一つに過ぎないという認識がうかがえたことだ。アメリカの過激な保守派は、カイロ演説をオバマがムスリムであることを裏づける証拠と言いたてた。一方、イスラーム世界の活動家はこれをレトリックに過ぎないとしてはねつけ、具体的な行動を要求した。

たしかにレトリックは行動に代わるものではないが、それなりの力をもっている。オバマのカイロ演説直後の六月一二日に行なわれたイランの大統領選挙で、改革派は保守強硬派の宗教指導者層が築いた盤石の政権をもう少しで倒すほどの勢力を示した。西洋の自称専門家連中は「オバマ効果」云々と喧《かまびす》しく論評したが、イランの改革派は親西洋派の民主活動家ではなかった。彼らはイラン固有の問題に関して彼らと意見を異にするイラン人と戦っているイラン人であり、有権者に対して、自分たちはイランのイスラーム革命の敵どころかその救済者であり、革命の「本来の価値」を復活させるために邁進すると公約していたのだ。

要するに、イランに対する西洋流レトリックの圧力が弱まるやいなや、イラン国民のあいだで多様な意見が表明されるようになったのだ。結束して闘うべき外なる「他者」が視界から消えると、イラン国民は自国の指導者たちと彼らが目指す方向に異議を唱える余地を見出した。この大統領選挙では、保守強硬派が改革派の挑戦を退けたが、それには代償が伴った。西洋を悪魔と強調するイスラーム流の論理でイラン国民を説得できなかったので、保守派はイスラーム革命防衛隊という剝きだしの暴力に頼った。その結果、イランの統治形態はイスラーム国家のそれというより、文化もイデオロギーも超越した純然たる軍事政権のようになってしまった。だが、イラン国民はこうした結末をいつまでもおとなしく受け入れていないだろう。だからこそ、この国で改革派の抵抗が終わったというニュースをいまだ聞かないのだ。

そして二〇一一年早々に、九・一一とともに始まった物語がいっそう劇的なストーリー展開を遂げた。チュニスの街路で物売りをしていた青年の焼身自殺が引き金となって昨年末に勃発した民衆のデモが、ついにチュニジアの政権を倒したのだ。民主化を要求するデモはエジプトに波及し、さらにアラブ世界全域に広まった。こうしたなりゆきに驚愕した人々もいれば、こう問うた者たちもいる。「なぜ、こんなに時間がかかったのか?」と。

渦中の国々は例外なく、外国の支援によって政権を維持していた独裁国家だった。いずれの国も国民を支配するために、秘密警察や拷問、スパイや賄賂という手段を用いていた。この地域ではもう何十年にもわたって、開発の波が人々の心の拠り所である宗教上の教えや古来の文化的伝統をずたずたに切り裂くばかりで、希望を育むような新しい文化的秩序は生まれていなかった。車や現代医学、下水道や舗装された幹線道路、通りを照らす街灯という類いの開発がもたらす物質的な恩恵は、ほとんど地元のエリート層だけが享受し、アラブ人の大多数は不潔で悲惨な境涯に陥っていた。もっとも、経済学者のハーバート・スタインがかつて述べたように、「永久に続かないことはいつか終わる」ものだ。いうまでもなく、この地域における支配者と被支配者の関係もいつかは急変する運命にあったのだ。

だが、なぜ、それが今生じたのだろうか？

たしかに、このいわゆる「アラブの春」はかなり前から兆していたが、二〇一〇年末に生じたのは先例のない新奇な現象だった。第一に、この民衆蜂起を引き起こしたのは、お決まりの終末論的なスローガンを掲げるイスラーム主義者の類いではなかった。街頭に繰りだした人々のほとんどはそれまでとくに政治にかかわっていたわけではなく、彼らのデモは日常的な問題の解決を求めて自然発生的に生起した行動だった。第二に、アラブの民衆はアラブの統治エリートに直接抗議したのであって、彼らをつうじて外部の勢力に抗議していたのではなかった。従来は統治者も反政府活動家も、アラブが抱える政治的な欲求不満の矛先を――実在するものであれ想像上のものであれ――外部の敵に向ける傾向があった。政権側はおのれの失政から国民の目を逸らすために、ムスリム同胞団のような反政府組織は困窮して不満を抱く人々を糾合する手っ取り早い方法として、こうした戦術を用いていた。反政府活動家は自国の統治者を一義的に抑圧者としてではなく、傀儡であるとして非難していたのだ。けれども二〇一一年の初頭には、アラブの政治的な論説から「他者」は抜け落ちていた――少なくとも現在までは。

さらにいうなら、これら一連の民衆蜂起は多種多様な政体の国々で生じたにもかかわらず、すべての国に共通する同一の現象だった。たとえば、バーレーンは王国であり、チュニジアとエジプトは議会制民主国家であり、リビアとアルジェリアは革命の伝統に忠実な政党が統治する「社会主義」国家である。

とはいえ、政体の違いは表面的なものに過ぎず、その実態はいずれも旧態依然たる王国だった。

最高位にある一人の人間が権力を振るい、おのれの親衛隊や一族の機嫌をとる必要に迫られたときだけ権力の行使を緩める――これは絶対君主制の典型的な特徴である。統治形態の表面的な違いはもっぱら、それぞれの政権が後援者たる強国の意向に沿うべくとってきた政策を反映している。ムバラクはアメリカのクライアントとしてエジプトを統治していたので、スーツを着て企業の取締役のような体裁を繕い、「大統領」と名乗って時に選挙を実施した。カダフィはソ連の威光のおかげで最高権力者の座に就いたので――当時の第三世界の反帝国主義活動家のあいだで流行っていた――銃を担いだゲリラもどきの歩き方を身につけた。だが、やがてソ連が崩壊すると、カダフィは古風なアラブの族長のスタイルに宗旨変えした。キッチンキャビネット付きのテントを拠点に、息子たちを最高執行機関《キャビネット》としてリビアを統治するようになったのだ。

　アラブ諸国の政権がその根本において王朝的な性格を有していることは、第一世代の統治者が高齢化し、身内を後継者に仕立てはじめるにつれて傍目にも明らかになった。エジプトとイエメンでは、息子たちがすでに父親の最高行政官、古い言葉でいうなら宰相となっていた。

　だが問題は、世界の様相が一変したということだ。一連のアラブの反乱を引き起こした決定的な要因の一つは、人口統計が示す現実に求められる。これらアラブ諸国では、人口の半数以上を三〇歳未満の国民が占めている。イエメンでは、国民の年齢の中央値はなんと一八歳だ！　若者たちにとって、両親の世代の革命が築き、彼らがその中で育ってきた体制は、もはや確固たる旧体制《アンシャンレジーム》となっているのだ。

　人口統計が示す現実は年齢構成だけにとどまらない。開発主義を奉ずるムスリム諸国の統治者は開発計画に従事する有能な労働者を育てるために、過去何十年ものあいだ世俗的な学校をつくって無償で教育を提供してきた。だが、彼らは王朝につきものの腐敗という弊害を免れた、平等主義に立脚する健全な経済を築けなかった。これは取りもなおさず、教育を受けた若者が増える一方で、そのほとんどが有意義な社会的役割を見出せないことを意味していた。技術者になるための教育を受けた若者も、結局は街の物売りになった。技術に精通しながら社会の落伍者となった若者たちは、いわば急成長する新興の社会階層となった。それは、「近代化」によって何もかも奪われた伝統的な世界の落伍者とはまったく異質の人間集団だった。

さらに、技術的な要因がある。この地域でも世界の趨勢と同様に、インターネットやソーシャルメディアの普及によって水平方向の結びつきが強くなり、垂直方向のそれは弱まっている。若者はますます若者同士の交流を深め、両親や祖父母とは疎遠になる一方だ。国境を越えて同世代の人々との結びつきを強めながら、先祖や先祖伝来の伝統には関心をもたなくなっている。

興奮したエジプトのデモ隊に「私はあなたたちの父であり、あなたたちは私の子どもなのだ」と語りかけたとき、ムバラクは文化によって培われた感情を刺激して聴衆の心を摑めるものと期待していたのだろう。一〇年前なら、この言葉は功を奏したかもしれない。だが二〇一一年には、どうしようもない時代遅れに見えただけだった。

そして、過ぎし日の革命家であるムスリム同胞団とその同類も、やはり時代遅れの感が否めず魅力がない。なんといっても彼らは今、三〇年前とはまったく異なる現実に直面しているのだ。急進的なイスラーム主義が初めて世界の舞台に躍りでたとき、イスラーム主義者はいまだいかなる国でも実権を掌握していなかった。シャリーアだけに基づく社会を築けば地上に天国がもたらされる――こう主張したとき、彼らが喚起していたのはかかる社会の唯一の実例、すなわち預言者ムハンマドが統治していた西暦七世紀のマディーナだった。これは功を奏した。ムスリムにとって、かような共同体を完成させることは宗教上の信条だったのだ（今でも然りである）。

だが、今日では、近年の事例が七世紀のマディーナの再建という展望の障害となっている。カイロやアンマンの通りをデモしている人々はこう自問することを余儀なくされている――私たちはこの国をイランや、ターリバーン政権下のアフガニスタンのようにしようとしているのだろうか、と。七世紀のマディーナでの暮らしには今なお魅力を感じるとしても、現在の〔パキスタン北部に発しカーブル川に合流する〕スワート川流域で生きることはそれほど魅力的ではないのだ。

しかも、自然発生的に爆発した若者たちの鬱積したエネルギーが新しい情報テクノロジーによって結びつき、「アラブの春」に結実したという事実は、この革命にはプログラムが存在しないことを意味している。これは誰の革命なのだろうか？　誰のものでもない――今のところは。その目的は何なのだろうか？　それは今後決められることだ。現下においては、この革命は単に生じているに過ぎない。時が経つにつれて、これが生じているという事実を利用すべく画策する者が多数現われてくるに違いない。そのうちの誰かが勝利をおさめたときに初めて、これが誰の革命だったか明らかになるのだろう。

アラブ世界では、こうした問いがさかんに発せられている。というのは、この革命は概して未来に属しているからだ。私たちがこれまで目撃してきたことは水面の乱れに過ぎない。これは、巨大な生き物のごときものが水面下の深みから浮かび上がりつつあることを示唆している。私がこの後記を書いている時点では、民衆に包囲された統治者のほとんどはいまだ権力の座を追われていない。たしかにムバラクは追放されたが、エジプト軍が依然として実権を握っているばかりか、エジプトの経済も支配している。従来の政権の基盤は今でも揺らいでいないのだ。

そして、もし本当に、フェイスブックやツイッターなどのソーシャルメディアで結びついた若者のエネルギーが一連の反乱の原動力であるのなら、この革命運動は（一九七九年のホメイニー主義者のイスラーム革命が有していたような）中心をもたず、もつこともできないだろう。フェイスブックはマスメディア〔大衆に情報を送るために大量生産される媒体〕ではなく、多数の人々をつなげる媒体である。無数の個人があるシステムに次々とメッセージを送りつづければ、それらは積もり積もって何か価値のある情報になる。だが、頻繁にやりとりされるメッセージをシステムの外から客観的に見ることはできない。したがって、これにかかわっている人々が総体として何を「考えている」のか、メッセージの送り手も含めて誰にもわからないのだ——それが行動に移されるまでは。

アラブの革命は目的を見出すという贅沢に与かれるのだろうか？　今はまだ何ともいえない。各地でその土地固有の歴史がふたたび自己主張するようになったとはいえ、そのほかのさまざまな歴史の物語も——たとえば、より強力で技術的に進んだ異文化勢力がムスリム社会を支配するという昔馴染みの物語も——いまだに語り継がれている。エジプトで最初に大規模なデモが勃発したとき、これでようやくアラブ人がおのれの運命を支配できるようになる、と多くのアラブ人が喜びと期待に胸をときめかせた。ところが、二月半ばにリビアで反政府デモが勃発してから一ヵ月あまり経ったときに、ヨーロッパとアメリカがアラブの騒乱に勇躍参戦した。国際連合安全保障理事会の決議という後ろ盾を得て、欧米は飛行禁止区域を守らせるという名目でリビアの空爆を開始した。かくして、彼らはアラブ革命の純粋にアラブ的な性格を薄めてしまったのだ。

欧米がリビアへの軍事介入に踏みきったのは、容易にことが進むと踏んだからに違いない。カダフィを倒すにはほんのひと押しすれば充分で、世界の多くの人々が望んでいる勝利を反政府勢力に与えられるだろう、と。ところが、カダフィはもちこたえており、リビアへの国際的な軍事介入は二十一世紀のさらなる戦争の始まりという様相を呈しつつある。

彼の地では、どのような物語が展開しているのだろうか？　それは、ムスリムたちがおのれの運命を支配するというストーリーなのだろうか？　それとも、帝国主義勢力がイスラームの歴史の物語を彼らのそれに取りこむという物語の次の章なのだろうか？　あるいは、私たちすべてを包含する普遍的な世界史の物語を新たに構築する地球規模のプロセスの一部だった、といずれ判明することになるのだろうか？　それが問題なのだ。

二〇一一年五月八日

タミム・アンサーリー

訳者あとがき

本書は Tmim Ansary, *Destiny Disrupted* (PublicAffairs, 2009) の全訳である。ただし、巻末の索引は人名索引のみを記し、図13は差し替え、原書にない小見出しを設けている。原註はすべて記載し、訳註は〔 〕で本文中に示した。原文中の( )はそのまま記載し、イタリクスによる強調は傍点を付して示した。固有名詞やイスラーム独特の用語の表記は主として『岩波イスラーム辞典』に準拠したが、日本語での慣用が定まっているものについてはそれを踏襲した。クルアーンの引用は『コーラン』(全二巻、藤本勝次ほか訳、中公クラシックス)に従った。

著者のアンサーリー氏は、アフガニスタン出身でサンフランシスコ在住の作家である。*West of Kabul, East of New York : An Afghan American History* など多数の著書があるが、邦訳されるのは本書が初めてである。同書をレビューした Publishers Weekly 誌の記事によれば、アンサーリー氏はパシュトゥーン族のアフガニスタン人の父とフィンランド系アメリカ人の母のあいだに生まれ、カーブルからほど近い町でムスリムとして「集合的な自己が個としての自己と同じくらい、あるいはそれ以上にリアルな集団」である一族の中で成長した。一九六〇年代初期に奨学金を得てアメリカの高校に留学し、大学に進んだのちに教科書の執筆に従事するようになった。一九八〇年にイスラーム世界を広く旅し、この時の痛切な経験が契機となってアフガニスタン人というアイデンティティーを再認識するにいたったという。

ちなみに手元の英和辞書で「Afghanistan」を引くと、その下に「Afghanistanism」という語があり、「アフガニスタン病（新聞記者などが身近な問題をおろそかにして遠い国の問題に身を入れること。［同国が米国から遠いことから］）」と説明されている。さらに「Afghanistization」もあり、これは「アフガニスタン化（人の近寄れない辺鄙な場所になる［とみなされる］こと）」という意味だそうだ。アメリカ人にとってかように「遠い国」だったアフガニスタンが、九・一一後は常に意識せざるを得ない存在になったであろうことに皮肉を感じずにはいられない。

本書はムスリムが語り伝えてきた世界の歴史を血の通った人間のドラマとして描いたものである。著者は序章で「私が目指しているのは主として、実際に生じたとムスリムたちが思っている出来事を伝えることだ。なぜなら、それこそが、ムスリムをこれまで動かしてきた原動力であり、世界史における彼らの役割を理解する手立てとなるからだ」と述べている。著者は多様な世界史が存在しうることを認めたうえで、西洋版世界史物語とイスラーム版世界史物語を対置し、それらが交差したときに生じた摩擦と軋轢《あつれき》から現在の世界を苦しめている対立が生まれたと主張する。そして終章では「人類が共有するただ一つの歴史の中に位置づけられる普遍的な人類共同体を築くことを目指して、数多の歴史を編集する」必要性を説いている。アイデンティティーの分裂に悩みながらも、幼少時に培われたムスリムとしての視点と、アメリカ移住後に育んできた視点から、歴史を複眼的に考察する著者の言葉には説得力がある。本書は広く東西の文献を渉猟し、イスラームの伝承を咀嚼して生まれた得がたいイスラーム入門書である。ルーミーやラービア、バーブルら魅力的な人物が詩情たっぷりに描かれ、読者を驚嘆させること必至のアフガーニーなど日本人には馴染みの薄い人物が登場する。本書での出会いをつうじて、読者がイスラームの知の伝統や遺産について関心を深めることを願ってやまない。

イスラームは七世紀初めのアラビア半島という文明の空白地帯から突如として登場し、またたくまに広大な帝国を築き、今日まで続く独自の文明圏を形成した。イスラームとは唯一神を信仰し、その教えに帰依する宗教であると同時に、狭義の宗教の範疇を超えて社会のあらゆる面について守るべき規定を定め、地上にイスラーム法に基づく公正な社会を建設し普遍化することを目指す社会事業でもある。本書はムハンマドの誕生から現代までのイスラーム通史だが、ムハンマドと正統カリフの時代に多くの紙数を割いている。当時の人々の息遣いが伝わるような文を読んでいるうちに、唯一神アッラーの概念、預言者ムハンマドの位置づけ、神の啓示の言葉であるクルアーン、ヒジュラとその歴史的意義、ウンマの成立とともに始まったイスラームの社会事業、イスラームの五つの柱、世界はダール・アル・イスラーム（ムスリムの平和の領域）とダール・アル・ハルブ（異教徒の戦争の領域）に分かたれているとする世界観など、イスラームの基本概念について読者の理解が深まってゆくものと確信する。

正統カリフ時代以降、急激な領土の拡大に伴って多種多様なエスニック集団がダール・アル・イスラームに取りこまれるにつれて、イスラーム世界のいたるところで諸々の矛盾や亀裂が生じはじめる。イスラームの教義が練りあげられ、イスラーム法の体系が確立されてゆく一方で、ムハンマドの後継者問題からスンナ派とシーア派という二大宗派が分立し、神を求めるもう一つの道としてスーフィズムが出現する。やがてウンマは分裂し、カリフ制は形骸化して、スルタンによる統治の時代が始まる。その後、イスラーム世界は西からの十字軍、東からのモンゴルという災厄に襲われるが、前者は駆逐され、後者は改宗をつうじてイスラーム世界に吸収されてゆく。しかし、西洋列強がイスラーム世界の支配を強めるにつれ、ムスリムのあいだに何かが間違っていたという意識が生まれ、さまざまな改革運動が生じてくる。その中には、変容や発展を遂げながら今日まで脈々と受け継がれているものもある。

今日のイスラーム圏の出来事や、ムスリムの関与が云々される事件を理解するためにも、本書が与えてくれる基本的な知識や情報は有用である。パレスチナ問題、近代以降のムスリム社会における貧富の格差、シーア派とスンナ派の対立、トルコとアルメニアの反目、現代のジハードとイスラームの教義との関係、イブン・タイミーヤからイスラーム原理主義過激派への系譜、欧米の石油戦略の歴史、現在の国境線がもつ意味など、きわめて今日的な現象の起源がわかってくる。さらに現在進行中の「アラブの春」や、米軍の撤退が始まったアフガニスタンの情勢、国連加盟を目指すパレスチナ自治政府の動きなど、混迷を続けるイスラーム世界の背景を理解するためには、イスラーム世界で生きるムスリムのものの見方や歴史の捉え方を知ることが不可欠である。

日本の読者への後記でも触れているように、二〇一〇年末から始まった中東アラブ地域の民衆の反乱は今もなお流動的な状況が続いている。この後記はウサーマ・ビン・ラーディン殺害の報道が流れた直後に届いたのだが、的を射た指摘に教えられることが多い。一昨年秋に本書の翻訳を始めたときは、ハマーやホムス等の地名は日本の読者には馴染みのないものと思っていたが、昨今ではメディアをつうじてすっかり馴染み深いものとなってしまった。

私が本書にムスリムの視座を強く感じたのは、イスラーム世界で西洋に先んじて産業革命が始まらず、科学的世界観が生まれなかった原因や、十字軍やモンゴルの来襲がイスラーム世界に及ぼした影響や、フランスの征服後のアルジェリアに典型的に見られるムスリム社会の分裂についての考察、パレスチナとイスラエルについてのアラブの論理、第二代カリフ・ウマルやアフガーニーに対する高い評価などである。西洋の歴史はナポレオンのエジプト遠征について英仏の闘争を詳細に語っている一方で、その舞台となったエジプトの民にはほとんど着目していない、「まるで、エジプト人がそこに存在していなかったかのように」という著者の指摘に蒙《もう》を啓《ひら》かれる読者も多いのではないだろうか？　それは、たとえばグレート・ゲームの舞台となったイランやアフガニスタンの民についても同様で、西洋にとってははるかな過去の歴史でも、現地の人々のあいだでは彼ら独自の視点で紡がれた物語が今なお語り伝えられているに違いない。イスラームの歴史の物語に限らず、一つの物語が語られるとき、もう一つの物語が表舞台から背景に追いやられ、背景であったことすら忘れ去られがちなことを銘記させてくれる。

イスラームの概説書ではしばしば「イスラームは平和の宗教である」と強調されている。たしかに「コーランか、死か」というがごとき従来喧伝されてきたステレオタイプのイメージが後世の創作だということや、今日も散見される「イスラームは暴力的な理念」とか「ムスリムはテロリスト」という類いの見方がはなはだしい謬見《びゅうけん》であることは理解できる。それでも、平和の宗教がなぜかくも短期間のうちに勢力を伸ばせたのか、と私は常々不思議に思っていた。著者が終章で「だが、ジハードが暴力と無関係だと主張する者は、預言者ムハンマドの生涯にまで遡る歴史の過程で、ムスリムにとってジハードが意味したものを無視している。彼らは、初期のムスリムが『ジハード』と称して行なった戦争を説明しなければならない」と主張しているのを読んで、わが意を得たりと思った次第である。むろん、「聖戦」がイスラーム固有の概念でないことはいうまでもない。

本書を訳すにあたって、英語の読解についてのご指導と暖かい励ましを賜った神戸大学名誉教授の吉田一彦氏、イスラーム独特の用語についてご教示くださった東洋大学文学部教授の後藤明氏、トルコ語の発音について丁寧に教えてくださった旧友の久保克己氏に謝意を表します。また、翻訳権の獲得にたいへんな尽力をされ、訳稿のチェックのみならず、小見出しの設定や原著者との連絡などを一手に引き受けてくださった紀伊國屋書店出版部の大井由紀子さんに、心から感謝いたします。

二〇一一年七月
小沢千重子

付録——イスラーム教義の体系

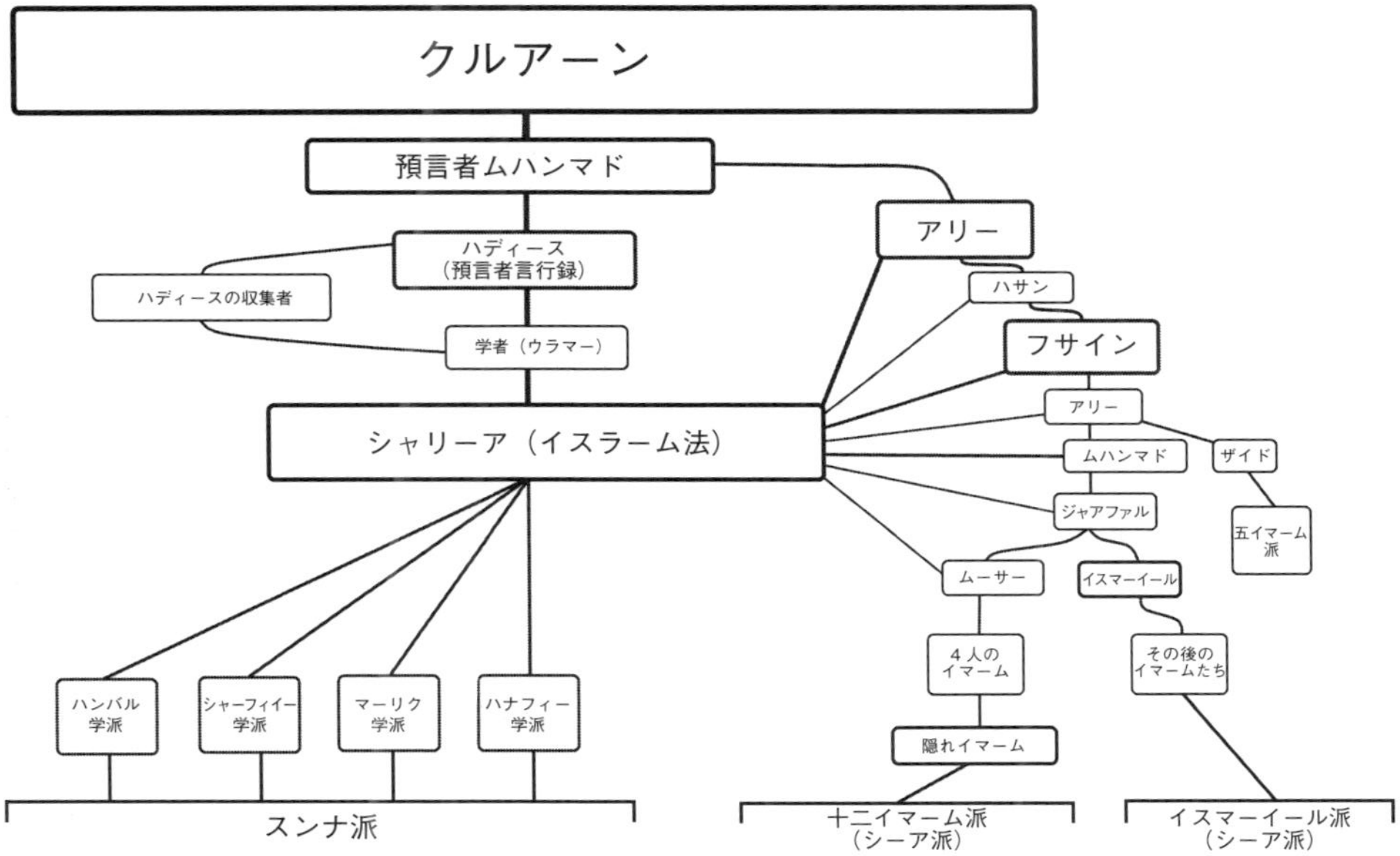
クルアーン
預言者ムハンマド
ハディース
（預言者言行録）
ハディースの収集者
学者（ウラマー）
シャリーア（イスラーム法）
ハンバル
学派
シャーフィイー
学派
マーリク
学派
ハナフィー
学派
スンナ派
アリー
ハサン
フサイン
アリー
ムハンマド
ザイド
ジャアファル
五イマーム
派
ムーサー
イスマーイール
4人の
イマーム
その後の
イマームたち
隠れイマーム
十二イマーム派
（シーア派）
イスマーイール派
（シーア派）

http://www.youngmuslimsonline.ca/online_library/books/milestones/hold/index_2.asp.〔サイイド・クトゥブ『イスラーム原理主義の「道しるべ」──発禁・“アルカイダの教本”全訳＋解説』岡島稔・座喜純訳・解説、第三書館〕

第17章

１．アラファトの略歴については、http://nobelprize.org/nobel_prizes/peace/laureates/1994/arafat-bio.html を参照。

２．David Cook, *Understanding Jihad*, p.130.

３．Irfani, *Iran's Islamic revolution*, pp.98-100, 121, 131.

４．Dabashi, pp.164-66.〔ダバシ『イラン、背反する民の歴史』〕

５．Thabit Abdullah が *Dictatorship, Imperialism, and Chaos : Iraq Since 1989*（New York : Zed Books, 2006）, p.76 に引用している。

７．Hamit Bozarslan は the Online Encyclopedia of Mass Violence に寄稿したオスマン帝国に関する記事において（http://www.massviolence.org/_Bozarslan-Hamit_)、ズィヤ・ギョカルプが著わした *Yeni Hayat, Dogru Yol* からこの言葉を引用している。
８．Taner Akçam が *Türk Ulusal Kimligi ve Ermeni Sorunu*（Istanbul : Iletisim Yayinlari, 1992), pp.175-176 に引用している。

第15章

１．Suroosh Irfani, *Iran's Islamic revolution : popular liberation or religious dictatorship?*（London : Zed Books, 1983), p.50.
２．国際連盟規約第22条。〔外務省編『日本外交年表竝主要文書』原書房〕
３．Gelvin, p.86.
４．Benjamin Shwadran, *The Middle East, Oil and the Great Powers*（New York : Frederick A. Praeger, 1955), pp.244-265.

第16章

１．http://countrystudies.us/algeria/48.htmを参照。この統計の典拠は、米国陸軍省が後援している、the Federal Research Division of the Library of Congress, Country Studies/Area Handbook Series（米国議会図書館の調査研究部門による地域研究情報集）である。
２．Frank Thackeray and John Findling, *Events That Changed the World in the Twentieth Century*（Westport and London : Greenwood Press, 1995).（Appendix D, "States Achieving Independence Since 1945." を参照）
３．この文言の出所は、アメリカのユダヤ人劇作家・小説家のイズレイル・ザングウィル〔1864～1926〕である。けれども、彼が実際に（1901年に）書いたのは、「パレスチナは国民のいない国であり、ユダヤ人は国をもたない民族である」というものだった。何者かが意図的にこの言葉を利用して「スローガン」に変えたのか否かについては、今日もなお議論されている。
４．Benny Morris, *Righteous Victims : A History of the Zionist-Arab Conflict, 1881-1999*（New York : Alfred A. Knopf, 1999), pp.14-17.
５．Theodore Herzl, *The Jewish State : An Attempt at a Modern Solution to the Jewish Question*, 6th edition（New York : The Maccabean Publishing Company, 1904), p.29.〔テオドール・ヘルツル『ユダヤ人国家 ―― ユダヤ人問題の現代的解決の試み』佐藤康彦訳、法政大学出版局〕
６．al-Awda〔パレスチナ帰還権連合〕のウェブサイトhttp://al-awda.org/zionists2.html に掲載された Nizar Sakhnini の記事は、この文章をヴァイツマンの Trial and Error（New York : Harper and Brothers, 1949), pp.93-208 から引用している。
７．クトゥブの『Milestones』の全文をオンラインで読むことができる。

ない。
3．James Gelvin は *The Modern Middle East* で、これらの戦争が地球規模で相互に関連していたことを指摘している。pp.55-60 を参照。
4．Nick Robins, "Loot : In Search of the East India Company". この記事は2003年にopenDemocracy.netに寄稿された。アドレスはhttp://www.opendemocracy.net/theme_7-corporations/article_904.jsp.
5．Gelvin, pp.84-86.
6．Reza Aslan, *No god but God*（New York, Random House, 2006), pp.220-222に引用された英国外務省宛急送公文書において、パンジャブ州アムリッツァル市地方長官代理フレデリック・クーパーが同様の事例を報告している。〔アスラン『変わるイスラーム――源流・進展・未来』〕
7．Jamil Abun-Nasr, *A History of the Maghrib in the Islamic Period*（Cambridge : Cambridge University Press, 1988), pp.249-257.

第13章
1．Ernst Renan, "*La Reforme intellectuelle et morale*"（Paris : Calmann-Levy, 1929).
2．Hamid Dabashi, *Iran : A People Interrupted*（New York : New Press, 2007), pp.58-59.〔ハミッド・ダバシ『イラン、背反する民の歴史』田村美佐子・青柳伸子訳、作品社〕

第14章
1．Mark Elvinはこの言葉を*Pattern of the Chinese Past*（London : Eyre Methuen Ltd., 1973）において造語した。同書では、14世紀から19世紀の中国がそれだけの経済力をもっていながら、高度の技術を発達させられなかった原因についても分析している。
2．Dabashi, pp.60-61.〔ダバシ『イラン、背反する民の歴史』〕
3．Gelvin, p.129.
4．Joseph Mazzini, *On the Duties of Man*.〔マッツィーニ『人間の義務について』齋藤ゆかり訳、岩波文庫〕Franklin Le Van Baumer, *Readings in Western European Intellectual History*（New Haven, Connecticut : Yale University Press, 1978), p.561 に全文が収録されている。
5．Gary Willis はこの概念を *Lincoln at Gettysburg : The Words That Remade America*（New York : Simon and Schuster, 1993）で論じている〔ゲリー・ウィルズ『リンカーンの三分間――ゲティスバーグ演説の謎』北沢栄訳、共同通信社〕。〔南北戦争研究の権威である〕Shelby Footeは（私が聞いたラジオのインタビューで）いみじくも、「南北戦争は私たちを*are* から *is* に変えた」と述べていた。
6．Gelvin, p.82.

Marksの記事によれば、Coleman Barksが訳したルーミーの詩集、*The Essential Rumi*（San Francisco : HarperCollins, 1995）はその時点において世界中で25万部売れていたという。
5．Paul Wittek, *The Rise of the Ottoman Empire*（London : Royal Asiatic Society of Great Britain and Ireland, 1965）, pp.31-51を参照。
6．オスマン社会の詳細については、主として Stanford Shaw, *History of the Ottoman Empire and Modern Turkey*（Cambridge : Cambridge University Press, 1976）、とくに pp.55-65、113-138 および 150-161 から引用した。
7．Zahirud-din Muhammad Babur, *Babur-nama*, translated by Annette S. Beveridge（1922 ; Lahor : Sang-e-Meel Publications, reprinted 1987）, p.121.〔『バーブル・ナーマの研究』全4巻、間野英二著・校訂、松香堂（日本語訳はⅢに収録）〕
8．Waldemar Hansen, *The Peacock Throne, The Drama of Mogul India*（New York : Holt, Rinehart, and Winston, 1972）, pp.113-114, 493-494.
9．Marshall Hodgson, *Rethinking World History*（Cambridge : Cambridge University Press, 1993）, p.97.

第11章
1．C. M. Woolger, "Food and Taste in Europe in the Middle Ages," pp.175-177 in *Food : The History of Taste*, edited by Paul Freedman（Berkeley : University of California Press, 2007）を参照。
2．Peter Russel, *Prince Henry the Navigator*（London : Hispanic and Luso Brazilian Council, 1960）.
3．Daileader, Lecture 15, *Early Middle Ages*（Chantilly, Virginia : The Teaching Company, 2004）.

第12章
1．オスマン帝国のハレムでの生活を内側から詳細に描いたものとして、Alev Croutier's *Harem : The World Behind the Veil*（New York : Abbeville Press, 1989）、とくに pp.35-58, 103-105, 139-40 を参照。〔アレヴ・リトル・クルーティエ『ハーレム――ヴェールに隠された世界』篠原勝訳、河出書房新社〕
2．いわゆるイギリス連合王国（Great Britain）は、スコットランド王ジェームズ6世〔在位1567〜1625〕が1603年にイングランドの王位を継いだことによって誕生した〔イングランド王ジェームズ1世。在位1603〜25〕。それ以後、1707年に〔イングランドとスコットランドの〕合同法が成立するまで、歴代の王はイングランド王とスコットランド王を兼務していた〔両国は同一の君主を戴いていたものの、合同法の成立以前は依然として別の国のままだった〕。それゆえ、この日以前に「イギリス」という国名を使うのは正確で

2．Amin Maalouf, *The Crusades through Arab Eyes*（New York : Schocken Books, 1984), pp.38-40.〔アミン・マアルーフ『アラブが見た十字軍』牟田口義郎・新川雅子訳、ちくま学芸文庫〕
3．同書, p.46.〔マアルーフ『アラブが見た十字軍』〕
4．Karen Armstrong, *Holy War : The Crusades and Their Impact on Today's World*（New York : Anchor Books, 2001), pp.178-179 に引用。〔カレン・アームストロング『聖戦の歴史 ― 十字軍遠征から湾岸戦争まで』塩尻和子・池田美佐子訳、柏書房〕
5．同書, p.73.〔アームストロング『聖戦の歴史』〕
6．同書, p.39.〔アームストロング『聖戦の歴史』〕
7．David Morgan, *The Mongols*（Malden, Massachusetts : Blackwell, 2007), p.17.〔デイヴィド・モーガン『モンゴル帝国の歴史』杉山正明・大島淳子訳、角川書店（1986年版の邦訳)〕
8．同書, pp.64-71.〔モーガン『モンゴル帝国の歴史』〕
9．サッバーフが属したイスマーイール派のニザール派は、その後新たな改宗者を獲得して勢力を盛りかえした。だが、ニザール派は平和的な運動に変身し、今日ではイスラームの最も進歩的な分派の一つとして、学術と教育の振興に力を注いでいる。ニザール派はアーガー・ハーン〔19世紀初期から、ニザール派イマームによって用いられている称号〕と呼ばれる指導者のもとで、今日のイスラーム世界有数の知の殿堂であるパキスタンのアーガー・ハーン大学を経営している。万物は流転するのだ。
10．ムスリムの歴史家ラシードゥッディーン・ファズルッラー（1247〜1318）によるバグダード略奪についての叙述が、*The Middle East and Islamic World Reader*（New York : Grove Press, 2003), p.49 に収録されている。
11．兵力の面では、マムルーク軍のほうがフラグ軍よりずっと優勢だった。とはいえ、モンゴル軍は恐るべき成功を重ねていたので、そのほかのあらゆる面でゴリアテに比せられた。
12．Morgan, p.146.〔モーガン『モンゴル帝国の歴史』〕

第10章

1．Morgan, pp.16-18.〔モーガン『モンゴル帝国の歴史』〕
2．イスラームとキリスト教の相違に関する Akbar Ahmed の興味深い考察については、*Islam Today*, pp.21-22 を参照。
3．Muhammed ibn-al-Husayn al-Sulami, *The Book of Sufi Chivalry : Lessons to a Son of the Moment*（New York : Inner Traditions International, 1983). これらの逸話は序文の pp.9-14 に記されている。どうやらガーズィーたちはこのウマルの逸話を、Nu'man ibn Mundhir というイスラーム以前の時代の王にまつわる伝承から拝借したようだ。
4．*Christian Science Monitor* 誌の1997年11月25日号に掲載された Alexandra

紀のイブン・クタイバ〔828〜89〕による歴史書 *Uyun al-Akhbar* から引用。
２．Sheikh Abbas Qummi は *Nafasul Mahmum*（Qom, Iran : Ansariyan Publications, 2005）（14章）で、13世紀の歴史家 Sayyid Ibn Tawoos が著わした *Lahoof* を引用している。
３．G.E. von Grunebaum, *Classical Islam*（Chicago : Aldine Publishing Company, 1970）, p.70.

第６章
１．Wiet, *Baghdad : Metropolis of the Abbasid Caliphate*, pp.12-24.
２．*Four Thousand Years of Urban Growth : An Historical Census* by Tertius Chandler（Lewiston, New York : St. David's University Press, 1987）から引用。

第７章
１．*Perfume of the Desert : Inspirations from Sufi Wisdom*, edited by A. Harvey and E. Hanut（Wheaton, Illinois : Queen Books, 1999）に収録された詩を著者が翻訳した。
２．Muhammad Zubayr Siddiqi, " Women Scholars of Hadith, " at http://www.jannah.org/sisters/womenhadith.html から引用。
３．Maulana Muhammad Ali, *The Early Caliphate*（1932 ; Lahore, Pakistan : The Ahmadiyya Anjuman Isha' at Islam, 1983）, p.119.
４．Ghazali, " On the Etiquettes of Marriage, " *The Revival of the Religious Sciences*, book 12 at http://www.ghazali.org/works/marriage.htm.

第８章
１．Chaim Potok, *History of the Jews*（New York : Ballantine Books, 1978）, pp.346-347.
２．Mohammed Ali, *A Cultural History of Afghanistan*（Kabul : Punjab Educational Press, 1964）, pp.120-123.
３．私の従兄弟のファリード・アンサーリーはこの詩句をフィルダウスィーと同時代の詩人の作品から引用したのだが、彼はその詩人の名前を思い出すことができなかった。けれども、この詩句と同様の（だが、より痛烈な）アラブ人に対する毒舌は、フィルダウスィーの『王書』の巻末近くにも見出せる。

第９章
１．中世ヨーロッパにおける領土分割のプロセスについて、Philip Daileader が *The Early Middle Ages*（Chantilly, Virginia : The Teaching Company, 2004）と題したaudio seriesのLecture 17 - 20で論じている。また、Columbia Encyclopedia, 6th edition の「knight」の項も参照。

註

序章

１．本書は脚注が付された物語である。

第１章

１．Georges Roux, *Ancient Iraq*, 2nd ed.（New York : Penguin, 1980), p.148 を参照。
２．たとえば、コナン・ドイルは1886/87年に発表した小説『緋色の研究（*A Study in Scarlet*)』〔阿部知二訳、創元推理文庫〕において、「パーティング・ショット」の意味で「パルティアン・ショット」を用いている。
３．11世紀のペルシアの詩人フィルダウスィーはこうした膨大なペルシアの伝承に基づいて、公正な王カイ・ホスローの治世が大きな部分を占める叙事詩『王書《シャー・ナーメ》』を書いたのだ。〔『王書──古代ペルシアの神話・伝説』（岡田恵美子訳、岩波文庫）に抄録〕

第２章

１．*The Inner Journey : Views from the Islamic Tradition*, edited by William Chittick（Sandpoint, Idaho : Morning Light Press, 2007), p. xi に抄録されたタバリーの著述の一節を引用。
２．Acbar Ahmed, *Islam Today*（New York and London : I. B. Tauris, 1999), p. 21 に抄録されたムハンマドの最後の説教を引用。

第３章

１．Reza Aslan, *No god but God*（New York : Random House, 2006), p.113.〔レザー・アスラン『変わるイスラーム──源流・進展・未来』白須英子訳、藤原書店〕
２．これはタバリーの引用で、*Islam : From the Prophet Muhammad to the Capture of Constantinople*, a collection of documents edited and translated by Bernard Lewis（New York and Oxford : Oxford University Press, 1987）の12頁に抄録されている。
３．ウマルが初めてエルサレムの領有を宣言したとされる文書の核心部分が、Hugh Kennedy, *The Great Arab Conquests*（New York : Da Capo Press, 2007), pp.91-92 に抄録されている。

第５章

１．*Islam : From the Prophet Muhammed to the Capture of Constantinople*（New York and Oxford : Oxford University Press, 1987), p.273 に抄録された、９世

2007.
Roshan, Rauf. *Remembrances of Doctor Tabibi.* Fremont, California: Tabayatee Faizi International, 1998.
Roux, Georges. *Ancient Iraq.* New York: Penguin Books（Pelican）, 1966.
Rumi. *Divan-i-Shams-i-Tabriz: Forty-eight Ghazals.* Edited and translated by Iraj Anvar. Rome, Italy: Semar Publishing, 2002.
Runciman, Steven. *A History of the Crusades.* Cambridge: Cambridge University Press, 1951.
Said, Edward. *The Question of Palestine.* New York: Vintage Books, 1980.〔『パレスチナ問題』エドワード・サイード、杉田英明訳、みすず書房〕
Sulami, ibn al-Husayn al-. *The Book of Sufi Chivalry: Lessons to a Son of the Moment.* New York: Inner Traditions International, 1983.
Shaban, M. A. *Islamic History: A New Interpretation.* Cambridge: Cambridge University Press, 1971.
Shaw, Stanford J. *History of the Ottoman Empire and Modern Turkey.* Cambridge: Cambridge University Press, 1976.
Sheikh, M.Saeed. *Islamic Philosophy.* London: Octagon Press, 1982.
Shwadran, Benjamin. *The Middle East, Oil and the Great Powers.* New York: Frederick A. Praeger, 1955.
Smith, Wilfred Cantwell. *Islam in Modern History.* Princeton, New Jersey: Princeton University Press, 1957.〔『現代におけるイスラム』W.C.スミス、中村廣治郎訳、紀伊國屋書店〕
Stewart, P. J. *Unfolding Islam.* Reading, U.K.: Garnet, 1994.
Tabari, al-. *Muhammad at Mecca.* Translated by Montgomery Watt and M.V. McDonald. Albany, New York: SUNY Press, 1988.
Trofimov, Yaroslav. *The Siege of Mecca: The Forgotten Uprising in Islam's Holiest Shrine and the Birth of al-Qaeda.* New York: Doubleday, 2007.
von Grunebaum, G. E. *Classical Islam: A History 600 AD to 1258 AD.* Chicago: Aldine Publishing Company, 1970.
Wiet, Gaston. *Baghdad: Metropolis of the Abbasids Caliphate.* Translated by Seymour Feiler. Norman, Oklahoma: University of Oklahoma Press, 1971.

Lings, Martin. *Muhammad: His Life Based on the Earliest Sources.* Rochester, Vermont: Inner Traditions International, 1987.
Maalouf, Amin. *The Crusades through Arab Eyes.* New York: Schocken Books, 1984.〔『アラブが見た十字軍』アミン・マアルーフ、牟田口義郎・新川雅子訳、ちくま学芸文庫〕
Matroudi, Abdul Hakim al-. *The Hanbali School of Law and Ibn Taymiyyah.* London and New York: Routledge, 2006.
Mazzini, Joseph. *On the Duties of Man.* Reprinted in *Main Currents of Western Thought: Readings in Western European Intellectual History from the Middle Ages to the Present.* Edited by Franklin Le Van Baumer. New Haven, Connecticut: Yale University Press, 1978.〔『人間の義務について』マッツィーニ、齋藤ゆかり訳、岩波文庫〕
Morgan, David. *The Mongols.* Malden, Massachusetts: Blackwell Publishing, 2007.〔『モンゴル帝国の歴史』デイヴィド・モーガン、杉山正明・大島淳子訳、角川選書〕
Moussalli, Ahmad S. *Moderate and Radical Islamic Fundamentalism: The Quest for Modernity, Legitimacy, and the Islamic State.* Gainesville: University Press of Florida, 1999.
Muir, Sir William. *Annals of the Early Caliphate: from Original Sources.* London: Smith, Elder & Co. 1883.
Nasr, Kameel. *Arab and Israeli Terrorism: The Causes and Effects of Political Violence, 1936-1993.* Jefferson, North Carolina: McFarland & Co., 1997.
Nasr, Seyyed Hossein. *Ideals and Realities in Islam.* Boston: Beacon Press, 1966.
Nizam al-Mulk. *The Book of Government: Or Rules for Kings: The Siyasat-nama or Siyar al-Muluk.* Translated from the Persian by Hubert Darke. London: Routledge & Paul, 1960.
Nutting, Anthony. *Nasser.* New York: Dutton, 1972.
Ojeda, Auriana, editor. *Islamic Fundamentalism.* San Diego: Greenhaven, 2003.
Potok, Chaim. *Wanderings.* New York: Ballantine Books, 1978.
Qummi, Sheikh Abbas. *Nafasul Mahmum [The Sigh of the Aggrieved]: Relating to the Heart Rending Tragedy of Karbala.* Translated by Aejaz Ali Bhujwala. Qom, Iran: Ansariyan Publications, 2005.
Rahman, Fazlur. *Islam.* Chicago: University of Chicago Press, 2002. First published 1979 by University of Chicago Press.
Robinson, Francis, editor. *The Cambridge Illustrated History of the Islamic World.* Cambridge: Cambridge University Press, 1996.
Rogerson, Barnaby. *The Heirs of Muhammad: Islam's First Century and the Origins of the Sunni-Shia Split.* Woodstock and New York: The Overlook Press,

____. *War Without End: The Rise of Islamist Terrorism and Global Response.* Revised edition. London, England: Routledge, 2002.
Hodgson, Marshall. *Rethinking World History.* Cambridge: Cambridge University Press, 1993.
Hourani, Albert. *A History of the Arab Peoples.* Cambridge, Massachusetts: Harvard University Press, 1991.〔『アラブの人々の歴史』アルバート・ホーラーニー、湯川武監訳、阿久津正幸編訳、第三書館〕
Howarth, Stephen. *The Knights Templar.* New York: Barnes and Noble, 1982.
Ibn Khaldun. *The Muqaddimah: An Introduction to History.* Translated by Franz Rosenthal. Edited by N. J. Dawood. Princeton, New Jersey: Princeton University Press, 1969.〔『歴史序説』全4巻、イブン＝ハルドゥーン、森本公誠訳、岩波文庫〕
Imber, Colin. *The Ottoman Empire, 1300-1650.* New York: Palgrave-Macmillan, 2002.
Irfani, Suroosh. *Iran's Islamic Revolution: Popular Liberation or Religious Dictatorship?* London: Zed Books, 1983.
Kamrava, Mehran. *The Modern Middle East: A Political History Since the First World War.* Berkeley and Los Angeles: University of California Press, 2005.
Kennedy, Hugh. *The Great Arab Conquests: How the Spread of Islam Changed the World We Live In.* New York: Da Capo Press, 2007.
____. *When Baghdad Ruled the Muslim World: The Rise and Fall of Islam's Greatest Dynasty.* New York: Da Capo Press, 2005.
Kinross, Lord. *The Ottoman Centuries: The Rise and Fall of the Turkish Empire.* New York: William Morrow, 1977.
Laiou, Angeliki E. and Roy Parviz Mottahedeh, editors. *The Crusades from the Perspective of Byzantium and the Muslim World.* Washington, D.C.: Dumbarton Oaks, 2001.
Lewis, Archibald Ross, editor. *The Islamic World and the West, AD 622-1492.* New York: John Wiley & Sons, 1970.
Lewis, Bernard, editor and translator. *Islam: From the Prophet Muhammad to the Capture of Constantinople.* New York and Oxford: Oxford University Press, 1987.
Lewis, Bernard. *The Middle East: A Brief History of the Last 2,000 Years.* New York: Simon & Schuster, 1995.〔『イスラーム世界の二千年 ── 文明の十字路中東全史』バーナード・ルイス、白須英子訳、草思社〕
____. *What Went Wrong? Western Impact and Middle Eastern Response.* New York: Oxford University Press, 2002.〔『イスラム世界はなぜ没落したか？ ── 西洋近代と中東』バーナード・ルイス、臼杵陽監訳、今村泰・福田義昭訳、日本評論社〕

Dabashi, Hamid. *Iran: A People Interrupted.* New York: The New Press, 2007.〔『イラン、背反する民の歴史』ハミッド・ダバシ、田村美佐子・青柳伸子訳、作品社〕
Diouf, Sylviane A. *Servants of Allah: African Muslims Enslaved in the Americas.* New York: New York University Press, 1998.
Dunn, Ross. *The Adventures of Ibn Battuta.* Berkeley and Los Angeles: University of California Press, 1989.
Eqbal, Ahmad. *Confronting Empire: Interviews with David Barsamian.* Cambridge, Massachusetts: South End Press, 2000.〔『帝国との対決――イクバール・アフマド発言集』ディヴィッド・バーサミアン―インタヴュー、大橋洋一ほか訳、太田出版〕
Farsoun, Samih and Naseer Aruri. *Palestine and the Palestinians: A Social and Political History.* Boulder, Colorado: Westview press, 2006.
Finkel, Caroline. *Osman's Dream: The History of the Ottoman Empire.* New York: Basic Books, 2006.
Fischel, Walter J. *Ibn Khaldun in Egypt.* Berkeley, California: University of California Press, 1967.
Fisher, William Bayne, et al editors. *The Cambridge History of Iran.* Cambridge: Cambridge University Press, 1993.
Franck, Irene and David Brownstone. *To the Ends of the Earth.* New York: Facts on File, 1984.
Fromkin, David. *A Peace to End All Peace.* New York: Owl Books, 2001. First published 1989 by Henry Holt.〔『平和を破滅させた和平――中東問題の始まり』上下巻、ディヴィッド・フロムキン、平野勇夫ほか訳、紀伊國屋書店〕
Gelvin, James L. *The Modern Middle East: A History.* New York: Oxford University Press, 2005.
Gerner, Deborah J. and Jillian Schwedler. *Understanding the Contemporary Middle East.* Boulder, Colorado: Lynne Rienner Publishers, 2004.
Gettleman, Marvin and Stuart Schaar, editors. *The Middle East and Islamic World Reader.* New York: Grove Press, 2003.
Goitein, S. D. *Jews and Arabs: A Concise History of Their Social and Cultural Relations.* Mineola, New York: Dover Publication, 2005.
Gordon, Matthew S. *The Rise of Islam.* Westport, Connecticut: Greenwood Press, 2005.
Hansen, Waldemar. *The Peacock Throne: The Drama of Mogul India.* New York: Holt, Rinehart and Winston, 1972.
Heikal, Mohamed. *Iran: the Untold Story.* New York: Pantheon, 1982.
Hiro, Dilip. *The Longest War: The Iran-Iraq Military Conflict.* New York: Routledge, 1991.

参考文献

Abdullah, Thabit. *Dictatorship, Imperialism, and Chaos: Iraq Since 1989.* New York: Zed Books, 2006.

Abiva, Huseyin and Noura Durkee. *A History of Muslim Civilization from Late Antiquity to the Fall of the Umayyads.* Skokie, IL: IQRA' International Educational Foundation, 2003.

Abu Khalil, As'ad. *Bin Laden, Islam, and America's New "War on Terrorism."* New York: Seven Stories Press, 2002.

Abun-Nasr, Jamil M. *A History of the Maghrib in the Islamic Period.* Cambridge: Cambridge University Press, 1988.

Ahmed, Akbar. *Islam Today: A Short Introduction to the Muslim World.* New York and London: I. B. Tauris, 1999.

Alger, Neil. *The Palestinians and the Disputed Territories.* San Diego: Greenhaven Press, 2004.

Ali, ibn Abi Talib. *Nahjul Balagha* [Peak of Eloquence]. Translated by Sayed Ali Reza. Elmhurst, New York: Tahrike Tarsile Qur'an Inc., 1996.

Ali, Maulana Muhammad. *The Early Caliphate.* Reprinted in Lahore, Pakistan: The Ahmadiyya Anjuman Isha'at Islam, 1983.

Ali, Tariq. *The Clash of Fundamentalisms: Crusades, Jihads and Modernity.* London: Verso, 2003.

Arberry, A. J., translator. *The Qur'an Interpreted.* New York: Macmillan, 1955.

Armstrong, Karen. *Holy War: The Crusades and Their Impact on Today's World.* New York: Anchor Books, 2001.〔『聖戦の歴史――十字軍遠征から湾岸戦争まで』カレン・アームストロング、塩尻和子・池田美佐子訳、柏書房〕

____. *Muhammad: A Biography of the Prophet.* San Francisco: HarperCollins, 1992.

Aslan, Reza. *No god but God.* New York: Random House, 2006.〔『変わるイスラーム――源流・進展・未来』レザー・アスラン、白須英子訳、藤原書店〕

Catherwood, Christropher. *A Brief History of the Middle East: From Abraham to Arafat.* New York: Carroll and Graf, 2006.

Chittick, William. *The Inner Journey: Views from the Islamic Tradition.* Sandpoint, Idaho: Morning Light Press, 2007.

Cook, David. *Understanding Jihad.* Berkeley, California: University of California Press, 2005.

Croutier, Alev Lytle. *Harem: The World Behind the Veil.* New York: Abbeville Press, 1989.〔『ハーレム――ヴェールに隠された世界』アレヴ・リトル・クルーティエ、篠原勝訳、河出書房新社〕

人名索引

著者略歴

タミム・アンサーリー

Tamim Ansary

アフガニスタン出身、サンフランシスコ在住の作家。「サンフランシスコ・ライターズ・ワークショップ」ディレクター。アメリカにおける複数の世界史の教科書の主要執筆者であるとともに、「サンフランシスコ・クロニクル」「LAタイムズ」「Encarta.com」などに寄稿。著書に *West of Kabul, East of NewYork*、共著にニューヨークタイムズ・ベストセラー *The Other Side of the Sky* がある。

訳者略歴

小沢千重子

Chieko Ozawa

1951年東京生まれ。東京大学農学部卒。現在ノンフィクション分野の翻訳に従事している。訳書にルーベンスタイン『中世の覚醒 ── アリストテレス再発見から知の革命へ』、クロスビー『数量化革命 ── ヨーロッパ覇権をもたらした世界観の誕生』『飛び道具の人類史 ── 火を投げるサルが宇宙を飛ぶまで』、デントン『動物の意識 人間の意識』、ローズ『原爆から水爆へ ── 東西冷戦の知られざる内幕』(共訳)(いずれも紀伊國屋書店) ほかがある。

イスラームから見た「世界史」

二〇一一年九月七日　第一刷発行

著　者　タミム・アンサーリー
訳　者　小沢千重子
発行所　株式会社　紀伊國屋書店
東京都新宿区新宿三—一七—七
出版部（編集）電話〇三（六九一〇）〇五〇八
ホールセール部（営業）電話〇三（六九一〇）〇五一九
東京都目黒区下目黒三—七—一〇
郵便番号　一五三—八五〇四

地　図　ワークスプレス（三三二ページ）
装幀者　間村俊一
印刷所　慶昌堂印刷
製本所　大口製本

Cover Image © ImageState RM / www.fotosearch.jp
"Rustam rescuing Bizhan" From a Manuscript of *Shahmana*, Persia, 15c.(The British Library)

ISBN978-4-314-01086-3 C0022
Printed in Japan
定価は外装に表示してあります